정보처리기사
실기

2025
시나공

길벗알앤디 지음

지은이 길벗알앤디

강윤석, 김용갑, 김우경, 김종일

IT 서적을 기획하고 집필하는 출판 기획 전문 집단으로, 2003년부터 길벗출판사의 IT 수험서인 〈시험에 나오는 것만 공부한다〉 시리즈를 기획부터 집필 및 편집까지 총괄하고 있다.

30여 년간 자격증 취득에 관한 교육, 연구, 집필에 몰두해 온 강윤석 실장을 중심으로 IT 자격증 시험의 분야별 전문가들이 모여 국내 IT 수험서의 수준을 한 단계 높이기 위한 다양한 연구와 집필 활동에 전념하고 있다.

정보처리기사 실기 – 시나공 시리즈 ①

The Practical Examination for Engineer Information Processing

초판 발행 · 2024년 6월 24일

발행인 · 이종원
발행처 · (주)도서출판 길벗
출판사 등록일 · 1990년 12월 24일
주소 · 서울시 마포구 월드컵로 10길 56(서교동)
주문 전화 · 02)332-0931   팩스 · 02)323-0586
홈페이지 · www.gilbut.co.kr   이메일 · gilbut@gilbut.co.kr

기획 및 책임 편집 · 강윤석(kys@gilbut.co.kr), 김미정(kongkong@gilbut.co.kr), 임은정(eunjeong@gilbut.co.kr), 정혜린(sunriin@gilbut.co.kr)
디자인 · 강은경, 윤석남   제작 · 이준호, 손일순, 이진혁   마케팅 · 조승모, 유영은
영업관리 · 김명자   독자지원 · 윤정아

편집진행 및 교정 · 길벗알앤디(강윤석 · 김용갑 · 김우경 · 김종일)   일러스트 · 윤석남
전산편집 · 예다움   CTP 출력 및 인쇄 · 정민   제본 · 정민

ISBN 979-11-407-0963-2 13000
(길벗 도서번호 030930)

가격 32,000원

독자의 1초까지 아껴주는 길벗출판사

(주)도서출판 길벗 | IT교육서, IT단행본, 경제경영서, 어학&실용서, 인문교양서, 자녀교육서 www.gilbut.co.kr
길벗스쿨 | 국어학습, 수학학습, 어린이교양, 주니어 어학학습, 학습단행본 www.gilbutschool.co.kr

인스타그램 • @study_with_sinagong

짜잔~ 'Quick & Easy 단기완성' 시리즈를 소개합니다~

요즘같이 힘든 시대에 자격증 취득에까지 돈과 시간을 낭비하면 되겠습니까?
꼭 취득해야 할 자격증이라면 쉽고 빠르게 취득하는 게 좋지 않겠습니까?
시나공 퀵이지(Quick & Easy) 단기완성을 기획하면서 딱 두 가지만 생각했습니다.

시나공 **퀵앤이지(Quick & Easy) 단기완성**, 줄여서 **'퀵이지 단기완성!'**은 시나공 자격증 수험서로 공부하면
빠르고 쉽게 취득한다는 의미를 담고 있습니다.

Quick, 빠르게 합격하자!

▶ 이론상 중요할지라도 시험 문제와 거리가 있는 내용, 출제 비중이
낮은 내용은 과감하게 제외하였습니다.
▶ 중요한 내용을 먼저 확인한 후 필요한 내용을 빠르게 학습할 수 있
도록 구성했습니다.

Easy, 쉽게 공부하자!

▶ 소설책을 읽듯이 술술 넘어갈 수 있도록 쉽게, 그래도 어려운 부분
은 예제를 통해 충분히 이해할 수 있도록 자세하게 설명했습니다.
▶ 이해가 어려운 수험생을 위해 핵심 단위로 동영상 강의를 붙였습
니다.

"정보처리기사" 자격증, 꼭 취득하여 여러분의 즐거운 인생살이에 조금이라도 보탬이 되었으면 하는 간절함이 있습니다.

2024년 시원한 여름을 기대하며

강윤석

0 준비운동

1. 수험생을 위한 아주 특별한 서비스   10
2. 한눈에 살펴보는 시나공의 구성   12
3. 시험 접수부터 자격증을 받기까지   16
4. 정보처리기사 시험, 이것이 궁금하다! – Q&A   18

1-1 요구사항 확인 1

Ⓒ 001 소프트웨어 생명 주기   22
Ⓑ 002 나선형 모형   22
Ⓑ 003 폭포수 모형   22
Ⓐ 004 애자일 모형   23
Ⓑ 005 애자일 개발4가지 핵심 가치   23
Ⓑ 006 소프트웨어 공학   23
Ⓑ 007 스크럼 개발 프로세스   24
Ⓑ 008 XP   24
Ⓐ 009 XP의 주요 실천 방법(Practice)   24
Ⓒ 010 데이터베이스 관리 시스템   25
Ⓐ 011 기능 요구사항   25
Ⓐ 012 비기능 요구사항   25
Ⓒ 013 요구사항 명세 기법   26
Ⓒ 014 요구사항 개발 프로세스   26
Ⓑ 015 요구사항 분석   26
Ⓒ 016 자료 흐름도   27
Ⓐ 017 자료 흐름도의 구성 요소   27
Ⓑ 018 자료 사전   27
Ⓒ 019 SADTC   28
Ⓑ 020 HIPO   28
Ⓒ 021 UML   28
Ⓒ 022 연관 관계   28
Ⓐ 023 집합 관계   29

Ⓒ 024 포함 관계   29
Ⓐ 025 일반화 관계   29
Ⓑ 026 의존 관계   30
Ⓒ 027 실체화 관계   30
Ⓒ 028 다이어그램   30
Ⓐ 029 구조적 다이어그램의 종류   31
Ⓐ 030 행위 다이어그램의 종류   31
Ⓑ 031 스테레오 타입   32

1-2 요구사항 확인 2

Ⓑ 032 유스케이스 다이어그램   40
Ⓒ 033 유스케이스에서 나타날 수 있는 관계   41
Ⓒ 034 활동 다이어그램   41
Ⓐ 035 클래스 다이어그램   43
Ⓒ 036 연관 클래스   45
Ⓑ 037 순차 다이어그램   45
Ⓒ 038 커뮤니케이션 다이어그램   46
Ⓒ 039 상태 다이어그램   47
Ⓐ 040 패키지 다이어그램   48
Ⓒ 041 구조적 방법론   49
Ⓑ 042 컴포넌트 기반 방법론   50
Ⓒ 043 소프트웨어 재사용   50
Ⓑ 044 CASE   50
Ⓐ 045 LOC 기법   51
Ⓑ 046 수학적 산정 기법   51
Ⓑ 047 COCOMO 모형   51
Ⓑ 048 COCOMO의 소프트웨어 개발 유형   52
Ⓑ 049 Putnam 모형   52
Ⓒ 050 기능 점수 모형   52
Ⓒ 051 비용 산정 자동화 추정 도구   53
Ⓒ 052 PERT   53
Ⓑ 053 CPM   53
Ⓒ 054 간트 차트   54
Ⓒ 055 ISO/IEC 12207   54
Ⓑ 056 CMMI   54
Ⓑ 057 SPICE   55
Ⓒ 058 SPICE의 프로세스 수행 능력 단계   55
Ⓒ 059 소프트웨어 개발 방법론 테일러링   55
Ⓑ 060 소프트웨어 개발 프레임워크   56
Ⓑ 061 소프트웨어 개발 프레임워크의 특성   56

2-1 데이터 입·출력 구현1

- Ⓒ 062 DBMS — 68
- Ⓐ 063 스키마 — 68
- Ⓐ 064 데이터베이스 설계 순서 — 68
- Ⓐ 065 개념적 설계 — 69
- Ⓐ 066 논리적 설계 — 69
- Ⓐ 067 물리적 설계 — 69
- Ⓐ 068 데이터 모델 — 70
- Ⓑ 069 E-R 다이어그램 — 70
- Ⓐ 070 관계형 데이터베이스의 릴레이션 구조 — 70
- Ⓐ 071 튜플 — 71
- Ⓐ 072 속성 — 71
- Ⓑ 073 도메인 — 71
- Ⓐ 074 후보키 — 72
- Ⓑ 075 기본키 — 72
- Ⓒ 076 대체키 — 72
- Ⓐ 077 슈퍼키 — 72
- Ⓑ 078 외래키 — 73
- Ⓐ 079 무결성 — 73
- Ⓑ 080 관계대수 — 73
- Ⓐ 081 순수 관계 연산자 — 73
- Ⓐ 082 일반 집합 연산자 — 74
- Ⓐ 083 관계해석 — 75
- Ⓐ 084 이상 — 75
- Ⓐ 085 함수적 종속 — 76
- Ⓑ 086 정규화 — 76
- Ⓐ 087 정규화 과정 — 77
- Ⓑ 088 정규화 과정 정리 — 81
- Ⓐ 089 반정규화 — 81
- Ⓒ 090 중복 테이블 추가 — 81
- Ⓑ 091 시스템 카탈로그 — 82
- Ⓒ 092 트랜잭션 — 82
- Ⓐ 093 트랜잭션의 특성 — 82
- Ⓑ 094 CRUD 분석 — 83
- Ⓑ 095 인덱스 — 83

2-2 데이터 입·출력 구현2

- Ⓑ 096 뷰 — 102
- Ⓑ 097 파티션의 종류 — 102
- Ⓑ 098 분산 데이터베이스의 목표 — 102
- Ⓐ 099 RTO/RPO — 103
- Ⓒ 100 암호화 — 103

- Ⓐ 101 임의 접근통제 — 103
- Ⓐ 102 강제 접근통제 — 104
- Ⓐ 103 역할기반 접근통제 — 104
- Ⓑ 104 DAS — 104
- Ⓒ 105 NAS — 104
- Ⓑ 106 SAN — 105
- Ⓑ 107 자료 구조의 분류 — 105
- Ⓑ 108 스택 — 105
- Ⓑ 109 데크 — 105
- Ⓑ 110 방향/무방향 그래프의 최대 간선 수 — 106
- Ⓒ 111 트리 — 106
- Ⓑ 112 트리 관련 용어 — 106
- Ⓑ 113 Preorder 운행법 — 107
- Ⓑ 114 Inorder 운행법 — 107
- Ⓑ 115 Postorder 운행법 — 108
- Ⓒ 116 Infix 표기를 Prefix로 바꾸기 — 108
- Ⓒ 117 Infix 표기를 Postfix로 바꾸기 — 109
- Ⓑ 118 Postfix로 표기된 수식을 Infix로 바꾸기 — 109
- Ⓑ 119 삽입 정렬 — 110
- Ⓑ 120 선택 정렬 — 110
- Ⓑ 121 버블 정렬 — 111
- Ⓑ 122 퀵 정렬 — 111
- Ⓒ 123 힙 정렬 — 111
- Ⓒ 124 2-Way 합병 정렬 — 112

3 통합 구현

- Ⓒ 125 통합 구현 — 122
- Ⓒ 126 연계 메커니즘 — 122
- Ⓒ 127 연계 메커니즘의 연계 방식 — 122
- Ⓑ 128 연계 서버 / 송·수신 시스템 — 123
- Ⓒ 129 연계 테스트 — 123
- Ⓒ 130 연계 데이터 보안 — 123
- Ⓐ 131 XML — 123
- Ⓐ 132 SOAP — 124
- Ⓐ 133 WSDL — 124

4-1 서버 프로그램 구현1

- Ⓒ 134 소프트웨어 아키텍처 — 130
- Ⓐ 135 모듈화 — 130
- Ⓑ 136 추상화 — 130

Ⓒ 137 단계적 분해 130
Ⓑ 138 정보 은닉 131
Ⓑ 139 협약(Contract)에 의한 설계 131
Ⓒ 140 아키텍처 패턴 131
Ⓒ 141 레이어 패턴 131
Ⓒ 142 클라이언트-서버 패턴 132
Ⓑ 143 파이프-필터 패턴 132
Ⓑ 144 모델-뷰-컨트롤러 패턴 132
Ⓑ 145 기타 패턴 132
Ⓒ 146 객체지향 133
Ⓒ 147 객체 133
Ⓑ 148 클래스 134
Ⓑ 149 메시지 134
Ⓑ 150 캡슐화 134
Ⓑ 151 상속 134
Ⓒ 152 다형성 135
Ⓒ 153 연관성 135
Ⓑ 154 객체지향 분석 135
Ⓑ 155 객체지향 분석의 방법론 135
Ⓐ 156 럼바우의 분석 기법 136
Ⓐ 157 객체지향 설계 원칙(SOLID 원칙) .. 136

④-② 서버 프로그램 구현 2

Ⓒ 158 모듈 142
Ⓑ 159 결합도 142
Ⓐ 160 결합도의 종류 142
Ⓐ 161 응집도 143
Ⓐ 162 응집도의 종류 143
Ⓐ 163 팬인 / 팬아웃 144
Ⓑ 164 N-S 차트 144
Ⓒ 165 단위 모듈 145
Ⓐ 166 IPC 145
Ⓐ 167 테스트 케이스 145
Ⓒ 168 공통 모듈 명세 기법의 종류 146
Ⓑ 169 재사용 146
Ⓒ 170 코드의 주요 기능 147
Ⓑ 171 코드의 종류 147
Ⓐ 172 디자인 패턴 148
Ⓐ 173 생성 패턴 148
Ⓐ 174 구조 패턴 149
Ⓐ 175 행위 패턴 150
Ⓒ 176 crontab 명령어 작성 방법 151

⑤ 인터페이스 구현

Ⓑ 177 요구사항 검증 방법 160
Ⓑ 178 미들웨어 160
Ⓑ 179 미들웨어의 종류 160
Ⓐ 180 EAI 161
Ⓒ 181 ESB 162
Ⓐ 182 JSON 162
Ⓐ 183 AJAX 162
Ⓑ 184 인터페이스 보안 기능 적용 163
Ⓐ 185 IPsec / SSL / S-HTTP 163
Ⓑ 186 데이터 무결성 검사 도구 163
Ⓐ 187 인터페이스 구현 검증 도구 164
Ⓒ 188 APM 164

⑥ 화면 설계

Ⓐ 189 UI / UX 170
Ⓐ 190 UI의 구분 170
Ⓐ 191 UI의 기본 원칙 171
Ⓒ 192 UI 설계 도구 – 와이어프레임 171
Ⓑ 193 UI 설계 도구 – 목업 171
Ⓒ 194 UI 설계 도구 – 스토리보드 171
Ⓒ 195 UI 설계 도구 – 프로토타입 172
Ⓒ 196 UI 설계 도구 – 유스케이스 172
Ⓒ 197 품질 요구사항 172
Ⓑ 198 ISO/IEC 9126의 소프트웨어 품질 특성 .. 172
Ⓒ 199 HCI 173
Ⓒ 200 감성공학 173

⑦ 애플리케이션 테스트 관리

Ⓒ 201 애플리케이션 테스트 178
Ⓐ 202 애플리케이션 테스트의 기본 원리 .. 178
Ⓐ 203 프로그램 실행 여부에 따른 테스트 .. 178
Ⓒ 204 시각에 따른 테스트 178
Ⓒ 205 목적에 따른 테스트 179
Ⓑ 206 화이트박스 테스트 179
Ⓑ 207 화이트박스 테스트의 종류 179
Ⓐ 208 화이트박스 테스트의 검증 기준 180
Ⓐ 209 블랙박스 테스트 181
Ⓐ 210 블랙박스 테스트의 종류 181
Ⓐ 211 개발 단계에 따른 애플리케이션 테스트 .. 182

Ⓐ 212 단위 테스트   183
Ⓐ 213 통합 테스트   183
Ⓒ 214 시스템 테스트   184
Ⓐ 215 인수 테스트   184
Ⓐ 216 하향식 통합 테스트   184
Ⓐ 217 상향식 통합 테스트   185
Ⓐ 218 회귀 테스트   185
Ⓑ 219 테스트 오라클   185
Ⓐ 220 테스트 오라클의 종류   186
Ⓑ 221 테스트 자동화 도구   186
Ⓒ 222 테스트 하네스의 구성 요소   187
Ⓒ 223 결함   187
Ⓐ 224 애플리케이션 성능 측정 지표   187
Ⓑ 225 빅오 표기법으로 표현한 최악의 시간 복잡도   188
Ⓑ 226 순환 복잡도   188
Ⓑ 227 소스 코드 최적화   189
Ⓑ 228 클린 코드 작성 원칙   189
Ⓐ 229 소스 코드 품질 분석 도구   190

8 SQL 응용

Ⓑ 230 DDL   200
Ⓑ 231 CREATE TABLE   200
Ⓒ 232 CREATE VIEW   201
Ⓐ 233 CREATE INDEX   202
Ⓐ 234 ALTER TABLE   202
Ⓐ 235 DROP   203
Ⓑ 236 DCL   203
Ⓐ 237 GRANT / REVOKE   204
Ⓐ 238 ROLLBACK   204
Ⓑ 239 DML   205
Ⓐ 240 삽입문(INSERT INTO~)   205
Ⓐ 241 삭제문(DELETE FROM~)   206
Ⓐ 242 갱신문(UPDATE~ SET~)   206
Ⓐ 243 SELECT   207
Ⓐ 244 기본 검색   208
Ⓐ 245 조건 지정 검색   209
Ⓐ 246 정렬 검색   210
Ⓐ 247 하위 질의   211
Ⓐ 248 그룹 함수   213
Ⓐ 249 그룹 지정 검색   213
Ⓐ 250 집합 연산자를 이용한 통합 질의   214
Ⓒ 251 JOIN   215
Ⓐ 252 EQUI JOIN   215

Ⓐ 253 OUTER JOIN   216
Ⓑ 254 트리거   217

9 소프트웨어 개발 보안 구축

Ⓒ 255 Secure SDLC   236
Ⓐ 256 소프트웨어 개발 보안 요소   236
Ⓒ 257 시큐어 코딩   236
Ⓐ 258 SQL 삽입   237
Ⓒ 259 크로스사이트 스크립팅(XSS)   237
Ⓒ 260 메모리 버퍼 오버플로   237
Ⓒ 261 보안 기능 관련 용어   237
Ⓒ 262 하드코드된 암호화 키   238
Ⓑ 263 스택 가드   238
Ⓑ 264 접근 제어자   238
Ⓐ 265 개인키 암호화 기법   239
Ⓐ 266 공개키 암호화 기법   239
Ⓐ 267 IDEA   239
Ⓐ 268 Skipjack   240
Ⓐ 269 DES   240
Ⓐ 270 AES   240
Ⓑ 271 RSA   240
Ⓐ 272 TKIP   241
Ⓐ 273 해시   241
Ⓒ 274 SHA 시리즈   241
Ⓐ 275 MD5   241
Ⓒ 276 N-NASH   242
Ⓒ 277 SNEFRU   242
Ⓑ 278 인증   242
Ⓒ 279 방화벽   242
Ⓑ 280 침입 탐지 시스템   243
Ⓒ 281 침입 방지 시스템   243
Ⓐ 282 템퍼 프루핑   243
Ⓐ 283 OAuth   243
Ⓐ 284 VPN   244
Ⓒ 285 NAC   244
Ⓐ 286 SIEM   244
Ⓐ 287 SSH   245
Ⓐ 288 AAA(=3A)   245
Ⓐ 289 정보보호 관리 체계   245
Ⓑ 290 서비스 거부 공격   246
Ⓑ 291 Ping of Death   246
Ⓑ 292 SMURFING   246
Ⓑ 293 SYN Flooding   246

ⓒ 294 TearDrop — 247
Ⓐ 295 LAND Attack — 247
ⓒ 296 DDoS 공격 — 247
Ⓑ 297 분산 서비스 공격용 툴 — 247
Ⓐ 298 세션 하이재킹 — 248
Ⓐ 299 ARP 스푸핑 — 248
Ⓐ 300 사회 공학 — 248
Ⓐ 301 다크 데이터 — 248
Ⓐ 302 타이포스쿼팅 — 249
Ⓐ 303 스니핑 — 249
Ⓐ 304 워터링 홀 — 249
Ⓑ 305 키로거 공격 — 249
Ⓑ 306 랜섬웨어 — 249
Ⓑ 307 백도어 — 250
Ⓐ 308 기타 정보 보안 관련 용어 1 — 250
Ⓐ 309 기타 정보 보안 관련 용어 2 — 251

⑩ 프로그래밍 언어 활용

ⓒ 310 데이터 입·출력 – C언어 — 262
ⓒ 311 데이터 입·출력 – Java — 263
Ⓐ 312 헝가리안 표기법 — 266
Ⓑ 313 주요 자료형 — 266
ⓒ 314 주요 서식 문자열 — 267
ⓒ 315 주요 제어문자 — 267
Ⓐ 316 연산자 우선순위 — 268
Ⓐ 317 제어문 – C언어 — 270
Ⓐ 318 제어문 – Java — 274
Ⓐ 319 break와 continue — 278
Ⓐ 320 포인터 – C언어 — 281
Ⓐ 321 구조체 – C언어 — 286
Ⓐ 322 사용자 정의 함수 – C언어 — 291
Ⓐ 323 Java의 클래스 1 — 298
Ⓐ 324 Java의 클래스 2 — 302
Ⓐ 325 생성자 — 305
Ⓐ 326 Java의 활용 — 306
Ⓐ 327 Python의 활용 1 — 309
Ⓐ 328 Python의 활용 2 — 311
Ⓐ 329 람다 식 — 314
Ⓑ 330 Python의 클래스 — 315
Ⓐ 331 Python의 클래스 없는 메소드 사용 — 317
Ⓐ 332 Python – Range — 318
Ⓑ 333 Python – 슬라이스 — 320

Ⓐ 334 Python – 리스트 관련 주요 메소드 — 321
ⓒ 335 Python – 세트 관련 주요 메소드 — 322
Ⓑ 336 스크립트 언어 — 323
Ⓑ 337 자바 스크립트 — 323
Ⓑ 338 쉘 스크립트 — 323
Ⓑ 339 라이브러리 — 323
Ⓑ 340 C언어의 대표적인 표준 라이브러리 — 324

⑪-₁ 응용 SW 기초 기술 활용 1

Ⓑ 341 운영체제 — 420
ⓒ 342 운영체제의 목적 — 420
Ⓐ 343 UNIX — 420
Ⓑ 344 UNIX 시스템의 구성 — 420
ⓒ 345 LINUX — 421
Ⓐ 346 Android — 421
ⓒ 347 기억장치 관리 – 반입 전략 — 421
Ⓑ 348 기억장치 관리 – 배치 전략 — 422
ⓒ 349 가상기억장치 — 422
Ⓑ 350 가상기억장치 구현 기법 — 423
Ⓑ 351 페이지 교체 알고리즘 — 423
ⓒ 352 OPT — 423
Ⓑ 353 FIFO — 424
Ⓐ 354 LRU — 424
Ⓐ 355 LFU — 425
Ⓑ 356 Locality — 425
Ⓑ 357 워킹 셋 — 425
Ⓑ 358 스래싱 — 426
ⓒ 359 프로세스 — 426
ⓒ 360 PCB — 426
Ⓐ 361 프로세스 상태 전이 — 426
Ⓑ 362 프로세스 상태 전이 관련 용어 — 427
Ⓑ 363 스레드 — 427
ⓒ 364 스케줄링 — 427
ⓒ 365 비선점 스케줄링 — 428
ⓒ 366 선점 스케줄링 — 428
ⓒ 367 FCFS — 428
Ⓐ 368 SJF — 429
Ⓐ 369 HRN — 430
Ⓐ 370 RR — 430
Ⓐ 371 SRT — 430
Ⓑ 372 환경 변수 — 431
ⓒ 373 Windows 기본 명령어 — 431

Ⓑ 374 UNIX/LINUX 기본 명령어 431
Ⓐ 375 chmod 432

⑪₋₂ 응용 SW 기초 기술 활용 2

Ⓐ 376 IP 주소 440
Ⓑ 377 IPv6의 주소 체계 440
Ⓐ 378 서브네팅(Subnetting)의 예 440
Ⓒ 379 도메인 네임 441
Ⓐ 380 OSI 참조 모델 441
Ⓑ 381 네트워크 관련 장비 442
Ⓐ 382 프로토콜 443
Ⓐ 383 프로토콜의 기본 요소 443
Ⓐ 384 패킷 교환 방식 443
Ⓑ 385 TCP/IP 444
Ⓒ 386 TCP/IP 구조 444
Ⓑ 387 UDP 444
Ⓐ 388 L2TP 445
Ⓐ 389 ICMP 445
Ⓐ 390 ARP / RARP 445
Ⓐ 391 네트워크 관련 신기술 446
Ⓑ 392 네트워크 구축 447
Ⓒ 393 네트워크의 분류 447
Ⓑ 394 IEEE 802의 주요 표준 규격 448
Ⓑ 395 IEEE 802.11의 버전 448
Ⓐ 396 NAT 448
Ⓒ 397 경로 제어 449
Ⓐ 398 IGP 449
Ⓐ 399 EGP / BGP 450
Ⓑ 400 흐름 제어 450
Ⓐ 401 SW 관련 신기술 450
Ⓐ 402 HW 관련 신기술 451
Ⓐ 403 RAID 452
Ⓑ 404 Secure OS 453
Ⓐ 405 DB 관련 신기술 453
Ⓑ 406 회복 454
Ⓐ 407 REDO / UNDO 454
Ⓐ 408 즉각 갱신 기법 454
Ⓒ 409 병행제어 455
Ⓐ 410 로킹 455
Ⓑ 411 타임 스탬프 순서 455
Ⓑ 412 로킹 단위 455
Ⓑ 413 교착상태 456
Ⓑ 414 교착상태의 해결 방법 456

⑫ 제품 소프트웨어 패키징

Ⓒ 415 소프트웨어 패키징 468
Ⓐ 416 릴리즈 노트 작성 항목 468
Ⓒ 417 저작권 468
Ⓒ 418 디지털 저작권 관리 469
Ⓑ 419 디지털 저작권 관리의 구성 요소 469
Ⓑ 420 디지털 저작권 관리의 기술 요소 469
Ⓑ 421 소프트웨어 설치 매뉴얼 470
Ⓐ 422 소프트웨어 패키징의 형상 관리 470
Ⓐ 423 형상 관리 기능 470
Ⓑ 424 소프트웨어의 버전 등록 관련 주요 기능 471
Ⓒ 425 소프트웨어 버전 관리 도구 – 공유 폴더 방식 471
Ⓒ 426 소프트웨어 버전 관리 도구 – 클라이언트/서버 방식 471
Ⓑ 427 소프트웨어 버전 관리 도구 – 분산 저장소 방식 472
Ⓒ 428 Subversion 472
Ⓒ 429 Subversion의 주요 명령어 472
Ⓒ 430 Git 473
Ⓒ 431 Git의 주요 명령어 473
Ⓑ 432 빌드 자동화 도구 473
Ⓒ 433 Jenkins 474
Ⓑ 434 Gradle 474

하나, 합격 도우미

'시험정보/후기' 게시판

자격증 준비를 위한 시험정보와
합격전략을 제공합니다.

둘, 수험생 지원 센터

'묻고 답하기' 게시판

공부하다 궁금하면 참지말고
게시판에 질문을 남기세요!

셋, 유형별 기출문제

'자료실' 게시판

자세한 해설이 포함된 기출문제로
현장 감각을 키우세요.

※ 서비스 '하나'부터 '넷'까지는 시나공 홈페이지(sinagong.co.kr)에서 제공합니다.

시나공 시리즈는 단순한 책 한 권이 아닙니다. 여러분이 시나공 시리즈 책 한 권을 구입한 순간, Q&A 서비스부터 최신기출문제 등 각종 학습 자료까지, IT 자격증 최고 전문가들이 제공하는 온라인&오프라인 합격 보장 교육 프로그램이 함께합니다.

넷, 온라인 실기 특강

실기 시험 대비 온라인 특강

시나공 홈페이지에서는 실기 시험 준비를
위한 온라인 특강을 무료로 제공합니다.

다섯, 무료 동영상 강의

합격에 필요한 내용은 모두 동영상 강의로!

434개의 핵심을 모두 동영상 강의로 담았습니다.
혼자 공부하다가 어려운 부분이 나와도 고민하지 말고
QR 코드를 스캔하세요!

방법1 스마트폰으로 QR코드를 스캔하세요.
방법2 시나공 홈페이지의 [동영상 강좌] → [토막강의(무료)]에서 QR코드 번호를 입력하세요.
방법3 유튜브 검색 창에 "시나공"+QR코드 번호를 입력하세요.

시나공340001 🔍

340026

019 SADT ⓒ 필기 20.9

SA... 정의, 소프트웨어 요구사항 분석, 시... 설계를 위한 도구이다.
SoftTech...에서 개발했다...
구조적 요구 분석을 하기 위해 ...그램을 채택한 자동화 도구이다.

340028

021 UML Ⓐ 필기 20.9

UML(Unified Modeling Languag...분석, 설계, 구현 등 시스템 개발 과정에서 ... 개발자와 ... 상호 간의 의사소통이 원활하게 이루... 대표적인 객체지향 모델링 언어

...(...), Booch, Jacobson 등의 객체지향 방법론의 장점을 통합하여...
UML의 구...
– 사물(T...
– ...(...ship)
– ...(...iagram)

...: 시스템...에서 의사소통이 원...하게 이루어...도록 표준화한 대표적인 객체지향 모델링 언어인 UML의 기본 구성 요소 3가지를 쓰시오.

답 :

340027

020 HIPO Ⓑ 필기 24.2, 23.7, 22.7, 20.9

HIPO(Hierarchy Input Process Output)는 시스템의 분석 및 설계, 또는 문서화에 사용되는 기법으로, **시스템 실행 과정인 입력·처리·출력의 기능을 표현한 것**이다.
하향식 소프트웨어 개발을 위한 문서화 도구이다.
시스템의 ... 고유 모듈로 분할하... 간의 인... 표현한 것을 H... Chart...

기출체크 ☑

2. 다음의 설명과 가장 부합하는 용어를 ... 쓰시오.

- 시스템의 분석 및 설계, 또는 문서화에 ..., 시스템 실행 과정인 입력, 처리, 출력의 기능을 나타...
- 하향식 소프트웨어 개발을 위한 문서화 ...
- 차트의 종류에는 가시적 도표, 총체적 도표... 가 있다.
- 기능과 자료의 의존 관계를 동시에 표현할...
- 기호, 도표 등을 사용하므로 보기 쉽고 이...

답 :

340030

022 연관 관계 ⓒ

연관(Association) 관계는 2개 이상의 사물이 서로 관련되어 있는 관계이다.
사물 사이를 실선으로 연결하여 표현한다.
방향성은 화살표로 표현한다.
양방향... 경우 화살표를 생략하고 실선으로만 연결...
... 한다.
... 사람이 집을 소유하는 관계이다. 사람은 자기가 소유하... 집에 대해 알고 있지만 집은 누구에 의해 자신이 소유되... 모른다는 의미이다.

사람 1 ——— 1 집

기출체크 해답 1. SADT   2. HIPO   3. 사물(Things), 관계(Relationship), 다이어그램(Diagram)

시험 접수부터 자격증을 받기까지
한눈에 살펴볼까요?

2 필기원서접수 ⟶ **3** 필기시험

1 응시자격조건

◎ 정보처리기사 / 산업기사
(www.q-net.or.kr에서 접수)
◎ 검정수수료: 19,400원

정보처리기사 시험은 4년제 대학졸업자 및 졸업예정자 이상의 학력소지자만 응시할 수 있습니다!

필기 시험은 인터넷 접수만 가능합니다!

여러분~ 부정 행위는, 꿈도 꾸지마시고~ 시험시~작!

필기 시험은 과목당 40점이상, 전 과목 평균 60점 이상의 점수를 얻어야 합격합니다!

대학 4학년   IT 비전공자

외국학력소지자   학점 취득자

★ 자격증 신청 및 수령 ★

신청방법
⇓
인터넷 신청만 가능!

수령방법
⇓
등기 우편으로만 수령가능!

※ 신청할 때 준비할 것은~

▶ 접수 수수료 3,100원, 등기 우편 수수료 3,010원

4 합격여부 확인

실기시험

1 실기원서접수

설마 필기시험에 떨어진건 아니겠지~?

합격

축합격

실기 시험은 인터넷 접수만 가능합니다!

실기

◎ 정보처리기사 / 산업기사
(www.q-net.or.kr에서 접수)
◎ 검정수수료
- 정보처리기사: 22,600원
- 산업기사: 20,800원

최종합격

3 합격여부 확인

2 실기시험

합격여부 확인은
www.q-net.or.kr로
하면 됩니다.

실기시험은 필답형으로 치러집니다!

실기

실기 시험은 과락이 없습니다. 60점 이상만 얻으면 합격입니다!

집중

정보처리기사 시험,
이것이 궁금하다!

Q 정보처리기사 시험은 국가직무능력표준(NCS)을 기반으로 하여 문제가 출제된다고 하는데, 국가직무능력표준(NCS)이 뭔가요?

A 국가직무능력표준(NCS; National Competency Standards)이란 산업현장에서 직무를 수행하기 위해 요구되는 지식·기술·소양 등의 내용을 국가가 산업부문별·수준별로 체계화한 것으로 산업현장의 직무를 성공적으로 수행하기 위해 필요한 능력을 국가적 차원에서 표준화한 것을 의미하며, NCS의 능력 단위를 교육 및 훈련할 수 있도록 구성한 '교수·학습 자료'를 NCS 학습 모듈이라고 합니다.

정보처리기사 실기 시험은 NCS 학습 모듈 중 정보통신 분야의 '정보기술' 분류에 포함된 '정보기술개발'의 '응용 소프트웨어 엔지니어링'과 '데이터베이스 엔지니어링'에 속한 25개의 학습 모듈을 기반으로 하고 있으며, 본 교재는 정보처리기사 실기 출제 기준에 포함된 25개의 학습 모듈을 완전 분해하여 정보처리기사 수준에 맞게 434개의 핵심으로 엄선하여 정리하였습니다.

Q 정보처리기사 자격증 취득 시 독학사 취득을 위한 학점이 인정된다고 하던데, 학점 인정 현황은 어떻게 되나요?

A

종목	학점	종목	학점
정보처리기사	20	워드프로세서	4
정보처리산업기사	16	ITQ A급	6
사무자동화산업기사	16	ITQ B급	4
컴퓨터활용능력 1급	14	GTQ 1급	5
컴퓨터활용능력 2급	6	GTQ 2급	3

※ 자세한 내용은 평생교육진흥원 학점은행 홈페이지(https://cb.or.kr)를 참고하세요.

※ ITQ A급 : 5과목 중 3과목이 모두 A등급인 경우

※ ITQ B급 : 5과목 중 3과목이 모두 B등급 이상인 경우

Q 필기 시험에 합격한 후 실기 시험에 여러 번 응시할 수 있다고 하던데, 몇 번이나 응시할 수 있나요?

A 필기 시험에 합격한 후 실기 시험 응시 횟수에 관계없이 필기 시험 합격자 발표일로부터 2년 동안 실기 시험에 응시할 수 있습니다.

Q 필기 시험 합격자 발표 후 언제까지 응시 자격 서류를 제출해야 하나요? 응시 자격 서류를 제출하면 반드시 첫 실기 시험에 응시해야 하나요?

A 필기 시험 합격자 발표 후 첫 실기 시험에 응시하려면 필기 시험 합격자 발표일로부터 4일 이내에 응시 자격 서류를 제출해야 합니다. 그렇지 않고 다음 실기 시험에 응시하려면 필기 시험 합격자 발표일로부터 8일 이내에 응시 자격 서류를 제출하면 됩니다.

Ⓠ 응시 자격 서류를 제출한 후 실기 시험을 보았는데 불합격됐어요. 다음 실기 시험을 볼 때 응시 서류를 또 제출해야 하나요?

Ⓐ 아닙니다. 시험에 불합격되었다고 하더라도 응시 자격 서류 제출 후 2년 동안은 응시 자격 서류를 제출하지 않아도 됩니다.

Ⓠ 수검표를 분실한 경우에는 어떻게 해야 하나요?

Ⓐ • 수검표를 잃어버린 경우 인터넷(www.q-net.or.kr) 및 가까운 지역본부(또는 지방사무소)로 문의하시면 주민번호로 조회가 가능합니다.
• 인터넷 접수자는 시험 전까지 인터넷원서접수시스템(www.q-net.or.kr)의 [로그인] → [마이페이지]에서 재출력할 수 있습니다.

Ⓠ 정보처리기사 실기 시험도 평일에 시행되나요?

Ⓐ 작업형인 경우 시험 장소 및 시설이 한정되어 있어 평일에 시행을 하였으나, 정보처리기사 실기가 필답형으로 변경된 이후에는 별도의 시설이나 장비가 필요하지 않으므로 토요일이나 일요일에 전국적으로 실시하고 있습니다.

Ⓠ 실기 시험을 접수한 지역이 아닌 다른 지역으로 장소가 변경될 수도 있나요?

Ⓐ 접수 인원이 소수이거나 관할 접수지역 내 시설, 장비가 없어 시험장 임차가 어려운 경우에는 부득이 타 지역으로 이동하여 시행할 수도 있습니다.

Ⓠ 실기 시험 시 신분증을 지참하지 않으면 어떻게 되나요?

Ⓐ 신분증을 지참하지 않으면 시험에 응시할 수 없으니 반드시 신분증을 지참하세요.

MEMO

요구사항 확인 1

001 소프트웨어 생명 주기 ⓒ등급

002 나선형 모형 Ⓑ등급

003 폭포수 모형 Ⓑ등급

004 애자일 모형 Ⓐ등급

005 애자일 개발 4가지 핵심 가치 Ⓑ등급

006 소프트웨어 공학 Ⓑ등급

007 스크럼 개발 프로세스 Ⓑ등급

008 XP Ⓑ등급

009 XP의 주요 실천 방법(Practice) Ⓐ등급

010 데이터베이스 관리 시스템 ⓒ등급

011 기능 요구사항 Ⓐ등급

012 비기능 요구사항 Ⓐ등급

013 요구사항 명세 기법 ⓒ등급

014 요구사항 개발 프로세스 ⓒ등급

015 요구사항 분석 Ⓑ등급

016 자료 흐름도 ⓒ등급

017 자료 흐름도의 구성 요소 Ⓐ등급

018 자료 사전 Ⓑ등급

019 SADT ⓒ등급

020 HIPO Ⓑ등급

021 UML ⓒ등급

022 연관 관계 ⓒ등급

023 집합 관계 Ⓐ등급

024 포함 관계 ⓒ등급

025 일반화 관계 Ⓐ등급

026 의존 관계 Ⓑ등급

027 실체화 관계 ⓒ등급

028 다이어그램 ⓒ등급

029 구조적 다이어그램의 종류 Ⓐ등급

030 행위 다이어그램의 종류 Ⓐ등급

031 스테레오 타입 Ⓑ등급

001 소프트웨어 생명 주기 ⓒ

- 소프트웨어 생명 주기(Software Life Cycle)는 **소프트웨어를 개발하기 위한** 설계, 운용, 유지보수 등의 **과정을 각 단계별로 나눈 것**이다.
- 소프트웨어 생명 주기는 소프트웨어 개발 단계와 각 단계별 주요 활동 그리고 활동의 결과에 대한 산출물로 표현한다.

예상체크 ☑

출제예상
1. 다음의 설명과 가장 부합하는 용어를 쓰시오.

> 소프트웨어를 개발하기 위한 설계, 운용, 유지보수 등의 과정을 각 단계별로 나눈 것으로, 소프트웨어 개발 단계와 각 단계별 주요 활동 그리고 활동의 결과에 대한 산출물로 표현한다.

답 :

▶340002　필기 23.7, 23.2, 22.7, 21.8, 21.3, 20.9, 20.8, 20.6

002 나선형 모형 Ⓑ

- 나선형 모형(Spiral Model, 점진적 모형)은 나선을 따라 돌듯이 **여러 번의 소프트웨어 개발 과정을 거쳐 점진적으로 완벽한 최종 소프트웨어를 개발하는 모형**이다.
- 보헴(Boehm)이 제안하였다.
- 4가지 주요 활동

기출체크 ☑

필기 23.7, 21.3, 20.9, 20.8
2. 다음에 제시된 나선형(Spiral) 모델의 4가지 주요 활동을 순서대로 나열하시오.

> 위험 분석, 고객 평가, 계획 수립, 개발 및 검증

답 : (　　　) → (　　　) → (　　　) → (　　　) 순으로 반복

▶340003　필기 24.2, 21.8, 20.9, 20.8, 20.6

003 폭포수 모형 Ⓑ

- 폭포수 모형(Waterfall Model)은 이전 단계로 돌아갈 수 없다는 전제하에 **각 단계를 확실히 매듭짓고 그 결과를 철저하게 검토하여 승인 과정을 거친 후에 다음 단계를 진행하는 개발 방법론**이다.
- 가장 오래되고 가장 폭넓게 사용된 전통적인 소프트웨어 생명 주기 모형이다.
- 고전적 생명 주기 모형이라고도 한다.

기출체크 ☑

필기 24.2, 21.8, 20.9, 20.8, 20.6
3. 소프트웨어 개발 방법론과 관련하여 다음 설명에 해당하는 모형이 무엇인지 쓰시오.

> - 소프트웨어 개발 각 단계를 확실히 매듭짓고 그 결과를 철저하게 검토하여 승인 과정을 거친 후에 다음 단계를 진행하는 개발 방법론이다.
> - 소프트웨어 공학에서 가장 오래되고 가장 폭넓게 사용된 전통적인 소프트웨어 생명 주기 모형으로, 고전적 생명 주기 모형이라고도 한다.
> - 소프트웨어 개발 과정의 한 단계가 끝나야만 다음 단계로 넘어갈 수 있는 선형 순차적 모형이다.

답 :

궁금해요 ❓

Q 실기 책에 왜 필기의 기출 년월이 표시되어 있나요?
A 정보처리기사 시험은 필기와 실기가 시험 범위가 같습니다. 동일한 내용이 객관식으로 필기시험에 나올 수도 있고, 단답형이나 서술식으로 실기시험에 나올 수도 있습니다. 공부하다 보면 알겠지만 필기시험과 실기시험에 중복해서 나온 내용이 많습니다. 자격 시험에는 나온 문제가 또 나온다는 걸 명심하세요.

기출체크 **정답**　1. 소프트웨어 생명 주기(Software Life Cycle)　2. 계획 수립, 위험 분석, 개발 및 검증, 고객 평가　3. 폭포수 모형(Waterfall Model)

20.7, 필기 22.4, 22.3, 21.8, 21.5, 20.8

004 > 애자일 모형 (A)

- 애자일(Agile)은 '민첩한', '기민한'이라는 의미로, 고객의 **요구사항 변화에 유연하게 대응할 수 있도록 일정한 주기를 반복하면서 개발하는 모형이다.**

- 어느 특정 개발 방법론이 아니라 좋은 것을 빠르고 낭비 없게 만들기 위해 고객과의 소통에 초점을 맞춘 방법론을 통칭한다.

- 대표적인 개발 모형
  - 스크럼(Scrum)
  - XP(eXtreme Programming)
  - 칸반(Kanban)
  - Lean
  - 기능 중심 개발(FDD; Feature Driven Development)

기출체크 ☑

20.7, 필기 22.4, 22.3, 21.8, 20.8

4. 시제품을 끊임없이 제작하며 사이클을 반복하는 개발 방법론으로, 워터폴과 대조적이며, 소프트웨어 개발을 넘어 기업 경영 전반에서 사용되고 있다. 고객의 변화하는 요구사항과 환경 변화에 능동적인 이 소프트웨어 개발 방법론을 쓰시오.

답:

필기 23.7, 22.3, 21.3, 20.8

005 > 애자일 개발 4가지 핵심 가치 (B)

- 프로세스와 도구보다는 개인과 상호작용에 더 가치를 둔다.
- 방대한 문서보다는 실행되는 SW에 더 가치를 둔다.
- 계약 협상보다는 고객과 협업에 더 가치를 둔다.
- 계획을 따르기 보다는 변화에 반응하는 것에 더 가치를 둔다.

기출체크 ☑

필기 23.7, 22.3, 21.3, 20.8

5. 애자일 소프트웨어 개발 기법의 가치로 옳은 것을 모두 골라 기호(㉠~㉣)로 쓰시오.

> ㉠ 프로세스의 도구보다는 개인과 상호작용에 더 가치를 둔다.
> ㉡ 계약 협상보다는 고객과의 협업에 더 가치를 둔다.
> ㉢ 실제 작동하는 소프트웨어보다는 이해하기 좋은 문서에 더 가치를 둔다.
> ㉣ 계획을 따르기보다는 변화에 대응하는 것에 더 가치를 둔다.

답:

필기 21.3, 20.8

006 > 소프트웨어 공학 (B)

- 소프트웨어 공학(SE; Software Engineering)은 **소프트웨어의 위기를 극복하기 위한 방안으로 연구된 학문**이다.

- 여러 가지 방법론과 도구, 관리 기법들을 통하여 소프트웨어의 품질과 생산성 향상을 목적으로 한다.

- **소프트웨어 공학의 기본 원칙**
  - 현대적인 프로그래밍 기술을 계속적으로 적용해야 한다.
  - 개발된 소프트웨어의 품질이 유지되도록 지속적으로 검증해야 한다.
  - 소프트웨어 개발 관련 사항 및 결과에 대한 명확한 기록을 유지해야 한다.

기출체크 ☑

필기 21.3, 20.8

6. 다음 괄호에 공통으로 들어갈 용어를 쓰시오.

> - (   )은 소프트웨어의 위기를 극복하기 위한 방안으로 연구된 학문이며, 여러 가지 방법론과 도구, 관리 기법들을 통하여 소프트웨어의 품질과 생산성 향상을 목적으로 한다.
> - (   )의 기본 원칙은 다음과 같다.
>   - 현대적인 프로그래밍 기술을 계속적으로 적용해야 한다.
>   - 개발된 소프트웨어의 품질이 유지되도록 지속적으로 검증해야 한다.
>   - 소프트웨어 개발 관련 사항 및 결과에 대한 명확한 기록을 유지해야 한다.

답:

기출체크 정답 4. 애자일(Agile) 5. ㉠, ㉡, ㉣ 6. 소프트웨어 공학(Software Engineering)

007 > 스크럼 개발 프로세스 Ⓑ

프로세스	내용
스프린트 계획 회의 (Sprint Planning Meeting)	제품 백로그 중 이번 스프린트에서 수행할 작업을 대상으로 단기 일정을 수립하는 회의
스프린트(Sprint)	실제 개발 작업을 진행하는 과정으로, 보통 2~4주 정도의 기간 내에서 진행함
일일 스크럼 회의 (Daily Scrum Meeting)	• 모든 팀원이 매일 약속된 시간에 약 15분 동안 진행 상황을 점검하는 회의 • 남은 작업 시간은 소멸 차트(Burn-down Chart)에 표시함
스프린트 검토 회의 (Sprint Review)	부분 또는 전체 완성 제품이 요구사항에 잘 부합하는지 테스팅하는 회의
스프린트 회고 (Sprint Retrospective)	정해놓은 규칙 준수 여부 및 개선할 점을 확인하고 기록하는 것

기출체크 ☑

필기 22.3

1. 스크럼(Scrum) 개발 프로세스 중 실제 개발 작업을 진행하는 과정으로, 보통 2~4주 정도의 기간 내에서 진행하는 프로세스를 쓰시오.

답:

008 > XP Ⓑ

• XP(eXtreme Programming)는 수시로 발생하는 고객의 요구사항에 유연하게 대응하기 위해 **고객의 참여와 개발 과정의 반복을 극대화하여 개발 생산성을 향상시키는 방법**이다.

• 짧고 반복적인 개발 주기, 단순한 설계, 고객의 적극적인 참여를 통해 소프트웨어를 빠르게 개발하는 것을 목적으로 한다.

• XP의 5가지 핵심 가치
  – 의사소통(Communication)
  – 단순성(Simplicity)
  – 용기(Courage)

  – 존중(Respect)
  – 피드백(Feedback)

기출체크 ☑

필기 23.7, 22.7, 20.9, 20.6

2. 수시로 발생하는 고객의 요구사항에 유연하게 대응하기 위해 고객의 참여와 개발 과정의 반복을 극대화하여 개발 생산성을 향상시키는 익스트림 프로그래밍(eXtreme Programming)의 5가지 핵심 가치에는 의사소통(Communication), (①), 용기(Courage), (②), 피드백(Feedback)이 있다. 괄호(①, ②)에 각각 들어갈 적합한 핵심 가치를 쓰시오.

답
• ①
• ②

009 > XP의 주요 실천 방법(Practice) Ⓐ

필기 23.5, 20.9
Pair Programming(짝 프로그래밍)

다른 사람과 함께 프로그래밍을 수행함으로써 개발에 대한 책임을 공동으로 나눠 갖는 환경을 조성한다.

필기 20.9
Collective Ownership(공동 코드 소유)

개발 코드에 대한 권한과 책임을 공동으로 소유한다.

Test-Driven Development(테스트 주도 개발)

• 개발자가 실제 코드를 작성하기 전에 테스트 케이스를 먼저 작성하므로 자신이 무엇을 해야할지를 정확히 파악한다.

• 테스트가 지속적으로 진행될 수 있도록 자동화된 테스팅 도구(구조, 프레임워크)를 사용한다.

Whole Team(전체 팀)

개발에 참여하는 모든 구성원(고객 포함)들은 각자 자신의 역할이 있고 그 역할에 대한 책임을 가져야 한다.

필기 20.9
Continuous Integration(계속적인 통합)

모듈 단위로 나눠서 개발된 코드들은 하나의 작업이 마무리될 때마다 지속적으로 통합된다.

Refactoring(리팩토링)

- 프로그램 기능의 변경 없이 시스템을 재구성한다.

- 목적 : 프로그램을 쉽게 이해하고 쉽게 수정하여 빠르게 개발할 수 있도록 하기 위함임

Small Releases(소규모 릴리즈)

릴리즈 기간을 짧게 반복함으로써 고객의 요구 변화에 신속히 대응할 수 있다.

기출체크 ☑

20.10, 필기 22.4

3. 소프트웨어 공학에서 리팩토링(Refactoring)을 하는 목적에 대해 간략히 서술하시오.

답 :

 340012

010 > 데이터베이스 관리 시스템 ©

- 데이터베이스 관리 시스템(DBMS; DataBase Management System)은 **사용자와 데이터베이스 사이에서 사용자의 요구에 따라 정보를 생성해 주고, 데이터베이스를 관리해 주는 소프트웨어**이다.

- DBMS 관련 요구사항 식별 시 고려사항
  - 가용성
  - 성능
  - 기술 지원
  - 상호 호환성
  - 구축 비용

기출체크 ☑

필기 20.6

4. DBMS 관련 요구사항 분석 시 고려사항에는 (①), 성능, 기술지원, (②), 구축 비용이 있다. 괄호(①, ②)에 들어갈 가장 알맞은 고려사항이 무엇인지 쓰시오.

답
- ①
- ②

011 > 기능 요구사항 Ⓐ

- 기능 요구사항(Functional Requirements)은 시스템이 무엇을 하는지, 어떤 기능을 하는지 등의 기능이나 수행과 관련된 요구사항이다.

- 시스템의 입력이나 출력으로 무엇이 포함되어야 하는지에 대한 사항

- 시스템이 어떤 데이터를 저장하거나 연산을 수행해야 하는지에 대한 사항

- 시스템이 반드시 수행해야 하는 기능

- 사용자가 시스템을 통해 제공받기를 원하는 기능

기출체크 ☑

21.4

5. 요구사항 확인에 대한 다음 설명에서 괄호에 들어갈 알맞은 용어를 쓰시오.

( ) 요구사항은 시스템이 무엇을 하는지, 어떤 기능을 하는지 등 사용자가 시스템을 통해 제공받기를 원하는 기능이나 시스템이 반드시 수행해야 하는 기능을 의미한다.

답 :

012 > 비기능 요구사항 Ⓐ

- 비기능 요구사항(Non-functional Requirements)은 품질이나 제약사항과 관련된 요구사항이다.

- 시스템 장비 구성 요구사항

- 성능 요구사항

- 인터페이스 요구사항

- 데이터를 구축하기 위해 필요한 요구사항

- 테스트 요구사항

- 보안 요구사항

- **품질 요구사항** : 가용성, 정합성, 상호 호환성, 대응성, 이식성, 확장성, 보안성 등

기출체크 **정답** **3.** 리팩토링의 목적은 <u>프로그램을 쉽게 이해하고 수정하여 빠르게 개발할 수 있도록 하기 위함이다.</u>　**4.** ① 가용성, ② 상호 호환성　**5.** 기능

- 제약사항
- 프로젝트 관리 요구사항
- 프로젝트 자원 요구사항

▶340020

필기 20.9

013 > 요구사항 명세 기법 ⓒ

구분	정형 명세 기법 (필기 20.9)	비정형 명세 기법
기법	수학적 원리 기반, 모델 기반	상태/기능/객체 중심
작성 방법	수학적 기호, 정형화된 표기법	일반 명사, 동사 등의 자연어를 기반으로 서술 또는 다이어그램으로 작성
특징	• 요구사항을 정확하고 간결하게 표현할 수 있음 • 요구사항에 대한 결과가 작성자에 관계없이 일관성이 있으므로 완전성 검증이 가능함 • 표기법이 어려워 사용자가 이해하기 어려움	• 자연어의 사용으로 인해 요구사항에 대한 결과가 작성자에 따라 다를 수 있어 일관성이 떨어지고, 해석이 달라질 수 있음 • 내용의 이해가 쉬워 의사소통이 용이함
종류	VDM, Z, Petri-net, CSP 등	FSM, Decision Table, ER모델링, State Chart(SADT) 등

▶340018

필기 21.5

014 > 요구사항 개발 프로세스 ⓒ

- 요구사항 개발 프로세스는 개발 대상에 대한 요구사항을 체계적으로 도출하고 분석한 후 명세서에 정리한 다음 확인 및 검증하는 일련의 구조화된 활동이다.
- 요구사항 개발 프로세스가 진행되기 전에 타당성 조사(Feasibility Study)가 선행되어야 한다.
- 요구사항 개발은 요구공학(Requirement Engineering)의 한 요소이다.

도출(Elicitation) → 분석(Analysis) → 명세(Specification) → 확인(Validation)

▶440015

필기 22.3, 20.6

015 > 요구사항 분석 Ⓑ

- 요구사항 분석(Requirement Analysis)은 소프트웨어 개발의 실제적인 첫 단계로, **개발 대상에 대한 사용자의 요구사항을 이해하고 문서화하는 활동**을 의미한다.
- 사용자 요구의 타당성을 조사하고 비용과 일정에 대한 제약을 설정한다.
- 사용자의 요구를 정확하게 추출하여 목표를 정한다.

---

016 > 자료 흐름도　　Ⓒ

- 자료 흐름도(DFD; Data Flow Diagram)는 요구사항 분석에서 **자료의 흐름 및 변환 과정과 기능을 도형 중심으로 기술하는 방법**이다.
- 자료 흐름 그래프, 버블 차트라고도 한다.
- 자료 흐름과 처리를 중심으로 하는 구조적 분석 기법에 이용된다.

기출체크 ☑

필기 20.9

5. 소프트웨어 개발 단계 중 요구 분석 과정에서는 다양한 분석 도구가 사용된다. 다음 보기에서 설명하는 분석 도구가 무엇인지 쓰시오.

- 자료 흐름 그래프 또는 버블(Bubble) 차트라고도 한다.
- 구조적 분석 기법에 이용된다.
- 자료의 흐름을 명확하게 표현할 수 있다.
- 화살표, 원, 사각형, 직선(단선/이중선)을 이용하여 자료의 흐름을 표시한다.

답:

---

017 > 자료 흐름도의 구성 요소　Ⓐ

기호	의미
필기 24.2, 23.2, 22.7, 20.9, 20.8, 20.6 프로세스(Process)	자료를 변환시키는 시스템의 한 부분(처리 과정)을 나타내며 처리, 기능, 변환, 버블이라고도 함
필기 24.2, 23.2, 22.7, 20.9, 20.8, 20.6 자료 흐름(Data Flow)	자료의 이동(흐름)이나 연관관계를 나타냄
필기 24.2, 23.2, 22.7, 20.9, 20.8, 20.6 자료 저장소(Data Store)	시스템에서의 자료 저장소(파일, 데이터베이스)를 나타냄
필기 23.2, 22.7, 20.9, 20.8, 20.6 단말(Terminator)	시스템과 교신하는 외부 개체로, 입력 데이터가 만들어지고 출력 데이터를 받음

기출체크 ☑

필기 23.2, 22.7, 20.8, 20.6

6. 요구사항 분석에서 자료의 흐름 및 변환 과정과 기능을 도형 중심으로 기술하는 자료 흐름도(Data Flow Diagram)의 4가지 구성 요소를 쓰시오.

답:

---

018 > 자료 사전　　Ⓑ

- 자료 사전(DD; Data Dictionary)은 **자료 흐름도에 있는 자료를 더 자세히 정의하고 기록한 것이다.**
- 데이터를 설명하는 데이터로, 데이터의 데이터 또는 메타 데이터(Meta Data)라고도 한다.
- **자료 사전에서 사용되는 표기 기호**

기호	의미
필기 20.9, 20.8, 20.6 =	**자료의 정의** : ~로 구성되어 있다(is composed of)
필기 20.9 +	**자료의 연결** : 그리고(and)
필기 20.8, 20.6 ( )	**자료의 생략** : 생략 가능한 자료(Optional)
필기 20.9, 20.8 [ ]	**자료의 선택** : 또는(or)
필기 20.9, 20.8, 20.6 { }	**자료의 반복** : Iteration of
필기 20.6 * *	**자료의 설명** : 주석(Comment)

기출체크 ☑

필기 20.9, 20.8, 20.6

7. 다음은 자료 사전(Data Dictionary)에서 사용하는 기호에 대한 설명이다. 괄호(①~③)에 들어갈 알맞은 기호를 쓰시오.

기호	의미
=	자료의 정의
+	자료의 연결
(①)	자료의 생략
(②)	자료의 선택
(③)	자료의 반복
* *	자료의 설명

답
- ①
- ②
- ③

기출체크 정답　5. 자료 흐름도(Data Flow Diagram)　6. 프로세스(Process), 자료 흐름(Data Flow), 자료 저장소(Data Store), 단말(Terminator)
7. ① ( ), ② [ ], ③ { }

1-1장 | 요구사항 확인1　　27

▶340026 필기 20.9

019 > SADT Ⓒ

- SADT는 **시스템 정의, 소프트웨어 요구사항 분석, 시스템/소프트웨어 설계를 위한 도구**이다.
- SoftTech 사에서 개발했다.
- 구조적 요구 분석을 하기 위해 블록 다이어그램을 채택한 자동화 도구이다.

기출체크 ☑

필기 20.9

1. SoftTech 사에서 개발한 것으로, 구조적 요구 분석을 하기 위해 블록 다이어그램을 채택한 자동화 도구가 무엇인지 영문 약어로 쓰시오.

답 :

▶340027 필기 24.2, 23.7, 22.7, 20.9

020 > HIPO Ⓑ

- HIPO(Hierarchy Input Process Output)는 시스템의 분석 및 설계, 또는 문서화에 사용되는 기법으로, **시스템 실행 과정인 입력·처리·출력의 기능을 표현한 것**이다.
- 하향식 소프트웨어 개발을 위한 문서화 도구이다.
- 시스템의 기능을 여러 개의 고유 모듈로 분할하여 이들 간의 인터페이스를 계층 구조로 표현한 것을 HIPO Chart라고 한다.

기출체크 ☑

필기 24.2, 23.7, 22.7, 20.9

2. 다음의 설명과 가장 부합하는 용어를 영문 약어로 쓰시오.

- 시스템의 분석 및 설계, 또는 문서화에 사용되는 기법으로, 시스템 실행 과정인 입력, 처리, 출력의 기능을 나타내는 기법이다.
- 하향식 소프트웨어 개발을 위한 문서화 도구이다.
- 차트의 종류에는 가시적 도표, 총체적 도표, 세부적 도표가 있다.
- 기능과 자료의 의존 관계를 동시에 표현할 수 있다.
- 기호, 도표 등을 사용하므로 보기 쉽고 이해하기 쉽다.

답 :

▶340028 필기 20.9

021 > UML Ⓒ

- UML(Unified Modeling Language)은 시스템 분석, 설계, 구현 등 **시스템 개발 과정**에서 시스템 개발자와 고객 또는 개발자 상호 간의 **의사소통이 원활하게 이루어지도록 표준화한 대표적인 객체지향 모델링 언어**이다.
- Rumbaugh(OMT), Booch, Jacobson 등의 객체지향 방법론의 장점을 통합하였다.
- UML의 구성 요소
  - 사물(Things)
  - 관계(Relationships)
  - 다이어그램(Diagram)

기출체크 ☑

필기 20.9

3. 시스템 개발 과정에서 의사소통이 원활하게 이루어지도록 표준화한 대표적인 객체지향 모델링 언어인 UML의 기본 구성 요소 3가지를 쓰시오.

답 :

▶340030

022 > 연관 관계 Ⓒ

- 연관(Association) 관계는 **2개 이상의 사물이 서로 관련되어 있는 관계**이다.
- 사물 사이를 실선으로 연결하여 표현한다.
- 방향성은 화살표로 표현한다.
- 양방향 관계의 경우 화살표를 생략하고 실선으로만 연결한다.
- 다중도를 선 위에 표기한다.

예제 사람이 집을 소유하는 관계이다. 사람은 자기가 소유하고 있는 집에 대해 알고 있지만 집은 누구에 의해 자신이 소유되고 있는지 모른다는 의미이다.

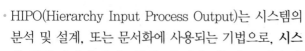

기출체크 정답 **1.** SADT **2.** HIPO **3.** 사물(Things), 관계(Relationship), 다이어그램(Diagram)

- '사람' 쪽에 표기된 다중도가 '1'이므로 집은 한 사람에 의해서만 소유될 수 있다.
- '집' 쪽에 표기된 다중도가 '1'이므로 사람은 집을 하나만 소유할 수 있다.

예상체크 ☑

출제예상
4. UML의 관계(Relationships)에 관한 다음 설명에서 괄호에 들어갈 알맞은 용어를 쓰시오.

> - (   ) 관계는 2개 이상의 사물이 서로 관련되어 있는 관계이다.
> - 방향성은 화살표로 표현한다.
> - 다중도를 선 위에 표기한다.

답 :

▶ 340031
21.10

023 > 집합 관계　Ⓐ

- 집합(Aggregation) 관계는 **하나의 사물이 다른 사물에 포함되어 있는 관계**이다.
- 포함하는 쪽(전체, Whole)과 포함되는 쪽(부분, Part)은 서로 독립적이다.
- 포함되는 쪽(부분, Part)에서 포함하는 쪽(전체, Whole)으로 속이 빈 마름모를 연결하여 표현한다.

예제 프린터는 컴퓨터에 연결해서 사용할 수 있으며, 다른 컴퓨터에 연결해서 사용할 수도 있다.

기출체크 ☑

21.10
5. UML의 관계(Relationships)에 관한 다음 설명에서 괄호에 들어갈 알맞은 용어를 쓰시오.

> 관계(Relationships)는 사물과 사물 사이의 연관성을 표현하는 것이다.
> (   ) 관계는 하나의 사물이 다른 사물에 포함되어 있는 관계로, 전체와 부분으로 구분되어지며 서로 독립적이다.

답 :

▶ 340521

 024 > 포함 관계　Ⓒ

- 포함(Composition) 관계는 집합 관계의 특수한 형태로, **포함하는 사물의 변화가 포함되는 사물에게 영향을 미치는 관계**이다.
- 포함하는 쪽(전체, Whole)과 포함되는 쪽(부분, Part)은 서로 독립될 수 없고 생명주기를 함께한다.
- 포함되는 쪽(부분, Part)에서 포함하는 쪽(전체, Whole)으로 속이 채워진 마름모를 연결하여 표현한다.

예제 문을 열 수 있는 키는 하나이며, 해당 키로 다른 문은 열 수 없다. 문이 없어지면 키도 더 이상 필요하지 않다.

예상체크 ☑

출제예상
6. 관계(Relationships)의 종류 중 집합 관계의 특수한 형태로, 포함하는 사물의 변화가 포함되는 사물에게 영향을 미치는 관계는 무엇인지 쓰시오.

답 :

▶ 340033
21.10, 필기 24.2, 20.8

025 > 일반화 관계　Ⓐ

- 일반화(Generalization) 관계는 **하나의 사물이 다른 사물에 비해 더 일반적이거나 구체적인 관계**이다.
- 보다 일반적인 개념을 상위(부모), 보다 구체적인 개념을 하위(자식)라고 부른다.
- 구체적(하위)인 사물에서 일반적(상위)인 사물 쪽으로 속이 빈 화살표를 연결하여 표현한다.

예제 아메리카노와 에스프레소는 커피이다. 다시 말하면, 커피에는 아메리카노와 에스프레소가 있다.

---

1. UML의 관계(Relationships)에 관한 다음 설명에서 괄호에 들어갈 알맞은 용어를 쓰시오.

> 관계(Relationships)는 사물과 사물 사이의 연관성을 표현하는 것이다.
> (   ) 관계는 상위 모듈이 하위 모듈보다 더 일반적인 개념을 가지고 있으며, 하위 모듈이 상위 모듈보다 더 구체적인 개념을 가진다.

답 :

▶ 340034

026 의존 관계 Ⓑ

필기 24.2, 23.5, 22.7, 21.8

- 의존(Dependency) 관계는 연관 관계와 같이 사물 사이에 서로 연관은 있으나 필요에 의해 **서로에게 영향을 주는 짧은 시간 동안만 연관을 유지하는 관계**이다.
- 하나의 사물과 다른 사물이 소유 관계는 아니지만 사물의 변화가 다른 사물에도 영향을 미치는 관계이다.
- 일반적으로 한 클래스가 다른 클래스를 오퍼레이션의 매개 변수로 사용하는 경우에 나타나는 관계이다.
- 영향을 주는 사물(이용자)이 영향을 받는 사물(제공자) 쪽으로 점선 화살표를 연결하여 표현한다.

예제 등급이 높으면 할인율을 적용하고, 등급이 낮으면 할인율을 적용하지 않는다.

| 등급 | ┄┄┄┄> | 할인율 |

기출체크 ☑

필기 24.2, 23.5, 22.7, 21.8
2. UML의 관계(Relationships)에 관한 다음 설명에 부합하는 관계의 종류를 쓰시오.

> UML 모델에서 한 사물의 명세가 바뀌면 다른 사물에 영향을 주며, 일반적으로 한 클래스가 다른 클래스를 오퍼레이션의 매개 변수로 사용하는 경우에 나타나는 관계이다.

답 :

▶ 340035

필기 21.5

027 실체화 관계 ⒸC

- 실체화(Realization) 관계는 **사물이 할 수 있거나 해야 하는 기능으로, 서로를 그룹화 할 수 있는 관계**이다.
- 한 객체가 다른 객체에게 오퍼레이션을 수행하도록 지정하는 의미적 관계이다.
- 사물에서 기능 쪽으로 속이 빈 점선 화살표를 연결하여 표현한다.

예제 비행기는 날 수 있고 새도 날 수 있다. 그러므로 비행기와 새는 날 수 있다는 행위로 그룹화 할 수 있다.

기출체크 ☑

필기 21.5
3. UML의 관계(Relationships)의 종류 중 한 객체가 다른 객체에게 오퍼레이션을 수행하도록 지정하는 의미적 관계를 의미하는 용어를 쓰시오.

답 :

▶ 340522

028 다이어그램 ⒸC

- 다이어그램(Diagram)은 **사물과 관계를 도형으로 표현한 것**이다.
- 여러 관점에서 시스템을 가시화한 뷰(View)를 제공함으로써 의사소통에 도움을 준다.
- 정적 모델링에서는 주로 구조적 다이어그램을 사용한다.
- 동적 모델링에서는 주로 행위 다이어그램을 사용한다.

예상체크 ☑

출제예상
4. 사물과 관계를 도형으로 표현한 것으로, 여러 관점에서 시스템을 가시화한 뷰(View)를 제공함으로써 의사소통에 도움을 주는 것은 무엇인지 쓰시오.

답 :

기출체크 정답 1. 일반화(Generalization)   2. 의존(Dependency) 관계 3.실체화(Realization) 관계 4. 다이어그램(Diagram)

필기 22.3, 21.5, 21.3, 20.6

029 > 구조적 다이어그램의 종류 Ⓐ

필기 21.5, 21.3, 20.6

클래스 다이어그램(Class Diagram)

클래스와 클래스가 가지는 속성, 클래스 사이의 관계를 표현한다.

필기 20.6

객체 다이어그램(Object Diagram)

- 클래스에 속한 사물(객체)들, 즉 인스턴스(Instance)를 특정 시점의 객체와 객체 사이의 관계로 표현한다.
- 럼바우(Rumbaugh) 객체지향 분석 기법에서 객체 모델링에 활용된다.

필기 22.3, 20.6

컴포넌트 다이어그램(Component Diagram)

- 실제 구현 모듈인 컴포넌트 간의 관계나 컴포넌트 간의 인터페이스를 표현한다.
- 구현 단계에서 사용된다.

필기 22.3

배치 다이어그램(Deployment Diagram)

- 결과물, 프로세스, 컴포넌트 등 물리적 요소들의 위치를 표현한다.
- 구현 단계에서 사용된다.

복합체 구조 다이어그램(Composite Structure Diagram)

클래스나 컴포넌트가 복합 구조를 갖는 경우 그 내부 구조를 표현한다.

필기 22.3

패키지 다이어그램(Package Diagram)

유스케이스나 클래스 등의 모델 요소들을 그룹화한 패키지들의 관계를 표현한다.

기출체크 ☑

필기 21.3
5. UML 다이어그램 중 시스템 내 클래스의 정적 구조를 표현하고 클래스와 클래스, 클래스의 속성 사이의 관계를 나타낼 때 사용하는 다이어그램을 쓰시오.

답 :

필기 21.5, 20.8, 20.6

6. 다음 보기의 다이어그램 중 구조(Structural) 다이어그램을 모두 골라 기호(㉠~㉾)로 쓰시오.

> ㉠ 유스케이스 다이어그램(Use Case Diagram)
> ㉡ 순차 다이어그램(Sequence Diagram)
> ㉢ 활동 다이어그램(Activity Diagram)
> ㉣ 배치 다이어그램(Deployment Diagram)
> ㉤ 클래스 다이어그램(Class Diagram)
> ㉥ 객체 다이어그램(Object Diagram)
> ㉦ 컴포넌트 다이어그램(Component Diagram)

답 :

필기 23.5, 23.2, 22.3, 21.5, 21.3, 20.9, 20.8

030 > 행위 다이어그램의 종류 Ⓐ

필기 23.5, 20.8

유스케이스 다이어그램(Use Case Diagram)

- 사용자의 요구를 분석하는 것으로, 기능 모델링 작업에 사용한다.
- 사용자(Actor)와 사용 사례(Use Case)로 구성된다.

필기 23.5, 22.3, 21.5, 21.3, 20.8

순차 다이어그램(Sequence Diagram)

상호작용하는 시스템이나 객체들이 주고받는 메시지를 표현한다.

커뮤니케이션 다이어그램(Communication Diagram)

동작에 참여하는 객체들이 주고받는 메시지와 객체들 간의 연관 관계를 표현한다.

필기 23.5, 21.3, 20.9

상태 다이어그램(State Diagram)

- 하나의 객체가 자신이 속한 클래스의 상태 변화 혹은 다른 객체와의 상호작용에 따라 상태가 어떻게 변화하는지를 표현한다.
- 럼바우(Rumbaugh) 객체지향 분석 기법에서 동적 모델링에 활용된다.

필기 23.2, 21.5, 20.8
활동 다이어그램(Activity Diagram)

시스템이 어떤 기능을 수행하는지 객체의 처리 로직이나 조건에 따른 처리의 흐름을 순서에 따라 표현한다.

상호작용 개요 다이어그램(Interaction Overview Diagram)

상호작용 다이어그램 간의 제어 흐름을 표현한다.

타이밍 다이어그램(Timing Diagram)

객체 상태 변화와 시간 제약을 명시적으로 표현한다.

기출체크 ☑

필기 20.9
1. UML 다이어그램 중 럼바우(Rumbaugh) 객체지향 분석 기법에서 동적 모델링에 활용되는 다이어그램이 무엇인지 쓰시오.

답:

필기 23.5, 22.3, 21.5, 20.8, 20.6
2. 다음 보기의 다이어그램 중 행위(Behavioral) 다이어그램을 모두 골라 기호(㉠~㉑)로 쓰시오..

> ㉠ 유스케이스 다이어그램(Use Case Diagram)
> ㉡ 순차 다이어그램(Sequence Diagram)
> ㉢ 활동 다이어그램(Activity Diagram)
> ㉣ 배치 다이어그램(Deployment Diagram)
> ㉤ 클래스 다이어그램(Class Diagram)
> ㉥ 객체 다이어그램(Object Diagram)
> ㉦ 컴포넌트 다이어그램(Component Diagram)

답:

필기 21.3
3. UML 다이어그램에 대한 다음 설명에서 괄호(①, ②)에 들어갈 알맞은 다이어그램을 쓰시오.

> (①)은 객체들 사이의 메시지 교환을 나타내며, (②)은 하나의 객체가 가진 상태와 그 상태의 변화 혹은 다른 객체와의 상호작용에 따라 상태가 어떻게 변화하는지를 나타낸다.

답
- ①
- ②

 ▶340039

필기 23.7, 22.7, 20.6
031 > 스테레오 타입

- 스테레오 타입(Stereotype)은 UML에서 **표현하는 기본 기능 외에 추가적인 기능을 표현하는** 것이다.
- 길러멧(Guilemet)이라고 부르는 겹화살괄호(≪≫) 사이에 표현할 형태를 기술한다.

기출체크 ☑

필기 23.7, 22.7, 20.6
4. UML 확장 모델에서 스테레오 타입 객체를 표현할 때 사용하는 기호를 쓰시오.

답:

문제 01 소프트웨어 개발 방법론과 관련하여 다음 설명에 해당하는 모형이 무엇인지 쓰시오.

> 나선을 따라 돌듯이 여러 번의 소프트웨어 개발 과정을 거쳐 점진적으로 완벽한 최종 소프트웨어를 개발하는 모형으로, 보헴(Boehm)이 제안하였다.

답 :

문제 02 다음이 설명하는 소프트웨어 개발과 관련된 용어를 쓰시오.

> • 소프트웨어 개발 방법론의 바탕이 되는 것으로, 소프트웨어를 개발하기 위한 설계, 운용, 유지보수 등의 과정을 각 단계별로 나눈 것이다.
> • 소프트웨어 개발 단계와 각 단계별 주요 활동, 그리고 활동의 결과에 대한 산출물로 표현한다.
> • 이것의 대표적인 모형에는 폭포수 모형, 프로토타입 모형, 나선형 모형, 애자일 모형 등이 있다.

답 :

문제 03 소프트웨어 생명 주기 모형에 대한 다음 설명에서 괄호에 들어갈 알맞은 용어를 쓰시오.

> • (　　　) 모형은 고객의 요구사항 변화에 유연하게 대응할 수 있도록 일정한 주기를 반복하면서 개발과정을 진행한다.
> • 어느 특정 개발 방법론이 아니라 좋은 것을 빠르고 낭비 없게 만들기 위해 고객과의 소통에 초점을 맞춘 방법론을 통칭한다.
> • 각 개발주기에서는 고객이 요구사항에 우선순위를 부여하여 개발 작업을 진행한다.
> • 소규모 프로젝트, 고도로 숙달된 개발자, 급변하는 요구사항에 적합하다.

답 :

문제 04 다음은 UML 다이어그램에서 사용되는 관계를 나열한 것이다. 관계 기호(①~④)에 해당하는 명칭을 〈보기〉에서 찾아 기호(㉠~㉣)로 쓰시오.

〈보기〉

㉠ 집합(Aggregation) 관계
㉡ 포함(Composition) 관계
㉢ 일반화(Generalization) 관계
㉣ 의존(Dependency) 관계

답

- ① ◁┄┄┄ :
- ② ◁─── :
- ③ ◆─── :
- ④ ◇─── :

문제 05 애자일 기반의 개발 방법론과 관련하여 다음 설명에 해당하는 모형이 무엇인지 쓰시오.

- 수시로 발생하는 고객의 요구사항에 유연하게 대응하기 위해 고객의 참여와 개발 과정의 반복을 극대화하여 개발 생산성을 향상시키는 모형이다.
- 짧고 반복적인 개발 주기, 단순한 설계, 고객의 적극적인 참여를 통해 소프트웨어를 빠르게 개발하는 것을 목적으로 한다.
- 릴리즈 테스트마다 고객을 직접 참여시킴으로써 요구한 기능이 제대로 작동하는지 고객이 직접 확인할 수 있다.
- 의사소통(Communication), 단순성(Simplicity), 용기(Courage), 존중(Respect), 피드백(Feedback)을 핵심 가치로 삼는다.

답 :

문제 06 다음은 XP(eXtreme Programming) 개발 방법론의 주요 실천 방법(Practice)에 대한 설명이다. 괄호(①, ②)에 들어갈 가장 적합한 실천 방법을 쓰시오.

실천 방법	내용
(①)	다른 사람과 함께 프로그래밍을 수행함으로써 개발에 대한 책임을 공동으로 나눠 갖는 환경을 조성한다.
Test-Driven Development (테스트 주도 개발)	• 개발자가 실제 코드를 작성하기 전에 테스트 케이스를 먼저 작성하므로 자신이 무엇을 해야 할지를 정확히 파악한다. • 테스트가 지속적으로 진행될 수 있도록 자동화된 테스팅 도구(구조, 프레임워크)를 사용한다.
(②)	개발에 참여하는 모든 구성원(고객 포함)들은 각자 자신의 역할이 있고 그 역할에 대한 책임을 가져야 한다.
Continuous Integration (계속적인 통합)	모듈 단위로 나눠서 개발된 코드들은 하나의 작업이 마무리될 때마다 지속적으로 통합된다.
Refactoring(리팩토링)	프로그램 기능의 변경 없이, 단순화, 유연성 강화 등을 통해 시스템을 재구성한다.
Small Releases (소규모 릴리스)	릴리즈 기간을 짧게 반복함으로써 고객의 요구 변화에 신속히 대응할 수 있다.

답
• ①
• ②

문제 07 다음에 제시된 요구사항을 기능 요구사항과 비기능 요구사항으로 구분하여 기호(㉠~㉣)로 쓰시오.

㉠ 항공편, 탑승객, 예약을 입력하는 방법을 결정해야 한다.
㉡ 티켓과 리포트에 어떤 정보를 표시할지 결정해야 한다.
㉢ 여행사와 고객이 데이터베이스에 접근할 때 어떤 정보를 얻을 수 있는지 결정해야 한다.
㉣ 자주 탑승하는 고객을 서비스하기 위해 시스템을 확장할 수 있도록 설계해야 한다.

답
• ① 기능 요구사항 :
• ② 비기능 요구사항 :

문제 08 다음은 요구사항 명세 기법에 대한 설명이다. 괄호(①, ②)에 들어갈 알맞은 기법을 쓰시오.

요구사항 명세 기법은 (①) 기법과 (②) 기법으로 구분된다.

구분	(①) 기법	(②) 기법
기법	수학적 원리 기반, 모델 기반	상태/기능/객체 중심
작성법	수학적 기호, 정형화된 표기법	일반 명사, 동사 등의 자연어를 기반으로 서술 또는 다이어그램으로 작성
특징	• 요구사항을 정확하고 간결하게 표현할 수 있음 • 요구사항에 대한 결과가 작성자에 관계없이 일관성이 있으므로 완전성 검증이 가능함 • 표기법이 어려워 사용자가 이해하기 어려움	• 자연어의 사용으로 인해 일관성이 떨어지고, 해석이 달라질 수 있음 • 내용의 이해가 쉬어 의사소통이 용이함

답

• ①

• ②

문제 09 요구사항 분석 기법에 대한 다음 설명에서 괄호(①, ②)에 들어갈 알맞은 명칭을 쓰시오.

요구사항 분석에서 자료의 흐름 및 변환 과정과 기능을 도형 중심으로 기술하는 방법을 자료 흐름도라고 한다. 자료 흐름도에서 사용하는 네 가지 기본 기호는 다음과 같다.

프로세스 (Process)	• 자료를 변환시키는 시스템의 한 부분(처리 과정)을 나타내며 처리, 기능, 변환, 버블이라고 한다. • 원이나 둥근 사각형으로 표시하고 그 안에 프로세스 이름을 기입한다.
(①)	• 자료의 이동(흐름)이나 연관관계를 나타낸다. • 화살표 위에 자료의 이름을 기입한다.
(②)	• 시스템에서의 파일, 데이터베이스 등을 나타낸다. • 도형 안에 저장소의 이름을 기입한다.
단말 (Terminator)	• 시스템과 교신하는 외부 개체로, 입력 데이터가 만들어지고 출력 데이터를 받는다. • 도형 안에 이름을 기입한다.

답

• ①

• ②

문제 10 UML에 대한 다음 설명에서 괄호(①~③)에 들어갈 알맞은 용어를 쓰시오.

UML은 시스템 분석, 설계, 구현 등 시스템 개발 과정에서 시스템 개발자와 고객 또는 개발자 상호 간의 의사소통이 원활하게 이루어지도록 표준화한 대표적인 객체지향 모델링 언어로, 사물, (①), 다이어그램으로 이루어져 있다.

- (①)는 사물과 사물 사이의 연관성을 표현하는 것으로, 연관, 집합, 포함, 일반화 등 다양한 형태의 (①)가 존재한다.

- (②)는 UML에 표현되는 사물의 하나로, 객체가 갖는 속성과 동작을 표현한다. 일반적으로 직사각형으로 표현하며, 직사각형 안에 이름, 속성, 동작을 표기한다.

- (③)는 (②)와 같은 UML에 표현되는 사물의 하나로, (②)나 컴포넌트의 동작을 모아놓은 것이며, 외부적으로 가시화되는 행동을 표현한다. 단독으로 사용되는 경우는 없으며, (③) 구현을 위한 (②) 또는 컴포넌트와 함께 사용된다.

답

- ①
- ②
- ③

[문제 01]
나선형 모형(Spiral Model)

[문제 02]
소프트웨어 생명 주기(Software Life Cycle)

[문제 03]
애자일(Agile)

[문제 04]
① ㉣ ② ㉢ ③ ㉡ ④ ㉠

[문제 05]
XP(eXtreme Programming)

[문제 06]
① Pair Programming(짝 프로그래밍) ② Whole Team(전체 팀)

[문제 07]
① ㉠, ㉡, ㉢ ② ㉣

- ㉠은 입력 기능, ㉡, ㉢은 출력 기능으로 기능 요구사항에 해당합니다.
- ㉣은 확장성에 대한 것으로 비기능 요구사항에 해당합니다.

[문제 08]
① 정형 명세 ② 비정형 명세

[문제 09]
① 자료 흐름(Data Flow) ② 자료 저장소(Data Store)

[문제 10]
① 관계(Relationship) ② 클래스(Class) ③ 인터페이스(Interface)

요구사항 확인 2

032 유스케이스 다이어그램 Ⓑ등급

033 유스케이스에서 나타날 수 있는 관계 Ⓒ등급

034 활동 다이어그램 Ⓒ등급

035 클래스 다이어그램 Ⓐ등급

036 연관 클래스 Ⓒ등급

037 순차 다이어그램 Ⓑ등급

038 커뮤니케이션 다이어그램 Ⓒ등급

039 상태 다이어그램 Ⓒ등급

040 패키지 다이어그램 Ⓐ등급

041 구조적 방법론 Ⓒ등급

042 컴포넌트 기반 방법론 Ⓑ등급

043 소프트웨어 재사용 Ⓒ등급

044 CASE Ⓑ등급

045 LOC 기법 Ⓐ등급

046 수학적 산정 기법 Ⓑ등급

047 COCOMO 모형 Ⓑ등급

048 COCOMO의 소프트웨어 개발 유형 Ⓑ등급

049 Putnam 모형 Ⓑ등급

050 기능 점수 모형 Ⓒ등급

051 비용 산정 자동화 추정 도구 Ⓒ등급

052 PERT Ⓒ등급

053 CPM Ⓑ등급

054 간트 차트 Ⓒ등급

055 ISO/IEC 12207 Ⓒ등급

056 CMMI Ⓑ등급

057 SPICE Ⓑ등급

058 SPICE의 프로세스 수행 능력 단계 Ⓒ등급

059 소프트웨어 개발 방법론 테일러링 Ⓒ등급

060 소프트웨어 개발 프레임워크 Ⓑ등급

061 소프트웨어 개발 프레임워크의 특성 Ⓑ등급

032 > 유스케이스 다이어그램

- 유스케이스(Use Case) 다이어그램은 사용자와 다른 외부 시스템들이 **개발될 시스템을 이용해 수행할 수 있는 기능을 사용자의 관점에서 표현한** 것이다.
- 유스케이스 다이어그램의 구성 요소

구성 요소	표현 방법	내용
시스템(System) / 시스템 범위(System Scope)	상품주문	시스템 내부의 유스케이스들을 사각형으로 묶어 시스템의 범위를 표현한 것
필기 23.7, 21.5 액터(Actor)	• 주액터 고객 • 부액터 《Actor》 재고 시스템	• 시스템과 상호작용을 하는 모든 외부 요소 • 주로 사람이나 외부 시스템을 의미함 • **주액터** : 시스템을 사용함으로써 이득을 얻는 대상으로, 주로 사람이 해당됨 • **부액터** : 주액터의 목적 달성을 위해 시스템에 서비스를 제공하는 외부 시스템으로, 조직이나 기관 등이 될 수 있음
유스케이스(Use Case)	상품조회	사용자가 보는 관점에서 시스템이 액터에게 제공하는 서비스나 기능을 표현한 것
관계(Relationship)	• 포함 《include》 • 확장 《extends》 • 일반화	• 유스케이스 다이어그램에서 관계는 액터와 유스케이스, 유스케이스와 유스케이스 사이에서 나타날 수 있음 • **유스케이스에서 나타날 수 있는 관계** : 포함(Include) 관계, 확장(Extends) 관계, 일반화(Generalization) 관계

예제 다음은 회원과 비회원으로 구분되는 회원이 상품주문 과정에서 수행할 수 있는 기능을 표현한 유스케이스 다이어그램이다.

▶340041

033 유스케이스에서 나타날 수 있는 관계 Ⓒ

포함(Include) 관계	• 두 개 이상의 유스케이스에 공통적으로 적용되는 기능을 별도로 분리하여 새로운 유스케이스로 만든 경우, 원래의 유스케이스와 새롭게 분리된 유스케이스와의 관계를 포함 관계라고 함 • 원래의 유스케이스에서 새롭게 만든 포함되는 유스케이스 쪽으로 점선 화살표를 연결한 후 화살표 위에 ≪include≫라고 표기함
필기 21.3 확장(Extend) 관계	• 유스케이스가 특정 조건에 부합되어 유스케이스의 기능이 확장될 때 원래의 유스케이스와 확장된 유스케이스와의 관계를 확장 관계라고 함 • 확장될 유스케이스에서 원래의 유스케이스 쪽으로 점선 화살표를 연결한 후 화살표 위에 ≪extends≫라고 표기함

기출체크 ☑

필기 21.3
2. 기본 유스케이스 수행 시 특별한 조건을 만족할 때 수행하는 유스케이스는 무엇인지 〈보기〉에서 골라 쓰시오.

〈보기〉

연관, 확장, 선택, 특화

답 :

▶340042

034 활동 다이어그램 Ⓒ

• 활동(Activity) 다이어그램은 **사용자의 관점에서 시스템이 수행하는 기능을 처리 흐름에 따라 순서대로 표현한 것**이다.

• 활동 다이어그램의 구성 요소

구성 요소	표현 방법	내용
액션(Action) / 액티비티(Activity)	• 액션 로그인 클릭 • 액티비티 회원정보 입력	• **액션** : 더 이상 분해할 수 없는 단일 작업 • **액티비티** : 몇 개의 액션으로 분리될 수 있는 작업
시작 노드	●	액션이나 액티비티가 시작됨을 표현한 것
종료 노드	◉	액티비티 안의 모든 흐름이 종료됨을 표현한 것
조건(판단) 노드	◇	• 조건에 따라 제어의 흐름이 분리됨을 표현한 것 • 들어오는 제어 흐름은 한 개이고 나가는 제어 흐름은 여러 개임
병합 노드	◇	• 여러 경로의 흐름이 하나로 합쳐짐을 표현한 것 • 들어오는 제어 흐름은 여러 개이고 나가는 제어 흐름은 한 개임
포크(Fork) 노드	▬	• 액티비티의 흐름이 분리되어 수행됨을 표현한 것 • 들어오는 액티비티 흐름은 한 개이고 나가는 액티비티 흐름은 여러 개임

기출체크 정답 2. 확장

조인(Join) 노드		• 분리되어 수행되던 액티비티의 흐름이 다시 합쳐짐을 표현한 것 • 들어오는 액티비티 흐름은 여러 개이고 나가는 액티비티 흐름은 한 개임
스윔레인(Swim Lane)		• 액티비티 수행을 담당하는 주체를 구분하는 선 • 가로 또는 세로 실선을 그어 구분함

예제 다음은 회원의 상품 주문 과정에 결제 시스템과 재고 시스템이 관계되어 발생하는 처리의 흐름을 표현한 활동 다이어그램이다.

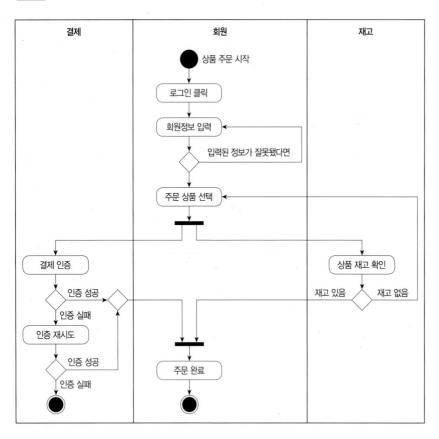

예상체크 ☑

출제예상
1. 다음은 활동(Activity) 다이어그램의 요소를 나열한 것이다. 괄호(①, ②)에 들어갈 알맞은 명칭을 쓰시오.

요소	명칭
●	시작 노드
◇→	(①)
▬	(②)
⬭	액션 또는 액티비티

답
• ①
• ②

035 > 클래스 다이어그램 Ⓐ

- 클래스(Class) 다이어그램은 **클래스와 클래스가 가지는 속성, 클래스 사이의 관계를 표현**한 것이다.

- 클래스 다이어그램의 구성 요소

구성 요소	표현 방법	내용
21.10, 필기 21.8 클래스(Class)	클래스명 속성1 속성2 오퍼레이션1 오퍼레이션2	• 각각의 객체들이 갖는 속성과 오퍼레이션(동작)을 표현한 것 • 일반적으로 3개의 구획(Compartment)으로 나눠 클래스의 이름, 속성, 오퍼레이션을 표기함 • **속성(Attribute)** : 클래스의 상태나 정보를 표현함 • **오퍼레이션(Operation)** : 클래스가 수행할 수 있는 동작으로, 함수(메소드, Method)라고도 함
제약조건		• 속성에 입력될 값에 대한 제약조건이나 오퍼레이션 수행 전후에 지정해야 할 조건이 있다면 이를 적음 • 클래스 안에 제약조건을 기술할 때는 중괄호 { }를 이용함
관계(Relationships)		• 관계는 클래스와 클래스 사이의 연관성을 표현함 • 클래스 다이어그램에 표현하는 관계에는 연관 관계, 집합 관계, 포함 관계, 일반화 관계, 의존 관계가 있음

예제 다음은 프로야구 리그에 필요한 정보의 일부를 표현한 클래스 다이어그램이다.

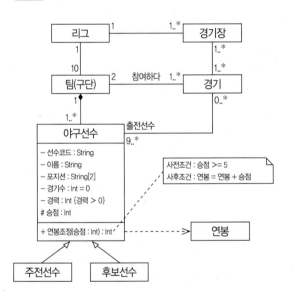

- 리그에는 10개의 팀이 참가한다.

| 리그 | 1 ——— 10 | 팀(구단) |

- 리그는 한 개 이상의 경기장에서 경기가 진행된다.

| 리그 | 1 ——— 1..* | 경기장 |

- 매 경기는 두 팀이 진행하며, 두 팀은 한 번 이상의 경기를 진행한다.

| 팀(구단) | 2 ——— 1..* | 경기 |

- 한 팀에는 한 명 이상의 선수가 있다.

| 팀(구단) | 1 ——— 1..* | 야구선수 |

- 한 경기장에서는 한 경기 이상이 진행되며, 경기는 여러 경기장에서 진행된다.

| 경기장 | 1..* ——— 1..* | 경기 |

- 한 팀에서 최소 9명 이상의 선수가 한 경기에 출전하며, 경기에 출전하지 못하는 선수도 있고 여러 경기에 출전하는 선수도 있다.

| 야구선수 | 9..* ——— 0..* | 경기 |

- 선수는 주전선수와 후보선수가 있다.
- 선수의 경력은 0보다 큰 값이 입력되어야 한다.
- 승점이 5 이상인 선수들은 연봉을 조정할 수 있으며, 연봉은 승점만큼 증가한다.

기출체크 ☑

21.10

1. UML(Unified Modeling Language)에 관한 다음 설명에서 괄호에 공통으로 들어갈 알맞은 용어를 쓰시오.

( ) 다이어그램은 UML 다이어그램 중 객체(Object)들을 ( )로 추상화하여 표현하는 다이어그램으로 대표적인 구조적 다이어그램이다. ( )는 각각의 객체들이 갖는 속성과 메소드를 표현한 것으로 3개의 구획으로 나눠 이름, 속성, 메소드를 표기한다.

답 :

필기 21.8

2. 클래스 다이어그램의 요소로, 다음 설명에 해당하는 용어를 쓰시오.

- 클래스의 동작을 의미한다.
- 클래스에 속하는 객체에 대하여 적용될 메소드를 정의한 것이다.
- UML에서는 동작에 대한 인터페이스를 지칭한다고 볼 수 있다.

답 :

036 > 연관 클래스

- 연관 클래스는 **연관 관계에 있는 두 클래스에 추가적으로 표현해야 할 속성이나 오퍼레이션이 있는 경우 생성하는 클래스**이다.
- 두 클래스의 연관 관계를 나타내는 선의 가운데로부터 점선을 연관 클래스로 이어 표시한다.
- 연관 클래스의 이름은 연관 관계의 이름을 이용해 지정한다.

예상체크 ☑

출제예상

3. 다음 설명에서 괄호에 공통으로 들어갈 알맞은 용어를 쓰시오.

- ( )는 연관 관계에 있는 두 클래스에 추가적으로 표현해야 할 속성이나 오퍼레이션이 있는 경우 생성하는 클래스이다.
- 두 클래스의 연관 관계를 나타내는 선의 가운데로부터 점선을 ( )로 이어 표시한다.
- ( )의 이름은 연관 관계의 이름을 이용해 지정한다.

답 :

필기 22.7, 21.8, 20.8

037 > 순차 다이어그램

- 순차(Sequence) 다이어그램은 **시스템이나 객체들이 메시지를 주고받으며 상호작용하는 과정을 그림으로 표현**한 것이다.
- 순차 다이어그램의 구성 요소

구성 요소	표현 방법	의미
액터(Actor)	☺ 회원	시스템으로부터 서비스를 요청하는 외부 요소로, 사람이나 외부 시스템을 의미함
객체(Object)	: 로그인화면	메시지를 주고받는 주체
필기 22.7, 20.8 생명선(Lifeline)	┊	• 객체가 메모리에 존재하는 기간으로, 객체 아래쪽에 점선을 그어 표현함 • 객체 소멸(✖)이 표시된 기간까지 존재함
필기 22.7, 20.8 실행 상자 (Active Box, 활성 상자)	▯	객체가 메시지를 주고받으며 구동되고 있음을 표현함
필기 22.7, 20.8 메시지(Message)	1 : 로그인 버튼 클릭 →	객체가 상호 작용을 위해 주고받는 메시지
객체 소멸	✖	해당 객체가 더 이상 메모리에 존재하지 않음을 표현한 것
프레임(Frame)	SD 상품주문	다이어그램의 전체 또는 일부를 묶어 표현한 것

기출체크 **정답** 3. 연관 클래스

예제 다음은 회원의 상품 주문 과정에 재고 시스템과 결제 시스템이 관계되어 상호 작용하는 과정을 표현한 순차 다이어그램이다.

기출체크 ☑

필기 20.8

1. 다음 보기에서 순차 다이어그램의 구성 요소만 골라 쓰시오.

> 생명선, 실행 상자, 확장, 메시지, 유스케이스, 액티비티

답 :

▶340046

038 > 커뮤니케이션 다이어그램 ⓒ

- 커뮤니케이션(Communicaiton) 다이어그램은 **시스템이나 객체들이 메시지를 주고받으며 상호작용하는 과정과 객체들 간의 연관**을 그림으로 표현한 것이다.

- 커뮤니케이션 다이어그램의 구성 요소

구성 요소	표현 방법	의미
액터(Actor)	🧍 회원	시스템으로부터 서비스를 요청하는 외부 요소로, 사람이나 외부 시스템을 의미함
객체(Object)	: 로그인화면	메시지를 주고받는 주체

기출체크 정답 1. 생명선, 실행 상자, 메시지

링크(Link)	───────	• 객체들 간의 관계를 표현한 것 • 액터와 객체, 객체와 객체 간에 실선을 그어 표현함
메시지(Message)	2 : ID, 비밀번호 입력 ▶	• 객체가 상호 작용을 위해 주고받는 내용 • 화살표의 방향은 메시지를 받는 쪽으로 향하게 표현함 • 일정한 순서에 의해 처리되는 메시지의 경우 숫자로 순서를 표시함

예제 다음은 회원의 상품 주문 과정에서 상호 작용하는 객체들 간의 관계를 표현한 커뮤니케이션 다이어그램이다.

예상체크 ☑

출제예상

2. UML 다이어그램 중 다음과 같은 특징을 갖는 다이어그램은 무엇인지 쓰시오.

• 시스템이나 객체들이 메시지를 주고받으며 시간의 흐름에 따라 상호작용하는 과정을 액터, 객체, 링크, 메시지 등의 요소를 사용하여 그림으로 표현한 것이다.
• 동작에 참여하는 객체들이 주고받는 메시지를 표현하는데, 메시지뿐만 아니라 객체 간의 관계까지 표현한다.

답 :

 440039

039 상태 다이어그램

 필기 23.7 ©

• 상태(State) 다이어그램은 **객체들 사이에 발생하는 이벤트(Event)에 의한 객체들의 상태 변화**를 그림으로 표현한 것이다.

• 상태 다이어그램의 구성 요소

구성 요소	표현 방법	의미
상태(State)	결제 준비	객체의 상태를 표현한 것
시작 상태	●	상태의 시작을 표현한 것
종료 상태	◉	상태의 종료를 표현한 것

상태 전환	결제정보 입력 →	상태 사이의 흐름, 변화를 화살표로 표현한 것
이벤트(Event)	결제정보 입력	• 상태에 변화를 주는 현상 • 이벤트에는 조건, 외부 신호, 시간의 흐름 등이 있음
프레임(Frame)	상품결제	상태 다이어그램의 범위를 표현한 것

예제 다음은 상품결제 과정에서 발생하는 객체들의 상태 변화를 표현한 상태 다이어그램이다.

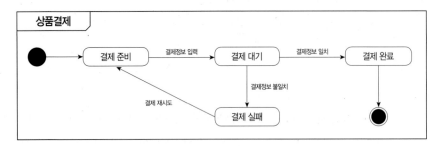

기출체크 ☑

필기 23.7

1. 다음은 상태(State) 다이어그램에 대한 설명이다. 괄호 안에 공통적으로 들어갈 알맞은 용어를 쓰시오.

상태 다이어그램은 객체들 사이에 발생하는 (　　　)에 의한 객체들의 상태 변화를 그림으로 표현한 것으로, (　　　)는 객체 전이의 요인이 되는 요소이다.

답 :

 ▶340048

23.10, 20.11

040 > 패키지 다이어그램 Ⓐ

• 패키지(Package) 다이어그램은 유스케이스나 클래스 등의 **요소들을 그룹화한 패키지 간의 의존 관계를 표현한 것이다.**
• 패키지 다이어그램의 구성 요소

구성 요소	표현 방법	의미
패키지(Package)		• 객체들을 그룹화한 것 • **단순 표기법** : 패키지 안에 패키지 이름만 표현 • **확장 표기법** : 패키지 안에 요소까지 표현
객체(Object)		유스케이스, 클래스, 인터페이스, 테이블 등 패키지에 포함될 수 있는 다양한 요소들
의존 관계 (Dependency)	- - - - - - ->	• 패키지와 패키지, 패키지와 객체 간을 점선 화살표로 연결하여 표현함 • 스테레오 타입을 이용해 의존 관계를 구체적으로 표현할 수 있음 • 의존 관계의 표현 형태는 사용자가 임의로 작성할 수 있으며, 대표적으로 import와 access가 사용됨 　- 《import》 : 패키지에 포함된 객체들을 직접 가져와서 이용하는 관계 　- 《access》 : 인터페이스를 통해 패키지 내의 객체에 접근하여 이용하는 관계

기출체크 정답 1. 이벤트(Event)

예제 다음은 회원이 상품 주문 시 사용하는 〈회원〉, 〈로그인〉, 〈상품 주문〉, 〈결제〉 패키지들 간의 의존 관계를 표현한 패키지 다이어그램이다.

기출체크 ☑

23.10, 20.11

2. UML 다이어그램 중 다음 그림은 어떤 다이어그램에 해당하는지 쓰시오.

답 :

▶ 340049

필기 21.3

041 구조적 방법론 ⓒ

- 구조적 방법론은 정형화된 분석 절차에 따라 **사용자 요구사항을 파악하여 문서화하는 처리(Precess) 중심의 방법론**이다.
- 이해가 쉽고 검증이 가능한 프로그램 코드를 생성하는 것이 목적이다.
- 구조적 방법론의 개발 절차

타당성 검토 단계 → 계획 단계 → 요구사항 단계 → 설계 단계 → 구현 단계 → 시험 단계 → 운용/유지보수 단계

기출체크 ☑

필기 21.3

3. 정형화된 분석 절차에 따라 사용자의 요구사항을 파악하고, 문서화하는 체계적 분석 방법으로, 자료 흐름도, 자료 사전, 소단위 명세서의 특징을 갖는 소프트웨어 개발 방법론은 무엇인지 쓰시오.

답 :

기출체크 **정답** 2. 패키지 다이어그램(Package Diagram) 3. 구조적 방법론

042 > 컴포넌트 기반 방법론 Ⓑ

- 컴포넌트 기반 방법론(CBD; Component Based Design)은 기존의 시스템이나 소프트웨어를 구성하는 컴포넌트를 조합하여 하나의 **새로운 애플리케이션을 만드는 방법론**이다.
- 컴포넌트의 재사용(Reusability)이 가능하여 시간과 노력을 절감할 수 있다.
- 컴포넌트 기반 방법론의 개발 절차

개발 준비 단계 → 분석 단계 → 설계 단계 → 구현 단계 → 테스트 단계 → 전개 단계 → 인도 단계

기출체크 ☑

필기 21.3, 20.9

1. 다음이 설명하고 있는 소프트웨어 개발 방법론이 무엇인지 쓰시오.

- 기존의 시스템이나 소프트웨어를 구성하는 컴포넌트를 조합하여 하나의 새로운 애플리케이션을 만드는 소프트웨어 개발 방법론이다.
- 특징
  - 개발 기간 단축으로 인한 생산성 향상
  - 새로운 기능 추가가 쉬운 확장성
  - 소프트웨어 재사용이 가능

답 :

필기 20.8

043 > 소프트웨어 재사용 Ⓒ

- 소프트웨어 재사용(Software Reuse)은 **이미 개발되어 인정받은 소프트웨어를 다른 소프트웨어 개발이나 유지에 사용하는 것**이다.
- 소프트웨어 재사용 방법

필기 20.8 **합성 중심** (Composition-Based)	전자 칩과 같은 소프트웨어 부품, 즉 블록을 만들어서 끼워 맞춰 소프트웨어를 완성시키는 방법으로, 블록 구성 방법이라고도 함
필기 20.8 **생성 중심** (Generation-Based)	추상화 형태로 써진 명세를 구체화하여 프로그램을 만드는 방법으로, 패턴 구성 방법이라고도 함

기출체크 ☑

필기 20.8

2. 다음은 소프트웨어 재사용 방법에 대한 설명이다. 괄호(①, ②)에 들어갈 알맞은 방법을 쓰시오.

(①)	전자 칩과 같은 소프트웨어 부품, 즉 블록(모듈)을 만들어서 끼워 맞추어 소프트웨어를 완성시키는 방법으로, 블록 구성 방법이라고도 한다.
(②)	추상화 형태로 써진 명세를 구체화하여 프로그램을 만드는 방법으로, 패턴 구성 방법이라고도 한다.

답

- ①
- ②

044 > CASE Ⓑ

- CASE(Computer Aided Software Engineering)는 **소프트웨어 개발 과정에서 사용되는 요구 분석, 설계, 구현, 검사 및 디버깅 과정 전체 또는 일부를 컴퓨터와 전용 소프트웨어 도구를 사용하여 자동화하는 것**이다.
- CASE의 주요 기능
  - 소프트웨어 생명 주기 전 단계의 연결
  - 다양한 소프트웨어 개발 모형 지원
  - 그래픽 지원

기출체크 ☑

필기 23.5, 21.3, 20.9, 20.8, 20.6

3. 다음이 설명하고 있는 알맞은 용어를 영문 약어로 쓰시오.

- 소프트웨어 개발 과정에서 사용되는 요구 분석, 설계, 구현, 검사 및 디버깅 과정 전체 또는 일부를 컴퓨터와 전용 소프트웨어 도구를 사용하여 자동화하는 것이다.
- 표준화된 개발 환경 구축 및 문서 자동화 기능을 제공한다.
- 작업 과정 및 데이터 공유를 통해 작업자 간 커뮤니케이션을 증대한다.
- 주요 기능은 다음과 같다.
  - S/W 라이프 사이클 전 단계의 연결
  - 그래픽 지원
  - 다양한 소프트웨어 개발 모형 지원

답 :

기출체크 정답 1. 컴포넌트 기반(CBD) 방법론 2. ① 합성 중심(Composition-Based), ② 생성 중심(Generation-Based) 3. CASE

▶ 340057

20.5, 필기 22.7, 22.4, 22.3, 21.8, 21.3, 20.6

045 > LOC 기법 Ⓐ

- LOC(source Line Of Code, 원시 코드 라인 수) 기법은 소프트웨어 **각 기능의 원시 코드 라인 수의 비관치, 낙관치, 기대치를 측정하여 예측치를 구하고 이를 이용하여 비용을 산정하는 기법**이다.

- 산정 공식
  - 노력(인월) = 개발 기간 × 투입 인원
    = LOC / 1인당 월평균 생산 코드 라인 수
  - 개발 비용
    = 노력(인월) × 단위 비용(1인당 월평균 인건비)
  - 개발 기간 = 노력(인월) / 투입 인원
  - 생산성 = LOC / 노력(인월)

기출체크 ☑

20.5, 필기 22.7, 22.4, 22.3, 21.8, 21.3, 20.6

4. LOC 기법에 의하여 예측된 총 라인 수가 30,000라인, 개발에 참여할 프로그래머가 5명, 프로그래머들의 평균 생산성이 월간 300라인일 때 개발에 소요되는 기간을 계산식과 함께 쓰시오.

답
- 계산식 :
- 답 :

해설

LOC 기법에서 개발 기간은 '노력(인월) / 투입 인원'이고, 노력(인월)은 'LOC(총 라인 수) / 1인당 월평균 생산 코드 라인 수'이므로 '(LOC / 1인당 월평균 생산 코드 라인 수) / 투입 인원'에 값을 대입하면 답을 구할 수 있습니다.

▶ 340058

필기 21.5, 20.9

046 > 수학적 산정 기법 Ⓑ

- 수학적 산정 기법은 상향식 비용 산정 기법으로, 경험적 추정 모형, 실험적 추정 모형이라고도 한다.
- 수학적 산정 기법은 개발 비용 산정의 자동화를 목표로 한다.
- 주요 수학적 산정 기법
  - COCOMO 모형
  - Putnam 모형
  - 기능 점수(FP) 모형

기출체크 ☑

필기 21.5, 20.9

5. 다음에 제시된 비용 산정 기법 중 수학적 산정 기법이 아닌 것을 골라 기호(㉠~㉢)로 쓰시오.

| ㉠ COCOMO | ㉡ Putnam | ㉢ Function-Point | ㉣ PERT |

답 :

▶ 440047

필기 22.7, 22.4

047 > COCOMO 모형 Ⓑ

- COCOMO(COnstructive COst MOdel) 모형은 원시 프로그램의 규모인 **LOC(원시 코드 라인 수)에 의한 비용 산정 기법**이다.
- 개발할 소프트웨어의 규모(LOC)를 예측한 후 이를 소프트웨어 종류에 따라 다르게 책정되는 비용 산정 방정식에 대입하여 비용을 산정한다.
- 비용 산정 결과는 프로젝트를 완성하는 데 필요한 노력(Man-Month)으로 나타난다.
- 보헴(Boehm)이 제안하였다.

기출체크 ☑

필기 22.7, 22.4

6. 다음 보기에서 설명하고 있는 소프트웨어 비용 산정 기법을 쓰시오.

- 보헴(Boehm)이 제안한 것으로, 원시 코드 라인 수에 의한 비용 산정 기법이다.
- 비용 산정 유형으로 Organic Mode, Embedded Mode, Semi-Detached Mode가 있다.
- 프로젝트를 완성하는데 필요한 Man-Month로 산정 결과를 나타낼 수 있다.
- 같은 규모의 소프트웨어라도 그 유형에 따라 비용이 다르게 산정된다.

답 :

기출체크 정답 **4.** · 계산식 : (30,000 / 300) / 5 = 20 · 답 : 20개월 **5.** ㉣ **6.** COCOMO 모형

048 > COCOMO의 소프트웨어 개발 유형 Ⓑ

필기 23.5, 22.4, 21.8, 21.5, 21.3, 20.8, 20.6
조직형(Organic Mode)

- 기관 내부에서 개발된 중 · 소 규모의 소프트웨어이다.
- 일괄 자료 처리나 과학기술 계산용, 비즈니스 자료 처리용 등의 5만(50KDSI) 라인 이하의 소프트웨어를 개발하는 유형이다.
- 사무 처리용, 업무용, 과학용 응용 소프트웨어 개발에 적합하다.

필기 22.4, 21.5, 21.3, 20.8
반분리형(Semi-Detached Mode)

- 조직형과 내장형의 중간형 소프트웨어이다.
- 트랜잭션 처리 시스템이나 운영체제, 데이터베이스 관리 시스템 등의 30만(300KDSI) 라인 이하의 소프트웨어를 개발하는 유형이다.
- 컴파일러, 인터프리터와 같은 유틸리티 개발에 적합하다.

필기 22.4, 21.5, 21.3, 20.8
내장형(Embedded Mode)

- 초대형 규모의 소프트웨어이다.
- 트랜잭션 처리 시스템이나 운영체제 등의 30만 (300KDSI) 라인 이상의 소프트웨어를 개발하는 유형이다.
- 신호기 제어 시스템, 미사일 유도 시스템, 실시간 처리 시스템 등의 시스템 프로그램 개발에 적합하다.

기출체크 ☑

필기 23.5, 22.4, 21.8, 21.5, 21.3, 20.8, 20.6
1. 다음은 COCOMO 모형의 소프트웨어 개발 유형에 대한 설명이다. 괄호(①, ②)에 들어갈 알맞은 유형을 쓰시오.

(①)	트랜잭션 처리 시스템이나 운영체제 등의 30만 (300KDSI) 라인 이상의 소프트웨어를 개발하는 유형이다.
반분리형 (Semi-Detached Mode)	트랜잭션 처리 시스템이나 운영체제, 데이터베이스 관리 시스템 등의 30만(300KDSI) 라인 이하의 소프트웨어를 개발하는 유형이다.
(②)	일괄 자료 처리나 과학기술 계산용, 비즈니스 자료 처리용 등의 5만(50KDSI)라인 이하의 소프트웨어를 개발하는 유형이다.

답
- ①
- ②

049 > Putnam 모형 Ⓑ

- Putnam 모형은 **소프트웨어 생명 주기의 전 과정 동안에 사용될 노력의 분포를 예상하는 모형**이다.
- 푸트남(Putnam)이 제안한 것으로, 생명 주기 예측 모형이라고도 한다.
- 시간에 따른 함수로 표현되는 Rayleigh-Norden 곡선의 노력 분포도를 기초로 한다.

기출체크 ☑

필기 20.6
2. Rayleigh-Norden 곡선의 노력 분포도를 이용한 프로젝트 비용 산정 기법이 무엇인지 쓰시오.

답 :

050 > 기능 점수 모형 Ⓒ

- 기능 점수(FP; Function Point) 모형은 **소프트웨어의 기능을 증대시키는 요인별**로 가중치를 부여하고, 요인별 가중치를 합산하여 총 기능 점수를 산출하며, 총 기능 점수와 영향도를 이용하여 **기능 점수(FP)를 구한 후** 이를 이용해서 **비용을 산정하는 기법**이다.
- 소프트웨어 기능 증대 요인
  - 자료 입력(입력 양식)
  - 정보 출력(출력 보고서)
  - 명령어(사용자 질의수)
  - 데이터 파일
  - 필요한 외부 루틴과의 인터페이스

기출체크 ☑

필기 20.8
3. 다음 보기 중 기능 점수(Functional Point) 모형에서 비용 산정에 이용되는 요소를 모두 골라 기호(㉠~㉣)로 쓰시오.

㉠ 클래스 인터페이스	㉡ 명령어(사용자 질의수)
㉢ 데이터 파일	㉣ 출력 보고서

답 :

기출체크 **정답**   1. ① 내장형(Embedded Mode), ② 조직형(Organic Mode)   2. Putnam 모형   3. ㉡, ㉢, ㉣

▶340063

051 > 비용 산정 자동화 추정 도구 ©

필기 20.8 SLIM	Rayleigh-Norden 곡선과 Putnam 예측 모델을 기초로 하여 개발된 자동화 추정 도구
ESTIMACS	다양한 프로젝트와 개인별 요소를 수용하도록 FP 모형을 기초로 하여 개발된 자동화 추정 도구

기출체크 ☑

필기 20.8

4. Rayleigh-Norden 곡선과 Putnam 예측 모델을 기초로 하여 개발된 자동화 추정 도구를 쓰시오.

답 :

▶440052

052 > PERT ©

- PERT(Program Evaluation and Review Technique, 프로그램 평가 및 검토 기술)는 프로젝트에 필요한 **전체 작업의 상호 관계를 표시하는 네트워크**이다.
- 결정 경로, 작업에 대한 경계 시간, 작업 간의 상호 관련성 등을 알 수 있다.
- 각 작업별로 다음과 같이 단계를 나누어 종료시기를 결정한다.
  - 낙관적인 경우
  - 가능성이 있는 경우
  - 비관적인 경우

기출체크 ☑

필기 22.4

5. 프로젝트에 필요한 전체 작업의 상호 관계를 표시하는 네트워크로, 작업들 간의 상호 관련성, 결정 경로, 경계 시간, 자원 할당 등을 제시하는 프로젝트 일정 계획 기법을 쓰시오.

답 :

▶340065

053 > CPM Ⓑ

- CPM(Critical Path Method, 임계 경로 기법))은 프로젝트 완성에 필요한 **작업을 나열하고 작업에 필요한 소요 기간을 예측하는데 사용하는 기법**이다.
- CPM은 노드와 간선으로 구성된 네트워크로 노드는 작업을, 간선은 작업 사이의 전후 의존 관계를 나타낸다.

※ 그림에서 굵은선이 임계 경로, 즉 최장 경로입니다.

기출체크 ☑

필기 24.2, 23.7, 20.8

6. 다음은 CPM 네트워크이다. 임계 경로의 소요 기일을 구하시오.

답 :

해설

임계 경로는 최장 경로를 의미합니다. 문제에 제시된 그림을 보고 각 경로에 대한 소요 기일을 계산한 후 가장 오래 걸린 기일을 찾으면 됩니다.

- 경로 1 : ❶ → ❷ → ❹ → ❻ → ❽
  = 2 + 2 + 3 + 3 = 10일
- 경로 2 : ❶ → ❷ → ❺ → ❼ → ❽
  = 2 + 3 + 5 + 4 = 14일
- 경로 3 : ❶ → ❸ → ❼ → ❽ = 3 + 5 + 4 = 12일

그러므로 임계 경로는 경로 20 며, 소요 기일은 14일입니다.

340066

필기 22.3

054 > 간트 차트 Ⓒ

- 간트 차트는 프로젝트의 각 작업들이 언제 시작하고 언제 종료되는지에 대한 **작업 일정을 막대 도표를 이용하여 표시하는 프로젝트 일정표**이다.
- 시간선(Time-Line) 차트라고도 한다.
- 중간 목표 미달성 시 그 이유와 기간을 예측할 수 있게 한다.

기출체크 ☑

필기 22.3

1. 다음이 설명하고 있는 프로젝트 일정 계획 관련 용어를 쓰시오.

- 프로젝트 각 작업들의 시작과 종료에 대한 작업 일정을 표시하는 프로젝트 일정표로, 시간선(Time-Line) 차트라고도 한다.
- 막대로 표시하며, 수평 막대의 길이는 각 작업(Task)의 기간을 나타낸다.
- 이정표, 기간, 작업, 프로젝트 일정을 나타낸다.
- 자원 배치와 인원 계획에 유용하게 사용된다.

답 :

340067

필기 21.5

055 > ISO/IEC 12207 Ⓒ

- ISO/IEC 12207은 **ISO(국제표준화기구)에서 만든 표준 소프트웨어 생명 주기 프로세스**이다.
- 소프트웨어의 개발, 운영, 유지보수 등을 체계적으로 관리하기 위한 소프트웨어 생명 주기 표준을 제공한다.
- ISO/IEC 12207 구분

필기 21.5	
기본 생명 주기 프로세스	획득, 공급, 개발, 운영, 유지보수 프로세스
지원 생명 주기 프로세스	품질 보증, 검증, 확인, 활동 검토, 감사, 문서화, 형상 관리, 문제 해결 프로세스
조직 생명 주기 프로세스	관리, 기반 구조, 훈련, 개선 프로세스

기출체크 ☑

필기 21.5

2. 다음 보기 중 ISO 12207 표준의 기본 생명 주기의 주요 프로세스에 해당하지 않는 것을 골라 기호(㉠~㉣)로 쓰시오.

㉠ 획득 프로세스	㉡ 개발 프로세스
㉢ 성능평가 프로세스	㉣ 유지보수 프로세스

답 :

340068

필기 23.2, 20.9, 20.6

056 > CMMI Ⓑ

- CMMI(Capability Maturity Model Integration)는 **소프트웨어 개발 조직의 업무 능력 및 조직의 성숙도를 평가하는 모델**이다.
- CMMI의 소프트웨어 프로세스 성숙도

단계	특징
필기 23.2 초기(Initial)	작업자 능력에 따라 성공 여부 결정
필기 23.2, 20.9, 20.6 관리(Managed)	특정한 프로젝트 내의 프로세스 정의 및 수행
필기 23.2, 20.9, 20.6 정의(Defined)	조직의 표준 프로세스를 활용하여 업무 수행
정량적 관리 (Quantitatively Managed)	프로젝트를 정량적으로 관리 및 통제
필기 20.9, 20.6 최적화 (Optimizing)	프로세스 역량 향상을 위해 지속적인 프로세스 개선

기출체크 ☑

필기 23.2, 20.9, 20.6

3. 다음은 CMMI의 소프트웨어 프로세스 성숙도의 단계를 순서대로 나열한 것이다. 괄호에 알맞은 단계를 쓰시오.

| 초기 | → | ( ) | → | ( ) | → | ( ) | → | 최적화 |

답 :

057 > SPICE Ⓑ

필기 20.9, 20.8

- SPICE(Software Process Improvement and Capability dEtermination)는 정보 시스템 분야에서 **소프트웨어의 품질 및 생산성 향상을 위해 소프트웨어 프로세스를 평가 및 개선하는 국제 표준**이다.
- 공식 명칭은 ISO/IEC 15504이다.

기출체크 ☑

필기 20.9, 20.8

4. 소프트웨어 개발 표준 중 정보 시스템 분야에서 소프트웨어의 품질 및 생산성 향상을 위해 소프트웨어 프로세스를 평가 및 개선하는 국제 표준으로, 공식 명칭은 ISO/IEC 15504인 것이 무엇인지 영문 약어로 쓰시오.

답 :

058 > SPICE의 프로세스 수행 능력 단계 Ⓒ

필기 21.5

수준	단계	특징
0	불완전 (Incomplete)	프로세스가 구현되지 않았거나 목적을 달성하지 못한 단계
1	수행 (Performed)	프로세스가 수행되고 목적이 달성된 단계
2	관리 (Managed)	정의된 자원의 한도 내에서 그 프로세스가 작업 산출물을 인도하는 단계
3	필기 21.5 확립 (Established)	소프트웨어 공학 원칙에 기반하여 정의된 프로세스가 수행되는 단계
4	필기 21.5 예측 (Predictable)	프로세스가 목적 달성을 위해 통제되고, 양적인 측정을 통해서 일관되게 수행되는 단계
5	필기 21.5 최적화 (Optimizing)	프로세스 수행을 최적화하고, 지속적인 개선을 통해 업무 목적을 만족시키는 단계

필기 21.5

5. 다음 보기에서 SPICE 모델의 프로세스 수행 능력 수준의 단계별 설명이 틀린 것을 골라 기호(㉠~㉣)로 쓰시오.

㉠ 수준 7 - 미완성 단계	㉡ 수준 5 - 최적화 단계
㉢ 수준 4 - 예측 단계	㉣ 수준 3 - 확립 단계

답 :

059 > 소프트웨어 개발 방법론 테일러링 Ⓒ

필기 20.6

- 소프트웨어 개발 방법론 테일러링은 프로젝트 상황 및 특성에 맞도록 정의된 **소프트웨어 개발 방법론의 절차, 사용기법 등을 수정 및 보완하는 작업**이다.
- 소프트웨어 개발 방법론 테일러링 고려사항

기준	내용
필기 20.6 내부적 기준	• **목표 환경** : 시스템의 개발 환경과 유형이 서로 다른 경우 테일러링이 필요함 • **요구사항** : 프로젝트의 생명 주기 활동에서 개발, 운영, 유지보수 등 프로젝트에서 우선적으로 고려할 요구사항이 서로 다른 경우 테일러링이 필요함 • **프로젝트 규모** : 비용, 인력, 기간 등 프로젝트의 규모가 서로 다른 경우 테일러링이 필요함 • **보유 기술** : 프로세스, 개발 방법론, 산출물, 구성원의 능력 등이 서로 다른 경우 테일러링이 필요함
외부적 기준	• **법적 제약사항** : 프로젝트별로 적용될 IT Compliance가 서로 다른 경우 테일러링이 필요함 • **표준 품질 기준** : 금융, 제도 등 분야별 표준 품질 기준이 서로 다른 경우 테일러링이 필요함

기출체크 ☑

필기 20.6

6. 다음에 제시된 소프트웨어 개발 방법론 테일러링 작업 시 고려해야 할 사항들을 내부적 기준과 외부적 기준으로 분류하여 쓰시오.

• 요구사항	• 법적 제약사항	• 보유 기술
• 표준 품질 기준	• 목표 환경	• 프로젝트 규모

답
- ① 내부적 기준 :
- ② 외부적 기준 :

기출체크 정답   4. SPICE 5. ㉠ 6. ① 요구사항, 보유 기술, 목표 환경, 프로젝트 규모, ② 법적 제약사항, 표준 품질 기준

▶340523

060 > 소프트웨어 개발 프레임워크 B

필기 23.7, 22.4, 21.8, 20.9

- 소프트웨어 개발 프레임워크(Framework)는 **소프트웨어 개발에 공통적으로 사용되는 구성 요소와 아키텍처를 일반화하여** 손쉽게 구현할 수 있도록 여러 가지 기능들을 **제공해주는 반제품 형태의 소프트웨어 시스템**이다.
- 개발해야 할 애플리케이션의 일부분이 이미 내장된 클래스 라이브러리로 구현되어 있어 개발자는 이미 존재하는 부분을 확장 및 이용하는 것으로 소프트웨어를 개발할 수 있다.

기출체크 ☑

필기 23.7, 22.4

1. 다음 설명에 해당하는 소프트웨어를 쓰시오.

- 개발해야 할 애플리케이션의 일부분이 이미 내장된 클래스 라이브러리로 구현이 되어 있다.
- 따라서, 그 기반이 되는 이미 존재하는 부분을 확장 및 이용하는 것으로 볼 수 있다.
- JAVA 기반의 대표적인 소프트웨어로는 스프링(Spring)이 있다.

답 :

필기 22.7, 21.5

확장성(Extensibility)

프레임워크는 다형성(Polymorphism)을 통한 인터페이스 확장이 가능하여 다양한 형태와 기능을 가진 애플리케이션 개발이 가능하다.

제어의 역흐름(Inversion of Control)

개발자가 관리하고 통제해야 하는 객체들의 제어를 프레임워크에 넘김으로써 생산성을 향상시킨다.

기출체크 ☑

필기 22.7, 21.5, 20.9, 20.6

2. 다음은 소프트웨어 개발 프레임워크의 특성에 대한 설명이다. 괄호(①, ②)에 들어갈 알맞은 특성을 쓰시오.

(①)	프레임워크는 다시 사용이 가능한 모듈들을 제공함으로써 예산 절감, 생산성 향상, 품질 보증이 가능하다.
제어의 역흐름	개발자가 관리하고 통제해야 하는 객체들의 제어를 프레임워크에 넘김으로써 생산성을 향상시킨다.
(②)	프레임워크는 캡슐화를 통해 (②)를 강화하고 설계 및 구현의 변경에 따른 영향을 최소화함으로써 소프트웨어의 품질을 향상시킨다.
확장성	프레임워크는 다형성(Polymorphism)을 통한 인터페이스 확장이 가능하여 다양한 형태와 기능을 가진 애플리케이션 개발이 가능하다.

답
- ①
- ②

▶340074

061 > 소프트웨어 개발 프레임워크의 특성 B

필기 22.7, 21.5, 20.9, 20.6

필기 22.7, 21.5, 20.9, 20.6

모듈화(Modularity)

- 프레임워크는 캡슐화를 통해 모듈화를 강화하고 설계 및 구현의 변경에 따른 영향을 최소화함으로써 소프트웨어의 품질을 향상시킨다.
- 프레임워크는 개발 표준에 의한 모듈화로 인해 유지 보수가 용이하다.

필기 22.7, 21.5, 20.9, 20.6

재사용성(Reusability)

프레임워크는 재사용 가능한 모듈들을 제공함으로써 예산 절감, 생산성 향상, 품질 보증이 가능하다.

기출체크 정답 1. 소프트웨어 개발 프레임워크 2. ① 재사용성(Reusability), ② 모듈화(Modularity)

예상문제 은행

문제 01 다음은 유스케이스(Use Case) 다이어그램의 일부이다. 제시된 다이어그램에 표현된 관계를 쓰시오.

답 :

문제 02 다음은 〈상품대여〉 시스템에 대한 유스케이스 다이어그램과 그에 대한 해석이다. 해석을 참고하여 유스케이스 다이어그램의 괄호(①, ②)에 들어갈 알맞은 내용을 쓰시오.

345101

해석

- 사용자는 고객과 직원으로 구분된다.
- 직원은 상품등록 기능을, 고객은 상품대여 기능을, 사용자는 로그인 기능을 사용할 수 있다.
- 직원이 상품등록 기능을, 고객이 상품대여 기능을 사용하려면 상품검색을 수행해야 한다.
- 상품반납 시 반납일이 지난 경우 연체금부과 기능을 수행한다.

답

- ①
- ②

문제 03 다음은 활동(Activity) 다이어그램과 그에 대한 해석이다. 해석을 참고하여 다이어그램의 괄호(①~③)에 들어갈 알맞은 내용을 쓰시오.

해석

〈회원〉 액터
- 회원이 카드를 신청하기 위해 로그인 단추를 클릭한 후 회원정보를 입력한다.
- 입력된 정보가 잘못됐으면 회원정보를 다시 입력받고, 그렇지 않으면 '카드발급 신청'으로 이동한다.
- 회원이 신청할 카드를 선택하면 '본인 인증'으로 이동한다.
- 카드발급 신청을 완료하고 액티비티를 종료한다.

〈인증〉 시스템
- 회원에 대한 본인 인증을 진행한다.
- 인증에 성공하면 '신용 확인'으로 이동하고, 인증에 실패하면 '인증 재시도'로 이동한다.
- 다시 진행한 본인 인증에 성공하면 '신용 확인'으로 이동하고, 이번에도 인증에 실패하면 액티비티를 종료한다.

〈신용확인〉 시스템

- 회원에 대한 신용 확인을 진행한다.
- 신용 상태가 '신용 양호'로 확인되면 '신청 완료'로 이동하고, 신용 상태가 '신용 불량'으로 확인되면 '발급 취소'로 이동한 후 액티비티를 종료한다.

답

- ①
- ②
- ③

문제 04 다음 괄호에 공통적으로 들어갈 가장 적합한 UML 클래스 다이어그램의 요소를 쓰시오.

- 주석(Note) 도형(⬜) 안에 (   )을 기술한 후 (   )이 적용될 속성이나 오퍼레이션을 점선으로 연결한다.
- 클래스 안에 (   )을 기술할 때는 중괄호 { }를 이용한다.

문제 05 다음은 순차(Sequence) 다이어그램의 일부와 그에 대한 해석이다. 해석을 참고하여 다이어그램의 괄호에 들어갈 알맞은 내용을 쓰시오.

해석

> 〈회원〉 액터
>
> - 로그인 버튼을 클릭한다.
> - ID와 비밀번호를 입력한다.
> - 로그인이 완료되면 카드 선택 화면에서 신청할 카드를 선택한다.
>
> 〈카드선택화면〉 객체
>
> 〈회원〉이 신청할 카드를 선택하면 선택된 카드에 대한 〈카드 : 신규신청〉 객체를 생성한 후 소멸된다.
>
> 〈카드 : 신규신청〉 객체
>
> - "신청생성" 메시지를 받으면 새로운 객체로 생성된다.
> - 〈인증 시스템〉에게 회원에 대한 본인 인증을 요청한다.
> - 회원에 대한 인증이 성공하면 소멸된다.

답 :

문제 06 다음에 제시된 항목 중에서 UML의 순차(Sequence) 다이어그램과 관계된 것만 모두 골라 쓰시오.

Object, Lifeline, Active Box, Swimlane, Message, Frame

답 :

문제 07 다음 설명에 가장 적합한 UML 순차(Sequence) 다이어그램의 요소를 쓰시오.

- 객체가 메모리에 존재하는 기간으로, 객체 아래쪽에 점선을 그어 표현한다.
- 객체 소멸이 표시된 기간까지 존재한다.

답 :

문제 08 연관 관계에 있는 두 클래스에 추가적으로 표현해야 할 속성이나 오퍼레이션이 있는 경우 생성하는 클래스는 무엇인지 쓰시오.

답 :

문제 09 다음은 회원의 카드 발급 신청 과정을 표현한 커뮤니케이션 다이어그램이다. '회원' 액터와 직접적으로 관계된 객체를 모두 쓰시오.

답 :

문제 10 다음은 본인인증 객체의 상태 변화를 표현한 상태(State) 다이어그램과 그에 대한 해석이다. 해석을 참고하여 다이어그램의 괄호(①~④)에 들어갈 알맞은 내용을 쓰시오.

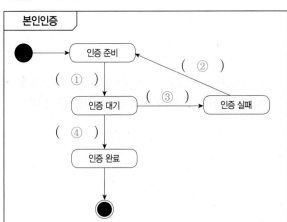

해석

> 〈인증 준비〉 상태의 상태 변화
> - 본인 인증 과정이 시작되면 객체는 〈인증 준비〉 상태로 전환된다.
> - '본인정보 입력' 이벤트에 의해 〈인증 대기〉 상태로 전환된다.
>
> 〈인증 대기〉 상태의 상태 변화
> - '본인정보 입력' 이벤트에 의해 〈인증 대기〉 상태로 전환된다.
> - '정보 일치' 이벤트에 의해 〈인증 완료〉 상태로 전환된다.
> - '정보 불일치' 이벤트에 의해 〈인증 실패〉 상태로 전환된다.
>
> 〈인증 실패〉 상태의 상태 변화
> - '정보 불일치' 이벤트에 의해 〈인증 실패〉 상태로 전환된다.
> - '인증 재시도' 이벤트에 의해 〈인증 준비〉 상태로 전환된다.
>
> 〈인증 완료〉 상태의 상태 변화
> '정보 일치' 이벤트에 의해 〈인증 완료〉 상태로 전환된다.

답
- ①
- ②
- ③
- ④

문제 11 다음은 소프트웨어 개발 방법론 테일러링 작업 시 고려해야 할 사항들을 내부적 기준과 외부적 기준으로 분류하여 설명한 것이다. 괄호(①, ②)에 들어갈 알맞은 기준을 쓰시오.

내부적 기준	• 목표 환경 : 시스템의 개발 환경과 유형이 서로 다른 경우 • 요구사항 : 프로젝트에서 우선적으로 고려할 요구사항이 서로 다른 경우 • (①) 규모 : 비용, 인력, 기간 등 (①)의 규모가 서로 다른 경우 • 보유 기술 : 프로세스, 개발 방법론, 산출물, 구성원의 능력 등이 서로 다른 경우
외부적 기준	• 법적 제약사항 : 프로젝트별로 적용될 IT Compliance가 서로 다른 경우 • (②) 기준 : 금융, 제도 등 분야별 (②) 기준이 서로 다른 경우

답
- ①
- ②

문제 12 다음 설명에 해당하는 용어를 쓰시오.

> • 이미 개발되어 인정받은 소프트웨어의 전체 혹은 일부분을 다른 소프트웨어 개발이나 유지에 사용하는 것이다.
> • 소프트웨어 개발의 품질과 생산성을 높이기 위한 방법으로, 기존에 개발된 소프트웨어와 경험, 지식 등을 새로운 소프트웨어에 적용한다.

답 :

문제 13 비용 산정 기법 중 소프트웨어 각 기능의 원시 코드 라인 수의 비관치, 낙관치, 기대치를 측정하여 예측치를 구하고 이를 이용하여 비용을 산정하는 기법은 무엇인지 쓰시오.

답 :

문제 14 LOC 기법에 의하여 예측된 총 라인수가 36,000 라인, 개발에 참여할 프로그래머가 6명, 프로그래머들의 평균 생산성이 월간 400 라인일 때 개발에 소요되는 기간을 계산식과 함께 쓰시오.

답
• 계산식 :
• 답 :

문제 15 COCOMO 모델은 보헴(Boehm)이 제안한 것으로, 원시 프로그램의 규모인 LOC(원시 코드 라인 수)에 의한 비용 산정 기법이다. COCOMO 모델의 3가지 프로젝트 유형을 쓰시오.

답 :

문제 16 소프트웨어 비용 산정 기법 중 Rayleigh-Norden 곡선의 노력 분포도를 이용한 프로젝트 비용 산정 기법이 무엇인지 쓰시오.

답 :

문제 17 다음이 설명하고 있는 프로젝트 일정 계획 관련 용어를 쓰시오.

- 프로젝트 완성에 필요한 작업을 나열하고 작업에 필요한 소요 기간을 예측하는 데 사용하는 기법이다.
- 노드에서 작업을 표시하고 간선은 작업 사이의 전후 의존 관계를 나타낸다.
- 원형 노드는 각 작업을, 박스 노드는 이정표를 의미하며, 간선을 나타내는 화살표의 흐름에 따라 각 작업이 진행된다.

답 :

문제 18 다음은 SPICE의 프로세스 수행 능력 단계를 순서대로 나열한 것이다. 괄호에 들어갈 알맞은 단계를 쓰시오.

| 불완전 | → | ( ) | → | 관리 | → | ( ) | → | ( ) | → | 최적화 |

답 :

문제 19 다음은 CPM(Critical Path Method) 네트워크이다. 임계 경로의 소요 기일을 구하시오.

답 :

[문제 01]

일반화(Generalization) 관계

문제에 제시된 관계는 '이메일 주소로 회원가입'과 '소셜 계정으로 회원가입'이라는 하위 유스케이스가 '회원가입'이라는 상위 유스케이스로 일반화되는 관계입니다. 이는 "'회원가입'의 종류에는 '이메일 주소로 회원가입'과 '소셜 계정으로 회원가입'이 있다."라고 해석할 수 있습니다.

[문제 02]

① ≪include≫   ② ≪extends≫

①
• 직원이 '상품등록' 기능을 사용하거나 고객이 '상품대여' 기능을 사용하려면 먼저 '상품검색' 기능을 사용해야 합니다. 이와 같이 두 개 이상의 유스 케이스에 공통적으로 적용되는 기능을 분리하여 새로운 유스케이스로 만든 경우, 원래의 유스케이스와 새롭게 분리된 유스케이스와의 관계를 포함 (Include) 관계라고 합니다.
• 포함 관계는 원래의 유스케이스에서 새롭게 만든 포함된 유스케이스 쪽으로 점선 화살표를 연결한 후 화살표 위에 ≪include≫라고 표기합니다.
②
• 고객이 '상품반납' 기능을 수행할 때 반납일이 지난 경우에는 '연체금부과' 기능을 수행해야 하므로 '상품반납' 유스케이스는 '연체금부과' 유스케이스와 확장(Extend) 관계에 있습니다.
• 확장 관계는 확장될 유스케이스에서 원래의 유스케이스 쪽으로 점선 화살표를 연결한 후 화살표 위에 ≪extends≫라고 표기합니다.

[문제 03]

① 카드발급 신청   ② 신용 양호   ③ 인증 재시도

[문제 04]

제약조건

[문제 05]

신청생성

〈카드 : 신규신청〉 객체에 대한 설명에서 "'신청생성' 메시지를 받으면 새로운 객체로 생성된다.'는 내용을 통해 답을 유추할 수 있습니다.

[문제 06]

Object, Lifeline, Active Box, Message, Frame

[문제 07]

생명선(Lifeline)

[문제 08]

연관 클래스

[문제 09]

로그인화면, 카드선택화면, 카드 : 신규신청, 신용 : 신용확인 화면

• '회원' 액터와 직접적으로 관계된 객체는 '로그인화면', '카드선택화면', '카드 : 신규신청', '신용 : 신용확인 화면'입니다.
• '회원정보' 객체는 '로그인화면' 객체와 직접적으로 관계되어 있습니다.
• '인증 시스템' 액터는 '카드 : 신규신청' 객체와 직접적으로 관계되어 있습니다.
• '신용확인 시스템' 액터는 '신용 : 신용확인 화면' 객체와 직접적으로 관계되어 있습니다.

[문제 10]

① 본인정보 입력　　② 인증 재시도　　③ 정보 불일치　　④ 정보 일치

[문제 11]

① 프로젝트　　② 표준 품질

[문제 12]

소프트웨어 재사용

[문제 13]

LOC(원시 코드 라인 수) 기법

[문제 14]

• 계산식 : (36,000 / 400) / 6 = 15
• 답 : 15개월

> LOC 기법에서 개발 기간은 '노력(인월) / 투입 인원'이고, 노력(인월)은 'LOC(총 라인 수) / 1인당 월평균 생산 코드 라인 수'이므로 '(LOC / 1인당 월평균 생산 코드 라인 수) / 투입 인원'에 값을 대입하면 답을 구할 수 있습니다.

[문제 15]

조직형(Organic Mode), 반분리형(Semi-Detached Mode), 내장형(Embedded Mode)

[문제 16]

Putnam 모형

[문제 17]

CPM(Critical Path Method, 임계 경로 기법)

[문제 18]

수행(Performed), 확립(Established), 예측(Predictable)

[문제 19]

18일

> 임계 경로는 최장 경로를 의미합니다. 문제에 제시된 그림을 보고 각 경로에 대한 소요 기일을 계산한 후 가장 오래 걸린 기일을 찾으면 됩니다.
>
>
>
> • 경로 1 : ❶ → ❷ → ❹ → ❻ → ❽
> 　　　= 3 + 3 + 4 + 4 = 14일
> • 경로 2 : ❶ → ❷ → ❺ → ❼ → ❽
> 　　　= 3 + 4 + 6 + 5 = 18일
> • 경로 3 : ❶ → ❸ → ❼ → ❽ = 4 + 6 + 5 = 15일
>
> 그러므로 임계 경로는 경로 2이며, 소요 기일은 18일입니다.

데이터 입·출력 구현 1

062 DBMS ⓒ등급

063 스키마 Ⓐ등급

064 데이터베이스 설계 순서 Ⓐ등급

065 개념적 설계 Ⓐ등급

066 논리적 설계 Ⓐ등급

067 물리적 설계 Ⓐ등급

068 데이터 모델 Ⓐ등급

069 E-R 다이어그램 Ⓑ등급

070 관계형 데이터베이스의 릴레이션 구조
　　Ⓐ등급

071 튜플 Ⓐ등급

072 속성 Ⓐ등급

073 도메인 Ⓑ등급

074 후보키 Ⓐ등급

075 기본키 Ⓑ등급

076 대체키 ⓒ등급

077 슈퍼키 Ⓐ등급

078 외래키 Ⓑ등급

079 무결성 Ⓐ등급

080 관계대수 Ⓑ등급

081 순수 관계 연산자 Ⓐ등급

082 일반 집합 연산자 Ⓐ등급

083 관계해석 Ⓐ등급

084 이상 Ⓐ등급

085 함수적 종속 Ⓐ등급

086 정규화 Ⓑ등급

087 정규화 과정 Ⓐ등급

088 정규화 과정 정리 Ⓑ등급

089 반정규화 Ⓐ등급

090 중복 테이블 추가 ⓒ등급

091 시스템 카탈로그 Ⓑ등급

092 트랜잭션 ⓒ등급

093 트랜잭션의 특성 Ⓐ등급

094 CRUD 분석 Ⓑ등급

095 인덱스 Ⓑ등급

062 > DBMS Ⓒ

- DBMS(DataBase Management System, 데이터베이스 관리 시스템)는 **사용자의 요구에 따라 정보를 생성해주고, 데이터베이스를 관리해 주는 소프트웨어**이다.

- DBMS의 필수 기능 3가지

정의(Definition) 기능	데이터의 형(Type)과 구조에 대한 정의, 이용 방식, 제약 조건 등을 명시하는 기능
조작(Manipulation) 기능	데이터 검색, 갱신, 삽입, 삭제 등을 위해 인터페이스 수단을 제공하는 기능
제어(Control) 기능	데이터의 무결성, 보안, 권한 검사, 병행 제어를 제공하는 기능

기출체크 ☑

필기 23.2
1. 모든 응용 프로그램들이 요구하는 데이터 구조를 지원하기 위해 데이터베이스에 저장될 데이터 타입과 구조에 대한 정의, 이용 방식, 제약 조건 등을 명시하는 DBMS의 필수 기능을 쓰시오.

답 :

기출체크 ☑

20.10
2. 데이터베이스의 스키마(Schema)에 대해 간략히 서술하시오.

답 :

23.4
3. 스키마에 대한 다음 설명에서 괄호(①~③)에 들어갈 알맞은 종류를 쓰시오.

- (①) 스키마는 데이터베이스의 전체적인 논리적 구조로, 모든 응용 프로그램이나 사용자들이 필요로 하는 데이터를 종합한 조직 전체의 데이터베이스이다.
- (②) 스키마는 실제로 저장될 레코드의 형식, 저장 데이터 항목의 표현 방법, 내부 레코드의 물리적 순서 등을 나타낸다.
- (③) 스키마는 사용자나 응용 프로그래머가 각 개인의 입장에서 필요로 하는 데이터베이스의 논리적 구조를 정의한 것이다.

답
- ①
- ②
- ③

---

063 > 스키마 Ⓐ

23.4, 20.10, 필기 21.3, 20.9

스키마(Schema)는 **데이터베이스의 구조와 제약조건에 관한 전반적인 명세를 기술**한 것이다.

종류	내용
23.4 외부 스키마	사용자나 응용 프로그래머가 각 개인의 입장에서 필요로 하는 데이터베이스의 논리적 구조를 정의한 것
23.4, 필기 21.3 개념 스키마	• 데이터베이스의 전체적인 논리적 구조 • 모든 응용 프로그램이나 사용자들이 필요로 하는 데이터를 종합한 조직 전체의 데이터베이스로, 하나만 존재함
23.4, 필기 20.9 내부 스키마	• 물리적 저장장치의 입장에서 본 데이터베이스 구조 • 실제로 저장될 레코드의 형식, 저장 데이터 항목의 표현 방법, 내부 레코드의 물리적 순서 등을 나타냄

---

064 > 데이터베이스 설계 순서 Ⓐ

23.7, 20.7

요구 조건 분석	요구 조건 명세서 작성
↓	
개념적 설계	개념 스키마, 트랜잭션 모델링, E-R 모델
↓	
논리적 설계	목표 DBMS에 맞는 논리 스키마 설계, 트랜잭션 인터페이스 설계
↓	
물리적 설계	목표 DBMS에 맞는 물리적 구조의 데이터로 변환
↓	
구현	목표 DBMS의 DDL(데이터 정의어)로 데이터베이스 생성, 트랜잭션 작성

기출체크 ☑

23.7, 20.7
4. 다음은 데이터베이스 구축까지의 과정을 나열한 것이다. 괄호에 들어갈 알맞은 용어를 순서대로 쓰시오.

요구 분석 → ( ) → ( ) → ( ) → 구현

답 :

340082

065 > 개념적 설계 Ⓐ

21.4, 필기 23.2, 22.4

- 개념적 설계(정보 모델링, 개념화)는 정보의 구조를 얻기 위하여 현실 세계의 무한성과 계속성을 이해하고, 다른 사람과 통신하기 위하여 **현실 세계에 대한 인식을 추상적 개념으로 표현하는 과정**이다.

- 개념적 설계에서는 개념 스키마 모델링과 트랜잭션 모델링을 병행 수행한다.

- 개념적 설계에서는 요구 분석에서 나온 결과인 요구 조건 명세를 DBMS에 독립적인 E-R 다이어그램으로 작성한다.

기출체크

21.4

5. 데이터베이스 설계에 대한 다음 설명에 가장 부합하는 용어를 쓰시오.

> 현실 세계에 대한 인식을 추상적 개념으로 표현하는 과정으로, 개념 스키마 모델링과 트랜잭션 모델링을 수행하며, 요구 조건 명세를 E-R 다이어그램으로 작성한다.

답 :

340083

066 > 논리적 설계 Ⓐ

21.4, 필기 22.7, 20.6

- 논리적 설계(데이터 모델링)는 **현실 세계에서 발생하는 자료를** 컴퓨터가 이해하고 처리할 수 있는 물리적 저장장치에 저장할 수 있도록 변환하기 위해 **특정 DBMS가 지원하는 논리적 자료 구조로 변환(mapping)시키는 과정**이다.

- 개념 세계의 데이터를 필드로 기술된 데이터 타입과 이 데이터 타입들 간의 관계로 표현되는 논리적 구조의 데이터로 모델화한다.

- 개념적 설계가 개념 스키마를 설계하는 단계라면, 논리적 설계에서는 개념 스키마를 평가 및 정제하고 DBMS에 따라 서로 다른 논리적 스키마를 설계하는 단계이다.

기출체크

21.4

6. 데이터베이스 설계에 대한 다음 설명에 가장 부합하는 용어를 쓰시오.

> 현실의 자료를 특정 DBMS가 지원하는 자료 구조로 변환하는 과정으로, 트랜잭션의 인터페이스를 설계하고, 정규화를 통해 스키마를 평가 및 정제한다.

답 :

340084

067 > 물리적 설계 Ⓐ

21.4, 필기 24.2, 22.4, 22.3, 21.8, 21.5, 21.3, 20.9

- 물리적 설계(데이터 구조화)는 **논리적 설계에서 논리적 구조로 표현된 데이터를** 디스크 등의 물리적 저장장치에 저장할 수 있는 **물리적 구조의 데이터로 변환하는 과정**이다.

- 물리적 설계에서는 다양한 데이터베이스 응용에 대해 처리 성능을 얻기 위해 데이터베이스 파일의 저장 구조 및 액세스 경로를 결정한다.

- 저장 레코드의 형식, 순서, 접근 경로, 조회 집중 레코드 등의 정보를 사용하여 데이터가 컴퓨터에 저장되는 방법을 묘사한다.

기출체크

21.4, 필기 21.8, 21.3

7. 데이터베이스 설계에 대한 다음 설명에 가장 부합하는 용어를 쓰시오.

> 논리적 구조로 표현된 데이터를 디스크 등의 저장장치에 저장할 수 있는 데이터로 변환하는 과정으로, 파일의 저장 구조 및 액세스 경로를 결정하며, 테이블 정의서 및 명세서가 산출된다.

답 :

21.4, 필기 23.2, 22.4, 20.9

068 > 데이터 모델 Ⓐ

- 데이터 모델은 **현실 세계의 정보들을** 컴퓨터에 표현하기 위해서 단순화, 추상화하여 **체계적으로 표현한 개념적 모형**이다.

- 데이터 모델에 표시할 요소

요소	내용
21.4, 필기 23.2, 20.9 구조(Structure)	논리적으로 표현된 개체 타입들 간의 관계로서 데이터 구조 및 정적 성질 표현
21.4, 필기 23.2, 22.4, 20.9 연산(Operation)	데이터베이스에 저장된 실제 데이터를 처리하는 작업에 대한 명세로서 데이터베이스를 조작하는 기본 도구
21.4, 필기 23.2, 20.9 제약 조건(Constraint)	데이터베이스에 저장될 수 있는 실제 데이터의 논리적인 제약 조건

기출체크 ☑

21.4, 필기 23.2, 22.4

1. 데이터 모델의 구성 요소에 대한 다음 설명에서 괄호(①, ②)에 들어갈 알맞은 구성 요소를 쓰시오.

1. (①)은 데이터베이스에 저장된 실제 데이터를 처리하는 작업에 대한 명세로서 데이터베이스를 조작하는 기본 도구에 해당한다.
2. (②)는 논리적으로 표현된 객체 타입들 간의 관계로서 데이터의 구조 및 정적 성질을 표현한다.
3. 제약 조건은 데이터베이스에 저장될 수 있는 실제 데이터의 논리적인 제약 조건을 의미한다.

답
- ①
- ②

필기 23.7, 22.7, 22.3, 21.5, 21.3, 20.9, 20.6

069 > E-R 다이어그램 Ⓑ

기호	기호 이름	의미
필기 23.7, 22.7, 21.5, 21.3, 20.9, 20.6 [사각형]	사각형	개체(Entity) 타입
필기 23.7, 21.5, 21.3, 20.9, 20.6 ◇	마름모	관계(Relationship) 타입
필기 23.7, 21.5, 21.3, 20.9, 20.6 ◯	타원	속성(Attribute)
필기 22.3 ◎	이중 타원	다중값 속성(복합 속성)

◯(밑줄)	밑줄 타원	기본키 속성
◯◯	복수 타원	복합 속성 예 성명은 성과 이름으로 구성
□—N◇M—□	관계	1:1, 1:N, N:M 등의 개체 간 관계에 대한 대응수를 선 위에 기술함
필기 21.5, 21.3, 20.9, 20.6	선, 링크	개체 타입과 속성을 연결

기출체크 ☑

필기 23.7, 22.7, 22.3, 21.5, 21.3, 20.9, 20.6

2. 다음은 개체-관계 모델의 E-R 다이어그램에서 사용되는 기호에 대한 설명이다. 괄호(①~③)에 들어갈 알맞은 기호의 의미를 쓰시오.

기호	의미
타원	(①)
마름모	(②)
사각형	(③)
선	개체 타입과 속성을 연결

답
- ①
- ②
- ③

23.4, 21.4, 필기 23.2, 22.3, 21.3, 20.9, 20.8, 20.6

070 > 관계형 데이터베이스의 릴레이션 구조 Ⓐ

릴레이션(Relation)은 데이터들을 표(Table)의 형태로 표현한 것으로, 구조를 나타내는 릴레이션 스키마와 실제 값들인 릴레이션 인스턴스로 구성된다.

〈학생〉 릴레이션

학번	이름	학년	신장	학과
19001	김예소	2	170	CD
20002	고강민	1	169	CD
19012	이향기	2	180	ID
17032	김동준	4	174	ED

속성(Attribute) / 튜플(Tuple) / 릴레이션 스키마 / 릴레이션 인스턴스 / 릴레이션 / 학년의 도메인(Domain)

- 릴레이션 인스턴스 : 데이터 개체를 구성하고 있는 속성들에 데이터 타입이 정의되어 구체적인 데이터 값을 가진 것을 의미함

기출체크 정답 1. ① 연산(Operation), ② 구조(Structure) 2. ① 속성(Attribute), ② 관계(Relationship) 타입, ③ 개체(Entity) 타입

3. 다음 표에서 릴레이션(Relation), 애트리뷰트(Attribute), 튜플(Tuple)의 수를 구하여 표시하시오.

고객ID	고객명	지역
SNG001	이순신	서울
SNG002	강감찬	경기
SNG003	김동준	인천
SNG004	홍길동	서울
SNG005	이대로	경기

답

- ① 릴레이션(Relation) :
- ② 애트리뷰트(Attribute) :
- ③ 튜플(Tuple) :

23.4

4. 데이터 개체를 구성하고 있는 속성들에 데이터 타입이 정의되어 구체적인 데이터 값을 가진 것으로, 실제 값을 가진 튜플을 의미하는 릴레이션 구성 용어를 쓰시오.

답 :

---

071 〉튜플 Ⓐ

440071   23.4, 21.4, 필기 22.4, 22.3, 21.3, 20.9, 20.8

- 튜플(Tuple)은 **릴레이션을 구성하는 각각의 행**을 말한다.
- 튜플은 속성의 모임으로 구성된다.
- 파일 구조에서 레코드와 같은 의미이다.
- 튜플의 수를 카디널리티(Cardinality) 또는 기수, 대응 수라고 한다.

기출체크 ☑

23.4

5. 릴레이션을 구성하는 용어들에 대한 다음 설명에서 괄호(①, ②)에 들어갈 알맞은 용어를 〈보기〉에서 찾아 기호(㉠~◎)로 쓰시오.

- (①) : 릴레이션을 구성하는 각각의 행을 의미하며, 파일 구조에서는 레코드에 해당함
- (②) : 튜플의 개수를 의미함

〈보기〉

| ㉠ 도메인 | ㉡ 차수 | ㉢ 속성 | ㉣ 튜플 | ㉤ 디그리 |
| ㉥ 카디널리티 | ㉦ 릴레이션 스키마 | | ◎ 릴레이션 인스턴스 | |

답

- ①   • ②

---

072 〉속성 Ⓐ

- 속성(Attribute)은 **데이터베이스를 구성하는 가장 작은 논리적 단위**이다.
- 파일 구조상의 데이터 항목 또는 데이터 필드에 해당된다.
- 속성은 개체의 특성을 기술한다.
- 속성의 수를 디그리(Degree) 또는 차수라고 한다.

기출체크 ☑

필기 20.9

6. 어떤 릴레이션의 스키마가 4개의 속성(Attribute), 2개의 후보키 그리고 그 스키마의 릴레이션 인스턴스가 7개의 튜플(Tuple)을 갖는다면 그 릴레이션의 차수(Degree)는 몇 개인지 쓰시오.

답 :

해설

차수(Degree)는 속성(Attribute)의 수와 동일합니다.

▶340093   필기 21.3, 20.6

073 〉도메인 Ⓑ

- 도메인(Domain)은 **하나의 애트리뷰트가 취할 수 있는 같은 타입의 원자(Atomic)값들의 집합**이다.
- 도메인은 실제 애트리뷰트 값이 나타날 때 그 값의 합법 여부를 시스템이 검사하는 데에도 이용된다.
- 예 '성별' 애트리뷰트의 도메인은 "남"과 "여"로, 그 외의 값은 입력될 수 없다.

기출체크 ☑

필기 21.3, 20.6

7. 하나의 애트리뷰트가 취할 수 있는 같은 타입의 원자(Atomic)값들의 집합을 의미하는 관계형 데이터베이스의 릴레이션(Relation) 구조는 무엇인지 쓰시오.

답 :

▶340094 22.5, 필기 22.7, 22.4, 20.6

074 > 후보키 Ⓐ

- 후보키(Candidate Key)는 릴레이션을 구성하는 **속성들 중에서 튜플을 유일하게 식별하기 위해 사용되는 속성들의 부분집합**이다.
- 기본키로 사용할 수 있는 속성들을 말한다.
- 후보키는 유일성(Unique)과 최소성(Minimality)을 모두 만족시켜야 한다.

22.5, 필기 20.6 **유일성 (Unique)**	하나의 키 값으로 하나의 튜플만을 유일하게 식별할 수 있어야 함
22.5, 필기 20.6 **최소성 (Minimality)**	키를 구성하는 속성 하나를 제거하면 유일하게 식별할 수 없도록 꼭 필요한 최소의 속성으로 구성되어야 함

기출체크 ☑

22.5

1. 키(Key)에 대한 다음 설명에서 괄호(①, ②)에 들어갈 알맞은 용어를 쓰시오.

- 키(Key)는 데이터베이스에서 조건에 만족하는 튜플을 찾거나 순서대로 정렬할 때 기준이 되는 속성을 말한다.
- 후보키(Candidate Key)는 릴레이션을 구성하는 속성들 중에서 튜플을 유일하게 식별하기 위해 사용되는 속성들의 부분집합으로, (①)과 (②)을 만족하는 특징이 있다.

답
- ①
- ②

필기 23.2, 22.4

075 > 기본키 Ⓑ

- 기본키(Primary Key)는 **후보키 중에서 특별히 선정된 주키(Main Key)**이다.
- 기본키는 중복된 값을 가질 수 없다.
- 기본키는 한 릴레이션에서 특정 튜플을 유일하게 구별할 수 있는 속성이다.
- 기본키는 NULL 값을 가질 수 없다. 즉 튜플에서 기본키로 설정된 속성에는 NULL 값이 있어서는 안 된다.

기출체크 ☑

필기 23.2, 22.4

2. 다음이 설명하고 있는 키(Key)의 종류를 쓰시오.

- NOT NULL로, 널 값을 가지지 않는다.
- 릴레이션에서 튜플을 구별할 수 있다.
- 외래키로 참조될 수 있다.

답 :

▶440076 필기 22.7

076 > 대체키 Ⓒ

- 대체키(Alternate Key)는 **후보키가 둘 이상일 때 기본키를 제외한 나머지 후보키**를 의미한다.
- 대체키를 보조키라고도 한다.

기출체크 ☑

필기 22.7

3. 후보키 중에서 기본키를 제외한 나머지 후보키를 무엇이라고 하는지 쓰시오.

답 :

▶340097 22.5, 필기 24.2, 23.7, 22.7, 21.8, 20.9

077 > 슈퍼키 Ⓐ

- 슈퍼키(Super Key)는 한 릴레이션 내에 있는 **속성들의 집합으로 구성된 키**를 말한다.
- 릴레이션을 구성하는 모든 튜플 중 슈퍼키로 구성된 속성의 집합과 동일한 값은 나타나지 않는다.
- 슈퍼키는 릴레이션을 구성하는 모든 튜플에 대해 유일성은 만족하지만, 최소성은 만족하지 못한다.

기출체크 ☑

22.5, 필기 24.2, 23.7, 21.8, 20.9

4. 키(Key)에 대한 다음 설명에서 괄호에 들어갈 알맞은 용어를 쓰시오.

- 키(Key)는 데이터베이스에서 조건에 만족하는 튜플을 찾거나 순서대로 정렬할 때 기준이 되는 속성을 말한다.
- 슈퍼키(Super Key)는 한 릴레이션 내에 있는 속성들의 집합으로 구성된 키로, 릴레이션을 구성하는 모든 튜플에 대해 ( )을 만족한다.

답 :

기출체크 정답 1. ① 유일성(Unique), ② 최소성(Minimality) 2. 기본키(Primary Key) 3. 대체키(Alternate Key) 4. 유일성(Unique)

340098

필기 23.7, 23.5, 22.7, 22.3, 20.6

078 외래키 Ⓑ

• 외래키(Foreign Key)는 **다른 릴레이션의 기본키를 참조하는 속성 또는 속성들의 집합**을 의미한다.

• 한 릴레이션에 속한 속성 A와 참조 릴레이션의 기본키인 B가 동일한 도메인 상에서 정의되었을 때의 속성 A를 외래키라고 한다.

• 외래키로 지정되면 참조 릴레이션의 기본키에 없는 값은 입력할 수 없다.

기출체크 ☑

필기 23.5, 20.6

5. 다음 두 릴레이션(Relation)에서 외래키로 사용된 속성을 찾아 쓰시오(단, 밑줄 친 속성은 기본키이다.).

> 과목(<u>과목번호</u>, 과목명)
> 수강(<u>수강번호</u>, 학번, 과목번호, 학기)

답 :

340524

23.10, 필기 24.2, 23.2, 22.7, 22.4, 21.8, 21.5, 21.3, 20.8, 20.6

079 무결성 Ⓐ

• 무결성(Integrity)은 **데이터베이스에 저장된 데이터 값과 그것이 표현하는 현실 세계의 실제값이 일치하는 정확성**을 의미한다.

• 개체 무결성 : 기본 테이블의 기본키를 구성하는 어떤 속성도 Null 값이나 중복값을 가질 수 없다는 규정

• 참조 무결성 : 외래키 값은 Null이거나 참조 릴레이션의 기본키 값과 동일해야 함. 즉 릴레이션은 참조할 수 없는 외래키 값을 가질 수 없다는 규정

기출체크 ☑

23.10

6. 무결성에 대한 다음 설명에서 괄호에 들어갈 알맞은 답을 쓰시오.

> 무결성이란 데이터베이스에 저장된 데이터 값과 그것이 표현하는 현실 세계의 실제 값이 일치하는 정확성을 의미한다. 무결성 제약 조건은 데이터베이스에 들어 있는 데이터의 정확성을 보장하기 위해 부정확한 자료가 데이터베이스 내에 저장되는 것을 방지하기 위한 조건을 말한다.

〈회원〉				〈결제〉		
이름	주민번호	주소		결제번호	주문상품	회원
kim	800212-2******	서울		1	rxe-123	choi
choi	820911-1******	경기		2	dp-01	kim
kang	750815-1******	인천		3	qiv-433	kang

위의 두 테이블에서는 〈결제〉 테이블의 '회원' 속성이 〈회원〉 테이블의 '이름' 속성을 참고하는 외래키이므로 ( ) 무결성 제약 조건이 준수되어야 한다.

답 :

340100

필기 24.2, 22.7, 21.8, 20.9

080 관계대수 Ⓑ

• 관계대수는 관계형 데이터베이스에서 **원하는 정보와 그 정보를 검색하기 위해서 어떻게 유도하는가를 기술하는 절차적인 언어**이다.

• 관계대수는 릴레이션을 처리하기 위해 연산자와 연산 규칙을 제공하며, 피연산자와 연산 결과가 모두 릴레이션이다.

• 관계대수는 질의에 대한 해를 구하기 위해 수행해야 할 연산의 순서를 명시한다.

기출체크 ☑

필기 24.2, 21.8, 20.9

7. 다음이 설명하고 있는 데이터베이스 관련 용어를 쓰시오.

> • 관계형 데이터베이스에서 원하는 정보와 그 정보를 검색하기 위해서 어떻게 유도하는가를 기술하는 절차적인 언어이다.
> • 주어진 릴레이션 조작을 위한 연산의 집합이다.

답 :

340525

23.10, 22.10, 22.7, 20.10, 필기 21.8, 21.5, 21.3, 20.8, 20.6

081 순수 관계 연산자 Ⓐ

23.10, 필기 21.3, 20.8

Select

• 릴레이션에 존재하는 튜플 중에서 선택 조건을 만족하는 튜플의 부분집합을 구하여 새로운 릴레이션을 만드는 연산이다.

• 릴레이션의 행에 해당하는 튜플(Tuple)을 구하는 것이므로 수평 연산이라고도 한다.

• 기호 : σ(시그마)

Project

- 주어진 릴레이션에서 속성 리스트(Attribute List)에 제시된 속성 값만을 추출하여 새로운 릴레이션을 만드는 연산이다.
- 릴레이션의 열에 해당하는 속성을 추출하는 것이므로 수직 연산자라고도 한다.
- 기호 : π(파이)

Join

- 공통 속성을 중심으로 두 개의 릴레이션을 하나로 합쳐서 새로운 릴레이션을 만드는 연산이다.
- Join의 결과는 Cartesian Product(교차곱)를 수행한 다음 Select를 수행한 것과 같다.
- 기호 : ⋈

Division

- X⊃Y인 두 개의 릴레이션 R(X)와 S(Y)가 있을 때, R의 속성이 S의 속성값을 모두 가진 튜플에서 S가 가진 속성을 제외한 속성만을 구하는 연산이다.
- 기호 : ÷

기출체크 ☑

23.10, 22.10

1. 관계 연산자에 대한 다음 설명에서 각 번호(①~④)의 연산자를 의미하는 기호를 〈보기〉에서 찾아 쓰시오.

연산자	특징
① Join	공통 속성을 중심으로 두 개의 릴레이션을 하나로 합쳐서 새로운 릴레이션을 만드는 연산이다.
② Project	주어진 릴레이션에서 속성 리스트(Attribute List)에 제시된 속성 값만을 추출하여 새로운 릴레이션을 만드는 연산이다.
③ Select	릴레이션에 존재하는 튜플 중에서 선택 조건을 만족하는 튜플의 부분집합을 구하여 새로운 릴레이션을 만드는 연산이다.
④ Division	X⊃Y인 두 개의 릴레이션 R(X)와 S(Y)가 있을 때, R의 속성이 S의 속성값을 모두 가진 튜플에서 S가 가진 속성을 제외한 속성만을 구하는 연산이다.

〈보기〉

• σ	• ⋈	• ÷	• ±	• ∞	• π

답
- ① Join :
- ② Project :
- ③ Select :
- ④ Division :

---

2. 다음은 〈EMPLOYEE〉 릴레이션에 대해 〈관계 대수식〉을 수행했을 때 출력되는 〈결과〉이다. 〈결과〉의 각 괄호(①~⑤)에 들어갈 알맞은 답을 쓰시오.

〈관계 대수식〉

$$\pi_{TTL}(EMPLOYEE)$$

〈EMPLOYEE〉

INDEX	AGE	TTL
1	48	부장
2	25	대리
3	41	과장
4	36	차장

⇒

〈결과〉

(①)
(②)
(③)
(④)
(⑤)

답
- ①
- ②
- ③
- ④
- ⑤

해설

문제의 〈관계 대수식〉에서 사용된 π는 주어진 릴레이션에서 속성 리스트(Attribute List)에 제시된 속성 값만을 추출하여 새로운 릴레이션을 만드는 PROJECT 연산이므로, 〈EMPLOYEE〉 릴레이션에서 'TTL' 속성이 추출되어 속성명인 'TTL'부터 모든 속성값이 〈결과〉로 나타납니다.

440082

082 > 일반 집합 연산자

합집합(UNION)

- 두 릴레이션에 존재하는 튜플의 합집합을 구하되, 결과로 생성된 릴레이션에서 중복되는 튜플은 제거되는 연산이다.
- 합집합의 카디널리티는 두 릴레이션 카디널리티의 합보다 크지 않다.
- 기호 : ∪

기출체크 정답 1. ① ⋈, ② π, ③ σ, ④ ÷ 2. ① TTL, ② 부장, ③ 대리, ④ 과장, ⑤ 차장

필기 23.5

교집합(INTERSECTION)

- 두 릴레이션에 존재하는 튜플의 교집합을 구하는 연산이다.
- 교집합의 카디널리티는 두 릴레이션 중 카디널리티가 적은 릴레이션의 카디널리티보다 크지 않다.
- 기호 : ∩

22.10

차집합(DIFFERENCE)

- 두 릴레이션에 존재하는 튜플의 차집합을 구하는 연산이다.
- 차집합의 카디널리티는 릴레이션 R의 카디널리티 보다 크지 않다.
- 기호 : ─

22.10, 필기 23.7, 21.8, 21.5

교차곱(CARTESIAN PRODUCT)

- 두 릴레이션에 있는 튜플들의 순서쌍을 구하는 연산이다.
- 교차곱의 디그리(Degree)는 두 릴레이션의 디그리를 더한 것과 같고, 카디널리티(Cardinality)는 두 릴레이션의 카디널리티를 곱한 것과 같다.
- 기호 : ×

기출체크 ☑

22.10

3. 관계대수에 대한 다음 설명에서 괄호(①~③)에 들어갈 알맞은 기호를 쓰시오.

- 합집합(UNION)은 두 릴레이션에 존재하는 튜플의 합집합을 구하되, 결과로 생성된 릴레이션에서 중복되는 튜플은 제거되는 연산으로, 사용하는 기호는 (①)이다.
- 차집합(DIFFERENCE)은 두 릴레이션에 존재하는 튜플의 차집합을 구하는 연산으로, 사용하는 기호는 (②)이다.
- 교차곱(CARTESIAN PRODUCT)은 두 릴레이션에 있는 튜플들의 순서쌍을 구하는 연산으로, 사용하는 기호는 (③)이다.

답
- ①
- ②
- ③

▶ 440083　　22.7, 필기 23.7, 22.7

083 > 관계해석　Ⓐ

- 관계해석(Relational Calculus)은 **관계 데이터의 연산을 표현하는 방법**이다.
- 관계 데이터 모델의 제안자인 코드(E. F. Codd)가 수학의 Predicate Calculus(술어 해석)에 기반을 두고 관계 데이터베이스를 위해 제안했다.
- 관계해석은 원하는 정보가 무엇이라는 것만 정의하는 비절차적 특성을 지닌다.
- 원하는 정보를 정의할 때는 계산 수식을 사용한다.

기출체크 ☑

22.7, 필기 23.7

4. 데이터베이스에 대한 다음 설명에서 괄호에 공통으로 들어갈 알맞은 용어를 쓰시오.

- ( )은 관계 데이터의 연산을 표현하는 방법으로, 관계 데이터 모델의 제안자인 코드(E. F. Codd)가 수학의 술어 해석(Predicate Calculus)에 기반을 두고 관계 데이터베이스를 위해 제안했다.
- 원하는 정보가 무엇이라는 것만 정의하는 비절차적 특성을 지니며, 원하는 정보를 정의할 때 계산 수식을 사용한다.
- 튜플 해석식을 사용하는 튜플 ( )과 도메인 해석식을 사용하는 도메인 ( )으로 구분된다.

답 :

▶ 340104　　22.5, 20.11, 필기 24.2, 23.2, 21.8, 21.5, 21.3, 20.8

084 > 이상　Ⓐ

- 이상(Anomaly)이란 데이터베이스 내에 **데이터들이 불필요하게 중복되어 릴레이션 조작 시 예기치 않게 발생하는 곤란한 현상**을 의미한다.
- 삽입 이상(Insertion Anomaly) : 테이블에 데이터를 삽입할 때 의도와는 상관없이 원하지 않은 값들로 인해 삽입할 수 없게 되는 현상
- 삭제 이상(Deletion Anomaly) : 테이블에서 튜플을 삭제할 때 의도와는 상관없는 값들도 함께 삭제되는, 즉 연쇄 삭제가 발생하는 현상
- 갱신 이상(Update Anomaly) : 테이블에서 튜플에 있는 속성 값을 갱신할 때 일부 튜플의 정보만 갱신되어 정보에 불일치성(Inconsistency)이 생기는 현상

기출체크 정답 　3. ① ∪, ② ─, ③ ×　4. 관계해석(Relational Calculus)

20.11, 필기 21.8

1. 정규화를 거치지 않으면 데이터베이스 내에 데이터들이 불필요하게 중복되어 릴레이션 조작 시 예기치 못한 곤란한 현상이 발생하는데, 이를 이상(Anomaly)이라 한다. 이상의 종류 3가지를 쓰시오.

답 :

22.5

2. 데이터의 중복으로 인해 테이블 조작 시 문제가 발생하는 현상을 이상(Anomaly)이라고 한다. 이상의 종류 중 삭제 이상(Deletion Anomaly)에 대해 간략히 서술하시오.

답 :

440085

22.7, 필기 24.2, 21.8

085 > 함수적 종속 Ⓐ

필기 24.2, 21.8

함수적 종속(Functional Dependency)

어떤 테이블 R에서 X와 Y를 각각 R의 속성 집합의 부분 집합이라 하자. 속성 X의 값 각각에 대해 시간에 관계없이 항상 속성 Y의 값이 오직 하나만 연관되어 있을 때 Y는 X에 함수적 종속 또는 X가 Y를 함수적으로 결정한다고 하고, X → Y로 표기한다.

22.7

완전 함수적 종속(Full Functional Dependency)

어떤 테이블 R에서 속성 Y가 다른 속성 집합 X 전체에 대해 함수적 종속이면서 속성 집합 X의 어떠한 진부분 집합 Z(즉, Z ⊂ X)에도 함수적 종속이 아닐 때 속성 Y는 속성 집합 X에 완전 함수적 종속이라고 한다.

22.7

부분 함수적 종속(Partial Functional Dependency)

어떤 테이블 R에서 속성 Y가 다른 속성 집합 X 전체에 대해 함수적 종속이면서 속성 집합 X의 임의의 진부분 집합에 대해 함수적 종속일 때, 속성 Y는 속성 집합 X에 부분 함수적 종속이라고 한다.

22.7, 필기 24.2, 20.6

이행적 함수적 종속(Transitive Functional Dependency)

X → Y이고 Y → Z일 때 X → Z를 만족하는 관계를 의미한다.

22.7

3. 함수적 종속(Functional Dependency)에 대한 다음 설명에서 괄호(①~③)에 들어갈 알맞은 용어를 〈보기〉에서 찾아 기호(㉠~◎)로 쓰시오. (단, 테이블 〈R〉의 속성 '학생'과 '학과'의 밑줄은 키(Key)임을 의미한다.)

〈R〉

학생	학과	성적	학년
이순신	컴퓨터공학	A+	2
이순신	전기공학	B	2
유관순	경제학	B+	1
강감찬	문예창작	C	3
강감찬	한국사	C+	3
홍길동	영문학	B	4

• 테이블 〈R〉에서 '성적'은 기본키인 {학생, 학과}에 대해 (①) Functional Dependency이다.
• 테이블 〈R〉에서 '학년'은 기본키인 {학생, 학과} 중 '학생'만으로 식별이 가능하므로 기본키에 대해 (②) Functional Dependency이다.
• 임의의 테이블에 속성 A, B, C가 있을 때, A → B이고 B → C일 때 A → C인 관계는 (③) Functional Dependency이다.

〈보기〉

㉠ Hybrid	㉡ Multi Valued	㉢ Transitive	㉣ Full
㉤ Defined	㉥ Natural	㉦ Relational	◎ Partial

답
• ①   • ②
• ③

340526

필기 23.7, 23.5, 22.7, 21.8, 20.9

086 > 정규화 Ⓑ

• 정규화(Normalization)는 **테이블의 속성들이 상호 종속적인 관계를 갖는 특성을 이용하여 테이블을 무손실 분해하는 과정**이다.

• 정규화의 목적은 가능한 한 중복을 제거하여 삽입, 삭제, 갱신 이상의 발생 가능성을 줄이는 것이다.

• 정규형에는 제 1정규형(1NF), 제 2정규형(2NF), 제 3정규형(3NF), BCNF, 제 4정규형(4NF), 제 5정규형(5NF)이 있으며, 순서대로 정규화의 정도가 높아진다.

필기 23.7, 23.5

4. 테이블의 속성들이 상호 종속적인 관계를 갖는 특성을 이용하여 테이블을 무손실 분해하는 과정을 의미하는 용어를 쓰시오.

답 :

기출체크 정답 1. 삽입 이상(Insertion Anomaly), 삭제 이상(Deletion Anomaly), 갱신 이상(Update Anomaly)
2. 삭제 이상은 테이블에서 튜플을 삭제할 때 의도와는 상관없는 값들도 함께 삭제되는 현상이다. 3. ① ㉣, ② ◎, ③ ㉢ 4. 정규화(Normalization)

76 정보처리기사 실기

087 > 정규화 과정 (A)

아래의 〈주문목록〉 테이블을 가지고 정규화 과정을 살펴보자. 〈주문목록〉 테이블의 기본키(Primary Key)는 제품번호이다.

〈주문목록〉

제품번호	제품명	재고수량	주문번호	고객번호	주소	주문수량
1001	모니터	2000	A345 D347	100 200	서울 부산	150 300
1007	마우스	9000	A210 A345 B230	300 100 200	광주 서울 부산	600 400 700
1201	키보드	2100	D347	200	부산	300

- 제 1정규형(1NF; First Normal Form)
  - 제 1정규형은 테이블 R에 속한 모든 속성의 도메인(Domain)이 원자 값(Atomic Value)만으로 되어 있는 정규형이다. 즉 테이블의 모든 속성 값이 원자 값으로만 되어 있는 정규형이다.
  - 〈주문목록〉 테이블에서는 하나의 제품에 대해 여러 개의 주문 관련 정보(주문번호, 고객번호, 주소, 주문수량)가 발생하고 있다. 따라서 〈주문목록〉테이블은 제 1정규형이 아니다.

예제1 〈주문목록〉 테이블에서 반복되는 주문 관련 정보를 분리하여 제 1정규형으로 만드시오.

〈주문목록〉

제품번호	제품명	재고수량	주문번호	고객번호	주소	주문수량
1001	모니터	2000	A345 D347	100 200	서울 부산	150 300
1007	마우스	9000	A210 A345 B230	300 100 200	광주 서울 부산	600 400 700
1201	키보드	2100	D347	200	부산	300

〈제품〉

제품번호	제품명	재고수량
1001	모니터	2000
1007	마우스	9000
1201	키보드	2100

〈제품주문〉

주문번호	제품번호	고객번호	주소	주문수량
A345	1001	100	서울	150
D347	1001	200	부산	300
A210	1007	300	광주	600
A345	1007	100	서울	400
B230	1007	200	부산	700
D347	1201	200	부산	300

해설 〈주문목록〉 테이블에서 반복되는 주문 관련 정보인 주문번호, 고객번호, 주소, 주문수량을 분리하면 위와 같이 제 1정규형인 〈제품〉 테이블과 〈제품주문〉 테이블이 만들어진다.

- 1차 정규화 과정으로 생성된 〈제품주문〉 테이블의 기본키는 (주문번호, 제품번호)이고, 다음과 같은 함수적 종속이 존재한다.

```
주문번호, 제품번호 → 고객번호, 주소, 주문수량
        주문번호 → 고객번호, 주소
        고객번호 → 주소
```

- 제 2정규형(2NF; Second Normal Form)

  - 제 2정규형은 테이블 R이 제 1정규형이고, 기본키가 아닌 모든 속성이 기본키에 대하여 완전 함수적 종속을 만족하는 정규형이다.

  - 〈주문목록〉 테이블이 〈제품〉 테이블과 〈제품주문〉 테이블로 무손실 분해되면서 모두 제 1정규형이 되었지만 그 중 〈제품주문〉 테이블에는 기본키인 (주문번호, 제품번호)에 완전 함수적 종속이 되지 않는 속성이 존재한다. 즉 주문 수량은 기본키에 대해 완전 함수적 종속이지만 고객번호와 주소는 주문번호에 의해서도 결정될 수 있으므로, 기본 키에 대해 완전 함수적 종속이 아니다. 따라서 〈제품주문〉 테이블은 제 2정규형이 아니다.

  예제 2 〈제품주문〉 테이블에서 주문번호에 함수적 종속이 되는 속성들을 분리하여 제 2정규형을 만드시오.

〈제품주문〉

주문번호	제품번호	고객번호	주소	주문수량
A345	1001	100	서울	150
D347	1001	200	부산	300
A210	1007	300	광주	600
A345	1007	100	서울	400
B230	1007	200	부산	700
D347	1201	200	부산	300

➡

〈주문목록〉

주문번호	제품번호	주문수량
A345	1001	150
D347	1001	300
A210	1007	600
A345	1007	400
B230	1007	700
D347	1201	300

〈주문〉

주문번호	고객번호	주소
A345	100	서울
D347	200	부산
A210	300	광주
B230	200	부산

  해설 〈제품주문〉 테이블에서 주문번호에 함수적 종속이 되는 속성인 고객번호와 주소를 분리(즉 부분 함수적 종속을 제거)해 내면 위와 같이 제 2정규형인 〈주문목록〉 테이블과 〈주문〉 테이블로 무손실 분해된다.

  - 제 2정규화 과정을 거쳐 생성된 〈주문〉 테이블의 기본키는 주문번호이다. 그리고 〈주문〉 테이블에는 아직도 다음 과 같은 함수적 종속들이 존재한다.

```
주문번호 → 고객번호, 주소
고객번호 → 주소
```

- 제 3정규형(3NF; Third Normal Form)

  - 제 3정규형은 테이블 R이 제 2정규형이고 기본키가 아닌 모든 속성이 기본키에 대해 이행적 함수적 종속 (Transitive Functional Dependency)을 만족하지 않는 정규형이다.

  - 〈제품주문〉 테이블이 〈주문목록〉 테이블과 〈주문〉 테이블로 무손실 분해되면서 모두 제 2정규형이 되었다. 그러나 〈주문〉 테이블에서 고객번호가 주문번호에 함수적 종속이고, 주소가 고객번호에 함수적 종속이므로 주소는 기본키 인 주문번호에 대해 이행적 함수적 종속을 만족한다. 즉 주문번호 → 고객번호이고, 고객번호 → 주소이므로 주문 번호 → 주소는 이행적 함수적 종속이 된다. 따라서 〈주문〉 테이블은 제 3정규형이 아니다.

예제 3 〈주문〉 테이블에서 이행적 함수적 종속을 제거하여 제 3정규형을 만드시오.

〈주문〉

주문번호	고객번호	주소
A345	100	서울
D347	200	부산
A210	300	광주
B230	200	부산

➡

〈주문〉

주문번호	고객번호
A345	100
D347	200
A210	300
B230	200

〈고객〉

고객번호	주소
100	서울
200	부산
300	광주

해설 〈주문〉 테이블에서 이행적 함수적 종속(즉 주문번호 → 주소)을 제거하여 무손실 분해함으로써 위와 같이 제 3정규형인 〈주문〉 테이블과 〈고객〉 테이블이 생성된다.

• BCNF(Boyce–Codd Normal Form)
  – BCNF는 테이블 R에서 모든 결정자가 후보키(Candidate Key)인 정규형이다.
  – 일반적으로 제 3정규형에 후보키가 여러 개 존재하고, 이러한 후보키들이 서로 중첩되어 나타나는 경우에 적용 가능하다.
  – 아래의 〈수강_교수〉 테이블(제 3정규형)은 함수적 종속{(학번, 과목명) → 담당교수, (학번, 담당교수) → 과목명, 담당교수 → 과목명}을 만족하고 있다. 〈수강_교수〉 테이블의 후보키는 (학번, 과목명)과 (학번, 담당교수)이다.

〈수강_교수〉

학번	과목명	담당교수
211746	데이터베이스	홍길동
211747	네트워크	유관순
211748	인공지능	윤봉길
211749	데이터베이스	홍길동
211747	데이터베이스	이순신
211749	네트워크	유관순

  – 〈수강_교수〉 테이블에서 결정자 중 후보키가 아닌 속성이 존재한다. 즉 함수적 종속 담당교수 → 과목명이 존재하는데, 담당교수가 〈수강_교수〉 테이블에서 후보키가 아니기 때문에 〈수강_교수〉 테이블은 BCNF가 아니다.

예제 4 〈수강_교수〉 테이블에서 결정자가 후보키가 아닌 속성을 분리하여 BCNF를 만드시오.

〈수강〉

학번	담당교수
211746	홍길동
211747	유관순
211748	윤봉길
211749	홍길동
211747	이순신
211749	유관순

〈교수〉

담당교수	과목명
홍길동	데이터베이스
이순신	데이터베이스
윤봉길	인공지능
유관순	네트워크

해설 〈수강_교수〉 테이블에서 BCNF를 만족하지 못하게 하는 속성(즉 담당교수 → 과목명)을 분리해내면 위와 같이 BCNF인 〈수강〉 테이블과 〈교수〉 테이블로 무손실 분해된다.

- 제 4정규형(4NF; Fourth Normal Form)

  제 4정규형은 테이블 R에 다중 값 종속(MVD; Multi Valued Dependency) A ⟶ B가 존재할 경우 R의 모든 속성이 A에 함수적 종속 관계를 만족하는 정규형이다.

  ※ 다중 값 종속(다치 종속) : A, B, C 3개의 속성을 가진 테이블 R에서 어떤 복합 속성(A, C)에 대응하는 B 값의 집합이 A 값에만 종속되고 C 값에는 무관하면, B는 A에 다중 값 종속이라 하고, A ⟶ B로 표기함

- 제 5정규형(5NF; Fifth Normal Form)

  제 5정규형은 테이블 R의 모든 조인 종속(JD; Join Dependency)이 R의 후보키를 통해서만 성립되는 정규형이다.

  ※ 조인 종속 : 어떤 테이블 R의 속성에 대한 부분 집합 X, Y, …, Z가 있다고 하자. 이때 만일 테이블 R이 자신의 프로젝션(Projection) X, Y, …, Z를 모두 조인한 결과와 동일한 경우 테이블 R은 조인 종속 JD(X, Y, …, Z)를 만족한다고 함

기출체크 ☑

21.7

1. 정규화 과정에 대한 다음 설명에서 괄호에 공통으로 들어갈 알맞은 정규형을 쓰시오.

테이블을 만들 때는 이상(Anomaly)을 방지하기 위해 데이터들의 중복성 및 종속성을 배제하는 정규화를 수행한다. 아래 그림은 부분 함수적 종속을 제거하여 제 (   ) 정규형을 만드는 과정이다.

〈제품납품〉

납품번호	제품번호	업체번호	업체명	납품수량
K102	P7720	214	대한기계	100
J116	P7620	712	모연전자	150
K217	P0098	879	삼일제조	300
A548	P0098	523	효진항공	250
K102	P0892	214	대한기계	100
K217	P7720	879	삼일제조	250

〈제품납품〉의 함수적 종속 관계

- 납품번호, 제품번호 → 업체번호, 업체명, 납품수량
- 납품번호 → 업체번호, 업체명

〈정규화 결과〉

〈납품목록〉

납품번호	제품번호	납품수량
K102	P7720	100
J116	P7620	150
K217	P0098	300
A548	P0098	250
K102	P0892	100
K217	P7720	250

〈주문〉

납품번호	업체번호	업체명
K102	214	대한기계
J116	712	모연전자
K217	879	삼일제조
A548	523	효진항공

〈제품납품〉의 경우, 업체번호와 업체명은 기본키에 해당하는 납품번호와 제품번호 중 납품번호에만 종속되는 부분 함수적 종속이다. 이 문제 해결을 위해 〈제품납품〉에서 업체번호와 업체명을 분리하여 〈납품목록〉과 〈주문〉으로 만들면 제 (   ) 정규형에 해당하는 테이블이 완성된다.

답 :

필기 24.2, 23.2, 21.5, 21.3, 20.9, 20.8, 20.6

088 > 정규화 과정 정리 Ⓑ

```
┌──────────────────┐
│  비정규 릴레이션   │
└──────────────────┘
      ↓ 도메인이 원자값
┌──────────────────┐
│       1NF        │
└──────────────────┘
      ↓ 부분적 함수 종속 제거
┌──────────────────┐
│       2NF        │
└──────────────────┘
      ↓ 이행적 함수 종속 제거
┌──────────────────┐
│       3NF        │
└──────────────────┘
      ↓ 결정자이면서 후보키가
        아닌 것 제거
┌──────────────────┐
│      BCNF        │
└──────────────────┘
      ↓ 다치 종속 제거
┌──────────────────┐
│       4NF        │
└──────────────────┘
      ↓ 조인 종속성 이용
┌──────────────────┐
│       5NF        │
└──────────────────┘
```

> **정규화 단계 암기 요령**
> 두부를 좋아하는 정규가 두부 가게에 가서 가게에 있는 두부를 다 달라고 말하니 주인이 깜짝 놀라며 말했다.
>
> **두부이걸다줘? ≒ 도부이결다조**
>
> **도**메인이 원자값
> **부**분적 함수 종속 제거
> **이**행적 함수 종속 제거
> **결**정자이면서 후보키가 아닌 것 제거
> **다**치 종속 제거
> **조**인 종속성 이용

기출체크 ☑

필기 24.2, 20.9, 20.8, 20.6

2. 다음은 정규화 과정을 간단하게 정리한 것이다. 괄호(①~⑥)에 각 정규화 과정별로 필요한 작업이 무엇인지 간략히 서술하시오.

```
┌──────────────────┐
│  비정규 릴레이션   │
└──────────────────┘
      ↓ (  ①  )
┌──────────────────┐
│       1NF        │
└──────────────────┘
      ↓ (  ②  )
┌──────────────────┐
│       2NF        │
└──────────────────┘
      ↓ (  ③  )
┌──────────────────┐
│       3NF        │
└──────────────────┘
      ↓ (  ④  )
┌──────────────────┐
│      BCNF        │
└──────────────────┘
      ↓ (  ⑤  )
┌──────────────────┐
│       4NF        │
└──────────────────┘
      ↓ (  ⑥  )
┌──────────────────┐
│       5NF        │
└──────────────────┘
```

답
- ①
- ②
- ③
- ④
- ⑤
- ⑥

21.4, 20.5, 필기 23.7, 20.9

089 > 반정규화 Ⓐ

- 반정규화(Denormalization)는 시스템의 성능을 향상하고 개발 및 운영의 편의성 등을 높이기 위해 **정규화된 데이터 모델을 의도적으로 통합, 중복, 분리하여 정규화 원칙을 위배하는 행위**이다.
- 반정규화를 수행하면 시스템의 성능이 향상되고 관리 효율성은 증가하지만 데이터의 일관성 및 정합성이 저하될 수 있다.
- 과도한 반정규화는 오히려 성능을 저하시킬 수 있다.

기출체크 ☑

21.4, 20.5

3. 정규화된 데이터 모델을 의도적으로 통합, 중복, 분리하여 정규화 원칙을 위배하는 행위를 의미하는 용어를 쓰시오.

답 :

필기 20.6

090 > 중복 테이블 추가 Ⓒ

- 중복 테이블 추가는 작업의 효율성을 향상시키기 위해 테이블을 추가하는 것이다.
- 중복 테이블 추가 방법

집계 테이블의 추가	집계 데이터를 위한 테이블을 생성하고, 각 원본 테이블에 트리거(Trigger)를 설정하여 사용하는 것
진행 테이블의 추가	이력 관리 등의 목적으로 추가하는 테이블
특정 부분만을 포함하는 테이블의 추가	데이터가 많은 테이블의 특정 부분만을 사용하는 경우 해당 부분만으로 새로운 테이블을 생성

기출체크 ☑

필기 20.6

4. 반정규화(Denormalization) 유형 중 중복 테이블을 추가하는 것이 있다. 이 때 추가하는 테이블의 종류 3가지를 쓰시오.

답 :

기출체크 정답 2. ① 도메인을 원자값만으로 구성, ② 부분적 함수적 종속 제거, ③ 이행적 함수적 종속 제거, ④ 결정자이면서 후보키가 아닌 것 제거, ⑤ 다치 종속 제거, ⑥ 조인 종속성 이용
3. 반정규화(Denormalization) 4. 집계 테이블, 진행 테이블, 특정 부분만을 포함하는 테이블

091 > 시스템 카탈로그 Ⓑ

- 시스템 카탈로그(System Catalog)는 시스템 그 자체에 관련이 있는 **다양한 객체에 관한 정보를 포함하는 시스템 데이터베이스**이다.
- 시스템 카탈로그 내의 각 테이블은 사용자를 포함하여 DBMS에서 지원하는 모든 데이터 객체에 대한 정의나 명세에 관한 정보를 유지 관리하는 시스템 테이블이다.
- 카탈로그들이 생성되면 데이터 사전(Data Dictionary)에 저장되기 때문에 좁은 의미로는 카탈로그를 데이터 사전이라고도 한다.

기출체크 ☑

필기 24.2, 23.7, 22.7, 21.5, 21.3
1. 다음 설명의 괄호에 공통적으로 들어갈 알맞은 용어를 쓰시오.

- ( )는 시스템 자신이 필요로 하는 스키마 및 여러가지 객체에 관한 정보를 포함하고 있는 시스템 데이터베이스로, DBMS가 스스로 생성하고 유지한다.
- ( )에 저장되는 내용을 메타 데이터라고도 한다.

답 :

092 > 트랜잭션 Ⓒ

- 트랜잭션(Transaction)은 데이터베이스의 상태를 변환시키는 하나의 **논리적 기능을 수행하기 위한 작업의 단위 또는 한꺼번에 모두 수행되어야 할 일련의 연산들**을 의미한다.
- 트랜잭션은 데이터베이스 시스템에서 병행 제어 및 회복 작업 시 처리되는 작업의 논리적 단위로 사용된다.
- 트랜잭션은 사용자가 시스템에 대한 서비스 요구 시 시스템이 응답하기 위한 상태 변환 과정의 작업 단위로 사용된다.

기출체크 ☑

필기 23.2, 21.8
2. 데이터베이스에서 하나의 논리적 기능을 수행하기 위한 작업의 단위 또는 한꺼번에 모두 수행되어야 할 일련의 연산들을 의미하는 용어를 쓰시오.

답 :

093 > 트랜잭션의 특성 Ⓐ

특성	의미
21.7, 20.5, 필기 23.5, … Atomicity(원자성)	트랜잭션의 연산은 데이터베이스에 모두 반영되도록 완료(Commit)되든지 아니면 전혀 반영되지 않도록 복구(Rollback)되어야 함
20.5, 필기 24.2, 23.7, 22.7, … Consistency (일관성)	트랜잭션이 그 실행을 성공적으로 완료하면 언제나 일관성 있는 데이터베이스 상태로 변환함
20.5, 필기 23.5, 22.7, 21.8 Isolation (독립성, 격리성, 순차성)	둘 이상의 트랜잭션이 동시에 병행 실행되는 경우 어느 하나의 트랜잭션 실행중에 다른 트랜잭션의 연산이 끼어들 수 없음
20.5, 필기 23.5 Durability (영속성, 지속성)	성공적으로 완료된 트랜잭션의 결과는 시스템이 고장나더라도 영구적으로 반영되어야 함

기출체크 ☑

20.5, 필기 24.2, 23.7, 21.8, 21.3, 20.9, 20.6
3. 다음은 트랜잭션(Transaction)의 특징이다. 괄호(①, ②)에 들어갈 알맞은 특징을 쓰시오.

(①)	트랜잭션의 연산은 데이터베이스에 모두 반영되든지 아니면 전혀 반영되지 않아야 한다. (All or Nothing)
일관성	트랜잭션이 그 실행을 성공적으로 완료하면 언제나 일관성 있는 데이터베이스 상태로 변환한다.
(②)	둘 이상의 트랜잭션이 동시에 병행 실행되는 경우 어느 하나의 트랜잭션 실행중에 다른 트랜잭션의 연산이 끼어들 수 없다.
지속성	성공적으로 완료된 트랜잭션의 결과는 시스템이 고장나더라도 영구적으로 반영되어야 한다.

답
- ①
- ②

21.7
4. 데이터베이스의 상태 변화를 일으키는 트랙잭션(Transaction)의 특성 중 원자성(Atomicity)에 대해 간략히 서술하시오.
답 :

기출체크 정답   **1.** 시스템 카탈로그(System Catalog)   **2.** 트랜잭션(Transaction)   **3.** ① 원자성(Atomicity), ② 독립성(Isolation)
     4. 원자성(Atomicity)은 트랜잭션의 연산은 데이터베이스에 모두 반영되도록 완료되든지 아니면 전혀 반영되지 않도록 복구되어야 한다는 특성이다.
82   정보처리기사 실기

094 > CRUD 분석 Ⓑ

- CRUD 분석은 **프로세스와 테이블 간에 CRUD 매트릭스를 만들어서 트랜잭션을 분석하는 것**이다.
- CRUD 분석을 통해 많은 트랜잭션이 몰리는 테이블을 파악할 수 있으므로 디스크 구성 시 유용한 자료로 활용할 수 있다.
- CRUD 매트릭스의 각 셀에는 Create(생성), Read(읽기), Update(갱신), Delete(삭제)의 앞 글자가 들어간다.

기출체크 ☑

필기 22.7, 20.9

5. 데이터베이스에 영향을 주는 생성, 읽기, 갱신, 삭제 연산으로 프로세스와 테이블 간에 매트릭스를 만들어 트랜잭션을 분석하는 것이 무엇인지 쓰시오.

답 :

095 > 인덱스 Ⓑ

- 인덱스(Index, 색인)는 **데이터 레코드를 빠르게 접근하기 위해 〈키 값, 포인터〉 쌍으로 구성되는 데이터 구조**이다.
- 인덱스는 레코드가 저장된 물리적 구조에 접근하는 방법을 제공한다.
- 인덱스를 통해서 파일의 레코드에 빠르게 액세스 할 수 있다.

기출체크 ☑

필기 21.3

6. 다음 설명 중 괄호에 공통적으로 들어갈 가장 적합한 용어를 쓰시오.

> (   )는 데이터 레코드(튜플)에 빠르게 접근하기 위해 〈키 값, 포인터〉 쌍으로 구성되는 데이터 구조이다. 기본키를 위한 (   )를 기본 (   )라 하고, 대부분의 관계형 데이터베이스 관리 시스템에서는 모든 기본키에 대해서 자동적으로 기본 (   )를 생성한다. 대표적인 (   )로는 트리 기반, 비트맵, 함수 기반, 비트맵 조인 등이 있다.

답 :

문제 01 다음은 개체-관계 모델의 E-R 다이어그램에서 사용되는 기호에 대한 설명이다. 괄호(①~③)에 들어갈 알맞은 기호를 쓰시오.

기호	의미
(①)	개체(Entity) 타입
(②)	관계(Relationship) 타입
(③)	속성(Attribute)
이중 타원	다중값 속성(복합 속성)
선	개체 타입과 속성을 연결

답
- ①
- ②
- ③

문제 02 데이터베이스의 전체적인 논리적 구조로 단 하나만 존재하며, 모든 응용 프로그램이나 사용자들이 필요로 하는 데이터를 종합한 조직 전체의 데이터베이스를 가리키는 스키마는 무엇인지 쓰시오.

답 :

문제 03 데이터베이스 설계 단계 중 다음 내용은 어떤 단계에 대한 설명인지 쓰시오.

- 정보의 구조를 얻기 위하여 현실 세계의 무한성과 계속성을 이해하고, 다른 사람과 통신하기 위하여 현실 세계에 대한 인식을 추상적 개념으로 표현하는 과정이다.
- 개념 스키마 모델링과 트랜잭션 모델링을 병행 수행한다.
- DBMS에 독립적인 개념 스키마를 설계한다.

답 :

문제 04 다음은 관계형 데이터베이스의 릴레이션이다. 괄호(①~④)에 들어갈 적합한 릴레이션 관련 용어를 쓰시오.

- 〈주문〉 릴레이션에서 업체번호, 지역, 담당자, 주문량은 〈주문〉 릴레이션의 (①)이고, 업체번호가 1001, 1002, 1003, 1004, 1005인 업체들의 각 속성에 대한 값을 표현한 행은 (②)이다.
- 〈주문〉 릴레이션에서 '주문'이라는 릴레이션의 이름, (①)들의 이름과 타입, 그리고 (①)들의 도메인을 정의한 내용이 릴레이션 (③)이고, 업체번호가 1001인 업체부터 1005인 업체까지의 (②)들의 집합이 릴레이션 (④)이다.

(①)

〈주문〉	업체번호	지역	담당자	주문량
	1001	마포구	김상욱	300
	1002	성북구	임선호	150
	1003	서초구	고인숙	200
	1004	관악구	조광희	250
	1005	노원구	황진주	200

릴레이션 (③)

(②) } 릴레이션 (④)

답
- ①
- ②
- ③
- ④

문제 05 A01, A02, A03, A04 4개 속성을 갖는 한 릴레이션(Relation)에서 A01의 도메인(Domain)은 2개 값, A02의 도메인은 4개 값, A03의 도메인은 2개 값, A04의 도메인은 3개 값을 갖는다. 이 릴레이션에 존재할 수 있는 최대 튜플(Tuple)의 수를 쓰시오.

답 :

문제 06 릴레이션 R의 차수(Degree)가 3, 카디널리티(Cardinality)가 3, 릴레이션 S의 차수가 4, 카디널리티가 4일 때, 두 릴레이션을 Cartesian Product(교차곱)한 결과 릴레이션의 차수와 카디널리티를 쓰시오.

답
- ① 차수 :
- ② 카디널리티 :

문제 07 다음 〈회원〉 테이블에서 카디널리티(Cardinality)와 디그리(Degree)를 구하시오.

〈회원〉

ID	이름	거주지	신청강의
191-SR05	백영헌	마포구	E01
024-RU09	차수인	관악구	S03
181-SQ03	허채빈	서대문구	E02
059-RL08	윤지호	광진구	S03
029-SX07	배서희	서대문구	E02

답

- ① 카디널리티(Cardinality) :
- ② 디그리(Degree) :

문제 08 다음은 키(Key)들의 개별적인 특징에 대한 설명이다. 각 키에 부합하는 설명을 선으로 그어 표시하시오.

종류	설명
① 대체키(Alternate Key) •	• ⓐ 후보키 중에서 특별히 선정된 키로서, 후보키의 성질인 유일성과 최소성을 모두 만족한다.
② 후보키(Candidate Key) •	• ⓑ 한 릴레이션 내에 있는 속성들의 집합으로써 릴레이션을 구성하는 모든 튜플에 대하여 해당 속성의 집합에서 같은 값들이 나타나지 않는 키이다.
③ 기본키(Primary Key) •	• ⓒ 릴레이션을 구성하는 속성들 중에서 튜플을 유일하게 식별하기 위해 사용되는 속성들의 부분집합으로, 유일성과 최소성을 모두 만족한다.
④ 슈퍼키(Super Key) •	• ⓓ 후보키 중에서 선정된 기본키를 제외한 나머지 후보키이다.
⑤ 외래키(Foreign Key) •	• ⓔ 다른 릴레이션의 기본키를 참조하는 속성 또는 속성들의 집합이다.

답

- ①
- ②
- ③
- ④
- ⑤

문제 09 다음 설명의 괄호에 공통적으로 들어갈 키(Key)의 종류를 쓰시오.

- (   )는 다른 릴레이션의 기본키를 참조하는 속성 또는 속성들의 집합을 의미한다.
- 한 릴레이션에 속한 속성 A와 참조 릴레이션의 기본키인 B가 동일한 도메인 상에서 정의되었을 때의 속성 A를 (   )라고 한다.

답 :

문제 10 다음은 계좌관리 시스템을 위하여 설계한 릴레이션 인스턴스이다. 괄호(①～③)에 들어갈 키(Key)의 종류를 쓰시오.

〈예금계좌〉

예금번호	잔고	입출금내역	지점명
809203321	40,000,230	입금	을지점
809991111	380,333,000	출금	강남점
100002001	12,000,200	입금	구의2점
120830431	290,000,100	출금	을지점
82123212	40,000,230	입금	을지점

〈지점〉

지점명	도시	자산	영문지점명	지점개설일	전화번호
을지점	중구	8,000,000	ULZEE	1970.10.01	02)324-1111
수서점	강남구	8,400,000	SUSEO		02)354-1331
구의점	광진구	1,400,000	GUEE	2003.12.02	

〈고객〉

고객번호	이름	주소	생년월일
900	신이찬	서울 송파구 마천동	1976.10.01
901	박성신	서울 광진구 구의동	1980.01.22
903	박재희	서울 종로구 중화동	1972.03.13

〈예금〉

예금번호	고객번호
809203321	900
809991111	901
100002001	901
120830431	903

〈예금계좌〉 릴레이션에서는 예금번호, (예금번호, 잔고), (예금번호, 입출금내역), (예금번호, 지점명), (예금번호, 잔고, 지점명), (예금번호, 입출금내역, 지점명) 등을 슈퍼키로 정의할 수 있다. 이는 각 속성 또는 속성 집합에서 같은 값이 나타나지 않기 때문이다. 즉 슈퍼키란 릴레이션을 구성하는 모든 튜플을 유일하게 식별해 주는 속성 또는 속성 집합을 말한다.

이러한 슈퍼키 중에서 릴레이션을 구성하는 모든 튜플을 유일하게 식별하기 위해 사용되는 최소의 속성 또는 속성들의 집합을 (①)라 한다. 즉 (①)는 유일성과 최소성을 모두 만족해야 한다. 〈지점〉 릴레이션에서는 지점명, 영문지점명, (지점명, 도시), (지점명, 자산), (영문지점명, 지점개설일), (영문지점명, 전화번호) 등을 슈퍼키로 정의할 수 있고, (①)로 지점명, 영문지점명 등을 정의할 수 있다. 〈지점〉 릴레이션의 기본키로 지점명 속성이 정의되었으므로 (①) 중에 기본키로 지정되지 않은 영문지점명은 (②)가 된다. 〈예금〉 릴레이션에서 고객번호는 〈고객〉 릴레이션의 기본키인 고객번호 속성을 참조하는 (③)이다. 그리고 〈예금〉 릴레이션에서 예금번호는 〈예금계좌〉 릴레이션의 기본키인 예금번호 속성을 참조하는 (③)이다.

답

- ①

- ②

- ③

문제 11 다음 〈학생〉 릴레이션에서 '학과'나 '학년'을 기본키(Primary Key)로 사용할 수 없는 이유를 간략히 서술하시오.

〈학생〉

학과	학번	성명	성별	학년
정보처리과	222301	최미경	여	1
컴퓨터공학과	212001	김예소	여	2
전자통신과	212201	김상욱	남	2
정보처리과	222302	임선호	남	1
전자통신과	212202	이다해	여	2
컴퓨터공학과	222001	강민국	남	1
컴퓨터공학과	222002	황진주	여	1
정보처리과	212301	이상희	남	2
전자통신과	222201	김민서	여	1

답 :

문제 12 릴레이션을 구성하는 속성들 중에서 튜플을 유일하게 식별하기 위해 사용되는 속성들의 부분집합을 의미하는 키(Key)를 쓰시오.

답 :

문제 13 다음 설명의 괄호에 공통적으로 들어갈 알맞은 용어를 쓰시오.

- ( )은 데이터베이스에 저장된 데이터 값과 그것이 표현하는 현실 세계의 실제값이 일치하는 정확성을 의미한다.
- ( ) 제약 조건은 데이터베이스에 들어 있는 데이터의 정확성을 보장하기 위해 부정확한 자료가 데이터베이스 내에 저장되는 것을 방지하기 위한 제약 조건을 말한다.

답 :

문제 14 외래키 값은 Null이거나 참조 릴레이션의 기본키 값과 동일해야 한다. 즉 릴레이션은 참조할 수 없는 외래키 값을 가질 수 없다는 규정을 의미하는 용어를 쓰시오.

답 :

문제 15 다음은 순수 관계 연산자에 대한 설명이다. 괄호(①~④)에 들어갈 알맞은 연산자의 명칭과 기호를 쓰시오.

Join	• 공통 속성을 중심으로 두 개의 릴레이션을 하나로 합쳐서 새로운 릴레이션을 만드는 연산이다. • 연산자의 기호 : (①)
(②)	• X⊃Y인 두 개의 릴레이션 R(X)와 S(Y)가 있을 때, R의 속성이 S의 속성값을 모두 가진 튜플에서 S가 가진 속성을 제외한 속성만을 구하는 연산이다. • 연산자의 기호 : ÷
Project	• 주어진 릴레이션에서 속성 리스트(Attribute List)에 제시된 속성 값만을 추출하여 새로운 릴레이션을 만드는 연산으로, 연산 결과에 중복이 발생하면 중복이 제거된다. • 연산자의 기호 : (③)
(④)	• 릴레이션에 존재하는 튜플 중에서 선택 조건을 만족하는 튜플의 부분집합을 구하여 새로운 릴레이션을 만드는 연산이다. • 연산자의 기호 : 그리스 문자 σ(시그마)

답
- ①
- ②
- ③
- ④

문제 16 관계형 데이터베이스에서 원하는 정보와 그 정보를 검색하기 위해서 어떻게 유도하는가를 기술하는 절차적인 언어를 의미하는 용어를 쓰시오.

답 :

문제 17 데이터베이스 내에 데이터들이 불필요하게 중복되어 릴레이션 조작 시 예기치 않게 발생하는 곤란한 현상을 의미하는 용어를 쓰시오.

답 :

문제 18 현재 사용중인 〈수강〉 테이블에 수강 신청을 입력하려 하였으나 이상 (Anomaly) 현상이 발생하였다. 발생한 이상 현상의 종류와 그 이유를 간략히 서술하시오.

345201

〈수강〉

학번	과목번호	이름	과목명	학년	학기	학년도
200001	D01	홍길동	데이터베이스	3	1	2022
210002	N02	이순신	네트워크	2	1	2022
200003	N02	강감찬	네트워크	3	1	2022
190004	D01	윤봉길	데이터베이스	4	1	2022
200002	P04	홍길동	물리학 개론	3	1	2022
200003	D01	강감찬	데이터베이스	3	1	2022
210002	P04	이순신	물리학 개론	2	1	2022

〈2023학년도 1학기 수강 신청서〉

학번 : 이 름 : 홍길동 학년 : 3
과목번호 : N02 과목명 : 네트워크

① 수강 신청서의 내용을 〈수강〉 테이블에 입력할 때 발생한 이상 현상을 쓰시오.

답 :

② 이상 현상이 발생하게 된 이유를 간략히 서술하시오.

답 :

문제 19 다음 설명의 괄호에 공통적으로 들어갈 데이터베이스 관련 용어를 쓰시오.

- (   )는 테이블의 속성들이 상호 종속적인 관계를 갖는 특성을 이용하여 테이블을 무손실 분해하는 과정이다.
- 하나의 종속성이 하나의 릴레이션에 표현될 수 있도록 분해해가는 과정이라 할 수 있다.
- (   )의 목적은 가능한 한 중복을 제거하여 삽입, 삭제, 갱신 이상의 발생 가능성을 줄이는 것이다.
- (   )된 데이터 모델은 일관성, 정확성, 단순성, 비중복성, 안정성 등을 보장한다.

답 :

문제 20 다음은 학사관리 시스템에서 사용 중인 〈학생〉 릴레이션의 인스턴스다. 괄호(①, ②)에 들어갈 알맞은 용어를 쓰시오.

〈학생〉

학번	학과	과목	학점
2100125	컴퓨터공학	데이터베이스	A0
2100125	컴퓨터공학	운영체제	B0
2200257	정보통신	시스템분석	A0
2200257	정보통신	자료구조	B0

정규화를 하기 위해서는 〈학생〉 릴레이션에 존재하는 (①)을 먼저 파악하여야 한다. (①)이란 〈학생〉 테이블에서 학과가 학번 속성에 의해 결정되는 것처럼 어떤 릴레이션 R에서 A와 C를 각각 R의 속성 집합에 대한 부분 집합이라고 할 경우, 속성 A의 값 각각에 대해 시간에 관계없이 항상 속성 C의 값이 오직 하나만 연관되어 있을 때, A는 C를 함수적으로 종속한다고 말한다. 또한 〈학생〉 테이블의 (①)을 기호로 표시하면 (②)이다. (②)의 의미는 〈학생〉 릴레이션에서 속성 학번이 속성 학과를 함수적으로 결정한다는 의미이다. 이런 의미에서 학번을 결정자, 학과를 종속자라 한다.

답
- ①
- ②

문제 21 릴레이션 스키마와 릴레이션 인스턴스가 다음과 같을 때, 〈지점〉 릴레이션과 〈예금계좌〉 릴레이션 사이에 존재하는 무결성 위배 조건은 무엇이며, 위배 사유를 간략하게 서술하시오.

릴레이션 스키마

〈지점〉

| 지점명 : CHAR(10) |
| 도시 : CHAR(16) |
| 자산 : INT |
| 영문지점명 : CHAR(10) |
| 지점개설일 : DATE |
| 전화번호 : VARCHAR(16) |

〈예금계좌〉

| 예금번호 : CHAR(10) |
| 잔고 : INT |
| 입출금내역 : VARCHAR(4) |
| 지점명 : CHAR(10) |

1 — N

〈지점〉 릴레이션 인스턴스

지점명	도시	자산	영문지점명	지점개설일	전화번호
을지점	중구	8,000,000		1970.10.01	02)324-1111
수서점	강남구	9,000,000	SUSEO	1981.01.23	02)354-1331
구의점	광진구	1,400,000	GUEE	2000.12.02	02)232-1421

〈예금계좌〉 릴레이션 인스턴스

예금번호	잔고	입출금내역	지점명
80920378	40,000,230	입금	을지점
60999111	380,333,000	출금	수서점
10000200	12,000,200	입금	화양점
12083043	290,000,100	출금	명동점
82123212	41,100,230	입금	을지점

답 :

문제 22 다음의 조건을 모두 만족하는 정규형은 무엇인지 쓰시오.

> 도메인은 원자 값이고 기본키가 아닌 모든 속성들이 기본키에 대해 완전 함수 종속적이며, 이행적 함수 종속 관계는 제거되었다.

답 :

문제 23 다음의 〈학생〉 릴레이션은 한 명의 학생이 '수강과목' 속성의 값을 여러 개 가지는 문제점이 있다. 이 문제를 해결하기 위해 다음과 같이 정규화 과정을 수행했다. 어떤 단계의 정규화 과정인지와 해당 정규화 과정에서 필요한 작업을 간략히 서술하시오.

〈학생〉 릴레이션 스키마

학생(학번, 이름, 학과, 소속대학, 수강과목)

〈학생〉 릴레이션

학번	이름	학과	소속대학	수강과목
1255023	이재학	컴퓨터공학과	정보통신대	네트워크 자료구조
1539011	성길현	전기공학과	정보통신대	전기회로
1255008	류덕호	컴퓨터공학과	정보통신대	데이터베이스
1603547	김개동	전자공학과	정보통신대	반도체 광통신

정규화된 〈학생〉 릴레이션

학번	이름	학과	소속대학	수강과목
1255023	이재학	컴퓨터공학과	정보통신대	네트워크
1255023	이재학	컴퓨터공학과	정보통신대	자료구조
1539011	성길현	전기공학과	정보통신대	전기회로
1255008	류덕호	컴퓨터공학과	정보통신대	데이터베이스
1603547	김개동	전자공학과	정보통신대	반도체
1603547	김개동	전자공학과	정보통신대	광통신

① 〈학생〉 릴레이션에 필요한 정규화를 쓰시오.

답 :

② 위 정규화 과정에서 수행된 작업을 쓰시오.

답 :

문제 24 다음에 제시된 조건 중 BCNF를 만족하기 위한 조건을 모두 골라 기호(㉠~㉣)로 쓰시오.

㉠ 결정자이면서 후보키가 아닌 것 제외

㉡ 이행적 함수 종속 제거

㉢ 부분적 함수 종속 제거

㉣ 도메인이 원자 값

답 :

문제 25 아래의 〈상품주문〉 릴레이션은 복합키(Composite Key)로서 주문번호와 생산번호가 식별자다. 함수적 종속 관계의 괄호(①~③)에 들어갈 적합한 속성명을 쓰시오.

345204

〈상품주문〉 릴레이션

주문번호	상품명	상품가격	주문수량	생산번호	생산자
R001	사과	500	500	P01	홍길동
R001	배	1000	500	P02	윤봉길
R003	오이	200	1500	P03	이순신
R003	사과	500	1000	P01	홍길동
R005	오이	200	700	P03	이순신
R006	배	1000	600	P04	강감찬

〈함수적 종속 관계〉

• (주문번호, 생산번호) → 상품명, 상품가격, 주문수량, 생산자
• 생산번호 → (①), (②), (③)
• 상품명 → 상품가격

답

• ①

• ②

• ③

문제 26 다음의 정규화(Normalization) 과정은 어떤 단계의 정규화 과정인지 쓰시오.

〈부품구입〉

부품번호	구입처	구입연락처
BO-4185	영풍기계	031-478-5231
BO-3345	제일공구	02-345-6789
BD-4785	한삼전자	051-733-4747
BC-6231	제일공구	02-345-6789
BC-2377	한삼전자	051-733-4747

〈정규화 결과〉

〈부품구입처〉

부품번호	구입처
BO-4185	영풍기계
BO-3345	제일공구
BD-4785	한삼전자
BC-6231	제일공구
BC-2377	한삼전자

〈구입처정보〉

구입처	구입연락처
영풍기계	031-478-5231
제일공구	02-345-6789
한삼전자	051-733-4747

답:

문제 27 함수적 종속을 확인하면서, 〈상품주문〉 릴레이션의 이상(Anomaly)과 중복(Redundancy)을 제거하는 정규화(Normalization) 중이다. 어떤 단계의 정규화 과정인지와 해당 정규화 과정에서 수행된 작업을 간략히 서술하시오.

〈상품주문〉

주문번호	상품명	상품가격	주문수량	생산번호	생산자
R001	사과	500	500	P01	홍길동
R001	배	1000	500	P02	윤봉길
R003	오이	200	1500	P03	이순신
R003	사과	500	1000	P01	홍길동
R005	오이	200	700	P03	이순신
R006	배	1000	600	P04	강감찬

〈상품주문〉 릴레이션을 무손실 분해한 결과

〈주문〉

주문번호	주문수량	생산번호
R001	500	P01
R001	500	P02
R003	1500	P03
R003	1000	P01
R005	700	P03
R006	600	P04

〈생산〉

생산번호	상품명	상품가격	생산자
P01	사과	500	홍길동
P02	배	1000	윤봉길
P03	오이	200	이순신
P04	배	1000	강감찬

① 〈주문〉과 〈생산〉 릴레이션은 〈상품주문〉 릴레이션의 어떤 정규화의 결과인지 쓰시오.

답 :

② 위 정규화 과정에서 수행된 작업을 쓰시오.

답 :

〈생산〉 릴레이션을 무손실 분해한 결과

〈생산자〉

생산번호	상품명	생산자
P01	사과	홍길동
P02	배	윤봉길
P03	오이	이순신
P04	배	강감찬

〈상품〉

상품명	상품가격
사과	500
배	1000
오이	200

③ 〈생산자〉와 〈상품〉 릴레이션은 〈생산〉 릴레이션의 어떤 정규화의 결과인지 쓰시오.

답 :

④ 위 정규화 과정에서 수행된 작업을 쓰시오.

답 :

문제 28 정규화 과정 중 릴레이션 R의 모든 결정자(Determinant)가 후보키이면 그 릴레이션 R은 어떤 정규형에 속하는지 쓰시오.

답 :

문제 29 정규화된 엔티티, 속성, 관계를 시스템의 성능 향상과 개발 운영의 단순화를 위해 중복, 통합, 분리 등을 수행하는 데이터 모델링 기법은 무엇인지 쓰시오.

답 :

문제 30 다음 설명과 관련된 트랜잭션(Transaction)의 특징을 쓰시오.

트랜잭션의 연산은 모두 실행되거나, 모두 실행되지 않아야 한다.

답 :

문제 31 CRUD 분석에 대한 다음 설명에서 괄호에 차례대로 들어갈 용어를 쓰시오.

- CRUD는 (   ), (   ), (   ), (   )의 앞 글자만 모아서 만든 용어 이며, CRUD 분석은 데이터베이스 테이블에 변화를 주는 트랜잭션의 CRUD 연 산에 대해 CRUD 매트릭스를 작성하여 분석하는 것이다.
- CRUD 분석을 통해 많은 트랜잭션이 몰리는 테이블을 파악할 수 있으므로 디스 크 구성 시 유용한 자료로 활용할 수 있다.

답 :

문제 32 다음 설명에서 괄호에 공통으로 들어갈 알맞은 용어를 쓰시오.

파일의 구조는 파일을 구성하는 레코드들이 보조기억장치에 편성되는 방식을 의미 하는 것으로, 크게 순차, (   ), 해싱으로 구분한다. (   ) 파일 구조는 〈값, 주소〉 쌍으로 구성되는 데이터 구조를 활용하여 데이터에 접근하는 방식으로, 자 기 디스크에서 주로 활용된다.

답 :

[문제 01]
① 사각형　　② 마름모　　③ 타원

[문제 02]
개념 스키마

[문제 03]
개념적 설계

[문제 04]
① 속성(Attribute)　　② 튜플(Tuple)　　③ 스키마(Schema)　　④ 인스턴스(Instance)

[문제 05]
48

> 튜플에 속한 속성 A01, A02, A03, A04 중 한 개는 다른 튜플들과 다른 값을 가져야 하므로, 존재할 수 있는 최대 튜플의 수는 각 도메인(Domain)이 가진 값의 종류를 모두 곱한 값과 같습니다.
> ∴ 2×4×2×3 = 48

[문제 06]
① 7　　② 12

> Cartesian Product(교차곱)은 두 릴레이션의 차수(Degree, 속성의 수)는 더하고, 카디널리티(Cardinality, 튜플의 수)는 곱하면 됩니다.
> • 차수 = 3 + 4 = 7
> • 카디널리티 = 3 × 4 = 12

[문제 07]
① 5　　② 4

[문제 08]
① ⓓ　　② ⓒ　　③ ⓐ　　④ ⓑ　　⑤ ⓔ

[문제 09]
외래키(Foreign Key)

[문제 10]
① 후보키(Candidate Key)　　② 대체키(Alternate Key)　　③ 외래키(Foreign Key)

[문제 11]
기본키는 중복된 값을 가질 수 없는데, '학과'나 '학년'에는 중복된 값이 존재하므로 기본키로 사용할 수 없다.

[문제 12]
후보키(Candidate Key)

[문제 13]
무결성(Integrity)

[문제 14]
참조 무결성

[문제 15]

① ⋈   ② Division   ③ π   ④ Select

[문제 16]

관계대수

[문제 17]

이상(Anomaly)

[문제 18]

① 삽입 이상(Insertion Anomaly)

② 〈수강〉 테이블에 수강 정보를 입력하기 위해서는 기본키인 학번과 과목번호를 모두 입력해야 하는데 수강 신청서에 학번이 기입되지 않았기 때문에 삽입 이상이 발생한다.

> 삽입 이상(Insertion Anomaly)이란 테이블에 데이터를 삽입할 때, 의도와는 상관없이 원하지 않는 값들로 인해 삽입할 수 없는 현상을 의미합니다.

[문제 19]

정규화(Normalization)

[문제 20]

① 함수적 종속   ② 학번 → 학과

[문제 21]

참조 무결성 위배 : 〈예금계좌〉 릴레이션의 '지점명' 중 "화양점"과 "명동점"이 〈지점〉 릴레이션의 '지점명' 속성에 존재하지 않기 때문에 참조 무결성 제약 조건에 위배된다.

[문제 22]

제 3정규형(3NF)

> 모든 도메인이 원자 값이므로 제 1정규형을 만족하고, 키가 아닌 모든 속성들이 기본키에 대해 완전 함수 종속이므로 제 2정규형도 만족합니다. 그리고 이행적 함수적 종속 관계도 제거되었으므로 제 3정규형까지 만족합니다.

[문제 23]

① 제 1정규화   ② 도메인이 원자 값만을 갖도록 다중 값 속성을 제거한다.

> 하나의 학번이 여러 개의 수강과목을 가지고 있습니다. 이러한 다중 값 속성을 제거하여 릴레이션의 모든 속성 값이 원자 값만을 갖도록 하는 것은 제 1정규화입니다.

[문제 24]

㉠, ㉡, ㉢, ㉣

> BCNF를 만족하려면 '도, 부, 이, 결'의 조건을 모두 만족해야 합니다. 즉 도메인이 원자 값이어야 하고, 부분적 함수적 종속 제거, 이행적 함수적 종속 제거, 결정자이면서 후보키가 아닌 것도 제거되어야 합니다.

[문제 25]

※ 답안의 순서가 바뀌어도 관계없습니다.

① 생산자   ② 상품명   ③ 상품가격

> • **주문번호, 생산번호는 식별자이다** : 상품명, 상품가격, 주문수량, 생산자는 기본키인 (주문번호, 생산번호)에 의해 함수적으로 종속됩니다.
> • **생산번호는 생산자, 상품명, 상품가격을 결정한다** : 생산번호 'P01'은 항상 생산자가 '홍길동'이고 항상 상품명이 '사과'이며 항상 상품가격이 '500'입니다.
> • **상품명은 상품가격을 결정한다** : 생산번호에 관계없이 상품명 '배'의 상품가격은 항상 '1,000'이고 상품명 '오이'의 상품가격은 항상 '200'입니다.

[문제 26]
제 3정규화

〈부품구입〉 릴레이션에는 다음과 같은 함수적 종속이 존재합니다.

> • 부품번호 → 구입처, 구입연락처
> • 구입처 → 구입연락처

〈부품구입〉 릴레이션에서 구입처가 부품번호에 함수적 종속이고, 구입연락처가 구입처에 함수적 종속이므로 구입연락처는 기본키인 부품번호에 대해 이행적 함수적 종속을 만족합니다. 즉 부품번호 → 구입처이고, 구입처 → 구입연락처이므로 부품번호 → 구입연락처는 이행적 함수적 종속이 됩니다. 따라서 〈부품구입〉 릴레이션은 이행적 함수적 종속을 제거하여 제 3정규형으로 만들어야 합니다. 문제의 〈정규화 결과〉는 〈부품구입〉 릴레이션에서 이행적 함수적 종속(즉 부품번호 → 구입연락처)을 제거하여 〈부품구입처〉 릴레이션과 〈구입처정보〉 릴레이션으로 무손실 분해한 것입니다.

[문제 27]
① 제 2정규화　② 부분 함수적 종속 제거　③ 제 3정규화　④ 이행적 함수적 종속 제거

〈상품주문〉 릴레이션에는 다음과 같은 함수적 종속이 존재합니다.

> • (주문번호, 생산번호) → 상품명, 상품가격, 주문수량, 생산자
> • 생산번호 → 생산자, 상품명, 상품가격
> • 상품명 → 상품가격

〈상품주문〉 릴레이션에는 기본키인 (주문번호, 생산번호)에 완전 함수적 종속이 되지 않는 속성이 존재합니다. 즉 주문수량은 기본키에 대해 완전 함수적 종속이지만 생산자, 상품명, 상품가격은 생산번호에 의해서도 결정될 수 있으므로 기본키에 대해 완전 함수적 종속이 아닙니다. 따라서 부분 함수적 종속을 제거하는 제 2정규화 과정이 필요합니다.

• 〈상품주문〉 릴레이션에서 생산번호에 함수적 종속이 되는 생산자, 상품명, 상품가격 속성을 분리(즉 부분 함수적 종속을 제거)하여 〈주문〉 릴레이션과 〈생산〉 릴레이션으로 무손실 분해한 것입니다.

• 〈생산〉 릴레이션에는 다음과 같은 함수적 종속이 존재합니다.

> • 생산번호 → 상품명, 상품가격, 생산자
> • 상품명 → 상품가격

〈생산〉 릴레이션에서 상품명이 생산번호에 함수적 종속이고, 상품가격이 상품명에 함수적 종속이므로 상품가격은 기본키인 생산번호에 대해 이행적 함수적 종속을 만족합니다. 즉 생산번호 → 상품명이고, 상품명 → 상품가격이므로 생산번호 → 상품가격입니다. 따라서 〈생산〉 릴레이션은 이행적 함수적 종속을 제거하는 제 3정규화 과정이 필요합니다.

• 〈생산〉 릴레이션에서 이행적 함수적 종속(즉 생산번호 → 상품가격)을 제거하여 〈생산자〉 릴레이션과 〈상품〉 릴레이션으로 무손실 분해한 것입니다.

[문제 28]
BCNF(Boyce-Codd Normal Form)

[문제 29]
반정규화(Denormalization)

[문제 30]
원자성(Atomicity)

[문제 31]
Create(생성), Read(읽기), Update(갱신), Delete(삭제)

[문제 32]
인덱스(Index, 색인)

데이터 입·출력 구현 2

096 뷰 ⓑ등급

097 파티션의 종류 ⓑ등급

098 분산 데이터베이스의 목표 ⓑ등급

099 RTO/RPO Ⓐ등급

100 암호화 ⓒ등급

101 임의 접근통제 Ⓐ등급

102 강제 접근통제 Ⓐ등급

103 역할기반 접근통제 Ⓐ등급

104 DAS ⓑ등급

105 NAS ⓒ등급

106 SAN ⓑ등급

107 자료 구조의 분류 ⓑ등급

108 스택 ⓑ등급

109 데크 ⓑ등급

110 방향/무방향 그래프의 최대 간선 수
    ⓑ등급

111 트리 ⓒ등급

112 트리 관련 용어 ⓑ등급

113 Preorder 운행법 ⓑ등급

114 Inorder 운행법 ⓑ등급

115 Postorder 운행법 ⓑ등급

116 Infix 표기를 Prefix로 바꾸기 ⓒ등급

117 Infix 표기를 Postfix로 바꾸기 ⓒ등급

118 Postfix로 표기된 수식을 Infix로 바꾸기
    ⓑ등급

119 삽입 정렬 ⓑ등급

120 선택 정렬 ⓑ등급

121 버블 정렬 ⓑ등급

122 퀵 정렬 ⓑ등급

123 힙 정렬 ⓒ등급

124 2-Way 합병 정렬 ⓒ등급

096 뷰   ⓑ

- 뷰(View)는 사용자에게 접근이 허용된 자료만을 제한적으로 보여주기 위해 **하나 이상의 기본 테이블로부터 유도된**, 이름을 가지는 **가상 테이블**이다.
- 뷰가 정의된 기본 테이블이나 뷰를 삭제하면 그 테이블이나 뷰를 기초로 정의된 다른 뷰도 자동으로 삭제된다.
- 뷰를 정의할 때는 CREATE문, 제거할 때는 DROP문을 사용한다.

기출체크 ☑

필기 24.2, 23.7, 20.9, 20.6

1. 다음은 뷰(View)의 특징에 대한 설명이다. 괄호(①, ②)에 들어갈 알맞은 명령어를 쓰시오.

> - 뷰는 데이터의 논리적 독립성을 제공한다.
> - 뷰가 정의된 기본 테이블이 제거되면 뷰도 자동적으로 제거된다.
> - 뷰는 (①)문을 사용하여 정의하고, (②)문을 사용하여 제거할 수 있다.

답
- ①
- ②

097 파티션의 종류   ⓑ

필기 22.7, 21.5, 20.8 **범위 분할 (Range Partitioning)**	지정한 열의 값을 기준으로 분할함 예 일별, 월별, 분기별 등
필기 23.2, 21.5, 20.8 **해시 분할 (Hash Partitioning)**	• 해시 함수를 적용한 결과 값에 따라 데이터를 분할함 • 특정 파티션에 데이터가 집중되는 범위 분할의 단점을 보완한 것으로, 데이터를 고르게 분산할 때 유용함 • 특정 데이터가 어디에 있는지 판단할 수 없음 • 고객번호, 주민번호 등과 같이 데이터가 고른 컬럼에 효과적임
필기 20.8 **조합 분할 (Composite Partitioning)**	• 범위 분할로 분할한 다음 해시 함수를 적용하여 다시 분할하는 방식 • 범위 분할한 파티션이 너무 커서 관리가 어려울 때 유용함

기출체크 ☑

필기 21.5, 20.8

2. 물리 데이터 저장소의 파티션 설계에서 사용되는 파티션 유형을 모두 골라 기호(㉠~㉱)로 쓰시오.

> ㉠ 속성 분할(Attribute Partitioning)
> ㉡ 해시 분할(Hash Partitioning)
> ㉢ 유닛 분할(Unit Partitioning)
> ㉣ 조합 분할(Composite Partitioning)
> ㉤ 인덱스 분할(Index Partitioning)
> ㉥ 범위 분할(Range Partitioning)

답 :

098 분산 데이터베이스의 목표   ⓑ

- 위치 투명성(Location Transparency) : 액세스하려는 데이터베이스의 실제 위치를 알 필요 없이 단지 데이터베이스의 논리적인 명칭만으로 액세스할 수 있음
- 중복 투명성(Replication Transparency) : 동일 데이터가 여러 곳에 중복되어 있더라도 사용자는 마치 하나의 데이터만 존재하는 것처럼 사용하고, 시스템은 자동으로 여러 자료에 대한 작업을 수행함
- 병행 투명성(Concurrency Transparency) : 분산 데이터베이스와 관련된 다수의 트랜잭션들이 동시에 실현되더라도 그 트랜잭션의 결과는 영향을 받지 않음
- 장애 투명성(Failure Transparency) : 트랜잭션, DBMS, 네트워크, 컴퓨터 장애에도 불구하고 트랜잭션을 정확하게 처리함

기출체크 ☑

필기 23.5, 20.8

3. 분산 데이터베이스는 논리적으로는 하나의 시스템에 속하지만 물리적으로는 네트워크를 통해 연결된 여러 개의 컴퓨터 사이트(Site)에 분산된 데이터베이스를 말한다. 분산 데이터베이스의 목표에 해당하는 투명성(Transparency) 4가지를 쓰시오.

답 :

기출체크 **정답** 1. ① CREATE, ② DROP   2. ㉡, ㉣, ㉥   3. 위치 투명성, 중복 투명성, 병행 투명성, 장애 투명성

099 > RTO/RPO

A

▶340121 · 20.7

RTO(Recovery Time Objective, 목표 복구 시간)	비상사태 또는 업무 중단 시점으로부터 복구되어 가동될 때까지의 소요 시간을 의미함 예 장애 발생 후 6시간 내 복구 가능
RPO(Recovery Point Objective, 목표 복구 시점)	비상사태 또는 업무 중단 시점으로부터 데이터를 복구할 수 있는 기준점을 의미함 예 장애 발생 전인 지난 주 금요일에 백업시켜 둔 복원 시점으로 복구 가능

기출체크 ☑

20.7

4. 시스템 관리와 관련하여 다음의 설명이 의미하는 용어를 쓰시오.

> A는 한국IT 보안관제실에서 근무하게 되었다. A는 서비스 운용 중 외부 공격으로 인한 서버다운, 자연재해, 시스템 장애 등의 비상 상황에도 고객 응대 서비스를 정상적으로 수행하기 위해 구축한 시스템을 관리하는 업무를 수행한다. 이 용어는 위와 같은 비상 상황이 발생한 경우 "비상사태 또는 업무 중단 시점부터 업무가 복구되어 다시 정상 가동될 때까지의 시간"을 의미한다.

답 :

100 > 암호화

C

▶340122 · 필기 21.3

- 암호화(Encryption)는 데이터를 보낼 때 송신자가 지정한 수신자 이외에는 그 내용을 알 수 없도록 평문을 암호문으로 변환하는 것이다.
- 암호화(Encryption) 과정 : 암호화되지 않은 평문을 암호문으로 바꾸는 과정
- 복호화(Decryption) 과정 : 암호문을 원래의 평문으로 바꾸는 과정
- 암호화 기법
  - 개인키 암호 방식(Private Key Encryption)
  - 공개키 암호 방식(Public Key Encryption)

기출체크 ☑

필기 21.3

5. 정보보호와 관련된 다음 설명에서 괄호(①, ②)에 들어갈 알맞은 용어를 쓰시오.

〈보기〉

- 평문 : (①)되기 전의 원본 메시지이다.
- 암호문 : (①)가 적용된 메시지이다.
- (①) : 평문을 암호문으로 바꾸는 작업이다.
- (②) : 암호문을 원래의 평문으로 바꾸는 작업이다.

답
- ①
- ②

▶340123

23.10, 21.4, 필기 23.5, 21.3, 20.9

101 > 임의 접근통제

A

- 임의 접근통제(DAC; Discretionary Access Control)는 **데이터에 접근하는 사용자의 신원에 따라 접근 권한을 부여하는 방식**이다.
- 데이터 소유자가 접근통제 권한을 지정하고 제어한다.
- 객체를 생성한 사용자가 생성된 객체에 대한 모든 권한을 부여받고, 부여된 권한을 다른 사용자에게 허가할 수도 있다.

기출체크 ☑

23.10, 21.4

6. 데이터베이스 보안에 관련된 다음 설명에서 괄호에 들어갈 알맞은 용어를 쓰시오.

> 접근통제는 데이터가 저장된 객체와 이를 사용하려는 주체 사이의 정보 흐름을 제한하는 것이다. 이러한 접근통제에 관한 기술 중 ( )는 데이터에 접근하는 사용자의 신원에 따라 접근 권한을 부여하여 제어하는 방식으로, 데이터의 소유자가 접근통제 권한을 지정하고 제어한다. 객체를 생성한 사용자가 생성된 객체에 대한 모든 권한을 부여받고, 부여된 권한을 다른 사용자에게 허가할 수도 있다.

답 :

기출체크 정답 4. RTO(목표 복구 시간) 5. ① 암호화(Encryption), ② 복호화(Decryption) 6. 임의 접근통제(DAC)

102 > 강제 접근통제

- 강제 접근통제(MAC; Mandatory Access Control)는 **주체와 객체의 등급을 비교하여 접근 권한을 부여하는 방식**이다.
- 시스템이 접근통제 권한을 지정한다.
- 데이터베이스 객체별로 보안 등급을 부여할 수 있다.
- 사용자별로 인가 등급을 부여할 수 있다.

기출체크 ☑

23.10
1. 다음 설명에 해당하는 접근통제 기술을 쓰시오.

> - 주체와 객체의 등급을 비교하여 접근 권한을 부여하는 방식으로, 시스템이 접근통제 권한을 지정한다.
> - 데이터베이스 객체별로 보안 등급을 부여할 수 있고, 사용자별로 인가 등급을 부여할 수 있다.

답 :

104 > DAS

- DAS(Direct Attached Storage)는 **서버와 저장장치를 전용 케이블로 직접 연결하는 방식**이다.
- 일반 가정에서 컴퓨터에 외장하드를 연결하는 것이 여기에 해당된다.
- 직접 연결 방식이므로 다른 서버에서 접근할 수 없고 파일을 공유할 수 없다.

기출체크 ☑

필기 23.7, 22.3, 20.9
3. 다음 내용이 설명하는 스토리지 시스템을 쓰시오.

> - 하드디스크와 같은 데이터 저장장치를 호스트 버스 어댑터에 직접 연결하는 방식
> - 저장장치와 호스트 기기 사이에 네트워크 디바이스 없이 직접 연결 하는 방식으로 구성

답 :

103 > 역할기반 접근통제

- 역할기반 접근통제(RBAC; Role Based Access Control)는 **사용자의 역할에 따라 접근 권한을 부여하는 방식**이다.
- 중앙관리자가 접근통제 권한을 지정한다.
- 임의 접근통제와 강제 접근통제의 단점을 보완하였다.
- 다중 프로그래밍 환경에 최적화된 방식이다.

기출체크 ☑

23.10
2. 다음 설명에 해당하는 접근통제 기술을 쓰시오.

> - 사용자의 역할에 따라 접근 권한을 부여하는 방식으로, 중앙관리자가 접근통제 권한을 지정한다.
> - 다중 프로그래밍 환경에 최적화된 방식이다.

답 :

105 > NAS

- NAS(Network Attached Storage)는 **서버와 저장장치를 네트워크를 통해 연결하는 방식**이다.
- 별도의 파일 관리 기능이 있는 NAS Storage가 내장된 저장장치를 직접 관리한다.
- Ethernet 스위치를 통해 다른 서버에서도 스토리지에 접근할 수 있어 파일 공유가 가능하다.

예상체크 ☑

출제예상
4. 다음 설명의 괄호에 공통적으로 들어갈 알맞은 용어를 쓰시오.

> (　　　)는 서버와 저장장치를 네트워크를 통해 연결하는 방식으로, 별도의 파일 관리 기능이 있는 (　　　) Storage가 내장된 저장장치를 직접 관리한다.

답 :

기출체크 정답 　1. 강제 접근통제(MAC)　2. 역할기반 접근통제(RBAC)　3. DAS　4. NAS

340129

106 > SAN

- SAN(Storage Area Network)은 DAS의 빠른 처리와 NAS의 파일 공유 장점을 혼합한 방식으로, **서버와 저장장치를 연결하는 전용 네트워크를 별도로 구성하는 방식**이다.
- 파이버 채널(Fibre Channel, 광 채널) 스위치를 이용하여 네트워크를 구성한다.
- 파이버 채널 스위치는 서버와 저장장치를 광케이블로 연결하므로 처리 속도가 빠르다.
- 서버들이 저장장치 및 파일을 공유할 수 있다.

기출체크 ☑

필기 22.7, 21.5

5. 다음 내용에 가장 부합하는 용어를 쓰시오.

> - 네트워크상에 광채널 스위치의 이점인 고속 전송과 장거리 연결 및 멀티 프로토콜 기능을 활용
> - 각기 다른 운영체제를 가진 여러 기종들이 네트워크상에서 동일 저장장치의 데이터를 공유하게 함으로써, 여러 개의 저장장치나 백업 장비를 단일화시킨 시스템

답 :

 340130

필기 24.2, 23.7, 22.3, 21.8

107 > 자료 구조의 분류

- 선형 구조 : 배열, 선형 리스트(연속 리스트, 연결 리스트), 스택, 큐, 데크
- 비선형 구조 : 트리, 그래프

기출체크 ☑

필기 24.2, 23.7, 22.3, 21.8

6. 다음 보기의 자료 구조를 선형 구조와 비선형 구조로 구분하여 쓰시오.

> 스택, 트리, 큐, 데크, 그래프, 리스트

답
- ① 선형 구조 :
- ② 비선형 구조 :

340132

필기 23.2, 22.4, 22.3, 21.8, 21.3

108 > 스택

- 스택(Stack)은 **리스트의 한쪽 끝으로만 자료의 삽입, 삭제 작업이 이루어지는 자료 구조**이다.
- 후입선출(LIFO; Last In First Out) 방식으로 자료를 처리한다.
- 저장할 기억 공간이 없는 상태에서 데이터가 삽입되면 오버플로(Overflow)가 발생한다.
- 삭제할 데이터가 없는 상태에서 데이터를 삭제하면 언더플로(Underflow)가 발생한다.

기출체크 ☑

필기 23.2, 22.4, 22.3, 21.3

7. 자료 구조와 관련한 다음 설명에 해당하는 용어를 쓰시오.

> - 리스트의 한쪽 끝으로만 자료의 삽입, 삭제 작업이 이루어지는 자료 구조로, 가장 나중에 삽입된 자료가 가장 먼저 삭제되는 후입선출(LIFO; Last In First Out) 방식으로 자료를 처리한다.
> - 모든 기억 공간이 꽉 채워져 있는 상태에서 데이터가 삽입되면 오버플로(Overflow)가 발생하고, 더 이상 삭제할 데이터가 없는 상태에서 데이터를 삭제하면 언더플로(Underflow)가 발생한다.

답 :

340529

필기 23.7, 23.2

109 > 데크 Ⓑ

- 데크(Deque)는 삽입과 삭제가 리스트의 양쪽 끝에서 모두 발생할 수 있는 자료 구조이다.
- 입력이 한쪽에서만 발생하고 출력은 양쪽에서 일어날 수 있는 입력 제한과, 입력은 양쪽에서 일어나고 출력은 한 곳에서만 이루어지는 출력 제한이 있다.

기출체크 ☑

필기 23.7, 23.2

8. 자료 구조와 관련한 다음 설명에 해당하는 용어를 쓰시오.

> - 삽입과 삭제가 리스트의 양쪽 끝에서 발생할 수 있는 형태이다.
> - 입력이 한쪽에서만 발생하고 출력은 양쪽에서 일어날 수 있는 입력 제한과, 입력은 양쪽에서 일어나고 출력은 한 곳에서만 이루어지는 출력 제한이 있다.

답 :

기출체크 정답   5. SAN   6. ① 스택, 큐, 데크, 리스트, ② 트리, 그래프   7. 스택(Stack)   8. 데크(Deque)

2-2장 | 데이터 입·출력 구현 2   **105**

110 〉 방향/무방향 그래프의 최대 간선 수 Ⓑ

- 방향 그래프의 최대 간선 수 : n(n−1)
- 무방향 그래프에서 최대 간선 수 : n(n−1)/2

  ※ n은 정점의 개수이다.

[예제] 정점이 4개인 경우 무방향 그래프와 방향 그래프의 최대 간선 수를 구하시오.

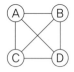

- 무방향 그래프의 최대 간선 수 : 4(4−1)/2 = 6

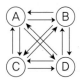

- 방향 그래프의 최대 간선 수 : 4(4−1) = 12

[기출체크 ☑]

필기 23.2, 20.9

1. 다음 무방향 그래프의 최대 간선 수를 구하는 계산식과 답을 쓰시오.

답
① 계산식 :
② 답 :

111 〉 트리 Ⓒ

- 트리(Tree)는 **정점(Node, 노드)과 선분(Branch, 가지)을 이용하여 사이클을 이루지 않도록 구성한 그래프(Graph)의 특수한 형태**이다.
- 트리는 하나의 기억 공간을 노드(Node)라고 하며, 노드와 노드를 연결하는 선을 링크(Link)라고 한다.

[기출체크 ☑]

필기 21.3

2. 그래프의 특수한 형태로 노드(Node)와 선분(Branch)으로 되어 있고, 정점 사이에 사이클(Cycle)이 형성되어 있지 않으며, 자료 사이의 관계성이 계층 형식으로 나타나는 비선형 구조는 무엇인지 쓰시오.

답 :

112 〉 트리 관련 용어 Ⓑ

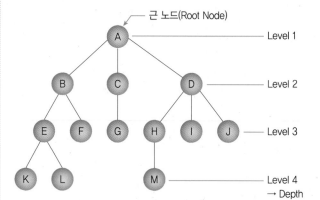

- **노드(Node)** : 트리의 기본 요소로서 자료 항목과 다른 항목에 대한 가지(Branch)를 합친 것

  예 A, B, C, D, E, F, G, H, I, J, K, L, M
- **근 노드(Root Node)** : 트리의 맨 위에 있는 노드 예 A
- **디그리(Degree, 차수)** : 각 노드에서 뻗어나온 가지의 수

  예 A=3, B=2, C=1, D=3
- **단말 노드(Terminal Node) = 잎 노드(Leaf Node)** : 자식이 하나도 없는 노드, 즉 Degree가 0인 노드

  예 K, L, F, G, M, I, J
- **Level** : 근 노드의 Level을 1로 가정한 후 어떤 Level이 L이면 자식 노드는 L+1

  예 H의 레벨은 3
- **깊이(Depth, Height)** : Tree에서 노드가 가질 수 있는 최대의 레벨

  예 위 트리의 깊이는 4
- **숲(Forest)** : 여러 개의 트리가 모여 있는 것

  예 위 트리에서 근 노드 A를 제거하면 B, C, D를 근 노드로 하는 세 개의 트리가 있는 숲이 생긴다.

[기출체크 정답] 1. ① 계산식 : 5(5−1)/2, ② 답 : 10   2. 트리(Tree)

- 트리의 디그리 : 노드들의 디그리 중에서 가장 많은 수
  - 예 노드 A나 D가 세 개의 디그리를 가지므로 위 트리의 디그리는 30이다.

3. 다음 트리의 차수(Degree)와 단말 노드(Terminal Node)의 수를 쓰시오.

답
- ① 차수 :
- ② 단말 노드 :

4. 다음 트리를 Preorder 운행법으로 운행할 경우 가장 먼저 탐색되는 노드를 쓰시오.

답 :

해설

먼저 서브트리를 하나의 노드로 생각할 수 있도록 서브트리 단위로 묶습니다.

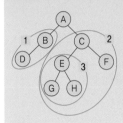

❶ Preorder는 Root → Left → Right 이므로 A**1**2가 됩니다.
❷ 1은 BD이므로 A**BD**2가 됩니다.
❸ 2는 C3F이므로 ABD**C3F**가 됩니다.
❹ 3은 EGH이므로 ABDC**EGH**F가 됩니다.

---

113 ▷ Preorder 운행법 Ⓑ

필기 21.3, 20.8, 20.6

Preorder 운행법은 이진 트리를 Root → Left → Right 순으로 운행하며 노드들을 찾아가는 방법이다.

Preorder 운행법의 방문 순서

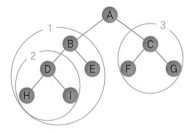

※ 서브트리를 하나의 노드로 생각할 수 있도록 그림과 같이 서브트리 단위로 묶는다. 다른 운행법 모두 공통으로 사용한다.

❶ Preorder는 Root → Left → Right이므로 A13이 된다.
❷ 1은 B2E이므로 A**B2E**3이 된다.
❸ 2는 DHI이므로 ABD**HI**E3이 된다.
❹ 3은 CFG이므로 ABDHIE**CFG**가 된다.
- 방문 순서 : ABDHIECFG

---

114 ▷ Inorder 운행법 Ⓑ

필기 24.2, 23.5, 21.8, 20.9

Inorder 운행법은 이진 트리를 Left → Root → Right 순으로 운행하며 노드들을 찾아가는 방법이다.

Inorder 운행법의 방문 순서

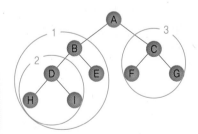

❶ Inorder는 Left → Root → Right이므로 1A3이 된다.
❷ 1은 2BE이므로 **2BE**A3이 된다.
❸ 2는 HDI이므로 **HDI**BEA3이 된다.
❹ 3은 FCG이므로 HDIBEA**FCG**가 된다.
- 방문 순서 : HDIBEAFCG

필기 24.2, 23.5, 21.8, 20.9

1. 다음 트리로 INORDER 운행을 수행했을 때 방문한 노드를 순서대로 쓰시오.

답 :

해설

먼저 서브트리를 하나의 노드로 생각할 수 있도록 서브트리 단위로 묶습니다.

❶ Inorder는 Left → Root → Right 이므로 1A2가 됩니다.

❷ 1은 DB이므로 DBA2가 됩니다.

❸ 2는 ECF이므로 DBAECF가 됩니다.

필기 22.7, 22.4

2. 다음 트리를 후위 순서(Postorder)로 운행한 결과를 쓰시오.

답 :

해설

먼저 서브트리를 하나의 노드로 생각할 수 있도록 서브트리 단위로 묶습니다.

❶ Postorder는 Left → Right → Root이므로 12A가 됩니다.

❷ 1은 DB이므로 DB2A가 됩니다.

❸ 2는 EFC이므로 DBEFCA가 됩니다.

▶440115

115 > Postorder 운행법 Ⓑ

필기 22.7, 22.4

Postorder 운행법은 **이진 트리를 Left → Right → Root 순으로 운행하며 노드들을 찾아가는 방법이다.**

Postorder 운행법의 방문 순서

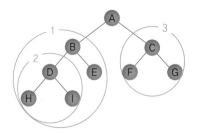

❶ Postorder는 Left → Right → Root이므로 13A가 된다.

❷ 1은 2EB이므로 **2EB**3A가 된다.

❸ 2는 HID이므로 **HID**EB3A가 된다.

❹ 3은 FGC이므로 HIDEB**FGC**A가 된다.

• 방문 순서 : HIDEBFGCA

▶340141

116 > Infix 표기를 Prefix로 바꾸기 Ⓒ

Infix로 표기된 수식에서 연산자를 해당 피연산자 2개의 앞(왼쪽)에 오도록 이동하면 Prefix가 된다.

$$X = A / B * (C + D) + E \Rightarrow X + * / A B + C D E$$

❶ 연산 우선순위에 따라 괄호로 묶는다.

$$(X = (((A / B) * (C + D)) + E))$$

❷ 연산자를 해당 괄호의 앞(왼쪽)으로 옮긴다.

$$= (X + (* (/ (A B) + (C D)) E))$$

❸ 필요없는 괄호를 제거한다.

$$= X + * / A B + C D E$$

출제예상

3. 다음과 같은 중위식 표현을 전위식(Prefix)으로 나타내시오.

$$A * (B + C) / D - E$$

답 :

해설

❶ 먼저 연산 우선 순위에 맞게 괄호로 묶습니다.
$(((A * (B + C)) / D) - E)$

❷ 연산자를 해당 괄호의 앞으로 옮깁니다.

$(((A * (B + C) / D) - E)$

❸ 필요 없는 괄호를 제거합니다.
$- / * A + B C D E$

▶ 340142

117 ▷ **Infix 표기를 Postfix로 바꾸기** ⓒ

Infix로 표기된 수식에서 연산자를 해당 피연산자 2개의 뒤(오른쪽)에 오도록 이동하면 Postfix가 된다.

$$X = A / B * (C + D) + E \Rightarrow X A B / C D + * E + =$$

❶ 연산 우선순위에 따라 괄호로 묶는다.
$(X = (((A / B) * (C + D)) + E))$

❷ 연산자를 해당 괄호의 뒤로 옮긴다.

$(X = (((A / B) * (C + D)) + E))$
↓
$(X (((A B) / (C D) +) * E) +) =$

❸ 필요없는 괄호를 제거한다.
$X A B / C D + * E + =$

출제예상

4. 아래 중위식(Infix)으로 표현된 수식을 후위식(Postfix) 표기로 변환하시오.

$$A = (B - C) * D + E$$

답 :

해설

❶ 연산 우선순위에 따라 괄호로 묶습니다.
$(A = (((B - C) * D) + E))$

❷ 연산자를 해당 괄호의 뒤로 옮깁니다.

$(A = (((B - C) * D) + E))$

❸ 필요 없는 괄호를 제거합니다.
$A B C - D * E + =$

▶ 340143

필기 21.5, 21.3, 20.9

118 ▷ **Postfix로 표기된 수식을 Infix로 바꾸기** Ⓑ

Postfix는 Infix 표기법에서 연산자를 해당 피연산자 두 개의 뒤로 이동한 것이므로 연산자를 다시 해당 피연산자 두 개의 가운데로 옮기면 된다.

$$A B C - / D E F + * + \Rightarrow A / (B - C) + D * (E + F)$$

❶ 먼저 인접한 피연산자 두 개와 오른쪽의 연산자를 괄호로 묶는다.
$((A (B C -) /) (D (E F +) *) +)$

❷ 연산자를 해당 피연산자의 가운데로 이동시킨다.

$((A (B C -) /) (D (E F +) *) +)$
↓
$((A / (B - C)) + (D * (E + F)))$

❸ 필요 없는 괄호를 제거한다.
$A / (B - C) + D * (E + F)$

필기 21.5, 21.3, 20.9

5. 다음 Postfix 연산식에 대한 연산 결과를 쓰시오.

$$3 4 * 5 6 * +$$

답 :

해설

후위 표기(Postfix)란 연산자가 해당 피연산자 2개의 뒤(오른쪽)에 표기되어 있는 것을 말합니다. 그러므로 피연자 2개와 연산자를 묶은 후 연산자를 피연산자 사이에 옮겨 놓고 계산하면 됩니다.

$((3 4 *) (5 6 *) +) \rightarrow ((3 * 4) + (5 * 6)) = 12 + 30 = 42$

119 > 삽입 정렬 Ⓑ

- 삽입 정렬(Insertion Sort)은 가장 간단한 정렬 방식으로, 이미 순서화된 파일에 새로운 하나의 레코드를 순서에 맞게 삽입시켜 정렬하는 방식이다.
- 평균과 최악 모두 수행 시간 복잡도는 $O(n^2)$이다.

예제 8, 5, 6, 2, 4를 삽입 정렬로 정렬하시오.

- **초기 상태 :** | 8 | 5 | 6 | 2 | 4 |

- **1회전 :** | 8 | 5 | 6 | 2 | 4 | → | 5 | 8 | 6 | 2 | 4 |

두 번째 값을 첫 번째 값과 비교하여 5를 첫 번째 자리에 삽입하고 8을 한 칸 뒤로 이동시킨다.

- **2회전 :** | 5 | 8 | 6 | 2 | 4 | → | 5 | 6 | 8 | 2 | 4 |

세 번째 값을 첫 번째, 두 번째 값과 비교하여 6을 8자리에 삽입하고 8은 한 칸 뒤로 이동시킨다.

- **3회전 :** | 5 | 6 | 8 | 2 | 4 | → | 2 | 5 | 6 | 8 | 4 |

네 번째 값 2를 처음부터 비교하여 맨 처음에 삽입하고 나머지를 한 칸씩 뒤로 이동시킨다.

- **4회전 :** | 2 | 5 | 6 | 8 | 4 | → | 2 | 4 | 5 | 6 | 8 |

다섯 번째 값 4를 처음부터 비교하여 5자리에 삽입하고 나머지를 한 칸씩 뒤로 이동시킨다.

기출체크 ☑

필기 24.2, 20.9

1. 다음 초기 자료에 대하여 삽입 정렬(Insertion Sort)을 이용하여 오름차순 정렬할 경우 1회전 후의 결과를 쓰시오.

초기 자료 : 8, 3, 4, 9, 7

답 :

해설

- **1회전 :** | 8 | 3 | 4 | 9 | 7 | → | 3 | 8 | 4 | 9 | 7 |

두 번째 값 3을 첫 번째 값과 비교하여 첫 번째 자리에 삽입하고 8을 한 칸 뒤로 이동시킵니다.

- **2회전 :** | 3 | 8 | 4 | 9 | 7 | → | 3 | 4 | 8 | 9 | 7 |

세 번째 값 4를 첫 번째, 두 번째 값과 비교하여 8자리에 삽입하고 8을 한 칸 뒤로 이동시킵니다.

- **3회전 :** | 3 | 4 | 8 | 9 | 7 | → | 3 | 4 | 8 | 9 | 7 |

네 번째 값 9를 첫 번째, 두 번째, 세 번째 값과 비교한 후 삽입할 곳이 없다면 다음 회전으로 넘어갑니다.

- **4회전 :** | 3 | 4 | 8 | 9 | 7 | → | 3 | 4 | 7 | 8 | 9 |

다섯 번째 값 7을 처음부터 비교하여 8자리에 삽입하고 나머지를 한 칸씩 뒤로 이동시킵니다.

---

120 > 선택 정렬 Ⓑ

- 선택 정렬(Selection Sort)은 n개의 레코드 중에서 **최소값을 찾아 첫 번째 레코드 위치에 놓고, 나머지 (n-1)개 중에서 다시 최소값을 찾아 두 번째 레코드 위치에 놓는 방식을 반복하여 정렬하는 방식이다.**
- 평균과 최악 모두 수행 시간 복잡도는 $O(n^2)$이다.

예제 8, 5, 6, 2, 4를 선택 정렬로 정렬하시오.

- **초기 상태 :** | 8 | 5 | 6 | 2 | 4 |

- **1회전 :** | 5 | 8 | 6 | 2 | 4 | → | 5 | 8 | 6 | 2 | 4 | → | 2 | 8 | 6 | 5 | 4 |
  → | 2 | 8 | 6 | 5 | 4 |

- **2회전 :** | 2 | 6 | 8 | 5 | 4 | → | 2 | 5 | 8 | 6 | 4 | → | 2 | 4 | 8 | 6 | 5 |

- **3회전 :** | 2 | 4 | 6 | 8 | 5 | → | 2 | 4 | 5 | 8 | 6 |

- **4회전 :** | 2 | 4 | 5 | 6 | 8 |

기출체크 ☑

필기 22.7, 21.3, 20.8

2. 다음 자료에 대하여 선택(Selection) 정렬을 이용하여 오름차순으로 정렬하고자 한다. 3회전 후의 결과를 쓰시오.

37, 14, 17, 40, 35

답 :

해설

- **1회전 :** | 14 | 37 | 17 | 40 | 35 | → | 14 | 37 | 17 | 40 | 35 | → | 14 | 37 | 17 | 40 | 35 | → | 14 | 37 | 17 | 40 | 35 |
- **2회전 :** | 14 | 17 | 37 | 40 | 35 | → | 14 | 17 | 37 | 40 | 35 | → | 14 | 17 | 37 | 40 | 35 |
- **3회전 :** | 14 | 17 | 37 | 40 | 35 | → | 14 | 17 | 35 | 40 | 37 |
- **4회전 :** | 14 | 17 | 35 | 37 | 40 |

---

121 〉 버블 정렬 Ⓑ

- 버블 정렬(Bubble Sort)은 주어진 파일에서 **인접한 두 개의 레코드 키 값을 비교하여 그 크기에 따라 레코드 위치를 서로 교환하는 정렬 방식**이다.
- 평균과 최악 모두 수행 시간 복잡도는 $O(n^2)$이다.

예제 8, 5, 6, 2, 4를 버블 정렬로 정렬하시오.

- 초기 상태 : | 8 | 5 | 6 | 2 | 4 |

- 1회전 : | 5 | 8 | 6 | 2 | 4 | → | 5 | 6 | 8 | 2 | 4 | → | 5 | 6 | 2 | 8 | 4 |
→ | 5 | 6 | 2 | 4 | 8 |

- 2회전 : | 5 | 6 | 2 | 4 | 8 | → | 5 | 2 | 6 | 4 | 8 | → | 5 | 2 | 4 | 6 | 8 |

- 3회전 : | 2 | 5 | 4 | 6 | 8 | → | 2 | 4 | 5 | 6 | 8 |

- 4회전 : | 2 | 4 | 5 | 6 | 8 |

기출체크 ☑

필기 23.2, 22.4, 21.8, 21.5

3. 다음 자료를 버블 정렬(Bubble Sort)을 이용하여 오름차순으로 정렬할 경우 3회전 후의 결과를 쓰시오.

> 9, 6, 7, 3, 5

답 :

해설

- 1회전 : | 6 | 9 | 7 | 3 | 5 | → | 6 | 7 | 9 | 3 | 5 | → | 6 | 7 | 3 | 9 | 5 | →
| 6 | 7 | 3 | 5 | 9 |

- 2회전 : | 6 | 7 | 3 | 5 | 9 | → | 6 | 3 | 7 | 5 | 9 | → | 6 | 3 | 5 | 7 | 9 |

- 3회전 : | 3 | 6 | 5 | 7 | 9 | → | 3 | 5 | 6 | 7 | 9 |

- 4회전 : | 3 | 5 | 6 | 7 | 9 |

122 〉 퀵 정렬 Ⓑ

- 퀵 정렬(Quick Sort)은 **레코드의 많은 자료 이동을 없애고 하나의 파일을 부분적으로 나누어 가면서 정렬하는 방법**이다.
- **분할(Divide)과 정복(Conquer)**을 통해 자료를 정렬한다.
- **피봇(pivot)**을 사용하며, 최악의 경우 $\frac{n(n-1)}{2}$ 회의 비교를 수행한다.

기출체크 ☑

필기 24.2, 23.5, 23.2, 22.3, 21.3

4. 다음이 설명하는 내용에 가장 적합한 정렬 방식을 쓰시오.

- 레코드의 많은 자료 이동을 없애고 하나의 파일을 부분적으로 나누어 가면서 정렬하는 방법이다.
- 분할(Divide)과 정복(Conquer)을 통해 자료를 정렬한다.
- 피봇(pivot)을 사용하며, 최악의 경우 $\frac{n(n-1)}{2}$ 회의 비교를 수행해야 한다.

답 :

123 〉 힙 정렬 Ⓒ

- 힙 정렬(Heap Sort)은 **전이진 트리를 이용한 정렬 방식**이다.
- 구성된 전이진 트리(Complete Binary Tree)를 Heap Tree로 변환하여 정렬한다.
- 평균과 최악 모두 시간 복잡도는 $O(n\log_2 n)$이다.

기출체크 ☑

필기 21.5

5. 다음이 설명하는 내용에 가장 적합한 정렬 방식을 쓰시오.

- 정렬할 입력 레코드들로 힙을 구성하고 가장 큰 키 값을 갖는 루트 노드를 제거하는 과정을 반복하여 정렬하는 기법이다.
- 평균 수행 시간은 $O(n\log_2 n)$이다.
- 완전 이진 트리(Complete Binary Tree)로 입력 자료의 레코드를 구성한다.

답 :

124 > 2-Way 합병 정렬

- 2-Way 합병 정렬(Merge Sort)은 **이미 정렬되어 있는 두 개의 파일을 한 개의 파일로 합병하는 정렬 방식이다.**

- 평균과 최악 모두 시간 복잡도는 $O(n\log_2 n)$이다.

기출체크 ☑

필기 21.5

1. 합병 정렬 방식으로 정렬할 때 정렬된 N개의 데이터를 처리하는 데 소요되는 시간 복잡도를 쓰시오.

답 :

문제 01 물리 데이터 모델링이 완료되면 물리 데이터 저장소에 다양한 오브젝트를 구성해야 한다. 다음과 같은 경우 어떤 오브젝트를 구성해야 하는지를 쓰시오.

- 〈주문〉 테이블과 〈거래처〉 테이블을 조인하여 사용하는 경우가 많다면 〈주문〉 테이블과 〈거래처〉 테이블에서 필요한 필드로 구성된 (   )를 생성한다.
- 〈회원〉 테이블은 '회원번호', '이름', '주소', '전화번호', '총구매횟수', '총구매금액' 필드로 구성되어 있는데, 제품 발송 업무를 처리할 때는 '이름', '주소', '전화번호' 필드만 필요하므로 이 3개의 필드로 구성된 (   )를 설계한다.
- 〈회원〉 테이블의 '총구매횟수', '총구매금액' 등은 회사 차원에서 중요한 자료일 수 있으므로 발송 담당자가 볼 수 없도록 (   )를 설계한다.

답 :

문제 02 다음에서 설명하는 정렬 알고리즘을 쓰시오.

두 번째 키와 첫 번째 키를 비교해 순서대로 나열하고, 이어서 세 번째 키를 첫 번째, 두 번째 키와 비교해 순서대로 나열하고, 계속해서 n번째 키를 앞의 n-1개의 키와 비교하여 알맞은 순서에 삽입하여 정렬하는 방식으로, 평균과 최악 모두 수행 시간 복잡도가 $O(n^2)$이다.

답 :

문제 03 다음은 파티션의 종류에 대한 설명이다. 괄호(①~③)에 들어갈 가장 적합한 파티션의 종류를 쓰시오.

(①) 분할	일별, 월별, 분기별 등 지정한 열의 값을 기준으로 분할한다.
(②) 분할	(②) 함수를 적용한 결과 값에 따라 데이터를 분할한다.
(③) 분할	(①) 분할로 분할한 다음 (②) 함수를 적용하여 다시 분할하는 방식이다.

답
- ①
- ②
- ③

문제 04 다음은 파티션의 종류 중 무엇에 대한 설명인지 쓰시오.

( )은 특정 파티션에 데이터가 집중되는 것을 보완하기 위한 것으로, 데이터를 고르게 분산할 때 유용하다. 고객번호, 주민번호 등과 같이 데이터가 고른 컬럼에 효과적이지만 특정 데이터가 어디에 있는지 판단할 수 없다.

답 :

문제 05 분산 데이터베이스 목표 중 다음 내용과 가장 관련있는 용어를 쓰시오.

분산 데이터베이스와 관련된 다수의 트랜잭션들이 동시에 실현되더라도 그 트랜잭션의 결과는 영향을 받지 않는다.

답 :

문제 06 분산 데이터베이스 목표 중 다음 내용과 가장 관련 있는 용어를 쓰시오.

데이터베이스의 분산된 물리적 환경에서 특정 지역의 컴퓨터 시스템이나 네트워크에 장애가 발생해도 데이터 무결성이 보장된다.

답 :

문제 07 다음은 정보의 접근통제 기술에 대한 설명이다. 괄호에 들어갈 가장 알맞은 기술을 쓰시오.

임의 접근통제	• 데이터에 접근하는 사용자의 신원에 따라 접근 권한을 부여하는 방식이다. • 데이터 소유자가 접근통제 권한을 지정하고 제어한다.
강제 접근통제	• 주체와 객체의 등급을 비교하여 접근 권한을 부여하는 방식이다. • 시스템이 접근통제 권한을 지정한다.
( )	• 사용자의 역할에 따라 접근 권한을 부여하는 방식이다. • 중앙관리자가 접근 통제 권한을 지정한다.

답 :

문제 08 다음 내용이 설명하는 스토리지 시스템을 쓰시오.

> • DAS의 빠른 처리와 NAS의 파일 공유 장점을 혼합한 방식으로, 서버와 저장장
>   치를 연결하는 전용 네트워크를 별도로 구성하는 방식이다.
> • 파이버 채널(FC) 스위치를 이용하여 네트워크를 구성한다.
> • 서버들이 저장장치 및 파일을 공유할 수 있다.

답 :

문제 09 후입선출(LIFO) 방식의 자료 구조로, 가장 나중에 삽입된 자료가 가장 먼저 삭제되는 특성을 가지고 있으며, 한쪽 방향으로만 자료의 입·출력이 수행되는 자료 구조를 쓰시오.

답 :

문제 10 8개의 정점을 가진 방향 그래프가 가질 수 있는 최대 간선 수를 구하시오.

답 :

문제 11 다음 트리 구조에서 트리의 디그리(Degree)를 쓰시오.

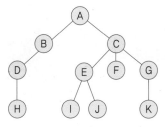

답 :

문제 12 다음 트리(Tree) 자료 구조의 차수와 단말 노드의 개수를 쓰시오.

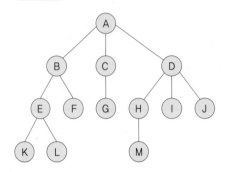

답

- ① 트리의 차수 :
- ② 단말 노드의 수 :

문제 13 다음 이진 트리를 후위 순서(Postorder)로 운행한 결과를 쓰시오.

▶345207

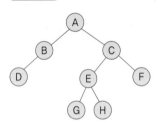

답 :

문제 14 다음의 중위식(Infix)을 전위(Prefix)식으로 변환한 결과를 쓰시오.

▶345208

$$A * B + C - D / E$$

답 :

문제 **15** 다음 트리를 전위 순회(Preorder Traversal)했을 때 방문한 노드를 순서대로 쓰시오.

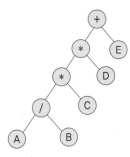

답 :

문제 **16** 다음 자료를 버블 정렬을 이용하여 오름차순으로 정렬할 경우 PASS 2의 결과를 쓰시오.

9, 6, 7, 3, 5

답 :

문제 **17** 입력 순서에 따라 배열된 5개의 데이터 (8, 3, 5, 2, 4)를 어떠한 정렬 방식에 의해 1단계 정렬시킨 결과가 2-8-5-3-4가 되었다면 사용된 정렬 알고리즘은 무엇인지 쓰시오.

답 :

[문제 01]
뷰(View)

[문제 02]
삽입 정렬(Insertion Sort)

[문제 03]
① 범위   ② 해시   ③ 조합

[문제 04]
해시 분할(Hash Partitioning)

[문제 05]
병행 투명성(Concurrency Transparency)

[문제 06]
장애 투명성(Failure Transparency)

[문제 07]
역할기반 접근통제(RBAC; Role Based Access Control)

[문제 08]
SAN(Storage Area Network)

[문제 09]
스택(Stack)

[문제 10]
56

정점을 n이라고 했을 때 방향 그래프의 최대 간선 수는 n(n-1), 즉 8(8-1) = 56입니다.

[문제 11]
3

트리의 차수(Degree)는 가장 차수가 많은 노드의 차수입니다.

[문제 12]
① 3   ② 7

[문제 13]
D B G H E F C A

먼저 서브트리를 하나의 노드로 생각할 수 있도록 서브트리 단위로 묶습니다.

❶ Postorder는 Left → Right → Root이므로 12A가 됩니다.

❷ 1은 DB이므로 DB2A가 됩니다.

❸ 2는 3FC이므로 DB3FCA가 됩니다.

❹ 3은 GHE이므로 DBGHEFCA가 됩니다.

[문제 14]

− + * A B C / D E

❶ 연산 우선순위에 따라 괄호로 묶는다.

$(((A * B) + C) − (D / E))$

❷ 연산자를 해당 괄호의 앞(왼쪽)으로 옮깁니다.

$(((A * B) + C) − (D / E))$

❸ 필요없는 괄호를 제거합니다.

− + * A B C / D E

[문제 15]

+ * * / A B C D E

먼저 서브트리를 하나의 노드로 생각할 수 있도록 서브트리 단위로 묶습니다.

❶ Preorder는 Root → Left → Right이므로 +1E입니다.

❷ 1은 *2D이므로 +*2DE입니다.

❸ 2는 *3C이므로 +**3CDE입니다.

❹ 3은 /AB이므로 +**/ABCDE입니다.

[문제 16]

6, 3, 5, 7, 9

- 초기 상태 : | 9 | 6 | 7 | 3 | 5 |

- 1회전 : | 6 | 9 | 7 | 3 | 5 | → | 6 | 7 | 9 | 3 | 5 | → | 6 | 7 | 3 | 9 | 5 | → | 6 | 7 | 3 | 5 | 9 |

- 2회전 : | 6 | 7 | 3 | 5 | 9 | → | 6 | 3 | 7 | 5 | 9 | → | 6 | 3 | 5 | 7 | 9 |

- 3회전 : | 3 | 6 | 5 | 7 | 9 | → | 3 | 5 | 6 | 7 | 9 |

- 4회전 : | 3 | 5 | 6 | 7 | 9 |

[문제 17]
선택 정렬(Selection Sort)

삽입 정렬(Insertion Sort)

- 초기 상태 : | 8 | 3 | 5 | 2 | 4 |

- 1회전 : | 8 | 3 | 5 | 2 | 4 | → | 3 | 8 | 5 | 2 | 4 |

  두 번째 값을 첫 번째 값과 비교하여 3을 첫 번째 자리에 삽입하고 8을 한 칸 뒤로 이동시킨다.

- 2회전 : | 3 | 8 | 5 | 2 | 4 | → | 3 | 5 | 8 | 2 | 4 |

  세 번째 값을 첫 번째, 두 번째 값과 비교하여 5를 8자리에 삽입하고 8을 한 칸 뒤로 이동시킨다.

- 3회전 : | 3 | 5 | 8 | 2 | 4 | → | 2 | 3 | 5 | 8 | 4 |

  네 번째 값 2를 처음부터 비교하여 2를 맨 처음에 삽입하고 나머지를 한 칸씩 뒤로 이동시킨다.

- 4회전 : | 2 | 3 | 5 | 8 | 4 | → | 2 | 3 | 4 | 5 | 8 |

  다섯 번째 값 4를 처음부터 비교하여 5자리에 삽입하고 나머지를 한 칸씩 뒤로 이동시킨다.

선택 정렬(Selection Sort)

- 초기 상태 : | 8 | 3 | 5 | 2 | 4 |

- 1회전 : | 3 | 8 | 5 | 2 | 4 | → | 3 | 8 | 5 | 2 | 4 | → | 2 | 8 | 5 | 3 | 4 | → | 2 | 8 | 5 | 3 | 4 |

- 2회전 : | 2 | 5 | 8 | 3 | 4 | → | 2 | 3 | 8 | 5 | 4 | → | 2 | 3 | 8 | 5 | 4 |

- 3회전 : | 2 | 3 | 5 | 8 | 4 | → | 2 | 3 | 4 | 8 | 5 |

- 4회전 : | 2 | 3 | 4 | 5 | 8 |

버블 정렬(Bubble Sort)

- 초기 상태 : | 8 | 3 | 5 | 2 | 4 |

- 1회전 : | 3 | 8 | 5 | 2 | 4 | → | 3 | 5 | 8 | 2 | 4 | → | 3 | 5 | 2 | 8 | 4 | → | 3 | 5 | 2 | 4 | 8 |

- 2회전 : | 3 | 5 | 2 | 4 | 8 | → | 3 | 2 | 5 | 4 | 8 | → | 3 | 2 | 4 | 5 | 8 |

- 3회전 : | 2 | 3 | 4 | 5 | 8 | → | 2 | 3 | 4 | 5 | 8 |

- 4회전 : | 2 | 3 | 4 | 5 | 8 |

3 장

통합 구현

125 통합 구현 ⓒ등급

126 연계 메커니즘 ⓒ등급

127 연계 메커니즘의 연계 방식 ⓒ등급

128 연계 서버 / 송·수신 시스템 ⓑ등급

129 연계 테스트 ⓒ등급

130 연계 데이터 보안 ⓒ등급

131 XML ⓐ등급

132 SOAP ⓐ등급

133 WSDL ⓐ등급

125 > 통합 구현 ⓒ

- 통합 구현은 사용자의 요구사항에 맞춰 **송·수신 모듈과 중계 모듈 간의 연계를 구현하는 것**을 의미한다.
- 통합 구현은 송·수신 방식이나 시스템 아키텍처 구성, 송·수신 모듈 구현 방법 등에 따라 다르므로 사용자의 요구사항과 구축 환경에 적합한 방식을 설계해야 한다.
- 일반적인 통합 구현은 송·수신 시스템과 모듈, 중계 시스템, 연계 데이터, 네트워크로 구성된다.

예상체크 ☑

출제예상
1. 통합 구현은 사용자의 요구사항을 해결하고, 새로운 서비스 창출을 위해 단위 기능을 하는 모듈 간의 연계와 통합을 의미한다. 일반적인 통합 구현의 구성 요소 4가지를 쓰시오.

답:

※ 로그(Log) : 사용자가 컴퓨터에 요청한 명령이나 컴퓨터가 데이터를 처리하는 과정 및 결과 등을 기록으로 남긴 것

예상체크 ☑

출제예상
2. 사용자가 컴퓨터에 요청한 명령이나 컴퓨터가 데이터를 처리하는 과정 및 결과 등을 기록으로 남긴 것을 의미하는 용어를 쓰시오.

답:

126 > 연계 메커니즘 ⓒ

- 연계 메커니즘은 데이터의 생성 및 전송을 담당하는 송신 시스템과 데이터 수신 및 운영 DB 반영을 담당하는 수신 시스템으로 구성된다.
- 송·수신 시스템 사이에는 데이터의 송·수신과 송·수신 시스템 현황을 모니터링하는 중계 시스템을 설치할 수 있다.
- 연계 메커니즘 과정

송신 시스템 및 송신 모듈	수신 시스템 및 수신 모듈
연계 데이터 생성 및 추출	운영 DB에 연계 데이터 반영
로그(Log) 기록 ↓	↑ 로그(Log) 기록
코드 매핑 및 데이터 변환	코드 매핑 및 데이터 변환
로그(Log) 기록 ↓	↑ 로그(Log) 기록
인터페이스 테이블 또는 파일 생성	인터페이스 테이블 또는 파일 생성
로그(Log) 기록 ↓	↑ 로그(Log) 기록
연계 서버 또는 송신 어댑터	연계 서버 또는 수신 어댑터
로그(Log) 기록 ——〈전송〉——	로그(Log) 기록

127 > 연계 메커니즘의 연계 방식 ⓒ

직접 연계 방식

- 중간 매개체 없이 송·수신 시스템이 직접 연계하는 방식이다.
- 종류 : DB Link, API/Open API, DB Connection, JDBC 등

간접 연계 방식

- 송·수신 시스템 사이에 중간 매개체를 두어 연계하는 방식이다.
- 종류 : 연계 솔루션, ESB, 소켓(Socket), 웹 서비스(Web Service) 등

예상체크 ☑

출제예상
3. 다음에 제시된 연계 메커니즘의 연계 방식 중 간접 연계 방식을 모두 찾아 기호(㉠~㉥)로 쓰시오.

㉠ ESB	㉡ JDBC	㉢ DB Connection
㉣ DB Link	㉤ Socket	㉥ Web Service

답:

128 〉 연계 서버 / 송·수신 시스템 Ⓑ

필기 21.5

- **연계 서버** : 데이터를 전송 형식에 맞게 변환하고 송·수신을 수행하는 등 송·수신과 관련된 모든 처리 수행
- **송신 시스템** : 인터페이스 테이블 또는 파일의 데이터를 전송 형식에 맞도록 변환 및 송신을 수행하는 시스템
- **수신 시스템** : 수신 데이터를 인터페이스 테이블이나 파일로 생성하는 시스템

기출체크 ☑

필기 21.5
4. 시스템 인터페이스를 구성하는 시스템으로, 연계할 데이터를 데이터베이스와 애플리케이션으로부터 연계 테이블 또는 파일 형태로 생성하며 송신하는 시스템을 쓰시오.

답 :

129 〉 연계 테스트 Ⓒ

- 연계 테스트는 구축된 연계 시스템과 연계 시스템의 구성 요소가 정상적으로 동작하는지 확인하는 활동이다.
- **연계 시스템의 주요 구성 요소** : 송·수신 모듈, 연계 서버, 모니터링 현황
- **연계 테스트 진행 순서** : 연계 테스트 케이스 작성 → 연계 테스트 환경 구축 → 연계 테스트 수행 → 연계 테스트 수행 결과 검증

예상체크 ☑

출제예상
5. 연계 테스트는 구축된 연계 시스템과 연계 시스템의 구성 요소가 정상적으로 동작하는지 확인하는 활동이다. 연계 테스트를 다음과 같이 4단계로 나누어 수행한다고 가정했을 때 괄호에 들어갈 가장 적합한 용어를 쓰시오.

답 :

130 〉 연계 데이터 보안 Ⓒ

- 송신 시스템에서 수신 시스템으로 전송되는 연계 데이터는 보안에 취약할 수 있으므로 데이터의 중요성을 고려하여 보안을 적용해야 한다.
- **일반적인 연계 데이터의 보안 방식**
  - **전송 구간 보안** : 전송되는 데이터나 패킷(Packet)을 쉽게 가로챌 수 없도록 암호화 기능이 포함된 프로토콜을 사용함
  - **데이터 보안** : 송신 시스템에서 연계 데이터를 추출할 때와 수신 시스템에서 데이터를 운영 DB에 반영할 때 데이터를 암호화·복호화 하는 것

예상체크 ☑

출제예상
6. 송신 시스템에서 수신 시스템으로 전송되는 연계 데이터는 보안에 취약할 수 있으므로 데이터의 중요성을 고려하여 보안을 적용해야 한다. 일반적인 연계 데이터의 보안 방식 두 가지를 쓰시오.

답 :

20.5

131 〉 XML Ⓐ

- **XML(eXtensible Markup Language)은 특수한 목적을 갖는 마크업 언어를 만드는 데 사용되는 다목적 마크업 언어이다.**
- 웹브라우저 간 HTML 문법이 호환되지 않는 문제와 SGML의 복잡함을 해결하기 위하여 개발되었다.
- 사용자가 직접 문서의 태그(Tag)를 정의할 수 있으며, 다른 사용자가 정의한 태그를 사용할 수 있다.
- 트리 구조로 구성되어 있어 상위 태그는 여러 개의 하위 태그를 가질 수 있다.

기출체크 **정답** 4. 송신 시스템 5. 연계 테스트 케이스 작성 6. 전송 구간 보안, 데이터 보안

20.5

1. SW 인터페이스 구현에 관련된 다음 설명에서 괄호에 들어갈 알맞은 용어를 쓰시오.

> 웹 페이지의 기본 형식인 HTML의 문법이 각 웹 브라우저에서 상호 호환적이지 못하다는 문제와 SGML의 복잡함을 해결하기 위하여 개발된 (　　　)은 다른 특수한 목적을 갖는 마크업 언어이다. 원활한 데이터의 연계를 위해 송·수신 시스템 간에 전송되는 데이터가 동일한 구조로 구성될 수 있도록 형태를 정의하는 역할을 수행한다.

답 :

▶340157

132 〉 SOAP

20.7

Ⓐ

- SOAP(Simple Object Access Protocol)는 컴퓨터 네트워크 상에서 HTTP/HTTPS, SMTP 등을 이용하여 XML을 교환하기 위한 통신 규약이다.
- 웹 서비스에서 사용되는 메시지의 형식과 처리 방법을 지정한다.
- 기본적으로 HTTP 기반에서 동작하기 때문에 프록시와 방화벽의 영향 없이 통신할 수 있다.
- 최근에는 무거운 구조의 SOAP 대신 RESTful 프로토콜을 이용하기도 한다.

20.7

2. 통합 구현과 관련하여 다음 설명의 괄호에 공통으로 들어갈 알맞은 용어를 쓰시오.

> HTTP, HTTPS, SMTP 등을 사용하여 xml 기반의 메시지를 네트워크 상에서 교환하는 프로토콜로, (　　　) envelope, 헤더(header), 바디(body) 등이 추가된 xml 문서이다. (　　　)는 복잡하고 무거운 구조로 구성되어 있어 (　　　) 보다는 restful 프로토콜을 이용하기도 한다.

답 :

▶340158

133 〉 WSDL

21.4

Ⓐ

- WSDL(Web Services Description Language)은 **웹 서비스와 관련된 서식이나 프로토콜 등을 표준적인 방법으로 기술하고 게시하기 위한 언어이다.**
- XML로 작성되며, UDDI의 기초가 된다.
- SOAP, XML 스키마와 결합하여 인터넷에서 웹 서비스를 제공하기 위해 사용된다.
- 클라이언트는 WSDL 파일을 읽어 서버에서 어떠한 조작이 가능한지를 파악할 수 있다.

21.4

3. 웹 서비스(Web Service)와 관련된 다음 설명에 해당하는 용어를 쓰시오.

> 웹 서비스와 관련된 서식이나 프로토콜 등을 표준적인 방법으로 기술하고 게시하기 위한 언어로, XML로 작성되며 UDDI의 기초가 된다. SOAP, XML 스키마와 결합하여 인터넷에서 웹 서비스를 제공하기 위해 사용되며, 클라이언트는 이것을 통해 서버에서 어떠한 조작이 가능한지를 파악할 수 있다.

답 :

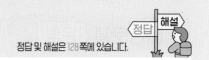

예상문제 은행

문제 01 통합 구현은 사용자의 요구사항에 맞춰 송·수신 모듈과 중계 모듈 간의 연계를 구현하는 것을 의미한다. 일반적인 통합 구현의 구성 요소를 〈보기〉에서 모두 골라 기호(㉠~㉻)로 쓰시오.

〈보기〉

㉠ 인터페이스 데이터 표준	㉡ 중계 시스템
㉢ 수신 시스템과 모듈	㉣ 연계 테스트
㉤ 연계 데이터	㉥ EAI
㉦ 송신 시스템과 모듈	㉧ 암호화 알고리즘
㉨ ESB	㉩ 네트워크

답 :

문제 02 다음 그림은 연계 메커니즘에서 송신 시스템의 주요 기능 및 역할을 표현한 것이다. 괄호(①~④)에 들어갈 알맞은 용어를 쓰시오.

〈송신 시스템 및 송신 모듈〉

답
- ①
- ②
- ③
- ④

문제 03 다음은 연계 메커니즘의 구성에 대한 설명이다. 괄호(①~③)에 들어갈 알맞은 용어를 쓰시오.

(①)	수신 데이터를 인터페이스 테이블이나 파일로 생성하는 시스템이다.
(②)	인터페이스 테이블 또는 파일의 데이터를 전송 형식에 맞도록 변환 및 송신을 수행하는 시스템이다.
(③)	데이터를 전송 형식에 맞게 변환하고 송·수신을 수행하는 등 송·수신과 관련된 모든 처리를 수행한다.

답
- ①
- ②
- ③

문제 04 다음은 데이터 보안에 대한 설명이다. 괄호(①, ②)에 들어갈 알맞은 용어를 쓰시오.

- 데이터 보안은 송신 시스템에서 연계 데이터를 추출할 때와 수신 시스템에서 데이터를 운영 DB에 반영할 때 데이터를 (①)와 (②) 하는 것이다.
- 데이터의 (①)와 (②) 처리 절차

답
- ①
- ②

문제 05 웹브라우저 간 HTML 문법이 호환되지 않는 문제와 SGML의 복잡함을 해결하기 위하여 개발된 다목적 마크업 언어의 명칭을 쓰시오.

답 :

문제 06 다음 설명에 해당하는 용어를 쓰시오.

- 컴퓨터 네트워크 상에서 다양한 프로토콜을 이용하여 XML을 교환하기 위한 통신 규약이다.
- 웹 서비스에서 사용되는 메시지의 형식과 처리 방법을 지정한다.
- 기본적으로 HTTP 기반에서 동작하기 때문에 프록시와 방화벽의 영향 없이 통신할 수 있다.
- 최근에는 무거운 구조의 이것 대신 RESTful 프로토콜을 이용하기도 한다.

답 :

[문제 01]

ⓛ, ⓒ, ⓜ, ⓢ, ⓩ

[문제 02]

① 연계 데이터 생성 및 추출　　② 코드 매핑 및 데이터 변환　　③ 인터페이스 테이블 또는 파일 생성　　④ 로그 기록

[문제 03]

① 수신 시스템　　② 송신 시스템　　③ 연계 서버

[문제 04]

① 암호화　　② 복호화

[문제 05]

XML(eXtensible Markup Language)

[문제 06]

SOAP(Simple Object Access Protocol)

서버 프로그램 구현 1

134 소프트웨어 아키텍처 ⓒ등급

135 모듈화 Ⓐ등급

136 추상화 Ⓑ등급

137 단계적 분해 ⓒ등급

138 정보 은닉 Ⓑ등급

139 협약(Contract)에 의한 설계 Ⓑ등급

140 아키텍처 패턴 ⓒ등급

141 레이어 패턴 ⓒ등급

142 클라이언트-서버 패턴 ⓒ등급

143 파이프-필터 패턴 Ⓑ등급

144 모델-뷰-컨트롤러 패턴 Ⓑ등급

145 기타 패턴 Ⓑ등급

146 객체지향 ⓒ등급

147 객체 ⓒ등급

148 클래스 Ⓑ등급

149 메시지 Ⓑ등급

150 캡슐화 Ⓑ등급

151 상속 Ⓑ등급

152 다형성 ⓒ등급

153 연관성 ⓒ등급

154 객체지향 분석 Ⓑ등급

155 객체지향 분석의 방법론 Ⓑ등급

156 럼바우의 분석 기법 Ⓐ등급

157 객체지향 설계 원칙(SOLID 원칙) Ⓐ등급

134 > 소프트웨어 아키텍처 ⓒ

- 소프트웨어 아키텍처는 **소프트웨어를 구성하는 요소들 간의 관계를 표현하는 시스템의 구조 또는 구조체**이다.
- 애플리케이션의 분할 방법과 분할된 모듈에 할당될 기능, 모듈 간의 인터페이스 등을 결정한다.
- 소프트웨어 아키텍처 설계의 기본 원리에는 모듈화, 추상화, 단계적 분해, 정보은닉이 있다.

예상체크 ☑

출제예상
1. 소프트웨어를 구성하는 요소들 간의 관계를 표현하는 시스템의 구조 또는 구조체를 의미하는 용어를 쓰시오.

답 :

135 > 모듈화 Ⓐ

- 모듈화(Modularity)는 소프트웨어의 성능 향상, 시스템의 수정 및 재사용, 유지 관리 등이 용이하도록 **시스템의 기능들을 모듈 단위로 나누는 것**을 의미한다.
- 모듈화는 모듈 간 결합도(Coupling)의 최소화와 모듈 내 요소들의 응집도(Cohesion)를 최대화하는 것이 목표이다.

기출체크 ☑

20.5
2. 다음 설명의 괄호(①, ②)에 들어갈 알맞은 용어를 쓰시오.

> 소프트웨어 패키징이란 모듈별로 생성한 실행 파일들을 묶어 배포용 설치 파일을 만드는 것을 말한다. 소스 코드는 향후 관리를 고려하여 모듈화하여 패키징한다. 모듈화는 모듈 간 (①)의 최소화와 모듈 내 요소들의 (②)를 최대화하는 것이 목표이다.

답
- ①
- ②

136 > 추상화 Ⓑ

- 추상화(Abstraction)는 문제의 **전체적이고 포괄적인 개념을 설계**한 후 차례로 세분화하여 **구체화시켜 나가는 것**이다.
- 추상화의 유형

과정 추상화	자세한 수행 과정을 정의하지 않고, 전반적인 흐름만 파악할 수 있게 설계하는 방법
자료 추상화	데이터의 세부적인 속성이나 용도를 정의하지 않고, 데이터 구조를 대표할 수 있는 표현으로 대체하는 방법
제어 추상화	이벤트 발생의 정확한 절차나 방법을 정의하지 않고, 대표할 수 있는 표현으로 대체하는 방법

기출체크 ☑

필기 21.8
3. 다음에서 추상화의 유형을 모두 찾아 기호(㉠~㉿)로 쓰시오.

㉠ 자료 추상화	㉡ 강도 추상화	㉢ 논리 추상화
㉣ 과정 추상화	㉤ 제어 추상화	㉥ 개념 추상화

답 :

137 > 단계적 분해 ⓒ

- 단계적 분해(Stepwise Refinement)는 문제를 **상위의 중요 개념으로부터 하위의 개념으로 구체화시키는 분할 기법**이다.
- Niklaus Wirth에 의해 제안된 하향식 설계 전략이다.
- 소프트웨어의 포괄적인 기능에서부터 시작하여 점차적으로 구체화하고, 알고리즘, 자료 구조 등 상세한 내역은 가능한 한 뒤로 미루어 진행한다.

예상체크 ☑

출제예상
4. 문제를 상위의 중요 개념으로부터 하위의 개념으로 구체화시키는 분할 기법으로, Niklaus Wirth에 의해 제안된 하향식 설계 전략을 쓰시오.

답 :

기출체크 정답   1. 소프트웨어 아키텍처   2. ① 결합도(Coupling), ② 응집도(Cohesion)   3. ㉠, ㉣, ㉤   4. 단계적 분해(Stepwise Refinement)

138 정보 은닉 Ⓑ

▶340168

필기 21.8, 21.5

- 정보 은닉(Information Hiding)은 **한 모듈 내부에 포함된 절차와 자료들의 정보가 감추어져 다른 모듈이 접근하거나 변경하지 못하도록 하는 기법**이다.
- 정보 은닉을 통해 모듈을 독립적으로 수행할 수 있다.
- 하나의 모듈이 변경되더라도 다른 모듈에 영향을 주지 않으므로 수정, 시험, 유지보수가 용이하다.

기출체크 ☑

필기 21.8

5. 다른 모듈이 모듈 내부의 절차와 자료들의 정보에 접근 및 변경하는 것을 막기 위한 기법으로, 모듈을 독립적으로 수행할 수 있고, 하나의 모듈이 변경되더라도 다른 모듈에 영향을 주지 않으므로 수정, 시험, 유지보수가 용이한 소프트웨어 아키텍처 설계의 기본 원리를 쓰시오.

답 :

---

139 협약(Contract)에 의한 설계 Ⓑ

▶340171

필기 23.2, 20.8

- 협약에 의한 설계는 컴포넌트를 설계할 때 클래스에 대한 여러 가정을 공유할 수 있도록 명세한 것이다.
- 컴포넌트에 대한 정확한 인터페이스를 명세한다.
- 명세에 포함될 조건

선행 조건 (Precondition)	오퍼레이션이 호출되기 전에 참이 되어야 할 조건
결과 조건 (Postcondition)	오퍼레이션이 수행된 후 만족되어야 할 조건
불변 조건 (Invariant)	오퍼레이션이 실행되는 동안 항상 만족되어야 할 조건

기출체크 ☑

필기 23.2, 20.8

6. 다음은 컴포넌트 설계 단계에 대한 설명이다. 괄호에 들어갈 가장 알맞은 용어를 쓰시오.

컴포넌트 설계 시 "(　　)에 의한 설계"를 따를 경우, 해당 명세에서는
(1) 컴포넌트의 오퍼레이션 사용 전에 참이 되어야 할 선행 조건
(2) 사용 후 만족되어야 할 결과 조건
(3) 오퍼레이션이 실행되는 동안 항상 만족되어야 할 불변조건 등이 포함되어야 한다.

답 :

---

140 아키텍처 패턴 Ⓒ

▶340172

- 아키텍처 패턴(Patterns)은 **아키텍처를 설계할 때 참조할 수 있는 전형적인 해결 방식 또는 예제**를 의미한다.
- 소프트웨어 시스템의 구조를 구성하기 위한 기본적인 윤곽을 제시한다.
- 아키텍처 패턴에는 서브시스템들과 그 역할이 정의되어 있다.
- 주요 아키텍처 패턴의 종류에는 레이어 패턴, 클라이언트-서버 패턴, 파이프-필터 패턴, 모델-뷰-컨트롤러 패턴 등이 있다.

예상체크 ☑

출제예상

7. 소프트웨어 설계와 관련된 다음 설명에 해당하는 용어를 쓰시오.

- 아키텍처를 설계할 때 참조할 수 있는 전형적인 해결 방식 또는 예제이다.
- 소프트웨어 시스템의 구조를 구성하기 위한 기본적인 윤곽을 제시한다.
- 서브시스템들과 그 역할이 정의되어 있다.

답 :

---

141 레이어 패턴 Ⓒ

▶340173

- 레이어 패턴(Layers Pattern)은 **시스템을 계층으로 구분하여 구성**하는 고전적인 방법의 패턴이다.
- 하위 계층은 상위 계층에 대한 서비스 제공자가 되고, 상위 계층은 하위 계층의 클라이언트가 된다.
- 서로 마주보는 두 개의 계층 사이에서만 상호작용이 이루어진다.
- 대표적으로 OSI 참조 모델이 있다.

예상체크 ☑

출제예상

8. 시스템을 계층으로 구분하여 구성하는 고전적인 방법의 아키텍처 패턴으로, 하위 계층은 상위 계층에 대한 서비스 제공자가 되고, 상위 계층은 하위 계층의 클라이언트가 되는 패턴을 쓰시오.

답 :

기출체크 정답 5. 정보 은닉(Information Hiding) 6. 협약(Contract) 7. 아키텍처 패턴 8. 레이어 패턴(Layers Pattern)

340174

142 〉 클라이언트-서버 패턴 C

- 클라이언트–서버 패턴(Client-Server Pattern)은 **하나의 서버 컴포넌트와 다수의 클라이언트 컴포넌트로 구성**되는 패턴이다.
- 사용자가 클라이언트를 통해 서버에 요청하면 클라이언트가 응답을 받아 사용자에게 제공하는 방식이다.

예상체크 ☑

출제예상
1. 하나의 서버 컴포넌트와 다수의 클라이언트 컴포넌트로 구성되어 있으며, 사용자가 클라이언트를 통해 서버에 요청하면 클라이언트가 응답을 받아 사용자에게 제공하는 방식의 아키텍처 패턴을 쓰시오.

답 :

340175

필기 23.7, 22.7, 21.8, 21.5, 20.9

143 〉 파이프-필터 패턴 B

- 파이프–필터 패턴(Pipe-Filter Pattern)은 **데이터 스트림 절차의 각 단계를 필터로 캡슐화하여 파이프를 통해 전송**하는 패턴이다.
- 앞 시스템의 처리 결과물을 파이프를 통해 전달받아 처리한 후 그 결과물을 다시 파이프를 통해 다음 시스템으로 넘겨주는 패턴을 반복한다.
- 데이터 변환, 버퍼링, 동기화 등에 주로 사용된다.
- 대표적으로 UNIX의 쉘(Shell)이 있다.

기출체크 ☑

필기 23.7, 22.7, 21.5, 20.9
2. 서브시스템이 입력 데이터를 받아 처리하고 결과를 다음 서브시스템으로 넘겨주는 과정을 반복하는 아키텍처 패턴을 쓰시오.

답 :

340531

필기 23.2, 22.4

144 〉 모델-뷰-컨트롤러 패턴 B

- 모델–뷰–컨트롤러 패턴(Model-View-Controller Pattern)은 서브시스템을 3개의 부분으로 구조화하는 패턴이며, 각 부분의 역할은 다음과 같다.
- **모델(Model)** : 서브시스템의 핵심 기능과 데이터를 보관함
- **뷰(View)** : 사용자에게 정보를 표시함
- **컨트롤러(Controller)** : 사용자로부터 입력된 변경 요청을 처리하기 위해 모델에게 명령을 보냄

기출체크 ☑

필기 23.2, 22.4
3. 다음은 MVC(Model-View-Controller)에 대한 설명이다. 괄호(①~③)에 공통으로 들어갈 알맞은 용어를 쓰시오.

> - (①) : (③)에 있는 데이터를 사용자 인터페이스에 보이는 역할을 담당한다.
> - (②) : (③)에 명령을 보냄으로써 (③)의 상태를 변경할 수 있다.
> - (③) : 서브시스템의 핵심 기능과 데이터를 보관하는 역할을 담당한다.

답
- ①
- ②
- ③

340177

필기 23.5, 21.8

145 〉 기타 패턴 B

필기 23.5, 21.8
마스터-슬레이브 패턴(Master-Slave Pattern)

슬레이브 컴포넌트에서 처리된 결과물을 다시 돌려받는 방식으로 작업을 수행하는 패턴이다.

예 장애 허용 시스템, 병렬 컴퓨팅 시스템

브로커 패턴(Broker Pattern)

사용자가 원하는 서비스와 특성을 브로커 컴포넌트에 요청하면 브로커 컴포넌트가 요청에 맞는 컴포넌트와 사용자를 연결해주는 패턴이다.

예 분산 환경 시스템

기출체크 정답 1. 클라이언트–서버 패턴(Client-Server Pattern) 2. 파이프–필터 패턴(Pipe–Filter Pattern) 3. ① 뷰(View), ② 컨트롤러(Controller), ③ 모델(Model)

피어-투-피어 패턴(Peer-To-Peer Pattern)

피어(Peer)라 불리는 하나의 컴포넌트가 클라이언트가 될 수도, 서버가 될 수도 있는 패턴이다.

🖳 파일 공유 네트워크

이벤트-버스 패턴(Event-Bus Pattern)

소스가 특정 채널에 이벤트 메시지를 발행(Publish)하면, 해당 채널을 구독(Subscribe)한 리스너(Listener)들이 메시지를 받아 이벤트를 처리하는 패턴이다.

🖳 알림 서비스

블랙보드 패턴(Blackboard Pattern)

모든 컴포넌트들이 공유 데이터 저장소와 블랙보드 컴포넌트에 접근이 가능한 패턴이다.

🖳 음성 인식, 차량 식별, 신호 해석

필기 21.8

인터프리터 패턴(Interpreter Pattern)

프로그램 코드의 각 라인을 수행하는 방법을 지정하고, 기호마다 클래스를 갖도록 구성된 패턴이다.

🖳 번역기, 컴파일러, 인터프리터

146 객체지향 ©

- 객체지향(Object-Oriented)은 **소프트웨어의 각 요소들을 객체(Object)로 만든 후 객체들을 조립해서 소프트웨어를 개발**하는 기법이다.
- **객체지향의 구성 요소** : 객체, 클래스, 메시지
- **객체지향의 특징** : 캡슐화, 상속, 다형성, 연관성

필기 24.2, 23.7, 21.8

147 객체 ©

객체(Object)는 **데이터와 이를 처리하기 위한 함수를 묶어 놓은 소프트웨어 모듈**이다.

데이터	객체가 가지고 있는 정보로, 속성이나 상태, 분류 등
함수	• 객체가 수행하는 기능으로 객체가 갖는 데이터를 처리하는 알고리즘 • 메소드(Method), 동작(Operation), 연산이라고도 함 • 객체의 상태를 참조하거나 변경하는 수단

▶340180

필기 24.2, 23.5, 22.3, 21.8, 21.5, 20.8, 20.6

148 > 클래스 Ⓑ

- 클래스(Class)는 **공통된 속성과 연산을 갖는 객체의 집합**이다.
- 각각의 객체들이 갖는 속성과 연산을 정의하고 있는 틀이다.
- 클래스에 속한 각각의 객체를 인스턴스(Instance)라고 한다.

기출체크 ☑

필기 23.5, 22.3, 20.8, 20.6

1. 객체지향 소프트웨어 공학에서 하나 이상의 유사한 객체들을 묶어서 하나의 공통된 특성을 표현하며, 데이터를 추상화하는 단위로 사용되는 객체지향의 구성 요소를 쓰시오.

답 :

▶440149

필기 23.2, 22.7, 21.5

149 > 메시지 Ⓑ

- 메시지(Message)는 객체들 간의 상호작용에 사용되는 수단으로, **객체의 동작이나 연산을 일으키는 외부의 요구 사항**이다.
- 메시지를 받은 객체는 대응하는 연산을 수행하여 예상된 결과를 반환한다.

기출체크 ☑

필기 23.2, 22.7, 21.5

2. 객체에게 어떤 행위를 하도록 지시하는 명령을 의미하는 객체지향의 구성 요소를 쓰시오.

답 :

  ▶340533

필기 24.2, 23.5, 22.4, 21.8, 21.3, 20.9, 20.8

150 > 캡슐화 Ⓑ

- 캡슐화(Encapsulation)는 **외부에서의 접근을 제한하기 위해 인터페이스를 제외한 세부 내용을 은닉**하는 것이다.
- 캡슐화된 객체는 외부 모듈의 변경으로 인한 파급 효과가 적다.
- 객체들 간에 메시지를 주고받을 때 상대 객체의 세부 내용은 알 필요가 없으므로 인터페이스가 단순해지고, 객체 간의 결합도가 낮아진다.

기출체크 ☑

필기 24.2, 23.5, 22.7, 22.4, 21.3, 20.8

3. 연관된 데이터와 함수를 함께 묶어 외부와 경계를 만들고 필요한 인터페이스만을 밖으로 드러내는 과정을 의미하는 개체지향의 특징을 쓰시오.

답 :

▶340534

필기 23.2, 22.3, 21.8

151 > 상속 Ⓑ

- 상속(Inheritance)은 **상위 클래스의 모든 속성과 연산을 하위 클래스가 물려받는 것**이다.
- 하위 클래스는 물려받은 속성과 연산을 다시 정의하지 않아도 즉시 자신의 속성으로 사용할 수 있다.
- 하위 클래스는 상속받은 속성과 연산 외에 새로운 속성과 연산을 첨가하여 사용할 수 있다.

기출체크 ☑

필기 23.2, 22.3, 21.8

4. 상위 클래스의 메소드와 속성을 하위 클래스가 물려받는 것을 의미하는 객체지향의 특징을 쓰시오.

답 :

기출체크 정답 1. 클래스(Class) 2. 메시지(Message) 3. 캡슐화(Encapsulation) 4. 상속(Inheritance)

▶340184

152 > 다형성 ⓒ

- 다형성(Polymorphism)은 하나의 메시지에 대해 **각각의 객체가 가지고 있는 고유한 방법으로 응답할 수 있는 능력**이다.
- 객체들은 동일한 메소드명을 사용하며 같은 의미의 응답을 한다.
  - 예 '+' 연산자의 경우 숫자 클래스에서는 덧셈, 문자 클래스에서는 문자열의 연결 기능으로 사용된다.

기출체크 ☑

필기 24.2, 21.8

5. 상속받은 여러 개의 하위 객체들이 다른 형태의 특성을 갖는 객체로 이용될 수 있는 성질을 의미하는 객체지향의 특징을 쓰시오.

답 :

 ▶340185

153 > 연관성 ⓒ

- 연관성(Relationship)은 **두 개 이상의 객체들이 상호 참조하는 관계**를 의미한다.
- 연관성의 종류

종류	의미	특징
is member of	연관화 (Association)	2개 이상의 객체가 상호 관련되어 있음을 의미함
is instance of	분류화 (Classfication)	동일한 형의 특성을 갖는 객체들을 모아 구성하는 것
필기 24.2, 20.6 is part of	집단화 (Aggregation)	관련 있는 객체들을 묶어 하나의 상위 객체를 구성하는 것
is a	일반화 (Generalization)	공통적인 성질들로 추상화한 상위 객체를 구성하는 것
	특수화/상세화 (Specialization)	상위 객체를 구체화하여 하위 객체를 구성하는 것

기출체크 ☑

필기 24.2, 20.6

6. 객체지향 기법에서 연관성(Relationship)을 나타내는 표현들 중 '부분-전체(Part-Whole)' 관계 또는 '부분(is-a-part-of)'의 관계로 설명되는 연관성을 쓰시오.

답 :

 ▶340186

154 > 객체지향 분석 Ⓑ

- 객체지향 분석(OOA; Object Oriented Analysis)은 사용자의 요구사항과 관련된 **객체, 속성, 연산, 관계 등을 정의하여 모델링**하는 작업이다.
- 개발을 위한 업무를 객체와 속성, 클래스와 멤버, 전체와 부분 등으로 나누어서 분석한다.
- 클래스를 식별하는 것이 객체지향 분석의 주요 목적이다.

기출체크 ☑

필기 21.3

7. 소프트웨어를 개발하기 위한 비즈니스를 객체와 속성, 클래스와 멤버, 전체와 부분 등으로 나누어서 분석해 내는 기법을 쓰시오.

답 :

 ▶340187

155 > 객체지향 분석의 방법론 Ⓑ

- Rumbaugh(럼바우) 방법 : 분석 활동을 객체 모델, 동적 모델, 기능 모델로 나누어 수행함
- Booch(부치) 방법 : 미시적(Micro) 개발 프로세스와 거시적(Macro) 개발 프로세스를 모두 사용하며, 클래스와 객체들을 분석 및 식별하고 클래스의 속성과 연산을 정의함
- Jacobson 방법 : 유스케이스(Use Case)를 강조하여 사용함
- Coad와 Yourdon 방법 : E-R 다이어그램을 사용하여 객체의 행위를 모델링하며, 객체 식별, 구조 식별, 주제 정의, 속성과 인스턴스 연결 정의, 연산과 메시지 연결 정의 등의 과정으로 구성함
- Wirfs-Brock 방법 : 분석과 설계 간의 구분이 없고, 고객 명세서를 평가해서 설계 작업까지 연속적으로 수행함

기출체크 ☑

필기 21.3, 20.6

8. 객체지향 분석 방법론 중 E-R 다이어그램을 사용하여 객체의 행위를 모델링하며, 객체 식별, 구조 식별, 주제 정의, 속성 및 관계 정의, 서비스 정의 등의 과정으로 구성되는 기법을 쓰시오.

답 :

기출체크 정답 5. 다형성(Polymorphism) 6. 집단화(Aggregation) 7. 객체지향 분석(OOA) 8. Coad와 Yourdon 방법

156 〉 럼바우의 분석 기법 Ⓐ

- 럼바우(Rumbaugh)의 분석 기법은 **모든 소프트웨어 구성 요소를 그래픽 표기법을 이용하여 모델링**하는 기법이다.
- 객체 모델링 기법(OMT, Object-Modeling Technique)이라고도 한다.
- 분석 활동은 '객체 모델링 → 동적 모델링 → 기능 모델링' 순으로 이루어 진다.
  - 객체 모델링(Object Modeling) : 정보 모델링(Information Modeling)이라고도 하며, 시스템에서 요구되는 객체를 찾아내어 속성과 연산 식별 및 객체들 간의 관계를 규정하여 객체 다이어그램으로 표시하는 모델링
  - 동적 모델링(Dynamic Modeling) : 상태 다이어그램을 이용하여 시간의 흐름에 따른 객체들 간의 제어 흐름, 상호 작용, 동작 순서 등의 동적인 행위를 표현하는 모델링
  - 기능 모델링(Functional Modeling) : 자료 흐름도(DFD)를 이용하여 다수의 프로세스들 간의 자료 흐름을 중심으로 처리 과정을 표현한 모델링

기출체크 ☑

21.7

1. 럼바우(Rumbaugh) 데이터 모델링에 대한 다음 설명에서 각 지문(①~③)에 해당하는 모델링을 〈보기〉에서 찾아 기호(㉠~◎)로 쓰시오.

> ① 다수의 프로세스들 간의 자료 흐름을 중심으로 처리 과정을 표현한 모델링 **예** 자료흐름도(DFD)
> ② 시간의 흐름에 따른 객체들 간의 제어 흐름, 상호 작용, 동작 순서 등의 동적인 행위를 표현하는 모델링 **예** 상태 변화도(STD), 사건 추적도
> ③ 시스템에서 요구되는 객체를 찾아내어 속성과 연산 식별 및 객체들 간의 관계를 규정하여 표시하는 모델링 **예** ER 다이어그램(ERD)

〈보기〉

> ㉠ Operation　　㉡ Sequence　　㉢ Information
> ㉣ Transaction　㉤ Function　　㉥ I/O
> ㉦ Dynamic　　　◎ Cause-Effect

답

- ①
- ②
- ③

157 〉 객체지향 설계 원칙(SOLID 원칙) Ⓐ

- 단일 책임 원칙(SRP) : 객체는 단 하나의 책임만 가져야 한다는 원칙
- 개방-폐쇄 원칙(OCP) : 기존의 코드를 변경하지 않고 기능을 추가할 수 있도록 설계해야 한다는 원칙
- 리스코프 치환 원칙(LSP) : 자식 클래스는 최소한 부모 클래스의 기능은 수행할 수 있어야 한다는 원칙
- 인터페이스 분리 원칙(ISP) : 자신이 사용하지 않는 인터페이스와 의존 관계를 맺거나 영향을 받지 않아야 한다는 원칙
- 의존 역전 원칙(DIP) : 의존 관계 성립 시 추상성이 높은 클래스와 의존 관계를 맺어야 한다는 원칙

기출체크 ☑

22.7

2. 객체지향에 대한 다음 설명에 해당하는 용어를 〈보기〉에서 찾아 쓰시오.

> - 자신이 사용하지 않는 인터페이스와 의존 관계를 맺거나 영향을 받지 않아야 한다는 객체지향 설계 원칙 중의 하나이다.
> - 예를 들어 프린터, 팩스, 복사 기능을 가진 복합기의 경우 3가지 기능을 모두 가진 범용 인터페이스보다는 프린터 인터페이스, 팩스 인터페이스, 복사 인터페이스로 분리함으로써 하나의 기능 변경으로 인해 다른 기능이 영향을 받지 않도록 해야 한다.

〈보기〉

• SRP	• SOLID	• OCP	• LSP
• ISP	• DIP	• OTP	• PNP

답 :

문제 01 객체지향 설계 원칙 중 서브타입(상속받은 하위 클래스)은 어디에서나 자신의 기반타입(상위 클래스)으로 교체할 수 있어야 함을 의미하는 원칙을 쓰시오.

답 :

문제 02 소프트웨어의 성능 향상, 시스템의 수정 및 재사용, 유지 관리 등이 용이하도록 시스템의 기능들을 모듈 단위로 나누는 것을 의미하는 소프트웨어 아키텍처 설계의 기본 원리를 쓰시오.

답 :

문제 03 문제의 전체적이고 포괄적인 개념을 설계한 후 차례로 세분화하여 구체화시켜 나가는 것을 의미하는 소프트웨어 아키텍처 설계의 기본 원리를 쓰시오.

답 :

문제 04 다음은 럼바우(Rumbaugh)의 객체지향 분석 절차를 표현한 것이다. 괄호에 들어갈 알맞은 절차를 쓰시오.

| 객체 모형 | → | ( ) | → | 기능 모형 |

답 :

문제 05 문제를 상위의 중요 개념으로부터 하위의 개념으로 구체화시키는 하향식 설계 기법으로, 소프트웨어의 기능에서부터 시작하여 점차적으로 구체화하고, 알고리즘, 자료 구조 등 상세한 내역은 가능한 한 뒤로 미루어 진행하는 아키텍처 설계의 기본 원리를 쓰시오.

답 :

문제 06 시스템을 계층으로 구분하여 구성하는 고전적인 아키텍처 패턴의 하나로, 서브시스템들이 계층 구조를 이루어 서로 마주보는 두 개의 계층 사이에서만 상호작용이 수행되며, 상위 계층은 하위 계층에 대한 서비스 제공자가 되고 하위 계층은 상위 계층의 클라이언트가 되는 아키텍처 패턴을 쓰시오.

답 :

문제 07 전형적인 멀티스레딩 방식을 사용하며, 하나의 컴포넌트가 서비스를 호출하는 클라이언트가 될 수도, 서비스를 제공하는 서버가 될 수도 있는 아키텍처 패턴을 쓰시오.

답 :

문제 08 소스가 특정 채널에 이벤트 메시지를 발행(Publish)하면, 해당 채널을 구독(Subscribe)한 리스너(Listener)들이 메시지를 받아 이벤트를 처리하는 아키텍처 패턴을 쓰시오.

답 :

문제 09 다음은 객체(Object)에 대한 설명이다. 괄호에 공통적으로 들어갈 알맞은 용어를 쓰시오.

• 객체는 데이터와 이를 처리하기 위한 (   )를 묶어 놓은 소프트웨어 모듈이다.
• 데이터는 객체가 가지고 있는 정보로, 속성이나 상태, 분류 등을 의미한다.
• (   )는 객체가 수행하는 기능으로, 객체의 상태를 참조하거나 변경하는 수단을 의미한다.

답 :

문제 10 객체지향 기법에서 연관성(Relationship)을 나타내는 표현들 중 동일한 형의 특성을 갖는 객체들을 모아 구성한 것으로, 'is instance of'로 표현되는 연관성을 쓰시오.

답 :

문제 11 다음은 객체지향 기법의 특징에 대한 설명이다. 괄호에 들어갈 가장 알맞은 용어를 쓰시오.

> (   )은 메시지에 의해 클래스가 연산을 수행하게 될 때 하나의 메시지에 대해 각각의 클래스가 가지고 있는 고유한 특성으로 응답할 수 있는 능력으로, 응용 프로그램 상에서 하나의 함수나 연산자가 두 개 이상의 서로 다른 클래스의 인스턴스들을 같은 클래스에 속한 인스턴스처럼 수행할 수 있도록 하는 것이다.

답 :

문제 12 객체지향 분석 방법론 중 미시적(Micro) 개발 프로세스와 거시적(Macro) 개발 프로세스를 모두 사용하며, 클래스와 객체들을 분석 및 식별하고 클래스의 속성과 연산을 정의하는 방법론을 쓰시오.

답 :

문제 13 객체지향 설계에 대한 다음 설명에서 괄호에 들어갈 알맞은 용어를 영문으로 쓰시오.

> 객체지향 설계 시 지켜야 할 5가지 원칙을 (   ) 원칙이라 하며, 이는 각 원칙의 앞 글자를 따 만들어졌다. 종류에는 단일 책임 원칙, 개방-폐쇄 원칙, 리스코프 치환 원칙, 인터페이스 분리 원칙, 의존 역전 원칙이 있으며, 이는 변경이나 확장에 유연한 시스템을 설계하기 위해 지켜져야 한다.

답 :

[문제 01]
리스코프 치환 원칙(LSP)

[문제 02]
모듈화(Modularity)

[문제 03]
추상화(Abstraction)

[문제 04]
동적 모형

[문제 05]
단계적 분해(Stepwise Refinement)

[문제 06]
레이어 패턴(Layers pattern)

[문제 07]
피어-투-피어 패턴(Peer-To-Peer Pattern)

[문제 08]
이벤트-버스 패턴(Event-Bus Pattern)

[문제 09]
함수

[문제 10]
분류화(Classfication)

[문제 11]
다형성(Polymorphism)

[문제 12]
Booch(부치) 방법

[문제 13]
SOLID

서버 프로그램 구현 2

158 모듈 ©등급

159 결합도 ®등급

160 결합도의 종류 ®등급

161 응집도 ®등급

162 응집도의 종류 ®등급

163 팬인 / 팬아웃 ®등급

164 N-S 차트 ®등급

165 단위 모듈 ©등급

166 IPC ®등급

167 테스트 케이스 ®등급

168 공통 모듈 명세 기법의 종류 ©등급

169 재사용 ®등급

170 코드의 주요 기능 ©등급

171 코드의 종류 ®등급

172 디자인 패턴 ®등급

173 생성 패턴 ®등급

174 구조 패턴 ®등급

175 행위 패턴 ®등급

176 crontab 명령어 작성 방법 ©등급

158 > 모듈 ©

- 모듈(Module)은 **모듈화를 통해 분리된 시스템의 각 기능**으로, 서브루틴, 서브시스템, 소프트웨어 내의 프로그램, 작업 단위 등을 의미한다.
- 모듈의 기능적 독립성은 소프트웨어를 구성하는 각 모듈의 기능이 서로 독립됨을 의미한다.
- 하나 또는 몇 개의 논리적인 기능을 수행하기 위한 명령어들의 집합이라고도 할 수 있다.
- 모듈의 독립성은 결합도(Coupling)와 응집도(Cohesion)에 의해 측정된다.

기출체크 ☑

필기 21.8
1. 소프트웨어 구조를 이루며, 다른 것들과 구별될 수 있는 독립적인 기능을 갖는 단위로, 하나 또는 몇 개의 논리적인 기능을 수행하기 위한 명령어들의 집합이라고도 할 수 있는 것을 쓰시오.

답 :

159 > 결합도 ⓑ

- 결합도(Coupling)는 **모듈 간에 상호 의존하는 정도** 또는 두 모듈 사이의 연관 관계이다.
- 결합도가 약할수록 품질이 높고, 강할수록 품질이 낮다.
- **결합도의 종류와 강도**

내용 결합도	공통 결합도	외부 결합도	제어 결합도	스탬프 결합도	자료 결합도

결합도 강함 ◄─────────────────────────► 결합도 약함

기출체크 ☑

필기 21.5, 21.3, 20.8
2. 다음에 제시된 결합도를 결합도가 낮은 것부터 높은 것 순으로 기호(㉠~㉽)로 나열하시오.

㉠ 내용 결합도	㉡ 자료 결합도	㉢ 공통 결합도
㉣ 스탬프 결합도	㉤ 외부 결합도	㉥ 제어 결합도

답 :

160 > 결합도의 종류 Ⓐ

21.4, 필기 23.7, 22.7, 22.4, 20.9
내용 결합도(Content Coupling)

한 모듈이 다른 모듈의 내부 기능 및 그 내부 자료를 직접 참조하거나 수정할 때의 결합도이다.

21.4, 필기 23.7, 20.9
공통(공유) 결합도(Common Coupling)

- 공유되는 공통 데이터 영역을 여러 모듈이 사용할 때의 결합도이다.
- 파라미터가 아닌 모듈 밖에 선언된 전역 변수를 사용하여 전역 변수를 갱신하는 방식으로 상호작용하는 때의 결합도이다.

필기 22.7
외부 결합도(External Coupling)

어떤 모듈에서 선언한 데이터(변수)를 외부의 다른 모듈에서 참조할 때의 결합도이다.

21.10, 필기 20.8
제어 결합도(Control Coupling)

- 어떤 모듈이 다른 모듈 내부의 논리적인 흐름을 제어하기 위해 제어 신호나 제어 요소를 전달하는 결합도이다.
- 하위 모듈에서 상위 모듈로 제어 신호가 이동하여 하위 모듈이 상위 모듈에게 처리 명령을 내리는 권리 전도 현상이 발생하게 된다.

21.4, 필기 22.7
스탬프(검인) 결합도(Stamp Coupling)

모듈 간의 인터페이스로 배열이나 레코드 등의 자료 구조가 전달될 때의 결합도이다.

필기 23.7, 22.7, 20.9
자료 결합도(Data Coupling)

모듈 간의 인터페이스가 자료 요소로만 구성될 때의 결합도이다.

기출체크 ☑

21.10
3. 결합도(Coupling)의 종류 중 단순 처리 대상인 데이터만 전달되는 것이 아니라 어떻게 처리해야 하는지를 결정하는 제어 요소가 전달되는 경우의 결합도를 영문으로 쓰시오.

답 :

기출체크 정답 **1.** 모듈(Module) **2.** ㉡, ㉣, ㉤, ㉢, ㉠ **3.** Control Coupling

21.4

4. 데이터 모델의 구성 요소에 대한 다음 설명에서 괄호(①~③)에 들어갈 알맞은 용어를 〈보기〉에서 찾아 기호(㉠~㉯)로 쓰시오.

1. (①)는 모듈 간의 인터페이스로 데이터, 지역 변수 등을 직접 참조하거나 수정할 때의 결합도이다.
2. (②)는 모듈 간의 인터페이스로 배열이나 레코드 등의 자료 구조가 전달될 때의 결합도이다.
3. (③)는 모듈 간의 인터페이스로 파라미터가 아닌 모듈 밖에 선언된 전역 변수를 사용하여 전역 변수를 갱신하는 방식으로 상호작용하는 때의 결합도이다.

〈보기〉

㉠ 자료 결합도	㉡ 스탬프 결합도	㉢ 제어 결합도
㉣ 공통 결합도	㉤ 내용 결합도	㉯ 외부 결합도

답
• ①
• ②
• ③

161 〉 응집도 Ⓐ

24.4, 필기 23.5, 22.4, 21.5, 21.3, 20.6

• 응집도(Cohesion)는 **모듈의 내부 요소들이 서로 관련되어 있는 정도**이다.
• 응집도가 강할수록 품질이 높고, 약할수록 품질이 낮다.
• 응집도의 종류와 강도

기능적 응집도	순차적 응집도	교환적 응집도	절차적 응집도	시간적 응집도	논리적 응집도	우연적 응집도

응집도 강함 ◄──────────────────────► 응집도 약함

기출체크 ☑

24.4, 필기 23.5, 22.4, 21.5, 21.3, 20.6

5. 다음에 제시된 응집도를 응집도가 높은 것부터 순서대로 기호(㉠~㉯)로 나열하시오.

㉠ 교환적 응집도	㉡ 순차적 응집도	㉢ 우연적 응집도
㉣ 기능적 응집도	㉤ 시간적 응집도	㉯ 절차적 응집도
㉯ 논리적 응집도		

답 :

21.7, 필기 21.8, 20.9, 20.8

162 〉 응집도의 종류 Ⓐ

21.7
기능적 응집도(Functional Cohesion)
모듈 내부의 모든 기능 요소들이 단일 문제와 연관되어 수행될 경우의 응집도이다.

순차적 응집도(Sequential Cohesion)
모듈 내 하나의 활동으로부터 나온 출력 데이터를 그다음 활동의 입력 데이터로 사용할 경우의 응집도이다.

21.7
교환(통신)적 응집도(Communication Cohesion)
동일한 입력과 출력을 사용하여 서로 다른 기능을 수행하는 구성 요소들이 모였을 경우의 응집도이다.

21.7, 필기 20.8
절차적 응집도(Procedural Cohesion)
모듈이 다수의 관련 기능을 가질 때 모듈 안의 구성 요소들이 그 기능을 순차적으로 수행할 경우의 응집도이다.

필기 21.8
시간적 응집도(Temporal Cohesion)
특정 시간에 처리되는 몇 개의 기능을 모아 하나의 모듈로 작성할 경우의 응집도이다.

논리적 응집도(Logical Cohesion)
유사한 성격을 갖거나 특정 형태로 분류되는 처리 요소들로 하나의 모듈이 형성되는 경우의 응집도이다.

필기 20.9
우연적 응집도(Coincidental Cohesion)
모듈 내부의 각 구성 요소들이 서로 관련 없는 요소로만 구성된 경우의 응집도이다.

21.7

1. 모듈에 대한 다음 설명에서 각 지문(①~③)에 해당하는 응집도 (Cohesion)를 〈보기〉에서 찾아 기호(㉠~㉃)로 쓰시오.

> ① 내부의 요소들이 기능적으로 연관성은 없으나, 순차적으로 실행될 때의 응집도
> ② 서로 다른 기능을 수행하지만 동일한 입력과 출력을 사용할 때의 응집도
> ③ 하나의 기능에 밀접하게 관련되어 있거나 연관되어 있을 때의 응집도

〈보기〉

> ㉠ 기능적 응집도 ㉡ 순차적 응집도 ㉢ 교환적 응집도
> ㉣ 절차적 응집도 ㉤ 시간적 응집도 ㉥ 논리적 응집도
> ㉦ 우연적 응집도

답
- ①
- ②
- ③

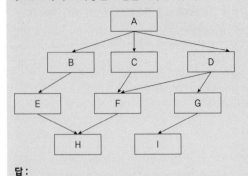

▶340195   22.7, 20.5, 필기 22.7, 21.3

163 > 팬인 / 팬아웃 Ⓐ

- 팬인(Fan-In)은 **어떤 모듈을 제어하는 모듈의 수**이다.
- 팬아웃(Fan-Out)은 **어떤 모듈에 의해 제어되는 모듈의 수**를 의미한다.

예제 다음의 시스템 구조도에서 각 모듈의 팬인(Fan-In)과 팬아웃(Fan-Out)을 구하시오.

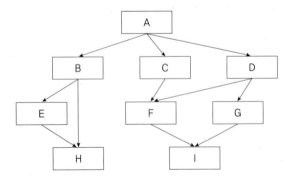

해설
- 팬인(Fan-In) : A는 0, B·C·D·E·G는 1, F·H·I는 2
- 팬아웃(Fan-Out) : H·I는 0, C·E·F·G는 1, B·D는 2, A는 3

22.7, 20.5, 필기 22.7, 21.3

2. 다음의 모듈 관계를 표현한 시스템 구조도를 참고하여 팬인 (Fan-In)이 2 이상인 모듈을 모두 쓰시오.

답 :

해설
팬인(Fan-In)은 문제의 그림에서 특정 모듈로 들어오는(In) 선(Line)의 수라고 생각하면 됩니다. 그러므로 팬인이 2 이상인 모듈은 2개의 선이 들어오는 F, H 모듈이 됩니다.

▶340196   필기 24.2, 22.3, 20.9

164 > N-S 차트 Ⓑ

- N-S 차트(Nassi-Schneiderman Chart)는 **논리의 기술에 중점을 두고 도형을 이용해 표현**하는 방법이다.
- GOTO나 화살표를 사용하지 않는다.
- 연속, 선택 및 다중 선택, 반복의 3가지 제어 논리 구조로 표현한다.
- 조건이 복합되어 있는 곳의 처리를 시각적으로 명확히 식별하는 데 적합하다.

필기 24.2, 20.9

3. 다음 내용이 설명하는 용어를 쓰시오.

> - 논리의 기술에 중점을 둔 도형식 표현 방법으로, 박스 다이어그램, Chapin Chart라고도 한다.
> - 연속, 선택 및 다중 선택, 반복 등의 제어 논리 구조로 표현한다.
> - 조건이 복합되어 있는 곳의 처리를 시각적으로 명확히 식별하는데 적합하다.

답 :

165 > 단위 모듈 ©

- 단위 모듈(Unit Module)은 소프트웨어 구현에 필요한 여러 동작 중 **한 가지 동작을 수행하는 기능을 모듈로 구현한 것**이다.

- 단위 모듈로 구현되는 하나의 기능을 단위 기능이라고 부른다.

- 독립적인 컴파일이 가능하며, 다른 모듈에 호출되거나 삽입되기도 한다.

- **단위 모듈의 구현 과정** : 단위 기능 명세서 작성 → 입 · 출력 기능 구현 → 알고리즘 구현

340198   21.4

166 > IPC Ⓐ

- IPC(Inter-Process Communication)는 **모듈 간 통신 방식을 구현하기 위해 사용되는 대표적인 프로그래밍 인터페이스 집합**이다.

- 복수의 프로세스를 수행하며 이뤄지는 프로세스 간 통신까지 구현이 가능하다.

- **IPC의 대표 메소드 5가지**

  - 공유 메모리(Shared Memory)

  - 소켓(Socket)

  - 세마포어(Semaphores)

  - 파이프와 네임드 파이프(Pipes & named Pipes)

  - 메시지 큐잉(Message Queueing)

340199   21.10, 필기 21.3

167 > 테스트 케이스 Ⓐ

- 테스트 케이스(Test Case)는 구현된 **소프트웨어가 사용자의 요구사항을 정확하게 준수했는지를 확인하기 위한 테스트 항목에 대한 명세서**이다.

- ISO/IEC/IEEE 29119-3 표준에 따른 테스트 케이스의 구성 요소

  - 식별자 : 항목 식별자, 일련번호

  - 테스트 항목 : 테스트 대상(모듈 또는 기능)

  - 입력 명세 : 테스트 데이터 또는 테스트 조건

  - 출력 명세 : 테스트 케이스 수행 시 예상되는 출력 결과

  - 환경 설정 : 필요한 하드웨어나 소프트웨어의 환경

  - 특수 절차 요구 : 테스트 케이스 수행 시 특별히 요구되는 절차

  - 의존성 기술 : 테스트 케이스 간의 의존성

21.10

1. 다음 테스트 케이스를 참조하여 괄호(①~③)에 들어갈 테스트 케이스의 구성 요소를 〈보기〉에서 찾아 쓰시오.

식별자_ID	테스트 항목	(①)	(②)	(③)
LS_W10_35	로그인 기능	사용자 초기 화면	아이디(test_a01) 비밀번호 (203a!d5%ffa1)	로그인 성공
LS_W10_36	로그인 기능	사용자 초기 화면	아이디(test_a01) 비밀번호(1234)	로그인 실패(1) – 비밀번호 비일치
LS_W10_37	로그인 기능	사용자 초기 화면	아이디(" ") 비밀번호(" ")	로그인 실패(2) – 미입력

〈보기〉

요구 절차	의존성 여부	테스트 데이터	테스트 조건
하드웨어 환경	예상 결과	소프트웨어 환경	성공/실패 기준

답 :
• ①
• ②
• ③

168 > 공통 모듈 명세 기법의 종류 ©

필기 20.6

공통 모듈은 **여러 프로그램에서 공통으로 사용할 수 있는 모듈**로, 이를 구현할 때는 해당 기능을 명확히 이해할 수 있도록 다음과 같은 명세 기법을 준수해야 한다.

• 정확성(Correctness) : 시스템 구현 시 해당 기능이 필요하다는 것을 알 수 있도록 정확히 작성함

• 명확성(Clarity) : 해당 기능을 이해할 때 중의적으로 해석되지 않도록 명확하게 작성함

• 완전성(Completeness) : 시스템 구현을 위해 필요한 모든 것을 기술함

• 일관성(Consistency) : 공통 기능들 간 상호 충돌이 발생하지 않도록 작성함

• 추적성(Traceability) : 기능에 대한 요구사항의 출처, 관련 시스템 등의 관계를 파악할 수 있도록 작성함

필기 20.6

2. 공통 모듈 명세 시 해당 기능에 대해 일관되게 이해되고 한 가지로 해석될 수 있도록 작성해야 한다는 명세 기법 원칙을 쓰시오.

답 :

169 > 재사용

필기 22.4, 21.3, 20.9

• 재사용(Reuse)은 **이미 개발된 기능들을 새로운 시스템이나 기능 개발에 사용하기 적합하도록 최적화**하는 작업이다.

• 새로 개발하는데 필요한 비용과 시간을 절약할 수 있다.

• 누구나 이해할 수 있고 사용이 가능하도록 사용법을 공개해야 한다.

• **재사용 규모에 따른 분류**

필기 20.9 **함수와 객체**	클래스나 메소드 단위의 소스 코드를 재사용함
필기 20.9 **컴포넌트**	컴포넌트 자체에 대한 수정 없이 인터페이스를 통해 통신하는 방식으로 재사용함
필기 20.9 **애플리케이션**	공통된 기능들을 제공하는 애플리케이션을 공유하는 방식으로 재사용함

필기 20.9

3. 다음 중 공통 모듈의 재사용 규모에 따른 분류에 해당하는 것을 모두 찾아 쓰시오.

컴포넌트, 더미코드, 함수와 객체, 애플리케이션, 주석, 파일 구조

답 :

기출체크 정답 1. ① 테스트 조건, ② 테스트 데이터, ③ 예상 결과 2. 명확성(Clarity) 3. 컴포넌트, 함수와 객체, 애플리케이션

170 > 코드의 주요 기능 ©

- 코드(Code)는 **자료의 분류 · 조합 · 집계 · 추출을 용이하게 하기 위해 사용하는 기호**이다.
- 코드의 주요 기능

필기 20.8 **식별 기능**	데이터 간의 성격에 따라 구분이 가능함
필기 20.8 **분류 기능**	특정 기준이나 동일한 유형에 해당하는 데이터를 그룹화할 수 있음
배열 기능	의미를 부여하여 나열할 수 있음
필기 20.8 **표준화 기능**	다양한 데이터를 기준에 맞추어 표현할 수 있음
간소화 기능	복잡한 데이터를 간소화할 수 있음

기출체크 ☑

필기 20.8
4. 다음에 제시된 기능 중 코드의 기능들만 모두 골라 기호(㉠~㉢)로 쓰시오.

㉠ 복잡성	㉡ 표준화	㉢ 분류
㉣ 보안	㉤ 식별	㉥ 제어

답 :

171 > 코드의 종류 Ⓑ

필기 23.7, 20.6
순차 코드(Sequence Code)

자료의 발생 순서, 크기 순서 등 일정 기준에 따라서 최초의 자료부터 차례로 일련번호를 부여하는 방법으로, 순서 코드 또는 일련번호 코드라고도 한다.

예 1, 2, 3, 4, …

블록 코드(Block Code)

코드화 대상 항목 중에서 공통성이 있는 것끼리 블록으로 구분하고, 각 블록 내에서 일련번호를 부여하는 방법으로, 구분 코드라고도 한다.

예 1001~1100 : 총무부, 1101~1200 : 영업부

10진 코드(Decimal Code)

코드화 대상 항목을 0~9까지 10진 분할하고, 다시 그 각각에 대하여 10진 분할하는 방법을 필요한 만큼 반복하는 방법으로, 도서 분류식 코드라고도 한다.

예 1000 : 공학, 1100 : 소프트웨어 공학, 1110 : 소프트웨어 설계

그룹 분류 코드(Group Classification Code)

코드화 대상 항목을 일정 기준에 따라 대분류, 중분류, 소분류 등으로 구분하고, 각 그룹 안에서 일련번호를 부여하는 방법이다.

예 1-01-001 : 본사-총무부-인사계, 2-01-001 : 지사-총무부-인사계

연상 코드(Mnemonic Code)

코드화 대상 항목의 명칭이나 약호와 관계있는 숫자나 문자, 기호를 이용하여 코드를 부여하는 방법이다.

예 TV-40 : 40인치 TV, L-15-220 : 15W 220V의 램프

필기 23.2, 20.9
표의 숫자 코드(Significant Digit Code)

코드화 대상 항목의 성질, 즉 길이, 넓이, 부피, 지름, 높이 등의 물리적 수치를 그대로 코드에 적용시키는 방법으로, 유효 숫자 코드라고도 한다.

예 120-720-1500 : 두께×폭×길이가 120×720×1500인 강판

합성 코드(Combined Code)

필요한 기능을 하나의 코드로 수행하기 어려운 경우 2개 이상의 코드를 조합하여 만드는 방법이다.

예 연상 코드 + 순차 코드

　KE-711 : 대한항공 711기, AC-253 : 에어캐나다 253기

기출체크 ☑

필기 23.7, 20.6
5. 코드 설계에서 일정한 일련번호를 부여하는 코드 부여 방식을 쓰시오.

답 :

필기 23.2, 20.9
6. 코드화 대상 항목의 중량, 면적, 용량 등의 물리적 수치를 이용하여 코드를 부여하는 코드 부여 방식을 쓰시오.

답 :

---

172 디자인 패턴 Ⓐ

- 디자인 패턴(Design Pattern)은 **모듈 간의 관계 및 인터페이스를 설계할 때 참조할 수 있는 전형적인 해결 방식 또는 예제**를 의미한다.
- 문제 및 배경, 실제 적용된 사례, 재사용이 가능한 샘플 코드 등으로 구성되어 있다.
- GOF의 디자인 패턴은 생성 패턴, 구조 패턴, 행위 패턴으로 구분된다.

기출체크 ☑

20.11

1. 소프트웨어 공학의 디자인 패턴(Design Pattern)에 대한 다음 설명에서 괄호에 들어갈 알맞은 용어를 쓰시오.

- 디자인 패턴은 1995년 GoF(Gang of Four)라고 불리는 에릭 감마(Erich Gamma), 리차드 헬름(Richard Helm), 랄프 존슨(Ralph Johnson), 존 블리시디스(John Vissides)가 처음으로 구체화 및 체계화하였다.
- 디자인 패턴은 수많은 디자인 패턴들 중 가장 일반적인 사례에 적용될 수 있는 패턴들을 분류하여 정리함으로써, 지금까지도 소프트웨어 공학이나 현업에서 가장 많이 사용되는 디자인 패턴이다.
- 디자인 패턴은 23가지로, 생성, 구조, (　　　)의 3가지로 분류한다.

답 :

340535   24.4, 23.7, 21.10, 필기 23.7, 23.5, 23.2, 22.7, 22.3, 21.8, 21.5, 21.3, 20.8

173 생성 패턴 Ⓐ

생성 패턴(Creational Pattern)은 클래스나 객체의 생성과 참조 과정을 정의하는 패턴이다.

24.4, 필기 22.3, 21.3

추상 팩토리(Abstract Factory)

- 구체적인 클래스에 의존하지 않고, 인터페이스를 통해 서로 연관·의존하는 객체들의 그룹으로 생성하여 추상적으로 표현하는 패턴이다.
- 연관된 서브 클래스를 묶어 한 번에 교체하는 것이 가능하다.
- 키트(Kit) 패턴이라고도 한다.

필기 21.3

빌더(Builder)

- 작게 분리된 인스턴스를 건축 하듯이 조합하여 객체를 생성하는 패턴이다.
- 객체의 생성 과정과 표현 방법을 분리하고 있어, 동일한 객체 생성에서도 서로 다른 결과를 만들어 낼 수 있다.

21.10, 필기 23.7, 23.2, 21.5, 20.8

팩토리 메소드(Factory Method)

- 객체 생성을 서브 클래스에서 처리하도록 분리하여 캡슐화한 패턴이다.
- 상위 클래스에서는 인터페이스만 정의하고 실제 생성은 서브 클래스가 담당한다.
- 가상 생성자(Virtual Constructor) 패턴이라고도 한다.

필기 23.2, 21.5, 20.8

프로토타입(Prototype)

- 원본 객체를 복제하는 방법으로 객체를 생성하는 패턴이다.
- 일반적인 방법으로 객체를 생성하며, 비용이 큰 경우 주로 이용한다.

23.7, 필기 23.5, 22.7, 21.8, 21.5, 21.3

싱글톤(Singleton)

- 하나의 객체를 생성하면 생성된 객체를 어디서든 참조할 수 있지만, 여러 프로세스가 동시에 참조할 수는 없는 패턴이다.
- 클래스 내에서 인스턴스가 하나뿐임을 보장하며, 불필요한 메모리 낭비를 최소화 할 수 있다.

기출체크 ☑

24.4, 23.7, 21.10, 필기 23.7, 23.5, 23.2, 22.7, 21.5, 20.8

2. 디자인 패턴에 대한 다음 설명에서 괄호(①~③)에 들어갈 알맞은 패턴을 쓰시오.

패턴	설명
(①)	• 객체 생성을 서브 클래스에서 처리하도록 분리하여 캡슐화한 패턴으로, 상위 클래스에서는 인터페이스만 정의하고 실제 생성은 서브 클래스가 담당한다. • 가상 생성자(Virtual Constructor) 패턴이라고도 불린다.
(②)	구체적인 클래스에 의존하지 않고, 인터페이스를 통해 서로 연관·의존하는 객체들의 그룹으로 생성하여 추상적으로 표현하며, 키트(Kit) 패턴이라고도 불린다.
(③)	하나의 객체를 생성하면 생성된 객체를 어디서든 참조할 수 있지만, 여러 프로세스가 동시에 참조할 수 없는 패턴으로, 불필요한 메모리 낭비를 최소화 할 수 있다.

기출체크 정답   1. 행위   2. ① 팩토리 메소드(Factory Method), ② 추상 팩토리(Abstract Factory), ③ 싱글톤(Singleton)

퍼싸드(Facade)

- 복잡한 서브 클래스들을 피해 더 상위에 인터페이스를 구성함으로써 서브 클래스들의 기능을 간편하게 사용할 수 있도록 하는 패턴이다.
- 서브 클래스들 사이의 통합 인터페이스를 제공하는 Wrapper 객체가 필요하다.

플라이웨이트(Flyweight)

- 인스턴스가 필요할 때마다 매번 생성하는 것이 아니고 가능한 한 공유해서 사용함으로써 메모리를 절약하는 패턴이다.
- 다수의 유사 객체를 생성하거나 조작할 때 유용하게 사용할 수 있다.

23.4, 22.10, 필기 23.7, 23.2, 22.4, 21.5

174 구조 패턴 Ⓐ

구조 패턴(Structural Pattern)은 구조가 복잡한 시스템을 개발하기 쉽도록 클래스나 객체들을 조합하여 더 큰 구조로 만드는 패턴이다.

필기 23.7, 23.2, 22.4, 21.5
어댑터(Adapter)

- 호환성이 없는 클래스들의 인터페이스를 다른 클래스가 이용할 수 있도록 변환해주는 패턴이다.
- 기존의 클래스를 이용하고 싶지만 인터페이스가 일치하지 않을 때 이용한다.

22.10, 필기 23.2, 22.4, 21.5
브리지(Bridge)

- 구현부에서 추상층을 분리하여 서로가 독립적으로 확장할 수 있도록 구성한 패턴이다.
- 기능과 구현을 두 개의 별도 클래스로 구현한다.

필기 23.7, 23.2
컴포지트(Composite)

- 여러 객체를 가진 복합 객체와 단일 객체를 구분 없이 다루고자 할 때 사용하는 패턴이다.
- 객체들을 트리 구조로 구성하여 디렉터리 안에 디렉터리가 있듯이 복합 객체 안에 복합 객체가 포함되는 구조를 구현할 수 있다.

필기 23.7, 23.2
데코레이터(Decorator)

- 객체 간의 결합을 통해 능동적으로 기능들을 확장할 수 있는 패턴이다.
- 임의의 객체에 부가적인 기능을 추가하기 위해 다른 객체들을 덧붙이는 방식으로 구현한다.

23.4, 필기 23.7, 22.4,
프록시(Proxy)

- 복잡한 시스템을 개발하기 쉽도록 클래스나 객체들을 조합하는 패턴으로, 대리자라고도 불린다.
- 내부에서는 객체 간의 복잡한 관계를 단순하게 정리해 주고, 외부에서는 객체의 세부적인 내용을 숨겨주는 역할을 수행한다.

기출체크 ☑

22.10
3. 구현부에서 추상층을 분리하여 서로가 독립적으로 확장할 수 있도록 구성한 패턴으로, 기능과 구현을 두 개의 별도 클래스로 구현한다는 특징을 갖고 있는 디자인 패턴을 쓰시오.

답 :

23.4
4. 다음 설명에 해당하는 디자인 패턴을 쓰시오.

- 복잡한 시스템을 개발하기 쉽도록 클래스나 객체들을 조합하는 패턴에 속하며, 대리자라는 이름으로도 불린다.
- 내부에서는 객체 간의 복잡한 관계를 단순하게 정리해 주고, 외부에서는 객체의 세부적인 내용을 숨겨주는 역할을 수행한다.

답 :

기출체크 정답 3. 브리지 패턴(Bridge Pattern) 4. 프록시 패턴(Proxy Pattern)

175 행위 패턴

행위 패턴(Behavioral Pattern)은 클래스나 객체들이 서로 상호작용하는 방법이나 책임 분배 방법을 정의하는 패턴이다.

책임 연쇄(Chain of Responsibility)

• 요청을 처리할 수 있는 객체가 둘 이상 존재하여 한 객체가 처리하지 못하면 다음 객체로 넘어가는 형태의 패턴이다.

• 요청을 처리할 수 있는 각 객체들이 고리(Chain)로 묶여 있어 요청이 해결될 때까지 고리를 따라 책임이 넘어간다.

필기 20.8
커맨드(Command)

• 요청을 객체의 형태로 캡슐화하여 재이용하거나 취소할 수 있도록 요청에 필요한 정보를 저장하거나 로그에 남기는 패턴이다.

• 요청에 사용되는 각종 명령어들을 추상 클래스와 구체 클래스로 분리하여 단순화한다.

인터프리터(Interpreter)

• 언어에 문법 표현을 정의하는 패턴이다.

• SQL이나 통신 프로토콜과 같은 것을 개발할 때 사용한다.

반복자(Iterator)

• 자료 구조와 같이 접근이 잦은 객체에 대해 동일한 인터페이스를 사용하도록 하는 패턴이다.

• 내부 표현 방법의 노출 없이 순차적인 접근이 가능하다.

필기 23.2, 21.5
중재자(Mediator)

• 수많은 객체들 간의 복잡한 상호작용(Interface)을 캡슐화하여 객체로 정의하는 패턴이다.

• 객체 사이의 의존성을 줄여 결합도를 감소시킬 수 있다.

메멘토(Memento)

• 특정 시점에서의 객체 내부 상태를 객체화함으로써 이후 요청에 따라 객체를 해당 시점의 상태로 돌릴 수 있는 기능을 제공하는 패턴이다.

• Ctrl+Z와 같은 되돌리기 기능을 개발할 때 주로 이용한다.

22.10, 20.7, 필기 20.8
옵서버(Observer)

• 한 객체의 상태가 변화하면 객체에 상속되어 있는 다른 객체들에게 변화된 상태를 전달하는 패턴이다.

• 일대다의 의존성을 정의한다.

• 주로 분산된 시스템 간에 이벤트를 생성·발행(Publish)하고, 이를 수신(Subscribe)해야 할 때 이용한다.

필기 20.8
상태(State)

• 객체의 상태에 따라 동일한 동작을 다르게 처리해야 할 때 사용하는 패턴이다.

• 객체 상태를 캡슐화하고 이를 참조하는 방식으로 처리한다.

필기 21.8
전략(Strategy)

• 동일한 계열의 알고리즘들을 개별적으로 캡슐화하여 상호 교환할 수 있게 정의하는 패턴이다.

• 클라이언트는 독립적으로 원하는 알고리즘을 선택하여 사용할 수 있으며, 클라이언트에 영향 없이 알고리즘의 변경이 가능하다.

템플릿 메소드(Template Method)

• 상위 클래스에서 골격을 정의하고, 하위 클래스에서 세부 처리를 구체화하는 구조의 패턴이다.

• 유사한 서브 클래스를 묶어 공통된 내용을 상위 클래스에서 정의함으로써 코드의 양을 줄이고 유지보수를 용이하게 해준다.

23.7, 필기 23.5, 20.6
방문자(Visitor)

• 각 클래스들의 데이터 구조에서 처리 기능을 분리하여 별도의 클래스로 구성하는 패턴이다.

• 분리된 처리 기능은 각 클래스를 방문(Visit)하여 수행한다.

21.7

1. 디자인 패턴에 관련된 다음 설명에서 괄호에 들어갈 알맞은 용어를 쓰시오.

> 디자인 패턴은 모듈 간의 관계 및 인터페이스를 설계할 때 참조할 수 있는 전형적인 해결 방식 또는 예제를 의미한다. 그 중 (   ) 패턴은 클래스나 객체들이 서로 상호작용하는 방법이나 책임 분배 방법을 정의하는 패턴으로, Interpreter, Observer, Command 등이 그 예에 해당한다.

답 :

23.7, 22.10, 20.7, 필기 20.8

2. 디자인 패턴에 대한 다음 설명에서 괄호(①, ②)에 들어갈 알맞은 패턴을 쓰시오.

패턴	설명
(①)	한 객체의 상태가 바뀌면 그 객체에 의존하는 다른 객체들에게 연락이 가서 자동으로 내용이 갱신되는 방식으로, 일대다의 의존성을 정의하는 패턴이다.
(②)	각 클래스들의 데이터 구조에서 처리 기능을 분리하여 별도로 구성함으로써, 클래스를 수정하지 않고도 새로운 연산의 추가가 가능한 패턴이다.

답

• ①
• ②

176 crontab 명령어 작성 방법 ⓒ

작업 예약 형식

[분] [시] [일] [월] [요일] [명령어]
0~59
  0~23
    1~31
      1~12
        0(일요일)~6(토요일)

• 분, 시, 일, 월, 요일에 "*"를 입력하면 매 시기마다 수행한다.

예1 * * * * * /root/com_1.sh
→ 매월 매일 매시 매분마다 com_1.sh를 실행한다.

예2 30 1 * * * /root/com_2.sh
→ 매월 매일 1시 30분에 com_2.sh를 실행한다.

• 시기 우측에 '/[단위]'를 입력하면 시기를 단위로 나눈 나머지가 0일 때마다 명령어를 수행한다.

예 30 */3 * * * /root/com_1.sh
→ 매월 매일 0:30부터 3시간마다 com_1.sh를 실행한다 (0:30, 3:30, 6:30, …, 21:30).

• '[시작 시기]-[종료 시기]'를 통해 특정 구간에만 반복하여 명령어를 실행할 수 있다.

예 * 18-23 20 * * /root/com_1.sh
→ 매월 20일 18시~23시 사이에 매분마다 com_1.sh를 실행한다.

• 시기는 '[시기1], [시기2], [시기3], …'를 통해 특정 시기에 명령어를 실행할 수 있다.

예 30 23 25 4,9,11 * /root/com_1.sh
→ 4/9/11월의 25일 23시 30분에 com_1.sh를 실행한다.

 예상체크 ☑

출제예상

3. 리눅스(Linux)의 크론탭(crontab) 명령어를 이용하여 다음의 설명에 해당하는 작업을 등록하는 명령문을 작성하시오(단, 하나의 명령문으로 처리해야 한다.).

> A사의 개발자는 3월, 6월, 9월, 12월 마다 수행되어야 하는 데이터 백업 작업을 예약하고자 한다. 해당 작업은 각 월의 25일에 서버 이용이 가장 적은 시간대인 오후 10시 정각에 처음 실행되어 15분마다 총 4회 수행할 예정이다. 백업과 관련된 명령어는 /backup/batch.sh 파일에 모두 준비해 두었다.

답 :

해설

• 시간은 24시 표기법으로 사용하기 때문에 오후 10시에 해당하는 22를 적어야 합니다.
• 분과 월에는 '/'를 사용하지 않고, 분에 0, 15, 30, 45로 쓰거나 월을 3, 6, 9, 12로 작성해도 됩니다.

*/15 22 25 */3 * /backup/batch.sh
❶ ❷ ❸ ❹❺   ❻

• ❶ : 15분마다 수행
• ❷ : 22시에 수행
• ❸ : 25일에 수행
• ❹ : 3개월마다 수행
• ❺ : 매요일 수행
• ❻ : backup 디렉터리에 있는 batch.sh 실행

문제 01 시스템을 설계할 때 필요한 설계 지침으로, 두 모듈 간의 상호 의존도 또는 두 모듈 사이의 연관 관계를 의미하는 용어를 쓰시오.

답 :

문제 02 다음은 결합도의 종류를 결합 정도에 따라 나열한 것이다. 괄호(①~③)에 들어갈 가장 적합한 결합도의 종류를 쓰시오.

| 자료 결합도 | < | (①) | < | 제어 결합도 | < | (②) | < | (③) | < | 내용 결합도 |

답
- ①
- ②
- ③

문제 03 다음의 설명에 가장 부합하는 결합도의 종류를 쓰시오.

- 모듈 간의 인터페이스가 자료 요소로만 구성될 때의 결합도이다.
- 어떤 모듈이 다른 모듈을 호출하면서 매개 변수나 인수로 데이터를 넘겨주고, 호출 받은 모듈은 받은 데이터에 대한 처리 결과를 다시 돌려주는 방식이다.
- 모듈 간의 내용을 전혀 알 필요가 없는 상태로서 한 모듈의 내용을 변경하더라도 다른 모듈에는 전혀 영향을 미치지 않는 가장 바람직한 결합도이다.

답 :

문제 04 모듈이 독립적인 기능으로 정의되어 있는 정도를 가리키는 응집도는 응집도가 가장 강한 기능적 응집도부터 가장 약한 우연적 응집도까지 다양한 종류가 존재한다. 이러한 응집도 중 모듈이 다수의 관련 기능을 가질 때 모듈 안의 구성 요소들이 그 기능을 순차적으로 수행하는 경우를 가리키는 응집도를 쓰시오.

답 :

문제 05 다음은 모듈과 시스템 구조에 대한 설명이다. 괄호(①, ②)에 들어갈 가장 적합한 용어를 쓰시오.

- (①)은 어떤 모듈을 호출(제어)하는 모듈의 수를 의미하며, (②)은 어떤 모듈에 의해 호출(제어)되는 모듈의 수를 의미한다.
- (①)과 (②)을 분석하여 시스템의 복잡도를 측정할 수 있다.
- (①)이 높다는 것은 재사용 측면에서 설계가 잘 되어있다고 볼 수 있으나, 단일 장애점이 발생할 수 있으므로 중점적인 관리 및 테스트가 필요하다.
- (②)이 높은 경우 불필요하게 다른 모듈을 호출하고 있는지 검토하고, 단순화 여부에 대한 검토가 필요하다.

답
- ①
- ②

문제 06 다음의 모듈 관계를 표현한 시스템 구조도를 참고하여 팬아웃(Fan-Out)이 2 이상인 모듈을 모두 쓰시오.

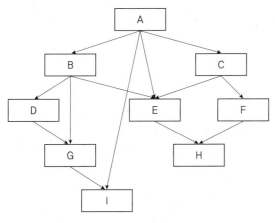

답 :

문제 07 구현된 소프트웨어가 사용자의 요구사항을 정확하게 준수했는지를 확인하기 위해 설계된 입력 값, 실행 조건, 기대 결과 등으로 구성된 테스트 항목에 대한 명세서를 가리키는 용어를 쓰시오.

답 :

문제 08 리눅스 시스템에서 Crontab 명령어를 통해 배치 작업을 설정하고자 한다. 다음 〈처리조건〉에 맞는 명령문를 작성하시오.

〈처리조건〉

- 작업 예약 형식은 '분', '시', '일', '월', '요일', '명령어 및 실행파일'이다.
- 수행할 작업은 /dev/autobot.sh 파일을 실행하는 것이다.
- 매월 15일 18시 정각마다 수행되도록 설정한다.

답 :

문제 09 공통 모듈 구현 시 다른 개발자들이 해당 기능을 명확히 이해할 수 있도록 5가지의 명세 기법을 준수해야 한다. 이 중 기능에 대한 요구사항의 출처, 관련 시스템 등의 관계를 파악할 수 있도록 작성해야 한다는 것을 의미하는 원칙을 쓰시오.

답 :

문제 10 다음의 설명에 가장 부합하는 작업의 명칭을 쓰시오.

작게는 클래스나 메소드부터 크게는 애플리케이션 단위에서 수행되는 작업으로, 비용과 개발 시간을 절약하기 위해 이미 개발된 기능들을 파악하고 재구성하여 새로운 시스템 또는 기능 개발에 사용하기 적합하도록 최적화하는 작업이다. 이 작업의 대상은 외부 모듈과의 결합도는 낮고, 응집도는 높아야 하며, 누구나 이해할 수 있고 사용이 가능하도록 사용법을 공개해야 한다.

답 :

문제 11 다음과 같이 제품에 코드를 부여했을 때 사용된 코드(Code)의 종류를 쓰시오.

제품	부여 코드
냉장고(235ℓ)	RF-235
형광등(30W 220V 흰색)	K-30-220-W
텔레비전(17인치 흑백)	T-17
텔레비전(25인치 컬러)	T-25-C

답 :

문제 12 코드(Code)는 자료의 분류, 추출, 조합, 집계 등을 효과적으로 수행하기 위해 사용하는 것이다. 이러한 코드의 주요 기능 중 자료에 의미를 부여하거나 나열할 수 있는 기능을 가리키는 용어를 쓰시오.

답 :

문제 13 회사에서 각 부서의 명칭을 코드화하기 위하여 대분류, 중분류, 소분류 등으로 나누어 나타내고자 한다. 이때 사용하기에 가장 적합한 코드(Code)의 종류를 쓰시오.

답 :

문제 14 다음 설명에 해당하는 디자인 패턴(Design Pattern)을 쓰시오.

- 구조 패턴의 하나이다.
- 호환성이 없는 클래스들의 인터페이스를 다른 클래스가 이용할 수 있도록 변환해주는 패턴이다.
- 기존의 클래스를 이용하고 싶지만 인터페이스가 일치하지 않을 때 이용한다.

답 :

문제 15 GoF의 디자인 패턴 중 객체 간의 결합을 통해 능동적으로 기능들을 확장할 수 있는 패턴을 영문으로 쓰시오.

답 :

문제 16 다음 상황에 가장 적합한 디자인 패턴(Design Pattern)을 쓰시오.

메모리가 적은 소형 PC에 설치될 응용 프로그램을 개발해야 한다. 따라서 효율적인 메모리 자원의 운용을 위해 유사한 클래스들의 인스턴스를 매번 생성하지 않고 가능한 공유해서 사용하기로 결정했다.

답 :

정답 및 해설은 158쪽에 있습니다.

정답 해설

문제 17 다음 보기 중 GoF(Gang of Four)의 디자인 패턴에서 행위 패턴에 속하는 것을 모두 쓰시오.

> Builder, Facade, Command, Composite, Observer, Proxy, State, Visitor, Singleton

답 :

문제 18 Ctrl + Z 와 같은 실행 취소 및 되돌리기 기능을 개발할 때 주로 사용되는 패턴으로, 특정 시점에서의 객체 내부 상태를 객체화함으로써 이후 요청에 따라 객체를 해당 시점의 상태로 돌릴 수 있는 기능을 제공하는 패턴을 쓰시오.

답 :

문제 19 다음 설명에 해당하는 디자인 패턴(Design Pattern)을 쓰시오.

> • 동일한 계열의 알고리즘들이 개별적으로 캡슐화되어 있다.
> • 알고리즘들의 변경 및 상호 교환이 용이하다.
> • 클라이언트가 알고리즘을 자유롭게 선택할 수 있다.

답 :

문제 20 다음 중 객체지향 소프트웨어 설계 시 사용되는 디자인 패턴의 구성 요소를 모두 골라 쓰시오.

> 개발자 이름, 문제 및 배경, 최근 업데이트 날짜, 사례, 샘플 코드, 컴파일된 실행 가능한 파일

답 :

문제 21 GoF(Gangs of Four) 디자인 패턴 분류 3가지를 쓰시오.

답 :

[문제 01]

결합도(Coupling)

[문제 02]

① 스탬프 결합도　②　외부 결합도　③ 공통 결합도

[문제 03]

자료 결합도(Data Coupling)

[문제 04]

절차적 응집도(Procedural Cohesion)

[문제 05]

① 팬인(Fan-In)　②　팬아웃(Fan-Out)

[문제 06]

A, B, C

모듈로 들어오면 팬인(Fan-In), 모듈에서 나가면 팬아웃(Fan-Out)이란 걸 염두에 두고 생각해 보면 쉽게 해결할 수 있습니다.

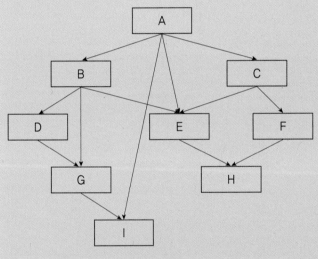

모듈	팬인(Fan-In)	팬아웃(Fan-Out)
A	0	4
B	1	3
C	1	2
D	1	1
E	3	1
F	1	1
G	2	1
H	2	0
I	2	0

[문제 07]

테스트 케이스(Test Case)

[문제 08]

0 18 15 * * /dev/autobot.sh

0	18	15	*	*	/dev/autobot.sh
[분]	[시]	[일]	[월]	[요일]	[명령어]

위의 crontab 명령어를 해석하면, 매월 15일 18시 0분에 (요일에 상관없이) '/dev/autobot.sh'를 실행하라는 의미가 됩니다.

[문제 09]

추적성(Traceability)

[문제 10]

재사용(Reuse)

[문제 11]

연상 코드(Mnemonic Code)

[문제 12]

배열 기능

[문제 13]

그룹 분류 코드(Group Classification Code)

[문제 14]

어댑터(Adapter)

[문제 15]

Decorator

[문제 16]

플라이웨이트(Flyweight)

[문제 17]

Command, Observer, State, Visitor

[문제 18]

메멘토(Memento)

[문제 19]

전략(Strategy)

[문제 20]

문제 및 배경, 사례, 샘플 코드

[문제 21]

생성 패턴, 구조 패턴, 행위 패턴

5 장

인터페이스 구현

177 요구사항 검증 방법 Ⓑ등급

178 미들웨어 Ⓑ등급

179 미들웨어의 종류 Ⓑ등급

180 EAI Ⓐ등급

181 ESB Ⓒ등급

182 JSON Ⓐ등급

183 AJAX Ⓐ등급

184 인터페이스 보안 기능 적용 Ⓑ등급

185 IPsec / SSL / S-HTTP Ⓐ등급

186 데이터 무결성 검사 도구 Ⓑ등급

187 인터페이스 구현 검증 도구 Ⓐ등급

188 APM Ⓒ등급

177 > 요구사항 검증 방법 Ⓑ

필기 20.8, 20.6

요구사항 검토(Requirements Review)

- 요구사항 명세서의 오류 확인 및 표준 준수 여부 등의 결함 여부를 검토 담당자들이 수작업으로 분석하는 방법이다.

- **동료검토(Peer Review)** : 요구사항 명세서 작성자가 명세서 내용을 직접 설명하고 동료들이 이를 들으면서 결함을 발견하는 형태의 검토 방법

- **워크스루(Walk Through)** : 검토 회의 전에 요구사항 명세서를 미리 배포하여 사전 검토한 후에 짧은 검토 회의를 통해 결함을 발견하는 형태의 검토 방법

- **인스펙션(Inspection)** : 요구사항 명세서 작성자를 제외한 다른 검토 전문가들이 요구사항 명세서를 확인하면서 결함을 발견하는 형태의 검토 방법

프로토타이핑(Prototyping)

사용자의 요구사항을 정확히 파악하기 위해 실제 개발될 소프트웨어에 대한 견본품(Prototype)을 만들어 최종 결과물을 예측한다.

테스트 설계

요구사항은 테스트할 수 있도록 작성되어야 하며, 이를 위해 테스트 케이스를 생성하여 요구사항이 현실적으로 테스트 가능한지를 검토한다.

CASE 도구 활용

일관성 분석(Consistency Analysis)을 통해 요구사항 변경사항의 추적, 분석, 관리, 표준 준수 여부를 확인한다.

기출체크 ☑

필기 20.6

1. 검토 회의 전에 요구사항 명세서를 미리 배포하여 사전 검토한 후 짧은 검토 회의를 통해 오류를 조기에 검출하는데 목적을 두는 요구사항 검토 방법을 쓰시오.

답 :

---

178 > 미들웨어 Ⓑ

- **미들웨어(Middleware)**는 **운영체제와 응용 프로그램, 또는 서버와 클라이언트 사이에서 다양한 서비스를 제공하는 소프트웨어**이다.

- 미들웨어는 표준화된 인터페이스를 제공함으로써 시스템 간의 데이터 교환에 일관성을 보장한다.

- **미들웨어의 종류** : DB, RPC, MOM, TP-Monitor, ORB, WAS

기출체크 ☑

필기 22.7, 21.8, 21.3, 20.9, 20.8

2. 다음 설명의 괄호에 공통적으로 들어갈 용어를 쓰시오.

- (   )는 클라이언트와 서버 간의 통신을 담당하는 시스템 소프트웨어로, 표준화된 인터페이스를 제공함으로써 시스템 간의 데이터 교환에 일관성을 보장한다.
- (   )는 통신 제공 방법이나 기능에 따라 DB, RPC, MOM, TPMonitor, ORB, WAS 등으로 구분한다.

답 :

---

179 > 미들웨어의 종류 Ⓑ

필기 23.7, 23.2

DB(DataBase)

- 데이터베이스 벤더에서 제공하는 클라이언트에서 원격의 데이터베이스와 연결하는 미들웨어이다.

- DB를 사용하여 시스템을 구축하는 경우 보통 2-Tier 아키텍처라고 한다.

필기 23.7, 21.3

RPC(Remote Procedure Call, 원격 프로시저 호출)

응용 프로그램의 프로시저를 사용하여 원격 프로시저를 마치 로컬 프로시저처럼 호출하는 미들웨어이다.

기출체크 정답   1. 워크스루(Walk Through)   2. 미들웨어(Middleware)

필기 23.7, 23.2, 22.4
MOM(Message Oriented Middleware, 메시지 지향 미들웨어)

- 메시지 기반의 비동기형 메시지를 전달하는 미들웨어 이다.
- 온라인 업무보다는 이기종 분산 데이터 시스템의 데이터 동기를 위해 많이 사용된다.

필기 23.5, 20.6
TP-Monitor(Transaction Processing Monitor, 트랜잭션 처리 모니터)

- 온라인 트랜잭션 업무에서 트랜잭션을 처리 및 감시하는 미들웨어이다.
- 항공기나 철도 예약 업무 등 사용자 수가 증가해도 빠른 응답 속도를 유지해야 하는 업무에 주로 사용된다.

필기 23.2
ORB(Object Request Broker, 객체 요청 브로커)

- 코바(CORBA) 표준 스펙을 구현한 객체 지향 미들웨어 이다.
- 최근에는 TP-Monitor의 장점인 트랜잭션 처리와 모니터링 등을 추가로 구현한 제품도 있다.

필기 23.7, 23.2
WAS(Web Application Server)

- 사용자의 요구에 따라 변하는 동적인 콘텐츠를 처리하기 위한 미들웨어이다.
- 클라이언트/서버 환경보다는 웹 환경을 구현하기 위한 미들웨어이다.
- HTTP 세션 처리를 위한 웹 서버 기능뿐만 아니라 미션-크리티컬한 기업 업무까지 JAVA, EJB 컴포넌트 기반으로 구현이 가능하다.

21.4, 20.10, 필기 23.2, 22.7, 21.8, 20.9, 20.6
180 > EAI ⒜

EAI(Enterprise Application Integration)는 **기업 내 각종 애플리케이션 및 플랫폼 간의 정보 전달, 연계, 통합 등 상호 연동이 가능하게 해주는 솔루션이다.**

20.10, 필기 23.2, 22.7, 20.6
Point-to-Point

- 가장 기본적인 애플리케이션 통합 방식이다.
- 애플리케이션을 1:1로 연결한다.
- 변경 및 재사용이 어렵다.

20.10, 필기 23.2, 22.7, 20.6
Hub & Spoke

- 단일 접점인 허브 시스템을 통해 데이터를 전송하는 중앙 집중형 방식이다.
- 확장 및 유지 보수가 용이하다.
- 허브 장애 발생 시 시스템 전체에 영향을 미친다.

20.10, 필기 23.2, 22.7, 21.8, 20.6
Message Bus(ESB 방식)

- 애플리케이션 사이에 미들웨어를 두어 처리하는 방식이다.
- 확장성이 뛰어나며 대용량 처리가 가능하다.

20.10, 필기 20.9
Bus Hybrid

- Hub & Spoke와 Message Bus의 혼합 방식이다.
- 그룹 내에서는 Hub & Spoke 방식을, 그룹 간에는 Message Bus 방식을 사용한다.
- 필요한 경우 한 가지 방식으로 EAI 구현이 가능하다.
- 데이터 병목 현상을 최소화할 수 있다.

Point-to-Point   Hub & Spoke   Message Bus   Bus Hybrid

20.10, 필기 21.8, 20.9, 20.6

1. 다음은 EAI(Enterprise Application Integration)의 구축 유형에 대한 설명이다. 괄호(①, ②)에 들어갈 알맞은 유형을 쓰시오.

(①)	• 가장 기본적인 애플리케이션 통합 방식으로, 애플리케이션을 1:1로 연결한다. • 변경 및 재사용이 어렵다.	
(②)	• 단일 접점인 허브 시스템을 통해 데이터를 전송하는 중앙 집중형 방식이다. • 확장 및 유지 보수가 용이하다. • 허브 장애 발생 시 시스템 전체에 영향을 미친다.	
Message Bus	• 애플리케이션 사이에 미들웨어를 두어 처리하는 방식이다. • 확장성이 뛰어나며 대용량 처리가 가능하다.	
Hybrid	• 그룹 내에서는 (②) 방식을, 그룹 간에는 Message Bus 방식을 사용한다. • 필요한 경우 한 가지 방식으로 EAI 구현이 가능하다. • 데이터 병목 현상을 최소화할 수 있다.	

답
• ①
• ②

▶ 340226

181 ESB Ⓒ

• ESB(Enterprise Service Bus)는 **애플리케이션 간 연계, 데이터 변환, 웹 서비스 지원 등 표준 기반의 인터페이스를 제공하는 솔루션**이다.

• 애플리케이션 통합 측면에서 EAI와 유사하지만 애플리케이션 보다는 서비스 중심의 통합을 지향한다.

• 특정 서비스에 국한되지 않고 범용적으로 사용하기 위하여 애플리케이션과의 결합도(Coupling)를 약하게 (Loosely) 유지한다.

출제예상

2. 애플리케이션 간 연계, 데이터 변환, 웹 서비스 지원 등 표준 기반의 인터페이스를 제공하는 솔루션으로, 특정 서비스에 국한되지 않고 범용적으로 사용하기 위하여 애플리케이션과의 결합도(Coupling)를 약하게(Loosely) 유지하는 모듈 연계 방식을 쓰시오.

답 :

▶ 340229

20.5, 필기 24.2, 23.5, 22.4, 20.6

182 JSON Ⓐ

• JSON(JavaScript Object Notation)은 웹과 컴퓨터 프로그램에서 용량이 적은 데이터를 교환하기 위해 **데이터 객체를 속성 · 값의 쌍(Attribute-Value Pairs) 형태로 표현하는 개방형 표준 포맷**이다.

• 비동기 처리에 사용되는 AJAX에서 XML을 대체하여 사용되고 있다.

20.5, 필기 24.2, 23.5, 22.4, 20.6

3. 소프트웨어 인터페이스 구현에 관련된 다음 설명에서 괄호에 공통으로 들어갈 알맞은 용어를 쓰시오.

> • (　　)은 속성-값 쌍(Attribute-Value Pairs)으로 이루어진 데이터 객체를 전달하기 위해 사람이 읽을 수 있는 텍스트를 사용하는 개방형 표준 포맷이다.
> • (　　)은 비동기 처리에 사용되는 AJAX에서 XML을 대체하여 사용되고 있다.

답 :

▶ 340230

23.4, 20.7, 필기 20.8

183 AJAX Ⓐ

• AJAX(Asynchronous JavaScript and XML)는 자바스크립트(JavaScript)를 사용하여 **클라이언트와 서버 간에 XML 데이터를 주고 받는 비동기 통신 기술**이다.

• 전체 페이지를 새로 고치지 않고도 웹 페이지 일부 영역만을 업데이트할 수 있다.

23.4, 20.7, 필기 20.8

4. 클라이언트와 서버 간 자바스크립트 및 XML을 비동기 방식으로 처리하며, 전체 페이지를 새로 고치지 않고도 웹페이지 일부 영역만을 업데이트할 수 있도록 하는 기술을 의미하는 용어를 쓰시오.

답 :

---

184 〉 인터페이스 보안 기능 적용 Ⓑ

- 인터페이스 보안은 인터페이스의 보안성 향상을 위해 **인터페이스의 보안 취약점을 분석한 후 적절한 보안 기능을 적용**하는 것이다.
- 인터페이스 보안 기능은 일반적으로 네트워크, 애플리케이션, 데이터베이스 영역에 적용한다.

필기 20.9, 20.8, 20.6 **네트워크 영역**	• 인터페이스 송·수신 간 스니핑(Sniffing) 등을 이용한 데이터 탈취 및 변조 위협을 방지하기 위해 네트워크 트래픽에 대한 암호화를 설정함 • 암호화는 인터페이스 아키텍처에 따라 IPSec, SSL, S-HTTP 등의 다양한 방식으로 적용함
애플리케이션 영역	소프트웨어 개발 보안 가이드를 참조하여 애플리케이션 코드 상의 보안 취약점을 보완하는 방향으로 애플리케이션 보안 기능을 적용함
데이터베이스 영역	데이터베이스, 스키마, 엔티티의 접근 권한과 프로시저(Procedure), 트리거(Trigger) 등 데이터베이스 동작 객체의 보안 취약점에 보안 기능을 적용함

기출체크 ☑

필기 20.9, 20.8, 20.6
5. 다음 중 인터페이스 보안을 위해 네트워크 영역에 적용될 수 있는 솔루션에 해당하는 것을 모두 골라 기호(㉠~㉤)로 쓰시오.

㉠ SMTP	㉡ STAF	㉢ IPSec
㉣ SSL	㉤ POP3	㉥ S-HTTP

답 :

185 〉 IPsec / SSL / S-HTTP Ⓐ

- IPsec(IP Security) : 네트워크 계층에서 IP 패킷 단위의 데이터 변조 방지 및 은닉 기능을 제공하는 프로토콜
- SSL(Secure Sockets Layer) : TCP/IP 계층과 애플리케이션 계층 사이에서 인증, 암호화, 무결성을 보장하는 프로토콜
- S-HTTP(Secure Hypertext Transfer Protocol) : 클라이언트와 서버 간에 전송되는 모든 메시지를 암호화 하는 프로토콜

기출체크 ☑

20.7
6. 네트워크 트래픽에 대해 IP(Internet Protocol) 계층에서 IP 패킷 단위의 데이터 변조 방지 및 은닉 기능을 제공하는 네트워크 계층에서의 보안 통신 규약을 쓰시오.

답 :

186 〉 데이터 무결성 검사 도구 Ⓑ

- 데이터 무결성 검사 도구는 인터페이스 보안 취약점을 분석하는데 사용되는 도구이다.
- 데이터 무결성 검사 도구는 시스템 파일의 변경 유무를 확인하고, 파일이 변경되었을 경우 이를 관리자에게 알려준다.
- 종류 : Tripwire, AIDE, Samhain, Claymore, Slipwire, Fcheck 등

기출체크 ☑

필기 21.3, 20.6
7. 다음 중 데이터 무결성 검사 도구를 모두 골라 기호(㉠~㉥)로 쓰시오.

㉠ trace	㉡ tripwire	㉢ AIDE
㉣ udpdump	㉤ samhain	㉥ cron

답 :

187 > 인터페이스 구현 검증 도구 Ⓐ

인터페이스 구현을 검증하기 위해서는 인터페이스 단위 기능과 시나리오 등을 기반으로 하는 통합 테스트가 필요하며, 통합 테스트를 수행하기 위해 사용하는 테스트 자동화 도구는 다음과 같다.

22.5, 필기 24.2, 23.7, 23.2, 22.7, 21.5, 20.9
xUnit

- 같은 테스트 코드를 여러 번 작성하지 않게 도와주며, 테스트마다 예상 결과를 기억할 필요가 없게 하는 자동화된 해법을 제공하는 단위 테스트 프레임워크이다.
- Smalltalk에 처음 적용되어 SUnit이라는 이름이었으나, Java용의 JUnit, C++용의 CppUnit, .NET용의 NUnit 등 다양한 언어에 적용되면서 xUnit으로 통칭되고 있다.

필기 24.2, 23.7, 23.2, 22.4, 21.5, 20.9, 20.6
STAF

- 서비스 호출 및 컴포넌트 재사용 등 다양한 환경을 지원하는 테스트 프레임워크이다.
- 크로스 플랫폼이나 분산 소프트웨어에서 테스트 환경을 조성할 수 있도록 지원한다.
- 분산 소프트웨어의 경우 각 분산 환경에 설치된 데몬(Daemon)이 프로그램 테스트에 대한 응답을 대신하며, 테스트가 완료되면 이를 통합하고 자동화하여 프로그램을 완성한다.

필기 23.2
FitNesse

웹 기반 테스트 케이스 설계, 실행, 결과 확인 등을 지원하는 테스트 프레임워크이다.

필기 24.2, 23.2, 22.4, 20.9
NTAF

FitNesse의 장점인 협업 기능과 STAF의 장점인 재사용 및 확장성을 통합한 NHN(Naver)의 테스트 자동화 프레임워크이다.

Selenium

다양한 브라우저 및 개발 언어를 지원하는 웹 애플리케이션 테스트 프레임워크이다.

필기 23.7, 21.5
watir

인터프리터 방식의 객체 지향 스크립트 언어인 Ruby를 사용하는 애플리케이션 테스트 프레임워크이다.

기출체크 ☑

22.5
1. 인터페이스 구현 검증 도구에 대한 다음 설명에 해당하는 용어를 영문으로 쓰시오.

> Kent Beck과 Erich Gamma 등이 개발한 자바(JAVA) 프로그래밍 언어용 유닛 테스트 프레임워크로, xUnit 계열의 한 종류이다. 같은 테스트 코드를 여러 번 작성하지 않게 도와주며, 테스트마다 예상 결과를 기억할 필요가 없는 자동화된 해법을 제공한다는 특징이 있다.

답 :

188 > APM Ⓒ

- APM(Application Performance Management/Monitoring)은 **애플리케이션의 성능 관리**를 위해 접속자, 자원 현황, 트랜잭션 수행 내역, 장애 진단 등 **다양한 모니터링 기능을 제공하는 도구**이다.
- APM은 리소스 방식과 엔드투엔드(End-to-End)의 두 가지 유형이 있다.

리소스 방식	Nagios, Zabbix, Cacti 등
엔드투엔드 방식	VisualVM, 제니퍼, 스카우터 등

예상체크 ☑

출제예상
2. 다음이 설명하고 있는 인터페이스 구현 감시 도구를 영문 약어로 쓰시오.

> - 애플리케이션의 성능 관리를 위해 접속자, 자원 현황, 트랜잭션 수행 내역, 장애 진단 등 다양한 모니터링 기능을 제공하는 도구를 의미한다.
> - Nagios, Zabbix, Cacti 등의 리소스 방식과 VisualVM, 제니퍼, 스카우터 등의 엔드투엔드(End-to-End) 방식이 있다.

답 :

기출체크 정답 1. JUnit 2. APM

문제 **01** 사용자의 요구사항을 정확히 파악하기 위해 실제 개발될 소프트웨어에 대한 견본품을 만들어 최종 결과물을 예측하는 요구사항 검증 방법을 쓰시오.

답 :

문제 **02** 요구사항 명세서 작성자를 제외한 다른 검토 전문가들이 요구사항 명세서를 확인하여 결함, 표준 위배, 문제점 등을 파악하는 요구사항 검토 방법을 쓰시오.

답 :

문제 **03** 요구사항 명세서 작성자가 요구사항 명세서를 설명하고 이해관계자들이 설명을 들으면서 결함을 발견하는 인터페이스 요구사항 검토 방법을 쓰시오.

답 :

문제 **04** 미들웨어(Middleware)는 미들(Middle)과 소프트웨어(Software)의 합성어로, 운영체제와 응용 프로그램, 또는 서버와 클라이언트 사이에서 다양한 서비스를 제공하는 소프트웨어이다. 미들웨어의 종류 중 트랜잭션이 올바르게 처리되고 있는지 데이터를 감시하고 제어하는 미들웨어를 쓰시오.

답 :

문제 **05** 메시지 기반의 비동기형 메시지를 전달하는 방식으로, 온라인 업무보다는 이기종 분산 데이터 시스템의 데이터 동기를 위해 많이 사용되는 미들웨어를 쓰시오.

답 :

문제 **06** 미들웨어(Middleware)의 종류 중 분산 프로그램 객체를 생성, 배포, 관리하기 위한 규격인 코바(CORBA)의 표준 스펙을 구현한 객체 지향 미들웨어는 무엇인지 쓰시오.

답 :

문제 07 다음 설명에 해당하는 미들웨어(Middleware)의 종류를 쓰시오.

- 정적인 콘텐츠를 처리하는 웹 서버와 달리 사용자의 요구에 따라 변하는 동적인 콘텐츠를 처리하기 위해 사용되는 미들웨어이다.
- 클라이언트/서버 환경보다는 웹 환경을 구현하기 위한 미들웨어이다.
- 대표적인 종류에는 WebLogic, WebSphere 등이 있다.

답 :

문제 08 다음에서 설명하고 있는 EAI 구축 유형을 쓰시오.

- 단일 접점을 통해 데이터를 전송하는 중앙 집중형 방식이다.
- 확장 및 유지 보수가 용이하다.
- 단일 접점 장애 발생 시 시스템 전체에 영향을 미친다.

답 :

문제 09 애플리케이션 사이에 미들웨어(Middleware)를 두어 처리하는 방식으로, 확장성이 뛰어나며 대용량 처리가 가능한 EAI 구축 유형을 쓰시오.

답 :

문제 10 TCP/IP 계층과 애플리케이션 계층 사이에서 인증(Authentication), 암호화(Encryption), 무결성(Integrity)을 보장하는 보안 통신 규약을 쓰시오.

답 :

문제 **11** 다음은 인터페이스 보안에 대한 설명이다. 괄호(①, ②)에 들어갈 알맞은 용어를 쓰시오.

인터페이스 보안 기능은 일반적으로 네트워크, (①), (②) 영역에 적용한다.

네트워크 영역	인터페이스 송 · 수신 간 스니핑 등을 이용한 데이터 탈취 및 변조 위협을 방지하기 위해 네트워크 트래픽에 대한 암호화를 설정한다.
(①) 영역	소프트웨어 개발 보안 가이드를 참조하여 (①) 코드 상의 보안 취약점을 보완하는 방향으로 (①) 보안 기능을 적용한다.
(②) 영역	(②), 스키마, 엔티티의 접근 권한과 프로시저, 트리거 등 (②) 동작 객체의 보안 취약점에 보안 기능을 적용한다.

답

• ①

• ②

문제 **12** 인터페이스 구현 검증 도구 중 FitNesse의 장점인 협업 기능과 STAF의 장점인 재사용 및 확장성을 통합한 NHN(Naver)의 테스트 자동화 프레임워크를 쓰시오.

답 :

문제 **13** 인터페이스 구현 검증 도구 중 서비스 호출, 컴포넌트 재사용 등 다양한 환경을 지원하는 테스트 프레임워크로, 각 테스트 대상 분산 환경에 데몬을 사용하여 테스트 대상 프로그램을 테스트하고, 이를 통합하여 자동화하는 검증 도구를 쓰시오.

답 :

[문제 01]
프로토타이핑(Prototyping)

[문제 02]
인스펙션(Inspection)

[문제 03]
동료검토(Peer Review)

[문제 04]
TP-Monitor(Transaction Processing Monitor, 트랜잭션 처리 모니터)

[문제 05]
MOM(Message Oriented Middlware, 메시지 지향 미들웨어)

[문제 06]
ORB(Object Request Broker, 객체 요청 브로커)

[문제 07]
WAS(Web Application Server, 웹 애플리케이션 서버)

[문제 08]
Hub & Spoke

[문제 09]
Message Bus

[문제 10]
SSL(Secure Sockets Layer)

[문제 11]
① 애플리케이션   ② 데이터베이스

[문제 12]
NTAF

[문제 13]
STAF

6 장

화면 설계

189 UI / UX Ⓐ등급

190 UI의 구분 Ⓐ등급

191 UI의 기본 원칙 Ⓐ등급

192 UI 설계 도구 – 와이어프레임 Ⓒ등급

193 UI 설계 도구 – 목업 Ⓑ등급

194 UI 설계 도구 – 스토리보드 Ⓒ등급

195 UI 설계 도구 – 프로토타입 Ⓒ등급

196 UI 설계 도구 – 유스케이스 Ⓒ등급

197 품질 요구사항 Ⓒ등급

198 ISO/IEC 9126의 소프트웨어 품질 특성 Ⓑ등급

199 HCI Ⓒ등급

200 감성공학 Ⓒ등급

21.7, 필기 21.8, 21.5

UI(User Interface, 사용자 인터페이스)

- UI는 **사용자와 시스템 간의 상호작용**이 원활하게 **이뤄지도록 도와주는 장치나 소프트웨어**를 의미한다.

- UI의 세 가지 분야
  - 정보 제공과 전달을 위한 물리적 제어에 관한 분야
  - 콘텐츠의 상세적인 표현과 전체적인 구성에 관한 분야
  - 모든 사용자가 편리하고 간편하게 사용하도록 하는 기능에 관한 분야

UX(User Experience, 사용자 경험)

- UX는 **사용자가 시스템이나 서비스를 이용하면서 느끼고 생각하게 되는 총체적인 경험**을 의미한다.

- UI가 사용성, 접근성, 편의성을 중시한다면 UX는 이러한 UI를 통해 사용자가 느끼는 만족이나 감정을 중시한다.

기출체크 ☑

21.7
1. 인터페이스에 관련된 다음 설명에서 괄호(①, ②)에 들어갈 알맞은 용어를 쓰시오.

- (①) : 사용자가 시스템이나 서비스를 이용하면서 느끼고 생각하게 되는 총체적인 감정 및 경험
- (②) : 사용자와 시스템 간의 상호작용이 원활하게 이뤄지도록 도와주는 장치나 소프트웨어 **예** CLI, GUI 등

답
- ①
- ②

- CLI(Command Line Interface) : 명령과 출력이 텍스트 형태로 이뤄지는 인터페이스

- GUI(Graphical User Interface) : 아이콘이나 메뉴를 마우스로 선택하여 작업을 수행하는 그래픽 환경의 인터페이스

- NUI(Natural User Interface) : 사용자의 말이나 행동 등 자연스러운 움직임을 통해 기기를 조작하는 인터페이스

기출체크 ☑

20.10, 필기 22.4, 21.8
2. 사용자 인터페이스(UI)는 상호작용의 수단 및 방식에 따라 다음과 같이 구분된다. 괄호(①, ②)에 들어갈 알맞은 용어를 쓰시오.

(①)	명령과 출력이 텍스트 형태로 이뤄지는 인터페이스이다.
(②)	아이콘이나 메뉴를 마우스로 선택하여 작업을 수행하는 그래픽 환경의 인터페이스이다.
NUI	사용자의 말이나 행동으로 기기를 조작하는 인터페이스이다.

답
- ①
- ②

22.5, 필기 23.7
3. 사용자 인터페이스(UI)에 대한 다음 설명에 해당하는 용어를 영문 약어로 쓰시오.

사용자의 자연스러운 움직임을 통해 시스템과 상호작용하는 사용자 인터페이스(UI)로, 키보드나 마우스와 같이 조작을 배워야 하는 인공 제어 장치를 사용하는 인터페이스와 구분하기 위해 '자연스러운'이라는 표현을 사용한다. 시리(Siri), 빅스비(Bixby) 등과 같은 음성 비서에게 사용하는 자연어 명령이나 휴대폰이나 태블릿에서의 터치 등이 여기에 해당한다.

답 :

20.10, 20.7, 필기 22.7, 20.8, 20.6

191 > UI의 기본 원칙 (A)

- **직관성** : 누구나 쉽게 이해하고 사용할 수 있어야 함
- **유효성** : 사용자의 목적을 정확하고 완벽하게 달성해야 함
- **학습성** : 누구나 쉽게 배우고 익힐 수 있어야 함
- **유연성** : 사용자의 요구사항을 최대한 수용하고 실수를 최소화해야 함

기출체크 ☑

20.10, 필기 20.8, 20.6

4. UI(User Interface)의 설계 원칙 중 직관성에 대해 간략히 서술하시오.

답 :

20.7, 필기 22.7

5. 사용자 인터페이스(UI)의 기본 원칙에 대한 다음 설명에서 괄호에 들어갈 알맞은 원칙을 쓰시오.

직관성	누구나 쉽게 이해하고 사용할 수 있어야 한다.
( )	사용자의 목적을 정확하고 완벽하게 달성해야 한다.
학습성	누구나 쉽게 배우고 익힐 수 있어야 한다.
유연성	사용자의 요구사항을 최대한 수용하고 실수를 최소화해야 한다.

답 :

필기 23.5

192 > UI 설계 도구 - 와이어프레임 (C)

- **와이어프레임**(Wireframe)은 **페이지에 대한 개략적인 레이아웃이나 UI 요소 등에 대한 뼈대를 설계하는 도구**이다.
- 와이어프레임은 기획 단계의 초기에 제작한다.
- 개발자나 디자이너 등이 레이아웃을 협의하거나 현재 진행 상태 등을 공유하기 위해 사용한다.
- **와이어프레임 툴** : 손그림, 파워포인트, 키노트, 스케치, 일러스트, 포토샵 등

기출체크 ☑

필기 23.5

6. 페이지의 개략적인 레이아웃이나 UI 구성 요소 등 뼈대를 설계하는 UI 설계 도구는 무엇인지 쓰시오.

답 :

필기 23.2, 22.3

193 > UI 설계 도구 - 목업 (B)

- **목업**(Mockup)은 와이어프레임보다 좀 더 **실제 화면과 유사하게 만든 정적인 형태의 모형**이다.
- 디자인, 사용 방법 설명, 평가 등을 위해 만든다.
- 시각적으로만 구성 요소를 배치하는 것으로 실제로 구현되지는 않는다.
- **목업 툴** : 파워 목업, 발사믹 목업 등

기출체크 ☑

필기 23.2, 22.3

7. UI 설계 도구 중 다음은 무엇에 대한 설명인지 쓰시오.

- 디자인, 사용 방법 설명, 평가 등을 위해 실제 화면과 유사하게 만든 정적인 형태의 모형이다.
- 시각적으로만 구성 요소를 배치하는 것으로 실제로 구현되지는 않는다.

답 :

194 > UI 설계 도구 - 스토리보드 (C)

- **스토리 보드**(Story Board)는 **와이어프레임에 콘텐츠에 대한 설명, 페이지 간 이동 흐름 등을 추가한 문서**이다.
- 디자이너와 개발자가 최종적으로 참고하는 작업 지침서이다.
- 서비스 구축을 위한 모든 정보가 들어 있다.
- **스토리보드 툴** : 파워포인트, 키노트, 스케치, Axure 등

예상체크 ☑

출제예상

8. UI를 설계할 때 와이어프레임에 콘텐츠에 대한 설명과 페이지 간 이동 흐름 등을 추가한 문서로, 화면 설계도이며 구체적인 작업 지침서 역할을 하는 UI 설계 도구를 쓰시오.

답 :

기출체크 정답 4. 직관성은 <u>누구나 쉽게 이해하고 사용할 수 있어야 한다는</u> 설계 원칙이다. 5. 유효성 6. 와이어프레임(Wireframe) 7. 목업(Mockup) 8. 스토리보드(Story Board)

195 > UI 설계 도구 - 프로토타입 ⓒ

- 프로토타입(Prototype)은 와이어프레임이나 스토리보드 등에 인터랙션을 적용함으로써 **실제 구현된 것처럼 테스트가 가능한 동적인 형태의 모형**이다.
- 사용자의 요구사항을 개발자가 맞게 해석했는지 검증하기 위한 것이다.
- 페이퍼 **프로토타입** : 스케치, 그림, 글 등을 이용하여 손으로 직접 작성하는 아날로그적인 방법
- 디지털 **프로토타입** : 파워포인트, 아크로뱃, 비지오, 옴니그래플 등과 같은 프로그램을 사용하여 작성하는 방법

예상체크 ☑

출제예상
1. 와이어프레임이나 스토리보드 등에 인터랙션을 적용함으로써 실제 구현된 것처럼 테스트가 가능한 동적인 형태의 모형을 의미하는 UI 설계 도구를 쓰시오.

답 :

필기 23.5

196 > UI 설계 도구 - 유스케이스 ⓒ

- 유스케이스(Use Case)는 **사용자의 요구사항을 기능 단위로 표현하는 것**이다.
- 사용자가 원하는 목표를 달성하기 위해 수행할 내용을 기술한다.
- 일반적으로 다이어그램 형식으로 묘사된다.

기출체크 ☑

필기 23.5
2. UI 설계 도구 중 다음은 무엇에 대한 설명인지 쓰시오.

- 사용자 측면에서의 요구사항으로, 사용자가 원하는 목표를 달성하기 위해 수행 내용을 기술한다.
- 사용자의 요구사항을 빠르게 파악함으로써 프로젝트의 초기에 시스템의 기능적인 요구를 결정하고 그 결과를 문서화할 수 있다.
- 일반적으로 다이어그램 형식으로 묘사된다.

답 :

필기 20.8

197 > 품질 요구사항 ⓒ

- 소프트웨어 품질은 소프트웨어에 대한 요구사항이 사용자의 입장에서 얼마나 충족하는가를 나타내는 소프트웨어 특성의 총체이다.
- **소프트웨어 품질 관련 표준**
  - ISO/IEC : 9126 소프트웨어의 품질 특성과 평가를 위한 국제 표준
  - ISO/IEC 25010 : ISO/IEC 9126에 호환성과 보안성을 강화하여 개정한 소프트웨어 제품에 대한 국제 표준
  - ISO/IEC 12119 : 패키지 소프트웨어의 일반적인 제품 품질 요구사항 및 테스트를 위한 국제 표준
  - ISO/IEC 14598 : 소프트웨어 품질의 측정과 평가에 필요 절차를 규정한 표준

기출체크 ☑

필기 20.8
3. 소프트웨어 품질 관련 표준 중 패키지 소프트웨어의 일반적인 제품 품질 요구사항 및 테스트를 위한 국제 표준을 쓰시오.

답 :

필기 21.8, 21.3, 20.8, 20.6

198 > ISO/IEC 9126의 소프트웨어 품질 특성 Ⓑ

필기 20.6
기능성(Functionality)

- 소프트웨어가 사용자의 요구사항을 정확하게 만족하는 기능을 제공하는지 여부를 나타낸다.
- 하위 특성 : 적절성/적합성, 정밀성/정확성, 상호 운용성, 보안성, 준수성

필기 20.8
신뢰성(Reliability)

- 주어진 시간동안 주어진 기능을 오류 없이 수행할 수 있는 정도를 나타낸다.
- 하위 특성 : 성숙성, 고장 허용성, 회복성

기출체크 **정답** 1. 프로토타입(Prototype) 2. 유스케이스(Use Case) 3. ISO/IEC 12119

필기 21.3
사용성(Usability)

- 사용자와 컴퓨터 사이에 발생하는 어떠한 행위에 대하여 사용자가 정확하게 이해하고 사용하며, 향후 다시 사용하고 싶은 정도를 나타낸다.
- 하위 특성 : 이해성, 학습성, 운용성, 친밀성

효율성(Efficiency)

- 사용자가 요구하는 기능을 얼마나 빠르게 처리할 수 있는지 정도를 나타낸다.
- 하위 특성 : 시간 효율성, 자원 효율성

유지 보수성(Maintainability)

- 환경의 변화 또는 새로운 요구사항이 발생했을 때 소프트웨어를 개선하거나 확장할 수 있는 정도를 나타낸다.
- 하위 특성 : 분석성, 변경성, 안정성, 시험성

필기 21.8
이식성(Portability)

- 소프트웨어가 다른 환경에서도 얼마나 쉽게 적용할 수 있는지 정도를 나타낸다.
- 하위 특성 : 적용성, 설치성, 대체성, 공존성

기출체크 ☑

필기 20.6
4. 다음은 ISO/IEC 9126의 소프트웨어 품질 특성 중 기능성(Functionality)에 대한 설명이다. 괄호(①, ②)에 들어갈 알맞은 특성을 쓰시오.

> - 기능성은 소프트웨어가 사용자의 요구사항을 정확하게 만족하는 기능을 제공하는지 여부를 나타낸다.
> - 기능성의 하위 특성에는 적절성, 정밀성, (①), (②), 준수성이 있다.

답
- ①
- ②

▶340251

199 HCI ⓒ

- HCI(Human Computer Interaction or Interface)는 **사람이 시스템을 보다 편리하고 안전하게 사용할 수 있도록 연구하고 개발하는 학문**이다.
- 최종 목표는 시스템을 사용하는데 있어 최적의 사용자 경험(UX)을 만드는 것이다.
- HCI는 어떤 제품이 좋은 제품인지, 어떻게 하면 좋은 제품을 만들 수 있는지 등을 연구한다.

예상체크 ☑

출제예상
5. 사람과 컴퓨터 시스템 간의 상호작용을 연구하고 설계하는 학문으로, 시스템을 사용하는데 있어 최적의 사용자 경험(UX)을 만드는 것을 목표로 하는 학문을 쓰시오.

답 :

▶340252

200 감성공학 ⓒ

- 감성공학은 **제품이나 작업환경을 사용자의 감성에 알맞도록 설계 및 제작하는 기술**이다.
- 인문사회과학, 공학, 의학 등 여러 분야의 학문이 공존하는 종합과학이다.
- 감성공학의 목적은 인간의 삶을 편리하고 안전하며 쾌적하게 만드는 것이다.
- 감성공학은 인간의 감성을 구체적으로 제품 설계에 적용하기 위해 공학적인 접근 방법을 사용한다.

예상체크 ☑

출제예상
6. 제품이나 작업환경을 사용자의 감성에 알맞도록 설계 및 제작하는 기술로, 인문사회과학, 공학, 의학 등 여러 분야의 학문이 공존하는 종합과학을 의미하는 용어를 쓰시오.

답 :

문제 01 다음은 사용자 인터페이스의 기본 원칙에 대한 설명이다. 괄호(①~④)에 들어갈 알맞은 기본 원칙을 쓰시오.

- (①) : 누구나 쉽게 이해하고 사용할 수 있어야 한다.
- (②) : 사용자의 목적을 정확하고 완벽하게 달성해야 한다.
- (③) : 누구나 쉽게 배우고 익힐 수 있어야 한다.
- (④) : 사용자의 요구사항을 최대한 수용하고 실수를 최소화해야 한다.

답
- ①
- ②
- ③
- ④

문제 02 다음은 사용자 인터페이스인 CLI, GUI, NUI에 대한 설명이다. 각 인터페이스에 해당하는 설명을 골라 기호(㉠~㉢)로 쓰시오.

㉠ 사용자의 말이나 행동으로 기기를 조작하는 인터페이스
㉡ 아이콘이나 메뉴를 마우스로 선택하여 작업을 수행하는 그래픽 환경의 인터페이스
㉢ 명령과 출력이 텍스트 형태로 이뤄지는 인터페이스

답
- ① CLI :
- ② GUI :
- ③ NUI :

문제 03 다음 괄호에 공통적으로 들어갈 가장 적합한 용어를 쓰시오.

( )은 사용자 요구사항을 기반으로 실제 동작하는 것처럼 만든 동적인 형태의 모형으로, 사용자의 요구사항을 개발자가 맞게 해석했는지 검증하기 위한 것이다. 사용자의 요구사항이 모두 반영될 때까지 ( )을 계속하여 개선하고 보완해야 한다.

답 :

문제 04 다음은 ISO/IEC 9126의 소프트웨어 품질 특성 중 신뢰성(Reliability)에 대한 설명이다. 괄호(①, ②)에 들어갈 알맞은 용어를 쓰시오.

- 신뢰성은 주어진 시간동안 주어진 기능을 오류 없이 수행할 수 있는 정도를 나타낸다.
- 신뢰성의 하위 특성에는 (　①　), 고장 허용성, (　②　)이 있다.

답
- ①
- ②

문제 05 소프트웨어 품질 특성 중 사용자가 요구하는 기능을 얼마나 빠르게 처리할 수 있는지 정도를 나타내는 특성이 무엇인지 쓰시오.

답 :

[문제 01]
① 직관성   ② 유효성   ③ 학습성   ④ 유연성

[문제 02]
① ©   ② ©   ③ ㉠

[문제 03]
프로토타입(Prototype)

[문제 04]
① 성숙성   ② 회복성

[문제 05]
효율성(Efficiency)

애플리케이션 테스트 관리

201 애플리케이션 테스트 ⓒ등급

202 애플리케이션 테스트의 기본 원리
　　ⓐ등급

203 프로그램 실행 여부에 따른 테스트
　　ⓐ등급

204 시각에 따른 테스트 ⓒ등급

205 목적에 따른 테스트 ⓒ등급

206 화이트박스 테스트 ⓑ등급

207 화이트박스 테스트의 종류 ⓑ등급

208 화이트박스 테스트의 검증 기준 ⓐ등급

209 블랙박스 테스트 ⓐ등급

210 블랙박스 테스트의 종류 ⓐ등급

211 개발 단계에 따른 애플리케이션 테스트
　　ⓐ등급

212 단위 테스트 ⓐ등급

213 통합 테스트 ⓐ등급

214 시스템 테스트 ⓒ등급

215 인수 테스트 ⓐ등급

216 하향식 통합 테스트 ⓐ등급

217 상향식 통합 테스트 ⓐ등급

218 회귀 테스트 ⓐ등급

219 테스트 오라클 ⓑ등급

220 테스트 오라클의 종류 ⓐ등급

221 테스트 자동화 도구 ⓑ등급

222 테스트 하네스의 구성 요소 ⓒ등급

223 결함 ⓒ등급

224 애플리케이션 성능 측정 지표 ⓐ등급

225 빅오 표기법으로 표현한 최악의
　　시간 복잡도 ⓑ등급

226 순환 복잡도 ⓑ등급

227 소스 코드 최적화 ⓑ등급

228 클린 코드 작성 원칙 ⓑ등급

229 소스 코드 품질 분석 도구 ⓐ등급

201 > 애플리케이션 테스트 Ⓒ

- 애플리케이션 테스트는 **애플리케이션에 잠재되어 있는 결함을 찾아내는 일련의 행위 또는 절차**이다.
- 애플리케이션 테스트는 개발된 소프트웨어가 고객의 요구사항을 만족시키는지 확인(Validation)하고 소프트웨어가 기능을 정확히 수행하는지 검증(Verification)한다.

예상체크 ☑

출제예상
1. 다음 설명의 괄호에 들어갈 가장 적합한 용어를 쓰시오.

> (   )는 애플리케이션에 잠재되어 있는 결함을 찾아내는 일련의 행위 또는 절차로, 개발된 소프트웨어가 고객의 요구사항을 만족시키는지 확인(Validation)하고 소프트웨어가 기능을 정확히 수행하는지 검증(Verification)한다.

답 :

202 > 애플리케이션 테스트의 기본 원리 Ⓐ

20.5, 필기 24.2, 22.7, 20.6

- **파레토 법칙(Pareto Principle)** : 애플리케이션의 20%에 해당하는 코드에서 전체 결함의 80%가 발견된다는 법칙
- **살충제 패러독스(Pesticide Paradox)** : 동일한 테스트 케이스로 동일한 테스트를 반복하면 더 이상 결함이 발견되지 않는 현상
- **오류-부재의 궤변(Absence of Errors Fallacy)** : 소프트웨어의 결함을 모두 제거해도 사용자의 요구사항을 만족시키지 못하면 해당 소프트웨어는 품질이 높다고 말할 수 없는 것

기출체크 ☑

20.5
2. 애플리케이션 테스트에서 사용되는 살충제 패러독스(Pesticide Paradox)의 개념을 간략히 서술하시오.

답 :

203 > 프로그램 실행 여부에 따른 테스트 Ⓐ

20.7

20.7
정적 테스트

- 프로그램을 실행하지 않고 명세서나 소스 코드를 대상으로 분석하는 테스트이다.
- 소스 코드에 대한 코딩 표준, 코딩 스타일, 코드 복잡도, 남은 결함 등을 발견하기 위해 사용한다.
- 종류 : 워크스루, 인스펙션, 코드 검사 등

동적 테스트

- 프로그램을 실행하여 오류를 찾는 테스트이다.
- 소프트웨어 개발의 모든 단계에서 테스트를 수행한다.
- 종류 : 블랙박스 테스트, 화이트박스 테스트

기출체크 ☑

20.7
3. 애플리케이션을 실행하지 않고, 소스 코드에 대한 코딩 표준, 코딩 스타일, 코드 복잡도 및 남은 결함을 발견하기 위하여 사용하는 테스트를 쓰시오.

답 :

204 > 시각에 따른 테스트 Ⓒ

필기 24.2, 21.8

필기 24.2, 21.8
검증(Verification) 테스트

- 개발자의 시각에서 제품의 생산 과정을 테스트하는 것이다.
- 제품이 명세서대로 완성됐는지를 테스트한다.

필기 24.2, 21.8
확인(Validation) 테스트

- 사용자의 시각에서 생산된 제품의 결과를 테스트하는 것이다.
- 사용자가 요구한대로 제품이 완성됐는지, 제품이 정상적으로 동작하는지를 테스트한다.

필기 21.8

4. 다음 설명의 괄호(①, ②)에 들어갈 알맞은 용어를 쓰시오.

(①)은 작업 제품이 사용자의 요구에 적합한지 측정하는 것이고,
(②)은 작업 제품이 개발자의 기대를 충족시키는지를 측정하는 것이다.

답
• ①
• ②

병행(Parallel) 테스트

변경된 소프트웨어와 기존 소프트웨어에 동일한 데이터를 입력하여 결과를 비교하는 테스트이다.

기출체크 ✅

필기 21.8

5. 애플리케이션 테스트 중 시스템에 과다 정보량을 부과하여 과부하 시에도 시스템이 정상적으로 작동되는지를 확인하는 테스트가 무엇인지 쓰시오.

답 :

205 〉 목적에 따른 테스트 ©

필기 21.8

회복(Recovery) 테스트

시스템에 여러 가지 결함을 주어 실패하도록 한 후 올바르게 복구되는지를 확인하는 테스트이다.

안전(Security) 테스트

시스템에 설치된 시스템 보호 도구가 불법적인 침입으로부터 시스템을 보호할 수 있는지를 확인하는 테스트이다.

필기 21.8
강도(Stress) 테스트

시스템에 과도한 정보량이나 빈도 등을 부과하여 과부하 시에도 소프트웨어가 정상적으로 실행되는지를 확인하는 테스트이다.

성능(Performance) 테스트

소프트웨어의 실시간 성능이나 전체적인 효율성을 진단하는 테스트로, 소프트웨어의 응답 시간, 처리량 등을 테스트한다.

구조(Structure) 테스트

소프트웨어 내부의 논리적인 경로, 소스 코드의 복잡도 등을 평가하는 테스트이다.

회귀(Regression) 테스트

소프트웨어의 변경 또는 수정된 코드에 새로운 결함이 없음을 확인하는 테스트이다.

206 〉 화이트박스 테스트 ⑧

필기 24.2, 23.7, 23.2, 22.7, 22.4, 21.5, 20.6

• 화이트박스 테스트(White Box Test)는 모듈의 원시 코드(Source Code)를 오픈시킨 상태에서 **원시 코드의 논리적인 모든 경로를 테스트하여 테스트 케이스를 설계하는 방법**이다.
• 모듈 안의 작동을 직접 관찰할 수 있다.
• 원시 코드의 모든 문장을 한 번 이상 실행함으로써 수행된다.

기출체크 ✅

필기 23.7, 20.6

6. Module의 Source Code를 오픈시킨 상태에서 원시 코드의 논리적 모든 경로를 테스트하여 테스트 케이스를 설계하는 방법을 쓰시오.

답 :

207 〉 화이트박스 테스트의 종류 ⑧

필기 24.2, 23.7, 22.7, 22.3, 21.5, 20.8, 20.6

필기 24.2, 23.7, 22.7, 22.3, 21.5, 20.8, 20.6
기초 경로 검사(Base Path Testing)

• 테스트 케이스 설계자가 절차적 설계의 논리적 복잡성을 측정할 수 있게 해주는 테스트 기법이다.
• 대표적인 화이트박스 테스트 기법이다.

제어 구조 검사(Control Structure Testing)

- 조건 검사(Condition Testing) : 프로그램 모듈 내에 있는 논리적 조건을 테스트하는 테스트 케이스 설계 기법
- 루프 검사(Loop Testing) : 프로그램의 반복(Loop) 구조에 초점을 맞춰 실시하는 테스트 케이스 설계 기법
- 데이터 흐름 검사(Data Flow Testing) : 프로그램에서 변수의 정의와 변수 사용의 위치에 초점을 맞춰 실시하는 테스트 케이스 설계 기법

기출체크 ☑

필기 22.3, 20.6
1. 다음에 제시된 테스트 중 화이트박스 테스트의 종류를 모두 골라 기호(㉠~㉫)로 쓰시오.

㉠ 경계값 분석	㉡ 제어 구조 검사	㉢ 오류 예측 검사
㉣ 동치 분할 검사	㉤ 기초 경로 검사	㉫ 비교 검사

답 :

340540   24.4, 23.7, 23.4, 21.7, 20.10

208 > 화이트박스 테스트의 검증 기준 Ⓐ

21.7
문장 검증 기준(Statement Coverage)

소스 코드의 모든 구문이 한 번 이상 수행되도록 테스트 케이스를 설계한다.

23.4, 21.7, 20.10
결정 검증 기준(Decision Coverage)

- 소스 코드의 모든 조건문에 대해 조건식의 결과가 True인 경우와 False인 경우가 한 번 이상 수행되도록 테스트 케이스를 설계한다.
- 분기 검증 기준(Branch Coverage)이라고도 한다.

23.7, 21.7
조건 검증 기준(Condition Coverage)

소스 코드의 조건문에 포함된 개별 조건식의 결과가 True인 경우와 False인 경우가 한 번 이상 수행되도록 테스트 케이스를 설계한다.

조건/결정 검증 기준(Condition/Decision Coverage)

결정 검증 기준과 조건 검증 기준을 모두 만족하는 설계로, 조건문이 True인 경우와 False인 경우에 따라 조건 검증 기준의 입력 데이터를 구분하는 테스트 케이스를 설계한다.

24.4
변경 조건/결정 검증 기준(Modified Condition/Decision Coverage)

조건/결정 검증 기준을 향상시킨 검증 기준으로, 개별 조건식이 다른 개별 조건식의 영향을 받지 않고 전체 조건식의 결과에 독립적으로 영향을 주도록 테스트 케이스를 설계한다.

다중 조건 검증 기준(Multiple Condition Coverage)

소스 코드의 조건문에 포함된 모든 개별 조건식의 모든 조합을 고려하도록 테스트 케이스를 설계한다.

기출체크 ☑

23.7, 21.7
2. 테스트에 대한 다음 설명에서 각 지문(①~③)에 해당하는 커버리지(Coverage)를 〈보기〉에서 찾아 기호(㉠~㉫)로 쓰시오.

① 최소 한번은 모든 문장이 수행되도록 구성하는 검증 기준
② 조건식이 참(True)/거짓(False)일 때 수행되도록 구성하는 검증 기준
③ ②번과 달리 조건식에 상관없이 개별 조건이 참(True)/거짓(False)일 때 수행되도록 구성하는 검증 기준

〈보기〉

㉠ 다중 조건 검증 기준	㉡ 선택 검증 기준
㉢ 조건 검증 기준	㉣ 결정(분기) 검증 기준
㉤ 결정(분기)/조건 검증 기준	㉫ 구문(문장) 검증 기준

답
- ①
- ②
- ③

23.4, 20.10
3. 다음은 화이트박스 테스트의 프로그램 제어흐름이다. 다음의 순서도를 참고하여 분기 커버리지로 구성할 테스트 케이스를 작성하시오.

기출체크 **정답** 1. ㉡, ㉤ 2. ①-㉫, ②-㉣, ③-㉢

〈순서도〉

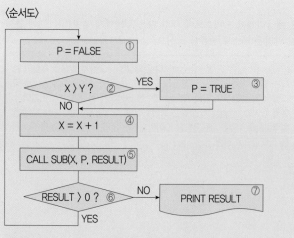

〈작성예시〉

(①) → (②) → (④)

답
( ) → ( ) → ( ) → ( ) → ( ) → ( ) → ( )
( ) → ( ) → ( ) → ( ) → ( ) → ( )

해설

화이트박스 테스트의 검증 기준(Coverage) 중 분기 검증 기준(Branch Coverage)은 소스 코드의 모든 조건문이 한 번 이상 수행되도록 테스트 케이스를 설계하는 방법입니다.

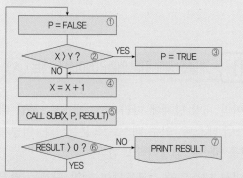

위의 순서도를 기반으로 한 테스트 케이스는 ①번에서 시작한 프로세스가 조건문인 ②번과 ⑥번에 도달했을 때 반드시 한 번은 Yes로 한 번은 No로 진행되도록 설계되어야 합니다. 또한 문제지의 답란에 7칸의 괄호와 6칸의 괄호가 제시되어 있으므로, 두 번의 프로세스로 모든 코드가 수행되도록 설계해야 합니다.

[첫 번째 테스트 케이스 설계 방안]
• 7칸 괄호 : ① → ② → ③ → ④ → ⑤ → ⑥ → ⑦
• 6칸 괄호 : ① → ② → ④ → ⑤ → ⑥ → ①
※ 7칸 괄호에 맞는 테스트 케이스를 설계할 때 ②번 조건문에서 Yes로, ⑥번 조건문에서 No로 진행되도록 설계했으므로, 6칸 괄호에 맞는 테스트 케이스는 ②번 조건문에서 No로, ⑥번 조건문에서 Yes로 진행되도록 설계해야 합니다.

[두 번째 테스트 케이스 설계 방안]
• 7칸 괄호 : ① → ② → ③ → ④ → ⑤ → ⑥ → ①
• 6칸 괄호 : ① → ② → ④ → ⑤ → ⑥ → ⑦
※ 7칸 괄호에 맞는 테스트 케이스를 설계할 때 ②번 조건문에서 Yes로, ⑥번 조건문에서도 Yes로 진행되도록 설계했으므로, 6칸 괄호에 맞는 테스트 케이스는 ②번 조건문에서 No로, ⑥번 조건문에서도 No로 진행되도록 설계해야 합니다.

 340262   20.10

209 〉 **블랙박스 테스트**

• 블랙박스 테스트(Black Box Test)는 소프트웨어가 수행할 특정 기능을 알기 위해서 **각 기능이 완전히 작동되는 것을 입증하는 테스트**로, 기능 테스트라고도 한다.
• 사용자의 요구사항 명세를 보면서 테스트한다.
• 주로 구현된 기능을 테스트한다.
• 소프트웨어 인터페이스를 통해 실시된다.

기출체크 ☑

20.10
4. 소프트웨어가 수행할 특정 기능을 알기 위해서 각 기능이 완전히 작동되는 것을 입증하는 테스트로, 동치 클래스 분해 및 경계값 분석 등을 이용하는 테스트 기법을 쓰시오.

답 :

 340263   23.10, 22.10, 22.5, 21.10, 21.4, 20.11, 필기 23.5, 21.5, 21.3, 20.9, 20.8, 20.6

210 〉 **블랙박스 테스트의 종류**

23.10, 22.5, 21.4, 20.11, 필기 23.5, 20.9, 20.8
동치 분할 검사(Equivalence Partitioning Testing)

• 프로그램의 입력 조건에 타당한 입력 자료와 타당하지 않은 입력 자료의 개수를 균등하게 하여 테스트 케이스를 정하고, 해당 입력 자료에 맞는 결과가 출력되는지 확인하는 기법이다.
• 동등 분할 기법 또는 동치 클래스 분해라고도 한다.

22.10, 22.5, 21.4, 필기 21.3, 20.9, 20.8, 20.6
경계값 분석(Boundary Value Analysis)

입력 조건의 중간값보다 경계값에서 오류가 발생될 확률이 높다는 점을 이용하여 입력 조건의 경계값을 테스트 케이스로 선정하여 검사하는 기법이다.

22.5, 21.10, 필기 20.9
원인-효과 그래프 검사(Cause-Effect Graphing Testing)

입력 데이터 간의 관계와 출력에 영향을 미치는 상황을 체계적으로 분석한 다음 효용성이 높은 테스트 케이스를 선정하여 검사하는 기법이다.

기출체크 정답 3. ① → ② → ③ → ④ → ⑤ → ⑥ → ⑦, ① → ② → ④ → ⑤ → ⑥ → ① 또는 ① → ② → ③ → ④ → ⑤ → ⑥ → ①, ① → ② → ④ → ⑤ → ⑥ → ⑦
4. 블랙박스 테스트(Black Box Test)

7장 | 애플리케이션 테스트 관리   **181**

오류 예측 검사(Error Guessing)

과거의 경험이나 확인자의 감각으로 테스트하는 기법이다.

비교 검사(Comparison Testing)

여러 버전의 프로그램에 동일한 테스트 자료를 제공하여 동일한 결과가 출력되는지 테스트하는 기법이다.

예제 A 애플리케이션에서 평가점수에 따른 성적부여 기준이 다음과 같을 때, 동치 분할 검사와 경계값 분석의 테스트 케이스를 확인하시오.

평가점수	성적
90~100	A
80~89	B
70~79	C
0~69	D

〈동치 분할 검사〉

테스트 케이스	1	2	3	4
입력값	60	75	82	96
예상 결과값	D	C	B	A
실제 결과값	D	C	B	A

해설 동치 분할 검사는 입력 자료에 초점을 맞춰 테스트 케이스를 만들어 검사하므로 평가점수를 입력한 후 점수에 맞는 성적이 출력되는지 확인한다.

〈경계값 분석〉

테스트 케이스	1	2	3	4	5	6	7	8	9	10
입력값	-1	0	69	70	79	80	89	90	100	101
예상 결과값	오류	D	D	C	C	B	B	A	A	오류
실제 결과값	오류	D	D	C	C	B	B	A	A	오류

해설 경계값 분석은 입력 조건의 경계값을 테스트 케이스로 선정하여 검사하므로 평가점수의 경계값에 해당하는 점수를 입력한 후 올바른 성적이 출력되는지 확인한다.

기출체크 ☑

23.10, 20.11

1. 테스트 기법 중 다음과 같이 〈평가 점수표〉를 미리 정해 놓은 후 각 영역에 해당하는 입력값을 넣고, 예상되는 출력값이 나오는지 실제 값과 비교하는 명세 기반 테스트 기법을 쓰시오.

〈평가 점수표〉

평가점수	성적등급
90~100	A
80~89	B
70~79	C
0~69	D

〈테스트 케이스〉

테스트 케이스	1	2	3	4
적용범위	0~69	70~79	80~89	90~100
입력값	60	75	82	96
예상결과값	D	C	B	A
실제결과값	D	C	B	A

답 :

21.4

2. 애플리케이션 테스트에 대한 다음 설명에서 괄호(①, ②)에 들어갈 알맞은 테스트 종류를 쓰시오.

(①)은 입력 조건의 중간값보다 경계값에서 오류가 발생될 확률이 높다는 점을 이용한 검사 기법이고, (②)는 입력 조건이 유효한 경우와 그렇지 않은 경우의 입력 자료의 개수를 균등하게 정하는 검사 기법이다. 예를 들어 0 <= x <= 10과 같은 조건이 있을 때, (①)은 -1, 0, 10, 11을 입력값으로, (②)는 0이상 10이하의 수 n개와 0미만 10초과의 수 n개를 입력값으로 정한다.

답
- ①
- ②

21.10

3. 테스트 기법 중 그래프를 활용하여 입력 데이터 간의 관계와 출력에 영향을 미치는 상황을 체계적으로 분석한 다음 효용성이 높은 테스트 케이스를 선정하여 검사하는 기법을 〈보기〉에서 찾아 쓰시오.

〈보기〉

Equivalence Partition	Boundary Value Analysis	Condition Test
Cause-Effect Graph	Error Guess	Comparison Test
Base Path Test	Loop Test	Data Flow Test

답 :

▶ 340264

22.5

211 〉 개발 단계에 따른 애플리케이션 테스트 Ⓐ

- 소프트웨어의 개발 단계에 따라 단위 테스트, 통합 테스트, 시스템 테스트, 인수 테스트로 분류된다. 이렇게 분류된 것을 테스트 레벨이라고 한다.
- 애플리케이션 테스트와 소프트웨어 개발 단계를 연결하여 표현한 것을 V-모델이라고 한다.

소프트웨어 생명 주기의 V-모델

4. 다음은 진행 중인 프로젝트의 개발 수명 주기에 따른 테스트 방식을 표시한 V-모델이다. 괄호(①~④)에 들어갈 가장 적합한 테스트 종류를 쓰시오.

답
- ①
- ②
- ③
- ④

 ▶340265

21.4, 필기 21.8

212 > 단위 테스트 Ⓐ

- 단위 테스트(Unit Test)는 코딩 직후 소프트웨어 설계의 최소 단위인 **모듈이나 컴포넌트에 초점을 맞춰 테스트**하는 것이다.
- 인터페이스, 외부적 I/O, 자료 구조, 독립적 기초 경로, 오류 처리 경로, 경계 조건 등을 검사한다.
- 사용자의 요구사항을 기반으로 한 기능성 테스트를 최우선으로 수행한다.
- 구조 기반 테스트와 명세 기반 테스트로 나뉘지만 주로 구조 기반 테스트를 시행한다.

기출체크 ☑

필기 21.8
5. 개별 모듈을 시험하는 것으로 모듈이 정확하게 구현되었는지, 예정한 기능이 제대로 수행되는지를 점검하는 것이 주목적인 테스트를 쓰시오.

답 :

 ▶340266

21.4

213 > 통합 테스트 Ⓐ

- 통합 테스트(Integration Test)는 **단위 테스트가 완료된 모듈들을 결합하여 하나의 시스템으로 완성시키는 과정에서의 테스트**를 의미한다.
- 모듈 간 또는 통합된 컴포넌트 간의 상호 작용 오류를 검사한다.
- 비점진적 통합 방식
  - 단계적으로 통합하는 절차 없이 모든 모듈이 미리 결합되어 있는 프로그램 전체를 테스트하는 방법
  - 종류 : 빅뱅 통합 테스트 방식
- 점진적 통합 방식
  - 모듈 단위로 단계적으로 통합하면서 테스트하는 방법
  - 종류 : 하향식 통합 테스트, 상향식 통합 테스트, 혼합식 통합 테스트

기출체크 ☑

21.4
6. 애플리케이션 테스트에 대한 다음 설명에서 각 지문(①, ②)에 해당하는 용어를 〈보기〉에서 찾아 기호(㉠~㉺)로 쓰시오.

> ① 코딩 직후 소프트웨어 설계의 최소 단위인 모듈이나 컴포넌트에 초점을 맞춰 수행하는 테스트로, 모듈 테스트라고도 불린다. 사용자의 요구사항을 기반으로 한 기능성 테스트를 최우선으로 인터페이스, 외부적 I/O, 자료 구조, 독립적 기초 경로, 오류 처리 경로, 경계 조건 등을 검사한다.
> ② 모듈들을 결합하여 하나의 시스템으로 완성시키는 과정에서의 테스트를 의미하며, 모듈 간 또는 컴포넌트 간의 인터페이스가 정상적으로 실행되는지 검사한다.

〈보기〉

㉠ 시스템 테스트	㉡ 인수 테스트	㉢ 알파 테스트
㉣ 단위 테스트	㉤ 통합 테스트	㉥ 회귀 테스트

답
- ①
- ②

---

214 > 시스템 테스트 Ⓒ

- 시스템 테스트(System Test)는 **개발된 소프트웨어가** 해당 컴퓨터 시스템에서 **완벽하게 수행되는가를 점검하는 테스트**이다.
- 기능적 요구사항과 비기능적 요구사항으로 구분하여 각각을 만족하는지 테스트한다.

예상체크 ☑

출제예상
1. 애플리케이션 테스트 중 개발된 소프트웨어가 해당 컴퓨터 시스템에서 완벽하게 수행되는가를 점검하는 테스트를 쓰시오.

답 :

22.7, 필기 24.2, 23.7, 23.5, 22.3, 21.3, 20.9, 20.8, 20.6

215 > 인수 테스트 Ⓐ

- 인수 테스트(Acceptance Test)는 개발한 소프트웨어가 **사용자의 요구사항을 충족하는지에 중점을 두고 테스트**하는 것이다.
- 인수 테스트는 개발한 소프트웨어를 사용자가 직접 테스트한다.
- 인수 테스트 종류

알파 테스트	• 개발자의 장소에서 사용자가 개발자 앞에서 행하는 테스트 기법 • 테스트는 통제된 환경에서 행해지며, 오류와 사용상의 문제점을 사용자와 개발자가 함께 확인하면서 기록함
베타 테스트	• 선정된 최종 사용자가 여러 명의 사용자 앞에서 행하는 테스트 기법 • 실업무를 가지고 사용자가 직접 테스트

22.7, 필기 23.7, 21.3, 20.9, 20.6

2. 애플리케이션 테스트에 대한 다음 설명에서 괄호(①, ②)에 들어갈 알맞은 테스트를 쓰시오.

> 인수 테스트는 개발한 소프트웨어가 사용자의 요구사항을 충족하는지에 중점을 두고 테스트하는 방법이다.
> - (①) : 선정된 최종 사용자가 여러 명의 사용자 앞에서 행하는 테스트 기법으로, 실제 업무를 가지고 사용자가 직접 테스트한다.
> - (②) : 개발자의 장소에서 사용자가 개발자 앞에서 행하는 테스트 기법으로, 테스트는 통제된 환경에서 행해지며, 오류와 사용상의 문제점을 사용자와 개발자가 함께 확인하면서 기록한다.

답
- ①
- ②

23.10, 21.7, 필기 24.2, 21.3, 20.8, 20.6

216 > 하향식 통합 테스트 Ⓐ

- 하향식 통합 테스트(Top Down Integration Test)는 프로그램의 **상위 모듈에서 하위 모듈 방향으로 통합하면서 테스트**하는 기법이다.
- 하향식 통합 테스트 절차

❶ 주요 제어 모듈은 작성된 프로그램을 사용하고, 주요 제어 모듈의 종속 모듈들은 스텁(Stub)으로 대체한다.

❷ 깊이 우선 또는 넓이 우선 등의 통합 방식에 따라 하위 모듈인 스텁들이 한 번에 하나씩 실제 모듈로 교체된다.

❸ 모듈이 통합될 때마다 테스트를 실시한다.

❹ 새로운 오류가 발생하지 않음을 보증하기 위해 회귀 테스트를 실시한다.

※ 스텁(Stub) : 제어 모듈이 호출하는 타 모듈의 기능을 단순히 수행하는 도구로, 일시적으로 필요한 조건만을 가지고 있는 시험용 모듈임

기출체크 ☑

23.10, 21.7, 필기 24.2, 21.3, 20.6

3. 하향식 통합에 있어서 모듈 간의 통합 시험을 위해 일시적으로 필요한 조건만을 가지고 임시로 제공되는 시험용 모듈을 무엇이라고 하는지 쓰시오.

답 :

---

217 > 상향식 통합 테스트 Ⓐ

- 상향식 통합 테스트(Bottom Up Integration Test)는 프로그램의 **하위 모듈에서 상위 모듈 방향으로 통합하면서 테스트**하는 기법이다.

- 상향식 통합 테스트 절차
  ❶ 하위 모듈들을 클러스터(Cluster)로 결합한다.
  ❷ 상위 모듈에서 데이터의 입·출력을 확인하기 위해 더미 모듈인 드라이버(Driver)를 작성한다.
  ❸ 통합된 클러스터 단위로 테스트한다.
  ❹ 테스트가 완료되면 클러스터는 프로그램 구조의 상위로 이동하여 결합하고 드라이버는 실제 모듈로 대체된다.

※ 테스트 드라이버(Test Driver) : 테스트 대상의 하위 모듈을 호출하고, 파라미터를 전달하고, 모듈 테스트 수행 후의 결과를 도출하는 도구임

기출체크 ☑

23.10, 21.10
4. 애플리케이션 테스트에 관한 다음 설명에서 괄호(①, ②)에 들어갈 알맞은 용어를 쓰시오.

- (①)는 소프트웨어의 하위 모듈에서 상위 모듈 방향으로 통합하면서 테스트하는 기법이다.
- 하나의 주요 제어 모듈과 관련된 종속 모듈의 그룹인 클러스터(Cluster)가 필요하다.
- 데이터의 입·출력을 확인하기 위해 더미 모듈인 (②)를 생성한다.

답
- ①
- ②

---

218 > 회귀 테스트 Ⓐ

- 회귀 테스트(Regression Test)는 **통합 테스트로 인해 변경된 모듈이나 컴포넌트에 새로운 오류가 있는지 확인하는 테스트**이다.
- 이미 테스트된 프로그램의 테스팅을 반복하는 것이다.
- 회귀 테스트는 수정한 모듈이나 컴포넌트가 다른 부분에 영향을 미치는지, 오류가 생기지 않았는지 테스트하여 새로운 오류가 발생하지 않음을 보증하기 위해 반복 테스트한다.

기출체크 ☑

22.7
5. 다음 설명에 해당하는 테스트를 〈보기〉에서 찾아 쓰시오.

- 통합 테스트로 인해 변경된 모듈이나 컴포넌트에 새로운 오류가 있는지 확인하는 테스트이다.
- 이미 테스트된 프로그램의 테스팅을 반복하는 것이다.
- 수정한 모듈이나 컴포넌트가 다른 부분에 영향을 미치는지, 오류가 생기지 않았는지 테스트하여 새로운 오류가 발생하지 않음을 보증하기 위해 반복 테스트한다.

〈보기〉

• Integration	• Big Bang	• System	• Acceptance
• Unit	• Regression	• White Box	• Black Box

답 :

---

219 > 테스트 오라클 Ⓑ

- 테스트 오라클(Test Oracle)은 **테스트 결과가 올바른지 판단하기 위해 사전에 정의된 참값을 대입하여 비교하는 기법** 및 활동을 말한다.
- 결과를 판단하기 위해 테스트 케이스에 대한 예상 결과를 계산하거나 확인한다.
- 테스트 오라클의 특징 : 제한된 검증, 수학적 기법, 자동화 기능

필기 23.2, 21.8, 21.5

221 테스트 자동화 도구 Ⓑ

정적 분석 도구(Static Analysis Tools)

- 프로그램을 실행하지 않고 분석하는 도구이다.
- 소스 코드에 대한 코딩 표준, 코딩 스타일, 코드 복잡도 및 남은 결함 등을 발견하기 위해 사용된다.

필기 23.2, 21.8
테스트 케이스 생성 도구(Test Case Generation Tools)

- **자료 흐름도** : 자료 원시 프로그램을 입력받아 파싱한 후 자료 흐름도를 작성함
- **기능 테스트** : 주어진 기능을 구동시키는 모든 가능한 상태를 파악하여 이에 대한 입력을 작성함
- **입력 도메인 분석** : 원시 코드의 내부를 참조하지 않고, 입력 변수의 도메인을 분석하여 테스트 데이터를 작성함
- **랜덤 테스트** : 입력 값을 무작위로 추출하여 테스트함

테스트 실행 도구(Test Execution Tools)

- 스크립트 언어를 사용하여 테스트를 실행하는 도구이다.
- 테스트 데이터와 테스트 수행 방법 등이 포함된 스크립트를 작성한 후 실행한다.

필기 21.5
성능 테스트 도구(Performance Test Tools)

애플리케이션의 처리량, 응답 시간, 경과 시간, 자원 사용률 등을 인위적으로 적용한 가상의 사용자를 만들어 테스트를 수행함으로써 성능의 목표 달성 여부를 확인하는 도구이다.

> **기출체크** ☑
>
> 필기 21.5
> 3. 애플리케이션의 처리량, 응답 시간, 경과 시간, 자원 사용률에 대해 가상의 사용자를 생성하고 테스트를 수행함으로써 성능 목표를 달성하였는지를 확인하는 테스트 자동화 도구는 무엇인지 쓰시오.
>
> 답 :

> **기출체크** ☑
>
> 필기 24.2, 23.2, 22.4, 20.9
> 1. 다음이 설명하는 테스트 용어를 쓰시오.
>
> > • 테스트의 결과가 참인지 거짓인지를 판단하기 위해서 사전에 정의된 참 값을 입력하여 비교하는 기법 및 활동을 말한다.
> > • 종류에는 참, 샘플링, 휴리스틱, 일관성 검사가 존재한다.
>
> 답 :

20.11, 필기 22.7

220 테스트 오라클의 종류 Ⓐ

- **참(True) 오라클** : 모든 테스트 케이스의 입력 값에 대해 기대하는 결과를 제공하는 오라클로, 발생된 모든 오류를 검출할 수 있음
- **샘플링(Sampling) 오라클** : 특정한 몇몇 테스트 케이스의 입력 값들에 대해서만 기대하는 결과를 제공하는 오라클로 전수 테스트가 불가능한 경우 사용하는 오라클
- **추정(Heuristic) 오라클** : 특정 테스트 케이스의 입력 값에 대해 기대하는 결과를 제공하고, 나머지 입력 값들에 대해서는 추정으로 처리하는 오라클
- **일관성 검사(Consistent) 오라클** : 애플리케이션에 변경이 있을 때, 테스트 케이스의 수행 전과 후의 결과 값이 동일한지를 확인하는 오라클

> **기출체크** ☑
>
> 20.11
> 2. 특정한 몇몇 테스트 케이스의 입력 값들에 대해서만 기대하는 결과를 제공하는 오라클로, 전수 테스트가 불가능한 경우 사용하고, 경계값 및 구간별 예상값 결과 작성시 사용하는 오라클을 쓰시오.
>
> 답 :

---

222 > 테스트 하네스의 구성 요소 Ⓒ

- **테스트 드라이버(Test Driver)** : 테스트 대상의 하위 모듈을 호출하고, 파라미터를 전달하고, 모듈 테스트 수행 후의 결과를 도출하는 도구

- **테스트 스텁(Test Stub)** : 제어 모듈이 호출하는 타 모듈의 기능을 단순히 수행하는 도구로, 일시적으로 필요한 조건만을 가지고 있는 테스트용 모듈

- **테스트 슈트(Test Suites)** : 테스트 대상 컴포넌트나 모듈, 시스템에 사용되는 테스트 케이스의 집합

- **테스트 케이스(Test Case)** : 사용자의 요구사항을 정확하게 준수했는지 확인하기 위한 입력 값, 실행 조건, 기대 결과 등으로 만들어진 테스트 항목의 명세서

- **테스트 스크립트(Test Script)** : 자동화된 테스트 실행 절차에 대한 명세서

- **목 오브젝트(Mock Object)** : 사전에 사용자의 행위를 조건부로 입력해 두면, 그 상황에 맞는 예정된 행위를 수행하는 객체

기출체크 ☑

필기 22.3

4. 다음은 테스트 하네스의 구성 요소에 대한 설명이다. 괄호(①~④)에 들어갈 가장 적합한 요소를 〈보기〉에서 찾아 기호(㉠~㉣)로 쓰시오.

- (①) : 테스트의 대상이 되는 하위 모듈을 호출하고, 파라미터를 전달하는 가상의 모듈로 상향식 테스트에 필요한 도구
- (②) : 제어 모듈이 호출하는 타 모듈의 기능을 단순히 수행하는 도구로, 일시적으로 필요한 조건만을 가지고 있는 테스트용 모듈
- (③) : 테스트 대상 컴포넌트나 모듈, 시스템에 사용되는 테스트 케이스의 집합
- (④) : 사용자의 요구사항을 정확하게 준수했는지 확인하기 위한 입력 값, 실행 조건, 기대 결과 등으로 만들어진 테스트 항목의 명세서

〈보기〉

㉠ Test Stub	㉡ Mock Object	㉢ Test Case
㉣ Test Driver	㉤ Test Script	㉥ Test Suites

답
- ①
- ②
- ③
- ④

223 > 결함 Ⓒ

- **결함(Fault)**은 오류 발생, 작동 실패 등과 같이 **소프트웨어가 개발자가 설계한 것과 다르게 동작하거나 다른 결과가 발생되는 것**을 의미한다.

- 사용자가 예상한 결과와 실행 결과 간의 차이나 업무 내용과의 불일치 등으로 인해 변경이 필요한 부분도 모두 결함에 해당된다.

기출체크 ☑

필기 21.8

5. 다음 괄호에 공통으로 들어갈 가장 적합한 용어를 쓰시오.

( )은 오류 발생, 작동 실패 등과 같이 소프트웨어가 개발자의 설계와 다르게 동작하거나 다른 결과가 발생되는 것을 의미한다. 사용자가 예상한 결과와 실행 결과 간의 차이나 업무 내용과의 불일치 등으로 인해 변경이 필요한 부분도 모두 ( )에 해당된다.

답 :

224 > 애플리케이션 성능 측정 지표 Ⓐ

- **처리량(Throughput)** : 일정 시간 내에 애플리케이션이 처리하는 일의 양

- **응답 시간(Response Time)** : 애플리케이션에 요청을 전달한 시간부터 응답이 도착할 때까지 걸린 시간

- **경과 시간(Turn Around Time)** : 애플리케이션에 작업을 의뢰한 시간부터 처리가 완료될 때까지 걸린 시간

- **자원 사용률(Resource Usage)** : 애플리케이션이 의뢰한 작업을 처리하는 동안의 CPU 사용량, 메모리 사용량, 네트워크 사용량 등 자원 사용률

1. 애플리케이션 성능이란 최소한의 자원을 사용하여 최대한 많은 기능을 신속하게 처리하는 정도를 나타낸다. 애플리케이션 성능 측정의 지표에 대한 다음 설명에서 괄호(①~③)에 들어갈 알맞은 용어를 쓰시오.

(①)	일정 시간 내에 애플리케이션이 처리하는 일의 양
(②)	애플리케이션에 요청을 전달한 시간부터 응답이 도착할 때까지 걸린 시간
(③)	애플리케이션에 작업을 의뢰한 시간부터 처리가 완료될 때까지 걸린 시간
자원 활용률	애플리케이션이 의뢰한 작업을 처리하는 동안의 CPU, 메모리, 네트워크 등의 자원 사용률

답

- ①
- ②
- ③

▶340287

225 > 빅오 표기법으로 표현한 최악의 시간 복잡도 Ⓑ

필기 23.7, 22.7, ... O(1)	입력값(n)에 관계 없이 일정하게 문제 해결에 하나의 단계만을 거침 예 스택의 삽입(Push), 삭제(Pop)
$O(\log_2 n)$	문제 해결에 필요한 단계가 입력값(n) 또는 조건에 의해 감소함 예 이진 트리(Binary Tree), 이진 검색(Binary Search)
O(n)	문제 해결에 필요한 단계가 입력값(n)과 1:1의 관계를 가짐 예 for문
필기 20.6 $O(n\log_2 n)$	문제 해결에 필요한 단계가 $n(\log_2 n)$번만큼 수행됨 예 힙 정렬(Heap Sort), 2-Way 합병 정렬(Merge Sort)
$O(n^2)$	문제 해결에 필요한 단계가 입력값(n)의 제곱만큼 수행됨 예 삽입 정렬(Insertion Sort), 쉘 정렬(Shell Sort), 선택 정렬(Selection Sort), 버블 정렬(Bubble Sort), 퀵 정렬(Quick Sort)
$O(2^n)$	문제 해결에 필요한 단계가 2의 입력값(n) 제곱만큼 수행됨 예 피보나치 수열(Fibonacci Sequence)

2. 빅오 표기법(Big-O Notation)에서 알고리즘의 수행시간이 입력 데이터 수와 관계 없이 일정하다는 것을 의미하는 알고리즘 시간 복잡도를 쓰시오.

답 :

▶340288

226 > 순환 복잡도 Ⓑ

- 순환 복잡도(Cyclomatic Complexity)는 한 프로그램의 논리적인 복잡도를 측정하기 위한 소프트웨어의 척도이다.
- 맥케이브 순환도(McCabe's Cyclomatic)라고도 한다.
- 제어 흐름도 G에서 순환 복잡도 V(G)는 다음과 같은 방법으로 계산할 수 있다.

방법 1 순환 복잡도는 제어 흐름도의 영역 수와 일치하므로 영역 수를 계산한다.

방법 2 V(G) = E − N + 2 : E는 화살표 수, N은 노드의 수

예제 제어 흐름도가 다음과 같을 때 순환 복잡도(Cyclomatic Complexity)를 계산하시오.

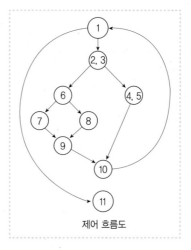

제어 흐름도

해설

순환 복잡도는 다음 두 가지 방법으로 구할 수 있습니다.

방법 1 제어 흐름도에서 화살표로 구분되는 각 영역의 개수를 구하면 4입니다.

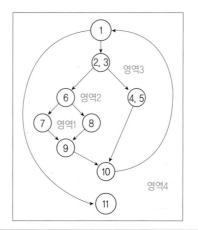

방법 2 순환 복잡도 = 화살표의 수 − 노드의 수 + 2 이므로 11 − 9 + 2 = 4입니다.

기출체크 ☑

3. 제어 흐름 그래프가 다음과 같을 때 McCabe의 cyclomatic 수가 얼마인지 쓰시오.

답 :

필기 22.3, 20.6

227 소스 코드 최적화 Ⓑ

- 소스 코드 최적화는 나쁜 코드(Bad Code)를 배제하고, 클린 코드(Clean Code)로 작성하는 것이다.
- 나쁜 코드로 작성된 애플리케이션의 코드를 클린 코드로 수정하면 애플리케이션의 성능이 개선된다.
- 클린 코드(Clean Code) : 누구나 쉽게 이해하고 수정 및 추가할 수 있는 단순, 명료한 코드, 즉 잘 작성된 코드
- 나쁜 코드(Bad Code)
  - 프로그램의 로직(Logic)이 복잡하고 이해하기 어려운 코드
  - 스파게티 코드(Spaghetti Code) : 코드의 로직이 서로 복잡하게 얽혀 있는 코드
  - 외계인 코드(Alien Code) : 아주 오래되거나 참고문서 또는 개발자가 없어 유지보수 작업이 어려운 코드

기출체크 ☑

필기 22.3, 20.6

4. 아주 오래되거나 참고문서 또는 개발자가 없어 유지보수 작업이 아주 어려운 프로그램을 의미하는 용어를 쓰시오.

답 :

▶340290 필기 24.2, 22.7, 22.3, 21.5, 20.9, 20.8

228 클린 코드 작성 원칙 Ⓑ

필기 24.2, 22.7, 22.3, 21.5
가독성

- 누구든지 코드를 쉽게 읽을 수 있도록 작성한다.
- 코드 작성 시 이해하기 쉬운 용어를 사용하거나 들여쓰기 기능 등을 사용한다.

필기 24.2, 22.7, 21.5, 20.9, 20.8
단순성

- 코드를 간단하게 작성한다.
- 한 번에 한 가지를 처리하도록 코드를 작성하고 클래스/메소드/함수 등을 최소 단위로 분리한다.

필기 24.2, 22.7, 22.3, 21.5, 20.8
의존성 배제

- 코드가 다른 모듈에 미치는 영향을 최소화한다.
- 코드 변경 시 다른 부분에 영향이 없도록 작성한다.

필기 24.2, 22.7, 22.3, 21.5, 20.8
중복성 최소화

- 코드의 중복을 최소화한다.
- 중복된 코드는 삭제하고 공통된 코드를 사용한다.

필기 22.3
추상화

상위 클래스/메소드/함수에서는 간략하게 애플리케이션의 특성을 나타내고, 상세 내용은 하위 클래스/메소드/함수에서 구현한다.

기출체크 ☑

필기 20.9

5. 다음에서 설명하는 클린 코드 작성 원칙을 쓰시오.

> - 한 번에 한 가지 처리만 수행한다.
> - 클래스/메소드/함수를 최소 단위로 분리한다.

답 :

---

229 > 소스 코드 품질 분석 도구

소스 코드 품질 분석 도구는 소스 코드의 코딩 스타일, 코드에 설정된 코딩 표준, 코드의 복잡도, 코드에 존재하는 메모리 누수 현상, 스레드 결함 등을 발견하기 위해 사용하는 분석 도구이다.

정적 분석(Static Analysis) 도구

- 작성한 소스 코드를 실행하지 않고 코딩 표준이나 코딩 스타일, 결함 등을 확인하는 코드 분석 도구이다.
- 종류 : pmd, cppcheck, SonarQube, checkstyle, ccm, cobertura 등

동적 분석(Dynamic Analysis) 도구

- 작성한 소스 코드를 실행하여 코드에 존재하는 메모리 누수, 스레드 결함 등을 분석하는 도구이다.
- 종류 : Avalanche, Valgrind 등

기출체크 ☑

22.5
1. 소스 코드 품질 분석 도구에 대한 다음 설명에서 괄호(①, ②)에 들어갈 알맞은 용어를 쓰시오.

- (①) 도구는 작성한 소스 코드를 실행하지 않고 코딩 표준이나 코딩 스타일, 결함 등을 확인하는 코드 분석 도구이다.
- (②) 도구는 소스 코드를 직접 실행하여 프로그램의 동작이나 반응을 추적하고 보고하는 분석 도구로, 프로그램 모니터링 기능이나 스냅샷 생성 기능들을 포함하고 있다.

답
- ①
- ②

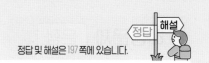
문제 01 다음은 애플리케이션 테스트의 기본 원리를 설명한 것이다. 서로 관련 있는 것끼리 연결하시오.

① 살충제 패러독스 •

② 파레토 법칙 •

③ 오류-부재의 궤변 •

• ⓐ 소프트웨어의 결함을 모두 제거해도 사용자의 요구 사항을 만족시키지 못하면 해당 소프트웨어는 품질이 높다고 말할 수 없다.

• ⓑ 동일한 테스트 케이스로 동일한 테스트를 반복하면 더 이상 결함이 발견되지 않으므로 테스트 케이스를 지속적으로 개선해야 한다.

• ⓒ 애플리케이션의 20%에 해당하는 코드에서 전체 80%의 결함이 발견된다.

문제 02 다음 설명에 해당하는 커버리지(Coverage)를 쓰시오.

• 개별 조건식이 다른 개별 조건식의 영향을 받지 않고 전체 조건식의 결과에 독립적으로 영향을 주는 구조적 테스트케이스이다.
• 해당 개별 조건식이 전체 조건식의 결과에 영향을 주는 조건 조합을 찾아 커버리지를 테스트하는 방법이다.

답 :

문제 03 다음 중 블랙 박스 테스트 기법에 해당하는 것을 모두 골라 기호(㉠~㉲)로 쓰시오.

㉠ Base Path Testing
㉡ Condition Testing
㉢ Boundary Value Analysis
㉣ Equivalence Partitioning
㉤ Data Flow Testing
㉥ Cause-Effect Graph
㉦ Branch Coverage Testing
㉧ Statement Coverage Testing
㉨ Boundary Division Analysis

답 :

문제 04 다음 각각의 설명에 해당하는 애플리케이션 테스트의 종류를 쓰시오.

① 시스템에 여러 가지 결함을 주어 실패하도록 한 후 올바르게 복구되는지를 확인하는 테스트

답 :

② 시스템에 과도한 정보량이나 빈도 등을 부과하여 과부하 시에도 소프트웨어가 정상적으로 실행되는지를 확인하는 테스트

답 :

③ 소프트웨어의 변경 또는 수정된 코드에 새로운 결함이 없음을 확인하는 테스트

답 :

④ 변경된 소프트웨어와 기존 소프트웨어에 동일한 데이터를 입력하여 결과를 비교하는 테스트

답 :

문제 05 다음 설명의 괄호에 들어갈 알맞은 용어를 쓰시오.

> 애플리케이션 테스트는 소프트웨어의 개발 과정 중 지속적으로 진행되며, 소프트웨어의 개발 단계에 따라 (   ) 테스트, (   ) 테스트, (   ) 테스트, (   ) 테스트로 분류된다.

답 :

문제 06 소프트웨어 테스트에 사용되는 방식으로, 모듈의 논리적 구조를 체계적으로 점검하는 구조 테스트이며, 유형에는 기초 경로 검사, 조건 검사, 데이터 흐름 검사, 루프 검사 등이 있는 테스트 방식을 쓰시오.

답 :

문제 07 알파 테스트, 베타 테스트와 가장 밀접한 연관이 있는 테스트로, 개발한 소프트웨어가 사용자의 요구사항을 충족하는지에 중점을 두고 테스트하는 기법을 쓰시오.

답 :

문제 08 애플리케이션 테스트에 관한 다음 설명에서 괄호(①, ②)에 들어갈 알맞은 용어를 쓰시오.

> • 하향식 통합 테스트는 프로그램의 상위 모듈에서 하위 모듈 방향으로 통합하면서 테스트하는 기법이다. 깊이 우선 통합법이나 넓이 우선 통합법을 사용하며, 주요 제어 모듈의 종속 모듈들을 (①   )으로 대체한다는 특징이 있다.
> • 상향식 통합 테스트는 프로그램의 하위 모듈에서 상위 모듈 방향으로 통합하면서 테스트하는 기법이다. 하위 모듈들을 클러스터(Cluster)로 결합하며, 상위 모듈에서 데이터의 입·출력을 확인하기 위해 더미 모듈인 (②   )를 작성한다는 특징이 있다.

답
• ①
• ②

문제 09 다음 〈보기〉에 제시된 상향식 통합 테스트(Bottom Up Integration Test)의 단계들을 순서대로 나열하시오.

〈보기〉

> ㉠ 드라이버라는 제어 프로그램의 작성
> ㉡ 낮은 수준의 모듈들을 클러스터로 결합
> ㉢ 클러스터의 검사
> ㉣ 드라이버를 제거하고 클러스터를 상위로 결합

답 :

문제 10 테스트 자동화 도구 중 다음 괄호에 공통으로 들어갈 도구를 쓰시오.

( )는 애플리케이션의 컴포넌트 및 모듈을 테스트하는 환경의 일부분으로, 테스트를 지원하기 위해 생성된 코드와 데이터를 의미하고, ( ) 도구는 테스트가 실행될 환경을 시뮬레이션 하여 컴포넌트 및 모듈이 정상적으로 테스트되도록 한다.

답 :

문제 11 애플리케이션 성능이란 사용자가 요구한 기능에 대해 최소한의 자원을 사용하여 최대한 많은 기능을 신속하게 처리하는 정도를 나타낸다. 애플리케이션의 성능을 측정하기 위한 지표 4가지를 쓰시오.

답 :

문제 12 소프트웨어 인터페이스를 통해 실시되는 기능 테스트로, 소프트웨어의 기능이 의도대로 작동하고 있는지 테스트 하는 기법을 쓰시오.

답 :

문제 13 다음은 테스트 결과가 올바른지 판단하기 위해 사전에 정의된 참 값을 대입하여 비교하는 기법인 테스트 오라클의 종류에 대한 설명이다. 괄호(①, ②)에 들어갈 알맞은 종류를 쓰시오.

추정 오라클	특정 테스트 케이스의 입력 값에 대해 기대하는 결과를 제공하고, 나머지 입력 값들에 대해서는 추정으로 처리하는 오라클이다.
(①)	모든 테스트 케이스의 입력 값에 대해 기대하는 결과를 제공하는 오라클로, 발생된 모든 오류를 검출할 수 있다.
일관성 검사 오라클	애플리케이션의 변경이 있을 때, 테스트 케이스의 수행 전과 후의 결과 값이 동일한지를 확인하는 오라클이다.
(②)	특정한 몇몇 테스트 케이스의 입력 값들에 대해서만 기대하는 결과를 제공하는 오라클이다.

답
- ①
- ②

문제 14 테스트 기법 중 다음과 같이 '평가 점수표'를 미리 정해 놓은 후 각 영역의 경계에 해당하는 입력값을 넣고, 예상되는 출력값이 나오는지 실제 값과 비교하는 명세 기반 테스트 기법을 〈보기〉에서 찾아 쓰시오.

〈평가 점수표〉

평가점수	성적등급
90~100	A
80~89	B
70~79	C
0~69	D

〈케이스〉

테스트 케이스	1	2	3	4	5	6	7	8	9	10
입력값	−1	0	69	70	79	80	89	90	100	101
예상 결과값	오류	D	D	C	C	B	B	A	A	오류
실제 결과값	오류	D	D	C	C	B	B	A	A	오류

〈보기〉

• Equivalence Partition	• Boundary Value Analysis	• Condition Test
• Cause−Effect Graph	• Error Guess	• Comparison Test
• Base Path Test	• Loop Test	• Data Flow Test

답:

문제 15 정렬된 N개의 데이터를 처리하는데 $O(N\log_2 N)$의 시간이 소요되는 정렬 알고리즘 두 가지를 쓰시오.

답:

문제 16 다음에서 설명하는 클린 코드 작성 원칙을 쓰시오.

• 누구든지 쉽게 이해하는 코드를 작성한다.
• 코드 작성 시 이해하기 쉬운 용어를 사용하거나 들여쓰기 기능 등을 사용한다.

답:

정답 및 해설은 197쪽에 있습니다.

문제 17 빅오 표기법은 알고리즘의 실행시간이 최악일 때를 표기하는 방법으로, 일반적인 알고리즘에 대한 최악의 시간 복잡도를 빅오 표기법으로 표현하면 다음과 같다. 괄호(①~③)에 들어갈 알맞은 표기법을 쓰시오.

(①)	입력값(n)에 관계 없이 일정하게 문제 해결에 하나의 단계만을 거친다.
$O(\log_2 n)$	문제 해결에 필요한 단계가 입력값(n) 또는 조건에 의해 감소한다.
(②)	문제 해결에 필요한 단계가 입력값(n)과 1:1의 관계를 가진다.
$O(n\log_2 n)$	문제 해결에 필요한 단계가 $n(\log_2 n)$번만큼 수행된다.
(③)	문제 해결에 필요한 단계가 입력값(n)의 제곱만큼 수행된다.
$O(2^n)$	문제 해결에 필요한 단계가 2의 입력값(n) 제곱만큼 수행된다.

답
- ①
- ②
- ③

문제 18 다음이 설명하는 애플리케이션 통합 테스트 유형을 쓰시오.

- 깊이 우선 방식 또는 너비 우선 방식이 있다.
- 상위 컴포넌트를 테스트 하고 점증적으로 하위 컴포넌트를 테스트 한다.
- 하위 컴포넌트 개발이 완료되지 않은 경우 스텁(Stub)을 사용하기도 한다.

답 :

문제 19 다음 소스코드 품질 분석 도구 중 정적 분석 도구를 모두 골라 기호(㉠~㉤) 로 쓰시오.

㉠ pmd ㉡ cppcheck ㉢ valMeter ㉣ checkstyle ㉤ Valgrind

답 :

[문제 01]
① ⓑ   ② ⓒ   ③ ⓐ

[문제 02]
변경 조건/결정 검증 기준(MC/DC)

[문제 03]
① ⓒ, ⓔ, ⓗ

[문제 04]
① 회복 테스트(Recovery Test)   ② 강도 테스트(Stress Test)   ③ 회귀 테스트(Regression Test)   ④ 병행 테스트(Parallel Test)

[문제 05]
단위, 통합, 시스템, 인수

[문제 06]
화이트박스 테스트(White Box Test)

[문제 07]
인수 테스트(Acceptance Test)

[문제 08]
① 스텁(Stub)   ② 드라이버(Driver)

[문제 09]
ⓛ → ⊙ → ⓒ → ⓔ

[문제 10]
테스트 하네스(Test Harness)

[문제 11]
처리량(Throughput), 응답 시간(Response Time), 경과 시간(Turn Around Time), 자원 사용률(Resource Usage)

[문제 12]
블랙박스 테스트(Black Box Test)

[문제 13]
① 참 오라클(Oracle True)   ② 샘플링 오라클(Sampling Oracle)

[문제 14]
Boundary Value Analysis

[문제 15]
힙 정렬(Heap Sort), 2-Way 합병 정렬(Merge Sort)

[문제 16]
가독성

[문제 17]
① O(1)   ② O(n)   ③ O(n²)

[문제 18]

하향식 통합 테스트(Top Down Integration Test)

[문제 19]

㉠, ㉡, ㉢

8 장

SQL 응용

230 DDL Ⓑ등급

231 CREATE TABLE Ⓑ등급

232 CREATE VIEW Ⓒ등급

233 CREATE INDEX Ⓐ등급

234 ALTER TABLE Ⓐ등급

235 DROP Ⓐ등급

236 DCL Ⓑ등급

237 GRANT / REVOKE Ⓐ등급

238 ROLLBACK Ⓐ등급

239 DML Ⓑ등급

240 삽입문(INSERT INTO~) Ⓐ등급

241 삭제문(DELETE FROM~) Ⓐ등급

242 갱신문(UPDATE~ SET~) Ⓐ등급

243 SELECT Ⓐ등급

244 기본 검색 Ⓐ등급

245 조건 지정 검색 Ⓐ등급

246 정렬 검색 Ⓐ등급

247 하위 질의 Ⓐ등급

248 그룹 함수 Ⓐ등급

249 그룹 지정 검색 Ⓐ등급

250 집합 연산자를 이용한 통합 질의 Ⓐ등급

251 JOIN Ⓒ등급

252 EQUI JOIN Ⓐ등급

253 OUTER JOIN Ⓐ등급

254 트리거 Ⓑ등급

230 ▷ DDL　　　　Ⓑ

- DDL(Data Define Language, 데이터 정의어)은 DB 구조, 데이터 형식, 접근 방식 등 **DB를 구축하거나 수정할 목적으로 사용하는 언어**이다.

- DDL의 3가지 유형

명령어	기능
필기 24.2, 23.7, 23.2, … CREATE	SCHEMA, DOMAIN, TABLE, VIEW, INDEX를 정의함
필기 24.2, 23.7, 23.2, … ALTER	TABLE에 대한 정의를 변경하는 데 사용함
필기 24.2, 23.7, 23.2, … DROP	SCHEMA, DOMAIN, TABLE, VIEW, INDEX를 삭제함

기출체크 ☑

필기 23.7, 23.2, 21.3, 20.6

1. 데이터 언어는 데이터베이스를 구축하고 이용하기 위한 데이터베이스 관리 시스템과의 통신 수단이다. 데이터 언어는 데이터베이스의 구조를 정의 및 변경하는 DDL, 데이터를 조작하는 DML, 보안 및 무결성, 병행 제어 등을 위한 DCL로 구분된다. 다음 〈보기〉에서 DDL에 속하는 명령어들을 골라 적으시오.

〈보기〉

Commit, Table, Insert, Domain, Update, Query, Create, Trigger, Alter, Rollback, Procedure, Drop, Select, Grant, Delete, Revoke, View

답 :

231 ▷ CREATE TABLE　　　　Ⓑ

CREATE TABLE은 **테이블을 정의하는 명령문**이다.

표기 형식

```
CREATE TABLE 테이블명
        (속성명 데이터_타입 [DEFAULT 기본값] [NOT NULL], …
        [, PRIMARY KEY(기본키_속성명, …)]
        [, UNIQUE(대체키_속성명, …)]
        [, FOREIGN KEY(외래키_속성명, …)]
                REFERENCES 참조테이블(기본키_속성명, …)]
                [ON DELETE 옵션]
                [ON UPDATE 옵션]
        [, CONSTRAINT 제약조건명] [CHECK (조건식)]);
```

- 기본 테이블에 포함될 모든 속성에 대하여 속성명과 그 속성의 데이터 타입, 기본값, NOT NULL 여부를 지정한다.
- PRIMARY KEY : 기본키로 사용할 속성을 지정함
- UNIQUE : 대체키로 사용할 속성을 지정함, 중복된 값을 가질 수 없음
- FOREIGN KEY ~ REFERENCES ~ : 외래키로 사용할 속성을 지정함
  - ON DELETE 옵션 : 참조 테이블의 튜플이 삭제되었을 때 기본 테이블에 취해야 할 사항을 지정함
    ▶ NO ACTION : 참조 테이블에 변화가 있어도 기본 테이블에는 아무런 조치를 취하지 않음
    ▶ CASCADE : 참조 테이블의 튜플이 삭제되면 기본 테이블의 관련 튜플도 모두 삭제되고, 속성이 변경되면 관련 튜플의 속성 값도 모두 변경됨
    ▶ SET NULL : 참조 테이블에 변화가 있으면 기본 테이블의 관련 튜플의 속성 값을 NULL로 변경함
    ▶ SET DEFAULT : 참조 테이블에 변화가 있으면 기본 테이블의 관련 튜플의 속성 값을 기본값으로 변경함
  - ON UPDATE 옵션 : 참조 테이블의 참조 속성 값이 변경되었을 때 기본 테이블에 취해야 할 사항을 지정함
- CONSTRAINT : 제약 조건의 이름을 지정함
- CHECK : 속성 값에 대한 제약 조건을 정의함

예제 '이름', '학번', '전공', '성별', '생년월일'로 구성된 〈학생〉 테이블을 정의하는 SQL문을 작성하시오. 단, 제약 조건은 다음과 같다.

- '이름'은 NULL이 올 수 없고, '학번'은 기본키이다.
- '전공'은 〈학과〉 테이블의 '학과코드'를 참조하는 외래키로 사용된다.
- 〈학과〉 테이블에서 삭제가 일어나면 관련된 튜플들의 전공 값을 NULL로 만든다.
- 〈학과〉 테이블에서 '학과코드'가 변경되면 전공 값도 같은 값으로 변경한다.
- '생년월일'은 1980-01-01 이후의 데이터만 저장할 수 있다.
- 제약 조건의 이름은 '생년월일제약'으로 한다.
- 각 속성의 데이터 타입은 적당하게 지정한다. 단 '성별'은 도메인 'SEX'를 사용한다.

기출체크 정답 　1. Create, Alter, Drop

```
❶ CREATE TABLE 학생
❷    (이름 VARCHAR(15) NOT NULL,
❸    학번 CHAR(8),
❹    전공 CHAR(5),
❺    성별 SEX,
❻    생년월일 DATE,
❼    PRIMARY KEY(학번),
❽    FOREIGN KEY(전공) REFERENCES 학과(학과코드)
❾        ON DELETE NO ACTION
❿        ON UPDATE CASCADE,
⓫    CONSTRAINT 생년월일제약
          CHECK(생년월일)='1980-01-01'));
```

❶ 〈학생〉 테이블을 생성한다.
❷ '이름' 속성은 최대 문자 15자로 NULL 값을 갖지 않는다.
❸ '학번' 속성은 문자 8자이다.
❹ '전공' 속성은 문자 5자이다.
❺ '성별' 속성은 'SEX' 도메인을 자료형으로 사용한다.
❻ '생년월일' 속성은 DATE 자료형을 갖는다.
❼ '학번'을 기본키로 정의한다.
❽ '전공' 속성은 〈학과〉 테이블의 '학과코드' 속성을 참조하는 외래키이다.
❾ 〈학과〉 테이블에서 튜플이 삭제되어도 〈학생〉 테이블의 튜플은 삭제되지 않는다.
❿ 〈학과〉 테이블에서 '학과코드'가 변경되면 관련된 모든 튜플의 '전공' 속성의 값도 같은 값으로 변경한다.
⓫ '생년월일' 속성에는 1980-01-01 이후의 값만을 저장할 수 있으며, 이 제약 조건의 이름은 '생년월일제약'이다.

필기 24.2, 23.5
2. CREATE TABLE 명령을 이용해 테이블을 정의할 때 참조 테이블의 튜플이 삭제되더라도 기본 테이블의 튜플은 삭제되지 않도록 지정하는 ON DELETE의 옵션을 쓰시오.

답 :

---

232 > CREATE VIEW ⓒ

CREATE VIEW는 **뷰(View)를 정의하는 명령문**이다.

표기 형식

CREATE VIEW 뷰명[(속성명[, 속성명, …])]
AS SELECT문;

예제 〈고객〉 테이블에서 '주소'가 '안산시'인 고객들의 '성명'과 '전화번호'를 '안산고객'이라는 뷰로 정의하시오.

```
CREATE VIEW 안산고객(성명, 전화번호)
AS SELECT 성명, 전화번호
FROM 고객
WHERE 주소 = '안산시';
```

출제예상
3. 아래의 〈요구사항〉을 만족하는 뷰 〈CC〉를 정의하는 SQL문을 작성하시오.

〈요구사항〉

• 〈Course〉와 〈Instructor〉 릴레이션을 이용한다.
• 〈Course〉의 'instructor' 속성 값과 〈Instructor〉의 'id' 속성이 같은 자료에 대한 view를 정의한다.
• 〈CC〉 뷰는 'ccid', 'ccname', 'instname' 속성을 가진다.
• 〈CC〉 뷰는 〈Course〉 테이블의 'id', 'name', 〈Instructor〉 테이블의 'name' 속성을 사용한다.

답 :

해설
각 절별로 질의문을 작성하면 다음과 같습니다.
• 만들어질 뷰 〈CC〉는 'ccid', 'ccname', 'instname' 속성을 가진다고 하였으므로 **CREATE VIEW CC(ccid, ccname, instname)**입니다.
• 〈Course〉 테이블의 'id', 'name', 〈Instructor〉 테이블의 'name' 속성을 사용한다고 하였으므로 **AS SELECT Course.id, Course.name, Instructor.name**입니다.
• 〈Course〉와 〈Instructor〉 릴레이션을 이용한다고 했으므로 **FROM Course, Instructor**입니다.
• 〈Course〉의 'instructor' 속성 값과 〈Instructor〉의 'id' 속성이 같은 자료에 대해 뷰를 정의한다고 하였으므로 **WHERE Course.instructor = Instructor.id**입니다.

---

233 > CREATE INDEX Ⓐ

CREATE INDEX는 **인덱스를 정의하는 명령문이다.**

표기 형식

CREATE [UNIQUE] INDEX 인덱스명
ON 테이블명(속성명 [ASC | DESC] [,속성명 [ASC | DESC]])
[CLUSTER];

- UNIQUE
  - 사용된 경우 : 중복 값이 없는 속성으로 인덱스를 생성함
  - 생략된 경우 : 중복 값을 허용하는 속성으로 인덱스를 생성함
- 정렬 여부 지정
  - ASC : 오름차순 정렬
  - DESC : 내림차순 정렬
  - 생략된 경우 : 오름차순으로 정렬됨
- CLUSTER : 사용하면 인덱스가 클러스터드 인덱스로 설정됨

예제 〈고객〉 테이블에서 UNIQUE한 특성을 갖는 '고객번호' 속성에 대해 내림차순으로 정렬하여 '고객번호_idx'라는 이름으로 인덱스를 정의하시오.

CREATE UNIQUE INDEX 고객번호_idx
ON 고객(고객번호 DESC);

기출체크 ☑

20.7
1. 다음 〈student〉 테이블을 참고하여 'name' 속성으로 'idx_name'이라는 인덱스를 생성하는 SQL문을 작성하시오.

〈student〉

stid	name	score	deptid
2001	brown	85	PE01
2002	white	45	EF03
2003	black	67	UW11

답 :

해설
각 절별로 질의문을 작성하면 다음과 같습니다.
- 생성되는 인덱스의 이름이 'idx_name'이므로 **CREATE INDEX idx_name** 입니다.
- 〈student〉 테이블의 'name' 속성을 사용하므로 **ON student(name)** 입니다.

---

234 > ALTER TABLE Ⓐ

ALTER TABLE은 **테이블에 대한 정의를 변경하는 명령문이다.**

표기 형식

ALTER TABLE 테이블명 ADD 속성명 데이터_타입 [DEFAULT '기본값'];
ALTER TABLE 테이블명 ALTER 속성명 [SET DEFAULT '기본값'];
ALTER TABLE 테이블명 DROP COLUMN 속성명 [CASCADE];

- ADD : 새로운 속성(열)을 추가할 때 사용함
- ALTER : 특정 속성의 Default 값을 변경할 때 사용함
- DROP COLUMN : 특정 속성을 삭제할 때 사용함

예제1 〈학생〉 테이블에 최대 3문자로 구성되는 '학년' 속성 추가하시오.

ALTER TABLE 학생 ADD 학년 VARCHAR(3);

예제2 〈학생〉 테이블의 '학번' 필드의 데이터 타입과 크기를 VARCHAR(10)으로 하고 NULL 값이 입력되지 않도록 변경하시오.

ALTER TABLE 학생 ALTER 학번 VARCHAR(10) NOT NULL;

기출체크 ☑

20.10
2. 다음 〈속성 정의서〉를 참고하여 〈학생〉 테이블에 20자의 가변 길이를 가진 '주소' 속성을 추가하는 〈SQL문〉을 완성하시오. (단, SQL문은 ISO/IEC 9075 표준을 기반으로 작성하시오.)

〈속성 정의서〉

속성명	데이터타입	제약조건	테이블명
학번	CHAR(10)	UNIQUE	학생
이름	VARCAHR(8)	NOT NULL	학생
주민번호	CHAR(13)		학생
학과	VARCAHR(16)	FOREIGN KEY	학생
학년	INT		학생

〈SQL문〉

(①) TABLE 학생 (②) 주소 VARCHAR(20);

답
- ①
- ②

---

❶ ALTER TABLE 학생
❷ ADD 주소 VARCHAR(20);

❶ 수정할 테이블의 이름은 〈학생〉이다.
❷ 가변 길이의 문자 20자리인 '주소' 속성을 추가한다.

23.7, 필기 23.2, 22.3

4. 다음 〈처리 조건〉에 부합하는 SQL문이 완성되도록 괄호에 적합한 옵션을 쓰시오.

〈처리 조건〉

- 〈학생〉 테이블을 제거한다.
- 〈학생〉 테이블을 참조하는 모든 데이터도 함께 제거한다.

〈SQL문〉

DROP TABLE 학생 (   );

답 :

440235   23.7, 필기 23.2, 22.3, 21.5, 20.6

235 > DROP   Ⓐ

DROP은 스키마, 도메인, 기본 테이블, 뷰 테이블, 인덱스, 제약 조건 등을 제거하는 명령문이다.

표기 형식

DROP **SCHEMA** 스키마명 [CASCADE | RESTRICT];
DROP **DOMAIN** 도메인명 [CASCADE | RESTRICT];
DROP **TABLE** 테이블명 [CASCADE | RESTRICT];
DROP **VIEW** 뷰명 [CASCADE | RESTRICT];
DROP **INDEX** 인덱스명 [CASCADE | RESTRICT];
DROP **CONSTRAINT** 제약조건명;

- CASCADE : 제거할 요소를 참조하는 다른 모든 개체를 함께 제거함
- RESTRICT : 다른 개체가 제거할 요소를 참조중일 때는 제거를 취소함

예제 〈학생〉 테이블을 제거하되, 〈학생〉 테이블을 참조하는 모든 데이터를 함께 제거하시오.

DROP TABLE 학생 CASCADE;

기출체크 ☑

필기 21.5
3. 다음은 뷰(View)를 제거하는 SQL문이다. SQL문이 완성되도록 괄호에 적합한 명령어를 쓰시오.

(   ) VIEW V_Emp;

답 :

340299   필기 23.7, 21.5, 20.8

236 > DCL   Ⓑ

- DCL(Data Control Language, 데이터 제어어)은 **데이터의 보안, 무결성, 회복, 병행 제어 등을 정의하는 데 사용하는 언어**이다.
- DCL은 데이터베이스 관리자(DBA)가 데이터 관리를 목적으로 사용한다.
- DCL의 종류

명령어	기능
필기 20.8 COMMIT	명령에 의해 수행된 결과를 실제 물리적 디스크로 저장하고, 데이터베이스 조작 작업이 정상적으로 완료되었음을 관리자에게 알려줌
필기 21.5, 20.8 ROLLBACK	데이터베이스 조작 작업이 비정상적으로 종료되었을 때 원래의 상태로 복구함
필기 20.8 GRANT	데이터베이스 사용자에게 사용 권한을 부여함
필기 23.7 REVOKE	데이터베이스 사용자의 사용 권한을 취소함

기출체크 정답 3. DROP   4. CASCADE

기출체크 ☑

필기 20.8

1. SQL 명령어에 관한 다음 설명에서 각 번호(①~③)에 들어갈 알맞는 용어를 〈보기〉에서 찾아 쓰시오.

> DCL은 데이터의 보안, 무결성, 회복, 병행 수행 제어 등을 정의하는 데 사용되는 언어로, 데이터 관리를 목적으로 사용한다.
> ① – 데이터베이스 조작 작업을 물리적 디스크에 반영한 후 정상적으로 완료되었음을 알림
> ② – 데이터베이스 조작 작업이 비정상적으로 종료되었을 때 원래의 상태로 복구함
> ③ – 데이터베이스 사용자에게 사용 권한을 부여함

〈보기〉

> CREATE, COMMIT, ALTER, INSERT, DROP, GRANT, REVOKE, SELECT, ROLLBACK, DELETE

답
- ①
- ②
- ③

21.10, 필기 24.2, 22.4, 20.9

237 > GRANT / REVOKE Ⓐ

- 데이터베이스 관리자가 데이터베이스 사용자에게 권한을 부여하거나 취소하기 위한 명령어이다.
- GRANT : 권한 부여를 위한 명령어
- REVOKE : 권한 취소를 위한 명령어
- 테이블 및 속성에 대한 권한 부여 및 취소

> GRANT 권한_리스트 ON 개체 TO 사용자 [WITH GRANT OPTION];
> REVOKE [GRANT OPTION FOR] 권한_리스트 ON 개체 FROM 사용자 [CASCADE];

- 권한 종류 : ALL, SELECT, INSERT, DELETE, UPDATE 등
- WITH GRANT OPTION : 부여받은 권한을 다른 사용자에게 다시 부여할 수 있는 권한을 부여함
- GRANT OPTION FOR : 다른 사용자에게 권한을 부여할 수 있는 권한을 취소함
- CASCADE : 권한 취소 시 권한을 부여받았던 사용자가 다른 사용자에게 부여한 권한도 연쇄적으로 취소함

예제1 사용자 ID가 "NABI"인 사람에게 〈고객〉 테이블에 대한 모든 권한과 다른 사람에게 권한을 부여할 수 있는 권한까지 부여하는 SQL문을 작성하시오.

> GRANT ALL ON 고객 TO NABI WITH GRANT OPTION;

예제2 사용자 ID가 "STAR"인 사람에게 부여한 〈고객〉 테이블에 대한 권한 중 UPDATE 권한을 다른 사람에게 부여할 수 있는 권한만 취소하는 SQL문을 작성하시오.

> REVOKE GRANT OPTION FOR UPDATE ON 고객 FROM STAR;

기출체크 ☑

21.10

2. 데이터를 제어하는 DCL의 하나인 GRANT의 기능에 대해 간략히 서술하시오.

답 :

필기 22.4, 20.9

3. DBA가 사용자 PARK에게 테이블 [STUDENT]의 데이터를 갱신할 수 있는 시스템 권한을 부여하는 SQL문을 작성하려고 한다. 다음 〈SQL문〉을 완성하시오.

〈SQL문〉

> (①) UPDATE (②) STUDENT TO PARK;

답
- ①
- ②

20.7, 필기 21.5

238 > ROLLBACK Ⓐ

- ROLLBACK은 **변경되었으나 아직 COMMIT되지 않은 모든 내용들을 취소하고 데이터베이스를 이전 상태로 되돌리는 명령어이다.**
- 트랜잭션 전체가 성공적으로 끝나지 못하면 일부 변경된 내용만 데이터베이스에 반영되는 비일관성(Inconsistency) 상태가 될 수 있기 때문에 일부분만 완료된 트랜잭션은 롤백(Rollback)되어야 한다.

기출체크 ☑

20.7, 필기 21.5

4. 데이터를 제어하는 DCL의 하나인 ROLLBACK에 대해 간략히 서술하시오.

답 :

기출체크 **정답** 1. ① COMMIT, ② ROLLBACK, ③ GRANT 2. GRANT는 데이터베이스 관리자가 데이터베이스 사용자에게 <u>권한을 부여하는 데 사용</u>하는 명령어이다. 3. ① GRANT, ② ON
4. ROLLBACK은 <u>변경되었으나 아직 COMMIT되지 않은 모든 내용들을 취소하고 데이터베이스를 이전 상태로 되돌리는 명령어</u>이다.

239 > DML Ⓑ

- DML(Data Manipulation Language, 데이터 조작어)은 데이터베이스 사용자가 **저장된 데이터를 실질적으로 관리하는데 사용되는 언어**이다.
- DML은 데이터베이스 사용자와 데이터베이스 관리 시스템 간의 인터페이스를 제공한다.

- DML의 유형

명령어	기능
필기 20.8, 20.6 SELECT	테이블에서 튜플을 검색함
필기 20.8, 20.6 INSERT	테이블에 새로운 튜플을 삽입함
필기 20.8, 20.6 DELETE	테이블에서 튜플을 삭제함
필기 23.5, 20.8, 20.6 UPDATE	테이블에서 튜플의 내용을 갱신함

기출체크 ☑

필기 20.8, 20.6
5. 다음 〈보기〉에서 DML(Data Manipulation Language)에 속하는 명령어들을 골라 적으시오.

〈보기〉

Commit, Table, Insert, Domain, Update, Query, Create, Trigger, Alter, Rollback, Procedure, Drop, Select, Grant, Delete, Revoke, View

답 :

※ 다음 테이블을 참조하여 핵심 240~242의 예제 결과를 확인하시오.

〈사원〉

이름	부서	생일	주소	기본급
홍길동	기획	04/05/61	망원동	120
임꺽정	인터넷	01/09/69	성산동	80
황진이	편집	07/21/75	연희동	100
김선달	편집	10/22/73	망원동	90
성춘향	기획	02/20/64	망원동	100
장길산	편집	03/11/67	상암동	120
일지매	기획	04/29/78	합정동	110
강호동	인터넷	12/11/80		90

240 > 삽입문(INSERT INTO~) Ⓐ

삽입문은 기본 테이블에 새로운 튜플을 삽입할 때 사용한다.

일반 형식

> INSERT INTO 테이블명([속성명1, 속성명2,…])
> VALUES (데이터1, 데이터2,…);

- 대응하는 속성과 데이터는 개수와 데이터 유형이 일치해야 한다.
- 기본 테이블의 모든 속성을 사용할 때는 속성명을 생략할 수 있다.
- SELECT문을 사용하여 다른 테이블의 검색 결과를 삽입할 수 있다.

예제1 〈사원〉 테이블에 (이름 – 홍승현, 부서 – 인터넷)을 삽입하시오.

> INSERT INTO 사원(이름, 부서) VALUES ('홍승현', '인터넷');

예제2 〈사원〉 테이블에 (장보고, 기획, 05/03/73, 홍제동, 90)을 삽입하시오.

> INSERT INTO 사원 VALUES ('장보고', '기획', #05/03/73#, '홍제동', 90);

예제3 〈사원〉 테이블에 있는 편집부의 모든 튜플을 편집부원(이름, 생일, 주소, 기본급) 테이블에 삽입하시오.

> INSERT INTO 편집부원(이름, 생일, 주소, 기본급)
> SELECT 이름, 생일, 주소, 기본급
> FROM 사원
> WHERE 부서 = '편집';

23.7

1. 다음 〈학생〉 테이블에 (9816021, '한국산', 3, '경영학개론', '050-1234-1234')인 데이터를 삽입하고자 한다. 〈처리 조건〉을 참고하여 적합한 SQL문을 작성하시오.

〈학생〉

학번	이름	학년	신청과목	연락처
9815932	김태산	3	경영정보시스템	050-5234-1894
9914511	박명록	2	경제학개론	050-1415-4986
0014652	이익명	1	국제경영	050-6841-6781
9916425	김혜리	2	재무관리	050-4811-1187
9815945	이지영	3	인적자원관리	050-9785-8845

〈처리 조건〉

- 최소한의 코드로 작성될 수 있도록 SQL문을 구성한다.
- 명령문 마지막의 세미콜론(;)은 생략이 가능하다.
- 인용 부호가 필요한 경우 작은따옴표(' ')를 사용한다.

답 :

해설

각 절별로 질의문을 작성하면 다음과 같습니다.
- 〈학생〉 테이블의 모든 속성에 데이터가 빠짐없이 입력되므로 **INSERT INTO 학생** 입니다.
- 입력될 각 데이터를 속성 순서대로 나열하면 **VALUES(9816021, '한국산', 3, '경영학개론', '050-1234-1234');** 입니다.

예제 1 〈사원〉 테이블에서 "임꺽정"에 대한 튜플을 삭제하시오.

DELETE FROM 사원 WHERE 이름 = '임꺽정';

예제 2 〈사원〉 테이블에서 "인터넷" 부서에 대한 모든 튜플을 삭제하시오.

DELETE FROM 사원 WHERE 부서 = '인터넷';

예제 3 〈사원〉 테이블의 모든 레코드를 삭제하시오.

DELETE FROM 사원;

23.4, 20.10

2. 〈학생〉 테이블에서 '이름'이 "민수"인 튜플을 삭제하고자 한다. 다음 〈처리 조건〉을 참고하여 SQL문을 작성하시오.

〈처리 조건〉

- 명령문 마지막의 세미콜론(;)은 생략이 가능하다.
- 인용 부호가 필요한 경우 작은 따옴표(' ')를 사용한다.

답 :

해설

각 절별로 질의문을 작성하면 다음과 같습니다.
- 〈학생〉 테이블에서 튜플을 삭제하므로 **DELETE FROM 학생**입니다.
- '이름'이 "민수"인 튜플을 삭제해야 하므로 **WHERE 이름 = '민수'**입니다.

 340305

23.4, 20.10, 필기 23.2

241 〉 삭제문(DELETE FROM~) Ⓐ

삭제문은 기본 테이블에 있는 튜플들 중에서 특정 튜플(행)을 삭제할 때 사용한다.

일반 형식

DELETE FROM 테이블명 [WHERE 조건];

- 모든 레코드를 삭제할 때는 WHERE절을 생략한다.
- 모든 레코드를 삭제하더라도 테이블 구조는 남아 있기 때문에 디스크에서 테이블을 완전히 제거하는 DROP과는 다르다.

 340306

21.7, 필기 21.5, 20.9

242 〉 갱신문(UPDATE~ SET~) Ⓐ

갱신문은 기본 테이블에 있는 튜플들 중에서 특정 튜플의 내용을 변경할 때 사용한다.

일반 형식

UPDATE 테이블명
SET 속성명 = 데이터[, 속성명=데이터, …]
[WHERE 조건];

예제 1 〈사원〉 테이블에서 "홍길동"의 '주소'를 "수색동"으로 수정하시오.

UPDATE 사원 SET 주소 = '수색동' WHERE 이름 = '홍길동';

예제 2 〈사원〉 테이블에서 "황진이"의 '부서'를 "기획부"로 변경하고 '기본급'을 5만원 인상시키시오.

```
UPDATE 사원
SET 부서 = '기획', 기본급 = 기본급 + 5
WHERE 이름 = '황진이';
```

21.7
3. SQL과 관련한 다음 설명에서 괄호(①, ②)에 들어갈 알맞은 답을 쓰시오.

UPDATE문은 테이블에 있는 튜플의 내용을 갱신할 때 사용하는 명령문으로, DML에 해당한다. 다른 DML로는 INSERT, DELETE가 있으며, 각각 새로운 튜플을 삽입하거나 삭제할 때 사용한다.

〈학부생〉 테이블

학부	학과번호	입학생수	담당관
정경대학	110	300	김해율
공과대학	310	250	이성관
인문대학	120	400	김해율
정경대학	120	300	김성수
인문대학	420	180	이율해

다음은 〈학부생〉 테이블에서 '입학생수'가 300 이상인 튜플의 '학과번호'를 999로 갱신하는 SQL문이다.

(①) 학부생 (②) 학과번호 = 999 WHERE 입학생수)= 300;

답
- ①
- ②

❶ UPDATE 학부생
❷ SET 학과번호 = 999
❸ WHERE 입학생수)= 300;

❶ 〈학부생〉 테이블을 갱신하라.
❷ '학과번호'를 999로 갱신하라.
❸ '입학생수'가 300이상인 튜플만을 대상으로 하라.

[결과]

학부	학과번호	입학생수	담당관
정경대학	999	300	김해율
공과대학	310	250	이성관
인문대학	999	400	김해율
정경대학	999	300	김성수
인문대학	420	180	이율해

22.10, 20.5, 필기 23.2, 22.3, 21.5, 20.8, 20.6

243 > SELECT

일반 형식

```
SELECT [PREDICATE] [테이블명.]속성명 [AS 별칭][, [테이블명.]
속성명, …]
FROM 테이블명[, 테이블명, …]
[WHERE 조건]
[GROUP BY 속성명, 속성명, …]
[HAVING 조건]
[ORDER BY 속성명 [ASC | DESC]];
```

- SELECT절
  - PREDICATE : 검색할 튜플 수를 제한하는 명령어를 기술함
    ▶ DISTINCT : 중복된 튜플이 있으면 그 중 첫 번째 한 개만 표시함
  - 속성명 : 검색하여 불러올 속성(열) 또는 속성을 이용한 수식을 지정함
  - AS : 속성이나 연산의 이름을 다른 이름으로 표시하기 위해 사용함
- FROM절 : 검색할 데이터가 들어있는 테이블 이름을 기술함
- WHERE절 : 검색할 조건을 기술함
- GROUP BY절 : 특정 속성을 기준으로 그룹화하여 검색할 때 사용한다. 일반적으로 GROUP BY절은 그룹 함수와 함께 사용됨
- HAVING절 : GROUP BY와 함께 사용되며, 그룹에 대한 조건을 지정함
- ORDER BY절 : 데이터를 정렬하여 검색할 때 사용함
  - 속성명 : 정렬의 기준이 되는 속성명을 기술함
  - [ASC | DESC] : 정렬 방식으로, 'ASC'는 오름차순, 'DESC'는 내림차순임. 생략하면 오름차순으로 지정됨

1. 사원(EMPLOYEE) 테이블에 기획부 직원이 100명, 생산부 직원이 200명, 홍보부 직원이 150명 있다고 할 때, 다음 SQL문의 실행 결과로 표시되는 튜플의 수를 쓰시오(단, DEPT 필드는 부서명을 의미한다).

```
SELECT DEPT FROM EMPLOYEE;
```

답 :

해설

❶ SELECT DEPT
❷ FROM STUDENT;

❶ 'DEPT'를 표시한다.
❷ 〈STUDENT〉 테이블에서 검색한다.
※ 〈STUDENT〉 테이블에서 'DEPT'를 검색합니다. 총 450개의 튜플이 들어 있고 검색 조건이 없으므로 튜플의 수는 450입니다.

※ 다음 테이블을 참조하여 핵심 244~247의 예제 결과를 확인하시오.

〈사원〉

이름	부서	생일	주소	기본급
홍길동	기획	04/05/61	망원동	120
임꺽정	인터넷	01/09/69	서교동	80
황진이	편집	07/21/75	합정동	100
김선달	편집	10/22/73	망원동	90
성춘향	기획	02/20/64	대흥동	100
장길산	편집	03/11/67	상암동	120
일지매	기획	04/29/78	연남동	110
강건달	인터넷	12/11/80		90

〈여가활동〉

이름	취미	경력
김선달	당구	10
성춘향	나이트댄스	5
일지매	태껸	15
임꺽정	씨름	8

SELECT 절에 원하는 속성을 지정하여 검색한다.

예제1 〈사원〉 테이블의 모든 튜플을 검색하시오.

```
SELECT * FROM 사원;
```

〈결과〉

이름	부서	생일	주소	기본급
홍길동	기획	04/05/61	망원동	120
임꺽정	인터넷	01/09/69	서교동	80
황진이	편집	07/21/75	합정동	100
김선달	편집	10/22/73	망원동	90
성춘향	기획	02/20/64	대흥동	100
장길산	편집	03/11/67	상암동	120
일지매	기획	04/29/78	연남동	110
강건달	인터넷	12/11/80		90

예제2 〈사원〉 테이블에서 '주소'만 검색하되 같은 '주소'는 한 번만 출력하시오.

```
SELECT DISTINCT 주소 FROM 사원;
```

〈결과〉

주소
망원동
서교동
합정동
대흥동
상암동
연남동

기출체크 ☑

20.5
2. 사원(EMPLOYEE) 테이블에 기획부 직원이 100명, 생산부 직원이 200명, 홍보부 직원이 150명 있다고 할 때, 다음 SQL문의 실행 결과로 표시되는 튜플의 수를 쓰시오(단, DEPT 필드는 부서명을 의미한다).

```
SELECT DISTINCT DEPT FROM EMPLOYEE;
```

답 :

❶ SELECT DISTINCT DEPT
❷ FROM STUDENT;

❶ 'DEPT'를 표시하되, 같은 'DEPT' 속성의 값은 한 번만 표시한다.
❷ 〈STUDENT〉 테이블에서 검색한다.

※ 〈STUDENT〉 테이블에서 'DEPT'를 검색하는 데 중복된 결과는 처음의 한 개
만 검색에 포함시킵니다. 기획부 100 튜플의 'DEPT' 속성의 값이 같으므로
1개, 생산부 200 튜플의 'DEPT' 속성의 값이 같으므로 1개, 홍보부 150 튜플의
'DEPT' 속성의 값이 같으므로 1개를 검색에 포함시키므로 3개의 튜플이 검색
됩니다.

440245

22.7, 21.7, 20.7, 필기 23.7, 23.5, 22.3, 21.8

245 > 조건 지정 검색

- WHERE 절에 다음 연산자들을 이용한 조건을 지정하
여 조건에 만족하는 튜플만 검색한다.

- 비교 연산자

연산자	=	〈 〉	〉	〈	〉 =	〈 =
의미	같다	같지 않다	크다	작다	크거나 같다	작거나 같다

- 논리 연산자 : NOT, AND, OR

- LIKE 연산자 : 대표 문자를 이용해 지정된 속성의 값이
문자 패턴과 일치하는 튜플을 검색하기 위해 사용됨

대표 문자	%	_	#
의미	모든 문자를 대표함	문자 하나를 대표함	숫자 하나를 대표함

- IN 연산자 : 필드의 값이 IN 연산자의 수로 지정된 값과 같
은 레코드만 검색하며, OR 연산을 수행한 결과와 같음

예제1 〈사원〉 테이블에서 '기획'부의 모든 튜플을 검색하시오.

SELECT * FROM 사원 WHERE 부서 = '기획';

〈결과〉

이름	부서	생일	주소	기본급
홍길동	기획	04/05/61	망원동	120
성춘향	기획	02/20/64	대흥동	100
일지매	기획	04/29/78	연남동	110

예제2 〈사원〉 테이블에서 "기획" 부서에 근무하면서 "대흥동"에
사는 사람의 튜플을 검색하시오.

SELECT *
FROM 사원
WHERE 부서 = '기획' AND 주소 = '대흥동';

〈결과〉

이름	부서	생일	주소	기본급
성춘향	기획	02/20/64	대흥동	100

예제3 〈사원〉 테이블에서 성이 '김'인 사람의 튜플을 검색하시오.

SELECT *
FROM 사원
WHERE 이름 LIKE "김%";

〈결과〉

이름	부서	생일	주소	기본급
김선달	편집	10/22/73	망원동	90

예제4 〈사원〉 테이블에서 '생일'이 '01/01/69'에서 '12/31/73' 사이
인 튜플을 검색하시오.

SELECT *
FROM 사원
WHERE 생일 BETWEEN #01/01/69# AND #12/31/73#;

〈결과〉

이름	부서	생일	주소	기본급
임꺽정	인터넷	01/09/69	서교동	80
김선달	편집	10/22/73	망원동	90

예제5 〈사원〉 테이블에서 '주소'가 NULL인 튜플을 검색하시오.

SELECT *
FROM 사원
WHERE 주소 IS NULL;

〈결과〉

이름	부서	생일	주소	기본급
강건달	인터넷	12/11/80		90

22.7, 20.7

1. 다음 〈TABLE〉을 참조하여 〈SQL문〉을 실행했을 때 출력되는 결과를 쓰시오. (〈TABLE〉에 표시된 'NULL'은 값이 없음을 의미한다.)

〈TABLE〉

INDEX	COL1	COL2
1	2	NULL
2	4	6
3	3	5
4	6	3
5	NULL	3

〈SQL문〉

```
SELECT COUNT(COL2)
FROM TABLE
WHERE COL1 IN (2, 3)
    OR COL2 IN (3, 5);
```

답 :

해설

SELECT COUNT(COL2)	'COL2'의 개수를 표시한다.
FROM TABLE	〈TABLE〉에서 검색한다.
WHERE COL1 IN (2, 3)	'COL1'이 2 또는 3이거나,
OR COL2 IN (3, 5);	'COL2'가 3 또는 5인 튜플만을 대상으로 한다.

• 질의문의 조건을 만족하는 튜플은 다음과 같습니다.

INDEX	COL1	COL2
1	2	NULL
2	4	6
3	3	5
4	6	3
5	NULL	3

• 조건에 맞는 'COL2' 속성만 추출하면 다음과 같습니다.

COL2
NULL
5
3
3

∴ COUNT(COL2)는 'COL2' 속성의 개수를 계산하지만 'NULL' 값은 제외하므로 COUNT(COL2)의 결과는 3입니다.

▶ 340310

22.5, 21.7, 필기 23.5, 22.4

246 〉 정렬 검색 (A)

ORDER BY 절에 특정 속성을 지정하여 지정된 속성으로 자료를 정렬하여 검색한다.

예제 〈사원〉 테이블에서 '부서'를 기준으로 오름차순 정렬하고, 같은 '부서'에 대해서는 '이름'을 기준으로 내림차순 정렬시켜서 검색하시오.

```
SELECT *
FROM 사원
ORDER BY 부서 ASC, 이름 DESC;
```

〈결과〉

이름	부서	생일	주소	기본급
홍길동	기획	04/05/61	망원동	120
일지매	기획	04/29/78	연남동	110
성춘향	기획	02/20/64	대흥동	100
임꺽정	인터넷	01/09/69	서교동	80
강건달	인터넷	12/11/80		90
황진이	편집	07/21/75	합정동	100
장길산	편집	03/11/67	상암동	120
김선달	편집	10/22/73	망원동	90

기출체크 ☑

22.5, 필기 23.5, 22.4

2. 다음은 〈성적〉 테이블에서 이름(name)과 점수(score)를 조회하되, 점수를 기준으로 내림차순 정렬하여 조회하는 〈SQL문〉이다. 괄호(①~③)에 알맞은 답을 적어 〈SQL문〉을 완성하시오.

〈성적〉

name	class	score
정기찬	A	85
이영호	C	74
환정형	C	95
김지수	A	90
최은영	B	82

〈SQL문〉

```
SELECT name, score
FROM 성적
( ① ) BY ( ② )( ③ )
```

답
• ①
• ②
• ③

SELECT name, score
FROM 성적
ORDER BY score DESC

❶ 'name'과 'score'를 표시한다.
❷ 〈성적〉 테이블에서 검색한다.
❸ 'score'를 기준으로 내림차순 정렬한다.

[결과]

name	class	score
환정형	C	95
김지수	A	90
정기찬	A	85
최은영	B	82
이영호	C	74

▶440247   24.4, 22.7, 필기 24.2, 23.5, 22.4, 21.3, 20.9, 20.6

247 > 하위 질의 Ⓐ

하위 질의는 조건절에 주어진 질의를 먼저 수행하여 그 검색 결과를 조건절의 피연산자로 사용한다.

예제1 '취미'가 "나이트댄스"인 사원의 '이름'과 '주소'를 검색하시오.

SELECT 이름, 주소
FROM 사원
WHERE 이름 = (SELECT 이름 FROM 여가활동 WHERE 취미 = '나이트댄스');

〈결과〉

이름	주소
성춘향	대흥동

예제2 취미활동을 하지 않는 사원들을 검색하시오.

SELECT *
FROM 사원
WHERE 이름 NOT IN (SELECT 이름 FROM 여가활동);

〈결과〉

이름	부서	생일	주소	기본급
홍길동	기획	04/05/61	망원동	120
황진이	편집	07/21/75	합정동	100
장길산	편집	03/11/67	상암동	120
강건달	인터넷	12/11/80		90

예제3 "망원동"에 거주하는 사원들의 '기본급'보다 적은 '기본급'을 받는 사원의 정보를 검색하시오.

SELECT 이름, 기본급, 주소
FROM 사원
WHERE 기본급 〈 ALL (SELECT 기본급 FROM 사원 WHERE 주소 = "망원동");

〈결과〉

이름	기본급	주소
임꺽정	80	서교동

ALL (   )는 하위 질의로 검색된 범위를 기본 질의의 조건으로 사용한다. 즉 〈사원〉 테이블에서 주소가 "망원동"인 사원의 기본급을 모두 추출한 후 추출된 기본급들을 기본 질의의 조건으로 사용한다.

❶ SELECT 기본급 FROM 사원 WHERE 주소 = "망원동"; : 〈사원〉 테이블에서 '주소'가 "망원동"인 사원들의 '기본급'을 추출한다. 결과는 120, 90이다.

❷ SELECT 이름, 기본급, 주소 FROM 사원 WHERE 기본급 〈 ALL (❶) : '기본급'이 ❶에서 추출된 '기본급'의 모든(ALL) 범위인 120, 90 보다 작은(〈), 즉 범위 안에서 가장 작은 90보다 작은 기본급을 갖는 자료를 대상으로 '이름', '기본급', '주소'를 출력한다. 결과는 "임꺽정", "80", "서교동"이다.

필기 24.2, 23.5, 21.3

1. 다음 〈SQL문〉을 수행했을 때 조회되는 튜플의 개수는?

〈R1 테이블〉

학번	이름	학년	학과	주소
1000	홍길동	4	컴퓨터	서울
2000	김철수	3	전기	경기
3000	강남길	1	컴퓨터	경기
4000	오말자	4	컴퓨터	경기
5000	장미화	2	전자	서울

〈R2 테이블〉

학번	과목번호	학점	점수
1000	C100	A	91
1000	C200	A	94
2000	C300	B	85
3000	C400	A	90
3000	C500	C	75
3000	C100	A	90
4000	C400	A	95
4000	C500	A	91
4000	C100	B	80
4000	C200	C	74
5000	C400	B	85

〈SQL문〉

```
SELECT 이름
FROM R1
WHERE 학번 IN
    (SELECT 학번
    FROM R2
    WHERE 과목번호 = 'C100');
```

답 :

해설

〈R2〉 테이블에서 '과목번호' 속성이 "C100"인 학번을 〈R1〉 테이블에서 찾아 '이름' 속성을 출력합니다.

❷ SELECT 이름 FROM R1 WHERE 학번 IN
❶ (SELECT 학번 FROM R2 WHERE 과목번호 = 'C100');

❶ SELECT 학번 FROM R2 WHERE 과목번호 = 'C100' : 〈R2〉 테이블에서 '과목번호'가 "C100"인 튜플의 '학번'을 검색한다. 결과는 1000, 3000, 4000이다.

❷ SELECT 이름 FROM R1 WHERE 학번 IN (❷) : 〈R1〉 테이블에서 '학번'이 1000, 3000, 4000인 튜플의 '이름'을 검색한다. 결과는 "홍길동", "강남길", "오말자"이다.

[결과]

이름
홍길동
강남길
오말자

22.7

2. 다음은 〈제품〉(제품명, 단가, 제조사) 테이블을 대상으로 "H" 제조사에서 생산한 제품들의 '단가'보다 높은 '단가'를 가진 제품의 정보를 조회하는 〈SQL문〉이다. 괄호에 들어갈 알맞은 답을 적어 〈SQL문〉을 완성하시오.

〈SQL문〉

```
SELECT 제품명, 단가, 제조사
FROM 제품
WHERE 단가 〉(     ) (SELECT 단가 FROM 제품 WHERE 제조사 = 'H');
```

답 :

해설

❷ SELECT 제품명, 단가, 제조사	'제품명', '단가', '제조사'를 표시한다.
FROM 제품	〈제품〉 테이블에서 검색한다.
WHERE 단가 〉 ALL (	'단가'가 하위 질의로 검색된 모든(ALL) 단가보다 큰 자료만을 대상으로 한다.
❶ SELECT 단가	'단가'를 표시한다.
FROM 제품	〈제품〉 테이블에서 검색한다.
WHERE 제조사 = 'H');	제조사가 "H"인 자료만을 대상으로 한다.

문제의 질의문은 하위 질의가 있는 질의문입니다. 먼저 WHERE 조건에 지정된 하위 질의의 SELECT문을 해석한 다음 그 결과를 본 질의의 조건에 있는 '단가' 속성과 비교합니다. 〈제품〉 테이블에 다음과 같은 자료가 들어있다고 가정하여 설명합니다.

〈제품〉

제품명	단가	제조사
냉장고	200	H
TV	150	H
세탁기	300	H
건조기	250	A
핸드폰	400	B
컴퓨터	500	C

❶ 〈제품〉 테이블에서 '제조사'가 "H"인 튜플의 '단가'를 검색합니다.

단가
200
150
300

❷ 〈제품〉 테이블에서 '단가'가 ❶번에서 추출된 '단가'의 모든(ALL) 범위인 200, 150, 300보다 큰(), 즉 범위 안에서 가장 큰 300보다 큰 '단가'를 갖는 자료를 대상으로 '제품명', '단가', '제조사'를 출력합니다.

제품명	단가	제조사
핸드폰	400	B
컴퓨터	500	C

248 > 그룹 함수 Ⓐ

그룹 함수는 GROUP BY절에 지정된 그룹별로 속성의 값을 집계할 때 사용된다.

명령어	기능
COUNT(속성명)	그룹별 튜플 수를 구하는 함수
SUM(속성명)	그룹별 합계를 구하는 함수
AVG(속성명)	그룹별 평균을 구하는 함수
MAX(속성명)	그룹별 최대값을 구하는 함수
MIN(속성명)	그룹별 최소값을 구하는 함수
STDDEV(속성명)	그룹별 표준편차를 구하는 함수
VARIANCE(속성명)	그룹별 분산을 구하는 함수

기출체크 ☑

24.4, 21.4

3. 〈EMP_TBL〉 테이블을 참고하여 〈SQL문〉의 실행 결과를 쓰시오.

〈EMP_TBL〉

EMPNO	SAL
100	1500
200	3000
300	2000

〈SQL문〉

```
SELECT COUNT(*) FROM EMP_TBL WHERE EMPNO 〉 100 AND SAL
〉= 3000 OR EMPNO = 200;
```

답 :

해설

SQL도 프로그래밍 언어와 마찬가지로 OR 연산자보다 AND 연산자의 우선순위가 높습니다. 즉 '식1 AND 식2 OR 식3'과 같이 조건이 제시된 경우 '식1 AND 식2'의 조건을 먼저 확인한 후 그 결과와 식3의 OR 조건을 확인합니다.

❶ SELECT COUNT(*)
❷ FROM EMP_TBL
❸ WHERE EMPNO 〉 100
❹ AND SAL 〉= 3000
❺ OR EMPNO = 200;

❶ 튜플의 개수를 표시한다.
❷ 〈EMP_TBL〉 테이블에서 검색한다.
❸ 'EMPNO'의 값이 100보다 크고
❹ 'SAL'의 값이 3000 이상이거나.
❺ 'EMPNO'의 값이 200인 튜플만을 대상으로 검색한다
※ GROUP BY절 없이 그룹 함수가 사용되는 경우 테이블 전체에 대한 함수의 결과(개수, 합계, 평균 등)가 검색됩니다.

---

249 > 그룹 지정 검색

GROUP BY절에 지정한 속성을 기준으로 자료를 그룹화하여 검색한다.

〈상여금〉

부서	이름	상여내역	상여금
기획	홍길동	연장근무	100
기획	일지매	연장근무	100
기획	최준호	야간근무	120
기획	장길산	특별근무	90
인터넷	강건달	특별근무	90
인터넷	서국현	특별근무	90
인터넷	박인식	연장근무	30
편집	김선달	특별근무	80
편집	황종근	연장근무	40
편집	성춘향	야간근무	80
편집	임꺽정	야간근무	80
편집	황진이	야간근무	50

예제 1 〈상여금〉 테이블에서 '부서'별 '상여금'의 평균을 구하시오.

```
SELECT 부서, AVG(상여금) AS 평균
FROM 상여금
GROUP BY 부서;
```

〈결과〉

부서	평균
기획	102.5
인터넷	70
편집	66

예제 2 〈상여금〉 테이블에서 '상여금'이 100 이상인 사원이 2명 이상인 '부서'의 튜플 수를 구하시오.

```
SELECT 부서, COUNT(*) AS 사원수
FROM 상여금
WHERE 상여금 〉= 100
GROUP BY 부서
HAVING COUNT(*) 〉= 2;
```

〈결과〉

부서	사원수
기획	3

1. 다음 〈성적〉 테이블에서 과목별 점수의 평균이 90점 이상인 '과목이름', '최소점수', '최대점수'를 검색하고자 한다. 〈처리 조건〉을 참고하여 적합한 SQL문을 작성하시오.

〈성적〉

학번	과목번호	과목이름	학점	점수
a2001	101	컴퓨터구조	6	95
a2002	101	컴퓨터구조	6	84
a2003	302	데이터베이스	5	89
a2004	201	인공지능	5	92
a2005	302	데이터베이스	5	100
a2006	302	데이터베이스	5	88
a2007	201	인공지능	5	93

〈결과〉

과목이름	최소점수	최대점수
데이터베이스	88	100
인공지능	92	93

〈처리 조건〉

- 최소한의 코드로 작성될 수 있도록 SQL문을 구성한다.
- WHERE문은 사용하지 않는다.
- GROUP BY와 HAVING을 이용한다.
- 집계함수(Aggregation Function)를 사용하여 명령문을 구성한다.
- '최소점수', '최대점수'는 별칭(Alias)을 위한 AS문을 이용한다.
- 명령문 마지막의 세미콜론(;)은 생략이 가능하다.
- 인용 부호가 필요한 경우 작은 따옴표(' ')를 사용한다.

답 :

해설

❶ SELECT 과목이름, MIN(점수) AS 최소점수, MAX(점수) AS 최대점수
❷ FROM 성적
❸ GROUP BY 과목이름
❹ HAVING AVG(점수) >= 90;

❶ '과목이름', '점수'의 최소값, '점수'의 최대값을 표시하되, '점수'의 최소값은 '최소점수'로, '점수'의 최대값은 '최대점수'로 표시한다.
❷ 〈성적〉 테이블을 대상으로 검색한다.
❸ '과목이름'을 기준으로 그룹을 지정한다.
❹ 각 그룹의 '점수'의 평균이 90보다 크거나 같은 그룹만을 표시한다.

---

250 > 집합 연산자를 이용한 통합 질의 Ⓐ

집합 연산자를 사용하여 2개 이상의 테이블의 데이터를 하나로 통합한다.

표기 형식

SELECT 속성명1, 속성명2, …
FROM 테이블명
UNION | UNION ALL | INTERSECT | EXCEPT
SELECT 속성명1, 속성명2, …
FROM 테이블명
[ORDER BY 속성명 [ASC | DESC]];

- 두 개의 SELECT문에 기술한 속성들은 개수와 데이터 유형이 서로 동일해야 한다.

- 집합 연산자의 종류(통합 질의의 종류)

집합 연산자	설명	집합 종류
UNION	• 두 SELECT문의 조회 결과를 통합하여 모두 출력함 • 중복된 행은 한 번만 출력함	합집합
UNION ALL	• 두 SELECT문의 조회 결과를 통합하여 모두 출력함 • 중복된 행도 그대로 출력함	합집합
INTERSECT	두 SELECT문의 조회 결과 중 공통된 행만 출력함	교집합
EXCEPT	첫 번째 SELECT문의 조회 결과에서 두 번째 SELECT문의 조회 결과를 제외한 행을 출력함	차집합

기출체크 ☑

23.10

2. 〈R〉과 〈S〉 테이블에 대해 〈SQL문〉을 실행하였을 때 나타나는 결과를 작성하시오. (SQL을 실행하였을 때 출력되는 속성명과 값들을 모두 답안에 적으시오.)

〈R〉

A	B
1	a
2	b
3	c

〈S〉

A	B
1	a
2	c
4	d

〈SQL문〉

```
SELECT A FROM R
UNION
```

```
SELECT A FROM S
ORDER BY A DESC;
```

답 :

SELECT A FROM R	〈R〉 테이블의 'A' 속성을 표시한다.
UNION	두 SELECT문의 조회 결과를 통합하되 중복된 행은 한 번만 출력한다.
SELECT A FROM S	〈S〉 테이블의 'A' 속성을 표시한다.
ORDER BY A DESC;	'A' 속성을 기준으로 내림차순 정렬한다.

▶340315

251 JOIN ⓒ

• JOIN은 2개의 릴레이션에서 **연관된 튜플들을 결합하여, 하나의 새로운 릴레이션을 반환**한다.

• JOIN은 일반적으로 FROM절에 기술하지만, 릴레이션이 사용되는 곳 어디에나 사용할 수 있다.

• JOIN은 크게 INNER JOIN과 OUTER JOIN으로 구분된다.
  – INNER JOIN : THETA JOIN, EQUI JOIN, NATURAL JOIN, NON-EQUI JOIN
  – OUTER JOIN : LEFT OUTER JOIN, RIGHT OUTER JOIN, FULL OUTER JOIN

출제예상
3. SQL(Structured Query Language)에 관한 다음 설명에서 괄호에 공통으로 들어갈 알맞은 용어를 쓰시오.

( )은 2개의 릴레이션에서 연관된 튜플들을 결합하여, 하나의 새로운 릴레이션을 반환한다.

답 :

▶340545

24.4, 필기 21.5

252 EQUI JOIN(동등 조인) Ⓐ

• JOIN에 참여하는 두 릴레이션의 속성 값을 비교하여 조건을 만족하는 튜플만 반환하는 조인을 THETA JOIN(세타 조인)이라고 하며, 조인에 사용되는 조건에는 =, ≠, <, ≤, >, ≥가 있다.

• EQUI JOIN(동등 조인)은 조인에 사용되는 조건 중 =(equal) 비교에 의해 같은 값을 가지는 행을 연결하여 결과를 생성하는 방법이다.

• EQUI JOIN의 결과 표시되는 속성(차수)은 두 릴레이션의 속성을 더한 것과 같다.

• EQUI JOIN에서 JOIN 조건이 '='일 때 동일한 속성이 두 번 나타나게 되는데, 이 중 중복된 속성을 제거하여 같은 속성을 한 번만 표기하는 방법을 NATURAL JOIN(자연 조인)이라고 한다.

• EQUI JOIN에서 연결 고리가 되는 공통 속성을 JOIN 속성이라고 한다.

• WHERE절을 이용한 EQUI JOIN의 표기 형식

SELECT [테이블명1.]속성명, [테이블명2.]속성명, …
FROM 테이블명1, 테이블명2, …
WHERE 테이블명1.속성명 = 테이블명2.속성명;

• NATURAL JOIN절을 이용한 EQUI JOIN의 표기 형식

SELECT [테이블명1.]속성명, [테이블명2.]속성명, …
FROM 테이블명1 **NATURAL JOIN** 테이블명2;

• JOIN ~ USING절을 이용한 EQUI JOIN의 표기 형식

SELECT [테이블명1.]속성명, [테이블명2.]속성명, …
FROM 테이블명1 **JOIN** 테이블명2 **USING**(속성명);

24.4
4. 다음은 조인(Join)에 대한 설명이다. 괄호(①~③)에 공통으로 들어갈 알맞은 조인의 종류를 쓰시오.

• (①)은 조인에 참여하는 두 릴레이션의 속성 값을 비교하여 조건을 만족하는 튜플만 반환하는 조인이다.

• (②)은 (①)에서 = 연산자를 사용한 조인으로, 일반적으로 조인이라고 하면 (②)을 의미한다.

• (②)의 결과 릴레이션의 차수는 첫 번째 릴레이션과 두 번째 릴레이션의 차수를 합한 것이다.

• (③)은 (②)의 결과 릴레이션에서 중복된 속성을 제거하여 수행하는 연산. 즉 (②)에서 중복 속성 중 하나가 제거된 것이다.

• (③)의 핵심은 두 릴레이션의 공통된 속성을 매개체로 하여 두 릴레이션의 정보를 '관계'로 묶어 내는 것이다.

답
• ①
• ②
• ③

253 > OUTER JOIN

- **LEFT OUTER JOIN** : INNER JOIN의 결과를 구한 후, 우측 항 릴레이션의 어떤 튜플과도 맞지 않는 좌측 항의 릴레이션에 있는 튜플들에 NULL 값을 붙여서 INNER JOIN의 결과에 추가함

  – 표기 형식

  > SELECT [테이블명1.]속성명, [테이블명2.]속성명, …
  > FROM 테이블명1 LEFT OUTER JOIN 테이블명2
  > ON 테이블명1.속성명 = 테이블명2.속성명;

- **RIGHT OUTER JOIN** : INNER JOIN의 결과를 구한 후, 좌측 항 릴레이션의 어떤 튜플과도 맞지 않는 우측 항의 릴레이션에 있는 튜플들에 NULL 값을 붙여서 INNER JOIN의 결과에 추가함

  – 표기 형식

  > SELECT [테이블명1.]속성명, [테이블명2.]속성명, …
  > FROM 테이블명1 RIGHT OUTER JOIN 테이블명2
  > ON 테이블명1.속성명 = 테이블명2.속성명;

예제 〈학생〉 테이블과 〈학과〉 테이블에서 '학과코드' 값이 같은 튜플을 JOIN하여 '학번', '이름', '학과코드', '학과명'을 출력하는 SQL문을 작성하시오. 이때, '학과코드'가 입력되지 않은 학생도 출력하시오.

> SELECT 학번, 이름, 학생.학과코드, 학과명
> FROM 학생 LEFT OUTER JOIN 학과
> ON 학생.학과코드 = 학과.학과코드;

해설 INNER JOIN을 하면 '학과코드'가 입력되지 않은 "박치민"은 출력되지 않는다. 그러므로 JOIN 구문을 기준으로 왼쪽 테이블, 즉 〈학생〉의 자료는 모두 출력되는 LEFT JOIN을 사용한 것이다. 다음과 같이 JOIN 구문을 기준으로 테이블의 위치를 교환하여 RIGHT JOIN을 사용해도 결과는 같다.

> SELECT 학번, 이름, 학생.학과코드, 학과명
> FROM 학과 RIGHT OUTER JOIN 학생
> ON 학과.학과코드 = 학생.학과코드;

〈결과〉

학번	이름	학과코드	학과명
15	고길동	com	컴퓨터
16	이순신	han	국어
17	김선달	com	컴퓨터
19	아무개	han	국어
37	박치민		

기출체크 ☑

21.7

1. 다음 〈사원〉 테이블과 〈동아리〉 테이블을 조인(Join)한 〈결과〉를 확인하여 〈SQL문〉의 괄호(①, ②)에 들어갈 알맞은 답을 쓰시오.

〈사원〉

코드	이름	부서
1601	김명해	인사
1602	이진성	경영지원
1731	박영광	개발
2001	이수진	

〈동아리〉

코드	동아리명
1601	테니스
1731	탁구
2001	볼링

→

〈결과〉

코드	이름	동아리명
1601	김명해	테니스
1602	이진성	
1731	박영광	탁구
2001	이수진	볼링

〈SQL문〉

> SELECT a.코드, 이름, 동아리명 FROM 사원 a LEFT OUTER JOIN 동아리 b (①) a.코드 = b.(②);

답

- ①
- ②

해설

> ❶ SELECT a.코드, 이름, 동아리명
> ❷ FROM 사원 a LEFT OUTER JOIN 동아리 b
> ❸ ON a.코드 = b.코드;

❶ a가 가리키는 〈사원〉 테이블의 '코드'와 '이름', '동아리명'을 표시한다.

❷ ・LEFT OUTER JOIN이므로, 좌측의 〈사원〉 테이블이 기준이 되어 〈사원〉 테이블에 있는 튜플은 모두 표시하고, 우측의 〈동아리〉 테이블에서는 관련이 있는 튜플만 표시한다.

・〈사원〉, 〈동아리〉 테이블의 별칭으로 〈a〉, 〈b〉를 지정한다. 〈a〉는 〈사원〉 테이블을, 〈b〉는 〈동아리〉 테이블을 가리키게 된다.

❸ 〈사원〉 테이블의 '코드'와 〈동아리〉 테이블의 '코드'를 기준으로 서로 JOIN한다.

---

254 > 트리거

- 트리거(Trigger)는 데이터베이스 시스템에서 데이터의 삽입(Insert), 갱신(Update), 삭제(Delete) 등의 **이벤트 (Event)가 발생할 때 관련 작업이 자동으로 수행되게 하는 절차형 SQL**이다.

- 트리거는 데이터베이스에 저장되며, 데이터 변경 및 무결성 유지, 로그 메시지 출력 등의 목적으로 사용된다.

기출체크 ☑

필기 22.7, 20.6

2. 데이터베이스 시스템에서 삽입, 갱신, 삭제 등의 이벤트가 발생할 때마다 관련 작업이 자동으로 수행되는 절차형 SQL을 쓰시오.

답 :

기출체크 정답 2. 트리거(Trigger)

문제 01 〈직원〉 테이블을 삭제하는 SQL문을 작성하시오.

답 :

문제 02 다음 〈요구사항〉을 만족하는 〈직원〉 테이블을 정의하려고 한다. SQL문을 작성하시오.

〈요구사항〉

- '사번(문자 15)', '이름(문자 4)', '전화번호(문자 20)', '부서번호(문자 10)', '경력(숫자)', '기본급(숫자)' 속성을 가진다.
- '사번' 속성은 기본키이다.
- '이름'은 반드시 입력하여야 한다.
- 〈직원〉 테이블의 '부서번호'는 〈부서〉 테이블에 있는 '부서번호'를 참조한다.
- '기본급'은 최소한 1,000,000원 이상이어야 한다.
- '전화번호'는 중복될 수 없다.

답 :

※ 다음 테이블들을 이용하여 각각에 해당하는 SQL문을 작성하시오(3~6번).

〈사원〉

이름	부서	재직년도	주소	기본급
홍길동	기획	6	효자동	350
임꺽정	인터넷	4	석사동	260
황진이	편집	5	후평동	300
김선달	편집	3	효자동	250
성춘향	기획	1	후평동	190
장길산	편집	1	고잔동	180
일지매	기획	3	원곡동	230
강호동	인터넷	2		200

〈자격증〉

이름	분야	경력
김선달	컴퓨터	5
성춘향	컴퓨터	3
김선달	디자인	4
장길산	디자인	2
일지매	컴퓨터	4
임꺽정	건축	8

문제 03 〈사원〉 테이블의 모든 데이터를 검색하는 SQL문을 작성하시오.

답 :

문제 04 자격증 취득 경력이 3년 이상인 사원의 '이름'을 검색하되, 같은 이름은 한 번만 나오게 SQL문을 작성하시오. 검색 결과는 다음과 같다.

〈검색 결과〉

이름
김선달
성춘향
일지매
임꺽정

답 :

문제 05 하위 질의를 이용하여 사원 중에 자격증이 없는 사원의 '이름', '재직년도', '기본급'을 검색하는 SQL문을 작성하시오. 검색 결과는 다음과 같다.

〈검색 결과〉

이름	재직년도	기본급
홍길동	6	350
황진이	5	300
강호동	2	200

답 :

문제 06 자격증을 2개 이상 가진 사원의 '이름'을 검색하는 SQL문을 작성하시오. 검색 결과는 다음과 같다.

〈검색 결과〉

이름
김선달

답 :

문제 07 〈학생〉 테이블에서 3학년 학생에 대한 모든 속성을 추출한 〈3학년학생〉 뷰를 정의하는 SQL문을 작성하시오. (단, 〈3학년학생〉 뷰는 갱신이나 삽입 연산이 수행될 때 뷰 정의 조건을 따라야 한다.)

테이블 스키마

> 학생(학번, 주민등록번호, 이름, 학년, 전화번호, 주소)

답 :

문제 08 〈강좌〉 테이블과 〈교수〉 테이블에서 '교수번호'가 같은 튜플을 조인하여 '강좌명', '강의실', '수강제한인원', '교수이름' 속성을 갖는 〈강좌교수〉 뷰를 정의하는 SQL문을 작성하시오.

테이블 스키마

> 강좌(강좌번호, 강좌명, 학점, 수강인원, 강의실, 학기, 연도, 교수번호)
> 교수(교수번호, 주민등록번호, 이름, 직위, 재직년도)

답 :

문제 09 데이터베이스의 DCL(Data Control Language)과 관련된 다음 설명에서 괄호(①~⑤)에 들어갈 가장 적합한 명령어를 쓰시오.

> DCL은 데이터의 보안, 무결성, 회복, 병행 제어 등을 정의하는 데 사용하는 언어이다. DCL은 데이터베이스 관리자(DBA)가 데이터 관리를 목적으로 사용한다.
>
> DCL의 유형 중 (①)은 트랜잭션의 모든 변경 내용들을 영구적으로 데이터베이스에 반영하는 명령어이다. 트랜잭션이 성공적으로 끝나면 데이터베이스가 새로운 일관성(Consistency) 상태를 가지기 위해 수행된 모든 변경을 데이터베이스에 반영하여 (①)하여야 한다.
>
> DCL의 유형 중 (②)은 변경된 모든 내용들을 취소하고 데이터베이스를 이전 상태로 되돌리는 명령어이다. 트랜잭션의 일부를 성공적으로 끝내지 못하면 데이터베이스가 비일관성(Inconsistency)인 상태를 가질 수 있기 때문에(즉 트랜잭션이 수행한 일부 변경이 데이터베이스에 반영될 가능성이 있기 때문에) 일부분만 완료된 트랜잭션은 (②)되어야 한다.

DCL의 유형 중 (③)는 데이터베이스 관리자가 데이터베이스 사용자에게 권한을 부여하는 명령어이며, (④)는 권한을 취소하기 위한 명령어이다. 부여할 수 있는 권한의 종류에는 ALL, SELECT, INSERT, DELETE, UPDATE, ALTER 등이 있다. (③)와 (④)의 추가적인 옵션 중 권한 취소 시 권한을 부여받았던 사용자가 다른 사용자에게 부여한 권한도 연쇄적으로 취소하는 옵션은 (⑤)이다.

답

- ①   • ②
- ③   • ④
- ⑤

문제 10 홍길동에게 〈강좌〉 테이블을 검색하는 권한을 부여하는 SQL문을 작성하시오.

▶ 345810

답 :

문제 11 홍길동에게 〈학생〉 테이블에 대한 접근 및 조작에 관한 모든 권한을 부여하고, 해당 권한을 다른 사람에게 부여할 수 있는 권한을 부여하는 SQL문을 작성하시오.

▶ 345811

답 :

문제 12 박문수에게 부여된 〈교수〉 테이블에 대한 INSERT 권한을 취소하는 SQL문을 작성하시오.

▶ 345812

답 :

문제 13 〈수강〉 테이블에 대해 박문수에게 부여된 SELECT 권한과 박문수가 다른 사람에게 SELECT 권한을 부여할 수 있는 권한, 그리고 박문수가 다른 사람에게 부여한 SELECT 권한을 모두 취소하는 SQL문을 작성하시오.

▶ 345813

답 :

문제 **14** 〈상품〉 테이블을 관리하던 도중 '제품코드'가 "P-20"인 제품이 여러 개 발견되었다. 이를 모두 삭제한 후 ("P-20", "PLAYER", 8800, 6600)인 제품을 다시 입력하는 SQL문을 차례대로 작성하시오.

상품(제품코드, 상품명, 단가, 제조경비)

1. 답 삭제

2. 답 삽입

문제 **15** 다음 테이블에서 '총액'이 가장 큰 거래처의 '상호'와 '총액'을 검색하는 SQL문을 작성하시오. 검색 결과는 다음과 같다.

〈거래내역〉

상호	금액	세액	총액
대명금속	255000	20400	275400
정금강업	900000	48000	948000
효신제조업	600000	48000	648000
한영산업	600000	48000	648000
율촌화학	220000	17600	237600
한국제지	200000	16000	216000
한솔제지	240000	19200	259200
한국화이바	465000	37200	502200
LG Caltex정유	360000	28800	388800
하이크리에이션	340000	27200	367200

〈검색 결과〉

상호	총액
정금강업	948000

답 :

문제 16 사원(EMPLOYEE) 테이블에 기획부 직원이 100명, 생산부 직원이 200명, 홍보부 직원이 150명 있다고 할 때, 다음 SQL문 ①, ②, ③의 실행 결과로 표시되는 튜플의 수를 쓰시오(단, DEPT 필드는 부서명을 의미한다).

① SELECT DEPT FROM EMPLOYEE;
② SELECT DISTINCT DEPT FROM EMPLOYEE;
③ SELECT COUNT(DISTINCT DEPT) FROM EMPLOYEE WHERE DEPT = '기획부';

답

- ①
- ②
- ③

문제 17 다음은 〈사원〉 테이블과 〈연락처〉 테이블에 대해 제시된 SQL문을 수행했을 때의 결과이다. 〈결과〉 테이블의 괄호(①~③)에 들어갈 알맞은 내용을 쓰시오.

〈테이블명 : 사원〉

사번	성명	나이	직책
11	홍길동	35	과장
32	안중근	44	부장
41	강동자	37	과장
31	송윤아	24	사원
45	이중건	26	사원
13	김순자	33	계장

〈테이블명 : 연락처〉

사번	성별	연락처
11	남	111–1111
32	남	222–2222
41	여	333–3333
31	여	444–4444

〈SQL〉

SELECT 성명, 나이, 직책
FROM 사원, 연락처
WHERE 연락처.성별 = '여' AND 사원.사번 = 연락처.사번;

〈결과〉

성명	나이	직책
강동자	37	과장
(①)	(②)	(③)

답

- ①
- ②
- ③

문제 18 다음 SQL문에서 WHERE 절의 조건이 의미하는 것을 간략히 서술하시오.

```
SELECT 학번, 이름
FROM 성적
WHERE 학번 LIKE 'S__';
```

답 :

※ 다음의 테이블을 이용하여 물음에 답하시오(19~20번).

〈장학금〉

학과	이름	장학내역	장학금
인공지능	홍길동	수석장학	100
인공지능	일지매	수석장학	100
인공지능	최준호	우수장학	120
인공지능	장길산	특기장학	90
생명공학	강건달	특기장학	90
생명공학	서국현	특기장학	90
생명공학	박인식	수석장학	30
유전공학	김선달	특기장학	80
유전공학	황종근	수석장학	40
유전공학	성춘향	우수장학	80
유전공학	임꺽정	우수장학	80
유전공학	황진이	우수장학	50

문제 19 〈장학금〉 테이블에서 장학내역별로 장학금에 대한 순위를 구하는 다음의 SQL문을 수행했을 때 표시되는 〈결과〉의 괄호(①~③)에 들어갈 가장 적합한 순위를 쓰시오.

〈SQL〉

```
SELECT 장학내역, 장학금,
        RANK( ) OVER (PARTITION BY 장학내역 ORDER BY 장학금 DESC) AS 장학금순위
FROM 장학금
WHERE 장학내역 = '우수장학';
```

〈결과〉

장학내역	장학금	장학금순위
우수장학	120	1
우수장학	80	(①)
우수장학	80	(②)
우수장학	50	(③)

답

- ①   • ②   • ③

문제 20 〈장학금〉 테이블에 대해 〈결과〉와 같이 표시되도록 괄호(①~③)에 가장 적합한 명령을 넣어 SQL문을 완성하시오.

〈SQL〉

```
SELECT ( ① ), ( ② ), ( ③ ) AS 장학금평균
FROM 장학금
GROUP BY CUBE(( ① ), ( ② ));
```

〈결과〉

장학내역	학과	장학금평균
		79.16
	생명공학	70
	유전공학	66
	인공지능	102.5
수석장학		67.5
수석장학	생명공학	30
수석장학	유전공학	40
수석장학	인공지능	100
우수장학		82.5
우수장학	유전공학	70
우수장학	인공지능	120
특기장학		87.5
특기장학	생명공학	90
특기장학	유전공학	80
특기장학	인공지능	90

답

- ①
- ②
- ③

문제 21 다음의 〈지원자〉 테이블에 대해 SQL문을 수행하려고 한다. 제시된 조건에 부합하도록 괄호(①, ②)에 가장 적합한 명령을 넣어 SQL문을 완성하시오.

〈지원자〉

지원ID	이름	성별	나이	지원학과	점수	연락처	주소
2022-01	김나연	여자	20	IT융합	95	111-1111	서울
2022-02	유원선	남자	21	모바일	91	222-2222	부산
⋮	⋮	⋮	⋮	⋮	⋮	⋮	⋮

〈조건〉

- '지원ID', '이름', '지원학과', '연락처' 속성을 표시한다.
- 〈지원자〉 테이블을 대상으로 한다.
- 점수가 60점 이상인 지원자만을 검색한다.
- '지원학과'를 기준으로 오름차순 정렬하고 '지원학과'가 같은 경우 '점수'를 기준으로 내림차순 정렬한다.

〈SQL〉

```
SELECT 지원ID, 이름, 지원학과, 연락처
FROM 지원자
WHERE 점수 〉(   ①   )
ORDER BY (   ②   );
```

답

- ①
- ②

문제 22 다음은 〈학생〉 테이블에 '주소' 필드를 추가하는 SQL문이다. 괄호(①, ②)에 가장 적합한 명령을 넣어 SQL문을 완성하시오.

〈SQL〉

```
(   ①   ) 학생
(   ②   ) 주소 CHAR(20);
```

답

- ①
- ②

문제 23 〈공급자〉 테이블에 대해 〈결과〉와 같이 표시되도록 괄호에 적합한 명령을 넣어 SQL문을 완성하시오.

〈공급자〉

공급자번호	공급자명	위치
16	대신공업사	수원
27	삼진사	서울
39	삼양사	인천
62	진아공업사	대전
70	신촌상사	서울

〈결과〉

공급자번호	공급자명	위치
16	대신공업사	수원
70	신촌상사	서울

〈SQL〉

SELECT * FROM 공급자 WHERE 공급자명 LIKE '(   )';

답 :

문제 24 다음 질의문의 실행 결과를 쓰시오.

〈도서〉

책번호	책명
1111	운영체제
2222	세계지도
3333	생활영어

〈도서가격〉

책번호	가격
1111	15000
2222	23000
3333	7000
4444	5000

〈SQL〉

SELECT 가격 FROM 도서가격
WHERE 책번호 = (SELECT 책번호 FROM 도서 WHERE 책명 = '운영체제');

답 :

문제 25 〈성적〉 테이블에 대해 SQL문을 수행하려고 한다. 제시된 조건에 부합하도록 괄호(①~③)에 가장 적합한 명령을 넣어 SQL문을 완성하시오.

〈조건〉

〈성적〉 테이블에서 이름이 'LEE'인 모든 튜플의 '점수' 속성에 10을 더한다.

〈SQL〉

```
(   ①   ) 성적
(   ②   ) 점수 = 점수 + 10
(   ③   ) 이름 = 'LEE';
```

답

- ①
- ②
- ③

문제 26 〈A〉 테이블과 〈B〉 테이블을 참고하여 〈SQL문〉의 실행 결과를 쓰시오.

〈A〉

NAME
Smith
Allen
Scott

〈B〉

RULE
S%
%t%

〈SQL〉

```
SELECT COUNT(*) CNT FROM A CROSS JOIN B WHERE A.NAME LIKE B.RULE;
```

답 :

[문제 01]

DROP TABLE 직원;	〈직원〉 테이블을 제거한다.

[문제 02]

CREATE TABLE 직원	생성한 테이블 이름은 〈직원〉이다.
(사번 CHAR(15),	'사번' 속성은 문자 15자리이다.
이름 CHAR(4) NOT NULL,	'이름' 속성은 문자 4자리인데, NULL 값을 가질 수 없다.
전화번호 CHAR(20),	'전화번호' 속성은 문자 20자리이다.
부서번호 CHAR(10),	'부서번호' 속성은 문자 10자리이다.
경력 INT,	'경력' 속성은 숫자이다.
기본급 INT,	'기본급' 속성은 숫자이다.
PRIMARY KEY(사번),	'사번' 속성은 기본키이다.
UNIQUE(전화번호),	'전화번호' 속성은 중복된 값을 가질 수 없다.
FOREIGN KEY(부서번호) REFERENCES 부서(부서번호),	'부서번호' 속성은 〈부서〉 테이블의 '부서번호'를 참조하는 외래키이다.
CHECK (기본급 >= 1000000));	'기본급' 속성은 1000000보다 크거나 같은 값을 가져야 한다.

[문제 03]

SELECT *	모든 속성을 표시한다.
FROM 사원;	〈사원〉 테이블을 대상으로 검색한다.

[문제 04]

SELECT DISTINCT 이름	'이름'을 표시하되, 같은 '이름'은 한 번만 표시한다.
FROM 자격증	〈자격증〉 테이블을 대상으로 검색한다.
WHERE 경력 >= 3;	'경력'이 3 이상인 자료만을 대상으로 검색한다.

[문제 05]

SELECT 이름, 재직년도, 기본급	'이름', '재직년도', '기본급'을 표시한다.
FROM 사원	〈사원〉 테이블을 대상으로 검색한다.
WHERE 이름 NOT IN (	〈자격증〉 테이블에 '이름'이 NOT IN 다음에 쓰인 하위 질의의 결과에 없는 자료만을 대상으로 한다.
SELECT 이름	'이름'을 표시한다.
FROM 자격증);	〈자격증〉 테이블에서 검색한다. 즉, 〈자격증〉 테이블의 '이름'을 표시한다.

[문제 06]

SELECT 이름	'이름'을 표시한다.
FROM 자격증	〈자격증〉 테이블을 대상으로 검색한다.
GROUP BY 이름	'이름'을 기준으로 그룹을 지정한다.
HAVING COUNT(*) >= 2;	그룹 중 개수가 2개 이상인 자료만을 표시한다. 즉 자격증이 2개 이상인 사원의 '이름'을 검색한다.

[문제 07]

CREATE VIEW 3학년학생	생성한 뷰의 이름은 〈3학년학생〉이다.
AS SELECT *	모든 속성을 가져온다.
FROM 학생	〈학생〉 테이블에서 속성을 가져온다.
WHERE 학년 = 3	'학년'이 3인 학생만을 대상으로 한다.
WITH CHECK OPTION;	생성된 〈3학년학생〉 뷰에 갱신이나 삽입 연산 수행 시 뷰의 정의 조건(학년이 3학년)을 위배하면 실행을 거절한다.

[문제 08]

CREATE VIEW 강좌교수(강좌명, 강의실, 수강제한인원, 교수이름)	생성한 뷰의 이름은 〈강좌교수〉로, '강좌명', '강의실', '수강제한인원', '교수이름'으로 속성을 표시한다.
AS SELECT 강좌명, 강의실, 수강인원, 이름	'강좌명', '강의실', '수강인원', '이름' 속성을 가져온다.
FROM 강좌, 교수	〈강좌〉 테이블과 〈교수〉 테이블에서 속성을 가져온다.
WHERE 강좌.교수번호 = 교수.교수번호;	〈강좌〉 테이블의 '교수번호'와 〈교수〉 테이블의 '교수번호'가 같은 자료만을 대상으로 한다.

※ 테이블에서 불러온 속성명을 뷰에서 그대로 사용하지 않을 경우 사용하고 싶은 속성명을 뷰 이름 옆에 입력합니다.

[문제 09]
① commit   ② rollback   ③ grant   ④ revoke   ⑤ cascade

[문제 10]
GRANT SELECT ON 강좌 TO 홍길동;

[문제 11]
GRANT ALL ON 학생 TO 홍길동 WITH GRANT OPTION;

[문제 12]
REVOKE INSERT ON 교수 FROM 박문수;

[문제 13]
REVOKE SELECT ON 수강 FROM 박문수 CASCADE;

> ※ 박문수에게 부여된 〈수강〉 테이블에 대한 SELECT 권한을 취소하면 박문수가 다른 사람에게 SELECT 권한을 부여할 수 있는 권한도 함께 취소됩니다. 자신에게 권한이 없어지면 해당 권한을 다른 사람에게 부여할 수 없기 때문입니다.
> ※ 박문수에게 부여된 〈수강〉 테이블에 대해 SELECT 권한은 유지하면서 다른 사람에게 부여할 수 있는 권한만 제거하려면 다음과 같이 작성합니다.
> REVOKE GRANT OPTION FOR SELECT ON 수강 FROM 박문수;

[문제 14]

1. 삭제

DELETE	삭제하라.
FROM 상품	〈상품〉 테이블을 대상으로 하라.
WHERE 제품코드 = 'P-20';	'제품코드'가 "P-20"인 상품만을 대상으로 하라.

2. 삽입

INSERT	삽입하라.
INTO 상품	〈상품〉 테이블에 삽입하라.
VALUES ('P-20', 'PLAYER', 8800, 6600);	"P-20", "PLAYER", 8800, 6600을 〈상품〉 테이블의 각 필드에 삽입하라.

[문제 15]

SELECT 상호, 총액	'상호'와 '총액'을 표시한다.
FROM 거래내역	〈거래내역〉 테이블을 대상으로 검색한다.
WHERE 총액 In (	'총액'과 IN 다음에 쓰인 하위 질의의 결과와 같은 거래처를 대상으로 한다.
SELECT MAX(총액)	'총액' 중 가장 큰 값을 표시한다.
FROM 거래내역);	〈거래내역〉 테이블에서 검색한다. 즉, 〈거래내역〉 테이블에서 '총액' 중 가장 큰 값을 표시한다.

※ WHERE절에는 MAX, SUM, AVG 등과 같은 집계 함수를 사용할 수 없으므로 'WHERE 총액 = MAX(총액)'과 같이 작성할 수 없습니다.

[문제 16]

① 450 ② 3 ③ 1

① SELECT DEPT FROM EMPLOYEE;
　〈EMPLOYEE〉 테이블에서 'DEPT'를 검색합니다. 총 450개의 튜플이 들어 있고 검색 조건이 없으므로 튜플의 수는 450입니다.
② SELECT DISTINCT DEPT FROM EMPLOYEE;
　〈EMPLOYEE〉 테이블에서 'DEPT'를 검색하는 데 중복된 결과는 처음의 한 개만 검색에 포함시킵니다. 기획부 100개 튜플의 'DEPT' 속성의 값이 같으므로 1개, 생산부 200개 튜플의 'DEPT' 속성의 값이 같으므로 1개, 홍보부 150개 튜플의 'DEPT' 속성의 값이 같으므로 1개를 검색에 포함시키므로 3개의 튜플이 검색됩니다.
③ SELECT COUNT(DISTINCT DEPT) FROM EMPLOYEE WHERE DEPT = '기획부';
　〈EMPLOYEE〉 테이블에서 'DEPT' 속성의 값이 '기획부'인 튜플에 대해 중복을 제거하고 개수를 세므로 1이 검색 결과로 표시됩니다.

[문제 17]

① 송윤아 ② 24 ③ 사원

SELECT 성명, 나이, 직책	'성명', '나이', '직책'을 표시한다.
FROM 사원, 연락처	〈사원〉, 〈연락처〉 테이블을 대상으로 검색한다.
WHERE 연락처.성별 = '여' AND 사원.사번 = 연락처.사번;	〈연락처〉 테이블의 '성별'이 "여"이고 〈사원〉 테이블의 '사번'과 〈연락처〉 테이블의 '사번'이 같은 자료만을 대상으로 검색한다.

[문제 18]

학번이 'S'로 시작하는 3문자를 표시한다.

LIKE는 지정된 문자열의 패턴을 비교하여 속성의 값을 찾습니다. 문자열의 시작이 'S'이고 '_'이 두 개 있으므로 학번이 'S'로 시작하는 3문자를 검색하라는 조건이 됩니다.

[문제 19]

① 2　　② 2　　③ 4

RANK( ) 함수는 공동 순위가 있는 경우 공동 순위를 반영하여 다음 순위를 정합니다. 즉 80점은 공동 2위가 되고, 50점은 4위가 됩니다.

[문제 20]

① 장학내역　　② 학과　　③ AVG(장학금)

SELECT 장학내역, 학과, AVG(장학금) AS 장학금평균	'장학내역', '학과', '장학금'의 평균을 표시하되, 평균은 '장학금평균'으로 표시한다.
FROM 장학금	〈장학금〉 테이블을 대상으로 검색한다.
GROUP BY CUBE(장학내역, 학과);	'장학내역'과 '학과'를 기준으로 그룹을 지정하여 그룹 평균과 전체 평균을 구한다.

[문제 21]

① 59　　② 지원학과, 점수 DESC 또는 지원학과 ASC, 점수 DESC

SELECT 지원ID, 이름, 지원학과, 연락처	'지원ID', '이름', '지원학과', '연락처'를 표시한다.
FROM 지원자	〈지원자〉 테이블을 대상으로 검색한다.
WHERE 점수 〉 59	'점수'가 59를 초과하는, 즉 60점 이상인 자료만을 대상으로 한다.
ORDER BY 지원학과, 점수 DESC;	'지원학과'를 기준으로 오름차순 정렬하고 '지원학과'가 같은 경우 '점수'를 기준으로 내림차순 정렬한다.

[문제 22]

① ALTER TABLE　　② ADD

ALTER TABLE 학생	수정할 테이블의 이름은 〈학생〉이다.
ADD 주소 CHAR(20);	문자 20자리인 '주소' 속성을 추가한다.

[문제 23]

%신%

SELECT *	모든 속성을 표시한다.
FROM 공급자	〈공급자〉 테이블을 대상으로 검색한다.
WHERE 공급자명 LIKE '%신%';	'공급자명'에 "신"이 포함된 자료만을 대상으로 한다.

[문제 24]
15000

> 문제의 질의문은 하위 질의가 있는 질의문입니다. 먼저 WHERE 조건에 지정된 하위 질의의 SELECT문을 검색한 다음 그 검색 결과를 본 질의의 조건에 있는 '책번호' 속성과 비교합니다.
> ❶ SELECT 책번호 FROM 도서 WHERE 책명 = '운영체제'; : 〈도서〉 테이블에서 '책명' 속성의 값이 "운영체제"와 같은 레코드의 '책번호' 속성의 값을 검색합니다. 결과는 1111입니다.
> ❷ SELECT 가격 FROM 도서가격 WHERE 책번호 = 1111; : 〈도서가격〉 테이블에서 '책번호' 속성의 값이 1111과 같은 레코드의 '가격' 속성의 값을 검색합니다. 결과는 15000입니다.

[문제 25]
① UPDATE   ② SET   ③ WHERE

UPDATE 성적	〈성적〉 테이블을 갱신한다.
SET 점수 = 점수 + 10	'점수' 속성의 값에 10을 더한다.
WHERE 이름 = 'LEE';	'이름'이 'LEE'인 자료만을 대상으로 한다.

[문제 26]
4

> SELECT COUNT(*) CNT
> FROM A CROSS JOIN B
> WHERE A.NAME LIKE B.RULE;

질의문은 각 절을 분리하여 이해하면 쉽습니다.
- **SELECT COUNT(*) CNT** : 튜플의 개수를 표시하되, 필드명은 'CNT'로 표시합니다.
  ※ 'SELECT COUNT(*) AS CNT'에서 AS가 생략된 형태입니다.
- **FROM A CROSS JOIN B** : 〈A〉와 〈B〉를 교차 조인(CROSS JOIN)한 결과를 대상으로 검색합니다.

A.NAME	B.RULE
Smith	S%
Smith	%t%
Allen	S%
Allen	%t%
Scott	S%
Scott	%t%

- **WHERE A.NAME LIKE B.RULE** : 〈A〉 테이블의 'NAME' 필드 값이 〈B〉 테이블의 'RULE' 필드에 저장된 문자열 패턴과 일치하는 튜플만을 대상으로 합니다.
  ※ 〈B〉 테이블의 'RULE' 필드에 저장된 값은 'S%'와 '%t%'와 같이 문자 패턴인 '%' 기호가 포함되어 있으므로, 조건문의 LIKE 연산자와 결합되면 다음과 같이 적용됩니다.
  - A.NAME LIKE S% : 'A.NAME'이 "S"로 시작하는 레코드를 검색

A.NAME	B.RULE
Smith	S%
Smith	%t%
Allen	S%
Allen	%t%
Scott	S%
Scott	%t%

– A.NAME LIKE %T% : 'A.NAME'이 "t"를 포함하는 레코드를 검색

A.NAME	B.RULE
Smith	S%
Smith	%t%
Allen	S%
Allen	%t%
Scott	S%
Scott	%t%

∴ CROSS JOIN된 결과에서 조건을 만족하는 튜플은 다음과 같습니다. 그러므로 검색된 튜플의 개수는 4입니다.

A.NAME	B.RULE
Smith	S%
Smith	%t%
Scott	S%
Scott	%t%

9장

소프트웨어 개발 보안 구축

255 Secure SDLC ⓒ등급
256 소프트웨어 개발 보안 요소 Ⓐ등급
257 시큐어 코딩 ⓒ등급
258 SQL 삽입 Ⓐ등급
259 크로스사이트 스크립팅(XSS) ⓒ등급
260 메모리 버퍼 오버플로 ⓒ등급
261 보안 기능 관련 용어 ⓒ등급
262 하드코드된 암호화 키 ⓒ등급
263 스택 가드 Ⓑ등급
264 접근 제어자 Ⓑ등급
265 개인키 암호화 기법 Ⓐ등급
266 공개키 암호화 기법 Ⓐ등급
267 IDEA Ⓐ등급
268 Skipjack Ⓐ등급
269 DES Ⓐ등급
270 AES Ⓐ등급
271 RSA Ⓑ등급
272 TKIP Ⓐ등급
273 해시 Ⓐ등급
274 SHA 시리즈 ⓒ등급
275 MD5 Ⓐ등급
276 N-NASH ⓒ등급
277 SNEFRU ⓒ등급
278 인증 Ⓑ등급
279 방화벽 ⓒ등급
280 침입 탐지 시스템 Ⓑ등급
281 침입 방지 시스템 ⓒ등급
282 템퍼 프루핑 Ⓐ등급

283 OAuth Ⓐ등급
284 VPN Ⓐ등급
285 NAC ⓒ등급
286 SIEM Ⓐ등급
287 SSH Ⓐ등급
288 AAA(=3A) Ⓐ등급
289 정보보호 관리 체계 Ⓐ등급
290 서비스 거부 공격 Ⓑ등급
291 Ping of Death Ⓑ등급
292 SMURFING Ⓑ등급
293 SYN Flooding Ⓑ등급
294 TearDrop ⓒ등급
295 LAND Attack Ⓐ등급
296 DDoS 공격 ⓒ등급
297 분산 서비스 공격용 툴 Ⓑ등급
298 세션 하이재킹 Ⓐ등급
299 ARP 스푸핑 Ⓐ등급
300 사회 공학 Ⓐ등급
301 다크 데이터 Ⓐ등급
302 타이포스쿼팅 Ⓐ등급
303 스니핑 Ⓐ등급
304 워터링 홀 Ⓐ등급
305 키로거 공격 Ⓑ등급
306 랜섬웨어 Ⓑ등급
307 백도어 Ⓑ등급
308 기타 정보 보안 관련 용어 1 Ⓐ등급
309 기타 정보 보안 관련 용어 2 Ⓐ등급

255 > Secure SDLC Ⓒ

- Secure SDLC는 보안상 안전한 소프트웨어를 개발하기 위해 **SDLC에 보안 강화를 위한 프로세스를 포함한 것**을 의미한다.
- Secure SDLC의 방법론
  - CLASP : SDLC의 초기 단계에서 보안을 강화하기 위해 개발된 방법론
  - SDL : 마이크로소프트 사에서 안전한 소프트웨어 개발을 위해 기존의 SDLC를 개선한 방법론
  - Seven Touchpoints : 소프트웨어 보안의 모범사례를 SDLC에 통합한 방법론

 기출체크 ☑

1. 실무적으로 검증된 개발 보안 방법론 중 하나로, SW 보안의 모범 사례를 SDLC(Software Development Life Cycle)에 통합한 소프트웨어 개발 보안 생명주기 방법론은 무엇인지 쓰시오.

답 :

256 > 소프트웨어 개발 보안 요소 Ⓐ

소프트웨어 개발 보안 요소는 소프트웨어 개발에 있어 충족시켜야 할 요소 및 요건을 의미하며, 기밀성, 무결성, 가용성을 보안의 3대 요소라 한다.

기밀성(Confidentiality)

- 시스템 내의 정보와 자원은 인가된 사용자에게만 접근이 허용된다.
- 정보가 전송 중에 노출되더라도 데이터를 읽을 수 없다.

무결성(Integrity)

시스템 내의 정보는 오직 인가된 사용자만 수정할 수 있다.

가용성(Availability)

인가받은 사용자는 시스템 내의 정보와 자원을 언제라도 사용할 수 있다.

인증(Authentication)

- 시스템 내의 정보와 자원을 사용하려는 사용자가 합법적인 사용자인지를 확인하는 모든 행위이다.
- 대표적 방법 : 패스워드, 인증용 카드, 지문 검사 등

부인 방지(NonRepudiation)

데이터를 송·수신한 자가 송·수신 사실을 부인할 수 없도록 송·수신 증거를 제공한다.

 기출체크 ☑

2. 데이터베이스 보안에서 가용성(Availabilby)에 대해 간략히 서술하시오.

답 :

3. 소프트웨어 개발 보안에 있어 충족시켜야 할 보안의 3대 요소를 쓰시오.

답 :

257 > 시큐어 코딩 Ⓒ

- 시큐어 코딩(Secure Coding)은 구현 단계에서 발생할 수 있는 보안 취약점들을 최소화하기 위해 **보안 요소들을 고려하며 코딩하는 것**을 의미한다.
- 보안 취약점을 사전 대응하여 안정성과 신뢰성을 확보한다.
- 보안 정책을 바탕으로 시큐어 코딩 가이드를 작성하고, 개발 참여자에게는 시큐어 코딩 교육을 실시한다.

예상체크 ☑

4. 소프트웨어의 구현 단계에서 발생할 수 있는 보안 취약점들을 최소화하기 위해 보안 요소들을 고려하며 코드를 구현하는 것으로, 보안 취약점을 사전에 대응하여 안정성과 신뢰성을 확보하기 위해 사용되는 것은 무엇인지 쓰시오.

답 :

기출체크 정답 1. Seven Touchpoints 2. 가용성은 인가받은 사용자는 시스템 내의 정보와 자원을 언제라도 사용할 수 있음을 의미한다.
3. 기밀성(Confidentiality), 무결성(Integrity), 가용성(Availability) 4. 시큐어 코딩(Secure Coding)

236 정보처리기사 실기

▶ 340329

20.7, 필기 23.7, 21.8

258 > SQL 삽입 Ⓐ

- SQL 삽입(Injection)은 웹 응용 프로그램에 **SQL을 삽입하여** 내부 데이터베이스(DB) 서버의 **데이터를 유출 및 변조**하고, **관리자 인증을 우회하는 보안 약점**이다.
- 동적 쿼리에 사용되는 입력 데이터에 예약어 및 특수문자가 입력되지 않게 필터링 되도록 설정하여 방지할 수 있다.

기출체크 ☑

20.7, 필기 21.8
5. 보안 위협의 하나인 SQL Injection에 대해 간략히 서술하시오.

답 :

▶ 340330

필기 23.7, 20.9

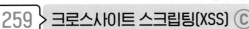

259 > 크로스사이트 스크립팅(XSS) Ⓒ

- 크로스사이트 스크립팅(XSS)은 웹페이지에 **악의적인 스크립트를 삽입하여** 방문자들의 **정보를 탈취거나, 비정상적인 기능 수행을 유발하는 보안 약점**이다.
- HTML 태그의 사용을 제한하거나 스크립트에 삽입되지 않도록 '〈', '〉', '&' 등의 문자를 다른 문자로 치환함으로써 방지할 수 있다.

기출체크 ☑

필기 20.9
6. 웹페이지에 악의적인 스크립트를 포함시켜 사용자 측에서 실행되게 유도함으로써, 정보 유출 등의 공격을 유발할 수 있는 보안 취약점을 쓰시오.

답 :

▶ 340331

필기 20.8

260 > 메모리 버퍼 오버플로 Ⓒ

- 메모리 버퍼 오버플로는 연속된 메모리 공간을 사용하는 프로그램에서 **할당된 메모리의 범위를 넘어선 위치에서 자료를 읽거나 쓰려고 할 때 발생하는 보안 약점**이다.
- 메모리 버퍼를 사용할 경우 적절한 버퍼의 크기를 설정하고, 설정된 범위의 메모리 내에서 올바르게 읽거나 쓸 수 있도록 함으로써 방지할 수 있다.

기출체크 ☑

필기 20.8
7. 할당된 메모리의 범위를 벗어난 위치에서 자료를 읽거나 쓰는 등 메모리를 다루는데 오류가 발생하여 잘못된 동작을 하는 프로그램 취약점을 쓰시오.

답 :

▶ 340332

261 > 보안 기능 관련 용어 Ⓒ

- 보안 점검 내용 중 '보안 기능'은 소프트웨어 개발의 구현 단계에서 코딩하는 기능인 인증, 접근 제어, 기밀성, 암호화 등을 올바르게 구현하기 위한 보안 점검 항목들이다.
- HTTPS(Hypertext Transfer Protocol Secure) : 웹브라우저와 서버 간의 안전한 통신을 위해 HTTP와 암호 통신 규약을 결합한 것
- SSL(Secure Sockets Layer) : 데이터를 송ㆍ수신하는 두 컴퓨터 사이, 종단 간, 즉 TCP/IP 계층과 애플리케이션 계층(HTTP, TELNET, FTP 등) 사이에 위치하여 인증, 암호화, 무결성을 보장하는 업계 표준 프로토콜
- 하드코딩(Hard-coding) : 데이터를 코드 내부에 직접 입력하여 프로그래밍하는 방식

예상체크 ☑

출제예상
8. 보안 기능을 제공하는 프로토콜 중 데이터를 송ㆍ수신하는 두 컴퓨터 사이에 위치하여 인증, 암호화, 무결성을 보장하는 표준 프로토콜을 쓰시오.

답 :

기출체크 정답 5. SQL Injection은 웹 응용 프로그램에 SQL을 삽입하여 내부 데이터베이스 서버의 데이터를 유출 및 변조하고 관리자 인증을 우회하는 보안 약점이다.
6. 크로스사이트 스크립팅(XSS) 7. 메모리 버퍼 오버플로 8. SSL

9장 | 소프트웨어 개발 보안 구축 **237**

▶340333

필기 20.8

262 > 하드코드된 암호화 키 Ⓒ

- 암호화된 키도 하드코드된 경우 유출 시 역계산 또는 무차별 대입 공격에 의해 탈취될 수 있다.
- 상수 형태의 암호키를 사용하지 않고, 암호화 키 생성 모듈 또는 보안이 보장된 외부 공간을 이용함으로써 방지할 수 있다.

기출체크 ☑

필기 20.8

1. 다음 JAVA 코드에서 밑줄로 표시된 부분에는 어떤 보안 약점이 존재하는지 쓰시오(단, key는 암호화 키를 저장하는 변수이다.).

```
import javax,crypto,KeyGenerator;
import javax,crypto.spec,ScretKeySpec;
import javax,crypto.Cipher;
            : 생략
public String encripString(String usr) {
    String key = "22df3023sf~2;asn!@#/ )as";
    if (key != null)
        byte[ ] bToEncrypt = usr.getBytes("UTF-8");
            : 생략
```

답 :

해설

비밀키(ScretKey), 문자열 암호화(encriptString) 등의 라이브러리명이나 클래스명으로 보아 암호키를 관리하는 코드로 유추할 수 있습니다. 또한 문제에 key가 암호키를 저장하는 변수라고 제시되었으며, key 변수에 직접 값이 입력된 것으로 보아 하드코드된 암호화 키임을 알 수 있습니다.

▶340336

필기 21.5, 20.6

263 > 스택 가드 Ⓑ

- 스택 가드(Stack Guard)는 널 포인터 역참조와 같이 **주소가 저장되는 스택에서 발생하는 보안 약점을 막는 기술** 중 하나이다.
- 메모리상에서 프로그램의 복귀 주소와 변수 사이에 특정 값을 저장한 후 그 값이 변경되었을 경우 오버플로우 상태로 판단하여 프로그램 실행을 중단함으로써 잘못된 복귀 주소의 호출을 막는다.

기출체크 ☑

2. 메모리상에서 프로그램의 복귀 주소와 변수 사이에 특정 값을 저장해 두었다가 그 값이 변경되었을 경우 오버플로우 상태로 가정하여 프로그램 실행을 중단하는 기술은 무엇인지 쓰시오.

답 :

▶340337

필기 20.9, 20.6

264 > 접근 제어자 Ⓑ

- 접근 제어자는 프로그래밍 언어에서 특정 개체를 선언할 때 **외부로부터의 접근을 제한하기 위해 사용되는 예약어이다.**
- 접근 제어자의 종류(접근 가능 : ○, 접근 불가능 : ×)

접근 제어자	클래스 내부	패키지 내부	하위 클래스	패키지 외부
필기 20.9, 20.6 Public	○	○	○	○
필기 20.6 Protected	○	○	○	×
필기 20.9 Default	○	○	×	×
필기 20.9, 20.6 Private	○	×	×	×

기출체크 ☑

필기 20.9, 20.6

3. 다음 중 Java에서 사용하는 접근 제어자에 해당하는 예약어를 모두 골라 고르시오.

> internal, private, default, restrict, public, cascade, protected, abstract, interface

답 :

기출체크 정답 1. 하드코드된 암호화 키 2. 스택 가드(Stack Guard) 3. private, default, public, protected

265 > 개인키 암호화 기법 Ⓐ

- 개인키 암호화(Private Key Encryption) 기법은 **동일한 키로 데이터를 암호화하고 복호화하는 암호화 기법**이다.
- 대칭 암호 기법 또는 단일키 암호화 기법이라고도 한다.
- 암호화와 복호화 속도가 빠르다.
- 관리해야 할 키의 수가 많다.
- 개인키 암호화 기법의 종류에는 스트림 암호화 방식과 블록 암호화 방식이 있다.

스트림 암호화 방식	• 평문과 동일한 길이의 스트림을 생성하여 비트 단위로 암호화 하는 방식 • 종류 : LFSR, RC4, TKIP
블록 암호화 방식	• 한 번에 하나의 데이터 블록을 암호화 하는 방식 • 종류 : DES, SEED, AES, ARIA, IDEA, Skipjack

기출체크 ☑

23.7, 필기 20.9

4. 다음 〈보기〉에 나열된 암호화 알고리즘 중 대칭키 암호화 알고리즘을 찾아 쓰시오.

〈보기〉

| • RSA | • DES | • ARIA | • ECC | • SEED | • AES |

답 :

---

266 > 공개키 암호화 기법 Ⓐ

- 공개키 암호화(Public Key Encryption) 기법은 데이터를 **암호화할 때 사용하는 공개키(Public Key)는 사용자에게 공개하고, 복호화할 때의 비밀키(Secret Key)는 관리자가 비밀리에 관리하는 암호화 기법**이다.
- 비대칭 암호 기법이라고도 한다.
- 암호화와 복호화 속도가 느리다.
- 관리해야 할 키의 수가 적다.
- 대표적으로는 RSA(Rivest Shamir Adleman), ECC (Elliptic Curve Cryptography) 기법이 있다.

기출체크 ☑

23.7

5. 다음 〈보기〉에 나열된 암호화 알고리즘 중 비대칭키 암호화 알고리즘을 찾아 쓰시오.

〈보기〉

| • RSA | • DES | • ARIA | • ECC | • SEED | • AES |

답 :

---

267 > IDEA Ⓐ

- IDEA(International Data Encryption Algorithm)는 **스위스의 라이(Lai)와 메시(Messey)가 1990년에 개발한 PES를 개선한 알고리즘**이다.
- 블록 크기는 64비트이고, 키 길이는 128비트이다.

기출체크 ☑

22.7

6. 암호화 알고리즘에 대한 다음 설명에서 팔호에 들어갈 알맞은 용어를 쓰시오.

스위스의 라이(Lai)와 메시(Messey)는 1990년 PES를 발표하고, 이후 이를 개선한 IPES를 발표하였다. IPES는 128비트의 Key를 사용하여 64비트 블록을 암호화하는 알고리즘이며 현재는 (　　　)라고 불린다.

답 :

---

268 > Skipjack

- Skipjack은 **국가 안전 보장국(NSA)에서 개발한 암호화 알고리즘**이다.
- 클리퍼 칩(Clipper Chip)이라는 IC 칩에 내장되어 있다.
- 블록 크기는 64비트이고, 키 길이는 80비트이다.
- 주로 음성 통신 장비에 삽입되어 음성 데이터를 암호화한다.

기출체크 ☑

22.7

1. 암호화 알고리즘에 대한 다음 설명에서 괄호에 들어갈 알맞은 용어를 쓰시오.

> (　　　)은 국가 안전 보장국(NSA)에서 개발한 암호화 알고리즘으로, 클리퍼 칩(Clipper Chip)이라는 IC 칩에 내장되어 있다. 80비트의 Key를 사용하여 64비트 블록을 암호화하며, 주로 전화기와 같은 음성 통신 장비에 삽입되어 음성 데이터를 암호화한다.

답 :

269 > DES

- DES(Data Encryption Standard)는 1975년 미국 NBS에서 발표한 개인키 암호화 알고리즘이다.
- 블록 크기는 64비트, 키 길이는 56비트이며 16회의 라운드를 수행한다.
- DES를 3번 적용하여 보안을 더욱 강화한 3DES(Triple DES)가 있다.

기출체크 ☑

21.10

2. 1974년 IBM이 개발하고 1975년 NBS에 의해 미국의 국가 표준으로 발표된 암호화 알고리즘으로, 블록 크기는 64비트, 키 길이는 56비트이며 16회의 라운드를 수행한다. 컴퓨터 기술이 발달함에 따라 해독이 쉬워지면서 미국의 국가 표준이 2001년 AES로 대체된 암호화 알고리즘을 쓰시오.

답 :

270 > AES

- AES(Advanced Encryption Standard)는 2001년 미국 표준 기술 연구소(NIST)에서 발표한 개인키 암호화 알고리즘이다.
- DES의 한계를 느낀 NIST에서 공모한 후 발표하였다.
- 블록 크기는 128비트이며, 키 길이에 따라 AES-128, AES-192, AES-256으로 분류된다.

기출체크 ☑

21.7, 필기 22.7

3. 보안 및 암호화와 관련된 다음 설명에 해당하는 용어를 쓰시오.

> - 2001년 미국 표준 기술 연구소(NIST)에서 발표한 대칭키 암호화 알고리즘이다.
> - DES의 한계를 느낀 NIST에서 공모한 후 발표하였다.
> - 블록 크기는 128비트이며, 키 길이에 따라 128, 192, 256으로 분류된다.

답 :

271 > RSA Ⓑ

- RSA(Rivest Shamir Adleman)는 1978년 MIT의 라이베스트(Rivest), 샤미르(Shamir), 애들먼(Adelman)에 의해 제안된 공개키 암호화 알고리즘이다.
- 큰 숫자를 소인수분해 하기 어렵다는 것에 기반하여 만들어졌다.

기출체크 ☑

필기 21.8, 20.8, 20.6

4. 암호화를 위한 양방향 알고리즘 중 다음의 설명에 가장 적합한 암호화 알고리즘을 쓰시오.

> - 1978년에 제안된 공개키 암호화 알고리즘이다.
> - 큰 숫자는 소인수분해 하기 어렵다는 것을 기반으로 만들어졌다.
> - 공개키와 비밀키를 사용하는데, 여기서 키란 메시지를 열고 잠그는 상수(Constant)를 의미한다.

답 :

기출체크 정답   1. Skipjack   2. DES   3. AES   4. RSA

▶340350

22.5

272 > TKIP Ⓐ

- TKIP(Temporal Key Integrity Protocol)는 기존의 무선 랜 보안 프로토콜인 **WEP의 취약성을 보완한 데이터 보안 프로토콜**이다.
- 암호 알고리즘의 입력 키 길이를 128비트로 늘리고 패킷당 키 할당, 키값 재설정 등의 키 관리 방식을 개선하였다.

기출체크 ☑

22.5

5. 보안 프로토콜에 대한 다음 설명에 해당하는 용어를 영문 약어로 쓰시오.

> 무선 랜 보안에 사용된 웹 방식을 보완한 데이터 보안 프로토콜로, 임시 키 무결성 프로토콜이라고도 한다. WEP의 취약성을 보완하기 위해 암호 알고리즘의 입력 키 길이를 128비트로 늘리고 패킷당 키 할당, 키값 재설정 등의 키 관리 방식을 개선하였다.

답 :

▶340548

23.7, 필기 23.5, 21.5, 21.3

273 > 해시 Ⓐ

- 해시(Hash)는 임의의 길이의 **입력 데이터나 메시지를 고정된 길이의 값이나 키로 변환하는 것**을 의미한다.
- 해시 알고리즘을 해시 함수라고 부르며, 해시 함수로 변환된 값이나 키를 해시값 또는 해시키라고 부른다.
- **종류** : SHA 시리즈, HAVAL, MD4, MD5, N-NASH, SNEFRU 등

기출체크 ☑

23.7

6. 암호화 알고리즘에 대한 다음 설명에서 괄호에 들어갈 알맞은 용어를 쓰시오.

> (   )는 임의의 길이의 입력 데이터나 메시지를 고정된 길이의 값이나 키로 변환하는 알고리즘으로, 복호화가 거의 불가능한 일방향 함수이다. 무결성 검증을 위해 사용될 뿐만 아니라 정보보호의 다양한 분야에서 활용되며, 종류에는 SHA 시리즈, MD5, N-NASH, SNEFRU 등이 있다.

답 :

▶340346

274 > SHA 시리즈 Ⓒ

- SHA 시리즈는 1993년 미국 국가안보국(NSA)이 설계, 미국 국립표준기술 연구소(NIST)에 의해 발표되었다.
- 초기 개발된 SHA-0 이후 SHA-1이 발표되었고, 다시 SHA-2라고 불리는 SHA-224, SHA-256, SHA-384, SHA-512가 발표됨

예상체크 ☑

출제예상

7. 해시(Hash) 알고리즘 중 1993년 미국 국가안보국이 설계하고 미국 국립표준기술연구소에 의해 발표된 암호화 알고리즘을 〈보기〉에서 찾아 쓰시오.

〈보기〉

> SHA, RSA, MD4, MD5, DES, N-NASH, AES, SNEFRU

답 :

▶340347

20.5

275 > MD5 Ⓐ

- MD5(Message Digest algorithm 5)는 1991년 R.Rivest가 MD4를 대체하기 위해 고안한 암호화 해시 함수이다.
- 블록 크기가 512비트이며, 키 길이는 128비트이다.

기출체크 ☑

20.5

8. 1991년 R.rivest가 MD4를 개선한 암호화 알고리즘으로, 각각의 512 비트짜리 입력 메시지 블록에 대해 차례로 동작한다. 각 512 비트 입력 메시지 블록을 처리하고 나면 128 비트 스테이트(state)의 값이 변하는 암호화 알고리즘을 쓰시오.

답 :

기출체크 정답   5. TKIP   6. 해시(Hash)   7. SHA   8. MD5

276 N-NASH ©

- N-NASH는 1989년 일본의 전신전화주식회사(NTT)에서 발표한 암호화 해시 함수이다.
- 블록 크기와 키 길이가 모두 128비트이다.

예상체크 ☑

출제예상
1. 1989년 일본의 전신전화주식회사(NTT)에서 발표한 해시 함수로, 블록 크기와 키 길이가 모두 128비트로 구성된 이 암호화 알고리즘의 이름을 쓰시오.

답 :

277 SNEFRU ©

- SNEFRU는 1990년 R.C.Merkle가 발표한 해시 함수이다.
- 32비트 프로세서에서 구현을 용이하게 할 목적으로 개발되었다.

예상체크 ☑

출제예상
2. 1990년 R.C.Merkle가 Xerox PARC에서 일하다가 개발한 암호화 해시 함수로, 128비트 및 256비트의 출력을 지원하며 이집트 파라오의 이름을 따 명명된 이 해시 함수의 이름을 쓰시오.

답 :

278 인증 ⓑ

필기 23.7, 23.5, 23.2, 22.4

- 인증(Authentication)은 다중 사용자 컴퓨터 시스템이나 네트워크 시스템에서 **로그인을 요청한 사용자의 정보를 확인하고 접근 권한을 검증하는 보안 절차**이다.

- 인증의 종류

종류	유형
지식 기반 인증 필기 23.7, 23.2 (Something You Know)	고정된 패스워드, 패스 프레이즈, 아이핀(i-Pin) 등
소유 기반 인증 (Something You Have)	신분증, 메모리 카드, 스마트 카드, OTP 등
생체 기반 인증 (Something You Are)	지문, 홍채/망막, 얼굴, 음성, 정맥 등
위치 기반 인증 (Somewhere You Are)	GPS, IP, 콜백 등
행위 기반 인증 (Something You Do)	서명, 동작 등

기출체크 ☑

필기 22.4
3. 다음 설명에 해당하는 알맞은 용어를 쓰시오.

- 자신의 신원(Identity)을 시스템에 증명하는 과정이다.
- 지식 기반, 소유 기반, 생체 기반, 위치 기반 등 다양한 유형이 있다.
- 아이디와 패스워드를 입력하는 과정이 가장 일반적인 예시라고 볼 수 있다.

답 :

279 방화벽 ©

- 방화벽(Firewall)은 기업이나 조직 **내부의 네트워크와 인터넷 간에 전송되는 정보를 선별하여 수용·거부·수정하는 기능을 가진 침입 차단 시스템**이다.
- 내부 네트워크에서 외부로 나가는 패킷은 그대로 통과시키고, 외부에서 내부 네트워크로 들어오는 패킷은 내용을 엄밀히 체크하여 인증된 패킷만 통과시키는 구조이다.

예상체크 ☑

출제예상
4. 정보 보안에 대한 다음 설명에 해당하는 용어를 쓰시오.

- 내부 네트워크에서 외부로 나가는 패킷은 그대로 통과시키고, 외부에서 내부 네트워크로 들어오는 패킷은 내용을 엄밀히 체크하여 인증된 패킷만 통과시키는 구조이다.
- 해킹 등에 의한 외부로의 정보 유출을 막기 위해 사용한다.

답 :

기출체크 정답 1. N-NASH 2. SNEFRU 3. 인증(Authentication) 4. 방화벽(Firewall)

280 > 침입 탐지 시스템 B

- 침입 탐지 시스템(IDS; Intrusion Detection System)은 **컴퓨터 시스템의 비정상적인 사용, 오용, 남용 등을 실시간으로 탐지하는 시스템**이다.
- 오용 탐지(Misuse Detection) : 미리 입력해 둔 공격 패턴이 감지되면 이를 알려줌
- 이상 탐지(Anomaly Detection) : 평균적인 시스템의 상태를 기준으로 비정상적인 행위나 자원의 사용이 감지되면 이를 알려줌

기출체크 ☑

필기 21.8

5. 침입 탐지 시스템(IDS)에 대한 다음 설명에서 괄호(①, ②)에 들어갈 알맞은 용어를 쓰시오.

> - (①) 기법은 평균적인 시스템의 상태를 기준으로 비정상적인 행위나 자원의 사용이 감지되면 이를 탐지하고 경고한다.
> - (②) 기법은 Signature Base나 Knowledge Base라고도 불리며 이미 발견되고 정립된 공격 패턴을 입력해두었다가 탐지 및 차단한다.

답
- ①
- ②

340356

281 > 침입 방지 시스템 C

- 침입 방지 시스템(IPS; Intrusion Prevention System)은 **비정상적인 트래픽을 능동적으로 차단하고 격리하는** 등의 방어 조치를 취하는 **보안 솔루션**이다.
- 침입 방지 시스템은 방화벽과 침입 탐지 시스템을 결합한 것이다.
- 침입 탐지 기능으로 패킷을 하나씩 검사한 후 비정상적인 패킷이 탐지되면 방화벽 기능으로 해당 패킷을 차단한다.

예상체크 ☑

출제예상

6. 방화벽과 침입 탐지 시스템을 결합한 것으로, 비정상적인 트래픽을 능동적으로 차단하고 격리하는 등의 방어 조치를 취하는 보안 솔루션을 영문 약어로 쓰시오.

답 :

282 > 템퍼 프루핑 A

- 템퍼 프루핑(Tamper Proofing)은 **소프트웨어의 위·변조가 발생할 경우 소프트웨어를 오작동하게 만들어 악용을 방지하는 기술**이다.
- 템퍼 프루핑은 해시 함수(Hash Function), 핑거 프린트(Fingerprint), 워터마킹(Watermarking) 등의 보안 요소를 생성하여 소프트웨어에 삽입하고, 실행코드를 난독화하며, 실행 시 원본 비교 및 데이터 확인을 수행함으로써 소프트웨어를 보호한다.

기출체크 ☑

23.7

7. 소프트웨어 데이터의 비정상적인 수정이 감지되면 소프트웨어를 오작동하게 만들어 악용을 방지하는 기술이다. 해시 함수, 핑거 프린트, 워터마킹 등의 보안 요소를 생성하여 소프트웨어에 삽입하고, 실행코드를 난독화하며, 실행 시 원본 비교 및 데이터 확인을 수행함으로써 소프트웨어를 보호하는 이 기술을 가리키는 용어를 쓰시오.

답 :

340550

283 > OAuth A

- OAuth(Open Authorization, 공개 인증)는 **인터넷 애플리케이션에서 사용자 인증에 사용되는 표준 인증 방법**으로, 공개 API(OpenAPI)로 구현되었다.
- 인터넷 사용자가 웹사이트나 애플리케이션에 비밀번호를 제공하지 않고 OAuth를 사용해 자신에게 접근 권한을 부여할 수 있다.
- 2010년 ETF에서 1.0이 공식 표준안으로 발표되었다.

기출체크 ☑

23.10

8. 다음 설명에 해당하는 용어를 영문 약어로 쓰시오.

> - 인터넷 애플리케이션에서 사용자 인증에 사용되는 표준 인증 방법으로, 공개 API(OpenAPI)로 구현되었다.
> - 인터넷 사용자가 웹사이트나 애플리케이션에 비밀번호를 제공하지 않고 자신에게 접근 권한을 부여할 수 있다.
> - 2010년 ETF에서 1.00이 공식 표준안으로 발표되었다.

답 :

기출체크 정답 5. ① 이상 탐지(Anomaly Detection), ② 오용 탐지(Misuse Detection) 6. IPS 7. 템퍼 프루핑(Tamper Proofing) 8. OAuth

284 > VPN

- VPN(Virtual Private Network, 가상 사설 통신망)은 인터넷 등 통신 사업자의 **공중 네트워크와 암호화 기술을 이용하여 사용자가 마치 자신의 전용 회선을 사용하는 것처럼 해주는 보안 솔루션**이다.
- SSL VPN : PC에 VPN Client 프로그램을 설치하여 VPN 서버에 접속하는 방식으로, 암호화를 위해 SSL 프로토콜을 사용함
- IPSec VPN : VPN 서버가 설치된 각각의 네트워크를 서로 연결하는 방식으로, 암호화를 위해 IPSec 프로토콜을 사용함

기출체크 ☑

22.7

1. 네트워크 보안에 대한 다음 설명에서 괄호에 공통으로 들어갈 알맞은 용어를 영문 약어로 쓰시오.

- ( )은 인터넷 등 통신 사업자의 공중 네트워크와 암호화 기술을 이용하여 사용자가 마치 자신의 전용 회선을 사용하는 것처럼 해주는 보안 솔루션이다.
- 암호화된 규격을 통해 인터넷망을 전용선의 사설망을 구축한 것처럼 이용하므로 비용 부담을 줄일 수 있다.
- ( )을 사용하면 두 장치 및 네트워크 사이에 암호화된 보안 터널이 생성되며, 터널에 사용되는 프로토콜에 따라 SSL ( )과 IPSec ( )으로 불린다.

답 :

---

285 > NAC

- NAC(Network Access Control)는 **네트워크에 접속하는 내부 PC의** MAC 주소를 IP 관리 시스템에 등록한 후 **일관된 보안 관리 기능을 제공하는 보안 솔루션**이다.
- 내부 PC의 소프트웨어 사용 현황을 관리하여 불법적인 소프트웨어 설치를 방지한다.

예상체크 ☑

출제예상

2. 정보 보안에 대한 다음 설명에 해당하는 용어를 쓰시오.

- 내부망에 접속하는 단말의 보안성을 강제할 수 있는 망 보안 시스템으로, 네트워크에 접속하는 내부 PC의 MAC 주소를 IP 관리 시스템에 등록한 후 일관된 보안 관리 기능을 제공한다.
- 망에 접속한 PC들의 소프트웨어 사용 현황을 관리하여 불법적인 소프트웨어 설치를 방지한다.

답 :

---

286 > SIEM

- SIEM(Security Information and Event Management)은 다양한 장비에서 발생하는 **로그 및 보안 이벤트를 통합하여 관리하는** 빅 데이터 기반의 **보안 솔루션**이다.
- 방화벽, IDS, IPS, 웹 방화벽, VPN 등에서 발생한 로그 및 보안 이벤트를 통합하여 관리함으로써 비용 및 자원을 절약할 수 있다.
- 장기간의 로그 및 보안 이벤트를 수집 및 검색할 수 있는 빅데이터 기반의 통합 로그 수집 시스템이다.

기출체크 ☑

22.10

3. 다음 설명에 해당하는 알맞은 용어를 쓰시오.

다양한 장비에서 발생하는 로그 및 보안 이벤트를 통합하여 관리할 수 있는 빅데이터 기반의 보안 솔루션으로, 방화벽, IDS, IPS, 웹 방화벽, VPN 등에서 발생한 로그 및 보안 이벤트를 통합하여 관리함으로써 비용 및 자원을 절약할 수 있는 특징이 있다. 또한 보안 솔루션 간의 상호 연동을 통해 종합적인 보안 관리 체계를 수립할 수 있다.

답 :

기출체크 정답 1. VPN 2. NAC 3. SIEM(Security Information and Event Management)

287 > SSH ⒜

- SSH(Secure SHell, 시큐어 셸)는 **다른 컴퓨터에 원격으로 접속하여 작업을 수행할 수 있도록 다양한 기능을 지원하는 프로토콜** 또는 이를 이용한 응용 프로그램이다.
- 데이터 암호화와 강력한 인증 방법으로 보안성이 낮은 네트워크에서도 안전하게 통신할 수 있다.
- 키(key)를 통한 인증 방법을 사용하려면 사전에 클라이언트의 공개키를 서버에 등록해야 한다.
- 기본적으로는 22번 포트를 사용한다.

기출체크 ☑

23.4

4. 다음 설명에 해당하는 알맞은 용어를 영문으로 쓰시오.

> - 다른 컴퓨터에 로그인, 원격 명령 실행, 파일 복사 등을 수행할 수 있도록 다양한 기능을 지원하는 프로토콜 또는 이를 이용한 응용 프로그램이다.
> - 데이터 암호화와 강력한 인증 방법으로 보안성이 낮은 네트워크에서도 안전하게 통신할 수 있다.
> - 키(key)를 통한 인증 방법을 사용하려면 사전에 클라이언트의 공개키를 서버에 등록해야 한다.
> - 기본적으로는 22번 포트를 사용한다.

답 :

288 > AAA(=3A) ⒜

- AAA는 다음 3가지 기능을 기반으로 사용자의 컴퓨터 자원 접근에 대한 처리와 서비스를 제공하는 기반 구조(Infrastructure) 또는 규격을 의미한다.
- 인증(Authentication) : 접근하는 사용자의 신원을 검증하는 기능
- 인가(Authorization) : 신원이 검증된 사용자에게 특정된 권한과 서비스를 허용하는 기능
- 과금(Accounting) : 사용자가 어떤 종류의 서비스를 이용했고, 얼마만큼의 자원을 사용했는지 기록 및 보관하는 기능

기출체크 ☑

21.10

5. AAA 서버에 관한 다음 설명에서 각 번호(①~③)에 들어갈 알맞는 용어를 〈보기〉에서 찾아 쓰시오.

> AAA 서버는 사용자의 컴퓨터 자원 접근 처리와 서비스 제공에 있어서의 다음 3가지 기능을 제공하는 서버이다.
> ① – 접근하는 사용자의 신원을 검증하는 기능
> ② – 신원이 검증된 사용자에게 특정된 권한과 서비스를 허용하는 기능
> ③ – 사용자가 어떤 종류의 서비스를 이용했고, 얼마만큼의 자원을 사용했는지 기록 및 보관하는 기능

〈보기〉

Application	Authentication	Avalanche
Authorization	Accounting	Ascii

답
- ①
- ②
- ③

289 > 정보보호 관리 체계 ⒜

- 정보보호 관리 체계(ISMS; Information Security Management System)는 **정보 자산을 안전하게 보호하기 위한 보호 절차와 대책**을 의미한다.
- 조직에 맞는 정보보호 정책을 수립하고, 위험에 상시 대응하는 여러 보안 대책을 통합 관리 · 운용한다.
- 우리나라에서는 정보보호 관리 체계를 평가하고 인증하는 사업을 한국인터넷진흥원(KISA)에서 운영하고 있다.

기출체크 ☑

22.5

6. 정보 보호에 대한 다음 설명에 해당하는 용어를 영문 약어로 쓰시오.

> 정보 자산을 안전하게 보호하기 위한 보호 절차와 대책으로, 정보보호 관리 체계라고 한다. 조직에 맞는 정보보호 정책을 수립하고, 위험에 상시 대응하는 여러 보안 대책을 통합 관리한다. 공공 부문과 민간 기업 부문에서 이것을 평가하고 인증하는 사업을 한국인터넷진흥원(KISA)에서 운영 중이다.

답 :

기출체크 정답   4. SSH(Secure SHell)   5. ① Authentication, ② Authorization, ③ Accounting   6. ISMS

290 > 서비스 거부 공격 Ⓑ

필기 23.7, 23.5

- 서비스 거부(DoS; Denial of Service) 공격이란 표적이 되는 서버의 자원을 고갈시킬 목적으로 다수의 공격자 또는 시스템에서 **대량의 데이터를 한 곳의 서버에 집중적으로 전송함으로써**, 표적이되는 서버의 정상적인 기능을 방해하는 것이다.

- 주요 서비스 거부 공격의 유형
  - Ping of Death
  - SMURFING
  - SYN Flooding
  - TearDrop
  - LAND Attack
  - DDoS 공격

기출체크 ☑

필기 23.7, 23.5

1. 다음 〈보기〉에 나열된 서비스 공격 유형 중 서비스 거부 공격의 유형에 해당하는 것들을 모두 찾아 기호(㉠~㉣)로 쓰시오.

〈보기〉

| ㉠ Ping of Death | ㉡ SYN Flooding | ㉢ Land | ㉣ Memory Hacking |

답 :

291 > Ping of Death Ⓑ

필기 23.2, 22.4

- Ping of Death(죽음의 핑)는 Ping 명령을 전송할 때 **패킷의 크기를** 인터넷 프로토콜 허용 범위 이상으로 전송하여 공격 대상의 **네트워크를 마비시키는 서비스 거부 공격 방법**이다.

- 공격에 사용되는 큰 패킷은 수백 개의 패킷으로 분할되어 전송되는데, 공격 대상은 분할된 대량의 패킷을 수신함으로써 분할되어 전송된 패킷을 재조립해야 하는 부담과 분할되어 전송된 각각의 패킷들의 ICMP Ping 메시지에 대한 응답을 처리하느라 시스템이 다운되게 된다.

기출체크 ☑

필기 23.2, 22.4

2. 다음 설명에 해당하는 알맞은 공격 기법을 쓰시오.

시스템 공격 기법 중 하나로, 허용 범위 이상의 ICMP 패킷을 전송하여 대상 시스템의 네트워크를 마비시킨다.

답 :

292 > SMURFING Ⓑ

필기 23.5, 20.6

- SMURFING(스머핑)은 IP나 ICMP의 특성을 악용하여 **엄청난 양의 데이터를 한 사이트에 집중적으로 보냄으로써 네트워크를 불능 상태로 만드는 공격 방법**이다.

- SMURFING 공격을 무력화하는 방법 중 하나는 각 네트워크 라우터에서 브로드캐스트 주소를 사용할 수 없게 미리 설정해 놓는 것이다.

기출체크 ☑

필기 23.5, 20.6

3. IP 또는 ICMP의 특성을 악용하여 특정 사이트에 집중적으로 데이터를 보내 네트워크 또는 시스템의 상태를 불능으로 만드는 공격 방법을 영문으로 쓰시오.

답 :

293 > SYN Flooding Ⓑ

필기 23.7

TCP(Transmission Control Protocol)는 신뢰성 있는 전송을 위해 3-wayhandshake를 거친 후에 데이터를 전송하게 되는데, SYN Flooding은 공격자가 가상의 클라이언트로 위장하여 **3-way-handshake 과정을 의도적으로 중단시킴으로써** 공격 대상지인 **서버가 대기 상태에 놓여 정상적인 서비스를 수행하지 못하게 하는 공격 방법**이다.

기출체크 ☑

필기 23.7

4. 다음이 설명하는 서비스 공격 유형을 영문으로 쓰시오.

공격자가 가상의 클라이언트로 위장하여 3-way-handshake 과정을 의도적으로 중단시킴으로써 공격 대상지인 서버가 대기 상태에 놓여 정상적인 서비스를 수행하지 못하게 하는 공격 방법이다.

답 :

기출체크 정답 1. ㉠, ㉡, ㉢ 2. Ping of Death(죽음의 핑) 3. SMURFING 4. SYN Flooding

▶340368

294 TearDrop ⓒ

데이터의 송·수신 과정에서 패킷의 크기가 커 여러 개로 분할되어 전송될 때 분할 순서를 알 수 있도록 Fragment Offset 값을 함께 전송하는데, TearDrop은 이 **Offset 값을 변경시켜 수신 측에서 패킷을 재조립할 때 오류로 인한 과부하를 발생시킴으로써 시스템이 다운되도록 하는 공격 방법**이다.

예상체크 ☑

출제예상
5. 정보 보안 침해 공격 관련 기법 중 Offset 값을 변경하여 시스템을 다운되도록 하는 공격 기법이 무엇인지 쓰시오.

답 :

▶340369

20.5, 필기 23.2

295 LAND Attack ⓐ

LAND Attack(Local Area Network Denial Attack)은 **패킷을 전송할 때 송신 IP 주소와 수신 IP 주소를 모두 공격 대상의 IP 주소로 하여** 공격 대상에게 전송하는 것으로, 이 패킷을 받은 공격 대상은 송신 IP 주소가 자신이므로 자신에게 응답을 수행하게 되는데, 이러한 패킷이 계속해서 전송될 경우 **자신에 대해 무한히 응답하게 하는 공격 방법**이다.

기출체크 ☑

20.5
6. 다음은 네트워크 공격에 대한 패킷 로그를 표현한 것이다. 아래의 패킷 로그와 같이 공격자가 패킷의 출발지 주소(Address) 또는 포트(Port)를 임의로 변경하여 송신측 IP 주소 또는 포트를 동일하게 함으로써 송신 IP 주소가 자신이므로 자신에게 응답을 수행하게 되는데, 이러한 패킷을 계속 전송하여 자신에 대해 무한히 응답하게 하여 컴퓨터의 실행 속도를 느리게 하거나 동작을 마비시켜 서비스 거부 상태에 빠지도록 하는 공격 방법으로, 수신되는 패킷 중 출발지 주소 또는 포트와 목적지 주소 또는 포트를 검사하여 동일한 패킷들을 차단하여 이런 공격을 피할 수 있다. 이러한 서비스 공격 유형이 무엇인지 쓰시오.

```
source : 192.168.1.200
destination : 192.168.1.200
protocol : 6
src port : 21845
dst port : 21845
```

답 :

▶340370

296 DDoS 공격 ⓒ

- DDoS(Distributed Denial of Service, 분산 서비스 거부) 공격은 **여러 곳에 분산된 공격 지점에서 한 곳의 서버에 대해 서비스 거부 공격을 수행하는 것**이다.
- 네트워크에서 취약점이 있는 호스트들을 탐색한 후 이들 호스트들에 분산 서비스 공격용 툴을 설치하여 에이전트(Agent)로 만든 후 DDoS 공격에 이용한다.

예상체크 ☑

출제예상
7. 정보보안 침해 공격 관련 기법 중 여러 곳에 분산된 공격 지점에서 한 곳의 서버에 대해 서비스 거부 공격을 수행하는 기법이 무엇인지 영문 약어 4글자로 쓰시오.

답 :

▶340371

필기 20.8

297 분산 서비스 공격용 툴 ⓑ

에이전트(Agent)의 역할을 수행하도록 설계된 프로그램으로 데몬(Daemon)이라고 부르며, 다음과 같은 종류가 있다.

필기 20.8 Trin00	가장 초기 형태의 데몬으로, 주로 UDP Flooding 공격을 수행함
필기 20.8 TFN(Tribe Flood Network)	UDP Flooding 뿐만 아니라 TCP SYN Flood 공격, ICMP 응답 요청, 스머핑 공격 등을 수행함
필기 20.8 TFN2K	TFN의 확장판임
필기 20.8 Stacheldraht	• 이전 툴들의 기능을 유지하면서, 공격자, 마스터, 에이전트가 쉽게 노출되지 않도록 암호화된 통신을 수행함 • 툴이 자동으로 업데이트됨

기출체크 ☑

필기 20.8
8. 다음 보기에서 DDoS 공격과 연관이 있는 공격 방법을 모두 골라 기호(㉠~㉥)로 쓰시오.

㉠ Secure shell	㉡ Tribe Flood Network	㉢ Nimda
㉣ Stacheldraht	㉤ Trin00	㉥ TFN2K
㉦ Deadlock		

답 :

298 > 세션 하이재킹

340372
21.4

- 세션 하이재킹(Session Hijacking)은 **상호 인증 과정을 거친 후 접속해 있는 서버와** 서로 접속되어 **클라이언트 사이의 세션 정보를 가로채는 공격 기법**으로, 접속을 위한 인증 정보 없이도 가로챈 세션을 이용해 공격자가 원래의 클라이언트인 것처럼 위장하여 서버의 자원이나 데이터를 무단으로 사용한다.

- TCP 3-Way-Handshake 과정에 끼어듦으로써 클라이언트와 서버 간의 동기화된 시퀀스 번호를 가로채 서버에 무단으로 접근하는 TCP 세션 하이재킹이 대표적인 예이다.

기출체크 ☑
21.4
1. 네트워크 및 인터넷 보안에 관련된 다음 설명에서 괄호에 공통으로 들어갈 알맞은 용어를 쓰시오.

> (　　　)은 '세션을 가로채다'라는 의미로, 정상적인 연결을 RST 패킷을 통해 종료시킨 후 재연결 시 희생자가 아닌 공격자에게 연결하는 공격 기법이다. TCP (　　　)은 공격자가 TCP 3-Way-Handshake 과정에 끼어듦으로써 서버와 상호 간의 동기화된 시퀀스 번호를 갖고 인가되지 않은 시스템의 기능을 이용하거나 중요한 정보에 접근할 수 있게 된다.

답 :

299 > ARP 스푸핑

340373
21.10

ARP 스푸핑(ARP Spoofing)은 ARP의 취약점을 이용한 공격 기법으로, **자신의 물리적 주소(MAC)를 공격대상의 것으로 변조**하여 공격 대상에게 도달해야 하는 **데이터 패킷을 가로채거나 방해하는 기법**이다.

※ **ARP(Address Resolution Protocol)** : 호스트의 IP 주소를 호스트와 연결된 네트워크 접속 장치의 물리적 주소(MAC Address)로 변환해주는 프로토콜

기출체크 ☑
21.10
2. 보안 위협에 관한 다음 설명에서 괄호에 공통으로 들어갈 알맞은 용어를 쓰시오.

> (　　　) 스푸핑은 로컬 네트워크(LAN)에서 사용하는 (　　　)의 취약점을 이용한 공격 기법으로, 자신의 물리적 주소(MAC)를 변조하여 다른 PC에게 도달해야 하는 데이터 패킷을 가로채거나 방해한다.

답 :

300 > 사회 공학

440300
22.10

사회 공학(Social Engineering)은 컴퓨터 보안에 있어서, **인간 상호 작용의 깊은 신뢰를 바탕으로** 사람들을 속여 정상 보안 절차를 깨트리기 위한 비기술적 **시스템 침입 수단**이다.

기출체크 ☑
22.10
3. 보안 및 보안 위협에 대한 다음 설명에 해당하는 용어를 쓰시오.

> 컴퓨터 보안에 있어서, 인간 상호 작용의 깊은 신뢰를 바탕으로 사람들을 속여 정상 보안 절차를 깨트리기 위한 비기술적 시스템 침입 수단을 의미한다.

답 :

301 > 다크 데이터

440301
22.10

다크 데이터(Dark Data)는 특정 목적을 가지고 데이터를 수집하였으나, 이후 **활용되지 않고 저장만 되어있는 대량의 데이터**를 의미한다.

기출체크 ☑
22.10
4. 보안 및 보안 위협에 대한 다음 설명에 해당하는 용어를 쓰시오.

> 특정 목적을 가지고 데이터를 수집하였으나, 이후 활용되지 않고 저장만 되어있는 대량의 데이터를 의미한다. 미래에 사용될 가능성을 고려하여 저장 공간에서 삭제되지 않고 보관되어 있으나, 이는 저장 공간의 낭비뿐만 아니라 보안 위험을 초래할 수도 있다.

답 :

기출체크 정답 1. 세션 하이재킹(Session Hijacking) 2. ARP 3. 사회 공학(Social Engineering) 4. 다크 데이터(Dark Data)

302 > 타이포스쿼팅 Ⓐ

22.10

- 타이포스쿼팅(Typosquatting)은 네티즌들이 사이트에 접속할 때 **주소를 잘못 입력**하거나 철자를 빠뜨리는 실**수를 이용하기 위해 이와 유사한 유명 도메인을 미리 등록하는 것**이다.
- URL 하이재킹(Hijacking)이라고도 한다.

기출체크 ☑

22.10

5. 보안 및 보안 위협에 대한 다음 설명에 해당하는 용어를 쓰시오.

> 네티즌들이 사이트에 접속할 때 주소를 잘못 입력하거나 철자를 빠뜨리는 실수를 이용하기 위해 이와 유사한 유명 도메인을 미리 등록하는 것으로, URL 하이재킹(Hijacking)이라고도 한다. 유명 사이트들의 도메인을 입력할 때 발생할 수 있는 온갖 도메인 이름을 미리 선점해 놓고 이용자가 모르는 사이에 광고 사이트로 이동하게 만든다.

답 :

303 > 스니핑 Ⓐ

20.11, 필기 23.2

스니핑(Sniffing)은 **네트워크의 중간에서 남의 패킷 정보를 도청**하는 해킹 유형의 하나로, 수동적 공격에 해당한다.

기출체크 ☑

20.11, 필기 23.2

6. 스니핑(Sniffing)은 사전적 의미로 '코를 킁킁 거리다, 냄새를 맡다'이다. 네트워크 보안에서 스니핑에 대한 개념을 간략히 한 문장(1 문장)으로 쓰시오.

답 :

304 > 워터링 홀 Ⓐ

22.5

- 워터링 홀(Watering Hole)은 목표 대상이 자주 방문하는 **웹 사이트를 사전에 감염**시켜 대상이 해당 **사이트에 방문했을 때 악성 코드에 감염**되게 하는 웹 기반 **공격**이다.
- 감염된 PC를 기반으로 대상이 속한 조직의 중요 시스템에 접근하거나 불능으로 만드는 등의 영향력을 행사할 수 있다.

기출체크 ☑

22.5

7. 보안 위협에 대한 다음 설명에 해당하는 용어를 쓰시오.

> 목표 조직이 자주 방문하는 웹 사이트를 사전에 감염시켜 목표 조직의 일원이 웹 사이트에 방문했을 때 악성 코드에 감염되게 한다. 이후에는 감염된 PC를 기반으로 조직의 중요 시스템에 접근하거나 불능으로 만드는 등의 영향력을 행사하는 웹 기반 공격이다.

답 :

305 > 키로거 공격 Ⓑ

필기 20.6

키로거 공격(Key Logger Attack)은 **컴퓨터 사용자의 키보드 움직임을 탐지**해 ID, 패스워드, 계좌번호, 카드번호 등과 같은 개인의 중요한 **정보를 몰래 빼가는 해킹 공격**이다.

기출체크 ☑

필기 20.6

8. 컴퓨터 사용자의 키보드 움직임을 탐지해 ID, 패스워드, 계좌번호, 카드번호 등과 같은 개인의 중요한 정보를 몰래 빼가는 공격 기법을 가리키는 용어를 쓰시오.

답 :

306 > 랜섬웨어 Ⓑ

필기 23.7, 21.8, 20.6

랜섬웨어(Ransomware)는 인터넷 사용자의 컴퓨터에 잠입해 **내부 문서나 파일 등을 암호화해 사용자가 열지 못하게 하는 프로그램**으로, 암호 해독용 프로그램의 전달을 조건으로 사용자에게 돈을 요구하기도 한다.

기출체크 ☑

필기 23.7, 21.8, 20.6

9. 다음 설명의 정보보안 침해 공격 관련 용어를 영문으로 쓰시오.

> 인터넷 사용자의 컴퓨터에 침입하여 내부 문서 파일 등을 암호화해 사용자가 열지 못하게 하는 프로그램으로, 암호 해독용 프로그램의 전달을 조건으로 사용자에게 돈을 요구하기도 한다.

답 :

기출체크 정답 5. 타이포스쿼팅(Typosquatting) 6. 스니핑은 <u>네트워크의 중간에서 남의 패킷 정보를 도청하는 해킹 유형이다.</u> 7. 워터링 홀(Watering Hole)
8. 키로거 공격(Key Logger Attack) 9. Ransomware

307 > 백도어 (B)

- 백도어(Back Door, Trap Door)는 **시스템 설계자가 서비스 기술자나 유지 보수 프로그램 작성자의 액세스 편의를 위해 시스템 보안을 제거하여 만들어놓은 비밀 통로**로, 컴퓨터 범죄에 악용되기도 한다.
- 백도어 탐지 방법 : 무결성 검사, 열린 포트 확인, 로그 분석, SetUID 파일 검사 등

기출체크 ☑

필기 23.7, 20.6

1. 다음 중 백도어 탐지 방법에 해당하는 것을 모두 골라 기호(㉠~㉽)로 쓰시오.

| ㉠ 무결성 검사 | ㉡ 컴파일러 버전 확인 | ㉢ 열린 포트 확인 |
| ㉣ 로그 분석 | ㉤ 취약한 API 사용 확인 | ㉽ SetUID 파일 검사 |

답 :

308 > 기타 정보 보안 관련 용어 1 (A)

24.4
APT(Advanced Persistent Threats, 지능형 지속 위협)

다양한 IT 기술과 방식들을 이용해 조직적으로 특정 기업이나 조직 네트워크에 침투해 활동 거점을 마련한 뒤 때를 기다리면서 보안을 무력화시키고 정보를 수집한 다음 외부로 빼돌리는 형태의 공격이다.

24.4
Rootkit

- 시스템에 침입한 후 침입 사실을 숨긴 채 백도어, 트로이목마를 설치하고, 원격 접근, 내부 사용 흔적 삭제, 관리자 권한 획득 등 주로 불법적인 해킹에 사용되는 기능들을 제공하는 프로그램들의 모음이다.
- 컴퓨터의 운영체제에서 실행 파일과 실행 중인 프로세스를 숨김으로써 운영체제 검사 및 백신 프로그램의 탐지를 피할 수 있다.

스미싱(Smishing)

문자 메시지(SMS)를 이용해 사용자의 개인 신용 정보를 빼내는 수법이다.

스피어 피싱(Spear Phishing)

사회 공학의 한 기법으로, 특정 대상을 선정한 후 그 대상에게 일반적인 이메일로 위장한 메일을 지속적으로 발송하여, 발송 메일의 본문 링크나 첨부된 파일을 클릭하도록 유도해 사용자의 개인 정보를 탈취하는 공격이다.

무작위 대입 공격(Brute Force Attack)

암호화된 문서의 암호키를 찾아내기 위해 적용 가능한 모든 값을 대입하여 공격하는 방식이다.

큐싱(Qshing)

QR코드(Quick Response Code)를 통해 악성 앱의 다운로드를 유도하거나 악성 프로그램을 설치하도록 하는 금융사기 기법의 하나로, QR코드와 개인정보 및 금융정보를 낚는다(Fishing)는 의미의 합성 신조어이다.

EDR(Endpoint Detection & Response)

엔드포인트 영역에 대한 지속적인 모니터링을 통해 행위 기반 위협 탐지 및 분석, 대응 기능을 제공하는 솔루션이다.

※ 엔드포인트 : 요청을 보내는 시작점인 사용자의 PC, 스마트폰이나 서비스의 종착점인 서버 등을 의미함

TMS(Threat Management System)

전사적 IT인프라에 대한 위협정보들을 수집·분석·경보·관리하는 정보보호 통합관리 시스템으로, 실시간으로 공신력 있는 대외 정보보호기관의 위협정보들을 수집·분석하여 정보보호관리자에게 제공한다.

크리덴셜 스터핑(Credential Stuffing)

무차별 대입 공격의 일종으로 공격자가 미리 확보해 놓은 로그인 자격 증명을 다른 계정에 무작위로 대입해 사용자 계정을 탈취하는 공격 방식이다.

POODLE(Padding Oracle On Downgraded Legacy Encryption) 공격

TLS 연결을 SSL 3.0으로 낮춰 SSL 3.0의 취약점을 이용하여 암호문을 해독하는 공격 기법이다.

DDE(Dynamic Data Exchange)

마이크로소프트 오피스와 애플리케이션 사이에서 데이터를 전달하는 프로토콜로, 엑셀 등 오피스 프로그램에서 DDE가 활성화될 시 일반 문서로 위장한 악성 코드가 전파될 수 있다.

기출체크 ☑

24.4
2. 보안 및 보안 위협에 대한 다음 설명에 해당하는 용어를 영문 약어 3글자로 쓰시오.

> 다양한 IT 기술과 방식들을 이용해 조직적으로 특정 기업이나 조직 네트워크에 침투해 활동 거점을 마련한 뒤 때를 기다리면서 보안을 무력화시키고 정보를 수집한 다음 외부로 빼돌리는 형태의 공격으로, 일반적으로 공격은 침투, 검색, 수집, 유출의 4단계로 실행된다.
> - 침투(Infiltration) : 목표로 하는 시스템을 악성코드로 감염시켜 네트워크에 침투한다.
> - 검색(Exploration) : 시스템에 대한 정보를 수집하고 기밀 데이터를 검색한다.
> - 수집(Collection) : 보호되지 않은 시스템의 데이터를 수집하고, 시스템 운영을 방해하는 악성코드를 설치한다.
> - 유출(Exfiltration) : 수집한 데이터를 외부로 유출한다.

답 :

24.4
3. 보안 및 보안 위협에 대한 다음 설명에 해당하는 용어를 영문으로 쓰시오.

> - 시스템에 침입한 후 침입 사실을 숨긴 채 백도어, 트로이목마를 설치하고, 원격 접근, 내부 사용 흔적 삭제, 관리자 권한 획득 등 주로 불법적인 해킹에 사용되는 기능들을 제공하는 프로그램들의 모음이다.
> - 자신 또는 다른 소프트웨어의 존재를 감춰줌과 동시에 허가되지 않은 컴퓨터나 소프트웨어의 영역에 접근할 수 있게 하는 용도로 설계되었다.
> - 이 프로그램이 설치되면 자신이 뚫고 들어온 모든 경로를 바꾸어 놓고, 명령어들을 은폐해 놓기 때문에 해커가 시스템을 원격에서 해킹하고 있어도 이 프로그램이 설치되어 있는 사실 조차 감지하기 어렵다.
> - 공격자가 보안 관리자나 보안 시스템의 탐지를 피하면서 시스템을 제어하기 위해 설치하는 악성 프로그램으로, 운영체제의 합법적인 명령어를 해킹하여 모아놓았다.
> - 운영체제에서 실행 파일과 실행 중인 프로세스를 숨김으로써 운영체제 검사 및 백신 프로그램의 탐지를 피할 수 있다.

답 :

 309 > 기타 정보 보안 관련 용어 2 Ⓐ

좀비(Zombie) PC

악성코드에 감염되어 다른 프로그램이나 컴퓨터를 조종하도록 만들어진 컴퓨터로, C&C(Command & Control) 서버의 제어를 받아 주로 DDoS 공격 등에 이용된다.

C&C 서버

해커가 원격지에서 감염된 좀비 PC에 명령을 내리고 악성 코드를 제어하기 위한 용도로 사용하는 서버를 말한다.

봇넷(Botnet)

악성 프로그램에 감염되어 악의적인 의도로 사용될 수 있는 다수의 컴퓨터들이 네트워크로 연결된 형태를 말한다.

제로 데이 공격(Zero Day Attack)

보안 취약점이 발견되었을 때 발견된 취약점의 존재 자체가 널리 공표되기도 전에 해당 취약점을 통하여 이루어지는 보안 공격으로, 공격의 신속성을 의미한다.

23.4
트로이 목마(Trojan Horse)

정상적인 기능을 하는 프로그램으로 위장하여 프로그램 내에 숨어 있다가 해당 프로그램이 동작할 때 활성화되어 부작용을 일으키지만 자기 복제 능력은 없다.

CC(Common Criteria) 인증

국가마다 서로 다른 정보보호시스템 평가기준을 연동하고 평가결과를 상호 인증하기 위해 제정된 정보보안 평가기준으로, ISO/IEC 15408에 등록된 국제 표준이다.

멀버타이징(Malvertising)

악성 소프트웨어를 뜻하는 멀웨어(Malware)와 광고(Advertising)의 합성어로, 온라인 광고를 통해 악성코드를 유포시키는 행위를 말한다.

기출체크 정답 **2.** APT **3.** Rootkit

정보공유분석센터(ISAC; Information Sharing & Analysis Center)

취약점 및 침해요인과 그 대응방안에 관한 정보를 제공하며, 침해사고가 발생하는 경우 실시간 경보·분석체계를 운영하고, 금융·통신 등 분야별 정보통신기반시설을 보호하기 위한 업무를 수행하는 곳이다.

업무연속성계획(BCP; Business Continuity Planning)

각종 재해, 장애, 재난으로부터 위기관리를 기반으로 재해 복구, 업무복구 및 재개, 비상계획 등의 비즈니스 연속성을 보장하기 위한 계획으로, RTO, RPO, 우선순위를 설정하기 위해 업무 영향 분석(BIA)을 수행한다.

데이터 디들링(Data Diddling)

처리할 자료를 다른 자료와 바꿔서 처리하는 것으로, 입력 값이나 출력값을 부정한 의도로 수정하여 잘못된 결과가 나오도록 유도하는 방식이다.

비트로커(BitLocker)

Windows 7부터 지원되기 시작한 Windows 전용의 볼륨 암호화 기능으로, TPM(Trusted Platform Module)과 AES-128 알고리즘을 사용한다.

공급망 공격(Supply Chain Attack)

소프트웨어 공급망에 침투하여 악성코드를 배포하는 공격으로, SW 빌드 및 배포 과정에 악성코드를 삽입하여 이용자들을 공격한다.

바이러스(Virus)
_{23.4}

컴퓨터의 정상적인 작동을 방해하기 위해 운영체제나 저장된 데이터에 손상을 입히는 프로그램으로, 자신을 복제할 수 있고, 다른 프로그램을 감염시킬 수 있다.

웜(Worm)
_{23.4, 필기 23.2, 22.7, 22.4}

네트워크를 통해 연속적으로 자신을 복제하여 시스템의 부하를 높임으로써 결국 시스템을 다운시키는 바이러스의 일종으로, 분산 서비스 거부 공격, 버퍼 오버플로 공격, 슬래머 등이 웜 공격의 한 형태이다.

기출체크 ☑

_{23.4}

1. 멀웨어(Malware)에 대한 다음 설명에서 괄호(①~③)에 들어갈 알맞은 용어를 〈보기〉에서 찾아 쓰시오.

- (①) : 윈도우나 응용 프로그램의 취약점 또는 E-mail 등을 통해 전파되며, (③)과(와) 같이 자기 복제가 가능하며 네트워크를 통해 스스로 전파가 가능하다.
- (②) : 정상적인 응용 프로그램에 포함되어 실행되는 악성코드로, 정상적인 응용 프로그램으로 위장하고 있다가 활성화되면 공격자는 이를 이용하여 사용자의 컴퓨터를 조종할 수 있게 된다.
- (③) : 정상 파일을 감염시키며, 자기복제가 가능하다. 파일을 통해 감염되며 네트워크를 통해 스스로 전파되지는 못한다.

〈보기〉

• 웜	• 바이러스	• 트로이 목마

답
- ①
- ②
- ③

문제 01 다음은 보안 요소에 대한 설명이다. 괄호(①~③)에 들어갈 알맞은 요소를 쓰시오.

보안 요소	설명
(①)	시스템 내의 정보는 오직 인가된 사용자만 수정할 수 있다.
(②)	시스템 내의 정보와 자원은 인가된 사용자에게만 접근이 허용된다.
(③)	인가받은 사용자는 언제라도 사용할 수 있다.
인증(Authentication)	시스템 내의 정보와 자원을 사용하려는 사용자가 합법적인 사용자인지를 확인하는 모든 행위이다.
부인 방지 (NonRepudiation)	데이터를 송·수신한 자가 송·수신 사실을 부인할 수 없도록 송·수신 증거를 제공한다.

답

• ①

• ②

• ③

문제 02 보안상 안전한 소프트웨어를 개발하기 위해 SDLC에 보안 강화를 위한 프로세스를 포함한 것을 의미하는 용어를 쓰시오.

답 :

문제 03 데이터를 암호화할 때 두 개의 키를 이용하여 암호화하는 기법으로, 하나의 키는 데이터베이스 사용자에게 공개하고, 다른 하나의 키는 관리자가 관리한다. 비대칭 암호 기법이라고도 하며, 키의 분배가 용이하고 관리해야 할 키의 수가 적다는 특징을 갖고 있는 암호화 기법을 쓰시오.

답 :

문제 **04** 다음 암호 알고리즘에 대한 설명에서 괄호에 공통적으로 들어갈 가장 적합한 용어를 쓰시오.

> • ( )는 임의의 길이의 입력 데이터나 메시지를 고정된 길이의 값이나 키로 변환하는 것을 의미하며, 이 변환 방법을 ( ) 알고리즘 또는 ( ) 함수라고 부른다.
> • ( )는 데이터의 암호화, 무결성 검증을 위해 사용될 뿐만 아니라 정보보호의 다양한 분야에서 활용되며, 대표적인 ( ) 함수의 종류에는 SHA 시리즈, MD5, N-NASH, SNEFRU 등이 있다.

답 :

문제 **05** 1975년 미국 표준 기술 연구소(NBS)에서 발표한 개인키 암호화 알고리즘으로, 64비트의 블록 크기와 56비트의 키 길이를 갖는다. 이 알고리즘이 발표될 당시에 비해 현재의 컴퓨터는 성능이 향상되어 해독이 쉬워졌고, 3번을 반복해서 사용하는 알고리즘 또한 발표되었다. 이 설명이 가리키는 암호화 알고리즘을 쓰시오.

답 :

문제 **06** 다음은 암호화 방식의 분류이다. 괄호(①, ②)에 들어갈 가장 적합한 용어를 쓰시오.

> • (①) 암호화 기법 : 동일한 키로 데이터를 암호화하고 복호화 하는 기법으로, 대칭 암호 기법 또는 단일키 암호화 기법이라고도 한다.
> • (②) : 임의의 길이의 입력 데이터나 메시지를 고정된 길이의 값이나 키로 변환하는 것을 의미하며, 데이터의 암호화, 무결성 검증을 위해 사용될 뿐만 아니라 정보보호의 다양한 분야에서 활용된다.

답
• ①
• ②

문제 07 암호화를 위한 양방향 알고리즘 중 다음의 설명에 가장 적합한 암호화 알고리즘을 쓰시오.

- 2001년 미국 표준 기술 연구소(NIST)에서 발표한 개인키 암호화 알고리즘이다.
- DES의 한계를 느낀 NIST에서 공모한 후 발표하였다.
- 블록 크기는 128비트이며, 키 길이에 따라 128, 192, 256으로 분류된다.

답 :

문제 08 다음 설명에 부합하는 네트워크 공격 유형을 영문 4글자 약어로 쓰시오.

여러 곳에 분산된 공격 지점에서 한 곳의 서버에 대해 분산 서비스 공격을 수행하는 네트워크 공격 유형으로, 네트워크에서 취약점이 있는 호스트들을 탐색한 후 이들 호스트들에 분산 서비스 공격용 툴을 설치하여 에이전트(Agent)로 만든 후 공격에 이용한다. 공격의 범위를 확대하기 위해 일부 호스트에 다수의 에이전트를 관리할 수 있는 핸들러(Handler) 프로그램을 설치하여 마스터(Master)로 지정한 후 공격에 이용하기도 한다.

답 :

문제 09 정보 보안에 대한 다음 설명에 해당하는 용어를 쓰시오.

- 인터넷 등 통신 사업자의 공중 네트워크와 암호화 기술을 이용하여 사용자가 마치 자신의 전용 회선을 사용하는 것처럼 해주는 보안 솔루션이다.
- 암호화된 규격을 통해 인터넷망을 전용선의 사설망을 구축한 것처럼 이용하므로 비용 부담을 줄일 뿐만 아니라 원격지의 지사, 영업소, 이동 근무자가 지역적인 제한 없이 업무를 수행할 수 있다.

답 :

문제 10 서비스 거부(DoS) 공격 기법 중 TCP가 신뢰성 있는 전송을 위해 사용하는 3-way-handshake 과정을 의도적으로 중단시킴으로써 공격 대상지인 서버가 대기 상태에 놓여 정상적인 서비스를 수행하지 못하게 하는 공격 방법을 가리키는 용어를 쓰시오.

답 :

문제 11 보안 요소는 소프트웨어 개발에 있어 충족시켜야 할 요소 및 요건을 의미한다. 시스템 내의 정보는 오직 인가된 사용자만 수정할 수 있다는 것을 의미하는 보안 요소는 무엇인지 쓰시오.

답 :

문제 12 정보 보안에 대한 다음 설명에 해당하는 용어를 쓰시오.

- 내부 정보의 외부 유출을 방지하는 보안 솔루션이다.
- 사내 직원이 사용하는 PC와 네트워크상의 모든 정보를 검색하고 메일, 메신저, 웹하드, 네트워크 프린터 등의 사용자 행위를 탐지 · 통제해 외부로의 유출을 사전에 막는다.

답 :

문제 13 정보 보안에 대한 다음 설명에 해당하는 용어를 쓰시오.

- 네트워크에 접속하는 내부 PC의 MAC 주소를 IP 관리 시스템에 등록한 후 일관된 보안 관리 기능을 제공하는 보안 솔루션이다.
- 내부 PC의 소프트웨어 사용 현황을 관리하여 불법적인 소프트웨어 설치를 방지한다.
- 일괄적인 배포 관리 기능을 이용해 백신이나 보안 패치 등의 설치 및 업그레이드를 수행한다.
- 네트워크에 접속한 비인가된 시스템을 자동으로 검출하여 자산을 관리한다.

답 :

문제 14 정보 보안에 대한 다음 설명에 해당하는 용어를 쓰시오.

- 방화벽과 침입 탐지 시스템을 결합한 것이다.
- 비정상적인 트래픽을 능동적으로 차단하고 격리하는 등의 방어 조치를 취하는 보안 솔루션이다.
- 침입 탐지 기능으로 패킷을 하나씩 검사한 후 비정상적인 패킷이 탐지되면 방화벽 기능으로 해당 패킷을 차단한다.

답 :

문제 15 　인증(Authentication)에 대한 다음 설명에서 괄호(①, ②)에 들어갈 알맞은 용어를 쓰시오.

인증은 다중 사용자 컴퓨터 시스템이나 네트워크 시스템에서 로그인을 요청한 사용자의 정보를 확인하고 접근 권한을 검증하는 보안 절차로, 네트워크를 통해 컴퓨터에 접속하는 사용자의 등록 여부를 확인하는 것과 전송된 메시지의 위·변조 여부를 확인하는 것이 있다. 인증의 주요 유형은 다음과 같다.

(①)	사용자가 기억하고 있는 정보를 기반으로 인증을 수행하는 것으로, 관리 비용이 저렴하나, 사용자가 인증 정보를 기억하지 못하면 본인이라도 인증 받지 못한다.
소유 기반 인증 (Something You Have)	사용자가 소유하고 있는 것을 기반으로 인증을 수행하는 것으로, 소유물이 쉽게 도용될 수 있으므로 (①) 방식이나 (②) 방식과 함께 사용된다.
(②)	사용자의 고유한 생체 정보를 기반으로 인증을 수행하는 것으로, 사용이 쉽고 도난의 위험도 적으며 위조가 어렵다.
행위 기반 인증 (Something You Do)	사용자의 행동 정보를 이용해 인증을 수행하는 것이다.
위치 기반 인증 (Somewhere You Are)	인증을 시도하는 위치의 적절성을 통해 인증을 수행하는 것이다.

답
- ①

- ②

문제 16 　TLS 연결을 SSL 3.0으로 낮춰 SSL 3.0의 취약점을 이용하여 암호문을 해독하는 공격 기법을 가리키는 용어를 쓰시오.

답 :

문제 17 　QR코드와 '개인정보 및 금융정보를 낚는다'를 의미하는 'Fishing'의 합성 신조어로, QR코드를 통해 악성 앱의 다운로드를 유도하거나 악성 프로그램을 설치하도록 하는 금융사기 기법을 가리키는 용어를 쓰시오.

답 :

문제 18 다음에서 설명하는 정보 보안 관련 용어를 영문 약어로 쓰시오.

> - 전사적 IT인프라에 대한 위협정보들을 수집 · 분석 · 경보 · 관리하는 정보보호 통합관리 시스템이다.
> - 실시간으로 공신력 있는 대외 정보보호기관의 위협정보들을 수집 · 분석하여 정보보호관리자에게 제공한다.

답 :

문제 19 악성코드에 감염되어 다른 프로그램이나 컴퓨터를 조종하도록 만들어진 컴퓨터로, C&C(Command & Control) 서버의 제어를 받아 주로 DDoS 공격 등에 이용되는 컴퓨터는 무엇인지 쓰시오.

답 :

문제 20 다음에서 설명하는 정보 보안 관련 용어를 쓰시오.

> - Windows 7부터 지원되기 시작한 Windows 전용의 볼륨 암호화 기능이다.
> - TPM(Trusted Platform Module, 신뢰할 수 있는 플랫폼 모듈)과 AES-128 알고리즘을 사용한다.

답 :

문제 21 악성 소프트웨어를 뜻하는 멀웨어와 광고의 합성어로, 온라인 광고를 통해 악성코드를 유포시키는 행위를 의미하는 용어를 쓰시오.

답 :

문제 22 악성 프로그램에 감염되어 악의적인 의도로 사용될 수 있는 다수의 컴퓨터들이 네트워크로 연결된 형태를 의미하는 용어를 쓰시오.

답 :

[문제 01]
① 무결성(Integrity)　　② 기밀성(Confidentiality)　　③ 가용성(Availability)

[문제 02]
Secure SDLC

[문제 03]
공개키 암호화(Public Key Encryption) 기법

[문제 04]
해시(Hash)

[문제 05]
DES(Data Encryption Standard)

[문제 06]
① 개인키(Private Key)　　② 해시(Hash)

[문제 07]
AES(Advanced Encryption Standard)

[문제 08]
DDoS

[문제 09]
VPN(Virtual Private Network, 가상 사설 통신망)

[문제 10]
SYN Flooding

[문제 11]
무결성(Integrity)

[문제 12]
데이터 유출 방지(DLP; Data Leakage/Loss Prevention)

[문제 13]
NAC(Network Access Control)

[문제 14]
침입 방지 시스템(IPS; Intrusion Prevention System)

[문제 15]
① 지식 기반 인증(Something You Know)　　② 생체 기반 인증(Something You Are)

[문제 16]
POODLE(Padding Oracle On Downgraded Legacy Encryption) 공격

[문제 17]
큐싱(Qshing)

[문제 18]
TMS

[문제 19]
좀비(Zombie) PC

[문제 20]
비트로커(BitLocker)

[문제 21]
멀버타이징(Malvertising)

[문제 22]
봇넷(Botnet)

10 장

프로그래밍 언어 활용

310 데이터 입·출력 – C언어 ⓒ등급

311 데이터 입·출력 – Java ⓒ등급

312 헝가리안 표기법 Ⓐ등급

313 주요 자료형 Ⓑ등급

314 주요 서식 문자열 ⓒ등급

315 주요 제어문자 ⓒ등급

316 연산자 우선순위 Ⓐ등급

317 제어문 – C언어 Ⓐ등급

318 제어문 – Java Ⓐ등급

319 break와 continue Ⓐ등급

320 포인터 – C언어 Ⓐ등급

321 구조체 – C언어 Ⓐ등급

322 사용자 정의 함수 – C언어 Ⓐ등급

323 Java의 클래스 1 Ⓐ등급

324 Java의 클래스 2 Ⓐ등급

325 생성자 Ⓐ등급

326 Java의 활용 Ⓐ등급

327 Python의 활용 1 Ⓐ등급

328 Python의 활용 2 Ⓐ등급

329 람다 식 Ⓐ등급

330 Python의 클래스 Ⓑ등급

331 Python의 클래스 없는 메소드 사용 Ⓐ등급

332 Python – Range Ⓐ등급

333 Python – 슬라이스 Ⓑ등급

334 Python – 리스트 관련 주요 메소드 Ⓐ등급

335 Python – 세트 관련 주요 메소드 ⓒ등급

336 스크립트 언어 Ⓑ등급

337 자바 스크립트 Ⓑ등급

338 쉘 스크립트 Ⓑ등급

339 라이브러리 Ⓑ등급

340 C언어의 대표적인 표준 라이브러리 Ⓑ등급

310 ▶ 데이터 입·출력 - C언어

예제 다음은 키보드로 6과 4를 입력받아 두 수의 덧셈 결과를 출력하는 프로그램이다. 출력 결과를 확인하시오.

```c
❶ #include <stdio.h>
❷ main( )
❸ {
❹    int i, j, k;
❺    scanf("%d %d", &i, &j);
❻    k = i + j;
❼    printf("%d\n", k);
❽ }
```

코드 해설

❶ #include 〈stdio.h〉
C언어에는 함수들을 모아놓은 헤더 파일을 제공하는데, 헤더 파일을 사용하려면 '#include 〈stdio.h〉'와 같이 include문을 이용해 선언한 후 사용해야 한다. 'stdio.h'는 표준 입·출력과 관련된 함수를 정의해 놓은 헤더 파일이다. 사용하는 함수에 따라 포함시켜야 할 헤더 파일이 다르다. 여기서는 ❺번 문장의 scanf( ) 함수와 ❼번 문장의 printf( ) 함수를 사용하기 때문에 포함시켰다. 무슨 함수를 쓸 때 어떤 헤더 파일을 포함시켜야 하는지는 문제 풀이와 관계없기 때문에 기억해 둘 필요는 없다. 별도로 학습하지도 않는다.

❷ main( )
모든 C 프로그램은 반드시 main( ) 함수가 포함되어 있어야 실행할 수 있다. 즉 'main( ){ }'는 모든 C 프로그램에 반드시 포함되어야 한다.

❸, ❽ { }
'{'이 나오면 반드시 어딘가에 '}'이 있어야 한다. 그러니까 ❸번의 '{'는 ❽번의 '}'와 짝이다. 프로그램을 중간에서 끝내는 특별한 제어문이 없으면 무조건 '{'에서 시작하여 '}'에서 프로그램이 종료된다. 따로 학습할 내용이 아니다. 약속이니까 그냥 외워두기 바란다.

❹ int i, j, k;
int는 정수 자료형을 의미하는 예약어이므로, 이제부터 이 프로그램에서 i, j, k는 정수형 변수로 사용하겠다는 의미이다. 자료형에는 int, long, short, float 등이 있으며, 이 부분을 우리는 정보처리기사 필기 교재에서 학습했다. C 프로그램 코딩 시 반드시 지켜야 할 것은 반드시 세미콜론(;)으로 문장을 끝내야 한다는 것이다. C 프로그램에서는 줄 수와 관계없이 세미콜론(;)이 나올 때 까지를 한 문장으로 인식하여 컴파일하기 때문에 문장 끝에 세미콜론(;)이 없으면 컴파일 시 에러가 발생한다.

❺ scanf("%d %d", &i, &j);
키보드로 입력받는 작업은 거의 scanf( ) 함수를 이용하므로 정확하게 알고 있어야 한다. '%d'는 입력받는 문자를 10진수로 받아들이겠다는 의미이다. '%d'가 두 개이므로 대응하는 변수도 두 개인 거다. 앞쪽의 '%d'는 '&i'에, 뒤쪽의 '%d'는 '&j'에 대응된다. 그러니까 i와 j는 각각 10진수를 입력받는다는 의미이다. 문제에서 6과 4가 입력되었다고 가정하였으므로 i에는 6이, j에는 4가 저장된다. 변수에 &(주소 연산자)를 붙였는데, scanf( ) 함수는 데이터를 입력받을 때 주소를 사용하기 때문이다.

❻ k = i + j;
k에 i와 j를 더한 값을 저장하는 처리문이다. 6과 4를 더한 값 10이 k에 저장된다. 처리문은 입·출력을 제외하고 무엇인가를 처리하는 모든 문장을 의미한다. 입·출력문, 제어문 등도 일종의 처리문이지만, 별도로 구분하여 그렇게 부르므로 입·출력문과 제어문을 제외한 모든 문장을 처리문이라고 보면 된다.

❼ printf("%d\n", k);
C 프로그램에서 화면에 출력할 때는 printf( ) 함수, 파일에 출력할 때는 fprintf( ) 함수 등을 사용한다. 여기서는 화면에 출력하므로 printf( ) 함수를 사용했다. scanf( ) 함수와 마찬가지로 형식 변환 문자 '%d'는 k를 10진수로 출력하겠다는 의미이다. '\n'은 제어문자라고 하는데, 출력 내용을 제어하는 문자이다. '\'와 그 뒤 한 문자는 화면에 출력하지 않고 그 문자에 정해진 명령대로 출력물을 제어한다. '\n'은 한 줄 띄우라는 의미이므로 k가 가지고 있는 값을 출력한 뒤에 커서를 다음 줄로 옮긴다.

결과 `10`

출제예상

1. 다음 C언어의 〈코드〉와 〈입력〉을 보고 프로그램을 분석하여 그 실행 결과를 쓰시오.

〈코드〉

```c
#include <stdio.h>
main() {
    int i, j;
    scanf("%o#%x", &i, &j);
    printf("%d %d", i, j);
}
```

〈입력〉

```
15#22
```

답 :

해설

```
#include <stdio.h>
main() {
    int i, j;
    scanf("%o#%x", &i, &j);      '#'을 기준으로 입력값을 구분하여 앞에 입력된 수는 정수형 8진수로, 뒤에 입력된 수는 정수형 16진수로 각각 변수
                                 i와 j에 저장한다.
    printf("%d %d", i, j);       8진수 15를 10진수로 변환하여 출력한 다음 공백을 한 칸 띄우고, 16진수 22를 10진수로 변환하여 출력한다.
                                 • 8진수 15를 10진수로 변환하면 $1 \times 8^1 + 5 \times 8^0 = 13$이다.
                                 • 16진수 22를 10진수로 변환하면 $2 \times 16^1 + 2 \times 16^0 = 34$이다.
}                                        결과   13 34
```

▶ 340382

311 〉 데이터 입·출력 – Java

예제 다음은 입력받은 정수를 가지고 여러 연산을 수행한 후 출력하는 프로그램이다. 4가 입력되었다고 가정했을 때 출력 결과를 확인하시오.

```java
❶ import java.util.Scanner;
❷ public class Test
❸ {
❹   public static void main(String[] args)
❺   {
❻     Scanner scan = new Scanner(System.in);
❼     int a = scan.nextInt();
❽     System.out.printf("a * 3 = %d\n", a * 3);
```

```
⑨      System.out.println("a / 2 = " + (a / 2));

⑩      System.out.print("a - 1 = " + (a - 1));

⑪      scan.close();

⑫   }

⑬ }
```

코드 해설

❶ import java.util.Scanner;

Java에는 메소드(함수)들을 모아놓은 클래스와 클래스를 모아놓은 패키지를 제공하는데, 패키지를 사용하려면 'import java.util.Scanner'와 같이 import문을 이용해 선언한 후 사용해야 한다. 'java.util.Scanner'는 입력과 관련된 메소드(함수)를 정의해 놓은 Scanner 클래스가 java 패키지 안의 util 패키지에 있다는 것을 의미한다. 여기서는 ❻번 문장에서 입력에 사용할 객체 변수를 생성할 때 사용하기 때문에 포함시켰다.

❷ public class Test

Java 프로그램은 아무리 작은 프로그램이라도 클래스 안에 속성(변수)과 메소드(함수)를 만들어서 실행한다.

- **public class** : 실행을 위한 클래스에 그대로 꼭 써야하는 예약어다. C언어에는 해당되는 부분이 없다.
- **Test** : 클래스 이름으로, 사용자가 원하는 이름을 임의로 지정하면 된다. 단 첫 글자는 대문자로 지정하는 것이 관례이다.

❸번의 중괄호 '{'에서 ⑬번의 '}'까지가 Test 클래스의 범위이다.

❹ public static void main(String[ ] args)

모든 C 프로그램은 반드시 main( ) 함수로부터 시작해야 한다. 마찬가지로 모든 Java 프로그램은 실행용으로 만든 클래스 안에 반드시 main( ) 메소드가 있어야 여기서부터 실행이 시작된다. 이걸 프로그램 실행 진입점이라고 한다. 그러니까 ❷, ❸, ❹, ❺, ⑫, ⑬번은 모든 Java 프로그램에 반드시 포함되어야 하는 것이다. C 프로그램의 함수를 Java와 같은 객체지향 언어에서는 메소드(Method)라고 부른다.

- **public static** : main( ) 메소드 앞에 반드시 써야 한다는 것을 알아두고 넘어가면 된다.
- **void** : 반환값이 없다는 의미이다.

❺번의 중괄호 '{'에서 ⑫번의 '}'까지가 main( ) 메소드의 범위이다.

❻ Scanner scan = new Scanner(System.in);

Java에서는 키보드로 입력받은 값을 변수에 저장하려면 먼저 Scanner 클래스를 이용해 키보드로부터 값을 입력받는 객체 변수를 생성한 후 이를 사용해야 한다. Scanner 클래스의 객체 변수 scan을 키보드로 입력받을 수 있도록 생성한다.

- **Scanner** : 입력에 사용할 객체 변수를 생성할 때 사용하는 클래스 이름이다. 그대로 적어준다.
- **scan** : 객체 변수명이다. 사용자 임의로 적어준다.
- **new** : 객체 생성 예약어이다. 그대로 적어준다.
- **Scanner( )** : 클래스의 이름이다. ( )를 붙여 그대로 적어준다.
- **System.in** : 표준 입력장치, 즉 키보드를 의미한다. 키보드로부터 값을 입력받는 객체 변수를 생성할 것이므로 그대로 적어준다.

❼ int a = scan.nextInt( );

정수형 변수 a를 선언하고, 키보드로부터 정수 값을 입력받아 a에 저장한다. 4가 입력되었다고 가정하였으므로 a에는 4가 저장된다.

- **a** : 입력받은 값을 저장할 변수이다.
- **scan.nextInt( )**
  - **scan** : 입력에 사용할 객체 변수 이름이다. ❻번에서 객체 변수 생성 시 사용한 객체 변수 이름과 동일해야 한다.
  - **nextInt( )** : 입력받은 값을 정수형으로 반환한다.

❽ System.out.printf("a * 3 = %d\n", a * 3);

System 클래스의 서브 클래스인 out 클래스의 메소드 printf( )를 사용해서 출력한다는 의미이다. printf( ) 메소드는 C 프로그램의 printf( ) 함수와 사용법이 동일하다. **a * 3 =** 을 출력한 후 a*3의 값인 **12**를 정수로 출력한다.

결과 `a * 3 = 12`

이어서 제어문자 '\n'에 의해 커서가 다음 줄의 처음으로 이동된다.

❾ System.out.println("a / 2 = " + (a / 2));

println( ) 메소드는 값이나 변수의 내용을 형식없이 출력한 후 커서를 다음 줄의 처음으로 이동한다. **a / 2 =** 을 출력한 후 a/2의 값인 **2**를 출력한다.

결과 `a * 3 = 12`
`a / 2 = 2`

println( ) 메소드를 사용했으므로 출력 후 커서가 다음 줄의 처음으로 이동된다.

❿ System.out.print("a − 1 = " + (a − 1));

print( ) 메소드는 값이나 변수의 내용을 형식없이 출력한다. a − 1 = 을 출력한 후 a−1의 값인 3을 출력한다.

```
a * 3 = 12
a / 2 = 2
결과  a - 1 = 3
```

⓫ scan.close( );

객체 변수 scan에 배정된 메모리를 해제한다. Scanner 클래스의 객체 변수는 임의의 메모리 영역을 확보하여 사용하는 것이므로 프로그램 종료 전에 close( ) 메소드를 이용하여 사용하던 메모리 영역을 해제해야 다른 프로그램이 해당 영역을 사용할 수 있다.

출제예상

1. 다음은 2개의 정수를 입력받아 합을 출력하는 Java 프로그램이다. 괄호에 공통으로 들어갈 가장 적합한 코드를 쓰시오.

```java
import java.util.(      );

public class Test {
    public static void main(String args[]) {
        (      ) scan = new (      )(System.in);
        int a = scan.nextInt();
        int b = scan.nextInt();
        System.out.printf("%d", a + b);
        scan.close();
    }
}
```

답:

해설

```java
import java.util.Scanner;

public class Test {
    public static void main(String args[ ]) {
        Scanner scan = new Scanner(System.in);   Scanner 클래스의 객체 변수 scan을 키보드로 입력받을 수 있도록 생성한다.
                                                  System.in은 표준 입력장치, 즉 키보드를 의미한다.
        int a = scan.nextInt( );                  정수형 변수 a를 선언하고, 키보드로부터 정수형 값을 입력받아 a에 저장한다.
        int b = scan.nextInt( );                  정수형 변수 b를 선언하고, 키보드로부터 정수형 값을 입력받아 b에 저장한다.
        System.out.printf("%d", a + b);           화면에 a와 b의 합을 출력한다.
        scan.close( );                            scan 객체가 확보한 메모리 영역을 해제한다.
    }
}
```

기출체크 정답   1. Scanner

312 > 헝가리안 표기법

헝가리안 표기법(Hungarian Notation)이란 **변수명 작성 시** 변수의 자료형을 알 수 있도록 **자료형을 의미하는 문자를 포함하여 작성하는 방법**이다. 예를 들어 정수형 변수라는 것을 알 수 있도록 변수명에 int를 의미하는 i를 덧붙여 i_InputA, i_InputB, i_Result라고 하는 것과 같다.

예 **int i_InputA** : 정수형 변수

예 **double d_Result** : 배정도 실수형 변수

기출체크 ☑

20.10
1. 헝가리안 표기법(Hungarian Notation)에 대해 간략히 서술하시오.

답 :

▶ 340384

313 > 주요 자료형

종류	자료형	크기(C)	크기(Java)
필기 20.8 정수형	int	4Byte	4Byte
필기 21.3 문자형	char	1Byte	2Byte
실수형	float	4Byte	4Byte
	double	8Byte	8Byte

기출체크 ☑

필기 21.3
2. JAVA에서 문자 한 글자를 저장할 때 사용하는 자료형을 쓰시오.

답 :

기출체크 정답 1. 헝가리안 표기법은 변수명 작성 시 변수의 자료형을 알 수 있도록 자료형을 의미하는 문자를 포함하여 작성하는 방법이다. 2. char

314 > 주요 서식 문자열 Ⓒ

서식 문자열	의미
%d	정수형 10진수의 입·출력에 사용
%o	정수형 8진수의 입·출력에 사용
%x	정수형 16진수의 입·출력에 사용
%c	문자의 입·출력에 사용
%s	문자열의 입·출력에 사용
%f	• 소수점을 포함한 실수의 입·출력에 사용 • 출력 시 소수점 이하는 기본적으로 6자리가 출력됨

예상체크 ☑

출제예상
3. C 언어의 입·출력 함수인 scanf, printf 등에서 사용하는 서식 문자열 중 16진수를 입·출력하기 위해 사용하는 서식 문자열을 '%'를 포함하여 쓰시오.

답 :

315 > 주요 제어문자 Ⓒ

제어문자	기능
\n	커서를 다음 줄의 처음으로 이동
\t	커서를 일정 간격 띄움
\0	널 문자 출력

예상체크 ☑

출제예상
4. 다음 제어문자 중 커서를 다음 줄의 처음으로 이동시키는 데 사용하는 제어문자를 쓰시오.

\t	\n	\0	\t	\r	\b	\a

답 :

기출체크 **정답**　3. %x　4. \n

316 > 연산자 우선순위

대분류	중분류	연산자	결합규칙	우선 순위
단항 연산자	단항 연산자	!(논리 not) ~(비트 not) ++(증가) --(감소) sizeof(기타)	←	높음
이항 연산자	산술 연산자	* / %(나머지)	→ ↑	
		+ -		
	시프트 연산자	《 》		
	관계 연산자	〈 〈= 〉= 〉		
		= =(같다) !=(같지 않다)		
	비트 연산자	&(비트 and) ^(비트 xor) |(비트 or)		
	논리 연산자	&&(논리 and) ||(논리 or)		
삼항 연산자	조건 연산자	? :	→	
대입 연산자	대입 연산자	= += -= *= /= %= 《= 》= 등	←	↓
순서 연산자	순서 연산자	,	→	낮음

기출체크 ☑

21.10

1. 다음 Java로 구현된 프로그램을 분석하여 그 실행 결과를 쓰시오. (단, 출력문의 출력 서식을 준수하시오.)

```java
public class Test {
    public static void main(String[] args) {
        int w = 3, x = 4, y = 3, z = 5;
        if((w == 2 | w == y) & !(y > z) & (1 == x ^ y != z)) {
            w = x + y;
            if(7 == x ^ y != w)
                System.out.println(w);
            else
                System.out.println(x);
        }
        else {
            w = y + z;
            if(7 == y ^ z != w)
                System.out.println(w);
            else
                System.out.println(z);
        }
    }
}
```

답 :

기출체크 정답 1. 7

해설

```java
public class Test {
    public static void main(String[ ] args) {
❶      int w = 3, x = 4, y = 3, z = 5;
❷      if((w == 2 | w == y) & !(y > z) & (1 == x ^ y != z)) {
❸          w = x + y;
❹          if(7 == x ^ y != w)
❺              System.out.println(w);
            else
                System.out.println(x);
        } ❻
        else {
            w = y + z;
            if(7 == y ^ z != w)
                System.out.println(w);
            else
                System.out.println(z);
        } ❼
    }
}
```

❶ 정수형 변수 w, x, y, z를 선언하고 각각 3, 4, 3, 5로 초기화한다.

❷ 조건이 참이면 ❸번부터 ❻번 이전까지의 문장을, 거짓이면 ❻번 아래 else의 다음 문장부터 ❼번 이전까지의 문장을 수행한다. 연산자 우선순위에 따라 다음의 순서로 조건의 참/거짓을 확인한다.

- (w == 2 | w == y) & !(y > z) & (1 == x ^ y != z)
  - ①   ②   ③   ④   ⑤
  - ⑥   ⑦
  - ⑧
  - ⑨

- ① : w의 값 3과 2는 같지 않으므로 거짓(0)이다.
- ② : w의 값 3과 y의 값 3은 같으므로 참(1)이다.
- ③ : y의 값 3은 z의 값 5보다 크지 않으므로 거짓(0)이지만, 앞에 !(논리 not)가 있으므로 참(1)이다.
- ④ : 1과 x의 값 4는 같지 않으므로 거짓(0)이다.
- ⑤ : y의 값 3과 z의 값 5는 같지 않으므로 참(1)이다.

- ⑥ ① | ② : ①의 결과 0과 ②의 결과 1을 |(비트 or) 연산하면
```
  0 0 0 0 (0)
| 0 0 0 1 (1)
  0 0 0 1 (1)
```
이므로 결과는 1이다.

- ⑦ ④ ^ ⑤ : ④의 결과 0과 ⑤의 결과 1을 ^(비트 xor) 연산하면
```
  0 0 0 0 (0)
^ 0 0 0 1 (1)
  0 0 0 1 (1)
```
이므로 결과는 1이다.

- ⑧ ⑥ & ③ : ⑥의 결과 1과 ③의 결과 1을 &(비트 and) 연산하면
```
  0 0 0 1 (1)
& 0 0 0 1 (1)
  0 0 0 1 (1)
```
이므로 결과는 1이다.

- ⑨ ⑧ & ⑦ : ⑧의 결과 1과 ⑦의 결과 1을 &(비트 and) 연산하면 결과는 1이다.
  ∴ 최종 결과는 1이며, 1은 조건에서 참을 의미하므로 ❸번으로 이동한다.

❸ w에 x와 y의 합을 저장한다. (w=7)

④ 조건이 참이면 ❺번 문장을, 거짓이면 ❺번 아래 else 다음 문장을 수행한다. 연산자 우선순위에 따라 다음의 순서로 조건의 참/거짓을 확인한다.

- 7 == x ^ y != w
  ①   ②
      ③

- ① : 7과 x의 값 4는 같지 않으므로 결과는 거짓(0)이다.
- ② : y의 값 3과 w의 값 7은 같지 않으므로 결과는 참(1)이다.
- ③ ① ^ ② : ①의 결과 0과 ②의 결과 1을 ^(비트 xor) 연산하면 결과는 1이다.
  ∴ 최종 결과는 1이며, 1은 조건에서 참을 의미하므로 ❺번 문장을 수행한다.

❺ w의 값 7을 출력하고 커서를 다음 줄의 처음으로 옮긴다. 모든 if문이 종료되었으므로 ❼번으로 이동하여 프로그램을 종료한다.

> 결과 7

▶ 340388

24.4, 23.7, 23.4, 22.10, 22.7, 22.5, 20.5, 필기 24.2, 22.7

317 > 제어문 - C언어

예제 다음 C언어로 구현된 프로그램의 실행 결과를 확인하시오.

```
#include <stdio.h>
main() {
❶      int score[] = { 86, 53, 95, 76, 61 };
❷      char grade;
❸      char str[] = "Rank";
❹⓫⓯    for (int i = 0; i < 5; i++) {
❺⓬      switch (score[i] / 10) {
        case 10:    'score[i]/10'이 10일 경우 찾아오는 곳으로, 'A'를 저장하기 위해 그냥 다음 문장으로 이동한다.
        case 9:     'score[i]/10'이 9일 경우 찾아오는 곳이다.
          grade = 'A';    grade에 'A'를 저장한다.
          break;          switch문을 벗어나 ❾⓮번으로 이동한다.
❻      case 8:
❼        grade = 'B';
❽        break;
        case 7:     'score[i]/10'이 7일 경우 찾아오는 곳이다.
          grade = 'C';    grade에 'C'를 저장한다.
          break;          switch문을 벗어나 ❾⓮번으로 이동한다.
⓭      default: grade = 'F';
        }
```

270   정보처리기사 실기

```
❾⓮          if (grade != 'F')
❿              printf("%d is %c %s\n", i + 1, grade, str);
            }
    }
```

코드 해설

❶ int score[ ] = { 86, 53, 95, 76, 61 };

5개의 요소를 갖는 정수형 배열 score를 선언한다. 개수를 지정하지 않았으므로, 초기값으로 지정된 수만큼 배열의 요소가 만들어진다.

	[0]	[1]	[2]	[3]	[4]
score	86	53	95	76	61

- int : 배열에 저장할 자료의 형이다.
- score : 사용할 배열의 이름으로, 사용자가 임의로 지정한다.
- [ ] : 배열의 크기를 지정하는 것으로, 개수를 지정하지 않으면, 초기값으로 지정된 수만큼 배열의 요소가 만들어진다.

❷ 문자형 변수 grade를 선언한다.

❸ char str[ ] = "Rank";

- 문자형 배열 str을 선언하고 "Rank"로 초기화한다.
- 문자열을 저장하는 경우 문자열의 끝을 의미하는 널 문자('\0')가 추가로 저장되며, 출력 시 널 문자는 표시되지 않는다.

	[0]	[1]	[2]	[3]	[4]
str	R	a	n	k	\0

❹ for (int i = 0; i < 5; i++)

반복 변수 i가 0에서 시작하여 1씩 증가하면서 5보다 작은 동안 for의 { } 부분을 반복 수행한다. 즉 for의 { } 부분인 ❺~❿번 문장을 5번 반복 수행한다.

- for는 반복문을 의미하는 예약어로 그대로 입력한다.
- i = 0 : 초기값을 지정할 수식이다.
- i < 5 : 최종값으로 지정할 수식이다.
- i++ : 증가값으로 사용할 수식이다.

❺ switch (score[i] / 10)

score[i]를 10으로 나눈 결과에 해당하는 숫자를 찾아간다. 현재 i가 0이므로 score[0]인 86을 10으로 나눈 결과는 8.60이지만 C, Java에서 정수형 변수에 저장된 값의 나눗셈은 결과도 정수가 되므로 결과는 8이다. 8에 해당하는 ❻번으로 이동한다.

- switch는 switch문에 사용되는 예약어로, 그대로 입력한다.
- score[i]/10 : case들의 값 중 하나를 도출하는 수식이다. 변수를 적어도 된다.

❻ 'score[i]/10'이 8일 경우 찾아오는 곳이다.

❼ grade에 'B'를 저장한다.

❽ switch문을 벗어나 ❾번으로 이동한다.

❾ if (grade != 'F')

grade가 'F'가 아니면 ❿번을 수행하고, 'F'이면 반복문의 처음인 ⓫번으로 이동한다. 현재 grade는 'B'이므로 ❿번으로 이동한다.

- if는 조건 판단문에 사용되는 예약어이므로 그대로 적는다.
- grade != 'F' : 조건식으로, 조건은 참(1) 또는 거짓(0)이 결과로 나올 수 있는 수식을 ( ) 안에 입력한다.

❿ printf("%d is %c %s\n", i + 1, grade, str);

i+1의 결과인 1을 정수(%d)로 출력한 후, 공백 한 칸과 is를 출력하고, 다시 공백 한 칸을 출력한다. 이어서 grade의 값 B를 문자(%c)로 출력하고 공백 한 칸을 출력한 후 str의 값 Rank를 문자열(%s)로 출력한다.

결과 `1 is B Rank`

이어서 제어문자 '\n'에 의해 커서가 다음 줄의 처음으로 이동된다.

for문의 반복이 아직 종료되지 않았으므로 제어는 ⓫번으로 이동한다.

⓫ 증가값(i++)에 의해 i는 1이 되고 최종값(i<5) 조건을 만족하므로 for의 { } 부분을 수행한다.

⓬ 현재 i가 1이므로 score[1]인 53을 10으로 나눈 결과 5에 해당하는 ⓭번으로 이동한다.

⓭ grade에 'F'를 저장한다.

⓮ grade가 'F'이므로 ❿번을 수행하지 않고 ⓯번으로 이동한다.

위와 같은 과정을 for문의 i가 5가 되어 최종값(i<5) 조건을 만족하지 않을 때까지 3번 더 반복한다.

※ 반복문 실행에 따른 변수들의 변화는 다음과 같습니다.

i	score[i]	score[i]/10	grade	grade != 'F'	출력
0	86	8	B	참	1 is B Rank
1	53	5	F	거짓	
2	95	9	A	참	3 is A Rank
3	76	7	C	참	4 is C Rank
4	61	6	F	거짓	
5					

결과
```
1 is B Rank
3 is A Rank
4 is C Rank
```

기출체크 ☑

23.7, 22.7, 20.5

1. 다음 C언어로 구현된 프로그램을 분석하여 그 실행 결과를 쓰시오.

```
#include <stdio.h>
main() {
    int c = 1;
    switch (3) {
    case 1: c += 3;
    case 2: c++;
    case 3: c = 0;
    case 4: c += 3;
    case 5: c -= 10;
    default: c--;
    }
    printf("%d", c);
}
```

답 :

해설

```
#include <stdio.h>
main( ) {
❶    int c = 1;
❷    switch (3) {
     case 1: c += 3;
     case 2: c++;
❸    case 3: c = 0;
❹    case 4: c += 3;
❺    case 5: c -= 10;
❻    default: c--;
     }
❼    printf("%d", c);
}
```

모든 case문에 break문이 생략되었으므로, switch문의 인수와 일치하는 'case 3' 문장부터 switch문이 종료될 때까지 모든 문장이 실행된다.
❶ 정수형 변수 c를 선언하고 1로 초기화한다. → c = 1
❷ 3에 해당하는 숫자를 찾아간다. 'case 3' 문장으로 이동한다.
❸ c의 값을 0으로 치환한다. → c = 0

❹ 'c = c + 3'과 동일하다. c의 값에 3을 더한다. → c = 3
❺ 'c = c - 10'과 동일하다. c의 값에서 10을 뺀다. → c = -7
❻ 'c = c - 1'과 동일하다. c의 값에서 1을 뺀다. → c = -8
❼ c의 값을 정수형으로 출력한다.

결과 **-8**

22.5
2. 다음은 정수를 역순으로 출력하는 C언어 프로그램이다. 예를 들어 1234의 역순은 4321이다. 단, 1230처럼 0으로 끝나는 정수는 고려하지 않는다. 프로그램을 분석하여 괄호(①~③)에 들어갈 알맞은 연산자를 쓰시오.

```
#include <stdio.h>
int main() {
    int number = 1234;
    int div = 10, result = 0;

    while (number (  ①  ) 0) {
       result = result * div;
       result = result + number (  ②  ) div;
       number = number (  ③  ) div;
    }
    printf("%d", result);
}
```

답
• ①   • ②   • ③

해설

[알고리즘의 이해]
원래의 수를 10으로 나누면, 오른쪽 끝의 한 자리를 제외한 나머지 숫자가 나눗셈의 '몫'이 되고, 오른쪽 끝의 한 자리는 '나머지'가 됩니다. 이렇게 계산된 '나머지'를 한 곳에 저장하고, 다음 나머지를 더하기 전에 10을 곱하여 자리수를 늘리는 작업을 반복하면 원래의 수를 역순으로 변환할 수 있습니다.
❶ 4321을 10으로 나누어 몫과 나머지를 구한 후, 나머지를 저장합니다.
　4321/10 → 몫 : 432, 나머지 1 → **1 저장**
❷ ❶에서 구한 몫을 다시 10으로 나누어 몫과 나머지를 구합니다. 저장된 수에 10을 곱한 후 새로운 나머지 2를 더합니다.
　432/10 → 몫 : 43, 나머지 2 → 1 × 10 + 2 = **12 저장**
❸ ❷에서 구한 몫을 다시 10으로 나누어 몫과 나머지를 구합니다. 저장된 수에 10을 곱한 후 새로운 나머지 3을 더합니다.
　43/10 → 몫 : 4, 나머지 3 → 12 × 10 + 3 = **123 저장**
❹ 4/10 → 몫 : 0, 나머지 4 → 123 × 10 + 4 = **1234 저장**

```
  #include <stdio.h>
  int main( ) {
❶    int number = 1234;
❷    int div = 10, result = 0;
❸    while (number != 0) {
❹       result = result * div;
❺       result = result + number % div;
❻       number = number / div;
     }
❼    printf("%d", result);
  }
```

❶ 정수형 변수 number를 선언하고 1234로 초기화한다.
❷ 정수형 변수 div와 result를 선언하고 각각 10과 0으로 초기화한다.
❸ number가 몫의 역할을 하므로 0이 될 때까지 ❹~❻번을 반복 수행한다.
❹ 새로운 나머지를 더하기 전에 기존의 나머지가 저장된 result에 10을 곱한다.
❺ 새로운 나머지를 result에 더한다.

---

❻ 다음 나머지를 구하기 위해 number를 10으로 나눈다.
반복문 실행에 따른 변수들의 변화는 다음과 같다.

number	div	result
1234	10	0
		0
		4
123		
		40
		43
12		
		430
		432
1		
		4320
		4321
0		

❼ result의 값을 정수형으로 출력한다.

결과 `4321`

▶ 440318

318 > 제어문 – Java

예제 다음 Java로 구현된 프로그램의 실행 결과를 확인하시오.

```java
public class Test {
  public static void main(String[] args) {
❶    String str = "agile";
❷    int x[] = { 1, 2, 3, 4, 5 };
❸    char y[] = new char[5];
❹    int i = 0;
❺    while (i < str.length()) {
❻      y[i] = str.charAt(i);
❼      i++;
    }
❽    for (int p : x) {
❾      i--;
❿      System.out.print(y[i]);
⓫      System.out.print(p + " ");
    }
  }
}
```

코드 해설

❶ 문자열 변수 str을 선언하고 "agile"로 초기화한다.

❷ int x[ ] = { 1, 2, 3, 4, 5 };

　5개의 요소를 갖는 정수 배열 x를 선언하고 초기화한다. 개수를 지정하지 않으면, 초기값으로 지정된 수만큼 배열의 요소가 만들어진다.

```
      [0]  [1]  [2]  [3]  [4]
  x │  1 │  2 │  3 │  4 │  5 │
```

❸ char y[ ] = new char[5];

　5개의 요소를 갖는 문자 배열 y를 선언한다.

```
      [0]  [1]  [2]  [3]  [4]
  y │    │    │    │    │    │
```

　• Java에서 배열은 객체로 취급되며, 객체 변수는 'new' 명령을 이용해서 생성해야 한다. 배열을 선언하면서 초기값을 지정하는 경우에는 ❷번과 같이 선언하면서 지정하면 된다.

　• char y[ ] : y는 문자형 배열 변수라는 의미이다. Java에서는 'char[ ] y'와 같이 대괄호를 자료형 바로 뒤에 적는 것을 선호하는데, C언어에서는 이렇게 표기할 수 없다.

　• new char[5] : 5개의 요소를 갖는 문자형 배열을 생성한다.

❹ 정수형 변수 i를 선언하고 0으로 초기화한다.

❺ while (i 〈 str.length( )) {

　i가 str 변수의 길이보다 작은 동안 ❻~❼번을 반복 수행한다.

　• while은 반복문에서 사용되는 예약어로 그대로 입력한다.

　• (i 〈 str.length( )) : 조건으로, 참이나 거짓을 결과로 갖는 수식을 조건에 입력한다. 참(1)을 직접 입력할 수도 있다.

　　－ length( ) 메소드 : 변수의 크기를 반환한다. str에는 5글자의 문자열이 저장되어 있으므로 str.length( )는 5이다.

❻ y[i] = str.charAt(i);

　y[i]에 str의 i번째에 있는 문자를 저장한다.

❼ 'i = i + 1;'과 동일하다. i의 값을 1씩 누적시킨다.

　❺~❼번 반복문의 수행에 따른 변수들의 변화는 다음과 같다.

i	str	str.length()	str.charAt(i)	y[]
0	agile	5	a	a │ │ │ │
1			g	a │ g │ │ │
2			i	a │ g │ i │ │
3			l	a │ g │ i │ l │
4			e	a │ g │ i │ l │ e
5				

❽ for (int p : x) {

　향상된 반복문이다. p는 x 배열의 각 요소의 값을 차례로 받으면서 x 배열의 요소 수만큼 ❾~⓫번을 반복 수행한다. x 배열이 5개의 요소를 가지므로 각 요소를 p에 저장하면서 ❾~⓫번을 5회 수행한다.

　• int p : x 배열의 각 요소를 일시적으로 저장하기 위해 선언한 변수이다. x 배열과 형이 같아야 한다. x 배열이 정수면 정수, 문자면 문자여야 한다.

　• x : 배열의 이름이다.

❾ 'i = i － 1;'과 동일하다. i의 값을 1씩 감소시킨다.

❿ y[i]의 값을 출력한다.

⓫ p의 값을 출력하고, 이어서 공백 한 칸을 출력한다.

　변수의 변화는 다음과 같다. ❺번 반복문을 수행한 후 i는 5였다가 ❾번을 수행한 후 i는 4가 되었다.

　• ❽~⓫의 첫 번째 수행 : x 배열의 첫 번째 값이 p를 거쳐 y[4]의 값과 함께 출력된다.

```
        [0] [1] [2] [3] [4]            [0] [1] [2] [3] [4]
i │ 4 │  y │a│g│i│l│e│   p │1│     x │1│2│3│4│5│
```

결과 ▐ e1

10장 | 프로그래밍 언어 활용　275

- **❽~⓫의 두 번째 수행** : x 배열의 두 번째 값이 p를 거쳐 y[3]의 값과 함께 출력된다.

```
         [0] [1] [2] [3] [4]              [0] [1] [2] [3] [4]
i  3     y  a  g  i  l  e      p 2    x  1  2  3  4  5
```

결과 | e1 l2

- **❽~⓫의 세 번째 수행** : x 배열의 세 번째 값이 p를 거쳐 y[2]의 값과 함께 출력된다.

```
         [0] [1] [2] [3] [4]              [0] [1] [2] [3] [4]
i  2     y  a  g  i  l  e      p 3    x  1  2  3  4  5
```

결과 | e1 l2 i3

이런 방식으로 x 배열의 요소 수만큼 2번 더 반복한다.

❽~⓫번 반복문의 수행에 따른 변수들의 변화는 다음과 같다.

p	i	y[i]	출력
1	4	e	e1
2	3	l	e1 l2
3	2	i	e1 l2 i3
4	1	g	e1 l2 i3 g4
5	0	a	e1 l2 i3 g4 a5

기출체크 ☑

21.4

1. 다음 Java로 구현된 프로그램을 분석하여 그 실행 결과를 쓰시오. (단, 출력문의 출력 서식을 준수하시오.)

```java
public class Test {
    public static void main(String[] args) {
        int j, i;
        for (j = 0, i = 0; i <= 5; i++) {
            j += i;
            System.out.print(i);
            if (i == 5) {
                System.out.print("=");
                System.out.print(j);
            }
            else
                System.out.print("+");
        }
    }
}
```

답:

```
public class Test {
    public static void main(String[ ] args) {
❶      int j, i;
❷      for (j = 0, i = 0; i <= 5; i++) {
❸          j += i;
❹          System.out.print(i);
❺          if (i == 5) {
❻              System.out.print("=");
❼              System.out.print(j);
            }
            else
❽              System.out.print("+");
        }
    }
}
```

❶ 정수형 변수 j, i를 선언한다.

❷ 반복 변수 i가 0부터 1씩 증가하면서 5보다 작거나 같은 동안 ❸~❽번을 반복 수행한다. i가 0으로 초기화될 때 j도 0으로 초기화된다.

❸ 'j = j + i;'와 동일하다. j에 i의 값을 누적시킨다.

❹ i의 값을 출력한다.

❺ i가 5와 같으면 ❻, ❼번을 수행하고, 아니면 ❽번을 수행한다.

❻ =을 출력한다.

❼ j의 값을 출력한다.

❽ +를 출력한다.

※ 반복문 실행에 따른 변수들의 변화는 다음과 같습니다.

i	j	출력
0	0	**0+**
1	1	0+1+
2	3	0+1+2+
3	6	0+1+2+3+
4	10	0+1+2+3+4+
5	15	0+1+2+3+4+5=15
6		

22.10

2. 다음 JAVA로 구현된 프로그램을 분석하여 그 실행 결과를 쓰시오. (단, 출력문의 출력 서식을 준수하시오.)

```
public class Test {
    public static void main(String[] args) {
        int r = 0;
        for (int i = 1; i < 999; i++) {
            if (i % 3 == 0 && i % 2 == 0)
                r = i;
        }
        System.out.print(r);
    }
}
```

답:

[알고리즘의 이해]

1~998 사이의 수 중에서 3의 배수이면서 2의 배수인 수를 찾으려면, 숫자를 1에서 998까지 증가시키면서 각각의 숫자를 3과 2로 나누었을 때 나머지가 모두 00이면 3의 배수이면서 2의 배수이므로 그 때의 숫자를 저장합니다.

```java
public class Test {
   public static void main(String[ ] args) {
❶    int r = 0;
❷    for (int i = 1; i < 999; i++) {
❸       if (i % 3 == 0 && i % 2 == 0)
❹          r = i;
      }
❺    System.out.print(r);
   }
}
```

❶ 정수형 변수 r을 선언하고 0으로 초기화한다.

❷ 반복 변수 i가 1부터 1씩 증가하면서 998보다 작은 동안 ❸, ❹번을 반복 수행한다.

❸ i를 3과 2로 나눈 나머지가 모두 00이면, 3의 배수이면서 2의 배수이므로 i를 저장하기 위해 ❹번으로 이동하고, 아니면 반복문의 시작인 ❷번으로 이동한다.

❹ r에 i의 값을 저장한다.

반복문 실행에 따른 변수들의 변화는 다음과 같다.

i	i%3	i%2	r
			0
1	1	1	
2	2	0	
3	0	1	
4	1	0	
5	2	1	
6	0	0	6
7	1	1	
⋮	⋮	⋮	⋮
995	2	1	
996	0	0	996
997	1	1	
998	2	0	
999			

❺ r의 값을 출력한다.

결과 **996**

319 > break와 continue

- break : 반복문이나 switch문 안에서 break가 나오면 블록을 벗어남

- continue : 반복문에서 continue가 나오면 continue 이후의 문장을 실행하지 않고 제어를 반복문의 처음으로 옮김

20.10, 필기 23.2

1. 다음 Java로 구현된 프로그램을 분석하여 그 실행 결과를 쓰시오.

```java
public class Test{
    public static void main(String[] args){
        int a = 0, sum = 0;
        while (a < 10) {
            a++;
            if (a % 2 == 1)
                continue;
            sum += a;
        }
        System.out.println(sum);
    }
}
```

답 :

해설

```java
public class Test{
  public static void main(String[ ] args){
❶    int a = 0, sum = 0;
❷    while (a < 10) {
❸      a++;
❹      if (a%2 == 1)
❺          continue;
❻      sum += a;
      }
❼    System.out.println(sum);
    }
}
```

❶ 정수형 변수 a와 sum을 선언하고 각각 0으로 초기화한다.

❷ a가 10보다 작은 동안 ❸~❻번을 반복 수행한다.

❸ 'a = a + 1;'과 동일하다. a의 값에 1을 누적시킨다.

❹ a%2 즉 a를 2로 나눈 나머지가 1이면 ❺번을 수행하고, 아니면 ❻번으로 이동한다.

❺ while문의 시작점인 ❷번으로 제어를 이동시킨다.

❻ 'sum = sum + a;'와 동일하다. sum에 a의 값을 누적시킨다.

반복문 실행에 따른 변수들의 변화는 다음과 같다.

a	sum
0	0
1	
2	2
3	
4	6
5	
6	12
7	
8	20
9	
10	30

❼ sum의 값을 출력한 후 커서가 다음 줄의 처음으로 이동된다.

결과 **30**

기출체크 정답   1. 30

2. 다음은 2진수 101110을 10진수로 변환하는 C 언어 프로그램이다. 프로그램을 분석하여 괄호(①, ②)에 들어갈 알맞은 답을 쓰시오.

```
#include <stdio.h>
main() {
    int input = 101110;
    int di = 1;
    int sum = 0;
    while (1) {
        if (input == 0) break;
        sum = sum + (input ( ① ) ( ② )) * di;
        di = di * 2;
        input = input / 10;
    }
    printf("%d", sum);
}
```

답

- ①
- ②

해설

[알고리즘의 이해]

2진수 형태로 입력된 숫자를 10진수로 변환하기 위한 과정은 다음과 같습니다.

① 101110을 10으로 나누어 몫과 나머지를 구한 후, 나머지에 2^0을 곱한 후 그 값을 누적합니다.

  101110 / 10 → **몫** : 10111, **나머지** : 0 → $0 × 2^0 = 0$ ∴ **누적** : 0

② ①의 몫인 10111을 10으로 나누어 몫과 나머지를 구한 후, 나머지에 2^1을 곱한 후 그 값을 누적합니다.

  10111 / 10 → **몫** : 1011, **나머지** : 1 → $1 × 2^1 = 2$ ∴ **누적** : 2

③ ②의 몫인 1011을 10으로 나누어 몫과 나머지를 구한 후, 나머지에 2^2를 곱한 후 그 값을 누적합니다.

  1011 / 10 → **몫** : 101, **나머지** : 1 → $1 × 2^2 = 4$ ∴ **누적** : 6

④ ③의 몫인 101을 10으로 나누어 몫과 나머지를 구한 후, 나머지에 2^3을 곱한 후 그 값을 누적합니다.

  101 / 10 → **몫** : 10, **나머지** : 1 → $1 × 2^3 = 8$ ∴ **누적** : 14

⑤ ④의 몫인 10을 10으로 나누어 몫과 나머지를 구한 후, 나머지에 2^4를 곱한 후 그 값을 누적합니다.

  10 / 10 → **몫** : 1, **나머지** : 0 → $0 × 2^4 = 0$ ∴ **누적** : 14

⑥ ⑤의 몫인 1을 10으로 나누어 몫과 나머지를 구한 후, 나머지에 2^5를 곱한 후 그 값을 누적합니다.

  1 / 10 → **몫** : 0, **나머지** : 1 → $1 × 2^5 = 32$ ∴ **누적** : 46

몫이 0이 되면 변환 과정이 종료되며, 최종적으로 누적된 값이 10진수로 변환한 값이 됩니다.

```
#include <stdio.h>
main() {
❶ int input = 101110;
❷ int di = 1;
❸ int sum = 0;
❹ while (1) {
❺   if (input == 0) break;
❻   sum = sum + (input % 10) * di;
❼   di = di * 2;
❽   input = input / 10;
    }
❾ printf("%d", sum);
}
```

기출체크 **정답** 2. ① %, ② 10

❶ 정수형 변수 input을 선언하고 101110으로 초기화한다.

❷ 정수형 변수 di를 선언하고 1로 초기화한다. di는 $2^0(=1)$부터 $2^5(=32)$의 값이 저장될 변수이다.

❸ 정수형 변수 sum을 선언하고 0으로 초기화한다. sum에는 2진수의 각 자리와 di를 곱한 값이 누적된다.

❹ ❺~❽번을 무한 반복하다가 ❺번에서 break를 만나면 반복문을 벗어나 ❾번으로 이동한다.

❺ input의 값이 0이면 반복문을 벗어나 ❾번으로 이동한다. input이 0이라는 의미는 더 이상 10으로 나눌 2진수가 없다는 것을 의미한다.

❻ sum에 input을 10으로 나눈 나머지에 di를 곱한 값을 누적시킨다.

❼ di에 2를 곱한다. 2의 제곱수를 1씩 증가시키는 과정이다. ($2^0×2=2^1$, $2^1×2=2^2$, …, $2^4×2=2^5$)

❽ input을 10으로 나눈다. 다음 계산을 위해 2진수를 10으로 나눈 몫을 구하는 과정이다.

반복문 실행에 따른 변수들의 변화는 다음과 같다.

input	di	(input%10) * di	sum
101110	1	0	0
10111	2	2	0
1011	4	4	2
101	8	8	6
10	16	0	14
1	32	32	14
0			46

❾ sum의 값 46을 정수로 출력한다.

결과 `46`

23.10, 23.4, 22.7, 21.10, 21.7, 20.11, 필기 23.2, 22.3, 21.8, 21.5

320 〉 포인터 – C언어

예제 다음 C언어로 구현된 프로그램의 실행 결과를 확인하시오.

```c
#include <stdio.h>
main() {
❶    int a = 50;
❷    int *b = &a;
❸    *b = *b + 20;
❹    printf("%d, %d\n", a, *b);
❺    char *s;
❻    s = "gilbut";
❼    for (int i = 0; i < 6; i += 2) {
❽        printf("%c, ", s[i]);
❾        printf("%c, ", *(s + i));
❿        printf("%s\n", s + i);
     }
}
```

10장 | 프로그래밍 언어 활용　281

❶ 정수형 변수 a를 선언하고 50으로 초기화한다.

　※ 주기억장치의 빈 공간 어딘가에 a라는 이름을 붙이고 그곳에 50을 저장합니다.(여기서 지정한 주소는 임의로 정한 것이며, 이해를 돕기 위해 주소를 실제 표현되는 16진수가 아니라 10진수로 표현했습니다.)

❷ int *b = &a;

　정수형 변수가 저장된 곳의 주소를 기억할 포인터 변수 b를 선언하고, a의 주소로 초기화한다. b에는 a의 주소가 저장된다.

　• int : 포인터 변수가 가리키는 곳에 저장되는 값의 자료형을 입력한다. 정수형 변수 a가 저장된 곳의 주소를 기억할 것이므로 int를 사용한다.

　• *b : 포인터 변수를 선언할 때는 변수명 앞에 *를 붙인다.

　• &a : 변수의 주소를 알아낼 때는 변수 앞에 번지 연산자 &를 붙인다.

　※ 변수 a의 주소가 b에 기억된다는 것은 b가 변수 a의 주소를 가리키고 있다는 의미입니다.

❸ *b = *b + 20;

　b가 가리키는 곳의 값(*b)에 20을 더한다. b가 가리키는 곳이 a이므로 결국 a의 값도 바뀌는 것이다. 실행문에서 포인터 변수에 간접 연산자 *를 붙이면 해당 포인터 변수가 가리키는 곳의 값을 말한다.

　※ b가 가리키는 곳의 값에 20을 더해 다시 b가 가리키는 곳에 저장합니다. 그곳은 변수 a의 주소이므로 변수 a의 값도 저절로 변경되는 것입니다.

❹ printf("%d, %d\n", a, *b);

　a의 값을 정수로 출력한 후 쉼표(,)와 공백 한 칸을 출력한다. 이어서 b가 가리키는 곳의 값(*b)을 정수로 출력한다.

결과 `70, 70`

❺ 문자형 변수가 저장된 곳의 주소를 기억할 포인터 변수 s를 선언한다.

❻ s = "gilbut";

　• s는 주소를 기억하는 포인터 변수이므로 s에 "gilbut"가 기억되는 것이 아니라 "gilbut"라는 문자열이 메모리의 어딘가에 저장된 후 그 저장된 곳의 주소가 s에 기억된다.

메모리

- 문자열을 저장하는 경우 문자열의 끝을 의미하는 널 문자('\0')가 추가로 저장되며, 출력 시 널 문자는 표시되지 않는다.

❼ 반복 변수 i가 0부터 2씩 증가하면서 6보다 작은 동안 ❽∼❿번을 반복 수행한다. i가 0인 상태에서 ❽번으로 이동한다.

❽ printf("%c, ", s[i]);
   s[i], 즉 s[0]의 값을 문자로 출력한 후, 쉼표(,)와 공백 한 칸을 출력한다.

   결과 **g,**

❾ printf("%c, ", *(s + i));
   (s+i), 즉 (s+0)이 가리키는 곳의 값을 문자로 출력한 후, 쉼표(,)와 공백 한 칸을 출력한다.

   결과 **g, g,**

❿ printf("%s\n", s + i);
   (s+i), 즉 (s+0)의 위치부터 문자열의 끝('\0')까지의 모든 문자를 하나의 문자열로 출력하고 커서를 다음 줄의 처음으로 옮긴다.

   결과 **g, g, gilbut**

※ ❼∼❿번 반복문의 수행에 따른 변수들의 변화는 다음과 같습니다.

i	s[i]	s+i	*(s+i)	출력
0	g	1000	g	g, g, gilbut
2	l	1002	l	g, g, gilbut l, l, lbut
4	u	1004	u	g, g, gilbut l, l, lbut u, u, ut
6				

기출체크 ☑

22.7, 21.7

1. 다음 C언어로 구현된 프로그램을 분석하여 그 실행 결과를 쓰시오. (단, 출력문의 출력 서식을 준수하시오.)

```c
#include <stdio.h>
int main() {
    int ary[3];
    int s = 0;
    *(ary + 0) = 1;
    ary[1] = *(ary + 0) + 2;
    ary[2] = *ary + 3;
    for (int i = 0; i < 3; i++)
        s = s + ary[i];
    printf("%d", s);
}
```

답 :

기출체크 정답 1. 8

```
#include <stdio.h>
int main( ) {
❶    int ary[3];
❷    int s = 0;
❸    *(ary + 0) = 1;
❹    ary[1] = *(ary + 0) + 2;
❺    ary[2] = *ary + 3;
❻    for (int i = 0; i < 3; i++)
❼        s = s + ary[i];
❽    printf("%d", s);
}
```

❶ 3개의 요소를 갖는 정수형 배열 ary를 선언한다. 주소는 임의로 정한 것이다.

❷ 정수형 변수 s를 선언하고 0으로 초기화한다.

❸ ary+0이 가리키는 곳에 1을 저장한다.

❹ ary[1]에 ary+0이 가리키는 곳의 값 1에 2를 더한 값을 저장한다.

❺ ary[2]에 ary가 가리키는 곳의 값 1에 3을 더한 값을 저장한다.

❻ 반복 변수 i가 0에서 시작하여 1씩 증가하면서 3보다 작은 동안 ❼번을 반복 수행한다.

❼ s에 ary[i]의 값을 누적한다.

반복문 실행에 따른 변수들의 변화는 다음과 같다.

i	ary[i]	s
0	1	1
1	3	4
2	4	8
3		

❽ s의 값을 출력한다.

결과 `8`

^{23.4}

2. 다음 C언어로 구현된 프로그램을 분석하여 그 실행 결과를 쓰시오. (단, 출력문의 출력 서식을 준수하시오.)

```c
#include <stdio.h>
main() {
    char* a = "qwer";
    char* b = "qwtety";
    for (int i = 0; a[i] != '\0'; i++)
        for (int j = 0; b[j] != '\0'; j++)
            if (a[i] == b[j])
                    printf("%c", a[i]);
}
```

답:

해설

```c
#include <stdio.h>
main( ) {
❶    char* a = "qwer";
❷    char* b = "qwtety";
❸    for (int i = 0; a[i] != '\0'; i++)
❹        for (int j = 0; b[j] != '\0'; j++)
❺            if (a[i] == b[j])
❻                printf("%c", a[i]);
}
```

❶ 문자형 포인터 변수 a를 선언하고 "qwer"이 저장된 곳의 시작 주소를 가리키도록 초기화한다.
   ※ 다음 그림에서 "qwer"이 저장된 주소는 임의로 정한 것이며, 이해를 돕기 위해 10진수로 표현했습니다.

❷ 문자형 포인터 변수 b를 선언하고 "qwtety"가 저장된 곳의 시작 주소를 가리키도록 초기화한다.
   ※ 다음 그림에서 "qwtety"가 저장된 주소는 임의로 정한 것이며, 이해를 돕기 위해 10진수로 표현했습니다.

❸ 반복 변수 i가 0부터 1씩 증가하면서 a[i]가 널 문자가 아닌 동안 ❹번을 반복 수행한다. 널 문자(\0)는 문자열의 끝을 의미한다.
❹ 반복 변수 j가 0부터 1씩 증가하면서 b[j]가 널 문자가 아닌 동안 ❺번을 반복 수행한다.
❺ a[i]와 b[j]의 값이 같으면 ❻번을 수행한다.
❻ a[i]의 값을 문자로 출력한다.

반복문 실행에 따른 변수들의 변화는 다음과 같다.

a[i]	b[j]	출력
q	q w t e t y \0	**q**
w	q w t e t y \0	q**w**
e	q w t e t y \0	qw**e**
r	q w t e t y \0	
\0		

321 > 구조체 – C언어

예제 다음 C언어로 구현된 프로그램의 실행 결과를 확인하시오.

```
#include <stdio.h>
```
Ⓐ
```
struct jsu {                    구조체 jsu를 정의한다.
    char nae[12];               12개의 요소를 갖는 문자 배열 nae를 선언한다.
    int os, db, hab, hhab;      정수형 변수 os, db, hab, hhab를 선언한다.
};
```

```
int main() {
❶    struct jsu st[3] = { {"데이터1", 95, 88}, {"데이터2", 84, 91},
                         {"데이터3", 86, 75} };
❷    struct jsu* p;
❸    p = &st[0];
❹    (p + 1)->hab = (p + 1)->os + (p + 2)->db;
❺    (p + 1)->hhab = (p + 1)->hab + p->os + p->db;
❻    printf("%d", (p + 1)->hab + (p + 1)->hhab);
}
```

코드 해설

Ⓐ 구조체 jsu의 구조

※ 위의 구조체는 다음과 같이 메모리의 연속된 공간에 저장된 후 사용됩니다.

모든 C 프로그램은 반드시 main( ) 함수에서 시작한다.

❶ 구조체 jsu 자료형으로 3개짜리 배열 st를 선언하고 초기화한다.

	char nae[12]	int os	int db	int hab	int hhab
st[0]	st[0].nae[0]~st[0].nae[11]	st[0].os	st[0].db	st[0].hab	st[0].hhab
st[1]	st[1].nae[0]~st[1].nae[11]	st[1].os	st[1].db	st[1].hab	st[1].hhab
st[2]	st[2].nae[0]~st[2].nae[11]	st[2].os	st[2].db	st[2].hab	st[2].hhab

↓

	char nae[12]					int os	int db	int hab	int hhab
st[0]	데 이 터 1 \0					95	88		
st[1]	데 이 터 2 \0					84	91		
st[2]	데 이 터 3 \0					86	75		

※ 문자열을 저장하는 경우 문자열의 끝을 의미하는 널 문자(\0)가 추가로 저장되며, 출력 시 널 문자는 표시되지 않습니다. 영문, 숫자는 1Byte, 한글
  은 2Byte를 차지합니다.

❷ 구조체 jsu의 포인터 변수 p를 선언한다.

❸ p에 st 배열의 첫 번째 요소의 주소를 저장한다.

❹ p+1이 가리키는 곳의 멤버 hab에 p+1이 가리키는 곳의 멤버 os 값과 p+2가 가리키는 곳의 멤버 db 값을 더한 후 저장한다. p가 st[0]을 가리키므로 p+1은 st[1]을 p+2는 st[2]를 가리킨다. 따라서 st[1]의 os 값 84와 st[2]의 db 값 75를 더한 값 **159**를 st[1]의 hab에 저장한다.

❺ p+1이 가리키는 곳의 멤버 hhab에 p+1이 가리키는 곳의 멤버 hab 값과 p가 가리키는 곳의 멤버 os와 db 값을 모두 더한 후 저장한다. st[1]의 hab 값 159, st[0]의 os와 db 값 95와 88을 모두 더한 값 **342**를 st[1]의 hhab에 저장한다.

❻ p+1이 가리키는 곳의 멤버 hab와 hhab의 값을 더한 후 정수로 출력한다. 159와 342를 더한 **501**이 출력된다.

결과 **501**

기출체크 ☑

23.10, 21.4

1. 다음 C 언어로 구현된 프로그램을 분석하여 그 실행 결과를 쓰시오. (단, 출력문의 출력 서식을 준수하시오.)

```c
#include <stdio.h>
main( ) {
    struct insa {
        char name[10];
        int age;
    } a[ ] = { "Kim", 28, "Lee", 38, "Park", 42, "Choi", 31 };
    struct insa* p;
    p = a;
    p++;
    printf("%s\n", p->name);
    printf("%d\n", p->age);
}
```

답:

```
#include 〈stdio.h〉
main( ) {
❶    struct insa {
❷        char name[10];
❸        int age;
❹    } a[ ] = { "Kim", 28, "Lee", 38, "Park", 42, "Choi", 31 };
❺    struct insa* p;
❻    p = a;
❼    p++;
❽    printf("%s\n", p→name);
❾    printf("%d\n", p→age);
}
```

❶ 구조체 insa를 정의한다.
  구조체의 멤버를 지정할 때는 [변수명][멤버이름]으로 지정하지만, 포인터 변수를 이용해 구조체의 멤버를 지정할 때는 **[변수명]-〉[멤버이름]**으로 지정한다.
  • **구조체(struct)** : 배열이 자료의 형과 크기가 동일한 변수의 모임이라면, 구조체는 자료의 종류가 다른 변수의 모임임
  • **멤버(member)** : 일반 변수를 선언하는 것과 동일하게 필요한 변수들을 임의로 선언하면 됨
❷ insa의 멤버로 10개의 요소를 갖는 문자형 배열 name을 선언한다.
❸ insa의 멤버로 정수형 변수 age를 선언한다.
❹ insa 구조체의 형태로 a 배열을 선언하고 초기화한다. 배열의 크기를 지정하지 않았으므로 초기값으로 지정된 수만큼 배열의 요소가 만들어진다.

	char name[10]	int age
insa[0]	insa[0].name[0]~insa[0].name[9]	insa[0].age
insa[1]	insa[1].name[0]~insa[1].name[9]	insa[1].age
insa[2]	insa[2].name[0]~insa[2].name[9]	insa[2].age
insa[3]	insa[3].name[0]~insa[3].name[9]	insa[3].age

↓

	char name[10]	int age
insa[0]	K i m \0	28
insa[1]	L e e \0	38
insa[2]	P a r k \0	42
insa[3]	C h o i \0	31

※ 문자열을 저장하는 경우 문자열의 끝을 의미하는 널 문자(\0)가 추가로 저장되며, 출력 시 널 문자는 표시되지 않습니다.

❺ insa 구조체를 가리키는 포인터 변수 p를 선언한다.
❻ p에 a를 저장한다. a는 배열명이므로 배열의 시작 위치인 a[0]의 주소가 p에 저장된다. 주소는 임의로 정한 것이다.

메모리

❼ 'p = p + 1;'과 동일하다. p의 값을 1 증가시킨다. 주소에 1을 더하는 것은 다음 자료를 가리키라는 것을 의미하므로, p는 a[1]의 주소를 가리키게 된다.

메모리

❽ p가 가리키는 곳의 멤버 name을 문자열 형태로 출력한다. 이어서 커서를 다음 줄의 처음으로 옮긴다.

결과 Lee

❾ p가 가리키는 곳의 멤버 age를 정수형으로 출력한다. 이어서 커서를 다음 줄의 처음으로 옮긴다.

결과 Lee
38

22.7

2. 다음 C언어로 구현된 프로그램을 분석하여 그 실행 결과를 쓰시오. (단, 출력문의 출력 서식을 준수하시오.)

```
#include <stdio.h>
struct A {
    int n;
    int g;
};
main( ) {
    struct A st[2];
    for (int i = 0; i < 2; i++) {
        st[i].n = i;
        st[i].g = i + 1;
    }
    printf("%d", st[0].n + st[1].g);
}
```

답 :

해설

```
#include <stdio.h>
struct A {                  구조체 A를 정의한다.
    int n;                  A의 멤버로 정수형 변수 n을 선언한다.
    int g;                  A의 멤버로 정수형 변수 g를 선언한다.
};
main( ) {
❶    struct A st[2];
❷    for (int i = 0; i < 2; i++) {
❸        st[i].n = i;
❹        st[i].g = i + 1;
    }
❺    printf("%d", st[0].n + st[1].g);
}
```

모든 C 프로그램은 반드시 main( ) 함수에서 시작한다.

❶ A 구조체 형태로 배열 st를 선언한다.

	int n	int g
st[0]		
st[1]		

❷ 반복 변수 i가 0부터 1씩 증가하면서 2보다 작은 동안 ❸, ❹번을 반복 수행한다.

❸ st[i].n에 i의 값을 저장한다.

❹ st[i].g에 i+1의 값을 저장한다.

반복문 실행에 따른 변수들의 변화는 다음과 같다.

• 1회전 (i = 0)

	int n	int g
st[0]	0	1
st[1]		

• 2회전 (i = 1)

	int n	int g
st[0]	0	1
st[1]	1	2

• i가 2가 되면서 for문을 빠져나가 ❺번으로 이동한다.

❺ 0+2의 결과인 2를 정수로 출력한다.

결과	2

322 > 사용자 정의 함수 - C언어

예제 다음은 재귀 함수를 이용해 팩토리얼(Factorial) 연산을 수행하는 C 프로그램이다. 그 실행 결과를 확인하시오.

```c
#include <stdio.h>

int factorial(int n);
```
사용할 사용자 정의 함수를 선언하는 곳이다. main( ) 함수에서 사용할 factorial이란 함수를 이곳에서 정의하는 것이다.
즉 factorial 함수를 프로그램에서 만들어 사용하겠다는 의미이다.
• int : 사용할 함수의 반환값이 정수임을 알려준다. 그대로 적어준다.
• factorial : 함수의 이름이다. main( ) 함수 뒤에서 정의한 이름과 일치해야 한다.
• (int n) : 인수를 저장할 변수이다. 호출하는 곳에서 보내준 인수와 자료형이 일치해야 한다.

```c
main() {
    int (*pf)(int);
    pf = factorial;
    printf("%d", pf(3));
}



int factorial(int n) {
    if (n <= 1)
        return 1;
    else
        return n * factorial(n - 1);
}
```

모든 C 프로그램은 반드시 main( ) 함수에서 시작한다.

```
main( ) {
❶    int (*pf)(int);
❷    pf = factorial;
❸    printf("%d", pf(3));
}
```

❶ int (*pf)(int);

정수형 인수 한 개를 받는 정수형 함수 포인터 pf를 선언한다.
- int : 함수의 반환값이 정수임을 알려준다.
- (*pf) : 함수가 저장된 곳의 위치를 저장하는 함수 포인터의 이름이다.
- (int) : 함수가 전달받을 인수의 자료형이다.

❷ factorial 함수의 시작 주소를 함수 포인터 pf에 저장한다. 즉 pf가 factorial( ) 함수의 시작 주소를 가리키고 있다는 것을 의미한다. 다음 그림에서 factorial( ) 함수가 할당된 공간의 주소는 임의로 정한 것이며, 이해를 돕기 위해 10진수로 표현했다.

❸ 3을 인수로 하여 pf( ) 함수를 호출한 다음 돌려받은 값을 정수형으로 출력한다. pf에는 factorial( ) 함수의 시작 주소가 저장되어 있으므로 함수 포인터 pf를 호출하는 것은 factorial( ) 함수를 호출하는 것과 같은 의미이다.

```
❹ int factorial(int n) {
❺    if (n <= 1)
         return 1;
     else
❻        return n * factorial(n - 1);
  }
```

❹ int factorial(int n) {

정수를 반환하는 factorial 함수의 시작점이다. ❸번에서 전달받은 3을 정수형 변수 n이 받는다.
- int : 함수의 반환값이 정수임을 알려준다.
- factorial : 함수의 이름이다. main( ) 함수 앞에서 선언한 이름과 일치해야 한다.
- (int n) : 호출하는 곳에서 보내준 인수를 저장할 변수이다. 호출하는 곳에서 보내준 인수와 자료형이 일치해야 한다.

❺ factorial 함수가 호출될 때 3을 전달받았으므로 n은 3이다. n의 값 3은 1보다 작거나 같지 않으므로 ❻번을 수행한다.

❻ return n * factorial(n - 1);

n * factorial(n-1)을 연산한 후 함수를 호출했던 ❸번으로 결과를 반환한다. ❻번을 수행하기 위해 factorial( ) 함수를 호출하는데, 호출할 때 전달되는 값은 factorial(n-1)이므로 factorial(2)인 상태로 호출된다.

```
❼ int factorial(int n) {
❽    if (n <= 1)
         return 1;
     else
❾        return n * factorial(n - 1);
  }
```

factorial 함수가 호출될 때 2를 전달받았으므로 n은 2이다. ❽번의 조건을 만족하지 않으므로 ❾번을 수행한다. ❾번을 수행하기 위해 factorial( ) 함수를 호출하는데, 호출할 때 전달되는 값은 factorial(n−1)이므로 factorial(1)인 상태로 호출된다.

```
❿   int factorial(int n) {
⓫       if (n <= 1)
⓬           return 1;
        else
            return n * factorial(n - 1);
    }
```

factorial 함수가 호출될 때 1을 전달받았으므로 n은 1이다. ⓫번의 조건을 만족하므로 ⓬번을 수행한다. 'return 1;'이므로 함수의 실행을 종료하고 1을 반환하면서 제어를 factorial(1) 함수를 호출했던 ⓭번으로 옮긴다.

```
❼   int factorial(int n) {
❽       if (n <= 1)
            return 1;
        else
❾⓭          return n * factorial(n - 1);
    }
```

⓭ return n * factorial(n − 1);
  ⓬번에서 1을 반환하였으므로 2를 반환하면서 제어를 factorial(2) 함수를 호출했던 ⓮번으로 옮긴다.

  return n * $\underset{ⓑ}{\underline{\text{factorial(n - 1)}}}$;
           $\underset{ⓐ}{}$

- ⓐ : 2 ('factorial(n−1)'을 호출할 때 n은 2였으므로)
- ⓑ : 1 (⓬번에서 1을 반환하였으므로)

```
❹   int factorial(int n) {
❺       if (n <= 1)
            return 1;
        else
❻⓮          return n * factorial(n - 1);
    }
```

⓮ return n * factorial(n − 1);
  ⓭번에서 2를 반환하였으므로 6을 반환하면서 제어를 factorial(3) 함수를 호출했던 ⓯번으로 옮긴다.

  return $\underset{3}{\underline{n}}$ * $\underset{2}{\underline{\text{factorial(n - 1)}}}$;

```
main( ) {
❶       int (*pf)(int);
❷       pf = factorial;
❸⓯      printf("%d", pf(3));
}
```

⓯ ⓮번에서 6을 반환하였으므로 돌려받은 값 6을 정수형으로 출력하고 프로그램을 종료한다.

결과 **6**

지금까지의 재귀 함수 과정을 개괄적인 그림을 통해 살펴보자.

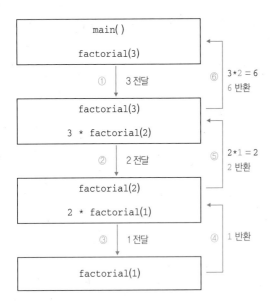

```
                    main( )
                 factorial(3)
```
① 3 전달

⑥ 3*2 = 6
6 반환

```
                 factorial(3)
               3 * factorial(2)
```
② 2 전달

⑤ 2*1 = 2
2 반환

```
                 factorial(2)
               2 * factorial(1)
```
③ 1전달

④ 1 반환

```
                 factorial(1)
```

1. 다음은 버블 정렬을 이용하여 배열에 저장된 수를 오름차순으로 정렬하는 프로그램이다. 프로그램을 분석하여 괄호(①, ②)에 들어갈 알맞은 답을 쓰시오.

```
#include <stdio.h>
void swap(int* a, int idx1, int idx2) {
    int t = a[idx1];
    a[idx1] = a[idx2];
    a[(  ①  )] = t;
}

void Usort(int* a, int len) {
    for (int i = 0; i < len - 1; i++)
        for (int j = 0; j < len - 1 - i; j++)
            if (a[j] > a[j + 1])
                swap(a, j, j + 1);}
}

main() {
    int a[] = { 85, 75, 50, 100, 95 };
    int nx = 5;
    Usort(a, (  ②  ));
}
```

답

• ①   • ②

해설

버블 정렬 알고리즘은 첫 번째 자료와 두 번째 자료를, 두 번째 자료와 세 번째 자료를, 세 번째와 네 번째를, …, 이런 식으로 '마지막-1'번째 자료와 마지막 자료를 비교하여 교환하면서 자료를 정렬한다. 1회전을 수행하고 나면 가장 큰 자료가 맨 뒤로 이동하므로 2회전에서는 맨 끝에 있는 자료는 정렬에서 제외되고, 2회전을 수행하고 나면 끝에서 두 번째 자료까지는 정렬에서 제외된다. 이렇게 정렬을 1회전 수행할 때마다 정렬에서 제외되는 데이터가 하나씩 늘어난다.

```
 #include <stdio.h>
❾ void swap(int* a, int idx1, int idx2) {
❿    int t = a[idx1];
⓫    a[idx1] = a[idx2];
⓬    a[idx2] = t;
 }
```

기출체크 정답   1. ① idx2, ② nx

```
❹ void Usort(int* a, int len) {
❺     for (int i = 0; i < len - 1; i++)
❻         for (int j = 0; j < len - 1 - i; j++)
❼             if (a[j] > a[j + 1])
❽                 swap(a, j, j + 1);
}

main() {
❶     int a[] = { 85, 75, 50, 100, 95 };
❷     int nx = 5;
❸     Usort(a, nx);
} ⓫
```

모든 C언어 프로그램은 반드시 main( ) 함수에서 시작한다.

❶ 5개의 요소를 갖는 정수형 배열 a를 선언하고 초기화한다.

	[0]	[1]	[2]	[3]	[4]
a	85	75	50	100	95

❷ 정수형 변수 nx을 선언하고 5로 초기화한다.

❸ a 배열의 시작 주소와 nx의 값 5를 인수로 Usort( ) 함수를 호출한다.

❹ 반환값이 없는 Usort( ) 함수의 시작점이다. ❸번에서 전달받은 주소와 5를 a와 len이 받는다.

❺ 반복 변수 i가 0부터 1씩 증가하면서 4보다 작은 동안 ❻~❽번을 반복 수행한다. i가 4가 되어 정렬이 종료되면 함수를 호출했던 ❸번의 다음 줄인 ⓫번으로 이동하여 프로그램을 종료한다.

❻ 반복 변수 j가 0부터 1씩 증가하면서 4−i보다 작은 동안 ❼~❽번을 반복 수행한다.

❼ a[j]가 a[j+1]보다 크면 ❽번을 수행하고, 아니면 반복문의 처음인 ❻번으로 이동한다.

❽ a 배열의 시작 주소와 j, j+1의 값을 인수로 swap( ) 함수를 호출한다.

※ ❻~❽번은 a[0]과 a[1]을, a[1]과 a[2]를, a[2]와 a[3]을, a[3]과 a[4]를 비교하면서 교환하는 과정입니다. 이 과정을 거치면 a[4]에는 가장 큰 값이 저장되고 1회전이 종료되며, ❺번으로 이동하게 됩니다. i의 값이 1 증가한 2회전에는 a[0]과 a[1]을, a[1]과 a[2]를, a[2]와 a[3]을 비교하면서 교환하는 과정을 거치며, a[3]에는 두 번째로 큰 값이 저장됩니다. 이러한 과정을 i가 3일 때까지 반복하면, a 배열에는 오름차순으로 정렬된 값이 저장됩니다.

❾ 반환값이 없는 swap( ) 함수의 시작점이다.

❿~⓬ 임시 변수 t를 사용하여 a[idx1]과 a[idx2]의 값을 교환하는 과정이다.

반복문 실행에 따른 변수들의 변화는 다음과 같다.

nx	i	j	a[j]	a[j+1]	idx1	idx2	t	배열 a [0]	[1]	[2]	[3]	[4]
5	0	0	85	75	0	1	85	85	75	50	100	95
		1	75	85	1	2	85	75	85	85	95	100
		2	85	50	3	4	100		50			
		3	50	85								
		4	85	100								
			100	95								
			95	100								
	1	0	75	50	0	1	75	75	50	85	95	100
		1	50	75				50	75			
		2	75	85								
		3	85	95								
	2	0	50	75				50	75	85	95	100
		1	75	85								
		2										
	3	0	50	75				50	75	85	95	100
		1										
	4											

23.10, 22.5
2. 다음 C언어로 구현된 프로그램을 분석하여 5를 입력했을 때 그 실행 결과를 쓰시오. (단, 출력문의 출력 서식을 준수하시오.)

```c
#include <stdio.h>
int func(int a) {
    if (a <= 1) return 1;
    return a * func(a - 1);
}
int main() {
    int a;
    scanf("%d", &a);
    printf("%d", func(a));
}
```

답 :

해설

모든 C언어 프로그램은 반드시 main( ) 함수에서 시작한다.

```
  int main( ) {
❶    int a;
❷    scanf("%d", &a);
❸    printf("%d", func(a));
  }
```

❶ 정수형 변수 a를 선언한다.
❷ 정수를 입력받아 a에 저장한다. 5가 입력되었다고 가정하였으므로 a에는 5가 저장된다.
❸ a의 값 5를 인수로 하여 func( ) 함수를 호출한 후 돌려받은 값을 정수로 출력한다.

```
❹ int func(int a) {
❺    if (a <= 1) return 1;
❻    return a * func(a - 1);
  }
```

❹ 정수를 반환하는 func( ) 함수의 시작점이다. ❸번에서 전달받은 5를 a가 받는다.
❺ a가 1보다 작거나 같으면 함수를 호출했던 곳으로 1을 반환하고 함수를 종료한다. a의 값 5는 1보다 작거나 같지 않으므로 ❻번으로 이동한다.
❻ a−1을 인수로 하여 func( ) 함수를 호출한 후 돌려받은 값과 a를 곱하여 함수를 호출했던 곳으로 반환하고 함수를 종료한다. a가 1보다 큰 동안 자신을 호출하는 과정이 수행되다 a가 1보다 작거나 같아지면 1이 반환되면서 호출했던 과정을 복귀한다. 이 때 반환된 값은 먼저 호출된 func( ) 함수에 반환할 값으로 계산된다는 것을 염두에 두고 전체 과정을 개괄적으로 살펴보자.

a−1의 값 4를 인수로 func( ) 함수를 호출한 후 돌려받은 값이 24이므로 a의 값 5를 곱한 값 120을 func(5)를 호출했던 **❼**번으로 반환한다.

```
    int main( ) {
❶    int a;
❷    scanf("%d", &a);
❸❼  printf("%d", func(a));
    }
```

❼ **❻**번에서 돌려받은 값 120을 정수로 출력한다.

결과 | 120

323 > Java의 클래스 1

예제 다음은 Java에서 클래스를 만들고 객체를 생성해서 사용하는 간단한 프로그램이다. 어떤 일을 수행하는지 확인하시오.

```
Ⓐ  class ClassA {
Ⓑ      int a = 10;
Ⓒ  ❹ int funcAdd(int x, int y) {
    ❺      return x + y + a;
        }
    }
Ⓓ  public class Test {
Ⓔ      public static void main(String[] args) {
    ❶      int x = 3, y = 6, r;
    ❷      ClassA cal = new ClassA();
    ❸❻  r = cal.funcAdd(x, y);
    ❼      System.out.print(r);
        }
    }
```

코드 해설

Ⓐ class ClassA {

ClassA 클래스를 정의한다. Ⓑ~Ⓒ가 클래스의 범위이다.

• class : 클래스를 정의하는 명령어로, 꼭 써야 하는 예약어이다. 같은 파일에서 클래스를 정의할 때는 public을 두 번 사용하지 못한다. 실행 클래스에서 사용하므로 여기서는 사용할 수 없다. 그렇다는 것이다. 외우지는 마라.

• ClassA : 클래스 이름으로, 사용자가 원하는 이름을 임의로 지정할 수 있다. 단 첫 글자는 관례상 대문자로 지정한다.

Ⓑ 정수형 변수 a를 선언하고 10으로 초기화한다. Java에서는 클래스 안에 선언하는 변수를 클래스의 속성이라고 부른다.

Ⓒ int funcAdd(int x, int y) {

정수를 반환하는 funcAdd(int x, int y) 메소드를 정의한다. 호출문으로부터 정수형 인수 2개를 전달받아 각각 x와 y에 저장한다.

• int : 메소드의 반환값이 정수임을 알려준다.

• funcAdd : 메소드의 이름이다.

• (int x, int y) : 호출하는 곳에서 보내준 인수를 저장할 변수이다. 호출하는 곳에서 보내준 인수의 개수와 자료형이 일치해야 한다.

Ⓓ Test 클래스를 정의한다. 실행 클래스의 시작점으로 Java 프로그램은 아무리 작은 프로그램이라도 클래스를 만들어서 클래스 안에 실행문과 메소드(함수)를 만들고 실행해야 한다. 그리고 클래스 중에는 반드시 main( ) 메소드를 담고 있는 실행 클래스가 있어야 한다.

Ⓔ main( ) 메소드의 시작점이다. 여기서부터 실제 프로그램이 시작된다.

❶ 정수형 변수 x, y, r을 선언하고, x와 y를 각각 3과 6으로 초기화한다.

❷ ClassA cal = new ClassA( );

ClassA 클래스의 객체 변수 cal을 선언한다.

• ClassA : 클래스의 이름이다. 앞에서 정의한 클래스의 이름을 그대로 적어준다.

• cal : 객체 변수의 이름이다. 사용자가 원하는 이름을 적으면 된다.

• new : 객체 생성 예약어이다. 그대로 적어준다.

• ClassA( ) : 생성자이다.

❸ x와 y의 값 3과 6을 인수로 cal의 funcAdd( ) 메소드를 호출하여 반환받은 값을 r에 저장한다.

cal은 ClassA 클래스의 객체 변수이므로 ClassA의 funcAdd( ) 메소드인 ❹번이 호출된다.

❹ 정수를 반환하는 funcAdd( ) 메소드의 시작점이다. 호출문으로부터 정수형 인수 2개를 전달받아 각각 x와 y에 저장한다. ❸번에서 호출할 때 3과 6을 전달했으므로 x는 3, y는 6이다.

❺ x + y + a를 연산한 후 메소드를 호출했던 ❻번으로 결과를 반환한다. x + y의 값은 9이고, a는 메소드에 없으므로 소속된 클래스에서 찾는다. ClassA의 a의 값이 10이므로 x + y + a(3 + 6 + 10)의 값은 19가 된다.

❻ ❺번에서 19가 반환되었으므로 r에 19를 저장한다.

❼ r의 값 19를 출력한다.

결과　19

1. 다음 Java로 구현된 프로그램을 분석하여 그 실행 결과를 쓰시오. (단, 출력문의 출력 서식을 준수하시오.)

```java
class A {
    int a;
    int b;
}

public class Test {
    static void func1(A m) {
        m.a *= 10;
    }
    static void func2(A m) {
        m.a += m.b;
    }
    public static void main(String args[]) {
        A m = new A();
        m.a = 100;
        func1(m);
        m.b = m.a;
        func2(m);
        System.out.printf("%d", m.a);
    }
}
```

답 :

해설

```
  class A {                              클래스 A를 정의한다.
      int a;                             클래스 A에는 정수형 변수 a와 b가 선언되어 있다.
      int b;
  }

  public class Test {
❹    static void func1(A m) {
❺        m.a *= 10;
      }
❽    static void func2(A m) {
❾        m.a += m.b;
      }
      public static void main(String args[]) {
❶        A m = new A();
❷        m.a = 100;
❸        func1(m);
❻        m.b = m.a;
❼        func2(m);
```

```
⑩        System.out.printf("%d", m.a);
    }
  }
```

모든 Java 프로그램은 반드시 main( ) 메소드에서 시작한다.

❶ 클래스 A의 객체 변수 m을 선언한다.

	int a	int b
객체 변수 m		

❷ 객체 변수 m의 변수 a에 100을 저장한다.

	int a	int b
객체 변수 m	100	

❸ 객체 변수 m의 시작 주소를 인수로 하여 func1 메소드를 호출한다.

❹ 반환값이 없는 func1( ) 메소드의 시작점이다. ❸번에서 전달받은 주소는 m이 받는다.

  ※ 객체 변수나 배열의 이름은 객체 변수나 배열의 시작 주소를 가리키므로, 인수로 전달하는 경우 메소드에서 변경된 값이 main( )의 객체 변수나 배열에도 적용된다는 점을 염두에 두세요.

❺ 'm.a = m.a * 10;'과 동일하다. m.a에 10을 곱한 값을 m.a에 저장한다. 메소드가 종료되었으므로 메소드를 호출했던 ❸번의 다음 줄인 ❻번으로 이동한다.

	int a	int b
객체 변수 m	1000	

❻ m.b에 m.a의 값 1000을 저장한다.

	int a	int b
객체 변수 m	1000	1000

❼ 객체 변수 m의 시작 주소를 인수로 하여 func2 메소드를 호출한다.

❽ 반환값이 없는 func2( ) 메소드의 시작점이다. ❼번에서 전달받은 주소는 m이 받는다.

❾ 'm.a = m.a + m.b;'와 동일하다. m.a와 m.b를 합한 값을 m.a에 저장한다. 메소드가 종료되었으므로 메소드를 호출했던 ❼번의 다음 줄인 ⑩번으로 이동한다.

	int a	int b
객체 변수 m	2000	1000

⑩ m.a의 값 **2000**을 정수로 출력한다.

결과	**2000**

23.4

2. 다음 Java로 구현된 프로그램을 분석하여 그 실행 결과를 쓰시오. (단, 출력문의 출력 서식을 준수하시오.)

```java
class Static {
    public int a = 20;
    static int b = 0;
}
public class Test {
    public static void main(String[] args) {
        int a = 10;
        Static.b = a;
        Static st = new Static();
        System.out.println(Static.b++);
        System.out.println(st.b);
        System.out.println(a);
        System.out.print(st.a);
    }
}
```

답 :

```
class Static {                          클래스 Static을 정의한다.
    public int a = 20;                  정수형 변수 a와 b를 선언하고 각각 20과 0으로 초기화한다.
Ⓐ  static int b = 0;                    static으로 선언된 변수 b는 메모리의 static 영역에 할당되며, 코드가 수행되는 동안 공유된다.
}
public class Test {
    public static void main(String[ ] args) {
❶    int a = 10;
❷    Static.b = a;
❸    Static st = new Static( );
❹    System.out.println(Static.b++);
❺    System.out.println(st.b);
❻    System.out.println(a);
❼    System.out.print(st.a);
    }
}
```

Ⓐ 정수형 static 변수 b를 선언하고 0으로 초기화한다. static으로 선언된 변수는 main( ) 메소드가 시작되기 전에 메모리의 static 영역에 할당된다. static으로 선언된 변수는 객체 변수 선언 없이 사용할 수 있으므로 클래스의 이름을 통해 Static.b와 같이 접근할 수 있다.

※ 대문자로 시작하는 Static은 클래스의 이름이고, 소문자로 시작하는 static은 예약어이므로 혼동하지 않도록 주의하세요.

모든 Java 프로그램은 반드시 main( ) 메소드에서 시작한다.

❶ 정수형 변수 a를 선언하고 10으로 초기화한다.

a [10]

❷ Static.b에 a의 값 10을 저장한다.

Static.b [10]

❸ Static 객체 변수 st를 선언한다. 객체 변수를 선언한다는 것은 클래스의 정의부를 바탕으로 새로운 인스턴스를 생성하여 메모리를 배정하고 그 메모리의 주소를 변수명 st에 연결하는 것을 의미한다. 하지만 Static 클래스의 변수 b는 프로그램 전체 영역에서 공유되는 변수이므로 새로 메모리에 할당되지 않고 Static.b와 같은 메모리를 공유한다.

※ Static.b와 st.b는 메모리의 static 영역의 한 공간을 공유합니다. 한 곳에서의 값 변경은 다른 곳에도 동일하게 적용됩니다.

❹ Static.b++은 후치 증가 연산자이므로, Static.b의 값 10을 출력한 후 Static.b의 값을 1 증가시킨다.

결과 ▌10

❺ st.b의 값 11을 출력한다.

결과 ▌10
    ▌11

❻ a의 값 **10**을 출력한다.

결과	10 11 10

❼ st.a의 값 **20**을 출력한다.

결과	10 11 10 20

324 Java의 클래스 2   Ⓐ

예제 다음 Java 프로그램의 실행 결과를 확인하시오.

```java
Ⓐ class ClassA {
Ⓑ  ❺ ClassA() {
   ❻    System.out.print('A');
   ❼    this.prn();
   ❿ }
Ⓒ    void prn() {
         System.out.print('B');
      }
   }
Ⓓ class ClassB extends ClassA {
Ⓔ  ❸ ClassB() {
   ❹    super();
   ⓫    System.out.print('D');
      }
Ⓕ  ❽ void prn() {
   ❾    System.out.print('E');
      }
Ⓖ  ⓭ void prn(int x) {
   ⓮    System.out.print(x);
      }
   }
```

```
public class Test {
  public static void main(String[] args) {
❶    int x = 7;
❷    ClassB cal = new ClassB();
⑫    cal.prn(x);
⑮ }
  }
```

코드 해설

Ⓐ class ClassA {
　ClassA 클래스를 정의한다. Ⓑ~Ⓒ가 클래스의 범위이다.
Ⓑ ClassA( ) {
　ClassA 클래스에 속한 ClassA( ) 메소드를 정의한다. ClassA( ) 메소드는 클래스와 이름이 동일하다. 이와 같이 클래스와 이름이 동일한 메소드는
　해당 클래스의 객체 변수 생성 시 자동으로 실행되는데, 이러한 메소드를 생성자(Constructor)라고 한다.
Ⓒ void prn( ) {
　반환값 없는 메소드 prn( )을 정의한다.
Ⓓ class ClassB extends ClassA {
　ClassB를 클래스 정의하고 부모 클래스로 ClassA를 지정하면서 ClassA에 속한 변수와 메소드를 상속받는다. ClassB 클래스는 ClassA의 변수
　와 메소드를 사용할 수 있게 된다. Ⓔ~Ⓖ가 클래스의 범위이다.
　• extends [클래스명] : 클래스 정의 시 상속받을 클래스를 추가하는 예약어
Ⓔ ClassB( ) {
　ClassB 클래스에 속한 ClassB( ) 메소드를 정의한다. ClassB( ) 메소드도 ClassB 클래스와 이름이 동일하므로 객체 변수 생성 시 자동으로 실행
　되는 생성자이다.
Ⓕ void prn( ) {
　반환값 없는 메소드 prn( )을 정의한다. Ⓓ에서 ClassB 클래스는 ClassA 클래스의 메소드를 사용할 수 있다고 했으므로 ClassB 클래스에는 이름
　이 같은 메소드(Ⓒ, Ⓕ) prn( )이 두 개 존재하게 된다. 이와 같이 상속으로 인해 동일한 이름의 메소드가 여러 개인 경우, 부모 클래스에서 정의된
　prn( ) 메소드(Ⓒ)는 자식 클래스의 prn( ) 메소드(Ⓕ)에 의해 재정의되어 자식 클래스의 prn 메소드(Ⓕ)만 사용되는데, 이를 메소드 오버라이딩 또
　는 메소드 재정의라고 한다.
Ⓖ void prn(int x) {
　반환값 없는 메소드 prn(int x)를 정의한다. 메소드의 이름이 Ⓒ, Ⓕ와 같지만 '인수를 받는 자료형과 개수'가 다르므로 서로 다른 메소드이다. 즉
　prn( )과 prn(int x)는 다른 메소드라는 것이다. 이렇게 이름은 같지만 인수를 받는 자료형과 개수를 달리하여 여러 기능을 정의하는 것을 오버로딩
　(Overloading)이라고 한다.

모든 Java 프로그램의 실행은 반드시 main( ) 메소드에서 시작한다.
❶ 정수형 변수 x를 선언하고 7로 초기화한다.
❷ ClassB cal = new ClassB( );
　ClassB 클래스의 객체 변수 cal을 선언하고 ClassB 클래스의 생성자를 호출한다. ClassB 클래스에는 클래스명과 동일한 생성자가 정의되어 있
　으므로 생성자를 실행하기 위해 ❸번으로 이동한다.
　• ClassB : 클래스의 이름이다. 앞에서 정의한 클래스의 이름을 그대로 적어준다.
　• cal : 객체 변수의 이름이다. 사용자가 원하는 이름을 적으면 된다.
　• new : 객체 생성 예약어다. 그대로 적어준다.
　• ClassB( ) : 클래스와 이름이 동일한 메소드로, 생성자이다.
❸ ClassB 클래스의 생성자인 ClassB( ) 메소드의 시작점이다. 지금처럼 클래스 안에 생성자를 정의하는 문장이 있을 경우 객체가 생성될 때 자동으
　로 호출되어 실행된다.
❹ 부모 클래스의 생성자인 ClassA( ) 메소드를 호출한다. ❺번으로 이동한다.
　• super( ) : 부모 클래스의 생성자를 호출한다.
❺ ClassA 클래스의 생성자 ClassA( ) 메소드의 시작점이다.
❻ A를 출력한다.

결과　**A**

❼ 자신이 속한 ClassA 클래스의 prn( ) 메소드를 호출한다. ClassA 클래스의 prn( ) 메소드는 ClassB 클래스의 prn( ) 메소드에 의해 재정의되었으므로 ❽번으로 이동한다.

❽ 반환값 없는 prn( ) 메소드의 시작점이다.

❾ E를 출력한 후 메소드가 종료되면 호출했던 ❼번의 다음 줄인 ❿번으로 이동한다.

결과	AE

❿ ClassA( ) 메소드가 종료되었으므로 호출했던 ❹번의 다음 줄인 ⓫번으로 이동한다.

⓫ D를 출력한 후 ClassB( ) 메소드가 종료되면 호출했던 ❷번의 다음 줄인 ⓬번으로 이동한다.

결과	AED

⓬ x의 값 7을 인수로 cal의 prn(int x) 메소드를 호출한다. ⓭번으로 이동한다.

⓭ 반환값 없는 prn(int x) 메소드의 시작점이다. ⓬번에서 전달한 7을 x가 받는다.

⓮ x의 값 7을 출력한 후 prn(int x) 메소드가 종료되면 호출했던 ⓬번의 다음 줄인 ⓯번으로 이동하여 프로그램을 종료한다.

결과	AED7

기출체크 ☑

23.4, 21.7, 20.7
1. 다음 Java로 구현된 프로그램을 분석하여 그 실행 결과를 쓰시오.

```java
class A {
    int a;
    public A(int a) { this.a = a; }
    void display() { System.out.println("a=" + a); }
}
class B extends A {
    public B(int a) {
        super(a);
        super.display();
    }
}
public class Test {
    public static void main(String[] args) {
        B obj = new B(10);
    }
}
```

답 :

해설

```
  class A {                              클래스 A를 정의한다.
    int a;
❹   public A(int a) { ❺ this.a = a; }
❼   void display( ) { ❽ System.out.println("a=" + a); }
  }
  class B extends A {                    클래스 B를 정의하고 부모 클래스로 A를 지정하면서 A에 속한 변수와 메소드를 상속받는다.
❷   public B(int a) {
❸      super(a);
❻      super.display( );
    } ❾
  }
  public class Test {
    public static void main(String[ ] args) {
❶      B obj = new B(10);
    } ❿
  }
```

기출체크 정답 1. a=10

모든 Java 프로그램은 반드시 main( ) 메소드에서 시작한다.

❶ B obj = new B(10);
　클래스 B의 객체 변수 obj를 선언하고 생성자에 인수 10을 전달한다.

❷ B 클래스의 생성자 B( )의 시작점이다. ❶번에서 전달받은 10을 정수형 변수 a가 받는다.

❸ 부모 클래스의 생성자를 호출하며 인수로 a의 값 10을 전달한다.
　• super : 상속한 부모 클래스를 가리키는 예약어

❹ 생성자 A( )의 시작점이다. ❸번에서 전달받은 10을 생성자 A( )의 변수 a가 받는다.

❺ 메소드가 속한 A 클래스의 a에 A( ) 생성자의 변수 a의 값 10을 저장한다. 생성자가 종료되면 호출했던 ❸번의 다음 줄인 ❻번으로 간다.
　• this : 현재의 실행중인 메소드가 속한 클래스를 가리키는 예약어, 즉 'A.a'와 같은 의미이다.

❻ 부모 클래스의 메소드 display( )를 호출한다.

❼ A 클래스의 메소드 display( )의 시작점이다.

❽ "a="를 출력한 후 a의 값을 출력해야 하지만, 메소드에서 별도로 생성한 'a'라는 변수가 없으므로 클래스의 변수 a의 값 10을 출력하고, 다음 줄의 처음으로 커서를 이동시킨다.
　※ 생성자나 메소드 안에서 생성된 변수는 생성자나 메소드를 벗어나서 사용하지 못하기 때문에 여기서는 생성자 A( )에 속한 a가 아닌 클래스 A에 속한 a를 출력합니다.

> 결과 `a=10`

메소드를 호출했던 ❻번의 다음 줄인 ❾번으로 이동하고 이어서 B 클래스를 호출했던 ❶번의 다음 줄인 ❿번으로 이동하여 프로그램을 종료한다.

340396

325 〉 생성자

• 생성자(Constructor)는 객체 변수 생성에 사용되는 메소드로, **객체 변수를 생성하면서 초기화를 수행**한다.

• 클래스 안에 생성자를 정의하는 문장이 있다면 문장에 적힌 대로 객체 변수를 초기화하면서 생성하지만, 없으면 그냥 객체 변수만 생성하고 제어가 다음 줄로 이동한다.

> 기출체크 ☑

20.10
2. C++에서 생성자(Constructor)에 대해 간략히 서술하시오.

답 :

기출체크 정답 2. 생성자는 객체 변수를 생성하면서 초기화를 수행하는 메소드이다.

326 > Java의 활용

예제 다음 Java 프로그램의 실행 결과를 확인하시오.

```java
Ⓐ  abstract class Animal {
Ⓑ     String a = " is animal";
Ⓒ     abstract void look();
Ⓓ  ❽ void show() {
    ❾       System.out.println("Zoo");
        }
    }
Ⓔ  class Chicken extends Animal {
Ⓕ  ❷ Chicken() {
    ❸    look();
    ❻ }
Ⓖ  ❹ void look() {
    ❺    System.out.println("Chicken" + a);
        }
Ⓗ     void display() {
           System.out.println("two wings");
        }
    }
    public class Test {
       public static void main(String[] args) {
    ❶    Animal a = new Chicken();
    ❼    a.show();
    ❿ }
    }
```

코드 해설

Ⓐ abstract class Animal {

추상 클래스 Animal을 정의한다.

• abstract [클래스 정의부] : abstract는 추상 클래스를 정의하는 명령어로, 추상 클래스 정의 시 꼭 써야하는 예약어이다.

※ 추상 클래스는 내부에 실행 코드가 없는 추상 메소드를 포함하기 때문에 객체 변수의 생성자로 사용할 수 없습니다.

  예 Animal a = new Animal( ); ← 오류 발생

Ⓑ 문자열 변수 a를 선언하고 " is animal"로 초기화한다.

ⓒ abstract void look( );

추상 메소드 look( )을 정의한다.

　• abstract [메소드 정의부] : abstract는 추상 메소드를 정의하는 명령어로, 추상 메소드 정의 시 꼭 써야하는 예약어이다.

　※ 추상 메소드는 선언만 있고 내부에 실행 코드가 없는 메소드로, 이후 상속 관계가 설정된 자식 클래스에서 재정의한 후 사용합니다.

ⓓ 반환값 없는 메소드 show( )를 정의한다.

ⓔ 클래스 Chicken을 정의하고 부모 클래스로 Animal을 지정하면서 Animal에 속한 변수와 메소드를 상속받는다.

ⓕ Chicken 클래스에 속한 Chicken( ) 메소드를 정의한다. Chicken 클래스와 이름이 동일하므로 객체 변수 생성 시 자동으로 실행되는 생성자이다.

ⓖ 반환값 없는 메소드 look( )을 정의한다. look( ) 메소드는 **ⓒ**에서 정의된 추상 메소드(**ⓒ**)를 재정의하는 것이다.

ⓗ 반환값 없는 메소드 display( )를 정의한다.

모든 Java 프로그램은 반드시 main( ) 메소드에서 시작한다.

❶ Animal a = new Chicken( );

Chicken 클래스의 생성자를 이용하여 Animal 클래스의 객체 변수 a를 선언한다.

　• [부모클래스명] [객체변수명] = new [자식클래스생성자( )] : 부모 클래스의 객체 변수를 선언하면서 자식 클래스의 생성자를 사용하면 형 변환이 발생한다.

　• 이렇게 형 변환이 발생했을 때 부모 클래스와 자식 클래스에 동일한 속성이나 메소드가 있으면 자식 클래스의 속성이나 메소드로 재정의된다.

　※ 객체 변수 a는 Animal 클래스의 객체 변수입니다. Animal 클래스는 실행 코드가 없는 추상 메소드 look( )으로 인해 객체 변수의 생성이 불가능해야 하지만, 형 변환으로 인해 look( ) 메소드가 Chicken 클래스에서 재정의되었으므로 객체 변수의 생성이 가능해진 것입니다.

❷ Chicken 클래스의 생성자인 Chicken( ) 메소드의 시작점이다. 클래스 안에 생성자를 정의하는 문장이 있으므로 Chicken 클래스의 객체가 생성될 때 자동으로 호출되어 실행된다.

❸ look( ) 메소드를 호출한다. **❹**번으로 이동한다.

look( ) 메소드는 a 객체의 자료형이 Animal이므로 Animal 클래스의 look( )이라고 생각할 수 있지만 **❶**번에서 클래스 형 변환이 발생하였고, look( ) 메소드가 자식 클래스에서 재정의되었으므로 Chicken 클래스의 look( ) 메소드가 수행된다.

　※ Animal 클래스의 look( ) 메소드는 실행 코드가 정의되지 않은 추상 메소드로, 코드를 실행할 때 실행 코드가 저장된 메모리 위치를 참조할 수 없는데, 재정의가 이루어지면 다음 그림과 같이 Chicken 클래스의 look( ) 메소드를 가리키게 됩니다.

❹ 반환값 없는 look( ) 메소드의 시작점이다.

❺ **Chicken**과 a의 값 **is animal**을 출력한 후 커서를 다음 줄의 처음으로 옮긴다. 이어서 메소드가 종료되면 호출했던 **❸**번의 다음 줄인 **❻**번으로 이동한다.

> 결과　**Chicken is animal**

　※ **ⓔ**에서 Chicken 클래스가 Animal 클래스의 변수와 메소드를 상속받았으므로 Animal 클래스의 a 변수의 값을 사용할 수 있습니다.

❻ Chicken( ) 메소드가 종료되었으므로 호출했던 **❶**번의 다음 줄인 **❼**번으로 이동한다.

❼ a의 show( ) 메소드를 호출한다. a는 Animal 클래스의 객체 변수이므로 Animal의 show( ) 메소드인 **❽**이 호출된다.

❽ 반환값 없는 show( ) 메소드의 시작점이다.

❾ Zoo를 출력한 후 메소드가 종료되면 호출했던 **❼**번의 다음 줄인 **❿**번으로 이동하여 프로그램을 종료한다.

> 결과　**Chicken is animal**
> **Zoo**

23.4, 20.10

1. 다음 Java로 구현된 프로그램을 분석하여 그 실행 결과를 쓰시오.

```java
abstract class Vehicle {
    String name;
    abstract public String getName(String val);
    public String getName() {
        return "Vehicle name : " + name;
    }
}
class Car extends Vehicle {
    private String name;
    public Car(String val) {
        name = super.name = val;
    }
    public String getName(String val) {
        return "Car name : " + val;
    }
    public String getName(byte[] val) {
        return "Car name : " + val;
    }
}
public class Test {
    public static void main(String[] args) {
        Vehicle obj = new Car("Spark");
        System.out.print(obj.getName());
    }
}
```

답 :

해설

```
abstract class Vehicle {      추상 클래스 Vehicle을 정의한다.
    String name;
    abstract public String getName(String val);      추상 메소드 getName(String val)을 정의한다.
❺  public String getName() {
❻      return "Vehicle name : " + name;
    }
}
class Car extends Vehicle {                        클래스 Car를 정의하고 부모 클래스로 Vehicle을 지정하면서 Vehicle에 속한 변수와 메소드를 상속받는다.
    private String name;
❷  public Car(String val) {
❸      name = super.name = val;
    }
    public String getName(String val) {
        return "Car name : " + val;
    }
    public String getName(byte[ ] val) {
        return "Car name : " + val;
    }
}
public class Test {
    public static void main(String[ ] args) {
❶      Vehicle obj = new Car("Spark");
❹❼     System.out.print(obj.getName());
    }
}
```

모든 Java 프로그램은 반드시 main( ) 메소드에서 시작한다.

❶ Vehicle obj = new Car("Spark");

Car 클래스의 생성자를 이용하여 Vehicle 클래스의 객체 변수 obj를 선언하고, "Spark"를 인수로 Car 클래스의 생성자를 호출한다.

• [부모클래스명] [객체변수명] = new [자식클래스생성자( )] : 부모 클래스의 객체 변수를 선언하면서 자식 클래스의 생성자를 사용하면 형 변환이 발생한다.

• 이렇게 형 변환이 발생했을 때 부모 클래스와 자식 클래스에 동일한 속성이나 메소드가 있으면 부모클래스의 속성이나 메소드가 자식 클래스의 속성이나 메소드로 재정의된다.

❷ 클래스 Car의 생성자 Car( )의 시작점이다. ❶번에서 전달받은 "Spark"를 val에 저장한다.

❸ name = super.name = val;

val의 값 "Spark"를 부모 클래스인 Vehicle 클래스의 변수 name과 Car 클래스의 변수 name에 저장한다. 이어서 Car( )를 호출했던 ❶번의 다음 줄인 ❹번으로 이동한다.

• super : 상속 관계에 있는 부모 클래스를 가리키는 예약어로, 여기서는 Vehicle 클래스를 가리킨다.

❹ 객체 변수 obj의 getName( ) 메소드를 호출한다. 즉 Vehicle 클래스의 getName( ) 메소드를 호출한다.

※ 형 변환으로 인해 호출되는 메소드가 Car 클래스의 getName( )이라고 생각할 수 있지만, 메소드의 이름이 동일해도 '인수의 자료형과 개수'가 다르면 서로 다른 메소드입니다. 때문에 getName( ) 메소드는 Vehicle 클래스와 Car 클래스의 getName(String val)이나 Car 클래스의 getName(Byte[ ] val) 메소드가 아닌 Vehicle 클래스의 getName( ) 메소드입니다.

❺ getName( ) 메소드의 시작점이다.

❻ 문자열 "Vehicle name : "과 변수 name에 저장된 값 "Spark"를 붙여 메소드를 호출했던 ❼번으로 반환한다.

❼ ❻번에서 반환받은 값을 출력하고 프로그램을 종료한다.

결과	Vehicle name : Spark

24.4, 23.10, 23.7, 21.10, 21.4, 20.11, 필기 24.2, 21.8

327 > Python의 활용 1

예제 다음 Python으로 구현된 프로그램에 "xyz321-opq654"를 입력했을 때 그 실행 결과를 확인하시오.

```
❶ x, y = input('입력 :').split('-')
❷ a = [ 'abc123', 'def456', 'ghi789' ]
❸ a.append(x)
❹ a.append(y)
❺ a.remove('def456')
❻ print(a[1][-3:], a[2][:-3], sep = ',')
❼ for i in range(3, 6):
❽     print(i, end = ' ')
```

코드 해설

❶ x, y = input('입력 :'). split('-')

화면에 **입력 :** 이 출력되고 그 뒤에서 커서가 깜박거리며 입력을 기다린다. 키보드로 값을 입력하고 엔터를 누르면 입력된 값이 split로 지정된 분리문자인 '-'를 기준으로 **xyz321**은 변수 x에 저장되고, **opq654**는 변수 y에 저장된다.

• x, y : 입력되는 값이 저장될 변수이다.

• input( ).split('-') : 분리문자 '-'를 기준으로 입력된 값을 변수 x와 y에 나눠서 저장한다.

• '입력 :' : 입력 시 화면에 출력되는 문자로, 생략이 가능하다.

❷ a = ['abc123', 'def456', 'ghi789']

리스트 a를 선언하면서 초기값을 지정한다. 초기값으로 지정된 수만큼 리스트의 요소가 만들어진다.

	[0]	[1]	[2]
a	'abc123'	'def456'	'ghi789'

❸ a.append(x)

a 리스트의 마지막에 x의 값 "xyz321"을 추가한다.

	[0]	[1]	[2]	[3]
a	'abc123'	'def456'	'ghi789'	'xyz321'

❹ a.append(y)

a 리스트의 마지막에 y의 값 'opq654'를 추가한다.

	[0]	[1]	[2]	[3]	[4]
a	'abc123'	'def456'	'ghi789'	'xyz321'	'opq654'

❺ a.remove('def456')

a 리스트에서 "def456"을 찾아 삭제하고, 이후의 요소들을 하나씩 앞으로 이동시킨다.

	[0]	[1]	[2]	[3]
a	'abc123'	'ghi789'	'xyz321'	'opq654'

❻ print(a[1][-3:], a[2][:-3], sep = ',')

a[1]과 a[2]의 요소들을 슬라이스(slice)하고, 쉼표(,)로 구분하여 출력한다. 이어서 커서를 다음 줄의 처음으로 옮긴다.

- a[1][-3:] : a[1]에 저장된 문자열 "ghi789"의 −3 위치부터 마지막 요소까지 추출한다.

a[1]	g	h	i	7	8	9
	−6	−5	−4	−3	−2	−1

※ 최종위치가 생략된 경우 초기위치로 지정된 위치부터 마지막 요소까지의 모든 값이 반환됩니다.

- a[2][:-3] : a[2]에 저장된 문자열 "xyz321"의 맨 처음 요소부터 −4까지의 요소들을 추출한다.

a[2]	0	1	2	3	4	5
	x	y	z	3	2	1
	−6	−5	−4	−3	−2	−1

※ 초기위치가 생략된 경우 요소의 맨 처음 요소부터 최종위치(−3)에서 1을 뺀 위치(−4)까지의 모든 값이 반환됩니다.

- sep = ',' : 분리문자로 쉼표(,)를 지정한다. 출력할 값들을 쉼표로 구분하여 출력한다.

결과 `789,xyz`

❼ for i in range(3, 6):

3에서 5(6−1)까지 순서대로 i에 저장하며 **❽**번을 반복 수행한다.

- i : 반복 변수로 range에서 생성되는 값을 순서대로 저장한다.
- in : for와 함께 사용되는 예약어로 그대로 입력한다.
- range(3, 6) : 3부터 5(6−1)까지의 연속적인 숫자를 생성한다.
- 콜론(:) : for문이 반복할 코드가 다음 줄부터 시작한다는 의미이다. 반드시 입력해야 한다.

❽ print(i, end = ' ')

i의 값을 출력하고 종료문자로 공백 한 칸이 출력된다. **❼**번에서 i는 3에서 5까지 순서대로 저장한다고 하였으므로, **3 4 5**가 출력된다.

결과 `789,xyz`
`3 4 5`

기출체크 ☑

24.4, 21.4

1. 다음 Python으로 구현된 프로그램을 분석하여 그 실행 결과를 쓰시오.

```
a = [ 'Seoul', 'Kyeonggi', 'Incheon', 'Daejeon', 'Daegu', 'Pusan'];
str01 = 'S'
for i in a:
    str01 = str01 + i[1]
print(str01)
```

답:

기출체크 정답 1. Seynaau

해설

```
❶ a = [ 'Seoul', 'Kyeonggi', 'Incheon', 'Daejeon', 'Daegu', 'Pusan'];
❷ str01 = 'S'
❸ for i in a:
❹     str01 = str01 + i[1]
❺ print(str01)
```

❶ 리스트 a를 선언하면서 초기값을 지정한다. 초기값으로 지정된 수만큼 리스트의 요소가 만들어진다.

	a[0]	a[1]	a[2]	a[3]	a[4]	a[5]
a	Seoul	Kyeonggi	Incheon	Daejeon	Daegu	Pusan

❷ 변수 str01을 선언하면서 초기값으로 문자 'S'를 지정한다.

❸ 리스트 a의 요소 수만큼 ❹번 문장을 반복 수행한다. 리스트 a는 6개의 요소를 가지므로 각 요소를 i에 할당하면서 다음 문장을 6회 수행한다.

❹ str01과 i에 저장된 문자열의 두 번째 글자(i[1])를 더하여 str01에 저장한다. 즉 str01에 저장된 문자 뒤에 i에 저장된 문자열의 두 번째 글자가 덧붙여진다.

• 1회 : i에 a[0]이 저장되고 i의 1번째 글자 e가 str01에 더해진다.

str01		i[0]	i[1]	i[2]	i[3]	i[4]		i
Se	←	S	e	o	u	l	←	Seoul

• 2회 : i에 a[1]이 저장되고 i의 1번째 글자 y가 str01에 더해진다.

str01		i[0]	i[1]	i[2]	i[3]	i[4]	i[5]	i[6]	i[7]		i
Sey	←	K	y	e	o	n	g	g	i	←	Kyeonggi

• 3회 : i에 a[2]가 저장되고 i의 1번째 글자 n이 str01에 더해진다.

str01		i[0]	i[1]	i[2]	i[3]	i[4]	i[5]	i[6]		i
Seyn	←	I	n	c	h	e	o	n	←	Incheon

• 4회 : i에 a[3]이 저장되고 i의 1번째 글자 a가 str01에 더해진다.

str01		i[0]	i[1]	i[2]	i[3]	i[4]	i[5]	i[6]		i
Seyna	←	D	a	e	j	e	o	n	←	Daejeon

• 5회 : i에 a[4]가 저장되고 i의 1번째 글자 a가 str01에 더해진다.

str01		i[0]	i[1]	i[2]	i[3]	i[4]		i
Seynaa	←	D	a	e	g	u	←	Daegu

• 6회 : i에 a[5]가 저장되고 i의 1번째 글자 u가 str01에 더해진다.

str01		i[0]	i[1]	i[2]	i[3]	i[4]		i
Seynaau	←	P	u	s	a	n	←	Pusan

결과 `Seynaau`

23.4, 22.7, 20.7, 필기 22.3

328 > Python의 활용 2

예제 다음 Python 프로그램의 실행 결과를 확인하시오.

```
❶ a = {'apple', 'lemon', 'banana'}
❷ a.update( {'kiwi', 'banana'} )
❸ a.remove('lemon')
❹ a.add('apple')
❺ for i in a:
❻     print("과일명 : %s" % i)
```

세트는 수학에서 배우는 집합(set)과 동일한 역할을 하는 Python의 자료형으로, 중괄호{ }를 이용하여 리스트와 같이 다양한 요소들을 저장할 수 있다. 세트는 순서가 정해져 있지 않으며(unordered), 중복된 요소는 저장되지 않는다는 특징이 있다.

❶ a = {'apple', 'lemon', 'banana'}

세트 a를 선언하면서 초기값을 지정한다. 초기값으로 지정된 수만큼 세트의 요소가 만들어진다.

a	'apple'	'lemon'	'banana'

❷ a.update({'kiwi', 'banana'})

a 세트에 새로운 세트를 추가하여 확장한다. 새로운 세트 {'kiwi', 'banana'}가 추가되어야 하지만 'banana'는 이미 a 세트에 있으므로 'kiwi'만 추가된다.

a	'apple'	'lemon'	'banana'	'kiwi'

❸ a.remove('lemon')

a 세트에서 'lemon'을 제거한다.

a	'apple'	'banana'	'kiwi'

❹ a.add('apple')

a 세트에 'apple'을 추가한다. a 세트에는 이미 'apple'이 존재하므로 a 세트의 요소는 변하지 않는다.

❺ for i in a:

a 세트의 각 요소의 값을 차례로 i에 저장하면서 a 세트의 요소 수만큼 ❻번을 반복 수행한다.

• i : a 세트의 각 요소가 일시적으로 저장될 변수이다.
• a : 세트의 이름이다.

❻ 과일명 : 과 i의 값을 출력한 후 커서를 다음 줄의 처음으로 옮긴다. for문에 의한 변수의 변화는 다음과 같다.

• ❺~❻번의 첫 번째 수행 : a 세트의 첫 번째 값이 i를 거쳐 출력된다.

i	'apple'		a	'apple'	'banana'	'kiwi'

결과 **과일명 : apple**

• ❺~❻번의 두 번째 수행 : a 세트의 두 번째 값이 i를 거쳐 출력된다.

i	'banana'		a	'apple'	'banana'	'kiwi'

결과 **과일명 : apple**
과일명 : banana

• ❺~❻번의 세 번째 수행 : a 세트의 세 번째 값이 i를 거쳐 출력된다.

i	'kiwi'		a	'apple'	'banana'	'kiwi'

결과 **과일명 : apple**
과일명 : banana
과일명 : kiwi

23.4, 20.7

1. 다음 Python으로 구현된 프로그램을 분석하여 그 실행 결과를 쓰시오.

```
asia = {'한국', '중국', '일본'}
asia.add('베트남')
asia.add('중국')
asia.remove('일본')
asia.update({'한국', '홍콩', '태국'})
print(asia)
```

답 :

---

1. {'한국', '중국', '베트남', '홍콩', '태국'}

```
❶ asia = {'한국', '중국', '일본'}
❷ asia.add('베트남')
❸ asia.add('중국')
❹ asia.remove('일본')
❺ asia.update({'한국', '홍콩', '태국'})
❻ print(asia)
```

❶ 세트 asia에 '한국', '중국', '일본'의 3개 요소를 저장한다.

asia	한국	중국	일본

❷ 세트 asia에 '베트남'을 추가한다.

asia	한국	중국	일본	베트남

❸ 세트 asia에 '중국'을 추가한다. asia에는 이미 '중국' 요소가 있으므로 무시된다.

❹ 세트 asia에서 '일본'을 제거한다.

asia	한국	중국	베트남

❺ 세트 asia에 새로운 세트를 추가하여 확장한다. 새로운 세트 {'한국', '홍콩', '태국'}의 요소 중 '한국'은 이미 asia에 있으므로 무시된다.

asia	한국	중국	베트남	홍콩	태국

❻ 세트 asia를 출력한다. 세트는 순서가 정해져 있지 않으므로 출력되는 요소들의 순서는 바뀔 수 있다.

결과　{'한국', '중국', '베트남', '홍콩', '태국'}

22.7
2. 다음 Python으로 구현된 프로그램을 분석하여 그 실행 결과를 쓰시오. (단, 출력문의 출력 서식을 준수하시오.)

```
a = "REMEMBER NOVEMBER"
b = a[0:3] + a[12:16]
c = "R AND %s" % "STR"
print(b + c)
```

답 :

```
❶ a = "REMEMBER NOVEMBER"
❷ b = a[0:3] + a[12:16]
❸ c = "R AND %s" % "STR"
❹ print(b + c)
```

❶ 변수 a를 선언하고 "REMEMBER NOVEMBER"로 초기화한다.

❷ a에 저장된 문자열의 0부터 2번째 위치까지의 문자열과 12부터 15번째 위치까지의 문자열을 합쳐 b에 저장한다.

	[0]	[1]	[2]	[3]	[4]	[5]	[6]	[7]	[8]	[9]	[10]	[11]	[12]	[13]	[14]	[15]	[16]
a	'R'	'E'	'M'	'E'	'M'	'B'	'E'	'R'		'N'	'O'	'V'	'E'	'M'	'B'	'E'	'R'

　b = REMEMBE

❸ c에 "R AND STR"을 저장한다. %s는 서식 문자열로, % 뒤쪽의 "STR"이 대응된다.
　• "R AND %s" % "STR"

❹ b와 c에 저장된 문자열을 합쳐 출력한다.

결과　REMEMBER AND STR

329 > 람다 식

• 어떤 문제를 해결하기 위한 과정을 수학식으로 표현한 것을 람다 식(Lambda Expression)이라고 한다.

• 프로그래밍 언어에서 람다 식은 수학적 연산을 수행하는 함수나 메소드를 간소화할 때 사용한다.

• **형식**

```
lambda 변수명 : 수학식
```

– 변수명 : 인수로 전달받은 값을 저장할 변수의 이름을 지정

– 수학식 : 수행할 연산을 하나의 식으로 풀어 입력

• 예를 들어 다음과 같은 코드가 있다고 가정한다.

```
def func(x):
    return x * x - 3
print(func(10))                    결과 97
```

• 위의 func( ) 함수는 다음과 같이 람다 식으로 수정하여 사용할 수 있다.

```
func = lambda x : x * x - 3
print(func(10))                    결과 97
```

기출체크 ☑

22.10

1. 다음 Python으로 구현된 프로그램을 분석하여 그 실행 결과를 쓰시오. (단, 출력문의 출력 서식을 준수하시오.)

```
a = [1, 2, 3, 4, 5]
a = list(map(lambda num : num + 100, a))
print(a)
```

답 :

해설

❶ a = [1, 2, 3, 4, 5]
❷ a = list(map(lambda num : num + 100, a))
❸ print(a)

❶ 5개의 요소를 갖는 리스트 a를 선언한다.
❷ a의 각 요소에 100을 더하는 람다 식을 적용한 후, 100씩 더해진 값들을 다시 리스트로 구성하여 a에 저장한다.

  a = list(map(lambda num : num + 100, a))
  ──────── ㉠ ────────
  ──────────── ㉡ ────────────
  ────────────── ㉢ ──────────────

• ㉠ lambda num : num + 100 : 인수로 입력된 값에 100을 더하는 람다 식을 정의한다.
• ㉡ map(㉠, a) : 리스트 a의 각 요소를 ㉠에 적용한다.

기출체크 정답 1. [101, 102, 103, 104, 105]

| a | 1 | 2 | 3 | 4 | 5 | → | lambda 1 : 1 + 100 | → | **101** 반환 |

a [1] 2 3 4 5 → lambda 1 : 1 + 100 → **101** 반환

a 1 [2] 3 4 5 → lambda 2 : 2 + 100 → **102** 반환

a 1 2 [3] 4 5 → lambda 3 : 3 + 100 → **103** 반환

a 1 2 3 [4] 5 → lambda 4 : 4 + 100 → **104** 반환

a 1 2 3 4 [5] → lambda 5 : 5 + 100 → **105** 반환

- ⓒ a = list(ⓛ) : ⓛ의 실행 결과로 반환되는 값들을 리스트로 구성하여 a에 저장한다.

a | 101 | 102 | 103 | 104 | 105 |

❸ a를 출력한다. a는 리스트이므로, 리스트를 선언할 때와 같은 형태와 순서로 출력한다.

결과 **[101, 102, 103, 104, 105]**

---

330 > Python의 클래스   Ⓑ

예제 다음은 두 수를 교환하는 프로그램을 Python으로 구현한 것이다.

```
class Cls:        Cls 클래스 정의부의 시작점이다. 여기서부터 ❼번까지가 클래스 정의부에 해당한다.
    x, y = 10, 20     Cls 클래스의 변수(속성) x와 y를 선언하고, 각각 10과 20으로 초기화한다.
❹   def chg(self):
❺       temp = self.x
❻       self.x = self.y
❼       self.y = temp
❶ a = Cls()
❷ print(a.x, a.y)
❸ a.chg()
❽ print(a.x, a.y)
```

코드 해설

❶ Cls 클래스의 객체 a를 생성한다. 객체 a는 Cls의 속성 x, y와 메소드 chg( )를 갖는다.
- a : 사용자 정의 변수다. 사용자가 임의로 지정한다.
- Cls( ) : 클래스의 이름이다. 괄호 ( )를 붙여 그대로 적는다.

	a.x	a.y
a	10	20

❷ a 객체의 속성 x와 y를 출력한다.
- 객체와 속성은 .(마침표)로 연결한다.

결과 **10 20**

❸ a 객체의 메소드 chg를 호출한다. ❹번으로 이동한다.
- 객체와 메소드는 .(마침표)로 연결한 후 괄호 ( )를 붙여 적는다.
❹ a 객체의 메소드 chg의 시작점이다. 별도로 사용되는 인수가 없으므로 괄호 ( )에는 self만 적는다.

❺ a 객체의 속성 x의 값을 temp에 저장한다.
   • self : 메소드 안에서 사용되는 self는 자신이 속한 클래스를 의미한다.
   • self.x : a.x와 동일하다.

			ax	ay
temp	10	a	10	20

❻ a 객체의 속성 y의 값을 a 객체의 속성 x에 저장한다.

			ax	ay
temp	10	a	20	20

❼ temp의 값을 a 객체의 속성 y에 저장한다. 메소드 chg가 종료되었으므로 메소드를 호출한 다음 문장인 ❽번으로 제어를 옮긴다.

			ax	ay
temp	10	a	20	10

❽ a 객체의 속성 x와 y를 출력한다.

결과
```
10 20
20 10
```

기출체크 ☑

필기 21.5

1. 다음 파이썬(Python) 프로그램이 실행되었을 때의 실행 결과를 쓰시오.

```python
class FourCal:
    def setdata(sel, fir, sec):
        sel.fir = fir
        sel.sec = sec
    def add(sel):
        result = sel.fir + sel.sec
        return result
a = FourCal()
a.setdata(4, 2)
print(a.add())
```

답 :

해설

```
ⓐ      class FourCal:
ⓑ❸       def setdata(sel, fir, sec):
  ❹          sel.fir = fir
  ❺          sel.sec = sec
ⓒ❼       def add(sel):
  ❽          result = sel.fir + sel.sec
  ❾          return result
❶   a = FourCal( )
❷   a.setdata(4, 2)
❻❿ print(a.add( ))
```

ⓐ 클래스 FourCal을 정의한다.
ⓑ 2개의 인수를 받는 메소드 setdata( )를 정의한다.
ⓒ 메소드 add( )를 정의한다.

모든 Python 프로그램은 반드시 클래스 정의부가 종료된 이후의 코드에서 시작한다.
❶ FourCal 클래스의 객체 변수 a를 선언한다.
❷ 4와 2를 인수로 a 객체의 setdata 메소드를 호출한다.
❸ setdata 메소드의 시작점이다. ❷번에서 전달받은 4와 2를 fir와 sec가 받는다.

기출체크 정답   1. 6

- **sel** : 메소드에서 자기 클래스에 속한 변수에 접근할 때 사용하는 명칭으로, 일반적으로 self를 사용하지만 여기서의 sel과 같이 사용자가 임의로 지정해도 된다.
❹ a 객체에 변수 fir을 선언하고, fir의 값 4로 초기화한다.
❺ a 객체에 변수 sec를 선언하고, sec의 값 2로 초기화한다. 메소드가 종료되었으므로 메소드를 호출했던 ❷번의 다음 줄인 ❻번으로 이동한다.
❻ a 객체의 add 메소드를 호출하고 반환받은 값을 출력한다.
❼ add 메소드의 시작점이다.
❽ result를 선언하고, a 객체의 변수 fir와 sec를 더한 값 6(4+2)으로 초기화한다.
❾ result의 값 6을 메소드를 호출했던 곳으로 반환한다.
❿ ❾번에서 반환받은 값 6을 출력한다.

결과	6

22.5, 필기 23.2, 21.8

331 Python의 클래스 없는 메소드 사용 Ⓐ

예제 다음 프로그램의 실행 결과를 확인하시오.

```python
❸ def calc(x, y):
❹     x *= 3
❺     y /= 3
❻     print(x, y)
❼     return x

❶ a, b = 3, 12
❷ a = calc(a, b)
❽ print(a, b)
```

코드 해설

❶ 변수 a와 b에 3과 12를 저장한다.
❷ a와 b의 값, 즉 3과 12를 인수로 하여 calc 메소드를 호출한 결과를 a에 저장한다. ❸번으로 이동한다.
❸ 메소드 calc의 시작점이다. ❷번에서 calc(a, b)라고 했으므로 x는 a의 값 3을 받고, y는 b의 값 12를 받는다.
❹ x = x * 3이므로 x는 9가 된다.
❺ y = y / 3이므로 y는 4가 된다.

❻ 결과	9 4.0

❼ x의 값을 반환한다. x의 값 9를 ❷번의 a에 저장한 후 제어를 ❽번으로 옮긴다.

❽ 결과	9 4.0 9 12

22.5

1. 다음 Python으로 구현된 프로그램을 분석하여 그 실행 결과를 쓰시오. (단, 출력문의 출력 서식을 준수하시오.)

```python
def func(num1, num2 = 2):
    print('a =', num1, 'b =', num2)
func(20)
```

답 :

해설

❷ def func(num1, num2 = 2):　　　　　def는 Python에서 메소드를 정의하는 예약어이다. 매개 변수를 지정한 후 메소드에 속한 실행 코드들은 콜론(:) 과 여백으로 구분한다.

❸ 　　print('a =', num1, 'b =', num2)

❶ func(20)

func 메소드를 정의하는 부분의 다음 줄인 3번째 줄부터 실행한다.

❶ 20을 인수로 하여 func( ) 메소드를 호출한다.

❷ func( ) 메소드의 시작점이다. ❶번에서 전달받은 20을 num1이 받는다.

　• func( ) 메소드의 매개 변수는 num1, num2 두 개지만 num2는 메소드 정의 시 초기값이 지정되었다.

　• 전달된 인수는 매개 변수에 차례대로 전달되므로 인수가 하나만 주어지면 num1이 인수를 전달받고, 두 개가 주어지면 num1과 num2가 차례로 인수를 전달 받는다.

❸ a =와 num1의 값 **20**, b =와 num2의 값 **2**를 차례대로 출력한다.

　결과　`a = 20 b = 2`

▶ 340402

332 > Python – Range

21.7

• Range는 연속된 숫자를 생성하는 것으로, 리스트나 반복문에서 많이 사용된다.

• **형식**

range(최종값)	0에서 '최종값'–1까지 연속된 숫자를 생성한다.
range(초기값, 최종값)	'초기값'에서 '최종값'–1까지 연속된 숫자를 생성한다.
range(초기값, 최종값, 증가값)	• '초기값'에서 '최종값'–1까지 '증가값'만큼 증가하면서 숫자를 생성한다. • '증가값'이 음수인 경우 '초기값'에서 '최종값'+1까지 '증가값'만큼 감소하면서 숫자를 생성한다.

21.7

2. 다음 Python으로 구현된 프로그램을 분석하여 그 실행 결과를 쓰시오. (단, 출력문의 출력 서식을 준수하시오.)

```python
a = 100
result = 0
for i in range(1,3):
    result = a >> i
    result = result + 1
print(result)
```

답 :

기출체크 정답　1. a = 20 b = 2　2. 26

```
❶ a = 100
❷ result = 0
❸ for i in range(1,3):
❹     result = a >> i
❺     result = result + 1
❻ print(result)
```

❶ 변수 a에 100을 저장한다.

❷ 변수 result에 0을 저장한다.

❸ 반복 변수 i가 1에서 시작하여 1씩 증가하면서 3보다 작은 동안 ❹, ❺번을 반복 수행한다.

❹ >>는 오른쪽 시프트 연산자이므로, a에 저장된 값을 오른쪽으로 i비트 이동시킨 다음 그 값을 result에 저장한다. 정수는 4Byte이므로 100을 4Byte 2진수로 변환하여 계산하면 된다.

❺ result의 값에 1을 누적시킨다.

❸~❺ 반복 과정은 다음과 같다.

반복문 1회 수행(i = 1)

• result = a >> i
  - a의 값 100을 4Byte 2진수로 표현하면 다음과 같다.

  - i는 1이므로 부호를 제외한 전체 비트를 오른쪽으로 1비트 이동시킨다. 양수이므로 패딩 비트(빈자리)에는 0이 채워진다.

  - 이동된 값을 10진수로 변환하면 50이다. result에는 50이 저장된다.

• result = result + 1
  - result의 값 50에 1을 더하면 result는 51이 된다.

반복문 2회 수행(i = 2)

• result = a >> i
  - i는 2이므로 a의 값 100을 오른쪽으로 2비트 이동시킨다. 양수이므로 패딩 비트(빈자리)에는 0이 채워진다.

  - 이동된 값을 10진수로 변환하면 25다. result에는 25가 저장된다.

• result = result + 1
  - result의 값 25에 1을 더하면 result는 26이 된다.

❻ result의 값 **26**을 출력한다.

결과 26

▶340403

333 > Python - 슬라이스

- 슬라이스(slice)는 문자열이나 리스트와 같은 순차형 객체에서 일부를 잘라(slicing) 반환하는 기능이다.
- **형식**

객체명[초기위치:최종위치]	'초기위치'에서 '최종위치'-1까지의 요소들을 가져온다.
객체명[초기위치:최종위치:증가값]	• '초기위치'에서 '최종위치'-1까지 '증가값'만큼 증가하면서 해당 위치의 요소들을 가져온다. • '증가값'이 음수인 경우 '초기위치'에서 '최종위치'+1까지 '증가값' 만큼 감소하면서 해당 위치의 요소들을 가져온다.

- 슬라이스는 일부 인수를 생략하여 사용할 수 있다.

객체명[:] 또는 객체명[::]	객체의 모든 요소를 반환한다.
객체명[초기위치:]	객체의 '초기위치'에서 마지막 위치까지의 요소들을 반환한다.
객체명[:최종위치]	객체의 0번째 위치에서 '최종위치'-1까지의 요소들을 반환한다.
객체명[::증가값]	객체의 0번째 위치에서 마지막 위치까지 '증가값'만큼 증가하면서 해당 위치의 요소들을 반환한다.

기출체크 ☑

필기 20.8

1. 다음은 사용자로부터 입력받은 문자열에서 처음과 끝의 3글자를 추출한 후 합쳐서 출력하는 파이썬(Python) 코드이다. 괄호에 들어갈 알맞은 코드를 〈보기〉에서 골라 기호(㉠~㉣)로 쓰시오.

```
String = input("7문자 이상 문자열을 입력하시오 :")
m = (        )
print(m)
```

〈보기〉

㉠ string[1:3]+string[-3:]   ㉡ string[:3]+string[-3:-1]
㉢ string[0:3]+string[-3:]   ㉣ string[0:]+string[:-1]

답 :

해설

문제에 제시된 보기들은 '객체명[초기위치:최종위치]'으로 기본 형식에서 '증가값'이 생략된 경우이다. '증가값'이 생략된 경우에는 '초기위치'부터 '최종위치-1'까지 1씩 증가하면서 요소들을 가져온다. 각 보기의 의미는 다음과 같다.
※ 문자열의 위치는 0부터 시작하며, -1위치는 문자열의 마지막 위치를 가리키고, '초기위치'와 '최종위치'의 0은 생략이 가능하다는 점을 염두에 두세요.
㉠ string[1:3]+string[-3:] : 1, 2번째 위치의 2글자와 -3, -2, -1번째 위치의 3글자를 가져온다.
㉡ string[:3]+string[-3:-1] : 0, 1, 2번째 위치의 3글자와 -3, -2번째 위치의 2글자를 가져온다.
㉢ string[0:3]+string[-3:] : 0, 1, 2번째 위치의 3글자와 -3, -2, -1번째 위치의 3글자를 가져온다.
㉣ string[0:]+string[:-1] : 0부터 마지막 위치까지의 모든 글자와, 첫 위치부터 -1까지의 모든 글자를 가져온다.

기출체크 정답 1. ㉢

334 > Python – 리스트 관련 주요 메소드

형식	내용
22.5 pop(위치)	리스트의 '위치'에 있는 값을 출력하고 해당 요소를 삭제함 예 [10, 11, 12].pop(1) → 11 출력 → [10, 12]
index(값)	리스트에서 '값'이 저장된 요소의 위치를 반환함 예 [10, 11, 12].index(12) → 2
count(값)	리스트에서 '값'이 저장되어 있는 요소들의 개수를 반환함 예 [1, 0, 1, 0, 0].count(0) → 3
22.5 extend(리스트)	리스트의 끝에 새로운 '리스트'를 추가하여 확장함 예 ['a', 'b'].extend(['c', 'd']) → ['a', 'b', 'c', 'd']
22.5 reverse( )	리스트의 순서를 역순으로 뒤집음 예 [1, 2, 3].reverse( ) → [3, 2, 1]
sort( )	• 리스트를 정렬하며, 기본값은 오름차순임 • reverse 속성을 이용하여 정렬 방식을 지정할 수 있음 　– True : 내림차순, False : 오름차순 예 [2, 1, 3].sort( ) → [1, 2, 3] 　　[2, 1, 3].sort(reverse = True) → [3, 2, 1]
copy( )	리스트를 복사함 예 a = [1, 2, 3]　　→　a |1|2|3| ,　b |1|2|3| 　　b = a.copy( )

기출체크 ☑

22.5

2. 다음은 Python의 리스트 객체에 속한 메소드들에 대한 설명이다. 각 괄호(①~③)에 해당하는 메소드의 이름을 〈보기〉에서 찾아 기호(㉠~◎)로 쓰시오.

> Python에서는 여러 요소들을 한 개의 이름으로 처리할 때 리스트(List)를 사용하며, 각 요소에는 정수, 실수, 문자열 등 다양한 자료형을 섞어 저장할 수 있다. 또한 리스트는 메소드를 활용하여 요소를 추가 및 삭제할 수 있을 뿐만 아니라 정렬하거나 다른 리스트와 병합하는 등의 다양한 작업을 손쉽게 수행할 수 있다.
> • (①) : 기존 리스트에 인수의 요소들을 추가하여 확장하는 메소드로, 여러 값을 한 번에 추가할 수 있다.
> • (②) : 리스트에서 맨 마지막 또는 인수의 값에 해당하는 위치의 요소를 삭제한 후 반환한다.
> • (③) : 리스트에 저장된 각 요소들의 순서를 역순으로 뒤집어 저장하는 메소드이다.

〈보기〉

㉠ pop( )	㉡ push( )	㉢ reverse( )	㉣ index( )
㉤ write( )	㉥ sort( )	㉦ extend( )	◎ copy( )

답
- ①
- ②
- ③

---

335 > Python – 세트 관련 주요 메소드 ⓒ

형식	내용
pop( )	세트의 값을 출력하고 요소를 삭제함 예 {10, 11, 12}.pop( ) → 10 출력 → {11, 12}
add(값)	세트에 '값'을 추가함 예 {10, 11, 12}.add(13) → {10, 11, 12, 13}
update(세트)	세트에 새로운 '세트'를 추가하여 확장함 예 {'a', 'b', 'c'}.update({'c', 'd'}) → {'a', 'b', 'c', 'd'}
remove(값)	세트에서 '값'을 찾아 해당 요소를 삭제함 예 {10, 11, 12}.remove(10) → {11, 12}

예상체크 ☑

출제예상

1. 다음은 Python의 세트 객체에 속한 메소드들에 대한 설명이다. 각 괄호(①, ②)에 해당하는 메소드의 이름을 〈보기〉에서 찾아 기호(㉠~◉)로 쓰시오.

> Python에서 세트(set) 자료형은 순서가 정해져 있지 않으며, 여러 메소드를 활용하여 요소를 추가 및 삭제할 수 있을 뿐만 아니라 다른 세트와 병합하는 등의 다양한 작업을 손쉽게 수행할 수 있다.
> - (①) : 기존 세트에 인수의 요소들을 추가하여 확장하는 메소드로, 여러 값을 한 번에 추가할 수 있다.
> - (②) : 세트에서 지정된 값을 찾아 해당 요소를 삭제한다.

〈보기〉

㉠ pop( )	㉡ push( )	㉢ remove( )	㉣ index( )
㉤ write( )	㉥ sort( )	㉦ extend( )	◉ update( )

답
- ①
- ②

---

336 > 스크립트 언어 Ⓑ

▶ 340406
필기 20.6

스크립트 언어(Script Language)는 HTML 문서 안에 직접 프로그래밍 언어를 삽입하여 사용하는 언어이다.

필기 20.6

서버용 스크립트 언어

• 서버에서 해석되어 실행된 후 결과만 클라이언트로 보낸다.

• 종류 : ASP, JSP, PHP, 파이썬(Python)

클라이언트용 스크립트 언어

• 클라이언트의 웹 브라우저에서 해석되어 실행된다.

• 종류 : 자바 스크립트(JAVA Script), VB 스크립트(Visual Basic Script)

기출체크 ☑

필기 20.6

2. 다음 제시된 언어 중 스크립트 언어(Script Language)만 골라 쓰시오.

> PHP, Cobol, Python, Fortran, Smalltalk

답 :

337 > 자바 스크립트 Ⓑ

▶ 340407
필기 21.5

• 자바 스크립트(JAVA Script)는 웹 페이지의 동작을 제어하는 데 사용되는 클라이언트용 스크립트 언어이다.

• 클래스가 존재하지 않으며 변수 선언도 필요 없다.

• 서버에서 데이터를 전송할 때 아이디, 비밀번호, 수량 등의 입력 사항을 확인하기 위한 용도로 많이 사용된다.

기출체크 ☑

필기 21.5

3. 다음의 설명에 가장 적합한 프로그래밍 언어를 쓰시오.

> • 넷스케이프(Netscape)의 브렌던 아이크(Brendan Eich)가 개발한 클라이언트용 스크립트 언어이다.
> • 웹 페이지의 동작을 제어하며, 변수 선언이 필요 없다.
> • 서버에서 데이터를 전송할 때 아이디, 비밀번호, 수량 등의 입력 사항을 확인하기 위한 용도로 많이 사용된다.

답 :

338 > 쉘 스크립트 Ⓑ

▶ 340408
필기 20.8

• 쉘 스크립트(Shell Script)는 유닉스/리눅스 계열의 쉘(Shell)에서 사용되는 명령어들의 조합으로 구성된 스크립트 언어이다.

• 쉘 스크립트에서 사용되는 제어문

 – 선택형 : if, case

 – 반복형 : for, while, until

기출체크 ☑

필기 20.8

4. 다음 중 bash 쉘 스크립트에서 사용할 수 있는 제어문을 모두 골라 기호(㉠~㉡)로 쓰시오.

> ㉠ if ㉡ for ㉢ repeat_do ㉣ while ㉤ erase ㉥ echo

답 :

339 > 라이브러리 Ⓑ

▶ 340409
필기 21.3

라이브러리(Library)는 프로그램을 효율적으로 개발할 수 있도록 자주 사용하는 함수나 데이터들을 미리 만들어 모아 놓은 집합체이다.

표준 라이브러리

• 프로그래밍 언어에 기본적으로 포함되어 있는 라이브러리이다.

• 여러 종류의 모듈이나 패키지 형태이다.

외부 라이브러리

• 개발자들이 필요한 기능들을 만들어 인터넷 등에 공유해 놓은 라이브러리이다.

• 다운받아 설치한 후 사용할 수 있다.

기출체크 정답 2. PHP, Python 3. 자바 스크립트(Java Script) 4. ㉠, ㉡, ㉣

1. 다음 설명에 해당하는 용어를 쓰시오.

- 필요할 때 찾아서 쓸 수 있도록 모듈화되어 제공되는 프로그램을 말한다.
- 프로그래밍 언어에 따라 일반적으로 도움말, 설치 파일, 샘플 코드 등을 제공한다.
- 프로그래밍 언어가 기본적으로 가지고 있으나, 일부는 별도의 파일 설치를 필요로 한다.
- 모듈과 패키지를 총칭하며, 모듈이 개별파일이라면 패키지는 파일들을 모아 놓은 폴더라고 볼 수 있다.

답 :

2. C언어는 라이브러리를 헤더 파일로 제공하는데, 각 헤더 파일에는 응용 프로그램 개발에 필요한 함수들이 정리되어 있다. 이러한 C언어의 헤더 파일 중 'stdlib.h'가 제공하는 기능에 대해 간략히 서술하시오.

답 :

340410

필기 23.5, 23.2, 21.5

340 〉 C언어의 대표적인 표준 라이브러리 Ⓑ

필기 23.5, 23.2
stdio.h

- 데이터의 입·출력에 사용되는 기능들을 제공한다.
- 주요 함수 : printf, scanf, fprintf, fscanf, fclose, fopen 등

필기 23.2
math.h

- 수학 함수들을 제공한다.
- 주요 함수 : sqrt, pow, abs 등

필기 23.2
string.h

- 문자열 처리에 사용되는 기능들을 제공한다.
- 주요 함수 : strlen, strcpy, strcmp 등

필기 21.5
stdlib.h

- 자료형 변환, 난수 발생, 메모리 할당에 사용되는 기능들을 제공한다.
- 주요 함수 : atoi, atof, srand, rand, malloc, free 등

필기 23.2
time.h

- 시간 처리에 사용되는 기능들을 제공한다.
- 주요 함수 : time, clock 등

기출체크 정답   1. 라이브러리(Library)   2. stdlib.h는 자료형 변환, 난수 발생, 메모리 할당에 사용되는 기능들을 제공하는 헤더 파일이다.

문제 01 다음 Python으로 구현된 프로그램을 분석하여 그 실행 결과를 쓰시오. (단, 출력문의 출력 서식을 준수하시오.)

```python
x, y = 100, 200
print(x==y)
```

답 :

문제 02 다음 Java로 구현된 프로그램을 분석하여 괄호에 들어갈 알맞은 답을 쓰시오.

```java
class Parent {
    void show() { System.out.println("parent"); }
}
class Child extends Parent {
    void show() { System.out.println("child"); }
}
public class Test {
    public static void main(String[] args) {
        Parent pa = (       ) Child();
        pa.show();
    }
}
```

답 :

문제 03 다음 Python으로 구현된 프로그램을 분석하여 그 실행 결과를 쓰시오.
(단, 출력문의 출력 서식을 준수하시오.)

```python
lol = [[1, 2, 3], [4, 5], [6, 7, 8, 9]]
print(lol[0])
print(lol[2][1])
for sub in lol:
    for item in sub:
        print(item, end=' ')
    print()
```

답 :

문제 04 다음 Java로 구현된 프로그램을 분석하여 그 실행 결과를 쓰시오.

```java
class Parent {
    int compute(int num) {
        if(num <= 1) return num;
        return compute(num - 1) + compute(num - 2);
    }
}
class Child extends Parent {
    int compute(int num) {
        if(num <= 1) return num;
        return compute(num - 1) + compute(num - 3);
    }
}
public class Test {
    public static void main(String[] args) {
        Parent obj = new Child();
        System.out.print(obj.compute(4));
    }
}
```

답 :

문제 05 다음 설명에 가장 적합한 프로그래밍 언어의 종류를 쓰시오.

- HTML 문서 안에 직접 프로그래밍 언어를 삽입하여 사용하는 것으로, 기계어로 컴파일 되지 않고 별도의 번역기가 소스를 분석하여 동작하게 하는 언어이다.
- 게시판 입력, 상품 검색, 회원 가입 등과 같은 데이터베이스 처리 작업을 수행하기 위해 주로 사용한다.
- 클라이언트의 웹 브라우저에서 해석되어 실행되는 클라이언트용 언어와 서버에서 해석되어 실행된 후 결과만 클라이언트로 보내는 서버용 언어가 있다.

답 :

문제 06 다음 Java로 구현된 프로그램을 분석하여 그 실행 결과를 쓰시오.

```java
public class Test {
    static int[] arr() {
        int a[] = new int[4];
        int b = a.length;
        for(int i = 0; i < b; i++)
            a[i] = i;
        return a;
    }
    public static void main(String[] args) {
        int a[] = arr();
        for(int i = 0; i < a.length; i++)
            System.out.print(a[i] + " ");
    }
}
```

답 :

문제 07 다음 Java로 구현된 프로그램을 분석하여 괄호에 들어갈 알맞은 예약어를 쓰시오.

```java
public class Test {
    public static void main(String[] args) {
        System.out.print(Test.check(1));
    }
    (      ) String check(int num){
        return (num >= 0) ? "positive" : "negative";
    }
}
```

답 :

문제 08 다음 C 언어로 구현된 프로그램을 분석하여 그 실행 결과를 쓰시오. (단, 출력문의 출력 서식을 준수하시오.)

```c
#include <stdio.h>
#include <stdlib.h>

main(int argc, char *argv[]) {
    int v1 = 0;
    int v2 = 35;
    int v3 = 29;
    if (v1 > v2 ? v2 : v1)
        v2 = v2 << 2;
    else
        v3 = v3 << 2;
    printf("%d", v2 + v3);
    return 0;
}
```

답 :

문제 09 다음 C 언어로 구현된 프로그램과 〈처리조건〉을 참고하여 괄호(①~ ④)에 들어갈 알맞은 식을 쓰시오.

```c
#include <stdio.h>
main() {
    int m = 4620;
    int a = (  ①  );
    int b = (  ②  );
    int c = (  ③  );
    int d = (  ④  );
    printf("1000원의 개수 : %d\n", a);
    printf("500원의 개수 : %d\n", b);
    printf("100원의 개수 : %d\n", c);
    printf("10원의 개수 : %d\n", d);
}
```

〈처리조건〉

괄호(①~④)의 식에 사용할 문자는 다음으로 제한한다.

• a, b, c, d, m, i, d
• +, −, /, *, %
• 0~9, (,)

답

• ①
• ②
• ③
• ④

문제 10 다음 C 언어로 구현된 프로그램을 분석하여 그 실행 결과를 쓰시오. (단, 출력문의 출력 서식을 준수하시오.)

```c
#include <stdio.h>
#include <ctype.h>

int main( ) {
    char *p = "It is 8";
    char result[100];
    int i;
    for(i = 0; p[i] != '\0'; i++) {
        if(isupper(p[i]))
            result[i] = (p[i] - 'A'+ 5) % 25 + 'A';
        else if(islower(p[i]))
            result[i] = (p[i] - 'a'+ 10) % 26 + 'a';
        else if(isdigit(p[i]))
            result[i] = (p[i] - '0'+ 3) % 10 + '0';
        else if(!(isupper(p[i]) || islower(p[i]) || isdigit(p[i])))
            result[i] = p[i];
    }
    result[i] = '\0';
    printf("변환된 문자열 : %s\n", result);
    return 0;
}
```

답 :

문제 11 다음 C 언어로 구현된 프로그램을 실행시킨 결과가 "43215"일 때, 〈처리조건〉을 참고하여 괄호에 들어갈 알맞은 식을 쓰시오.

```c
#include <stdio.h>
main() {
    int n[] = { 5, 4, 3, 2, 1 };
    for (int i = 0; i < 5; i++)
        printf("%d", (        ) );
}
```

〈처리조건〉

| |
| 괄호의 식에 사용할 문자는 다음으로 제한한다. |
| • n, i |
| • +, −, /, *, % |
| • 0~9, (,), [,] |

답 :

문제 12 다음 C 언어로 구현된 프로그램을 분석하여 그 실행 결과를 쓰시오.
(단, 출력문의 출력 서식을 준수하시오.)

```c
#include <stdio.h>
main() {
    int n[] = { 73, 95, 82 };
    int sum = 0;
    for (int i = 0; i < 3; i++)
        sum += n[i];
    switch (sum / 30) {
        case 10:
        case 9: printf("A");
        case 8: printf("B");
        case 7:
        case 6: printf("C");
        default: printf("D");
    }
}
```

답 :

문제 13 다음은 데이터를 오름차순으로 정렬하는 선택 정렬 알고리즘을 C 언어 프로그램으로 구현한 것이다. 프로그램을 분석하여 괄호에 들어갈 알맞은 연산자를 쓰시오.

```c
#include <stdio.h>
main() {
    int E[] = { 64, 25, 12, 22, 11 };
    int n = sizeof(E) / sizeof(E[0]);
    int i = 0;
    do {
        int j = i + 1;
        do {
            if (E[i] (      ) E[j]) {
            int tmp = E[i];
            E[i] = E[j];
            E[j] = tmp;
            }
            j++;
        } while (j < n);
        i++;
    } while (i < n - 1);
    for (int i = 0; i <= 4; i++)
        printf("%d ", E[i]);
}
```

〈처리조건〉

괄호의 연산자는 다음으로 제한한다.
- +=, −=, *=, /=
- ==, !=, 〉, 〉= 〈, 〈=
- &&, ||

답:

문제 14 다음 C 언어로 구현된 프로그램을 분석하여 그 실행 결과를 쓰시오. (단, 출력문의 출력 서식을 준수하시오.)

```c
#include <stdio.h>
main() {
    int c = 0;
    for (int i = 1; i <= 2023; i++)
        if (i % 4 == 0)
            c++;
    printf("%d", c);
}
```

답 :

문제 15 다음 C 언어로 구현된 프로그램을 분석하여 그 실행 결과를 쓰시오. (단, 출력문의 출력 서식을 준수하시오.)

```c
#include <stdio.h>
main() {
    char* p = "KOREA";
    printf("1. %s\n", p);
    printf("2. %s\n", p + 1);
    printf("3. %c\n", *p);
    printf("4. %c\n", *(p + 3));
    printf("5. %c\n", *p + 4);
}
```

답 :

문제 16 다음 C 언어 프로그램과 그 〈실행결과〉를 분석하여 괄호에 공통으로 들어갈 알맞은 답을 쓰시오.

```c
#include <stdio.h>
struct insa {
    char name[10];
    int age;
    struct insa* impl_a;
    struct insa* impl_b;
};

main() {
    struct insa p1 = { "Kim", 28, NULL, NULL };
    struct insa p2 = { "Lee", 36, NULL, NULL };
    struct insa p3 = { "Park", 41, NULL, NULL };
    p1.impl_a = &p2;
    p2.impl_b = &p3;
    printf("%s\n", p1.impl_a(      )name);
    printf("%d", p2.impl_b(      )age);
}
```

〈실행결과〉

```
Lee
41
```

답 :

문제 17 다음 C 언어로 구현된 프로그램을 분석하여 그 실행 결과를 쓰시오. (단, 출력문의 출력 서식을 준수하시오.)

```c
#include <stdio.h>
#include <string.h>

void inverse(char *str, int len) {
    for(int i = 0, j = len - 1; i < j; i++, j--) {
        char ch = str[i];
        str[i] = str[j];
        str[j] = ch;
    }
}

int main() {
    char str[100] = "ABCDEFGH";
    int len = strlen(str);
    inverse(str, len);
    for(int i = 1; i < len; i += 2) {
        printf("%c", str[i]);
    }
    return 0;
}
```

답 :

문제 18 다음 C 언어로 구현된 프로그램을 분석하여 "홍길동", "김철수", "박영희"를 차례로 입력했을 때 그 실행 결과를 쓰시오. (단, 출력문의 출력 서식을 준수하시오.)

```c
#include <stdio.h>
char n[30];
char* getname() {
    printf("이름 입력 : ");
    gets(n);
    return n;
}

main() {
    char* n1 = getname();
    char* n2 = getname();
    char* n3 = getname();
    printf("%s\n", n1);
    printf("%s\n", n2);
    printf("%s\n", n3);
}
```

답 :

문제 19 다음 C 언어로 구현된 프로그램을 분석하여 그 실행 결과를 쓰시오.
(단, 출력문의 출력 서식을 준수하시오.)

```c
#include <stdio.h>
int isPerfectNum(int num) {
    int sum = 0;
    for (int i = 1; i < num; i++) {
        if (num % i == 0)
            sum += i;
    }
    if (num == sum) return 1;
    else return 0;
}
main() {
    int r = 0;
    for (int i = 1; i <= 100; i++)
        if (isPerfectNum(i))
            r += i;
    printf("%d", r);
}
```

답 :

문제 20 다음 JAVA로 구현된 프로그램을 분석하여 그 실행 결과를 쓰시오. (단, 출력문의 출력 서식을 준수하시오.)

```java
public class Test {
    public static void main(String[] args) {
        String str1 = "Programming";
        String str2 = "Programming";
        String str3 = new String("Programming");
        System.out.println(str1==str2);
        System.out.println(str1==str3);
        System.out.println(str1.equals(str3));
        System.out.println(str2.equals(str3));
    }
}
```

답 :

문제 21 다음 JAVA로 구현된 프로그램을 분석하여 그 실행 결과를 쓰시오. (단, 출력문의 출력 서식을 준수하시오.)

```java
class SuperObject {
    public void draw() {
        System.out.println("A");
        draw();
    }
    public void paint() {
        System.out.print('B');
        draw();
    }
}
class SubObject extends SuperObject {
    public void paint() {
        super.paint();
        System.out.print('C');
        draw();
    }
    public void draw() {
        System.out.print('D');
    }
}
public class Test {
    public static void main(String[] args) {
        SuperObject a = new SubObject();
        a.paint();
        a.draw();
    }
}
```

답 :

문제 22 다음 JAVA로 구현된 프로그램을 분석하여 그 실행 결과를 쓰시오.
(단, 출력문의 출력 서식을 준수하시오.)

```java
class Connection {
    private static Connection _inst = null;
    private int count = 0;
    public static Connection get() {
        if(_inst == null) {
            _inst = new Connection();
            return _inst;
        }
        return _inst;
    }
    public void count() { count++; }
    public int getCount() { return count; }
}
public class Test {
    public static void main(String[] args) {
        Connection conn1 = Connection.get();
        conn1.count();
        Connection conn2 = Connection.get();
        conn2.count();
        Connection conn3 = Connection.get();
        conn3.count();
        conn1.count();
        System.out.print(conn1.getCount());
    }
}
```

답 :

문제 23 다음 JAVA로 구현된 프로그램을 분석하여 그 실행 결과를 쓰시오. (단, 출력문의 출력 서식을 준수하시오.)

```java
class P {
    public int calc(int n) {
        if (n <= 1) return n;
        return calc(n - 1) + calc(n - 2);
    }
}
class C extends P {
    public int calc(int n) {
        if (n <= 1) return n;
        return calc(n - 1) + calc(n - 3);
    }
}
public class Test {
    public static void main(String[] args) {
        P obj = new C();
        System.out.print(obj.calc(7));
    }
}
```

답 :

문제 24 다음 JAVA로 구현된 프로그램을 분석하여 그 실행 결과를 쓰시오. (단, 출력문의 출력 서식을 준수하시오.)

```java
class firstArea {
    int x, y;
    public firstArea(int x, int y) {
        this.x = x;
        this.y = y;
    }
    public void print() {
        System.out.println(x+y);
    }
}

class secondArea extends firstArea {
    int bb = 3;
    public secondArea(int i) {
        super(i, i+1);
    }
    public void print() {
        System.out.println(bb*bb);
    }
}

public class Main {
    public static void main(String[] args) {
        firstArea st = new secondArea(10);
        st.print();
    }
}
```

답 :

문제 25 다음 Python 프로그램과 그 〈실행결과〉를 분석하여 괄호에 들어갈 알맞은 예약어를 쓰시오. (〈실행결과〉 첫 번째 라인의 '5 10'은 입력받은 값에 해당한다.)

```
x, y = input("x, y의 값을 공백으로 구분하여 입력 : ").(      )(' ')
print("x의 값 :", x)
print("y의 값 :", y)
```

〈실행결과〉

```
x, y의 값을 공백으로 구분하여 입력 : 5 10
x의 값 : 5
y의 값 : 10
```

답 :

문제 26 다음 Python으로 구현된 프로그램을 분석하여 그 실행 결과를 쓰시오. (단, 출력문의 출력 서식을 준수하시오.)

```
a = "engineer information programming"
b = a[:3]
c = a[4:6]
d = a[29:]
e = b + c + d
print(e)
```

답 :

문제 27 다음 Python으로 구현된 프로그램을 분석하여 그 실행 결과를 쓰시오.

```python
str = 'Sinagong'
n = len(str)
st = list()
for k in range(n):
    st.append(str[k])
for k in range(n-1, -1, -1):
    print(st[k], end = '')
```

답 :

문제 28 다음 Python으로 구현된 프로그램을 분석하여 그 실행 결과를 쓰시오.

```python
a = [[1, 1, 0, 1, 0],
     [1, 0, 1, 0]]
tot, totsu = 0, 0
for i in a:
    for j in i:
        tot += j
    totsu = totsu + len(i)
print(totsu, tot)
```

답 :

문제 29 다음 Java로 구현된 프로그램을 분석하여 괄호(①, ②)에 들어갈 알맞은 답을 쓰시오.

▶1450408

```java
public class Test {
    public static void main(String[] args) {
        int ary[][] = new int[( ① )][( ② )];
        int n = 1;
        for(int i = 0; i < 3; i++) {
            for(int j = 0; j < 5; j++) {
            ary[i][j] = j * 3 + i + 1;
            System.out.print(ary[i][j] + " ");
            }
            System.out.println();
        }
    }
}
```

답 :

문제 30 다음 C언어로 구현된 프로그램을 분석하여 5를 입력했을 때 그 실행 결과를 쓰시오. (단, 출력문의 출력 서식을 준수하시오.)

▶346051

```c
#include <stdio.h>
int func(int a) {
    if (a <= 1) return 1;
    return a * func(a - 1);
}
int main() {
    int a;
    scanf("%d", &a);
    printf("%d", func(a));
}
```

답 :

문제 31 다음 C 언어로 구현된 프로그램을 분석하여 그 실행 결과를 쓰시오.
(단, 출력문의 출력 서식을 준수하시오.)

```c
#include <stdio.h>
#define MAX_SIZE 10

int isWhat[MAX_SIZE];
int point = -1;

int isEmpty() {
    if (point == -1) return 1;
    return 0;
}

int isFull() {
    if (point == 10) return 1;
    return 0;
}

void into(int num) {
    if (isFull() == 1) printf("Full");
    else isWhat[++point] = num;
}

int take() {
    if (isEmpty() == 1) printf("Empty");
    else return isWhat[point--];
    return 0;
}

main() {
    into(5); into(2);
    while (!isEmpty()) {
        printf("%d", take());
        into(4); into(1); printf("%d", take());
```

```
        into(3); printf("%d", take()); printf("%d", take());
        into(6); printf("%d", take()); printf("%d", take());
    }
}
```

답 :

문제 32 다음 C언어로 구현된 프로그램을 분석하여 그 실행 결과를 쓰시오.
(단, 출력문의 출력 서식을 준수하시오.)

```c
#include <stdio.h>
int isPrime(int number) {
    for (int i = 2; i < number; i++)
        if (number % i == 0) return 0;
    return 1;
}

int main() {
    int number = 13195;
    int max_div = 0;
    for (int i = 2; i < number; i++)
        if (isPrime(i) == 1 && number % i == 0) max_div = i;
    printf("%d", max_div);
}
```

답 :

문제 33 다음 Java로 구현된 프로그램을 분석하여 괄호에 들어갈 알맞은 답을 쓰시오.

```java
class Car implements Runnable {
    int a;
    public void run() {
        try {
            while(++a < 100) {
                System.out.println("miles traveled : " + a);
                Thread.sleep(100);
            }
        } catch(Exception E) { }
    }
}

public class Test {
    public static void main(String args[]) {
        Thread t1 = new Thread(new (     )());
        t1.start();
    }
}
```

답 :

문제 34 다음 C언어로 구현된 프로그램을 분석하여 배열 〈mines〉의 각 칸에 들어갈 값을 쓰시오.

```c
#include <stdio.h>
main( ) {
    int field[4][4] = { {0,1,0,1}, {0,0,0,1}, {1,1,1,0}, {0,1,1,1} };
    int mines[4][4] = { {0,0,0,0}, {0,0,0,0}, {0,0,0,0}, {0,0,0,0} };
    int w = 4, h = 4;
    for (int y = 0; y < h; y++) {
        for (int x = 0; x < w; x++) {
            if (field[y][x] == 0) continue;
            for (int j = y - 1; j <= y + 1; j++) {
                for (int i = x - 1; i <= x + 1; i++) {
                    if (chkover(w, h, j, i) == 1)
                        mines[j][i] += 1;
                }
            }
        }
    }
}

int chkover(int w, int h, int j, int i) {
    if (i >= 0 && i < w && j >= 0 && j < h) return 1;
    return 0;
}
```

배열 〈field〉

0	1	0	1
0	0	0	1
1	1	1	0
0	1	1	1

배열 〈mines〉

답 :

문제 35 다음 Java로 구현된 프로그램을 분석하여 그 실행 결과를 쓰시오.

```java
class IntClass{
    int a;
    int b;
    int c;
}


public class Problem {
    public static void main(String[] args){
        IntClass myVar = new IntClass();
        myVar.a = 10;
        myVar.b = 20;
        prnt(myVar);
        System.out.printf("a=%d, b=%d, c=%d\n", myVar.a, myVar.b, myVar.c);
    }


    static void prnt(IntClass myVar)
    {
        myVar.a += 30;
        myVar.b -= 30;
        if (myVar.a <= myVar.b)
            myVar.c = myVar.a + myVar.b;
        else
            myVar.c = myVar.a - myVar.b;
    }
}
```

目:

문제 36 다음 C언어로 구현된 프로그램을 분석하여 그 실행 결과를 쓰시오.

346037

```c
#include <stdio.h>
main() {
    int numAry[] = { 0,0,0,0,3 };
    int i, j;
    for (j = 4; j >= 0; --j)
        for (i = 4; i > j; --i)
            numAry[j] += numAry[i];
    for (j = 0; j < 5; ++j)
        printf("%d ", numAry[j]);
}
```

답 :

문제 37 다음 C언어로 구현된 프로그램을 분석하여 그 실행 결과를 쓰시오.

346038

```c
#include <stdio.h>
void prnt(int *a, int *b, int *c);

main() {
    int a = 0, b = 5, c = 0;
    prnt(&a, &b, &c);
    printf("a=%d, b=%d, c=%d\n", a, b, c);
}

void prnt(x, y, z)
int *x, *y, *z;
{
    while (*x < *y) {
        ++*x;
        *z = *z + *x;
        prnt(x, y, z);
    }
}
```

문제 38 다음은 1+1+2+3+5+8+13+⋯의 순서로 나열되는 피보나치 수열을 Python으로 구현한 것이다. 〈처리 조건〉과 〈코드〉를 보고 괄호(①, ②)에 들어갈 알맞은 답을 쓰시오.

〈처리 조건〉

- 피보나치 수열은 첫 번째 항과 두 번째 항을 더해서 세 번째 항을 만들고, 두 번째 항과 세 번째 항을 더해서 네 번째 항을 만드는 방법으로, 계속해서 다음 항을 만들어 가는 수열이다. 합계는 새로운 항이 만들어질 때마다 누적하면 된다. 이러한 작업을 알고리즘으로 구현하려면 3개의 변수를 사용해야 한다. 3개의 변수로 먼저 첫 번째 항(A), 두 번째 항(B), 세 번째 항(C)을 만든 후, 두 번째 항(B)을 첫 번째 항(A)에 치환하고 세 번째 항(C)을 두 번째 항(B)에 치환한 후 첫 번째 항(A)과 두 번째 항(B)을 더하여 다시 세 번째 항(C)을 만든다. 이 과정을 원하는 항의 수만큼 만들어질 때까지 반복한다.

- 변수 설명
  - a : 첫 번째 항의 값이 저장될 변수
  - b : 두 번째 항의 값이 저장될 변수
  - c : 첫 번째 항과 두 번째 항의 합, 즉 세 번째 항이 저장될 변수
  - y : 각 항의 값이 누적되어 저장될 변수
  - k : 항의 값이 누적될 때마다 항의 개수가 저장될 변수
  - n : 입력받은 수열의 항의 개수가 저장될 변수

〈코드〉

```
a, b = 1, 1
y = a + b
n = int(input())
for k in range(3, n + 1):
    c = a + b
    y = (  ①  )
    a = b
    (  ②  )
print(y)
```

답
- ①
- ②

문제 39 다음은 Java로 1부터 100의 범위 안에서 가장 큰 소수를 구하는 알고리즘을 구현한 것이다. 괄호에 들어갈 가장 적합한 답을 쓰시오.

```java
import java.lang.Math;

public class Test {
    public static void main(String[] args) {
        int p = 2;
        int n = 3;
        while (true) {
            double t = Math.sqrt(n);
            int m = (int)t;
            for (int i = 2; i <= m; i++) {
                int r = n % i;
                if (r == 0)
                    break;
                if (i == m)
                    p = (      );
            }
            n++;
            if (n > 100)
                break;
        }
        System.out.printf("%d\n",  p);
    }
}
```

답 :

문제 40 다음 Java로 구현된 프로그램을 분석하여 그 실행 결과를 쓰시오.

```java
class SuperObject {
    public void paint() {
        draw();
    }

    public void draw() {
        draw();
        System.out.println("Super Object");
    }
}

class SubObject extends SuperObject {
    public void paint() {
        super.draw();
    }

    public void draw() {
        System.out.println("Sub Object");
    }
}

public class Test {
    public static void main(String[] args) {
        SuperObject a = new SubObject();
        a.paint();
    }
}
```

답:

문제 41 다음 C언어로 구현된 프로그램에서 괄호에 들어갈 가장 적합한 변수 (Variable)나 조건식을 C언어 코드 형식으로 쓰시오.

```c
#include <stdio.h>
main()
{
    int num[10];
    int min = 9999;
    int i;
    for (i = 0; i < 10; i++) {
        scanf("%d", &num[i]);
    }
    for (i = 0; i < 10; i++) {
        if (min > (      )) {
            min = num[i];
        }
    }
    printf("가장 작은 값은 %d이다.", min);
}
```

답 :

문제 **42** 다음 C언어의 〈코드〉와 〈출력〉을 보고 프로그램을 분석하여 괄호(①~③)에 들어갈 가장 적합한 코드를 쓰시오.

〈코드〉

```c
#include <stdio.h>
#define s 6

void bubble_sort(int list[]) {
    int j, k, p, tmp;
    for (j = 1; j < s; j++) {
        for (k = 0; k < s - j; k++) {
            if (( ① ) > list[k + 1]) {
                tmp = list[k];
                list[k] = list[k + 1];
                list[k + 1] = tmp;
            }
            for (p = 0; p < s; p++)
                printf("%d", list[p]);
            printf("\n");
        }
    }
}
main()
{
    int list[s] = { 9, 4, 3, 6, 8, 1 };
    int i;

    for (i = 0; i < s; i++)
        printf("%d", ( ② ));
    printf("\n");

    ( ③ )(list);
}
```

〈출력〉

```
943681
493681
439681
436981
436891
436819
346819
346819
346819
346189
346189
346189
341689
341689
314689
134689
```

답

- ①
- ②
- ③

문제 43 다음 Java의 〈출력〉과 〈코드〉를 보고 괄호에 들어갈 가장 적합한 코드를 쓰시오.

〈출력〉

```
3   2   1   0
4   3   2   1
5   4   3   2
```

코드〉

```java
public class Test {
    public static void main(String[] args) {
        int[][] a = new int[3][4];
        for(int i = 0; i < 3; i++) {
            for(int j = 3; j >= 0; j--) {
                a[i][j] = (         );
                System.out.printf("%d ", a[i][j]);
            }
            System.out.println();
        }
    }
}
```

답 :

문제 **44** 다음은 5개의 정수를 입력받아 그 중 홀수의 개수를 구하여 출력하는 알고리즘을 C언어로 구현한 코드이다. 프로그램을 분석하여 괄호에 들어갈 가장 적합한 답을 쓰시오.

```
#include <stdio.h>
main() {
    int i, a[5], cnt = 0;
    for (i = 0; i < 5; i++)
        scanf("%d", &a[i]);
    for (i = 0; i < 5; i++) {
        if (a[i] % 2 (        ) 0)
            cnt = cnt + 1;
    }
    printf("홀수의 개수 : %d개", cnt);
}
```

답 :

문제 45 다음 Java의 〈처리 조건〉과 〈코드〉를 보고 괄호(①, ②)에 들어갈 가장 적합한 답을 쓰시오.

〈처리 조건〉

- 배열에는 95, 75, 85, 100, 50이 차례대로 저장된다.
- 배열에 저장된 값을 오름차순으로 정렬하여 출력한다.

〈코드〉

```
public class Test {
    public static void main(String[] args) {
        int E[] = { ( ① ) };
        int i = 0;
        int Temp = 0;

        do
        {
            int j = i;
            do
            {
                if( E[i] > ( ② ) )
                {
                    Temp = E[i];
                    E[i] = E[j];
                    E[j] = Temp;
                }
                j++;
            } while (j < 5);
            i++;
        } while (i < 4);

        for (int a = 0; a < 5; a++ )
        {
            System.out.printf(E[a]+"\t");
        }
    }
}
```

답

• ①   • ②

문제 46 다음 Java로 구현된 프로그램을 분석하여 그 실행 결과를 쓰시오.

```java
public class Problem {
    static int Stack[] = new int[5];
    static int Top = -1;

    public static void main(String[] args){
        push(100);
        push(110);
        push(120);
        pop();
        push(130);
        push(140);
        pop();

    }
    static void push(int i) {
        Top++;
        if (Top >= 5)
            System.out.printf("overflow");
        else
            Stack[Top] = i;
    }

    static void pop() {
        if (Top < 0)
            System.out.printf("underflow");
        else
            System.out.printf("%d제거\n", Stack[Top--]);
    }
}
```

답 :

[문제 01]

False

```
❶ x, y = 100, 200
❷ print(x==y)
```

❶ 변수 x, y를 선언하고 각각 100, 200으로 초기화한다.
❷ x의 값 100과 y의 값 200이 같으면 참(True)을, 같지 않으면 거짓(False)을 출력한다.

결과 **False**

[문제 02]

new

```
class Parent {                                        클래스 Parent를 정의한다.
   void show( ) { System.out.println("parent"); }
}
class Child extends Parent {     클래스 Child를 정의하고 부모 클래스로 Parent를 지정하면서 Parent에 속한 변수와 메소드를 상속받는다.
❸  void show( ) { ❹ System.out.println("child"); }
}
public class Test {
   public static void main(String[ ] args) {
❶     Parent pa = new Child( );
❷     pa.show( );
   } ❺
}
```

모든 Java 프로그램은 반드시 main( ) 메소드에서 시작한다.
❶Parent pa = new Child( );
　Child 클래스의 생성자를 이용하여 Parent 클래스의 객체 변수 pa를 선언한다.
❷Pa의 show( ) 메소드를 호출한다. ❸번으로 이동한다.
　pa.show( )는 pa 객체의 자료형이 Parent이므로 Parent.show( )라고 생각할 수 있지만 ❶번에서 클래스 형 변환이 발생하였고, show( ) 메소드가 자식 클래스에서 재정의되었으므로 Child 클래스의 show( ) 메소드가 수행된다.
❸Child 클래스의 show( ) 메소드의 시작점이다.
❹화면에 문자열 **child**를 출력하고, 다음 줄의 처음으로 커서를 이동시킨다. show( ) 메소드가 종료되었으므로 메소드를 호출했던 ❷번의 다음 줄인 ❺번으로 이동하여 프로그램을 종료한다.

결과 **child**

[문제 03]

[1, 2, 3]
7
1 2 3
4 5
6 7 8 9

```
❶ lol = [[1, 2, 3], [4, 5], [6, 7, 8, 9]]
❷ print(lol[0])
❸ print(lol[2][1])
❹ for sub in lol:
❺   for item in sub:
❻     print(item, end=' ')
❼ print()
```

❶ 다음과 같은 행과 열을 갖는 2차원 리스트 lol이 선언되고

	[0][0]	[0][1]	[0][2]	
리스트 lol	[1][0]	[1][1]		
	[2][0]	[2][1]	[2][2]	[2][3]

다음과 같이 초기화된다.

	1	2	3	
리스트 lol	4	5		
	6	7	8	9

❷ 리스트 lol의 0번째 행을 출력한다. 2차원 리스트에서 각각의 행은 1차원 리스트이므로 0번째 행의 요소들을 리스트 형태로 출력한다. 이어서 커서를 다음 줄의 처음으로 옮긴다.

결과 [1, 2, 3]

❸ lol[2][1]의 값을 출력한 후 커서를 다음 줄의 처음으로 옮긴다.

결과 [1, 2, 3]
7

❹ 리스트 lol의 행 수만큼 ❺~❼번을 반복 수행한다.
- sub : 리스트 lol의 각 행이 일시적으로 저장될 변수를 선언한다. sub는 1차원 리스트로 선언된다.
- lol : 리스트의 이름을 입력한다. lol 리스트가 3행이므로 각 행을 sub에 저장하면서 ❺~❼번을 3회 수행한다.

❺ 리스트 sub의 요소 수만큼 ❻번을 반복 수행한다.
- item : 리스트 sub의 각 요소가 일시적으로 저장될 변수를 선언한다.
- sub : 리스트의 이름을 입력한다. sub 리스트가 차례로 3개, 2개, 4개의 요소를 가지므로 각 요소를 item에 저장하면서 ❻번을 3회, 2회, 4회 수행한다.

❻ item의 값을 출력하고 공백을 한 칸 띄운다.

❼ 커서를 다음 줄의 처음으로 옮긴다.

반복문 실행에 따른 변수들의 변화는 다음과 같다.

sub[ ]	item	출력
[1, 2, 3]	1 2 3	1 2 3
[4, 5]	4 5	1 2 3 4 5
[6, 7, 8, 9]	6 7 8 9	1 2 3 4 5 6 7 8 9

1

```
class Parent {                        클래스 Parent를 정의한다.
    int compute(int num) {
        if(num <= 1) return num;
        return compute(num − 1) + compute(num − 2);
    }
}

class Child extends Parent {          클래스 Child를 정의하고 부모 클래스로 Parent를 지정하면서 Parent에 속한 변수와 메소드를 상속받는다.
❸   int compute(int num) {
❹       if(num <= 1) return num;
❺       return compute(num − 1) + compute(num − 3);
    }
}

public class Test {
    public static void main(String[ ] args) {
❶       Parent obj = new Child( );
❷       System.out.print(obj.compute(4));
    }
}
```

모든 Java 프로그램은 반드시 main( ) 메소드에서 시작한다.

❶ `Parent obj = new Child();`

  클래스 Child로 형 변환이 수행된 클래스 Parent의 객체 변수 obj를 선언한다.

❷ `System.out.print(obj.compute(4));`

  obj.compute( )는 obj 객체의 자료형이 Parent이므로 Parent.compute( )라고 생각할 수 있지만 ❶번에서 클래스 형 변환이 발생하였고, compute( ) 메소드가 자식 클래스에서 재정의되었으므로 자식 클래스 Child의 compute( ) 메소드가 수행된다. 4를 인수로 하여 Child의 compute( )를 호출하고 돌려받은 값을 출력한다.

❸ compute( ) 메소드의 시작점이다. ❷번에서 전달한 값을 정수형 변수 num이 받는다.

❹ num이 1보다 작거나 같으면 num의 값을 반환하고 메소드를 종료한다. num의 값이 4이므로 ❺번으로 이동한다.

❺ compute(3)을 호출하여 돌려받은 값과 compute(1)을 호출하여 돌려받은 값을 더한 후 반환해야 하므로 먼저 compute(3)을 호출한다.

```
class Child extends Parent {
    int compute(int num) {
❻       if(num <= 1) return num;
❼       return compute(num − 1) + compute(num − 3);
    }
}
```

❺번에서 인수로 3이 전달되었으므로 num은 3이다. ❻번에서 num이 1보다 작거나 같지 않으므로 num을 반환하지 않고, ❼번을 수행한다. compute(2)와 compute(0)을 호출하여 돌려받은 값을 더한 후 반환해야 하므로 먼저 compute(2)를 호출한다.

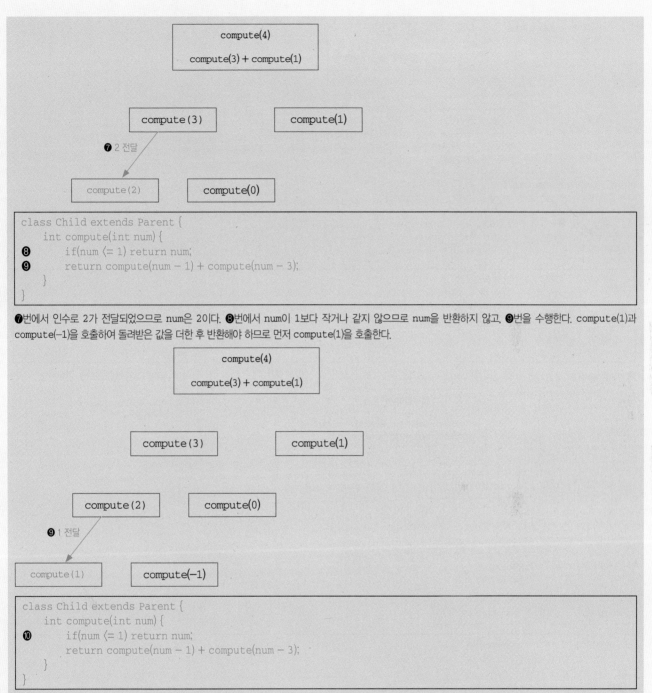

```
class Child extends Parent {
    int compute(int num) {
❽       if(num <= 1) return num;
❾       return compute(num - 1) + compute(num - 3);
    }
}
```

❼번에서 인수로 2가 전달되었으므로 num은 2이다. ❽번에서 num이 1보다 작거나 같지 않으므로 num을 반환하지 않고, ❾번을 수행한다. compute(1)과 compute(-1)을 호출하여 돌려받은 값을 더한 후 반환해야 하므로 먼저 compute(1)을 호출한다.

```
class Child extends Parent {
    int compute(int num) {
❿       if(num <= 1) return num;
        return compute(num - 1) + compute(num - 3);
    }
}
```

❾번에서 인수로 1이 전달되었으므로 num은 1이다. ❿번에서 num은 1보다 작거나 같으므로 num의 값을 compute(1)을 호출했던 곳으로 반환한다.

※ compute( ) 메소드를 호출할 때 전달되는 인수가 1보다 작거나 같으면 인수의 값(num)을 그대로 반환한다는 것을 알 수 있습니다. 그러면 1보다 작은 값을 인
  수로 받아 호출되는 모든 compute( ) 메소드의 반환값을 다음과 같이 유추할 수 있습니다.

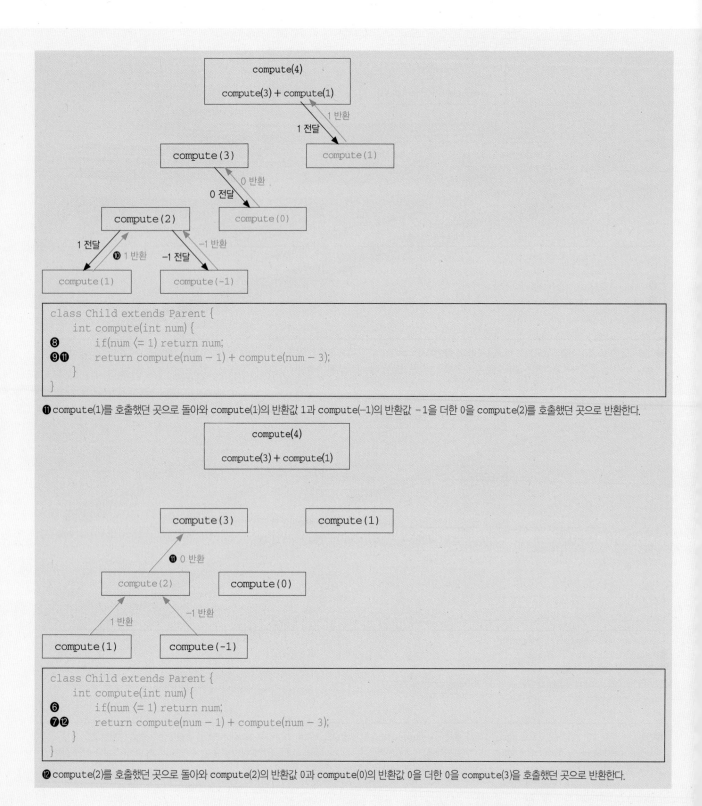

❶ compute(1)를 호출했던 곳으로 돌아와 compute(1)의 반환값 1과 compute(-1)의 반환값 -1을 더한 0을 compute(2)를 호출했던 곳으로 반환한다.

❿ compute(2)를 호출했던 곳으로 돌아와 compute(2)의 반환값 0과 compute(0)의 반환값 0을 더한 0을 compute(3)을 호출했던 곳으로 반환한다.

```
┌─────────────────────────┐
│       compute(4)        │
│                         │
│ compute(3) + compute(1) │
└─────────────────────────┘
        ↑ ⓬ 0 반환

┌──────────────┐        ┌──────────────┐
│ compute(3)   │        │ compute(1)   │
└──────────────┘        └──────────────┘
    ↑ 0 반환    ↑ 0 반환

┌──────────────┐   ┌──────────────┐
│ compute(2)   │   │ compute(0)   │
└──────────────┘   └──────────────┘
```

```
class Child extends Parent {
❸   int compute(int num) {
❹       if(num <= 1) return num;
❺⓭      return compute(num - 1) + compute(num - 3);
    }
}
```

⓭ compute(3)을 호출했던 곳으로 돌아와 compute(3)의 반환값 0과 compute(1)의 반환값 1을 더한 1을 가지고 compute(4)를 처음 호출했던 main( ) 메소드로 돌아간다.

```
┌─────────────────────────┐
│       compute(4)        │
│                         │
│ compute(3) + compute(1) │
└─────────────────────────┘
     ↑ 0 반환      ↑ 1 반환

┌──────────────┐   ┌──────────────┐
│ compute(3)   │   │ compute(1)   │
└──────────────┘   └──────────────┘
```

```
public class Test {
    public static void main(String[ ] args) {
❶       Parent obj = new Child( );
❷⓮      System.out.print(obj.compute(4));
    }
}
```

⓮ compute(4)를 호출하고 반환받은 값인 1을 출력하고 프로그램을 종료한다.

결과 `1`

[문제 05]
스크립트 언어(Script Language)

[문제 06]
0 1 2 3

```
public static void main(String[ ] args) {
❶   int a[ ] = arr( );
    for(int i = 0; i < a.length; i++)
        System.out.print(a[i] + ".");
}
```

모든 Java 프로그램은 반드시 main( ) 메소드에서 시작한다.

❶ 정수형 배열 a를 선언하고, 인수 없이 arr( ) 메소드를 호출한 다음 돌려받은 값을 배열 a에 저장한다.

```
❷   static int[ ] arr( ) {
❸       int a[ ] = new int[4];
❹       int b = a.length;
❺       for(int i = 0; i < b; i++)
❻           a[i] = i;
❼       return a;
     }
```

❷ 메소드의 반환값이 정수형 배열인 arr( ) 메소드의 시작점이다.

❸ 4개의 요소를 갖는 정수형 배열 a를 선언한다.

❹ 정수형 변수 b를 선언하고 배열 a의 길이 4로 초기화한다.
   • length : length는 배열 클래스의 속성으로 배열 요소의 개수가 저장되어 있다. a 배열은 4개의 요소를 가지므로 a.length는 4를 가지고 있다.

❺ 반복 변수 i가 0에서 시작하여 1씩 증가하면서 b보다 작은 동안 ❻번 문장을 반복 수행한다.

❻ a[i]에 반복 변수 i의 값을 저장한다.

	a[0]	a[1]	a[2]	a[3]
배열 a	0	1	2	3

❼ 배열 a에 저장된 값들을 호출한 곳(main( ) 메소드)으로 반환한다.

```
public static void main(String[ ] args) {
❶❽ int a[ ] = arr( );
❾   for(int i = 0; i < a.length; i++)
❿   System.out.print(a[i] + " ");
}
```

❽ arr( ) 메소드로부터 반환받은 값들을 main( ) 메소드의 배열 a에 저장한다.

❾ 반복 변수 i가 0에서 시작하여 1씩 증가하면서 a 배열의 길이 4보다 작은 동안 ❿번 문장을 반복 수행한다.

❿ a[i]의 값과 공백 한 칸을 출력한다.

[문제 07]
static

```
public class Test {
    public static void main(String[] args) {
❶❹      System.out.print(Test.check(1));
    }
❷   static String check(int num){
❸       return (num >= 0) ? "positive" : "negative";
    }
}
```

모든 Java 프로그램은 반드시 main( ) 메소드에서 시작한다.

❶ 1을 인수로 Test 클래스의 check( ) 메소드를 호출한 후 돌려받은 값을 출력한다.
   ※ 일반적으로 메소드를 호출하려면 메소드가 포함된 클래스의 객체 변수를 선언한 후 [객체변수].[메소드]와 같이 호출해야 하지만 ❶번과 같이 [클래스이름].[메소드]와 같은 방식으로 호출하는 경우에는 호출되는 메소드가 static으로 선언되어야 합니다.

❷ 문자열을 반환하는 check( ) 메소드의 시작점이다. ❶번에서 전달받은 1을 num이 받는다.

❸ num이 0보다 크거나 같으면 positive를 반환하고, 아니면 negative를 반환한다. num의 값 1은 0보다 크므로 positive를 ❹번으로 반환한다.

❹ ❸번에서 반환받은 **positive**를 출력한다.

결과   positive

```
#include <stdio.h>
#include <stdlib.h>

main(int argc, char *argv[]) {
❶ int v1 = 0;
❷ int v2 = 35;
❸ int v3 = 29;
❹ if (v1 > v2 ? v2 : v1)
    v2 = v2 << 2;
  else
❺    v3 = v3 << 2;
❻ printf("%d", v2 + v3);
❼ return 0;
}
```

❶ 정수형 변수 v1을 선언하고 0으로 초기화한다.

❷ 정수형 변수 v2를 선언하고 35로 초기화한다.

❸ 정수형 변수 v3을 선언하고 29로 초기화한다.

❹ v1이 v2보다 크면 v2의 값을 조건으로 사용하고 그렇지 않으면 v1의 값을 조건으로 사용한다. 조건은 결과가 0이면 거짓이고, 나머지는 참이다. 0은 35보다 크지 않으므로 v1의 값 0을 조건으로 사용한다. 조건의 결과가 0, 즉 거짓이므로 ❺번 문장으로 이동한다.

❺ <<는 왼쪽 시프트 연산자로, v3에 저장된 값을 왼쪽으로 2비트 이동시킨 후 v3에 저장한다. 정수는 4Byte를 사용하므로 v3의 값 29를 4Byte 2진수로 변환하여 계산하면 된다.

• 29를 4Byte 2진수로 표현하면 다음과 같다.

• 부호를 제외한 전체 비트를 왼쪽으로 2비트 이동시킨다. 양수이므로 패딩 비트(빈 자리)에는 0이 채워진다.

• 이동된 값을 10진수로 변환하면 116이다. v3에는 116이 저장된다.

❻ v2+v3의 결과 **151**을 정수형으로 출력한다.

결과 **151**

❼ main( ) 함수에서의 'return 0'은 프로그램의 종료를 의미한다.

[문제 09]

① m / 1000　　② m % 1000 / 500　　③ m % 500 / 100　　④ m % 100 / 10

이 문제는 4620원에 포함된 1000원, 500원, 100원, 10원 단위의 개수를 구하는 문제입니다.

①1000원 단위의 개수

　4620/1000 → 4.62이지만 정수 나눗셈이므로 몫은 4, 즉 1000원 단위의 개수는 4입니다.

　∴ m/1000

②500원 단위의 개수

　• 620원에 포함된 500원 단위의 개수를 구합니다.

　• 4620%1000 → 620

　• 620/500 → 1.24, 500원 단위의 개수는 1입니다.

　∴ m%1000/500

③100원 단위의 개수

　• 120원에 포함된 100원 단위의 개수를 구합니다.

　• 4620%500 → 120

　• 120/100 → 1.2, 100원 단위의 개수는 1입니다.

　∴ m%500/100

④10원 단위의 개수

　• 20원에 포함된 10원 단위의 개수를 구합니다.

　• 4620%100 → 20

　• 20/10 → 2.0, 10원 단위의 개수는 2입니다.

　∴ m%100/10

```
#include <stdio.h>
main( ) {
❶    int m = 4620;
❷    int a = m / 1000;
❸    int b = m % 1000 / 500;
❹    int c = m % 500 / 100;
❺    int d = m % 100 / 10;
❻    printf("1000원의 개수 : %d\n", a);
❼    printf("500원의 개수 : %d\n", b);
❽    printf("100원의 개수 : %d\n", c);
❾    printf("10원의 개수 : %d\n", d);
}
```

❶ 정수형 변수 m을 선언하고 4620으로 초기화한다.

❷ 정수형 변수 a를 선언하고 'm / 1000'의 값 4로 초기화한다.

❸ 정수형 변수 b를 선언하고 'm % 1000 / 500'의 값 1로 초기화한다.

❹ 정수형 변수 c를 선언하고 'm % 500 / 100'의 값 1로 초기화한다.

❺ 정수형 변수 d를 선언하고 'm % 100 / 10'의 값 2로 초기화한다.

❻ 화면에 **1000원의 개수 :** 과 a의 값 **4**를 출력하고 커서를 다음 줄의 처음으로 옮긴다.

결과　`1000원의 개수 : 4`

❼ 화면에 **500원의 개수 :** 과 b의 값 **1**을 출력하고 커서를 다음 줄의 처음으로 옮긴다.

결과
```
1000원의 개수 : 4
500원의 개수 : 1
```

❽ 화면에 **100원의 개수 :** 과 c의 값 **1**을 출력하고 커서를 다음 줄의 처음으로 옮긴다.

결과
```
1000원의 개수 : 4
500원의 개수 : 1
100원의 개수 : 1
```

❾ 화면에 **10원의 개수 :** 과 d의 값 **2**를 출력하고 커서를 다음 줄의 처음으로 옮긴다.

결과
```
1000원의 개수 : 4
500원의 개수 : 1
100원의 개수 : 1
10원의 개수 : 2
```

[문제 10]
변환된 문자열 : Nd sc 1

```c
#include <stdio.h>
#include <ctype.h>

int main( ) {
❶    char *p = "It is 8";
❷    char result[100];
❸    int i;
❹    for(i = 0; p[i] != '\0'; i++) {
❺        if(isupper(p[i]))
❻            result[i] = (p[i] - 'A'+ 5) % 25 + 'A';
❼        else if(islower(p[i]))
❽            result[i] = (p[i] - 'a'+ 10) % 26 + 'a';
❾        else if(isdigit(p[i]))
❿            result[i] = (p[i] - '0'+ 3) % 10 + '0';
⓫        else if(!(isupper(p[i]) || islower(p[i]) || isdigit(p[i])))
⓬            result[i] = p[i];
     }
⓭    result[i] = '\0';
⓮    printf("변환된 문자열 : %s\n", result);
⓯    return 0;
}
```

❶ 문자형 포인터 변수 p를 선언하고, 문자열 "It is 8"이 저장된 곳의 주소를 저장한다. (다음 그림에서 지정한 주소는 임의로 정한 것이며, 이해를 돕기 위해 10진수로 표현했음)

주소		메모리							
		p[0]	p[1]	p[2]	p[3]	p[4]	p[5]	p[6]	p[7]
p 1000 • → 1000		'I'	't'		'i'	's'		'8'	'\0'

❷ 100개의 요소를 갖는 문자형 배열 result를 선언한다.

❸ 정수형 변수 i를 선언한다.

❹ 반복 변수 i가 0에서 시작하여 1씩 증가하면서 p[i]가 널 문자('\0')가 아닌 동안 ❺~⓬번을 반복 수행한다.

❺ p[i]의 값이 대문자이면 ❻번을 수행하고, 아니면 ❼번을 수행한다.
　• isupper( ) : 인수가 대문자인지 확인하는 함수

❻ (p[i] − 'A' + 5) % 25 + 'A'의 결과를 result[i]에 저장한 후 반복문의 처음인 ❹번으로 이동한다.
　※ "It is 8"이라는 문자열이 메모리에 저장될 때는 각각의 문자에 해당하는 아스키코드 값이 저장되며, 계산식에 사용되는 문자 'A'도 아스키코드 값으로 변환되어 계산됩니다. 즉 'A'는 'A'에 해당하는 아스키코드 값인 65로 처리됩니다. 알파벳 대문자의 아스키코드 값은 'A(65)' ~ 'Z(90)'이며, 알파벳 소문자의 아스키코드 값은 'a(97)' ~ 'z(122)'입니다.
　※ i가 0일 때, p[i]에 "I"가 저장되어 있으므로, ('I' − 'A' + 5) % 25 + 'A', 즉 (73 − 65 + 5) % 25 + 65의 결과인 78이 result[0]에 저장됩니다.

❼ p[i]의 값이 소문자이면 ❽번을 수행하고, 아니면 ❾번을 수행한다.
　• islower( ) : 인수가 소문자이면 참을 반환하는 함수

❽ (p[i] − 'a' + 10) % 26 + 'a'의 결과를 result[i]에 저장한 후 반복문의 처음인 ❹번으로 이동한다.
　※ i가 1일 때, p[i]에 "t"가 저장되어 있으므로, ('t' − 'a' + 10) % 26 + 'a', 즉 (116 − 97 + 10) % 26 + 97의 결과인 100이 result[1]에 저장됩니다.

❾ p[i]의 값이 숫자이면 ❿번을 수행하고, 아니면 ⓫번을 수행한다.
　• isdigit( ) : 인수가 숫자이면 참을 반환하는 함수

❿ (p[i] − '0' + 3) % 10 + '0'의 결과를 result[i]에 저장한 후 반복문의 처음인 ❹번으로 이동한다.
　※ i가 6일 때, p[i]에 "8"이 저장되어 있으므로, ('8' − '0' + 3) % 10 + '0', 즉 (8 − 0 + 3) % 10 + 0의 결과인 1이 result[6]에 저장됩니다.

⓫ p[i]의 값이 대문자 또는 소문자 또는 숫자가 아니면 ⓬번을 수행하고, 아니면 반복문의 처음인 ❹번으로 이동한다.

⓬ p[i]를 result[i]에 저장한 후 반복문의 처음인 ❹번으로 이동한다.

반복문 실행에 따른 변수들의 변화는 다음과 같다.

i	p[i]	result[i]	배열 result
0	'i'	78	
1	't'	100	
2	' '		
3	'i'	115	
4	's'	99	
5	' '		
6	'8'	1	
7	'\0'		

배열 result

[0]	[1]	[2]	[3]	[4]	[5]	[6]	...
'78'	'100'	' '	'115'	'99'	' '	'1'	...

❸ result[i]에 널 문자('\0')를 저장한다.

	p[0]	p[1]	p[2]	p[3]	p[4]	p[5]	p[6]	p[7]
result	'78'	'100'	' '	'115'	'99'	' '	'1'	'\0'

❹ 변환된 문자열 : 을 출력한 후 result의 값을 문자열로 출력한다. 배열 result에 저장된 아스키코드에 해당하는 문자들이 출력된다.

결과   변환된 문자열 : Nd sc 1

❺ main( ) 함수에서의 'return 0'은 프로그램의 종료를 의미한다.

[문제 11]

n[(i + 1) % 5]

배열에 순서대로 저장된 숫자 5, 4, 3, 2, 1을 4, 3, 2, 1, 5로 출력하는 문제입니다.

	n[0]	n[1]	n[2]	n[3]	n[4]	
배열 n	5	4	3	2	1	→ 4, 3, 2, 1, 5

반복 변수 i를 이용하여 출력하는 데,
i가 0이면 1번째, 즉 n[1]의 값 4를 출력해야 하고,
i가 1이면 2번째, 즉 n[2]의 값 3을 출력해야 하고,
i가 2면 3번째, 즉 n[3]의 값 2를 출력해야 하고,
i가 3이면 4번째, 즉 n[4]의 값 1을 출력해야 하고,
i가 4면 0번째, 즉 n[0]의 값 5를 출력해야 합니다.
즉, 반복 변수 i를 배열의 첨자에 이용하려면 (i+1)%5와 같이 사용하면 됩니다.
i=0, 1%5 → 1
i=1, 2%5 → 2
i=2, 3%5 → 3
i=3, 4%5 → 4
i=4, 5%5 → 0

```
#include <stdio.h>
main( ) {
❶ int n[ ] = { 5, 4, 3, 2, 1 };
❷ for (int i = 0; i < 5; i++)
❸    printf("%d", n[(i + 1) % 5]);
}
```

❶ 5개의 요소를 갖는 정수형 배열 n을 선언하고 초기화한다.

	[0]	[1]	[2]	[3]	[4]
n	5	4	3	2	1

❷ 반복 변수 i가 0부터 1씩 증가하면서 5보다 작은 동안 ❸번을 반복 수행한다.

❸ n[(i + 1) % 5]의 값을 정수로 출력한다. 반복문 실행에 따른 변수들의 변화는 다음과 같다.

i	(i+1)%5	출력
0	1	4
1	2	43
2	3	432
3	4	4321
4	0	43215
5		

[문제 12]

BCD

```c
#include <stdio.h>
main( ) {
❶ int n[ ] = { 73, 95, 82 };
❷ int sum = 0;
❸ for (int i = 0; i < 3; i++)
❹    sum += n[i];

❺ switch (sum / 30) {
      case 10:
      case 9: printf("A");
❻    case 8: printf("B");
❼    case 7:
❽    case 6: printf("C");
❾    default: printf("D");
❿ }
}
```

❶ 3개의 요소를 갖는 정수형 배열 n을 선언하고 초기화한다.

```
      [0]  [1]  [2]
n     73   95   82
```

❷ 정수형 변수 sum을 선언하고 0으로 초기화한다.

❸ 반복 변수 i가 0부터 1씩 증가하면서 3보다 작은 동안 ❹번을 반복 수행한다.

❹ sum에 n[i]의 값을 누적시킨다. 반복문 실행에 따른 변수들의 변화는 다음과 같다.

i	n(i)	sum
0	73	73
1	95	168
2	82	250
3		

❺ sum/30은 8.3330이지만 정수형 연산이므로 8에 해당하는 case문으로 이동한다.

❻ 화면에 B를 출력한다.

결과 B

❼ 실행문이 없으므로 다음 줄로 이동한다.

❽ 화면에 C를 출력한다.

결과 BC

❾ 화면에 D를 출력한다. switch문이 종료되었으므로 ❿번으로 이동하여 프로그램을 종료한다.

결과 BCD

알고리즘의 이해

선택 정렬은 n개의 레코드 중에서 최소값을 찾아 첫 번째 레코드 위치에 놓고, 나머지 (n−1)개 중에서 다시 최소값을 찾아 두 번째 레코드 위치에 놓는 방식을 반복하여 정렬하는 방식입니다.

• 초기상태 : | 64 | 25 | 12 | 22 | 11 |

• 1회전 : | 25 | 64 | 12 | 22 | 11 | → | 12 | 64 | 25 | 22 | 11 | → | 12 | 64 | 25 | 22 | 11 | → | 11 | 64 | 25 | 22 | 12 |

• 2회전 : | 11 | 25 | 64 | 22 | 12 | → | 11 | 22 | 64 | 25 | 12 | → | 11 | 12 | 64 | 25 | 22 |

• 3회전 : | 11 | 12 | 25 | 64 | 22 | → | 11 | 12 | 22 | 64 | 25 |

• 4회전 : | 11 | 12 | 22 | 25 | 64 |

문제에서 오름차순으로 정렬한다고 하였고, 코드에서 반복 변수 i가 0에서 n−1까지 증가할 때 j가 i+1부터 n까지 증가하는 것으로 보아 i가 기준값의 배열 위치이고 j가 비교 대상의 배열 위치임을 알 수 있습니다. 오름차순 정렬은 비교 기준 값이 비교 대상 보다 큰 경우에 위치 교환이 이루어져야 하므로 괄호에 들어갈 연산자는 ⟩ 입니다.

```c
#include <stdio.h>
main( ) {
❶  int E[ ] = { 64, 25, 12, 22, 11 };
❷  int n = sizeof(E) / sizeof(E[0]);
❸  int i = 0;
❹  do {
❺    int j = i + 1;
❻    do {
❼      if (E[i] > E[j]) {
❽        int tmp = E[i];
❾        E[i] = E[j];
❿        E[j] = tmp;
      }
⓫      j++;
⓬    } while (j < n);
⓭    i++;
⓮  } while (i < n - 1);
⓯  for (int i = 0; i <= 4; i++)
⓰    printf("%d ", E[i]);
}
```

❶ 5개의 요소를 갖는 정수형 배열 E를 선언하고 초기화한다.

	[0]	[1]	[2]	[3]	[4]
E	64	25	12	22	11

❷ 정수형 변수 n을 선언하고 E의 크기를 E[0]의 크기로 나눈 값으로 초기화한다. 배열 전체 길이를 배열 한 개의 요소의 길이로 나누는 것이므로 배열의 길이인 5가 반환되어 n에 저장된다.

　• sizeof( ) : 객체의 크기를 구하는 함수

❸ 정수형 변수 i를 선언하고 0으로 초기화한다.

❹ do ~ while 반복문의 시작점이다. ❺~⓭번을 반복 수행한다.

❺ 정수형 변수 j를 선언하고 i+1의 값으로 초기화한다.

❻ do ~ while 반복문의 시작점이다. ❼~⓫번을 반복 수행한다.

❼ E[i]가 E[j]보다 크면 ❽~❿번을 수행한다.

❽~❿ E[i]와 E[j]의 값을 교환하는 과정이다.

⓫ 'j = j + 1;'과 동일하다. j의 값을 1씩 누적시킨다.

⓬ j가 n보다 작은 동안 ❼~⓫번을 반복 수행한다.

⓭ 'i = i + 1;'과 동일하다. i의 값을 1씩 누적시킨다.

⑭ i가 n-1보다 작은 동안 ⑤～⑬번을 반복 수행한다. 반복문 실행에 따른 변수들의 변화는 다음과 같다.

n	i	j	배열 E [0]	[1]	[2]	[3]	[4]	tmp
5	0	1	64	25	12	22	11	64
		2	25	64	25		12	25
		3	12					12
		4	11					
		5						
	1	2	11	64	25	22	12	64
		3		25	64	25	22	25
		4		22				22
		5		12				
	2	3	11	12	64	25	22	64
		4			25	64	25	25
		5			22			
	3	4	11	12	22	64	25	64
		5				25	64	
	4							

⑮ 반복 변수 i가 0부터 1씩 증가하면서 4보다 작거나 같은 동안 ⑯번을 반복 수행한다.
⑯ E[i]의 값과 공백 한 칸을 출력한다.

결과 `11 12 22 25 64`

[문제 14]
505

```
#include <stdio.h>
main( ) {
❶ int c = 0;
❷ for (int i = 1; i <= 2023; i++)
❸    if (i % 4 == 0)
❹       c++;
❺ printf("%d", c);
}
```

❶ 정수형 변수 c를 선언하고 0으로 초기화한다.
❷ 반복 변수 i가 1부터 1씩 증가하면서 2023보다 작거나 같은 동안 ❸번을 반복 수행한다.
❸ i를 4로 나눈 나머지가 0이면 ❹번을 수행한다. 2023안에 포함된 4의 배수를 세는 알고리즘이다.
❹ 'c = c + 1;'과 동일하다. c의 값을 1씩 누적시킨다. 반복문 실행에 따른 변수들의 변화는 다음과 같다.

i	c
1	0
2	
3	
4	1
5	
6	
7	
8	2
⋮	⋮
2020	505
2021	
2022	
2023	
2024	

❺ c의 값을 정수로 출력한다.

결과 `505`

[문제 15]

1. KOREA

2. OREA

3. K

4. E

5. O

```
#include <stdio.h>
main( ){
❶ char* p = "KOREA";
❷ printf("1. %s\n", p);
❸ printf("2. %s\n", p + 1);
❹ printf("3. %c\n", *p);
❺ printf("4. %c\n", *(p + 3));
❻ printf("5. %c\n", *p + 4);
}
```

❶ 문자형 포인터 변수 p에 "KOREA"를 저장한다. (다음 그림에서 지정한 주소는 임의로 정한 것이며, 이해를 돕기 위해 10진수로 표현했다.)

❷ 1. 을 출력하고 p의 위치부터 널 문자(\0) 전까지의 모든 문자를 출력한다.

결과
```
1. KOREA
```

❸ 2. 을 출력하고 p+1의 위치부터 널 문자(\0) 전까지의 모든 문자를 출력한다.

결과
```
1. KOREA
2. OREA
```

❹ 3. 을 출력하고 p가 가리키는 곳의 문자 K를 출력한다.

결과
```
1. KOREA
2. OREA
3. K
```

❺ 4. 을 출력하고 p+3이 가리키는 곳의 문자 E를 출력한다.

결과
```
1. KOREA
2. OREA
3. K
4. E
```

❻ 5. 을 출력하고 p가 가리키는 곳의 값에 4를 더한 후 출력한다. p가 가리키는 곳의 값은 문자 'K'인데, 알파벳 문자에 숫자를 더하면 더한 숫자 만큼의 다음 알파벳 문자를 의미한다. 'K'에서 다음 4번째 문자(K, L, M, N, O)는 O이므로 O를 출력한다.

결과
```
1. KOREA
2. OREA
3. K
4. E
5. O
```

—〉

```
#include <stdio.h>
struct insa {
  char name[10];
  int age;
  struct insa* impl_a;
  struct insa* impl_b;
};

main( ) {
❶ struct insa p1 = { "Kim", 28, NULL, NULL };
❷ struct insa p2 = { "Lee", 36, NULL, NULL };
❸ struct insa p3 = { "Park", 41, NULL, NULL };
❹ p1.impl_a = &p2;
❺ p2.impl_b = &p3;
❻ printf("%s\n", p1.impl_a->name);
❼ printf("%d", p2.impl_b->age);
}
```

❶~❸번의 구조체 생성 과정과 ❹, ❺번의 주소 저장 과정을 그림으로 표현하면 다음과 같다.

❻ p1.impl_a가 가리키는 곳의 name에 저장된 문자열을 출력한 후 커서를 다음 줄의 처음으로 옮긴다. p1.impl_a는 p2를 가리키므로 p2.name이 출력된다.

결과 | Lee

❼ p2.impl_b가 가리키는 곳의 age에 저장된 값을 정수로 출력한다. p2.impl_b는 p3을 가리키므로 p3.age가 출력된다.

결과 | Lee
     | 41

[문제 17]

GECA

```
#include <stdio.h>
#include <string.h>

❹ void inverse(char *str, int len) {
❺ for(int i = 0, j = len - 1; i < j; i++, j--) {
❻    char ch = str[i];
❼    str[i] = str[j];
❽    str[j] = ch;
    }
}❾

int main() {
❶ char str[100] = "ABCDEFGH";
❷ int len = strlen(str);
❸ inverse(str, len);
```

```
❿ for(int i = 1; i < len; i += 2) {
⓫    printf("%c", str[i]);
     }
⓬ return 0;
}
```

모든 C 언어 프로그램은 반드시 main( ) 함수에서 시작한다.

❶ 100개의 요소를 갖는 문자형 배열 str을 선언하고, "ABCDEFGH"로 초기화한다.

	[0]	[1]	[2]	[3]	[4]	[5]	[6]	[7]
str	'A'	'B'	'C'	'D'	'E'	'F'	'G'	'H'

❷ 정수형 변수 len을 선언하고, str의 길이인 8로 초기화한다.
   • strlen( ) : 문자열의 길이를 반환한다.

❸ str과 len을 인수로 하여 inverse( ) 함수를 호출한다. 인수로 배열의 이름을 지정하면 배열의 시작 주소가 인수로 전달된다.

❹ 반환값이 없는 inverse 함수의 시작점이다. 문자형 포인터 변수 str은 str 배열의 시작 주소를 받고, 정수형 변수 len은 8을 받는다.

❺ 반복 변수 i는 0에서 시작하여 1씩 증가하고, 반복 변수 j는 len−1, 즉 7에서 시작하여 −1씩 증가하면서, i가 j보다 작은 동안 ❻~❽번을 반복 수행한다.

❻ 문자형 변수 ch에 str[i]의 값을 저장한다.

❼ str[i]에 str[j]의 값을 저장한다.

❽ str[j]에 ch의 값을 저장한다. ❻~❽은 str[i]와 str[j]의 값을 교환하는 과정이다.

반복문 실행에 따른 변수들의 변화는 다음과 같다.

i	j	str[i]	str[j]	ch	배열 str
0	7	'A' 'H'	'H' 'A'	'A'	[0] [1] [2] [3] [4] [5] [6] [7] 'A' 'B' 'C' 'D' 'E' 'F' 'G' 'H' 'H' 'A'
1	6	'B' 'G'	'G' 'B'	'B'	[0] [1] [2] [3] [4] [5] [6] [7] 'H' 'B' 'C' 'D' 'E' 'F' 'G' 'A' 'G' 'B'
2	5	'C' 'F'	'F' 'C'	'C'	[0] [1] [2] [3] [4] [5] [6] [7] 'H' 'G' 'C' 'D' 'E' 'F' 'B' 'A' 'F' 'C'
3	4	'D' 'E'	'E' 'D'	'D'	[0] [1] [2] [3] [4] [5] [6] [7] 'H' 'G' 'F' 'D' 'E' 'C' 'B' 'A' 'E' 'D'
4	5				

❾ 함수를 마치고 inverse(str, len) 함수를 호출했던 main( ) 함수로 제어를 옮긴다. str 배열의 주소를 받아서 처리했으므로 main( ) 함수에 있는 str 배열에 자리 바꿈의 결과가 그대로 반영되어 있다.

❿ 반복 변수 i가 1에서 시작하여 2씩 증가하면서, len보다 작은 동안, 즉 8보다 작은 동안 ⓫번을 반복 수행한다.

⓫ str[i]의 값을 문자형으로 출력한다.

반복문의 실행에 따른 변수들의 변화는 다음과 같다.

i	str[i]	배열 str	출력
1 3 5 7 9	'G' 'E' 'C' 'A'	[0] [1] [2] [3] [4] [5] [6] [7] 'H' 'G' 'F' 'E' 'D' 'C' 'B' 'A'	G GE GEC GECA

⓬ main( ) 함수에서의 'return 0'은 프로그램의 종료를 의미한다.

[문제 18]
박영희
박영희
박영희

```c
#include <stdio.h>
char n[30];                    30개의 요소를 갖는 문자형 배열 n을 전역변수로 선언한다. 전역변수이기 때문에 이 프로그램 안에서는 어디서든 사용할
                               수 있으며, 저장된 값이 유지된다.
❷❽⓮ char* getname( ) {
❸❾⓯   printf("이름 입력 : ");
❹❿⓰   gets(n);
❺⓫⓱   return n;
}

main( ) {
❶⓺   char* n1 = getname( );
❼⓬   char* n2 = getname( );
⓭⓲   char* n3 = getname( );
⓳   printf("%s\n", n1);
⓴   printf("%s\n", n2);
㉑   printf("%s\n", n3);
}
```

모든 C언어 프로그램은 반드시 main( ) 함수에서 시작한다.
❶ 문자형 포인터 변수 n1을 선언하고 getname( ) 함수를 호출한 후 돌려받은 값으로 초기화한다.
❷ 문자형 포인터 값을 반환하는 getname( ) 함수의 시작점이다.
❸ 화면에 **이름 입력 :** 을 출력한다.

> 결과   **이름 입력 :**

❹ 사용자로부터 문자열을 입력받아 n에 저장한다. 문제에서 처음에 **홍길동**을 입력한다고 하였으므로 n에는 **홍길동**이 저장된다.

> 결과   **이름 입력 : 홍길동**

※ 다음 그림에서 배열 n의 주소는 임의로 정한 것이며, 이해를 돕기 위해 10진수로 표현했다.
※ 문자열을 저장하는 경우 문자열의 끝을 의미하는 널 문자(\0)가 추가로 저장되며, 출력 시 널 문자는 표시되지 않는다.

주소   메모리

	n[0]	n[1]	n[2]	n[3]	n[4]	n[5]	n[6]
n 1000	홍		길		동		\0
	1000	1001	1002	1003	1004	1005	1006

❺ n의 시작 주소를 함수를 호출했던 ❶번으로 반환한다.
❻ ❺번에서 돌려받은 주소값을 n1에 저장한다.

주소   메모리

	n[0]	n[1]	n[2]	n[3]	n[4]	n[5]	n[6]
n1 1000 → n 1000	홍		길		동		\0
	1000	1001	1002	1003	1004	1005	1006

❼ 문자형 포인터 변수 n2을 선언하고 getname( ) 함수를 호출한 후 돌려받은 값으로 초기화한다.
❽ 문자형 포인터 값을 반환하는 getname( ) 함수의 시작점이다.
❾ 화면에 **이름 입력 :** 을 출력한다.

> 결과   **이름 입력 : 홍길동**
>   **이름 입력 :**

❿ 사용자로부터 문자열을 입력받아 n에 저장한다. 문제에서 두 번째로 **김철수**를 입력한다고 하였으므로 n에는 **김철수**가 저장된다.

> 결과   **이름 입력 : 홍길동**
>   **이름 입력 : 김철수**

⓫ n의 시작 주소를 함수를 호출했던 ❼번으로 반환한다.
⓬ ⓫번에서 돌려받은 주소값을 n2에 저장한다.

⓭ 문자형 포인터 변수 n3을 선언하고 getname( ) 함수를 호출한 후 돌려받은 값으로 초기화한다.
⓮ 문자형 포인터 값을 반환하는 getname( ) 함수의 시작점이다.
⓯ 화면에 **이름 입력 :** 을 출력한다.

결과	이름 입력 : 홍길동 이름 입력 : 김철수 이름 입력 :

⓰ 사용자로부터 문자열을 입력받아 n에 저장한다. 문제에서 세 번째로 **박영희**를 입력한다고 하였으므로 n에는 **박영희**가 저장된다.

결과	이름 입력 : 홍길동 이름 입력 : 김철수 이름 입력 : 박영희

		주소			메모리					
n1	1000		n[0]	n[1]	n[2]	n[3]	n[4]	n[5]	n[6]
n2	1000	→ n 1000	박		영		희		\0
			1000	1001	1002	1003	1004	1005	1006

⓱ n의 시작 주소를 함수를 호출했던 ⓭번으로 반환한다.
⓲ ⓱번에서 돌려받은 주소값을 n3에 저장한다.

		주소			메모리					
n1	1000		n[0]	n[1]	n[2]	n[3]	n[4]	n[5]	n[6]
n2	1000		박		영		희		\0
n3	1000	→ n 1000	1000	1001	1002	1003	1004	1005	1006

⓳ n1이 가리키는 곳의 문자열 **박영희**를 출력한 후 커서를 다음 줄의 처음으로 옮긴다.

결과	박영희

⓴ n2가 가리키는 곳의 문자열 **박영희**를 출력한 후 커서를 다음 줄의 처음으로 옮긴다.

결과	박영희 박영희

㉑ n3이 가리키는 곳의 문자열 **박영희**를 출력한 후 커서를 다음 줄의 처음으로 옮긴다.

결과	박영희 박영희 박영희

```
    #include <stdio.h>
❹   int isPerfectNum(int num) {
❺   int sum = 0;
❻   for (int i = 1; i < num; i++) {
❼     if (num % i == 0)
❽       sum += i;
    }
❾   if (num == sum) return 1;
❿   else return 0;
    }
  main( ) {
❶   int r = 0;
❷   for (int i = 1; i <= 100; i++)
❸⓫    if (isPerfectNum(i))
⓬      r += i;
⓭   printf("%d", r);
    }
```

모든 C 언어 프로그램은 반드시 main( ) 함수에서 시작한다.

❶ 정수형 변수 r을 선언하고 0으로 초기화한다.

❷ 반복 변수 i가 1부터 1씩 증가하면서 100보다 작거나 같은 동안 ❸~⓬번을 반복 수행한다.

❸ i의 값을 인수로 isPerfectNum( ) 함수를 호출한 후 돌려받은 값이 참(1)이면 ⓬번으로 이동하고, 아니면 반복문의 시작인 ❷번으로 이동한다.

❹ 정수를 반환하는 isPerfectNum( ) 함수의 시작점이다. ❸번에서 전달받은 i의 값을 num이 받는다.

❺ 정수형 변수 sum을 선언하고 0으로 초기화한다.

❻ 반복 변수 i가 1부터 1씩 증가하면서 num보다 작은 동안 ❼, ❽번을 반복 수행한다.

❼ num을 i로 나눈 나머지가 0이면 ❽번으로 이동한다.

❽ 'sum = sum + i;'와 동일하다. sum에 i의 값을 누적시킨다.

　　※ ❻, ❼번은 ❸번에서 전달받은 인수에서 자기를 제외한 약수를 찾는 과정이며, ❽번은 찾은 약수를 sum에 누적하는 과정이다.

❾ num과 sum의 값이 같으면 함수를 호출했던 ⓫번으로 1(참)을 반환하고, 같지 않으면 ❿번으로 이동한다.

❿ 함수를 호출했던 ⓫번으로 0(거짓)을 반환한다.

　　※ 자기를 제외한 약수의 합이 자기와 같은 수를 완전수(Perfect Number)라고 한다. ❾, ❿번은 인수가 완전수임을 확인하는 과정으로, 완전수이면 참(1)을, 완전수가 아니면 거짓(0)을 반환한다. (ex: 6의 약수는 1, 2, 3이며, 1+2+3은 6과 같으므로 6은 완전수이다.)

⓫ ❾, ❿번에서 돌려받은 값이 1(참)이면 ⓬번으로 이동하고, 0(거짓)이면 반복문의 시작인 ❷번으로 이동한다.

⓬ 'r = r + i;'와 동일하다. r에 i의 값을 누적시킨다.

⓭ r의 값을 정수로 출력한다.

결과　**34**

　　※ ⓫~⓭번을 통해 r에 완전수를 누적하고, ❷번을 통해 100까지 반복하는 것으로, 이 코드는 결국 1부터 100까지 중에서 완전수를 찾아 그 수들의 합을 출력하는 것임을 알 수 있다.

반복문 실행에 따른 변수들의 변화는 다음과 같다.

main( )		isPerfectNum( )		
i	r	num	i	sum
1	0	1	1	0
2		2	1	0
			2	1
3		3	1	0
			2	1
			3	
⋮	⋮	⋮	⋮	⋮
6	6	6	1	0
			2	1
			3	3
			4	6
			5	
			6	
⋮	⋮	⋮	⋮	⋮
28	34	28	1	0
			2	1
			3	3
			⋮	7
			27	14
			28	28
⋮	⋮	⋮	⋮	⋮
100		100	1	0
			2	1
			3	3
			⋮	7
			99	12
			100	⋮
				117

[문제 20]

true

false

true

true

```java
public class Test {
  public static void main(String[ ] args) {
❶    String str1 = "Programming";
❷    String str2 = "Programming";
❸    String str3 = new String("Programming");
❹    System.out.println(str1==str2);
❺    System.out.println(str1==str3);
❻    System.out.println(str1.equals(str3));
❼    System.out.println(str2.equals(str3));
  }
}
```

❶ 문자열 객체 str1을 선언하고 "Programming"으로 초기화한다.
❷ 문자열 객체 str2를 선언하고 "Programming"으로 초기화한다.
※ 같은 문자열을 저장하는 문자열 객체는 동일한 주소를 갖는다.
❸ 문자열 객체 str3를 선언하고 "Programming"으로 초기화한다.
※ ❶, ❷와 달리 new String( )을 사용하는 경우 새로운 메모리 공간을 할당하여 문자열을 저장한다. 즉 str1과 str2는 동일한 주소를 저장하고, str3은 다른 주소를 저장하고 있다.
❹ str1과 str2가 같으면 참을 의미하는 **true**를, 아니면 거짓을 의미하는 **false**를 출력한다. str1과 str2는 같은 주소를 저장하고 있으므로 **true**를 출력한다.

결과 | true |

❺ str1과 str3이 같으면 참을 의미하는 **true**를, 아니면 거짓을 의미하는 **false**를 출력한다. str1과 str3는 다른 주소를 저장하고 있으므로 **false**를 출력한다.

결과 | true |
      | false |

❻ str1에 저장된 문자열과 str3에 저장된 문자열을 비교하여 같으면 참을 의미하는 **true**를, 아니면 거짓을 의미하는 **false**를 출력한다. str1과 str3에 저장된 문자열은 모두 "Programming"이므로 **true**를 출력한다.
• A.equals(B) : A 문자열과 B 문자열을 비교하여 두 데이터가 같으면 참을, 아니면 거짓을 반환한다.

결과 | true |
      | false |
      | true |

❼ str2에 저장된 문자열과 str3에 저장된 문자열을 비교하여 같으면 참을 의미하는 **true**를, 아니면 거짓을 의미하는 **false**를 출력한다. str2와 str3에 저장된 문자열은 모두 "Programming"이므로 **true**를 출력한다.

결과 | true |
      | false |
      | true |
      | true |

[문제 21]
BDCDD

```
class SuperObject {
  public void draw( ) {
    System.out.println("A");
    draw( );
  }
❺ public void paint( ) {
❻   System.out.print('B');
❼   draw( );
  } ❿
}
class SubObject extends SuperObject {
❸ public void paint( ) {
❹   super.paint( );
⓫   System.out.print('C');
⓬   draw( );
  } ⓯
❽⓭⓱ public void draw( ) {
❾⓮⓲   System.out.print('D');
    }
}
public class Test {
  public static void main(String[] args) {
❶   SuperObject a = new SubObject( );
❷   a.paint( );
⓰   a.draw( );
  } ⓳
}
```

모든 Java 프로그램은 반드시 main( ) 메소드에서 시작한다.

❶ SubObject 클래스의 생성자를 이용하여 SuperObject 클래스의 객체 변수 a를 생성한다.

❷ a의 paint( ) 메소드를 호출한다. ❸번으로 이동한다.

　　a.paint( )는 a 객체의 자료형이 SuperObject이므로 SuperObject.paint( )라고 생각할 수 있지만 ❶번에서 클래스 형 변환이 발생하였고, paint( ) 메소드가 자식 클래스에서 재정의되었으므로 SubObject 클래스의 paint( ) 메소드가 호출된다.

❸ 반환값이 없는 paint( ) 메소드의 시작점이다.

❹ 부모 클래스를 호출하는 예약어 super를 사용했으므로 부모 클래스의 paint( ) 메소드를 호출한다. ❺번으로 이동한다.

❺ 반환값이 없는 paint( ) 메소드의 시작점이다.

❻ 화면에 **B**를 출력한다.

　결과　　**B**

❼ draw( ) 메소드를 호출한다. draw( ) 메소드는 ❷번의 경우와 마찬가지로 자식 클래스에서 재정의되었으므로 SubObject 클래스의 draw( ) 메소드가 호출된다.

❽ 반환값이 없는 draw( ) 메소드의 시작점이다.

❾ 화면에 **D**를 출력한다. draw( ) 메소드가 종료되었으므로 메소드를 호출했던 ❼번의 다음 줄인 ❿번으로 이동한다.

　결과　　**BD**

❿ paint( ) 메소드가 종료되었으므로 메소드를 호출했던 ❹번의 다음 줄인 ⓫번으로 이동한다.

⓫ 화면에 **C**를 출력한다.

　결과　　**BDC**

⓬ draw( ) 메소드를 호출한다.

⓭ 반환값이 없는 draw( ) 메소드의 시작점이다.

⓮ 화면에 **D**를 출력한다. draw( ) 메소드가 종료되었으므로 메소드를 호출했던 ⓬번의 다음 줄인 ⓯번으로 이동한다.

　결과　　**BDCD**

⓯ paint( ) 메소드가 종료되었으므로 메소드를 호출했던 ❷번의 다음 줄인 ⓰번으로 이동한다.

⓰ draw( ) 메소드를 호출한다.

⓱ 반환값이 없는 draw( ) 메소드의 시작점이다.

⓲ 화면에 **D**를 출력한다. draw( ) 메소드가 종료되었으므로 메소드를 호출했던 ⓰번의 다음 줄인 ⓳번으로 이동한다.

　결과　　**BDCDD**

⓳ main( ) 메소드가 종료되었으므로 프로그램이 종료된다.

[문제 22]

4

이 문제는 객체 변수 _inst가 사용하는 메모리 공간을 객체 변수 conn1, conn2, conn3이 공유함으로써 메모리 낭비를 방지하는 싱글톤(Singleton) 개념을 Java로 구현한 문제입니다.

```
class Connection {    클래스 Connection을 정의한다.
Ⓐ  private static Connection _inst = null;
Ⓑ  private int count = 0;
❷❿⓱    public static Connection get() {
❸⓫⓲        if(_inst == null) {
❹            _inst = new Connection();
❺            return _inst;
         }
⓬⓳        return _inst;
      }
❽⓯㉒㉔  public void count() { count++; }
㉖  public int getCount() { return count; }
}
```

```
public class Test {
  public static void main(String[] args) {
    Connection conn1 = Connection.get();
    conn1.count();
    Connection conn2 = Connection.get();
    conn2.count();
    Connection conn3 = Connection.get();
    conn3.count();
    conn1.count();
    System.out.print(conn1.getCount());
  }
}
```

Ⓐ Connection 클래스의 객체 변수 _inst를 선언하고 null로 초기화한다.

　※ 객체 변수를 생성한다는 것은 Connection _inst = new Connection( );과 같이 객체 생성 예약어인 new를 통해 heap 영역에 공간을 확보하여 Connection 클래스의 내용을 저장한 후 그 주소를 객체 변수에 저장하는 것인데, Ⓐ에서는 객체 생성 예약어인 new가 생략되었으므로 생성이 아닌 선언만 합니다. 객체 변수를 선언만 하게 되면 heap이 아닌 stack 영역에 내용 없이 저장되어 사용이 불가능합니다. 이후 ❹번과 같이 객체 생성 예약어인 new가 사용되어야만 heap 영역에 내용이 저장되고 그 주소도 객체 변수에 전달되면서 사용 가능한 객체 변수가 됩니다.

Ⓑ 정수형 변수 count를 선언하고, 0으로 초기화한다.

stack 영역		heap 영역	
변수	값	주소	내용
_inst	null		
count	0		

모든 Java 프로그램은 반드시 main( ) 메소드에서 시작한다.

❶ Connection 클래스의 객체 변수 conn1을 선언하고, get( ) 메소드를 호출한 결과를 저장한다.

　※ Ⓐ에서와 같이 객체 변수를 선언만 하였으므로 객체 변수 conn1은 stack 영역에 생성됩니다.

stack 영역		heap 영역	
변수	값	주소	내용
_inst	null		
count	0		
conn1			

❷ Connection 형을 반환하는 get( ) 메소드의 시작점이다.

❸ _inst가 null이면 ❹, ❺번을 수행하고, 아니면 ⓬번으로 이동한다. _inst가 null이므로 ❹번으로 이동한다.

❹ Connection 클래스의 내용을 heap 영역에 저장하고 그 주소를 _inst에 저장한다.

　※ Ⓐ에서 객체 변수 _inst는 이미 선언되었으므로, Connection _inst = new Connection( );과 같이 작성하지 않고 앞쪽의 클래스명을 생략하여 _inst = new Connection( );과 같이 작성합니다. 생성 예약어인 new를 통해 heap 영역에 공간을 확보하고 Connection 클래스의 내용을 저장한 후 그 주소를 객체 변수 _inst에 저장합니다. 이제 객체 변수 _inst는 Connection( ) 클래스의 내용이 저장된 heap 영역을 가리키게 됩니다.

stack 영역		heap 영역	
변수	값	주소	내용
_inst	100	0	
count	0	100	private static Connection _inst private int count = 0 static public Connection get() { ... } public void count() { ... } public int getCount() { ... }
conn1		200	
		300	

❺ _inst에 저장된 값을 메소드를 호출했던 ❻번으로 반환한다.

❻ ❺번에서 돌려받은 _inst의 값을 conn1에 저장한다. _inst에는 Connection( ) 클래스의 내용이 저장된 heap 영역의 주소가 저장되어 있으며, conn1에도 동일한 주소가 저장되므로 이후 _inst와 conn1은 같은 heap 영역의 주소를 가리키게 된다.

stack 영역		heap 영역	
변수	값	주소	내용
_inst	100	0	
count	0	100	private static Connection _inst private int count = 0 static public Connection get() { ... } public void count() { ... } public int getCount() { ... }
conn1	100	200	
		300	

❼ conn1의 count( ) 메소드를 호출한다. conn1은 Connection( ) 클래스의 객체 변수이므로 Connection 클래스의 count( ) 메소드를 호출한다는 의미이다.

❽ 반환값이 없는 count( ) 메소드의 시작점이다. count의 값에 1을 더한다.

stack 영역		heap 영역	
변수	값	주소	내용
_inst	100	0	
count	1	100	private static Connection _inst private int count = 0 static public Connection get() { ... } public void count() { ... } public int getCount() { ... }
conn1	100	200	
		300	

❾ Connection 클래스의 객체 변수 conn2를 선언하고, get( ) 메소드를 호출한 결과를 저장한다.

stack 영역		heap 영역	
변수	값	주소	내용
_inst	100	0	
count	1	100	private static Connection _inst private int count = 0 static public Connection get() { ... } public void count() { ... } public int getCount() { ... }
conn1	100	200	
conn2		300	

❿ Connection 형을 반환하는 get( ) 메소드의 시작점이다.

⓫ _inst가 null이면 ❹, ❺번을 수행하고, 아니면 ⓬번으로 이동한다. _inst에는 ❹번에서 저장한 heap 영역의 주소가 저장되어 있어 null이 아니므로 ⓬번으로 이동한다.

⓬ _inst에 저장된 값을 메소드를 호출했던 ⓭번으로 반환한다.

⓭ ⓬번에서 돌려받은 _inst의 값을 conn2에 저장한다.

stack 영역	
변수	값
_inst	100
count	1
conn1	100
conn2	100

heap 영역	
주소	내용
0	
100	private static Connection _inst private int count = 0 static public Connection get() { ... } public void count() { ... } public int getCount() { ... }
200	
300	

❹ conn2의 count( ) 메소드를 호출한다.

❺ 반환값이 없는 count( ) 메소드의 시작점이다. count의 값에 1을 더한다.

stack 영역	
변수	값
_inst	100
count	2
conn1	100
conn2	100

heap 영역	
주소	내용
0	
100	private static Connection _inst private int count = 0 static public Connection get() { ... } public void count() { ... } public int getCount() { ... }
200	
300	

❻ Connection 클래스의 객체 변수 conn3을 선언하고, get( ) 메소드를 호출한 결과를 저장한다.

stack 영역	
변수	값
_inst	100
count	2
conn1	100
conn2	100
conn3	

heap 영역	
주소	내용
0	
100	private static Connection _inst private int count = 0 static public Connection get() { ... } public void count() { ... } public int getCount() { ... }
200	
300	

❼ Connection 형을 반환하는 get( ) 메소드의 시작점이다.

❽ _inst가 null이면 ❹, ❺번을 수행하고, 아니면 ❾번으로 이동한다. _inst가 null이 아니므로 ❾번으로 이동한다.

❾ _inst에 저장된 값을 메소드를 호출했던 ❿번으로 반환한다.

❿ ❾번에서 돌려받은 _inst의 값을 conn3에 저장한다.

stack 영역	
변수	값
_inst	100
count	2
conn1	100
conn2	100
conn3	100

heap 영역	
주소	내용
0	
100	private static Connection _inst private int count = 0 static public Connection get() { ... } public void count() { ... } public int getCount() { ... }
200	
300	

❹ conn3 객체 변수의 count( ) 메소드를 호출한다.

❷ 반환값이 없는 count( ) 메소드의 시작점이다. count의 값에 1을 더한다.

stack 영역		heap 영역	
변수	값	주소	내용
		0	
_inst	100	100	private static Connection _inst private int count = 0 static public Connection get() { ... } public void count() { ... } public int getCount() { ... }
count	3		
conn1	100		
conn2	100		
conn3	100	200	
		300	

㉓ conn1의 count( ) 메소드를 호출한다. conn1은 Connection( ) 클래스의 객체 변수이므로 Connection 클래스의 count( ) 메소드를 호출한다는 의미이다.

㉔ 반환값이 없는 count( ) 메소드의 시작점이다. count의 값에 1을 더한다.

stack 영역		heap 영역	
변수	값	주소	내용
		0	
_inst	100	100	private static Connection _inst private int count = 0 static public Connection get() { ... } public void count() { ... } public int getCount() { ... }
count	4		
conn1	100		
conn2	100		
conn3	100	200	
		300	

㉕ conn1의 getCount( ) 메소드를 호출하고 돌려받은 값을 출력한다.

㉖ 정수를 반환하는 getCount( ) 메소드의 시작점이다. count의 값 4를 메소드를 호출했던 ㉗번으로 반환한다.

　※ 객체 변수 _inst, conn1, conn2, conn3은 모두 같은 heap 영역의 주소를 가리키고 있으므로 해당 heap 영역에 저장된 내용을 공유하게 됩니다.

㉗ 화면에 4를 출력한다.

결과　**4**

[문제 23]
2

```
class P {
  public int calc(int n) {
    if (n <= 1) return n;
    return calc(n - 1) + calc(n - 2);
  }
}
class C extends P {
❸ public int calc(int n) {
❹   if (n <= 1) return n;
❺   return calc(n - 1) + calc(n - 3);
  }
}
public class Test {
  public static void main(String[ ] args) {
❶   P obj = new C( );
❷❻    System.out.print(obj.calc(7));
  }
}
```

모든 Java 프로그램은 반드시 main( ) 메소드에서 시작한다.

❶ C 클래스의 생성자를 이용하여 P 클래스의 객체 변수 obj를 생성한다.

❷ 7을 인수로 obj의 calc( ) 메소드를 호출한 후 돌려받은 값을 출력한다. ❸번으로 이동한다.

　obj.calc( )는 obj 객체의 자료형이 P이므로 P.calc( )라고 생각할 수 있지만 ❶번에서 클래스 형 변환이 발생하였고, calc( ) 메소드가 자식 클래스에서 재정의되었으므로 C 클래스의 calc( ) 메소드가 호출된다.

❸ 정수를 반환하는 calc( ) 메소드의 시작점이다. ❷번에서 전달받은 7을 n이 받는다.

❹ n이 1보다 작거나 같으면 n의 값을 반환하고, 아니면 ❺번으로 이동한다.

❺ n−1을 인수로 calc( ) 메소드를 호출한 후 돌려받은 값과 n−3을 인수로 calc( ) 메소드를 호출한 후 돌려받은 값을 합한 값을 함수를 호출했던 곳으로 반환한다.

• ❸~❺번에 해당하는 재귀호출문은 다음과 같이 표현할 수 있다.

• ❹번에 의해 인수가 1 이하인 경우는 인수의 값을 그대로 반환하므로 이를 반영하면 다음과 같다.

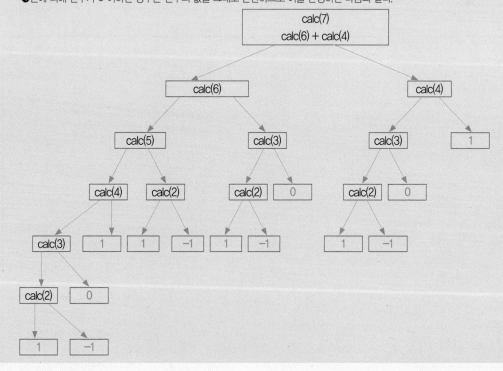

• 값이 반환되어 적용되는 과정은 다음과 같다.

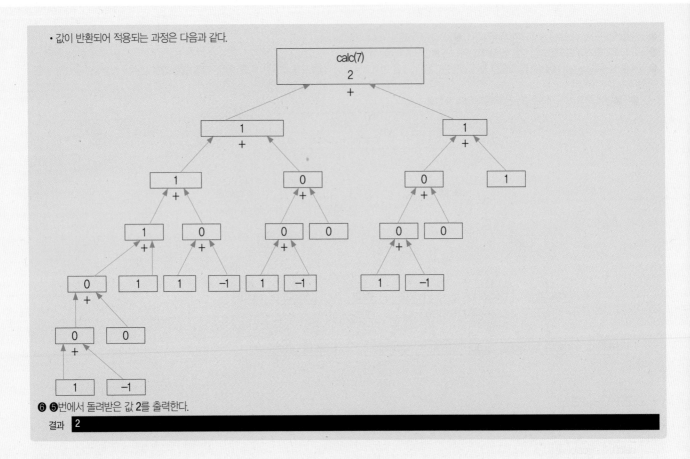

❻ ❺번에서 돌려받은 값 **2**를 출력한다.

결과 **2**

[문제 24]

9

```
class firstArea {
    int x, y;
❹   public firstArea(int x, int y) {
❺     this.x = x;
❻     this.y = y;
    }
    public void print() {
        System.out.println(x+y);
    }
}

class secondArea extends firstArea {
    int bb = 3;
❷   public secondArea(int i) {
❸     super(i, i+1);
❼   }
❾   public void print() {
❿     System.out.println(bb*bb);
⓫   }
}

public class Main {
  public static void main(String[] args) {
❶   firstArea st = new secondArea(10);
❽   st.print();
⓬ }
}
```

모든 Java 프로그램은 반드시 main( ) 메소드에서 시작한다.

❶ secondArea 클래스의 생성자를 이용하여 firstArea 클래스의 객체 변수 st를 선언한다.

- [부모클래스명] [객체변수명] = new [자식클래스생성자( )] : 부모 클래스의 객체 변수를 선언하면서 자식 클래스의 생성자를 사용하면 형 변환이 발생한다.
- 이렇게 형 변환이 발생했을 때 부모 클래스와 자식 클래스에 동일한 속성이나 메소드가 있으면 자식 클래스의 속성이나 메소드로 재정의된다.

객체 변수 st		
secondArea		
bb	secondArea(int i)	print( )
	i	
3		

❷ secondArea 클래스의 생성자인 secondArea( ) 메소드의 시작점이다. ❶번에서 전달한 10을 i가 받는다.

객체 변수 st		
secondArea		
bb	secondArea(int i)	print( )
	i	
3	10	

❸ 부모 클래스의 생성자를 호출하며, 인수로 i와 i+1의 값을 전달한다.

- super : 상속한 부모 클래스를 가리키는 예약어

❹ 부모 클래스인 firstArea 클래스의 생성자 firstArea( )의 시작점이다. ❸번에서 전달한 i의 값 10을 x가 받고, i+1의 값 11을 y가 받는다.

객체 변수 st						
firstArea				secondArea		
x	y	firstArea(int x, int y)	print( )	bb	secondArea(int i)	print( )
		x	y		i	
		10	11	3	10	

❺ 'fistArea.x = x;'와 동일하다. firstarea.x에 x의 값 10을 저장한다.

- this : 현재 실행중인 메소드가 속한 클래스를 가리키는 예약어

❻ 'fistArea.y = y;'와 동일하다. firstarea.y에 y의 값 11을 저장한다. 생성자가 종료되면 생성자를 호출했던 ❸번의 다음 줄인 ❼번으로 이동한다.

객체 변수 st						
firstArea				secondArea		
x	y	firstArea(int x, int y)	print( )	bb	secondArea(int i)	print( )
		x	y		i	
10	11	10	11	3	10	

❼ secondArea( ) 메소드가 종료되었으므로 호출했던 ❶번의 다음 줄인 ❽번으로 이동한다.

❽ st의 print( ) 메소드를 호출한다. ❾번으로 이동한다.

print( ) 메소드는 st 객체의 자료형이 firstArea이므로 firstArea 클래스의 print( ) 메소드라고 생각할 수 있지만 ❶번에서 클래스 형 변환이 발생하였고, print( ) 메소드가 자식 클래스에서 재정의되었으므로 secondArea 클래스의 print( ) 메소드가 수행된다.

❾ 반환값이 없는 print( ) 메소드의 시작점이다.

❿ bb*bb의 값 9를 출력한다.

결과 `9`

객체 변수 st						
firstArea				secondArea		
x	y	firstArea(int x, int y)	print( )	bb	secondArea(int i)	print( )
		x	y		i	bb*bb
10	11	10	11	3	10	9

⓫ print( ) 메소드가 종료되었으므로 호출했던 ❽번의 다음 줄인 ⓬번으로 이동하여 프로그램을 종료한다

[문제 25]

split

[문제 26]

engneing

```
❶ a = "engineer information programming"
❷ b = a[:3]
❸ c = a[4:6]
❹ d = a[29:]
❺ e = b + c + d
❻ print(e)
```

❶ 변수 a에 문자열을 저장한다.

	[0]	[1]	[2]	[3]	[4]	[5]	[6]	[7]	[8]	[9]	[10]	[11]	[12]	[13]	[14]	[15]	[16]	[17]	[18]	[19]	[20]	[21]	[22]	[23]	[24]	[25]	[26]	[27]	[28]	[29]	[30]	[31]
a	e	n	g	i	n	e	e	r		i	n	f	o	r	m	a	t	i	o	n		p	r	o	g	r	a	m	m	i	n	g

❷ 변수 b에 a에 저장된 문자열 중에서 처음 위치부터 2(3−1) 위치까지의 요소를 가져와 저장한다.

	[0]	[1]	[2]
b	e	n	g

❸ 변수 c에 a에 저장된 문자열 중에서 4부터 5(6−1) 위치까지의 요소를 가져와 저장한다.

	[0]	[1]
c	n	e

❹ 변수 d에 a에 저장된 문자열 중에서 29부터 마지막 위치까지의 요소를 가져와 저장한다.

	[0]	[1]	[2]
d	i	n	g

❺ b, c, d에 저장된 문자열을 합한 후 변수 e에 저장한다.

	[0]	[1]	[2]	[3]	[4]	[5]	[6]	[7]
e	e	n	g	n	e	i	n	g

❻ e의 값을 출력한다.

결과 **engneing**

[문제 27]

gnoganiS

```
  str = 'Sinagong'
❶ n = len(str)
❷ st = list()
❸ for k in range(n):
❹     st.append(str[k])
❺ for k in range(n−1, −1, −1):
❻     print(st[k], end = '')
```

❶ 문자열 변수 str의 길이인 8을 변수 n의 초기값으로 할당한다.
  • len( ) : 문자열이나 배열의 길이를 반환한다.
❷ 변수 st를 비어있는 리스트로 선언한다.
❸ 반복 변수 k에 0부터 n−1까지 순차적으로 저장하며 다음 문장을 반복 수행한다.
  • range( ) : 연속된 숫자를 생성한다.
❹ str에서 k번째에 있는 문자를 리스트 st에 추가한다. 결과적으로, 문자열 변수 str의 값을 st[0]~st[7] 순으로 앞에서부터 차례로 한 글자씩 저장한다.

	st[0]		str[0]	str[1]	str[2]	str[3]	str[4]	str[5]	str[6]	str[7]
• 1회 : 리스트 st	S	← 문자열 str	S	i	n	a	g	o	n	g

	st[1]		str[0]	str[1]	str[2]	str[3]	str[4]	str[5]	str[6]	str[7]
• 2회: 리스트 st	i	← 문자열 str	S	i	n	a	g	o	n	g

	st[7]		str[0]	str[1]	str[2]	str[3]	str[4]	str[5]	str[6]	str[7]
• 8회: 리스트 st	g	← 문자열 str	S	i	n	a	g	o	n	g

❺ 반복 변수 k는 n−1부터 0까지 −1씩 순차적으로 저장하며 다음 문장을 반복 수행한다.

	출력		str[0]	str[1]	str[2]	str[3]	str[4]	str[5]	str[6]	str[7]
• 1회:	g	← 리스트 st	S	i	n	a	g	o	n	g

	출력		str[0]	str[1]	str[2]	str[3]	str[4]	str[5]	str[6]	str[7]
• 2회:	gn	← 리스트 st	S	i	n	a	g	o	n	g

	출력		str[0]	str[1]	str[2]	str[3]	str[4]	str[5]	str[6]	str[7]
• 8회:	gnoganiS	← 리스트 st	S	i	n	a	g	o	n	g

결과 **gnoganiS**

[문제 28]
9 5

❶ a = [[1, 1, 0, 1, 0],
　　　[1, 0, 1, 0]],

다음과 같은 행과 열을 갖는 2차원 리스트 a가 선언되고 다음과 같이 초기화된다.

	a[0][0]	a[0][1]	a[0][2]	a[0][3]	a[0][4]
리스트 a	1	1	0	1	0
	1	0	1	0	
	a[1][0]	a[1][1]	a[1][2]	a[1][3]	

　tot, totsu = 0, 0

❷ for i in a:

리스트 a의 행 수만큼 ❸~❺번을 반복 수행한다.
- i : 리스트 a의 한 개의 행이 할당될 변수를 입력한다. i는 1차원 리스트로 선언된다.
- a : 리스트 a가 2행이므로 각 행을 1차원 리스트 i에 할당하면서 ❸~❺번을 2회 수행한다.

❸ 　for j in i:

리스트 i의 요소 수만큼 ❹번을 반복 수행한다.
- j : 리스트 i의 각 요소가 할당될 변수를 입력한다.
- i : i는 5개 혹은 4개의 요소를 가지므로 각 요소를 j에 할당하면서 ❹번을 반복 수행한다.

❹ 　　tot += j

'tot = tot + j'와 동일하다. j를 tot에 누적한다.

❺ 　totsu = totsu + len(i)

리스트 i의 크기, 즉 각 행의 요소 수가 totsu에 누적된다.

❻ print(totsu, tot)

결과 **9 5**

※ 반복문 실행에 따른 변수들의 변화는 다음과 같습니다.

tot	totsu	j	리스트 i	리스트 a
0	0			
1	5	1		
2		1		
2		0	1 1 0 1 0	
3		1		1 1 0 1 0
3		0		1 0 1 0
4	9	1		
4		0		
5		1	1 0 1 0	
5		0		

① 3 ② 5

※ 배열 ary의 행을 의미하는 변수 i가 반복문 for에 의해 0~2까지 반복하고 열을 의미하는 변수 j가 반복문 for에 의해 0~4까지 반복하는 것으로 볼 때 배열 ary는 3행 5열의 크기임을 유추할 수 있습니다. 그러므로 ①번과 ②번에는 각각 3과 5가 들어가야 합니다.

```
public class Test {
    public static void main(String[ ] args) {
❶        int ary[ ][ ] = new int[3][5];
❷        int n = 1;
❸        for(int i = 0; i < 3; i++) {
❹            for(int j = 0; j < 5; j++) {
❺                ary[i][j] = j * 3 + i + 1;
❻                System.out.print(ary[i][j] + " ");
             }
❼            System.out.println( );
         }
     }
}
```

모든 Java 프로그램은 반드시 main( ) 메소드부터 시작해야 한다.

❶ 3행 5열의 요소를 갖는 정수형 2차원 배열 ary를 선언한다.

❷ 정수형 변수 n을 선언하고 1로 초기화한다.

❸ 반복 변수 i가 0에서 시작하여 1씩 증가하면서 3보다 작은 동안 ❹~❼번을 반복 수행한다.

❹ 반복 변수 j가 0에서 시작하여 1씩 증가하면서 5보다 작은 동안 ❺~❻번을 반복 수행한다.

❺ ary[i][j]에 j * 3 + i + 1을 연산한 값을 저장한다.

❻ ary[i][j]의 값을 출력하고 공백을 한 칸 띄운다.

❼ 커서를 다음 줄의 처음으로 옮긴다.

반복문 실행에 따른 변수들의 변화는 다음과 같다.

n	i	j	ary[3][5]	출력
1	0	0 1 2 3 4 5	1 4 7 10 13	1 4 7 10 13
	1	0 1 2 3 4 5	1 4 7 10 13 2 5 8 11 14	1 4 7 10 13 2 5 8 11 14
	2	0 1 2 3 4 5	1 4 7 10 13 2 5 8 11 14 3 6 9 12 15	1 4 7 10 13 2 5 8 11 14 3 6 9 12 15
	3			

[문제 30]

120

```
   int main() {
❶     int a;
❷     scanf("%d", &a);
❸     printf("%d", func(a));
   }
```

모든 C언어 프로그램은 반드시 main( ) 함수에서 시작한다.

❶ 정수형 변수 a를 선언한다.

❷ 정수를 입력받아 a에 저장한다. 5가 입력되었다고 가정하였으므로 a에는 5가 저장된다.

❸ a의 값 5를 인수로 하여 func( ) 함수를 호출한 후 돌려받은 값을 정수로 출력한다.

```
❹ int func(int a) {
❺    if (a <= 1) return 1;
❻    return a * func(a - 1);
   }
```

❹ 정수를 반환하는 func( ) 함수의 시작점이다. ❸번에서 전달받은 5를 a가 받는다.

❺ a가 1보다 작거나 같으면 함수를 호출했던 곳으로 1을 반환하고 함수를 종료한다. a의 값 5는 1보다 작거나 같지 않으므로 ❻번으로 이동한다.

❻ a-1을 인수로 하여 func( ) 함수를 호출한 후 돌려받은 값과 a를 곱하여 함수를 호출했던 곳으로 반환하고 함수를 종료한다. a가 1보다 큰 동안 자신을 호출하는 과정이 수행되다 a가 1보다 작거나 같아지면 1이 반환되면서 호출했던 과정을 복귀한다. 이 때 반환된 값은 먼저 호출된 func( ) 함수에 반환할 값으로 계산된다는 것을 염두에 두고 과정을 개괄적인 그림을 통해 살펴보자.

a-1의 값 4를 인수로 하여 func( ) 함수를 호출한 후 돌려받은 값이 24이므로 a의 값 5를 곱한 값 120을 func(5)를 호출했던 ❼번으로 반환한다.

```
   int main() {
❶     int a;
❷     scanf("%d", &a);
❸❼    printf("%d", func(a));
   }
```

❼ ❻번에서 돌려받은 값 120을 정수로 출력한다.

결과 **120**

[문제 31]
213465

이 문제에서 into( )는 isWhat 배열에 값을 저장하는 함수이고, take( )는 isWhat 배열의 값을 출력하는 함수입니다. 코드가 실행되는 과정을 개괄적으로 살펴보면 다음과 같습니다.

into(5) → isWhat

	[0]	[1]	[2]	[3]	[4]	[5]	[6]	[7]	[8]	[9]
	5									

point ↑ ([0])

into(2) → isWhat

	[0]	[1]	[2]	[3]	[4]	[5]	[6]	[7]	[8]	[9]
	5	2								

point ↑ ([1])

take( ) → 출력 **2**

isWhat

	[0]	[1]	[2]	[3]	[4]	[5]	[6]	[7]	[8]	[9]
	5	2								

point ↑ ([0])

into(4) → isWhat

	[0]	[1]	[2]	[3]	[4]	[5]	[6]	[7]	[8]	[9]
	5	4								

point ↑ ([1])

into(1) → isWhat

	[0]	[1]	[2]	[3]	[4]	[5]	[6]	[7]	[8]	[9]
	5	4	1							

point ↑ ([2])

take( ) → 출력 **21**

isWhat

	[0]	[1]	[2]	[3]	[4]	[5]	[6]	[7]	[8]	[9]
	5	4	1							

point ↑ ([1])

into(3) → isWhat

	[0]	[1]	[2]	[3]	[4]	[5]	[6]	[7]	[8]	[9]
	5	4	3							

point ↑ ([2])

take( ) → 출력 **213**

isWhat

	[0]	[1]	[2]	[3]	[4]	[5]	[6]	[7]	[8]	[9]
	5	4	3							

point ↑ ([1])

take( ) → 출력 **2134**

isWhat

	[0]	[1]	[2]	[3]	[4]	[5]	[6]	[7]	[8]	[9]
	5	4	3							

point ↑ ([0])

into(6) → isWhat

	[0]	[1]	[2]	[3]	[4]	[5]	[6]	[7]	[8]	[9]
	5	6	3							

point ↑ ([1])

take( ) → 출력 **21346**

isWhat

	[0]	[1]	[2]	[3]	[4]	[5]	[6]	[7]	[8]	[9]
	5	6	3							

point ↑ ([0])

take( ) → 출력 **213465**

isWhat

	[0]	[1]	[2]	[3]	[4]	[5]	[6]	[7]	[8]	[9]
	5	6	3							

- point는 isWhat 배열에 저장될 값이나 배열에서 출력될 값의 위치를 지정하는 변수입니다. point가 −1이 되면, 즉 point가 isWhat 배열을 벗어나면 프로그램이 종료됩니다.
- into( ) 함수가 isWhat 배열에 값을 저장하기 전에 isFull( ) 함수가 호출되어 isWhat 배열을 검사합니다. isWhat 배열이 모두 채워져 있으면 화면에 **Full**을 출력합니다.
- take( ) 함수가 isWhat 배열의 값을 출력하기 전에 isEmpty( ) 함수가 호출되어 isWhat 배열을 검사합니다. isWhat 배열이 비어 있으면 화면에 **Empty**를 출력합니다.

```
#include <stdio.h>
#define MAX_SIZE 10        10을 MAX_SIZE로 정의한다. 프로그램 안에서 MAX_SIZE는 숫자 10과 동일하다.
int isWhat[MAX_SIZE];      10개의 요소를 갖는 배열 isWhat을 정수형 전역변수로 선언한다.
```

	[0]	[1]	[2]	[3]	[4]	[5]	[6]	[7]	[8]	[9]
isWhat										

```
int point = -1;            point를 정수형 전역변수로 선언하고 –1로 초기화한다.
❶❶⑱   int isEmpty() {
⑫⑲      if (point == -1) return 1;
⑬⑳      return 0;
      }

❹    int isFull() {
❺       if (point == 10) return 1;
❻       return 0;
      }
❷    void into(int num) {
❸❼       if (isFull() == 1) printf("Full");
❽       else isWhat[++point] = num;
      }

⑯    int take() {
⑰㉑       if (isEmpty() == 1) printf("Empty");
㉒       else return isWhat[point--];
         return 0;
      }

main() {
❶           into(5); ❾ into(2);
❿⑭㉝        while (!isEmpty()) {
⑮㉓          printf("%d", take());
㉔          into(4); ㉕ into(1); ㉖ printf("%d", take());
㉗          into(3); ㉘ printf("%d", take()); ㉙ printf("%d", take());
㉚          into(6); ㉛ printf("%d", take()); ㉜ printf("%d", take());
        } ㉞
}
```

모든 C언어 프로그램은 반드시 main( ) 함수에서 시작한다.

❶ 5를 인수로 into( ) 함수를 호출한다.

❷ 반환값이 없는 into( ) 함수의 시작점이다. ❶번에서 전달받은 5를 num이 받는다.

❸ isFull( ) 함수를 호출하고 반환받은 값이 1이면 화면에 Full을 출력하고, 아니면 ❽번으로 이동한다.

❹ 정수를 반환하는 isFull( ) 함수의 시작점이다.

❺ point의 값이 10이면 함수를 호출했던 ❸번으로 1을 반환하고 아니면 ❻번으로 이동한다. point의 값이 –1이므로 ❻번으로 이동한다.

❻ 함수를 호출했던 ❸번으로 0을 반환한다.

❼ ❻번에서 반환받은 값이 0이므로, ❽번으로 이동한다.

❽ isWhat[point]에 num의 값 5를 저장하는데, ++point는 전치연산이므로 point의 값이 먼저 1 증가되어 isWhat[0]에 5를 저장한다. into( ) 함수가 종료되었으므로 함수를 호출했던 ❶번의 다음 코드인 ❾번으로 이동한다.

	[0]	[1]	[2]	[3]	[4]	[5]	[6]	[7]	[8]	[9]
isWhat	5									

❾ 2를 인수로 into( ) 함수를 호출한다. 앞서 진행된 ❷~❽번 과정을 반복하면 point는 1이 되고, isWhat[1]에는 2가 저장된다.

	[0]	[1]	[2]	[3]	[4]	[5]	[6]	[7]	[8]	[9]
isWhat	5	2								

※ into( ) 함수의 역할은 인수로 전달된 값을 현재 isWhat 배열에 저장된 마지막 값 뒤에 저장하는 일이다.

❿ isEmpty( )를 호출한 후 not 연산을 수행한 결과가 참(1)이면 ⑮~㉜번을 반복 수행한다.

❶ 정수를 반환하는 isEmpty( ) 함수의 시작점이다.

⓬ point가 −1이면 함수를 호출했던 ⓮번으로 1을 반환하고, 아니면 ⓭번으로 이동한다. point의 값은 1이므로 ⓭번으로 이동한다.

⓭ 함수를 호출했던 ⓮번으로 0을 반환한다.

⓮ ⓭번에서 돌려받은 값 0(거짓)에 대한 not 연산은 1(참)이므로 ⓯번으로 이동한다.

⓯ take( ) 함수를 호출한 후 반환받은 값을 정수로 출력한다.

⓰ take( ) 함수의 시작점이다.

⓱ isEmpty( ) 함수를 호출한 후 반환받은 값이 1이면 Empty를 출력하고, 아니면 ㉒번으로 이동한다.

⓲ 정수를 반환하는 isEmpty( ) 함수의 시작점이다.

⓳ point가 −1이면 함수를 호출했던 ㉑번으로 1을 반환하고, 아니면 ⓴번으로 이동한다. point의 값은 1이므로 ⓴번으로 이동한다.

⓴ 함수를 호출했던 ㉑번으로 0을 반환한다.

㉑ ⓴번에서 반환받은 값이 0이므로 ㉒번으로 이동한다.

㉒ 함수를 호출했던 ㉓번으로 isWhat[point]의 값을 반환한다. point−−는 후치연산이므로 먼저 isWhat[1]의 값 2를 반환하고, point의 값이 감소되어 point의 값은 0이 된다.

㉓ ㉒번에서 반환받은 값 2를 정수로 출력한다.

결과 | 2

㉔ 4를 인수로 into( ) 함수를 호출한다. ❷~❽번 과정을 반복하면 point는 1이 되고, isWhat[1]에는 4가 저장된다.

	[0]	[1]	[2]	[3]	[4]	[5]	[6]	[7]	[8]	[9]
isWhat	5	4								

㉕ 1을 인수로 into( ) 함수를 호출한다. ❷~❽번 과정을 반복하면 point는 2가 되고, isWhat[2]에는 1이 저장된다.

	[0]	[1]	[2]	[3]	[4]	[5]	[6]	[7]	[8]	[9]
isWhat	5	4	1							

㉖ ⓯~㉓번 과정을 반복하면 point는 1이 되고, isWhat[2]의 값 1이 출력된다.

결과 | 21

※ take( ) 함수의 역할은 현재 isWhat 배열에 저장된 마지막 값을 출력하는 것이다.

㉗ 3을 인수로 into( ) 함수를 호출한다. ❷~❽번 과정을 반복하면 point는 2가 되고, isWhat[2]에는 3이 저장된다.

	[0]	[1]	[2]	[3]	[4]	[5]	[6]	[7]	[8]	[9]
isWhat	5	4	3							

㉘ ⓯~㉓번 과정을 반복하면 point는 1이 되고, isWhat[2]의 값 3이 출력된다.

결과 | 213

㉙ ⓯~㉓번 과정을 반복하면 point는 0이 되고, isWhat[1]의 값 4가 출력된다.

결과 | 2134

㉚ 6을 인수로 into( ) 함수를 호출한다. ❷~❽번 과정을 반복하면 point는 1이 되고, isWhat[1]에는 6이 저장된다.

	[0]	[1]	[2]	[3]	[4]	[5]	[6]	[7]	[8]	[9]
isWhat	5	6								

㉛ ⓯~㉓번 과정을 반복하면 point는 0이 되고, isWhat[1]의 값 6이 출력된다.

결과 | 21346

㉜ ⓯~㉓번 과정을 반복하면 point는 −1이 되고, isWhat[0]의 값 5가 출력된다. 반복문이 종료되었으므로 while문의 처음인 ⓭번으로 이동한다.

결과 | 213465

㉝ ⓾~⓮번 과정을 반복한다. 이 때 point의 값이 −1이므로 ⓬번에서 1(참)이 반환되어 not 연산을 수행하므로 while(0)이 되어 반복이 종료된다. 이어서 ㉞번으로 이동하여 프로그램이 종료된다.

```
   #include <stdio.h>
❺ int isPrime(int number) {
❻    for (int i = 2; i < number; i++)
❼        if (number % i == 0) return 0;
❽    return 1;
   }

   int main( ) {
❶    int number = 13195;
❷    int max_div = 0;
❸    for (int i = 2; i < number; i++)
❹❾        if (isPrime(i) == 1 && number % i == 0) max_div = i;
❿    printf("%d", max_div);
   }
```

모든 C언어 프로그램은 반드시 main( ) 함수에서 시작한다.
❶ 정수형 변수 number를 선언하고 13195로 초기화한다.
❷ 정수형 변수 max_div를 선언하고 0으로 초기화한다.
❸ 반복 변수 i가 2부터 1씩 증가하면서 number보다 작은 동안 ❹번을 반복 수행한다.

첫 번째 반복
❹ i의 값 2를 인수로 하여 isPrime을 호출한 결과가 1이고 number를 i로 나눈 나머지가 0이면 max_div에 i의 값을 저장한다.
❺ 정수를 반환하는 isPrime( ) 함수의 시작점이다. ❹번에서 전달받은 2를 number가 받는다.
❻ 반복 변수 i가 2부터 1씩 증가하면서 number보다 작은 동안 ❼번을 반복 수행한다. i의 값 2는 number의 값 2보다 작지 않으므로 ❼번을 수행하지 않고 ❽번으로 이동한다.
❽ 1을 반환하고 함수를 호출했던 ❾번으로 이동한다.
❾ ❽번에서 돌려받은 값은 1이지만, number의 값 13195를 i의 값 2로 나눈 나머지는 1이므로 max_div = i를 수행하지 않고 ❸번으로 돌아가 i의 값을 1 증가시킨다.

두 번째 반복
❹ i의 값 3을 인수로 하여 isPrime을 호출한 결과가 1이고 number를 i로 나눈 나머지가 0이면 max_div에 i의 값을 저장한다.
❺ 정수를 반환하는 isPrime( ) 함수의 시작점이다. ❹번에서 전달받은 3을 number가 받는다.
❻ 반복 변수 i가 2부터 1씩 증가하면서 number보다 작은 동안 ❼번을 반복 수행한다.
❼ number를 i로 나눈 나머지가 0이면 0을 반환하고 함수를 호출했던 ❾번으로 이동한다.
  ❻~❼번 반복문 실행에 따른 변수들의 변화는 다음과 같다.

number	i
3	2
	3

❽ 1을 반환하고 함수를 호출했던 ❾번으로 이동한다.
❾ ❽번에서 돌려받은 값은 1이지만, number의 값 13195를 i의 값 3으로 나눈 나머지는 1이므로 max_div = i를 수행하지 않고 ❸번으로 돌아가 i의 값을 1 증가시킨다.

세 번째 반복
❹ i의 값 4를 인수로 하여 isPrime을 호출한 결과가 1이고 number를 i로 나눈 나머지가 0이면 max_div에 i의 값을 저장한다.
❺ 정수를 반환하는 isPrime( ) 함수의 시작점이다. ❹번에서 전달받은 4를 number가 받는다.
❻ 반복 변수 i가 2부터 1씩 증가하면서 number보다 작은 동안 ❼번을 반복 수행한다.
❼ number를 i로 나눈 나머지가 0이면 0을 반환하고 함수를 호출했던 ❾번으로 이동한다.
  ❻~❼번 반복문 실행에 따른 변수들의 변화는 다음과 같다.

number	i
4	2

⑨ **⑧**번에서 돌려받은 값이 0이고, number의 값 13195를 i의 값 4로 나눈 나머지는 3이므로 max_div = i를 수행하지 않고 **③**번으로 돌아가 i의 값을 1 증가시킨다.

네 번째 반복

④ i의 값 5를 인수로 하여 isPrime을 호출한 결과가 1이고 number를 i로 나눈 나머지가 0이면 max_div에 i의 값을 저장한다.

⑤ 정수를 반환하는 isPrime( ) 함수의 시작점이다. **④**번에서 전달받은 5를 number가 받는다.

⑥ 반복 변수 i가 2부터 1씩 증가하면서 number보다 작은 동안 **⑦**번을 반복 수행한다.

⑦ number를 i로 나눈 나머지가 0이면 0을 반환하고 함수를 호출했던 **⑨**번으로 이동한다.

   ⑥~⑦번 반복문 실행에 따른 변수들의 변화는 다음과 같다.

number	i
5	2
	3
	4
	5

⑧ 1을 반환하고 함수를 호출했던 **⑨**번으로 이동한다.

⑨ **⑧**번에서 돌려받은 값이 1이고, number의 값 13195를 i의 값 5로 나눈 나머지도 0이므로 max_div에 5를 저장한 후 **③**번으로 돌아가 i의 값을 1 증가시킨다.

                                      ⋮

위의 과정을 통해 다음 사항들을 알 수 있다.

- isPrime( ) 함수는 인수를 2에서 시작하여 전달받은 수보다 1 작을 때까지 나눴을 때 끝까지 나머지가 0이 아니면 1을 반환하는 것으로 보아 소수를 찾는 함수임을 알 수 있다.
- **⑨**번에서 isPrime(i)가 1이라는 것은 i가 소수임을 의미하고, number를 i로 나눈 나머지가 0이라는 것은 i가 number의 약수라는 의미이므로, max_div에는 소수이자 number의 약수인 수가 저장된다.
- i의 값이 1씩 증가하면서 number보다 1 작을 때까지 위 과정을 수행하므로 number의 약수 중 가장 큰 소수에 해당하는 값이 max_div에 저장된다.
- 13195의 약수는 5 × 7 × 13 × 29로 표현할 수 있으므로, 이 중 가장 큰 소수인 29가 최종적으로 max_div에 저장된다.
- 자세한 값의 변화는 다음 표를 통해 확인하자.

main( ) 함수			isPrime( ) 함수		
number	i	max_div	number	i	반환값
13195	2	0	2	2	1
⋮	3		3	2	1
⋮				3	
	4		4	2	0
	5	5	5	2	1
				3	
				4	
				5	
⋮	⋮	⋮	⋮	⋮	⋮
29	29	29	29	2	1
				3	
				4	
				⋮	
				28	
				29	
⋮	⋮	⋮	⋮	⋮	⋮
13194			13194	2	0
13195					

⑩ max_div의 값 **29**를 정수로 출력한다.

결과   **29**

Car

※ **답안 작성 시 주의 사항** : C, Java, Python 등의 프로그래밍 언어에서는 대소문자를 구분하기 때문에 클래스명도 대소문자를 구분하여
정확하게 작성해야 합니다. 예를 들어, 소문자로 car로 썼을 경우 부분 점수 없이 완전히 틀린 것으로 간주됩니다.

```
Ⓐ  class Car implements Runnable {
        int a;
Ⓑ      public void run() {
Ⓒ ❶      try {
   ❷          while(++a < 100) {
   ❸              System.out.println("miles traveled : " + a);
   ❹              Thread.sleep(100);
            }
Ⓓ      } catch(Exception E) { }
        }
    }

    public class Test {
        public static void main(String args[]) {
Ⓔ❶      Thread t1 = new Thread(new Car());
Ⓕ❷      t1.start();
        } ❸
    }
```

Ⓐ class Car implements Runnable
　Runnable 인터페이스를 상속받은 클래스 Car를 정의한다.
　• implements : extends와 같이 상속에 사용하는 예약어로, 인터페이스를 상속받을 때 사용함
　• Runnable : 스레드 클래스를 만들 때 사용하는 인터페이스
　　※ 인터페이스 개체는 클래스와 크게 다르지 않습니다. 그 역할이 인터페이스로 고정되어 있을 뿐 클래스와 마찬가지로 변수와 메소드를 갖는 개체입니다.
　　※ 스레드는 시스템의 여러 자원을 할당받아 실행하는 프로그램의 단위입니다. 대부분은 main( ) 메소드로 실행하는 하나의 스레드로만 작업을 수행하는데,
　　　스레드 클래스는 main( ) 메소드로 실행하는 스레드 외에 추가적인 스레드를 가질 수 있도록 스레드를 생성하는 기능을 갖고 있습니다.
Ⓑ public void run( )
　Runnable 인터페이스를 상속받았다면 스레드가 수행할 작업들을 정의하는 run( ) 메소드를 반드시 정의해야 한다.
Ⓒ try { }
　• 실행 중에 예외가 발생할 가능성이 있는 실행 코드들을 하나의 블록으로 묶어 놓은 곳이다. try 블록 코드를 수행하다 예외가 발생하면 예외를 처리하는
　　Ⓓ의 catch 블록으로 이동하여 예외 처리 코드를 수행하므로 예외가 발생한 이후의 코드는 실행되지 않는다.
　• ❹번에서 수행되는 Thread.sleep( ) 메소드는 인터럽트로 인한 예외를 발생시킬 가능성이 큰 메소드이므로 반드시 try ~ catch 문을 통해 예외를 처리
　　해줘야 한다.
Ⓓ catch(Exception E) { }
　인터럽트로 인한 예외를 처리할 수 있는 예외 객체는 InterruptedException이지만, Exception을 사용하면 InterruptedException을 포함한 대
　부분의 예외를 한 번에 처리할 수 있다.
Ⓔ Thread t1 = new Thread(new Car( ));
　스레드 클래스의 객체 변수 t1을 선언한다. 스레드 클래스는 생성자를 호출할 때 Runnable 인터페이스를 인수로 사용한다. 여기에서는 Runnable 인터페
　이스를 상속받은 Car 클래스를 생성자의 인수로 사용했다.
Ⓕ t1.start( );
　t1의 start( ) 메소드를 호출한다. start( ) 메소드는 스레드 클래스에 포함된 메소드로, run( ) 메소드에서 정의한 코드들을 실행하는 메소드이다. 이 때
　run( ) 메소드에서 정의한 코드들은 main( ) 메소드와는 별개로 시스템으로부터 자원을 새로 할당받아 실행된다. 즉, main( ) 메소드와 별개로 실행되기 때문에
　main( ) 메소드의 작업이 종료되어도 run( ) 메소드의 작업이 끝나지 않으면 계속 수행한다.

모든 Java 프로그램은 반드시 main( ) 메소드에서 시작한다.

❶ 스레드 클래스의 객체 변수 t1을 선언한다. 스레드에서 실행할 run( ) 메소드를 정의하고 있는 Car( ) 클래스를 생성자의 인수로 사용한다.

❷ t1의 start( ) 메소드를 호출한다. Car 클래스의 run( ) 메소드가 실행된다. 이후 main( ) 메소드는 ❸번으로 이동하여 프로그램을 종료한다.

main( ) 메소드와는 별개로 시스템으로부터 자원을 새로 할당받아 run( ) 메소드를 시작한다.

🔳 예외를 처리하기 위한 try ~ catch문의 시작점이다.

🔳 a가 100보다 작은 동안 🔳, 🔳번을 반복 수행한다. a는 전치증가 연산이므로 a에 1을 더한 후 조건을 확인한다.

　※ 클래스의 속성으로 선언된 변수 a는 자동으로 0으로 초기화됩니다.

🔳 miles traveled : 를 출력한 후 이어서 a의 값을 출력한다.

🔳 100을 인수로 Thread 클래스의 sleep( ) 메소드를 호출한다. 0.1초 동안 스레드를 일시 정지시킨다.

　• Thread.sleep(n) : n/1000초 동안 스레드를 일시 정지시킨다.

🔳 ~ 🔳번을 수행한 결과로 다음과 같이 0.1초마다 한 줄씩 출력된다.

| 결과 | miles traveled : 1
miles traveled : 2
miles traveled : 3
miles traveled : 4
⋮
miles traveled : 98
miles traveled : 99 |

[문제 34]

1	1	3	2
3	4	5	3
3	5	6	4
3	5	5	3

```c
#include <stdio.h>
main( ) {
❶   int field[4][4] = { {0,1,0,1}, {0,0,0,1}, {1,1,1,0}, {0,1,1,1} };
❷   int mines[4][4] = { {0,0,0,0}, {0,0,0,0}, {0,0,0,0}, {0,0,0,0} };
❸   int w = 4, h = 4;
❹   for (int y = 0; y < h; y++) {
❺       for (int x = 0; x < w; x++) {
❻           if (field[y][x] == 0) continue;
❼           for (int j = y - 1; j <= y + 1; j++) {
❽               for (int i = x - 1; i <= x + 1; i++) {
❾⑬                   if (chkover(w, h, j, i) == 1)
⑭                       mines[j][i] += 1;
                }
            }
        }
    }
}

⑩   int chkover(int w, int h, int j, int i) {
⑪       if (i >= 0 && i < w && j >= 0 && j < h) return 1;
⑫       return 0;
    }
```

[알고리즘의 이해]

문제의 코드는 배열 field의 요소가 0이 아닌, 즉 1인 경우, 배열 mines에서 해당 위치를 중심으로 3행 3열의 범위에 1을 더하는 프로그램입니다.

- w와 h는 배열의 행과 열의 길이가 저장된 변수입니다.
- y와 x는 배열 field의 행과 열 위치를 지정해 주는 변수입니다.
- j와 i는 배열 mines에서 1을 더할 범위의 행과 열 위치를 지정해 주는 변수입니다.
- chkover( ) 함수는 j와 i가 배열의 크기를 벗어나는지 검사하는 함수입니다. 벗어났다고 판단되면 0을 반환하여 해당 위치에는 1을 더하지 않도록 합니다.

반복문 수행에 따라 배열 mines에 저장되는 값 다음과 같습니다.

- 배열 field에서 1의 위치

배열 〈field〉

0	1	0	1
0	0	0	1
1	1	1	0
0	1	1	1

- 배열 field의 요소가 1인 위치에 대한 배열 mines의 값 변화

모든 C 프로그램은 반드시 main( ) 함수에서 시작한다.

❶ 4행 4열의 2차원 배열 field를 선언하고 초기화한다.

배열 〈field〉

0	1	0	1
0	0	0	1
1	1	1	0
0	1	1	1

❷ 4행 4열의 2차원 배열 mines를 선언하고 초기화한다.

배열 〈mines〉

0	0	0	0
0	0	0	0
0	0	0	0
0	0	0	0

❸ 정수형 변수 w와 h를 선언하고, 각각 4로 초기화한다.

❹ 반복 변수 y가 0부터 1씩 증가하면서 h의 값 4보다 작은 동안 ❺~❹번을 반복 수행한다.

❺ 반복 변수 x가 0부터 1씩 증가하면서 w의 값 4보다 작은 동안 ❻~❹번을 반복 수행한다.

❻ filed[y][x]의 값이 0이면 ❼번 이후의 코드를 실행하지 않고 반복문의 처음인 ❺번으로 이동하고, 0이 아니면 ❼번으로 이동한다.

❼ 반복 변수 j가 y−1부터 1씩 증가하면서 y+1보다 작거나 같은 동안 ❽~❹번을 반복 수행한다.

❽ 반복 변수 i가 x−1부터 1씩 증가하면서 x+1보다 작거나 같은 동안 ❾~❹번을 반복 수행한다.

❾ w, h, j, i의 값을 인수로 chkover( ) 함수를 호출한 결과가 1이면 ❹번으로 이동하고, 아니면 반복문의 시작인 ❽번으로 이동한다.

❿ 정수를 반환하는 chkover( ) 함수의 시작점이다. ❾번에서 전달받은 값을 w, h, j, i가 받는다.

⓫ i와 j가 0보다 크거나 같고, w와 h의 값인 4보다 작으면 함수를 호출했던 ⓭번으로 1을 반환하며 함수를 종료하고, 아니면 ⓬번으로 이동한다.

⓬ 함수를 호출했던 ⓭번으로 0을 반환하고 함수를 종료한다.

⓭ ⓫번에서 1을 반환받았으면 ❹번으로, ⓬번에서 0을 반환받았으면 ❽번으로 이동한다.

⓮ 'mines[j][i] = mines[j][i] + 1'과 동일하다. mines[j][i]에 1을 누적시킨다.

[문제 35]

a=40, b=-10, c=50

```
❶  class IntClass{                                    IntClass 클래스를 정의한다. class 외부에 선언되었으므로 static을 붙이지 않는다.
❷    int a;
❸    int b;
❹    int c;
    }

public class Problem {
  public static void main(String[ ] args) {
❺    IntClass myVar = new IntClass( );                 IntClass 객체 변수 myVar을 선언한다.
❻    myVar.a = 10;
❼    myVar.b = 20;
❽    prnt(myVar);                                      객체 변수 myVar을 인수로 하여 prnt( ) 메소드를 호출한다. ❾번으로 이동한다.
⓰    System.out.printf("a=%d, b=%d, c=%d\n", myVar.a, myVar.b, myVar.c);    결과  a=40, b=-10, c=50
                                                       myVar.a는 ❿번을 수행한 후의 값인 40을, myVar.b는
                                                       ⓫번을 수행한 후의 값인 -10을, myVar.c는 ⓬번 조건을
                                                       만족하지 못해 ⓯번을 수행한 후의 값인 50을 출력한다.

  }

❾  static void prnt(IntClass myVar)                    실행 클래스 안에 메소드를 정의할 때는 static을 붙여야 한다.
                                                       • void : 리턴값이 없으므로 void를 붙인다.
                                                       • prnt : 메소드의 이름이다. 사용자가 임의로 적으면 된다.
                                                       • (IntClass myVar) : 메소드의 인수로 IntClass 클래스의 객체 변수 myVar을 받는다. ❽번
                                                         에서 호출할 때 사용한 객체 변수명과 동일해도 되고 그렇지 않아도 된다.

  {
❿    myVar.a += 30;
⓫    myVar.b -= 30;
⓬    if (myVar.a <= myVar.b)
⓭      myVar.c = myVar.a + myVar.b;
⓮    else
⓯      myVar.c = myVar.a - myVar.b;
  }
}
```

※ 사용자 정의 함수(메소드) 호출에 따른 변수들의 변화는 다음과 같습니다.

myVar.a	myVar.b	myVar.c
10	20	50
40	-10	

24 12 6 3 3

```
#include <stdio.h>
main(){
    int numAry[] = { 0,0,0,0,3 };          배열을 선언할 때 사용할 개수를 생략하고 초기값을 지정하면, 초기값으로 지정된 값의 수와 같은 크기의 배열이 선
                                            언된다.
```

	첫 번째	두 번째	세 번째	네 번째	다섯 번째
배열 numAry	0	0	0	0	3
	numAry[0]	numAry[1]	numAry[2]	numAry[3]	numAry[4]

```
    int i, j;
    for (j = 4; j >= 0; --j)
        for (i = 4; i > j; --i)
            numAry[j] += numAry[i];
    for (j = 0; j < 5; ++j)
        printf("%d ", numAry[j]);          numAry[j]의 값을 출력한다.
}
```

※ 반복문 실행에 따른 변수들의 변화는 다음과 같습니다.

j	i	numAry[i]	numAry[j]	numAry[j] + numAry[i]	배열 numAry	출력
4	4					
3	4	3	0	3		
	3		3			
2	4	3	0	3		
	3	3	3	6		
	2		6			
1	4	3	0	3	0 0 0 0 3	24 12 6 3 3
	3	3	3	6	3 3 3 3	
	2	6	6	12	6 6 6	
	1		12		12 12	
0	4	3	0	3	24	
	3	3	3	6		
	2	6	6	12		
	1	12	12	24		
	0		24			
−1						

[문제 37]
a=5, b=5, c=15

```
   #include〈stdio.h〉
❶ void prnt(int *a, int *b, int *c);          사용할 함수를 선언하는 곳이다.
                                             • void : 리턴값이 없으므로 void를 붙인다.
                                             • (int *a, int *b, int *c) : 함수에서 사용할 인수이다. 정수형 포인터 변수 3개를 사용한다는
                                               뜻인데, 호출하는 곳에서 보내준 인수의 순서와 자료형이 일치해야 한다.

   main( ) {
❷   int a = 0, b = 5, c = 0;
❸   prnt(&a, &b, &c);                        정수형 변수 a, b, c의 주소를 인수로 하여 prnt( ) 함수를 호출한다. 제어가 ❹번으로 이동한다.
❿   printf("a=%d, b=%d, c=%d\n", a, b, c);   결과  a=5, b=5, c=15
   }

❹ void prnt(x, y, z)
❺ int *x, *y, *z;                            인수로 받은 x, y, z가 정수형 변수의 주소를 저장할 수 있는 정수형 포인터 변수라고 선언한다.
   {
❻   while (*x 〈 *y) {
❼     ++*x;                                  x가 가리키는 곳의 값을 1 증가시킨다.
❽     *z = *z + *x;                          z가 가리키는 곳의 값과 x가 가리키는 곳의 값을 더해서 z가 가리키는 곳에 저장한다.
❾     prnt(x, y, z);
     }
   }
```

❹ 함수의 리턴 값이 없으므로 void를 붙인다. ❸번에서 prnt(&a, &b, &c)라고 했으므로 x는 a의 주소를 받고 y는 b의 주소를 받으며, z는 c의 주소를 받는다. 이제 x는 a 변수의 주소를 가리키고, y는 b 변수의 주소를 가리키며, z는 c 변수의 주소를 가리킨다.

❾ 여기서부터 자기가 자기를 호출하는 순환 프로그램이 시작된다. 순환 프로그램은 순환하는 만큼 반복하여 실행하면서 변수에 저장된 값을 추적하면 결과를 알 수 있다.

• 메모리에 저장된 변수의 값이 아래와 같은 상태에서 prnt( )를 호출한다.

• 메모리에 저장된 변수의 값이 아래와 같은 상태에서 prnt( )를 호출한다.

```
      prnt( ){
        while (*x 〈 *y) {
          ++*x;
②회       *z = *z + *x;
          prnt(x, y, z); }
      }
```

			a 0020 FC20	↑ 2
x	0020 FC20		b 0020 FC24	5
y	0020 FC24		c 0020 FC28	↑ 3
z	0020 FC28			

- 메모리에 저장된 변수의 값이 아래와 같은 상태에서 prnt( )를 호출한다.

③회
```
prnt( ){
    while (*x < *y) {
        ++*x;
        *z = *z + *x;
        prnt(x, y, z); }
}
```

x	0020 FC20
y	0020 FC24
z	0020 FC28

	a 0020 FC20	2 3
	b 0020 FC24	5
	c 0020 FC28	3 6

- 메모리에 저장된 변수의 값이 아래와 같은 상태에서 prnt( )를 호출한다.

④회
```
prnt( ){
    while (*x < *y) {
        ++*x;
        *z = *z + *x;
        prnt(x, y, z); }
}
```

x	0020 FC20
y	0020 FC24
z	0020 FC28

	a 0020 FC20	3 4
	b 0020 FC24	5
	c 0020 FC28	6 10

- 메모리에 저장된 변수의 값이 아래와 같은 상태에서 prnt( )를 호출한다.

⑤회
```
prnt( ){
    while (*x < *y) {
        ++*x;
        *z = *z + *x;
        prnt(x, y, z); }
}
```

x	0020 FC20
y	0020 FC24
z	0020 FC28

	a 0020 FC20	4 5
	b 0020 FC24	5
	c 0020 FC28	10 15

- 메모리에 저장된 변수의 값이 아래와 같은 상태에서 prnt( )를 호출한다.

⑥회
```
prnt( ){
    while (*x < *y) {
        ++*x;
        *z = *z + *x;
        prnt(x, y, z); }
}
```

x	0020 FC20
y	0020 FC24
z	0020 FC28

	a 0020 FC20	5
	b 0020 FC24	5
	c 0020 FC28	15

x가 가리키는 곳의 값이 y가 가리키는 곳의 값보다 작지 않다는 것은 ①회~⑤회에서 비교하는 조건도 모두 동일한 상태로 while문의 조건을 비교한다는 것이다.
- 일단 x가 가리키는 곳의 값이 y가 가리키는 곳의 값보다 작지 않으므로 ⑥회 prnt( ) 함수의 while 조건에 어긋나 while문을 빠져나와 함수의 실행을 종료하고, 제어를 ⑤회 prnt( ) 함수로 옮긴다.
- x가 가리키는 곳의 값이 y가 가리키는 곳의 값보다 작지 않으므로 ⑤회 prnt( ) 함수에서도 while 조건에 어긋나므로 함수의 실행을 종료하고, 제어를 ④회 prnt( ) 함수로 옮긴다.
- 역시 x가 가리키는 곳의 값이 y가 가리키는 곳의 값보다 작지 않으므로 ④회 prnt( ) 함수에서도 while 조건에 어긋나므로 함수의 실행을 종료하고, 제어를 ③회 prnt( ) 함수로 옮긴다.
- x가 가리키는 곳의 값이 y가 가리키는 곳의 값보다 작지 않으므로 ③회 prnt( ) 함수에서도 while 조건에 어긋나므로 함수의 실행을 종료하고, 제어를 ②회 prnt( ) 함수로 옮긴다.
- x가 가리키는 곳의 값이 y가 가리키는 곳의 값보다 작지 않으므로 ②회 prnt( ) 함수에서도 while 조건에 어긋나므로 함수의 실행을 종료하고, 제어를 ①회 prnt( ) 함수로 옮긴다.
- x가 가리키는 곳의 값이 y가 가리키는 곳의 값보다 작지 않으므로 ①회 prnt( ) 함수에서도 while 조건에 어긋나므로 함수의 실행을 종료하고, 처음 prnt( ) 함수를 호출한 ❸번으로 돌아간다.
※ Java와 Python에서는 포인터 변수를 사용할 수 없습니다.

[문제 38]

① y + c   ② b = c

❶ a, b = 1, 1	첫 번째와 두 번째 항의 값이 1이므로 a와 b를 1로 초기화한다.
❷ y = a + b	첫 번째 항(1)과 두 번째 항(1)의 합이 2이므로 y를 2로 초기화한다.
❸ n = int(input( ))	수열의 항 수를 입력 받는다.
❹ for k in range(3, n + 1):	반복 변수 k가 3에서 n이 될 때까지 1씩 증가하면서 ❺~❽번을 반복하여 수행한다.
❺ c = a + b	a와 b를 더하여 세 번째 항에 저장한다.
❻ y = y + c	세 번째 항의 값을 y에 누적한다.
❼ a = b	두 번째 항의 값을 첫 번째 항의 값으로 사용하기 위해 a에 치환한다.
❽ b = c	세 번째 항의 값을 두 번째 항의 값으로 사용하기 위해 b에 치환한다.
❾ print(y)	y의 값을 출력하고 끝낸다.

※ n에 10이 입력되었다 가정하고 반복문 실행에 따른 변수들의 변화는 다음과 같습니다.

a	b	c	y	k	n	출력
1	1	2	2	3	10	143
1	2	3	4	4		
2	3	5	7	5		
3	5	8	12	6		
5	8	13	20	7		
8	13	21	33	8		
13	21	34	54	9		
21	34	55	88	10		
34	55		143			

[문제 39]

n

문제의 코드는 소수인지 판별하기 위해 제곱근까지의 숫자로 나누어 떨어지는지 검사합니다. 제곱근까지의 수 중 한 개의 수에 대해서라도 나누어 떨어지면 소수가 아닙니다. 예를 들어 25는 2, 3, 4, 5로 나누었을 때 5로 나누어 떨어지므로 소수가 아니고, 41은 2, 3, 4, 5, 6으로 나누어도 한 번도 나누어 떨어지지 않으므로 소수입니다.

	import java.lang.Math;	sqrt( ) 메소드가 정의되어 있는 헤더 파일이다.
	public class Test {	
	public static void main(String[ ] args) {	
	int p = 2;	소수를 저장할 정수형 변수 p를 선언하고 숫자 1과 2는 이미 소수라고 판단되었음을 가정하여 현재 가장 큰 소수인 2를 저장한다.
	int n = 3;	3부터 100까지의 수를 저장할 정수형 변수 n을 선언하고 3으로 초기화한다.
❶	while (true) {	조건을 만족하는 동안 반복하는 것인데, 조건이 true, 즉 참이므로 무한 반복한다. 결국 ⑪번의 조건을 만족하여 break를 만나기 전까지 ❷~⑫번 사이의 문장을 반복하여 수행한다.
❷	double t = Math.sqrt(n);	배정도 실수형 변수 t를 선언하고, Math 클래스의 sqrt( ) 메소드를 사용하여 n의 제곱근을 t에 저장한다. ※ Math.sqrt(n) : n의 제곱근 값을 반환한다.
❸	int m = (int)t;	정수형 변수 m을 선언하고 t의 값을 정수로 변환하여 저장한다.
❹	for (int i = 2; i <= m; i++) {	소수 판별을 위한 for 반복문의 시작이다. 반복 변수 i가 2에서 시작하여 1씩 증가하면서 m보다 작거나 같은 동안 ❺~❾번을 반복 수행한다.
❺	int r = n % i;	정수형 변수 r을 선언하고 n을 i로 나눈 나머지를 저장한다.
❻	if (r == 0)	r의 값이 0과 같으면 소수가 아니므로 ❼번을 수행하여 for문을 빠져나가고, 아니면 ❽번으로 이동한다.
❼	break;	for문을 벗어나 ⑩번으로 이동한다.
❽	if (i == m)	i와 m의 값이 같으면 n은 소수이므로 p에 n을 저장한다.
❾	p = n;	
	}	

```
❿        n++;                          n의 값을 1씩 누적시킨다.
⓫      if (n > 100)                  n의 값이 100보다 크면 ⓬번을 수행한다.
⓬        break;                       while문을 벗어나 ⓭번으로 이동한다.
      }
⓭    System.out.printf("%d\n", p);    결과  97
    }
  }
```

※ 반복문 실행에 따른 변수들의 변화는 다음과 같습니다.

p	n	t	m	i	r	출력
2	3	1.73205…	1	2	0	97
5	4	2.00000…	2	2	1	
7	5	2.23606…	2	2	0	
11	6	2.44949…	2	2	1	
13	7	2.64575…	2	2	0	
⋮	8	2.82842…	2	2	1	
97	9	3.00000…	3	2	0	
	10	3.16227…	3	3	0	
	11	3.31662…	3	2	1	
	12	3.46410…	3	2	2	
	13	3.60555…	3	3	0	
	⋮	⋮	⋮	2	1	
	97	9.84885…	9	2	1	
	98	9.89949…	9	3	⋮	
	99	9.94987…	9	⋮	1	
	100	10.00000…	10	2	1	
	101			3	1	
				4	2	
				5	1	
				6	6	
				7	1	
				8	7	
				9	0	
				2	1	
				2	0	
				3	0	
				2		

```
❶ class SuperObject {
    public void paint() {
        draw();
    }

    ⓔ public void draw() {
        ⓕ draw();
        ⓘ System.out.println("Super Object");
    } ⓙ
  }

❷ class SubObject extends SuperObject {
    ⓒ public void paint() {
        ⓓ super.draw();
    } ⓚ

    ⓖ public void draw() {
        ⓗ System.out.println("Sub Object");
    }
  }

public class Test {
    public static void main(String[] args) {
        ⓐ SuperObject a = new SubObject();
        ⓑ a.paint();
    } ⓛ
}
```

❶ 클래스 SuperObject를 정의한다.

❷ 클래스 SubObject를 정의하고 부모 클래스로 SuperObject를 지정하면서 SuperObject에 속한 변수와 메소드를 상속받는다.

 – class A extends B : A 클래스를 선언하면서 B 클래스에서 상속받음으로써 B 클래스의 변수 및 메소드를 사용할 수 있다.

 – 메소드 재정의(오버라이딩) : SubObject 클래스에 있는 paint( ), draw( ) 메소드는 SuperObject 클래스에 있는 paint( ), draw( ) 메소드와 이름은 같지만 메소드 안의 실행 코드는 다르다. 이와 같이 부모 클래스에서 정의한 메소드를 자식 클래스에서 다르게 정의해서 사용할 수 있는데, 이를 메소드 오버라이딩이라고 한다.

ⓐ SubObject 클래스의 생성자를 이용하여 SuperObject 클래스의 객체 변수 a를 선언한다.

 • [부모클래스명] [객체변수명] = new [자식클래스생성자( )] : 부모 클래스의 객체 변수를 선언하면서 자식 클래스의 생성자를 사용하면 형 변환이 발생한다.

 • 이렇게 형 변환이 발생했을 때 부모 클래스와 자식 클래스에 동일한 속성이나 메소드가 있으면 자식 클래스의 속성이나 메소드로 재정의된다.

ⓑ a.paint()는 a 객체의 자료형이 SuperObject이므로 SuperObject.paint()라고 생각할 수 있지만 ⓐ에서 클래스 형 변환을 수행하였고 paint() 메소드가 자식 클래스에서 재정의를 통해 오버라이딩 된 메소드이므로 자식 클래스의 paint() 메소드가 수행된다. SubObject.paint()를 호출한다.

ⓒ 리턴값과 매개변수가 없는 메소드 paint()의 시작점이다.

ⓓ 부모 클래스를 호출하는 예약어 super를 사용했으므로 부모 클래스의 draw() 메소드를 수행한다. ⓔ번으로 이동한다.

ⓔ 리턴값과 매개변수가 없는 메소드 draw()의 시작점이다.

ⓕ draw()를 수행한다. ⓐ에서 클래스 형 변환을 수행하였고 draw() 메소드가 자식 클래스에서 재정의를 통해 오버라이딩 된 메소드이므로 자식 클래스의 draw() 메소드를 수행한다. ⓖ번으로 이동한다.

ⓖ 리턴값과 매개변수가 없는 메소드 draw()의 시작점이다.

ⓗ 화면에 문자열 Sub Object를 출력하고, 다음 줄의 처음으로 커서를 이동시킨다. SubObject 클래스의 draw() 메소드가 종료되었으므로 메소드를 호출했던 ⓕ번의 다음 줄인 ⓘ번으로 이동한다.

결과   `Sub Object`

ⓘ 화면에 문자열 Super Object를 출력하고, 다음 줄의 처음으로 커서를 이동시킨다.

결과   `Sub Object`
       `Super Object`

ⓙ SuperObject 클래스의 draw() 메소드가 종료되었으므로 메소드를 호출했던 ⓓ번의 다음 줄로 이동한다.

ⓚ SubObject 클래스의 paint() 메소드도 종료되었으므로 메소드를 호출했던 main() 메소드의 ⓘ번으로 이동한 후 프로그램을 종료한다.

[문제 41]

num[i]

문제의 코드는 10개의 값을 배열 num으로 입력받아 그 중 최소값을 찾는 프로그램입니다. 프로그램에서 사용한 최소값을 찾는 방법은 자료 중에서 나올 수 있는 임의의 가장 큰 값을 가지고 다른 자료들과 비교하는 것입니다. 자료를 처음부터 차례대로 비교하여 더 작은 값이 나오면 그 값을 최소값으로 하고 다음 자료와 비교하는 과정을 모든 자료에 대해 반복합니다.

```
#include <stdio.h>
main()
{
    int num[10];                            입력값을 저장할 10개의 요소를 갖는 정수형 배열 num을 선언한다.
    int min = 9999;                         최소값을 저장할 정수형 변수 min을 선언하고 9999로 초기화한다.
    int i;                                  정수형 변수 i를 선언한다.
❶   for (i = 0; i < 10; i++) {              반복 변수 i가 0에서 시작하여 1씩 증가하면서 10보다 작은 동안 ❷번을 10회 반복 수행한다.
❷      scanf("%d", &num[i]);               num[i]에 입력받은 값을 저장한다.
    }
❸   for (i = 0; i < 10; i++) {              반복 변수 i가 0에서 시작하여 1씩 증가하면서 10보다 작은 동안 ❹~❺번을 10회 반복 수행한다.
❹      if (min > num[i]) {                 min의 값이 num[i]의 값보다 크면 ❺번을 수행한다.
❺         min = num[i];                    min에 num[i]의 값을 저장한다.
        }
    }
❻   printf("가장 작은 값은 %d이다.", min);   **가장 작은 값은** 을 출력한 후 min의 값을 출력하고, 이어서 **이다.**를 출력한다.
}
```

※ num 배열에 다음과 같은 순서대로 입력되었다고 가정합니다.

num[10]	70	82	43	90	65	55	95	45	68	72

※ 반복문 실행에 따른 변수들의 변화는 다음과 같습니다.

i	num[i]	min	출력
0	70	9999	가장 작은 값은 43이다.
1	82	70	
2	43	43	
3	90		
4	65		
5	55		
6	95		
7	45		
8	68		
9	72		
10			

[문제 42]

① list[k]   ② list[i]   ③ bubble_sort

문제의 코드는 버블 정렬 알고리즘을 이용하여 배열 list에 저장된 값을 오름차순으로 정렬하면서 매 번 해당 배열의 값을 출력하는 프로그램입니다. 버블 정렬 알고리즘은 첫 번째 자료와 두 번째 자료를, 두 번째 자료와 세 번째 자료를, 세 번째와 네 번째를, … 이런 식으로 (마지막-1)번째 자료와 마지막 자료를 비교하여 교환하면서 자료를 정렬합니다. 1회전을 수행하고 나면 가장 큰 자료가 맨 뒤로 이동하므로 2회전에서는 맨 끝에 있는 자료는 정렬에서 제외되고, 2회전을 수행하고 나면 끝에서 두 번째 자료까지는 정렬에서 제외됩니다. 이렇게 정렬을 1회전 수행할 때마다 정렬에서 제외되는 데이터가 하나씩 늘어납니다.

```
    #include <stdio.h>
    #define s 6
❺  void bubble_sort(int list[]){
      int j, k, p, tmp;
❻    for (j = 1; j < s; j++) {
❼      for (k = 0; k < s - j; k++) {




❽        if (list[k] > list[k + 1]) {
❾          tmp = list[k];
❿          list[k] = list[k + 1];
⓫          list[k + 1] = tmp;
          }
⓬        for (p = 0; p < s; p++)
⓭          printf("%d", list[p]);
⓮        printf("\n");
        }
      }
    }
    main()
    {
      int list[s] = { 9, 4, 3, 6, 8, 1 };
      int i;
❶    for (i = 0; i < s; i++)
❷      printf("%d", list[i]);
❸    printf("\n");
❹    bubble_sort(list);
    }
```

s를 상수 6으로 정의하는 명령문이다. 프로그램 전체에서 s는 상수 6과 동일하게 사용된다.
bubble_sort() 함수의 시작점이다. ❹번에서 보낸 주소를 새로운 배열 list가 받는다.
정수형 변수 j, k, p, tmp를 선언한다.
반복 변수 j가 1에서 시작하여 1씩 증가하면 s보다 작은 동안 ❼~⓮번을 5회 반복 수행한다.
반복 변수 k가 0에서 시작하여 1씩 증가하면서 s-j보다 작은 동안 ❽~⓮번을 반복 수행한다.
• j가 1일 때 k는 0에서 4까지 5회 반복
• j가 2일 때 k는 0에서 3까지 4회 반복
⋮
list[k]가 list[k+1]보다 크면 ❾~⓫번 문장을 수행한다.
❾~⓫ 임시 변수 tmp를 사용하여 list[k]의 값과 list[k+1]의 값을 교환하는 과정이다.

반복 변수 p가 0에서 시작하여 1씩 증가하면서 s보다 작은 동안 ⓭번을 6회 반복 수행한다.
list[p]를 출력한다.
커서를 다음 줄의 처음으로 옮긴다.

6개의 요소를 갖는 정수형 배열 list를 선언하고 초기화한다.
정수형 변수 i를 선언한다.
반복 변수 i가 0에서 시작하여 1씩 증가하면서 s보다 작은 동안 ❷번을 6회 반복 수행한다.
list[i]를 출력한다.
커서를 다음 줄의 처음으로 옮긴다.
배열 list의 첫 번째 주소를 인수로 하여 bubblesort() 함수를 호출한다. ❺번으로 이동한다.

※ 사용자 정의 함수 호출에 따른 변수들의 변화는 다음과 같습니다.

전역 상수	main함수		출력
s	i	배열 list	
6	0 1 2 3 4 5 6	9 4 3 6 8 1	943681

전역 상수	bubble_sort함수							출력
s	j	k	list[k]	list[k+1]	tmp	p	배열 list	
6	1	0	9 4	4 9	9	0 1 2 3 4 5 6	9 4 3 6 8 1 4 9	943681 **493681**
		1	9 3	3 9	9	0 1 2 3 4 5 6	4 9 3 6 8 1 3 9	943681 493681 **439681**
		2	9 6	6 9	9	0 1 2 3 4 5 6	4 3 9 6 8 1 6 9	943681 493681 439681 **436981**
		3	9 8	8 9	9	0 1 2 3 4 5 6	4 3 6 9 8 1 8 9	943681 493681 439681 436981 **436891**
		4	9 1	1 9	9	0 1 2 3 4 5 6	4 3 6 8 9 1 1 9	943681 493681 439681 436981 436891 **436819**

2	0	4 3	3 4	4	0 1 2 ⋮	[4̶ 3̶ 6 8 1 9] 3 4	943681 493681 439681 436981 436891 436819 **346819**
⋮	⋮	⋮	⋮	⋮	⋮	⋮	⋮
5	0	3 1	1 3	3	0 1 2 ⋮	[3̶ 1̶ 4 6 8 9] 1 3	943681 493681 439681 436981 436891 436819 346819 346819 346819 346189 346189 346189 341689 341689 314689 **134689**
6							

[문제 43]

`i + j`

문제의 코드는 배열 a[3][4]를 선언하여 각 요소에 행 위치의 값과 열 위치의 값을 더하여 저장한 후 출력하는 프로그램입니다.

```java
public class Test {
  public static void main(String[] args) {
❶    int[][] a = new int[3][4];          3행 4열 정수형 배열 a를 선언한다.
```

a[0][0]	a[0][1]	a[0][2]	a[0][3]
a[1][0]	a[1][1]	a[1][2]	a[1][3]
a[2][0]	a[2][1]	a[2][2]	a[2][3]

배열 a

```java
❷    for(int i = 0; i < 3; i++) {        반복 변수 i가 0에서 시작하여 1씩 증가하면서 3보다 작은 동안 ❸~❻번을 3회 반복 수행한다.
❸      for(int j = 3; j >= 0; j--) {     반복 변수 j가 3에서 시작하여 1씩 감소하면서 0보다 크거나 작은 동안 ❹, ❺번을 4회 반복 수
                                          행한다.
❹        a[i][j] = i + j;                a[i][j]에 i+j의 값을 저장한다.
❺        System.out.printf("%d ", a[i][j]);   a[i][j]의 값을 출력하고, 이어서 공백 한 칸을 출력한다.
      }
❻      System.out.println();             커서를 다음 줄의 처음으로 옮긴다.
    }
  }
}
```

※ 반복문 실행에 따른 변수들의 변화는 다음과 같습니다.

i	j	a[i][j]	출력
0	3	3	
	2	2	
	1	1	3 2 1 0
	0	0	
	−1		
1	3	4	
	2	3	
	1	2	3 2 1 0
	0	1	4 3 2 1
	−1		
2	3	5	
	2	4	3 2 1 0
	1	3	4 3 2 1
	0	2	5 4 3 2
	−1		
3			

[문제 44]

!= 또는 >

※ **답안 작성 시 주의 사항** : C언어에서 사용하는 형식에 맞게 정확히 작성해야 합니다. '같지 않다'는 표현을 '〈〉'으로 하지 않도록 주의하세요.

문제의 코드는 5개의 값을 배열 a로 입력받은 후 각 수를 2로 나눈 나머지가 0이 아닌 수의 개수를 출력하는 프로그램입니다.

```
#include <stdio.h>
main( ) {
    int i, a[5], cnt = 0;          정수형 변수 i, cnt와 5개의 요소를 갖는 배열 a를 선언하고 cnt를 0으로 초기화한다.
❶   for (i = 0; i < 5; i++)        반복 변수 i가 0에서 시작하여 1씩 증가하면서 5보다 작은 동안 ❷번을 5회 반복 수행한다.
❷       scanf("%d", &a[i]);        a[i]에 입력받은 값을 저장한다.
❸   for (i = 0; i < 5; i++) {      반복 변수 i가 0에서 시작하여 1씩 증가하면서 5보다 작은 동안 ❹, ❺번을 5회 반복 수행한다.
❹       if (a[i] % 2 != 0)         a[i]를 2로 나눈 나머지가 0이 아니면 ❺번을 수행한다.
❺           cnt = cnt + 1;         cnt의 값을 1씩 누적시킨다.
    }
❻   printf("홀수의 개수 : %d개", cnt);   홀수의 개수 : 를 출력한 후 cnt의 값을 출력하고, 이어서 개를 출력한다.
}
```

※ 배열 a에 차례대로 1, 2, 3, 4, 5가 입력되었다고 가정하고 반복문을 실행했을 때 변수들의 변화는 다음과 같습니다.

i	a[i]	a[i]%2	cnt	출력
0	1	1	0	홀수의 개수 : 3개
1	2	0	1	
2	3	1	2	
3	4	0	3	
4	5	1		
5				

[문제 45]

① 95, 75, 85, 100, 50 　　② E[j]

문제의 코드는 선택 정렬 알고리즘을 이용하여 배열 E에 저장된 값을 오름차순으로 정렬한 후 출력하는 프로그램입니다. 선택 정렬 알고리즘은 첫 번째 자료를 두 번째 자료부터 마지막 자료까지 차례대로 비교하여 가장 작은 값을 찾아 첫 번째에 놓고, 두 번째 자료를 세 번째 자료부터 마지막 자료까지와 차례대로 비교하여 그 중 가장 작은 값을 찾아 두 번째 위치에 놓는 과정을 반복하며 정렬을 수행합니다. 1회전을 수행하고 나면 가장 작은 값의 자료가 맨 앞에 오게 되므로 그 다음 회전에서는 두 번째 자료를 가지고 비교합니다. 마찬가지로 3회전에서는 세 번째 자료를 정렬합니다.

```
public class Test {
    public static void main(String[ ] args) {
        int E[ ] = { 95, 75, 85, 100, 50 };      5개의 요소를 갖는 정수형 배열 E를 선언하고 초기화한다.
        int i = 0;                               정수형 변수 i를 선언하고 0으로 초기화한다.
        int Temp = 0;                            정수형 변수 Temp를 선언하고 0으로 초기화한다.
❶      do                                       do~while 반복문의 시작점으로 ❷~❿번을 반복하여 수행한다.
        {
❷          int j = i;                           정수형 변수 j를 선언하고 i의 값으로 초기화한다.
❸          do                                   do~while 반복문의 시작점으로 ❹~❽번을 반복하여 수행한다.
            {
❹              if( E[i] > E[j] )                E[i]의 값이 E[j]보다 크면 ❺~❼번을 수행한다.
                {
❺                  Temp = E[i];                 ❺~❼ 임시 변수 Temp를 사용하여 E[i]의 값과 E[j]의 값을 교환하는 과정이다.
❻                  E[i] = E[j];
❼                  E[j] = Temp;
                }
❽              j++;                             j의 값을 1씩 누적한다.
❾          } while (j < 5);                     j가 5보다 작은 동안 ❹~❽번을 반복 수행한다.
❿          i++;                                 i의 값을 1씩 누적한다.
⓫      } while (i < 4);                         i가 4보다 작은 동안 ❷~❿번을 반복 수행한다.
⓬      for (int a = 0; a < 5; a++ )             반복 변수 a가 0에서 시작하여 1씩 증가하면서 5보다 작은 동안 ⓭번을 5회 반복 수행한다.
        {
⓭          System.out.printf(E[a]+"\t");        E[a]를 출력하고 이어서 탭만큼 공백을 출력한다.
        }
    }
}
```

[문제 46]
120제거
140제거

```
❶ public class Problem {
❷        static int Stack[ ] = new int[5];
❸        static int Top = −1;

❹        public static void main(String[ ] args) {
❺            push(100);
❼            push(110);
❾            push(120);
⓫            pop();
⓭            push(130);
⓯            push(140);
⓱            pop();

         }
❻ ❽ ❿ ⓮ ⓰ static void push(int i) {
         ⓐ Top++;
         ⓑ if (Top >= 5)
         ⓒ     System.out.printf("overflow");
         ⓓ else
         ⓔ     Stack[Top] = i;
         }

⓬ ⓲         static void pop() {
         ⓐ if (Top < 0)
         ⓑ     System.out.printf("underflow");
         ⓒ else
         ⓓ     System.out.printf("%d제거\n", Stack[Top−−]);
         }
   }
```

❷ 5개의 요소를 갖는 정수형 배열 Stack을 선언한다.

❸ 전역 변수 Top을 선언하면서 초기값으로 −1을 할당한다. 전역 변수이기 때문에 Problem 클래스 안에서는 어디서든 사용할 수 있으며 저장된 값이 유지된다.

	Stack				Top	출력결과
0	1	2	3	4	−1	

❺ 100을 인수로 하여 push 메소드를 호출한다. 제어를 ❻번으로 이동한다.

❻ push 메소드의 시작점이다. ❺번에서 보낸 100을 i가 받는다.

ⓐ Top의 값을 1 증가시킨다.

ⓑ Top이 5보다 크거나 같지 않으므로 ⓔ번으로 이동한다.

ⓔ Stack[0]에 100을 저장한다.

	Stack				Top	출력결과
100					0	

❼ 110을 인수로 하여 push 메소드를 호출한다. 제어를 ❽번으로 이동한다.

❽ ❼번에서 보낸 110을 i가 받는다.

ⓐ Top의 값을 1 증가시킨다.

ⓑ Top이 5보다 크거나 같지 않으므로 ⓔ번으로 이동한다.

ⓔ Stack[1]에 110을 저장한다.

	Stack				Top	출력결과
100	110				1	

❾ 120을 인수로 하여 push 메소드를 호출한다. 제어를 ❿번으로 이동한다.

❿ ❾번에서 보낸 120을 i가 받는다.
  ⓐ Top의 값을 1 증가시킨다.
  ⓑ Top이 5보다 크거나 같지 않으므로 ⓔ번으로 이동한다.
  ⓔ Stack[2]에 120을 저장한다.

		Stack			Top	출력결과
100	110	120			2	

⓫ pop 메소드를 호출한다. 제어를 ⓬번으로 이동한다.
  ⓐ Top이 0 보다 작지 않으므로 ⓓ번으로 이동한다.
  ⓓ 출력 : 120제거를 출력하고 다음 줄로 커서를 옮긴다.
• Top--는 후치 연산자이기 때문에 Stack[2]의 값을 출력한 다음 1 감소한다.
• 출력을 했다고 없어지는 것이 아니고 Top의 위치가 1이 되었기 때문에 다음에 push를 하면 Stack[2]에 값이 저장되므로 자연스럽게 없어지게 된다.
• ⓓ번 실행 후 변수의 변화는 다음과 같다.

		Stack			Top	출력결과
100	110	120			1	120 제거

⓭ 130을 인수로 하여 push 메소드를 호출한다. 제어를 ⓮번으로 이동한다.

⓮ ⓭번에서 보낸 130을 i가 받는다.
  ⓐ Top의 값을 1 증가시킨다.
  ⓑ Top이 5보다 크거나 같지 않으므로 ⓔ번으로 이동한다.
  ⓔ Stack[2]에 130을 저장한다.

		Stack			Top	출력결과
100	110	130			2	120 제거

⓯ 140을 인수로 하여 push 메소드를 호출한다. 제어를 ⓰번으로 이동한다.

⓰ ⓯번에서 보낸 140을 i가 받는다.
  ⓐ Top의 값을 1 증가시킨다.
  ⓑ Top이 5보다 크거나 같지 않으므로 ⓔ번으로 이동한다.
  ⓔ Stack[3]에 140을 저장한다.

		Stack			Top	출력결과
100	110	130	140		3	120 제거

⓱ pop 메소드를 호출한다. 제어를 ⓲번으로 이동한다.
  ⓐ Top이 0 보다 작지 않으므로 ⓓ번으로 이동한다.
  ⓓ 출력 : 140제거를 출력하고 다음 줄로 커서를 옮긴다.
• Top--는 후치 연산자이기 때문에 Stack[3]의 값을 출력한 다음 1 감소한다.
• 출력을 했다고 없어지는 것이 아니고 Top의 위치가 2가 되었기 때문에 다음에 push를 하면 Stack[3]에 값이 저장되므로 자연스럽게 없어지게 된다.
• ⓓ번 실행 후 변수의 변화는 다음과 같다.

		Stack			Top	출력결과
100	110	130	140		2	120 제거
						140 제거

응용 SW 기초 기술 활용 1

341 운영체제 Ⓑ등급

342 운영체제의 목적 Ⓒ등급

343 UNIX Ⓐ등급

344 UNIX 시스템의 구성 Ⓑ등급

345 LINUX Ⓒ등급

346 Android Ⓐ등급

347 기억장치 관리 - 반입 전략 Ⓒ등급

348 기억장치 관리 - 배치 전략 Ⓑ등급

349 가상기억장치 Ⓒ등급

350 가상기억장치 구현 기법 Ⓑ등급

351 페이지 교체 알고리즘 Ⓑ등급

352 OPT Ⓒ등급

353 FIFO Ⓑ등급

354 LRU Ⓐ등급

355 LFU Ⓐ등급

356 Locality Ⓑ등급

357 워킹 셋 Ⓑ등급

358 스래싱 Ⓑ등급

359 프로세스 Ⓒ등급

360 PCB Ⓒ등급

361 프로세스 상태 전이 Ⓐ등급

362 프로세스 상태 전이 관련 용어 Ⓑ등급

363 스레드 Ⓑ등급

364 스케줄링 Ⓒ등급

365 비선점 스케줄링 Ⓒ등급

366 선점 스케줄링 Ⓒ등급

367 FCFS Ⓒ등급

368 SJF Ⓐ등급

369 HRN Ⓐ등급

370 RR Ⓐ등급

371 SRT Ⓐ등급

372 환경 변수 Ⓑ등급

373 Windows 기본 명령어 Ⓒ등급

374 UNIX/LINUX 기본 명령어 Ⓑ등급

375 chmod Ⓐ등급

341 > 운영체제　Ⓑ

- 운영체제(OS; Operating System)는 **컴퓨터 시스템의 자원들을 효율적으로 관리**하며, 사용자가 컴퓨터를 **편리하고 효과적으로 사용할 수 있도록 환경을 제공하는 여러 프로그램의 모임**이다.
- 컴퓨터 사용자와 컴퓨터 하드웨어 간의 인터페이스로 동작하는 시스템 소프트웨어의 일종이다.
- 프로세서, 기억장치, 입·출력장치, 파일 및 정보 등의 자원을 관리한다.

기출체크 ☑

필기 20.8

1. 다음이 설명하는 용어가 무엇인지 쓰시오.

- 컴퓨터 시스템의 자원들을 효율적으로 관리하며, 사용자가 컴퓨터를 편리하고 효과적으로 사용할 수 있도록 환경을 제공하는 여러 프로그램의 모임이다.
- 다중 사용자와 다중 응용 프로그램 환경 하에서 자원의 현재 상태를 파악하고, 자원 분배를 위한 스케줄링을 담당한다.
- CPU, 메모리 공간, 기억장치, 입·출력장치 등의 자원을 관리한다.
- 입·출력장치와 사용자 프로그램을 제어한다.

답 :

 ▶340412

342 > 운영체제의 목적　Ⓒ

- 운영체제의 목적에는 처리 능력 향상, 사용 가능도 향상, 신뢰도 향상, 반환 시간 단축 등이 있다.
- 처리 능력(Throughput) : 일정 시간 내에 시스템이 처리하는 일의 양
- 반환 시간(Turn Around Time) : 시스템에 작업을 의뢰한 시간부터 처리가 완료될 때까지 걸린 시간
- 사용 가능도(Availability) : 시스템을 사용할 필요가 있을 때 즉시 사용 가능한 정도
- 신뢰도(Reliability) : 시스템이 주어진 문제를 정확하게 해결하는 정도

예상체크 ☑

출제예상

2. 운영체제(OS)의 목적 4가지를 쓰시오.

답 :

---

343 > UNIX　Ⓐ

- UNIX는 1960년대 **AT&T 벨(Bell) 연구소, MIT, General Electric이 공동 개발한 운영체제**이다.
- 시분할 시스템(Time Sharing System)을 위해 설계된 대화식 운영체제이다.
- 대부분 C 언어로 작성되어 있어 이식성이 높으며 장치, 프로세스 간의 호환성이 높다.
- 트리(Tree) 구조의 파일 시스템을 갖는다.

기출체크 ☑

20.11

3. 다음 설명과 가장 부합하는 운영체제(OS)를 쓰시오.

- 1960년대 AT&T 벨(Bell) 연구소가 MIT, General Electric 사와 함께 공동 개발한 운영체제이다.
- 시분할 시스템(Time Sharing System)을 위해 설계된 대화식 운영체제이다.
- 대부분 C 언어로 작성되어 있어 이식성이 높으며 장치, 프로세스 간의 호환성이 높다.
- 트리 구조의 파일 시스템을 갖는다.

답 :

 ▶340414　　　　　필기 20.9, 20.6

344 > UNIX 시스템의 구성　Ⓑ

필기 20.9
커널(Kernel)

- UNIX의 가장 핵심적인 부분으로 하드웨어를 보호하고, 프로그램과 하드웨어 간의 인터페이스 역할을 담당한다.
- 프로세스(CPU 스케줄링) 관리, 기억장치 관리, 파일 관리, 입·출력 관리, 프로세스간 통신, 데이터 전송 및 변환 등 여러가지 기능을 수행한다.

필기 20.6
쉘(Shell)

- 사용자의 명령어를 인식하여 프로그램을 호출하고 명령을 수행하는 명령어 해석기이다.
- 시스템과 사용자 간의 인터페이스를 담당한다.

기출체크 정답　1. 운영체제(Operating System)　2. 처리 능력 향상, 사용 가능도 향상, 신뢰도 향상, 반환 시간 단축　3. UNIX

필기 20.9

4. 다음이 설명하는 UNIX 시스템의 구성 요소를 쓰시오.

- UNIX의 가장 핵심적인 부분으로, 컴퓨터가 부팅될 때 주기억장치에 적재된 후 상주하면서 실행된다.
- 프로세스(CPU 스케줄링) 관리, 기억장치 관리, 파일 관리, 입·출력 관리, 프로세스간 통신, 데이터 전송 및 변환 등 여러 가지 기능을 수행한다.

답 :

▶340415

345 > LINUX Ⓒ

- LINUX는 1991년 **리누스 토발즈(Linus Torvalds)가 UNIX를 기반으로 개발한 운영체제**이다.
- 프로그램 소스 코드가 무료로 공개되어 있기 때문에 프로그래머가 원하는 기능을 추가할 수 있다.
- 대부분의 특징이 UNIX와 동일하다.

출제예상

5. 다음이 설명하는 운영체제(OS)를 쓰시오.

- 1991년 Linus Torvalds가 UNIX를 기반으로 개발한 운영체제이다.
- 프로그램 소스 코드가 무료로 공개되어 있기 때문에 프로그래머가 원하는 기능을 추가할 수 있고, 다양한 플랫폼에 설치하여 사용이 가능하다.

답 :

▶340416

346 > Android Ⓐ

- Android(안드로이드)는 **구글(Google) 사에서 개발한 리눅스 커널 기반의 개방형 모바일 운영체제**이다.
- 모든 코드가 공개된 개방형 소프트웨어이다.
- 자바와 코틀린으로 애플리케이션을 작성한다.

20.7

6. 리눅스의 커널 위에서 동작하며, 자바와 코틀린으로 애플리케이션을 작성하는 등 휴대용 장치에서 주로 사용되는 운영체제를 쓰시오.

답 :

▶340417

347 > 기억장치 관리 – 반입 전략 Ⓒ

- 반입(Fetch) 전략은 보조기억장치에 보관중인 **프로그램이나 데이터를 언제 주기억장치로 적재할 것인지를 결정하는 전략**이다.
- 요구 반입(Demand Fetch) : 실행중인 프로그램이 특정 프로그램이나 데이터 등의 참조를 요구할 때 적재하는 방법
- 예상 반입(Anticipatory Fetch) : 실행중인 프로그램에 의해 참조될 프로그램이나 데이터를 미리 예상하여 적재하는 방법

출제예상

7. 보조기억장치에 보관중인 프로그램이나 데이터를 언제 주기억장치로 적재할 것인지를 결정하는 기억장치 관리 전략을 쓰시오.

답 :

---

348 > 기억장치 관리 – 배치 전략 (B)

- 배치(Placement) 전략은 새로 반입되는 **프로그램이나 데이터를 주기억장치의 어디에 위치시킬 것인지를 결정하는 전략**이다.

- **최초 적합(First Fit)** : 프로그램이나 데이터가 들어갈 수 있는 크기의 빈 영역 중에서 첫 번째 분할 영역에 배치시키는 방법

- **최적 적합(Best Fit)** : 프로그램이나 데이터가 들어갈 수 있는 크기의 빈 영역 중에서 단편화를 가장 작게 남기는 분할 영역에 배치시키는 방법

- **최악 적합(Worst Fit)** : 프로그램이나 데이터가 들어갈 수 있는 크기의 빈 영역 중에서 단편화를 가장 많이 남기는 분할 영역에 배치시키는 방법

예제 기억장치 상태가 다음 표와 같다. 기억장치 관리 전략으로 First Fit, Best Fit, Worst Fit 방법을 사용하려 할 때, 각 방법에 대하여 10K의 프로그램이 할당받게 되는 영역의 번호는?

영역 번호	영역 크기	상태
1	5K	공백
2	14K	공백
3	10K	사용 중
4	12K	공백
5	16K	공백

① 먼저 10K가 적재될 수 있는지 각 영역의 크기를 확인한다.
② First Fit : 빈 영역 중에서 10K의 프로그램이 들어갈 수 있는 첫 번째 영역은 2번이다.
③ Best Fit : 빈 영역 중에서 10K 프로그램이 들어가고 단편화를 가장 작게 남기는 영역은 4번이다.
④ Worst Fit : 빈 영역 중에서 10K 프로그램이 들어가고 단편화를 가장 많이 남기는 영역은 5번이다.

필기 23.7, 20.8

1. 메모리 관리 기법 중 Worst Fit 방법을 사용할 경우 10K 크기의 프로그램 실행을 위해서는 어느 부분에 할당되어야 하는지 영역 번호로 쓰시오.

영역 번호	메모리 크기	사용 여부
NO1	8K	FREE
NO2	12K	FREE
NO3	10K	IN USE
NO4	20K	IN USE
NO5	16K	FREE

답 :

해설
최악 적합(Worst Fit)은 단편화를 가장 많이 남기는 영역에 할당하는 것으로, 사용되지 않은 영역(FREE) 중 크기가 가장 큰 영역은 NO5입니다.

349 > 가상기억장치 (C)

- 가상기억장치(Virtual Memory)는 **보조기억장치의 일부를 주기억장치처럼 사용하는 것**으로, 용량이 작은 주기억장치를 마치 큰 용량을 가진 것처럼 사용하는 기법이다.

- 프로그램을 여러 개의 작은 블록 단위로 나누어서 가상기억장치에 보관해 놓고, 프로그램 실행 시 요구되는 블록만 주기억장치에 불연속적으로 할당하여 처리한다.

- 가상기억장치의 구현 방법 : 페이징 기법, 세그먼테이션 기법

출제예상

2. 보조기억장치의 일부를 주기억장치처럼 사용하는 것으로, 용량이 작은 주기억장치를 마치 큰 용량을 가진 것처럼 사용하는 기법을 쓰시오.

답 :

▶ 340423

350 > 가상기억장치 구현 기법 Ⓑ

필기 23.2, 21.3

필기 23.2, 21.3

페이징(Paging) 기법

- 가상기억장치에 보관되어 있는 **프로그램과 주기억장치의 영역을 동일한 크기로 나눈 후** 나눠진 프로그램을 동일하게 나눠진 **주기억장치의 영역에 적재시켜 실행하는 기법**이다.

- 프로그램을 일정한 크기로 나눈 단위를 페이지(Page)라고 하고, 페이지 크기로 일정하게 나누어진 주기억장치의 단위를 페이지 프레임(Page Frame)이라고 한다.

필기 23.2, 21.3

세그먼테이션(Segmentation) 기법

- 가상기억장치에 보관되어 있는 **프로그램을 다양한 크기의 논리적인 단위로 나눈 후 주기억장치에 적재시켜 실행시키는 기법**이다.

- 프로그램을 배열이나 함수 등과 같은 논리적인 크기로 나눈 단위를 세그먼트(Segment)라고 하며, 각 세그먼트는 고유한 이름과 크기를 갖는다.

기출체크 ☑

필기 23.2, 21.3

3. 다음은 가상기억장치의 구현 방법에 대한 설명이다. 괄호(①, ②)에 들어갈 알맞은 용어를 쓰시오.

> 가상기억장치의 일반적인 구현 방법은 블록의 종류에 따라 (①) 기법과 (②) 기법으로 나눌 수 있다. (①) 기법은 프로그램을 고정된 크기의 일정한 블록으로 나누고, (②) 기법은 가변적인 크기의 블록으로 나눈다.

답
- ①
- ②

---

351 > 페이지 교체 알고리즘 Ⓑ

필기 23.2, 21.8

- **페이지 부재(Page Fault)가** 발생하면 가상기억장치에서 필요한 페이지를 찾아 주기억장치에 적재해야 하는데, 이때 주기억장치의 모든 페이지 프레임이 사용중이면 **어떤 페이지 프레임을 선택하여 교체할 것인지를 결정하는 기법**이 페이지 교체 알고리즘이다.

- 종류 : OPT, FIFO, LRU, LFU, NUR, SCR 등

기출체크 ☑

필기 23.2, 21.8

4. 다음 중 페이지 교체 알고리즘에 해당하는 것을 모두 골라 쓰시오.

OPT	NFT	LFU	NCS	EDI	SDN
FIFO	NUR	INT	EXEC	SQL	

답 :

▶ 340425

352 > OPT Ⓒ

- OPT(OPTimal replacement, 최적 교체)는 **앞으로 가장 오랫동안 사용하지 않을 페이지를 교체하는 기법**이다.

- 벨레이디(Belady)가 제안한 것이다.

- 페이지 부재 횟수가 가장 적게 발생하는 가장 효율적인 알고리즘이다.

예상체크 ☑

출제예상

5. 벨레이디(Belady)가 제안한 페이지 교체 기법으로, 앞으로 가장 오랫동안 사용하지 않을 페이지를 교체하는 기법은 무엇인지 영문 약어로 쓰시오.

답 :

기출체크 정답 3. ① 페이징(Paging), ② 세그먼테이션(Segmentation) 4. OPT, LFU, FIFO, NUR 5. OPT

353 > FIFO Ⓑ

FIFO(First In First Out)는 각 페이지가 주기억장치에 적재될 때마다 그때의 시간을 기억시켜 **가장 먼저 들어와서 가장 오래 있었던 페이지를 교체하는 기법**이다.

예제 다음의 참조 페이지를 세 개의 페이지 프레임을 가진 기억장치에서 FIFO 알고리즘을 사용하여 교체했을 때 페이지 부재의 수는? (단, 초기 페이지 프레임은 모두 비어 있는 상태이다.)

참조 페이지	2	3	2	1	5	2	3	5
페이지 프레임	2	2	2	2	5	5	5	5
		3	3	3	3	2	2	2
				1	1	1	3	3
부재 발생	●	●		●	●	●	●	

부재 수 = 6

❶ 참조 페이지를 각 페이지 프레임에 차례로 적재시키되 이미 적재된 페이지는 해당 위치의 페이지 프레임을 사용한다.

❷ 사용할 페이지 프레임이 없을 경우 가장 먼저 들어와서 오래 있었던 페이지 2를 제거한 후 5를 적재한다.

❸ 그 다음에 적재된 페이지 3을 제거한 후 2를 적재하며, 같은 방법으로 나머지 참조 페이지를 수행한다.

기출체크 ☑

필기 24.2, 23.7, 23.2, 22.7, 22.3, 20.9, 20.6

1. 4개의 페이지를 수용할 수 있는 주기억장치가 있으며, 초기에는 모두 비어있다고 가정한다. 다음의 순서로 페이지 참조가 발생할 때, FIFO 페이지 교체 알고리즘을 사용하면 발생하는 페이지 결함의 횟수를 쓰시오.

> 페이지 참조 순서 : 1, 2, 3, 1, 2, 4, 5, 1

답 :

해설

4개의 페이지를 수용할 수 있는 주기억장치이므로 아래 그림과 같이 4개의 페이지 프레임으로 표현할 수 있습니다.

참조 페이지	1	2	3	1	2	4	5	1
페이지 프레임	1	1	1	1	1	1	5	5
		2	2	2	2	2	2	1
			3	3	3	3	3	3
						4	4	4
부재 발생	●	●	●			●	●	●

참조 페이지가 페이지 테이블에 없으면 페이지 결함(부재)이 발생합니다. 초기에는 모든 페이지가 비어 있으므로 처음 1, 2, 3 그리고 4 페이지 적재 시 페이지 결함이 발생합니다. FIFO 기법은 가장 먼저 들어와 있었던 페이지를 교체하는 기법이므로 참조 페이지 5를 참조할 때에는 1을 제거한 후 5를 가져옵니다. 이러한 과정으로 모든 페이지에 대한 요구를 처리하고 나면 총 페이지 결함 발생 횟수는 6회입니다.

---

354 > LRU Ⓐ

LRU(Least Recently Used)는 **최근에 가장 오랫동안 사용하지 않은 페이지를 교체하는 기법**이다.

예제 다음의 참조 페이지를 세 개의 페이지 프레임을 가진 기억장치에서 LRU 알고리즘을 사용하여 교체했을 때 페이지 부재의 수는? (단, 초기 페이지 프레임은 모두 비어 있는 상태이다.)

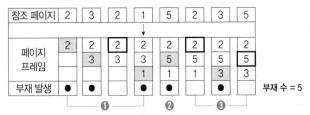

참조 페이지	2	3	2	1	5	2	3	5
페이지 프레임	2	2	2	2	2	2	2	5
		3	3	3	5	5	5	5
				1	1	1	3	3
부재 발생	●	●		●	●		●	●

부재 수 = 5

❶ 참조 페이지를 각 페이지 프레임에 차례로 적재시키되 이미 적재된 페이지는 해당 위치의 페이지 프레임을 사용한다.

❷ 사용할 페이지 프레임이 없을 경우 현재 시점에서 가장 오랫동안 사용되지 않은 페이지 3을 제거한 후 5를 적재한다.

❸ 같은 방법으로 나머지 참조 페이지를 수행한다.

기출체크 ☑

24.4, 필기 22.4

2. 4개의 페이지를 수용할 수 있는 주기억장치가 있으며, 초기에는 모두 비어 있다고 가정한다. 다음의 순서로 페이지 참조가 발생할 때, LRU 페이지 교체 알고리즘을 사용하면 발생하는 페이지 결함의 횟수를 쓰시오.

> 페이지 참조 순서 : 1, 2, 3, 1, 2, 4, 1, 2, 5

답 :

해설

4개의 페이지를 수용할 수 있는 주기억장치이므로 아래 그림과 같이 4개의 페이지 프레임으로 표현할 수 있습니다.

참조 페이지	1	2	3	1	2	4	1	2	5
페이지 프레임	1	1	1	1	1	1	1	1	1
		2	2	2	2	2	2	2	2
			3	3	3	3	3	3	5
						4	4	4	4
부재 발생	●	●	●			●			●

참조 페이지가 페이지 테이블에 없으면 페이지 결함(부재)이 발생합니다. 초기에는 모든 페이지가 비어 있으므로 처음 1, 2, 3 페이지 적재 시 페이지 결함이 발생합니다. 다음 참조 페이지 1, 2는 이미 적재되어 있으므로 그냥 참조하고, 참조 페이지 4를 적재할 때 페이지 결함이 발생됩니다. 다음 참조 페이지 1, 2 역시 이미 적재되어 있으므로 그냥 참조합니다. LRU 기법은 최근에 가장 오랫동안 사용되지 않은 페이지를 교체하는 기법이므로, 마지막 참조 페이지 5를 적재할 때는 3을 제거한 후 5를 가져옵니다. 이러한 과정으로 모든 페이지에 대한 요구를 처리하고 나면 총 페이지 결함의 발생 횟수는 5회입니다.

▶ 340555   24.4

355 > LFU (A)

- LFU(Least Frequently Used)는 **사용 빈도가 가장 적은 페이지를 교체하는 기법**이다.
- 활발하게 사용되는 페이지는 사용 횟수가 많아 교체되지 않고 사용된다.

[예제] 다음의 참조 페이지를 네 개의 페이지 프레임을 가진 기억장치에서 LFU 알고리즘을 사용하여 교체했을 때 페이지 부재의 수는? (단, 초기 페이지 프레임은 모두 비어 있는 상태이다.)

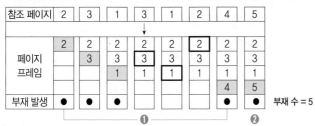

❶ 참조 페이지를 각 페이지 프레임에 차례로 적재시키되 이미 적재된 페이지는 해당 위치의 페이지 프레임을 사용한다.
❷ 사용할 페이지 프레임이 없을 경우 사용 빈도가 가장 적은 페이지 4를 제거한 후 5를 적재한다.

기출체크 ☑

24.4

3. 3개의 페이지를 수용할 수 있는 주기억장치가 있으며, 초기에는 모두 비어 있다고 가정한다. 다음의 순서로 페이지 참조가 발생할 때, LFU 페이지 교체 알고리즘을 사용하면 발생하는 페이지 결함의 횟수를 쓰시오.

페이지 참조 순서
1, 2, 3, 1, 2, 4, 1, 2, 3, 4

답 :

해설

3개의 페이지를 수용할 수 있는 주기억장치이므로 아래 그림과 같이 3개의 페이지 프레임으로 표현할 수 있습니다.

참조 페이지	1	2	3	1	2	4	1	2	3	4
페이지 프레임	1	1	1	1	1	1	1	1	1	1
		2	2	2	2	2	2	2	2	2
			3	3	3	4	4	4	3	4
부재 발생	●	●	●			●			●	●

참조 페이지가 페이지 테이블에 없으면 페이지 결함(부재)이 발생합니다. 초기에는 모든 페이지가 비어 있으므로 처음 1, 2, 3 페이지 적재 시 페이지 결함이 발생합니다. 다음 참조 페이지 1, 2는 이미 적재되어 있으므로 그냥 참조합니다. LFU 기법은 사용 빈도가 가장 적은 페이지를 교체하는 기법이므로, 참조 페이지 4를 적재할 때 3을 제거한 후 4를 가져옵니다. 마지막 3, 4 페이지를 적재할 때도 사용 빈도가 적은 4와 3을 제거한 후 가져옵니다. 이러한 과정으로 모

든 페이지에 대한 요구를 처리하고 나면 총 페이지 결함의 발생 횟수는 6회입니다.

▶ 340431   필기 21.5

356 > Locality (B)

- Locality(국부성, 지역성, 구역성, 국소성)는 **프로세스가 실행되는 동안 주기억장치를 참조할 때 일부 페이지만 집중적으로 참조하는 성질이 있다는 이론**이다.
- 스래싱을 방지하기 위한 워킹 셋 이론의 기반이 되었다.
- **시간 구역성(Temporal Locality)** : 프로세스가 실행되면서 하나의 페이지를 일정 시간 동안 집중적으로 액세스하는 현상
- **공간 구역성(Spatial Locality)** : 프로세스 실행 시 일정 위치의 페이지를 집중적으로 액세스하는 현상

기출체크 ☑

필기 21.5

4. 프로세스 적재 정책에 대한 다음 설명에서 괄호에 공통으로 들어갈 알맞은 용어를 영문으로 쓰시오.

( )은 프로세스가 실행되는 동안 주기억장치를 참조할 때 일부 페이지만 집중적으로 참조하는 성질을 의미한다. 시간 ( )은 일정 시간에 집중되는 현상을, 공간 ( )은 일정 위치에 집중되는 현상을 가리킨다.

답 :

▶ 340432   필기 21.3

357 > 워킹 셋 (B)

- 워킹 셋(Working Set)은 **프로세스가 일정 시간 동안 자주 참조하는 페이지들의 집합**이다.
- 자주 참조되는 워킹 셋을 주기억장치에 상주시킴으로써 페이지 부재 및 페이지 교체 현상이 줄어들어 프로세스의 기억장치 사용이 안정된다.

기출체크 ☑

필기 21.3

5. 운영체제의 가상기억장치 관리에서 프로세스가 일정 시간 동안 자주 참조하는 페이지들의 집합을 의미하는 용어를 쓰시오.

답 :

기출체크 정답 3. 6 4. Locality 5. 워킹 셋(Working Set)

358 > 스래싱 Ⓑ

- 스래싱(Thrashing)은 **프로세스의 처리 시간보다 페이지 교체에 소요되는 시간이 더 많아지는 현상**이다.
- 다중 프로그래밍 시스템이나 가상기억장치를 사용하는 시스템에서 하나의 프로세스 수행 과정 중에 자주 페이지 부재(Page Fault)가 발생함으로써 나타나며, 전체 시스템의 성능이 저하된다.

기출체크 ☑

필기 21.5

1. 기억장치 관리 중 발생할 수 있는 스래싱(Thrashing)에 대해 간략히 서술하시오.

답 :

 ▶340434

359 > 프로세스 Ⓒ

- 프로세스(Process)는 일반적으로 프로세서에 의해 처리되는 사용자 프로그램, 시스템 프로그램, 즉 **실행중인 프로그램**을 의미한다.
- 프로세스의 정의
  - PCB를 가진 프로그램
  - 실기억장치에 저장된 프로그램
  - 프로세서가 할당되는 실체로서, 디스패치가 가능한 단위
  - 프로시저가 활동중인 것
  - 비동기적 행위를 일으키는 주체
  - 운영체제가 관리하는 실행 단위

예상체크 ☑

출제예상

2. 다음 설명은 무엇에 대한 정의인지 쓰시오.

- 실행중인 프로그램이다.
- 프로시저가 활동 중인 것이다.
- 비동기적 행위를 일으키는 주체이다.
- PCB의 존재로서 명시되는 것이다.

답 :

360 > PCB Ⓒ

- PCB(Process Control Block, 프로세스 제어 블록)는 **운영체제가 프로세스에 대한 중요한 정보를 저장해 놓는 곳**이다.
- PCB에 저장되어 있는 정보
  - 프로세스의 현재 상태
  - 포인터
  - 프로세스 고유 식별자
  - CPU 레지스터 정보
  - 주기억장치 관리 정보
  - 입·출력 상태 정보
  - 계정 정보

예상체크 ☑

출제예상

3. 다음 중 PCB(Process Control Block)에 저장되어 있는 정보만 모두 골라 기호(㉠~㉺)로 쓰시오.

㉠ 포인터	㉡ 프로세스 오류의 수정 방법
㉢ 페이지 부재 발생 횟수	㉣ 주기억장치 관리 정보
㉤ 초기값 정보	㉥ CPU 레지스터 정보
㉦ 프로세스의 현재 상태	㉧ 우선순위를 위한 스케줄러

답 :

361 > 프로세스 상태 전이 Ⓐ

프로세스 상태 전이는 프로세스가 시스템 내에 존재하는 동안 프로세스의 상태가 변하는 것을 의미한다.

기출체크 정답 1. 스래싱은 <u>프로세스의 처리 시간보다 페이지 교체에 소요되는 시간이 더 많아지는 현상</u>이다. 2. 프로세스(Process) 3. ㉠, ㉣, ㉥, ㉦

363 > 스레드 Ⓑ

- 스레드(Thread)는 **시스템의 여러 자원을 할당받아 실행하는 프로그램의 단위** 또는 프로세스 내에서의 작업 단위로 사용된다.
- 프로세스의 일부 특성을 갖고 있기 때문에 경량(Light Weight) 프로세스라고도 한다.

---

4. 다음은 프로세스 상태 전이도이다. 괄호(①~③)에 들어갈 알맞은 상태를 쓰시오.

답
- ①
- ②
- ③

---

362 > 프로세스 상태 전이 관련 용어 Ⓑ

Dispatch(디스패치)
필기 21.8

준비 상태에서 대기하고 있는 프로세스 중 하나가 프로세서를 할당받아 실행 상태로 전이되는 과정이다.

Wake Up

입 · 출력 작업이 완료되어 프로세스가 대기 상태에서 준비 상태로 전이 되는 과정이다.

Spooling(스풀링)

입 · 출력장치의 공유 및 상대적으로 느린 입 · 출력장치의 처리 속도를 보완하고 다중 프로그래밍 시스템의 성능을 향상시키기 위해 입 · 출력할 데이터를 직접 입 · 출력장치에 보내지 않고 나중에 한꺼번에 입 · 출력하기 위해 디스크에 저장하는 과정이다.

---

364 > 스케줄링 Ⓒ

- 스케줄링(Scheduling)은 프로세스가 생성되어 실행될 때 필요한 **시스템의 여러 자원을 해당 프로세스에게 할당하는 작업**을 의미한다.
- 프로세스가 생성되어 완료될 때까지 프로세스는 여러 종류의 스케줄링 과정을 거치게 된다.

340440

365 > 비선점 스케줄링 Ⓒ

- 비선점(Non-Preemptive) 스케줄링은 **이미 할당된 CPU를 다른 프로세스가 강제로 빼앗아 사용할 수 없는 스케줄링 기법**이다.
- 일괄 처리 방식에 적합하다.
- 종류 : FCFS, SJF, 우선순위, HRN, 기한부 등

예상체크 ☑

출제예상

1. 다음 중 비선점 스케줄링의 종류를 모두 골라 쓰시오.

· Round Robin	· 기한부	· FCFS
· 다단계 큐	· HRN	· 우선순위
· SRT	· SJF	· 선점 우선순위

답 :

340441

366 > 선점 스케줄링 Ⓒ

- 선점 스케줄링(Preemptive)은 하나의 프로세스가 CPU를 할당받아 실행하고 있을 때 **우선순위가 높은 다른 프로세스가 CPU를 강제로 빼앗아 사용할 수 있는 스케줄링 기법**이다.
- 주로 빠른 응답 시간을 요구하는 대화식 시분할 시스템에 사용된다.
- 종류 : Round Robin, SRT, 선점 우선순위, 다단계 큐, 다단계 피드백 큐 등

예상체크 ☑

출제예상

2. 다음 중 선점 스케줄링의 종류를 모두 골라 쓰시오.

· Round Robin	· 기한부	· FCFS
· 다단계 큐	· HRN	· 우선순위
· SRT	· SJF	· 선점 우선순위

답 :

340442

367 > FCFS Ⓒ

FCFS(First Come First Service, 선입 선출) = FIFO(First In First Out)는 **준비상태 큐에 도착한 순서에 따라 차례로 CPU를 할당하는 기법**이다.

예제 다음과 같은 프로세스들이 차례로 준비상태 큐에 들어왔다고 가정할 때, FCFS 기법을 이용하여 평균 실행 시간, 평균 대기 시간, 평균 반환 시간을 구하시오(제출시간은 없으며 시간의 단위는 초임).

프로세스 번호	P1	P2	P3
실행 시간	20	4	6

① 실행 시간을 이용하여 다음과 같이 각 프로세스의 대기 시간과 반환 시간을 구한다.
- 대기 시간 : 프로세스가 대기한 시간으로, 바로 앞 프로세스까지의 진행 시간으로 계산
- 반환 시간 : 프로세스의 대기 시간과 실행 시간의 합

② 실행 시간, 대기 시간, 반환 시간의 평균은 '각 프로세스 시간의 합/프로세스의 개수'를 이용한다.

진행시간 0	10	20	30
P1	0 도착 / 실행 시작 ──20 실행── 20 완료		
P2	0 도착 ──20── 실행 시작 ─4─ 완료		
P3	0 도착 ──24 대기── 24 실행 시작 ─6─ 30 완료		

- 평균 실행 시간 : (20+4+6)/3 = 10
- 평균 대기 기간 : (0+20+24)/3 = 14.6
- 평균 반환 시간 : (20+24+30)/3 = 24.6

예상체크 ☑

출제예상

3. FIFO 스케줄링에서 3개의 작업 도착 시간과 CPU 사용시간(Burst Time)이 다음 표와 같을 때 모든 작업들의 평균 반환 시간(Turn Around Time)은 약 얼마인지 쓰시오.

작업	도착시간	CPU 사용시간(Burst Time)
JOB 1	0	13
JOB 2	3	35
JOB 3	8	2

답 :

기출체크 정답 1. 기한부, FCFS, HRN, 우선순위, SJF 2. Round Robin, 다단계 큐, SRT, 선점 우선순위 3. 33.33

FIFO 스케줄링은 준비상태 큐에 도착한 순서에 따라 CPU를 할당하는 기법입니다. 그러므로 작업 수행 순서와 평균 반환 시간은 다음과 같습니다.

진행시간	0	10	20	30	40	50
JOB 1	0 도착 실행 시작	13 실행	13 완료			
JOB 2	3 도착	10 대기 시작	13 실행	35 실행		48 완료
JOB 3		8 도착		40 대기		2(실행) 48 실행 시작

- **JOB1** : 도착하자마자 실행하여 13에서 작업이 완료되므로 대기 시간은 0이고, 반환 시간은 13입니다.
- **JOB2** : 3에 도착하여 JOB 1이 완료될 때까지 대기한 후 JOB 1이 완료된 13에서 실행을 시작하여 48에 작업이 완료됩니다. 대기 시간은 10이고, 반환 시간은 45입니다.
- **JOB3** : 8에 도착하여 JOB 2가 완료될 때까지 대기한 후 JOB 2가 완료된 48에서 실행을 시작하여 50에 작업이 완료됩니다. 대기 시간은 40이고, 반환 시간은 42입니다.
- ∴ 평균 반환 시간은 (13+45+42)/3 = 33.33

368 > SJF (A)

340443 22.10, 필기 20.9

- **SJF**(Shortest Job First, 단기 작업 우선)는 **준비상태 큐에서 기다리고 있는 프로세스들 중에서 실행 시간이 가장 짧은 프로세스에게 먼저 CPU를 할당하는 기법**이다.
- 가장 적은 평균 대기 시간을 제공하는 최적 알고리즘이다.

예제 다음과 같은 프로세스들이 차례로 준비상태 큐에 들어왔다고 가정할 때, SJF 기법을 이용하여 평균 실행 시간, 평균 대기 시간, 평균 반환 시간을 구하시오(제출 시간이 없을 경우).

프로세스 번호	P1	P2	P3
실행 시간	20	4	6

① 아래와 같이 실행 시간이 짧은 프로세스를 먼저 처리하도록 이동시킨 후 각 프로세스의 대기 시간과 반환 시간을 구한다.

② 실행시간, 대기 시간, 반환 시간, 각 시간의 평균은 FCFS의 예제와 동일한 방법으로 구한다.

진행시간	0		10		20		30
P2	0 도착 실행 시작	4 실행 4 완료					
P3	0 도착	4 대기 실행 시작	6 실행	10 완료			
P1	0 도착	10 대기	10 실행 시작		20 실행		30 완료

- 평균 실행 시간 : (4+6+20)/3 = 10
- 평균 대기 기간 : (0+4+10)/3 = 4.6
- 평균 반환 시간 : (4+10+30)/3 = 14.6

기출체크 ☑

필기 20.9

4. SJF(Shortest Job First) 스케줄링에서 다음과 같은 프로세스가 차례로 큐에 도착하였을 때, 평균 반환 시간과 평균 대기 시간을 계산하시오.

프로세스 번호	실행시간
P1	7
P2	8
P3	4
P4	3

답
- ① 평균 반환 시간 :
- ② 평균 대기 시간 :

해설

SJF는 준비상태 큐에서 기다리고 있는 프로세스들 중에서 실행 시간이 가장 짧은 프로세스에게 먼저 CPU를 할당하는 기법입니다. 그러므로 프로세스 수행 순서는 다음과 같습니다.

※ 대기 시간은 바로 앞 프로세스의 반환 시간이고, 반환 시간은 프로세스의 '대기 시간 + 실행 시간'입니다.

프로세스	실행 시간	대기 시간	반환 시간
P4	3	0	3
P3	4	3	7
P1	7	7	14
P2	8	14	22

- ∴ 평균 대기 시간 = (0+3+7+14)/4 = 6
- ∴ 평균 반환 시간 = (3+7+14+22)/4 = 11.5

369 > HRN (A)

- HRN(Highest Response-ratio Next)은 **대기 시간과 서비스(실행) 시간을 이용하는 기법**이다.

- 우선순위를 계산하여 그 숫자가 가장 높은 것부터 낮은 순으로 우선순위가 부여된다.

- 우선순위 계산식

$$\text{우선순위 계산식} = \frac{\text{대기 시간} + \text{서비스 시간}}{\text{서비스 시간}}$$

[예제] 다음과 같은 프로세스가 HRN 기법으로 스케줄링될 때 우선순위를 계산하시오.

프로세스 번호	P1	P2	P3
실행 시간	20	4	6
대기 시간	10	20	10
우선순위 계산	(20+10)/20=1.5	(4+20)/4=6	(6+10)/6=2.6
우선순위	P2 → P3 → P1		

기출체크 ☑

20.5

1. HRN 비선점형 스케줄링의 우선순위를 구하는 계산식을 쓰시오.

답 :

기출체크 ☑

22.10

2. 스케줄링에 대한 다음 설명에 해당하는 용어를 쓰시오.

시분할 시스템을 위해 고안된 방식으로, 준비상태 큐에 먼저 들어온 프로세스가 먼저 CPU를 할당받지만 각 프로세스는 시간 할당량 동안만 실행한 후 실행이 완료되지 않으면 다음 프로세스에게 CPU를 넘겨주고 준비상태 큐의 가장 뒤로 배치된다. 할당되는 시간이 작을 경우 문맥 교환 및 오버헤드가 자주 발생되어 요청된 작업을 신속히 처리할 수 없다.

답 :

370 > RR (A)

22.10

- RR(Round Robin)은 각 프로세스를 **시간 할당량(Time Slice, Quantum) 동안만 실행한 후** 실행이 완료되지 않으면 **다음 프로세스에게 CPU를 넘겨주는 기법**이다.

- 시분할 시스템(Time Sharing System)을 위해 고안된 방식으로, 할당되는 시간의 크기가 작으면 작은 프로세스들에게 유리하다.

- 할당되는 시간이 클 경우 FCFS 기법과 같아지고, 할당되는 시간이 작을 경우 문맥 교환 및 오버헤드가 자주 발생되어 요청된 작업을 신속히 처리할 수 없다.

371 > SRT (A)

22.10

- SRT(Shortest Remaining Time)는 **현재 실행중인 프로세스의 남은 시간과 준비상태 큐에 새로 도착한 프로세스의 실행 시간을 비교하여 가장 짧은 실행 시간을 요구하는 프로세스에게 CPU를 할당하는 기법**이다.

- 시분할 시스템에 유용하며, 준비상태 큐에 있는 각 프로세스의 실행 시간을 추적하여 보유하고 있어야 하므로 오버헤드가 증가한다.

기출체크 ☑

22.10

3. 스케줄링에 대한 다음 설명에 해당하는 용어를 쓰시오.

현재 실행중인 프로세스의 남은 시간과 준비상태 큐에 새로 도착한 프로세스의 실행 시간을 비교하여 가장 짧은 실행 시간을 요구하는 프로세스에게 CPU를 할당하는 기법으로, 시분할 시스템에 유용하다. 준비상태 큐에 있는 각 프로세스의 실행 시간을 추적하여 보유하고 있어야 하므로 오버헤드가 증가한다.

답 :

기출체크 정답 1. 대기 시간 + 서비스 시간 / 서비스 시간   **2.** RR(Round Robin)   **3.** SRT(Shortest Remaining Time)

372 환경 변수 Ⓑ

- 환경 변수(Environment Variable)란 **시스템 소프트웨어의 동작에 영향을 미치는 동적인 값들의 모임**을 의미한다.
- 환경 변수는 변수명과 값으로 구성된다.
- Windows에서 set을 입력하면 모든 환경 변수와 값을 출력한다.
- UINIX나 LINUX에서는 set, env, printenv, setenv 중 하나를 입력하면 모든 환경 변수와 값을 표시한다.

기출체크 ☑

필기 20.9

4. 다음 보기에서 UNIX SHELL 환경 변수를 출력하는 명령어를 모두 골라 쓰시오.

• set	• configenv	• admintool	• env
• printenv	• pkginfo	• setenv	• badblocks

답 :

373 Windows 기본 명령어 Ⓒ

dir	현재 디렉터리의 파일 목록을 표시함
copy	파일을 복사함
del	파일을 삭제함
type	파일의 내용을 표시함
ren	파일의 이름을 변경함
md	디렉터리를 생성함
cd	동일한 드라이브에서 디렉터리의 위치를 변경함
cls	화면의 내용을 지움
attrib	파일의 속성을 변경함
find	파일에서 문자열을 찾음
chkdsk	디스크 상태를 점검함
format	디스크 표면을 트랙과 섹터로 나누어 초기화함
move	파일을 이동함

출제예상

5. Windows에서 디스크 표면을 트랙과 섹터로 나누어 초기화할 때 사용하는 명령어를 쓰시오.

답 :

374 UNIX/LINUX 기본 명령어 Ⓑ

cat	파일 내용을 화면에 표시함
cd	디렉터리의 위치를 변경함
chown	파일 소유자와 그룹을 변경함
cp	파일을 복사함
rm	파일을 삭제함
find	파일을 찾음
kill	PID(프로세스 고유 번호)를 이용하여 프로세스를 종료함
필기 23.2, 22.7, 20.8 fork	새로운 프로세스를 생성함
ls	현재 디렉터리의 파일 목록을 표시함
mkdir	디렉터리를 생성함
rmdir	디렉터리를 삭제함
mv	파일을 이동함
ps	현재 실행중인 프로세스를 표시함
pwd	현재 작업중인 디렉터리 경로를 화면에 표시함
who	현재 시스템에 접속해 있는 사용자를 표시함

기출체크 ☑

필기 23.5, 22.7, 20.8

6. UNIX에서 사용하는 명령어 중 새로운 프로세스를 생성하는 명령어를 쓰시오.

답 :

340448   23.10, 20.7, 필기 23.2

375 > chmod Ⓐ

- chmod는 **파일의 보호 모드를 설정하여 파일의 사용 허가를 지정하는 UNIX 명령어**이다.
- 8진법 숫자를 이용한 방법으로도 파일의 보호 모드를 설정할 수 있다.

예제 UNIX 기반 시스템에서 'batch.sh' 파일에 대해 소유자와 그룹에게는 전체 권한, 기타 사용자에게는 읽기와 실행 권한만 부여하는 명령문을 8진법 숫자를 이용하여 작성하시오.

해설

- UNIX에서는 파일의 권한(permission)을 10자리로 표현하는데 1번째 자리는 디렉터리(d) 또는 파일(-)을, 2~4번째 자리는 소유자(Owner) 권한을, 5~7번째 자리는 그룹(Group) 권한을, 8~10번째 자리는 기타 사용자(Other) 권한을 의미합니다.
- 각 자리는 r(읽기), w(쓰기), x(실행), -(권한없음)으로 표시합니다.

예 - rwx rwx r-x

  - 파일 구분(-) : 파일을 의미
  - 소유자(rwx) : 읽기, 쓰기, 실행 가능
  - 그룹(rwx) : 읽기, 쓰기, 실행 가능
  - 기타 사용자(r-x) : 읽기, 실행만 가능

- 권한을 변경하는 chmod 명령어는 위의 권한 표현 방식을 8진수로 변경하여 사용할 수 있습니다.
- 변경 방법은 파일 구분을 제외한 각 권한을 권한있음(1)과 권한없음(0)으로 바꾼 뒤 8진수로 변환하여 chmod 명령어의 매개 변수로 사용하면 됩니다.

예 rwx rwx r-x
   ↓   ('-'는 0, 나머지는 1로 바꾸어 준다.)
111 111 101
   ↓   (3자리 2진수를 8진수로 변환한다. 111 = 7, 101 = 5)
 7 7 5
   ↓   (chmod 명령문을 완성한다.)
chmod 775 batch.sh

23.10, 20.7

1. 리눅스 또는 유닉스에서 'a.txt' 파일에 대해 다음 〈처리 조건〉과 같이 권한을 부여하고자 한다. 〈처리 조건〉을 준수하여 적합한 명령문을 작성하시오.

〈처리 조건〉

- 사용자에게 읽기, 쓰기, 실행 권한을 부여한다.
- 그룹에게 읽기, 실행 권한을 부여한다.
- 기타 사용자에게 실행 권한을 부여한다.
- 한 줄로 작성하고, 8진법 숫자를 이용한 명령문을 이용한다.

답 :

해설

사용자는 읽기, 쓰기, 실행 권한이 모두 있으므로 **rwx**
그룹은 읽기, 실행 권한만 있으므로 **r-x**
기타 사용자는 실행 권한만 있으므로 **--x**가 됩니다.
이를 8진수로 변환하는 과정은 다음과 같습니다.
rwx r-x --x
  ↓   ('-'는 0, 나머지는 1로 바꾸어 준다.)
111 101 001
  ↓   (3자리 2진수를 8진수로 변환한다. 111 = 7, 101 = 5, 001 = 1)
7 5 1
  ↓   (chmod 명령문을 완성한다.)
chmod 751 a.txt

예상문제 은행

문제 01 리눅스 또는 유닉스에서 'file.txt' 파일에 대해 다음 〈처리 조건〉과 같이 권한을 부여하고자 한다. 〈처리 조건〉을 준수하여 적합한 명령문을 작성하시오.

〈처리 조건〉

- 사용자에게 읽기, 쓰기, 실행 권한을 부여한다.
- 그룹에게 읽기, 쓰기, 실행 권한을 부여한다.
- 기타 사용자에게 읽기, 실행 권한을 부여한다.
- 한 줄로 작성하고, 8진법 숫자를 이용한 명령문을 이용한다.

답:

문제 02 보조기억장치(하드디스크)의 일부를 주기억장치처럼 사용하는 것으로, 용량이 작은 주기억장치를 마치 큰 용량을 가진 것처럼 사용하는 기법을 쓰시오.

답:

문제 03 다음은 Locality(국부성)에 대한 설명이다. 괄호(①, ②)에 들어갈 알맞은 용어를 쓰시오.

Locality는 프로세스가 실행되는 동안 주기억장치를 참조할 때 일부 페이지만 집중적으로 참조하는 성질이 있다는 이론으로, 데닝(Denning) 교수에 의해 Locality의 개념이 증명되었다. Locality의 종류에는 (①)과 (②)이 있다.

(①)	프로세스가 실행되면서 하나의 페이지를 일정 시간 동안 집중적으로 액세스하는 현상이다.
(②)	프로세스 실행 시 일정 위치의 페이지를 집중적으로 액세스하는 현상이다.

답
- ①
- ②

문제 04 SJF(Shortest Job First) 스케줄링에서 다음과 같은 프로세스가 차례로 큐에 도착하였을 때, 평균 반환 시간과 평균 대기 시간을 계산하시오.

프로세스	실행 시간
P-1	4
P-2	2
P-3	6
P-4	5

답

- ① 평균 반환 시간 :
- ② 평균 대기 시간 :

문제 05 HRN 방식으로 스케줄링 할 경우, 입력된 작업이 다음과 같을 때 처리되는 작업 순서를 나열하시오.

작업	대기 시간	서비스(실행) 시간
A	5	5
B	10	8
C	15	10
D	20	8

답 : (   ) → (   ) → (   ) → (   )

문제 06 다음이 설명하고 있는 비선점 스케줄링 알고리즘을 쓰시오.

- 준비상태 큐에서 기다리고 있는 프로세스들 중에서 실행 시간이 가장 짧은 프로세스에게 먼저 CPU를 할당하는 기법이다.
- 가장 적은 평균 대기 시간을 제공하는 최적 알고리즘이다.
- 실행 시간이 긴 프로세스는 실행 시간이 짧은 프로세스에게 할당 순위가 밀려 무한 연기 상태가 발생될 수 있다.

답 :

문제 07 UNIX에서 사용하는 명령어 중 파일에서 문자열을 찾을 때 사용하는 명령어를 쓰시오.

답 :

문제 08 다음은 운영체제의 성능을 평가하는 기준에 대한 설명이다. 괄호(①, ②)에 들어갈 알맞은 기준을 쓰시오.

처리 능력 (Throughput)	일정 시간 내에 시스템이 처리하는 일의 양을 의미한다.
(①)	시스템에 작업을 의뢰한 시간부터 처리가 완료될 때까지 걸린 시간을 의미한다.
사용 가능도 (Availability)	시스템을 사용할 필요가 있을 때 즉시 사용 가능한 정도를 의미한다.
(②)	시스템이 주어진 문제를 정확하게 해결하는 정도를 의미한다.

답
- ①
- ②

문제 09 다음은 페이지 교체 알고리즘의 종류별 특징에 대한 설명이다. 괄호(①~③)에 들어갈 알맞은 종류를 쓰시오.

(①)	사용 빈도가 가장 적은 페이지를 교체하는 기법
LRU	각 페이지마다 계수기(Counter)나 스택(Stack)을 두어 현시점에서 가장 오랫동안 사용하지 않은, 즉 가장 오래전에 사용된 페이지를 교체하는 기법
(②)	앞으로 가장 오랫동안 사용하지 않을 페이지를 교체하는 기법
NUR	LRU와 비슷한 알고리즘으로, 최근에 사용하지 않은 페이지를 교체하는 기법
(③)	각 페이지가 주기억장치에 적재될 때마다 그때의 시간을 기억시켜 가장 먼저 들어와서 가장 오래 있었던 페이지를 교체하는 기법

답
- ①
- ②
- ③

문제 10 다음은 프로세스 스케줄링의 기법에 대한 설명이다. 괄호(①, ②)에 들어갈 알맞은 기법을 쓰시오.

(①)	• 이미 할당된 CPU를 다른 프로세스가 강제로 빼앗아 사용할 수 없는 스케줄링 기법이다. • 프로세스가 CPU를 할당받으면 해당 프로세스가 완료될 때까지 CPU를 사용한다. • 종류 : FCFS, SJF, 우선순위, HRN, 기한부 등
(②)	• 하나의 프로세스가 CPU를 할당받아 실행하고 있을 때 우선순위가 높은 다른 프로세스가 CPU를 강제로 빼앗아 사용할 수 있는 스케줄링 기법이다. • 주로 빠른 응답 시간을 요구하는 대화식 시분할 시스템에 사용된다. • 종류 : Round Robin, SRT, 선점 우선순위, 다단계 큐, 다단계 피드백 큐 등

답
• ①

• ②

[문제 01]

chmod 775 file.txt

사용자는 읽기, 쓰기, 실행 권한이 모두 있으므로 rwx

그룹도 읽기, 쓰기, 실행 권한이 모두 있으므로 rwx

기타 사용자는 읽기, 실행 권한만 있으므로 r-x가 됩니다.

이를 8진수로 변환하는 과정은 다음과 같습니다.

rwx rwx r-x

  ↓   ('-'는 0, 나머지는 1로 바꾸어 준다.)

111 111 101

  ↓   (3자리 2진수를 8진수로 변환한다. 111 = 7, 111 = 7, 101 = 5)

7 7 5

  ↓   (chmod 명령문을 완성한다.)

chmod 775 file.txt

[문제 02]

가상기억장치(Virtual Memory)

[문제 03]

① 시간 구역성(Temporal Locality)   ② 공간 구역성(Spatial Locality)

[문제 04]

① 9   ② 4.75

SJF는 준비상태 큐에서 기다리고 있는 프로세스들 중에서 실행 시간이 가장 짧은 프로세스에게 먼저 CPU를 할당하는 기법입니다. 그러므로 프로세스 수행 순서는 다음과 같습니다.

※ 대기 시간은 바로 앞 프로세스의 반환 시간이고, 반환 시간은 프로세스의 '대기 시간 + 실행 시간'입니다.

프로세스	실행 시간	대기 시간	반환 시간
P-2	2	0	2
P-1	4	2	6
P-4	5	6	11
P-3	6	11	17

∴ 평균 대기 시간 = (0+2+6+11)/4 = 4.75

∴ 평균 반환 시간 = (2+6+11+17)/4 = 9

[문제 05]

D → C → B → A

HRN 방식의 계산식은 '(대기 시간 + 서비스 시간)/서비스 시간'입니다.

• A 작업 : (5 + 5) / 5 = 2

• B 작업 : (10 + 8) / 8 = 2.25

• C 작업 : (15 + 10) / 10 = 2.5

• D 작업 : (20 + 8) / 8 = 3.5

숫자가 가장 높은 것부터 낮은 순으로 우선순위가 부여됩니다.

[문제 06]
SJF(Shortest Job First)

[문제 07]
find

[문제 08]
① 반환 시간(Turn Around Time)   ② 신뢰도(Reliability)

[문제 09]
① LFU(Least Frequently Used)   ② OPT(OPTimal replacement)   ③ FIFO(First In First Out)

[문제 10]
① 비선점(Non-Preemptive) 스케줄링   ② 선점(Preemptive) 스케줄링

응용 SW 기초 기술 활용 2

376 IP 주소 Ⓐ등급

377 IPv6의 주소 체계 Ⓑ등급

378 서브네팅(Subnetting)의 예 Ⓐ등급

379 도메인 네임 Ⓒ등급

380 OSI 참조 모델 Ⓐ등급

381 네트워크 관련 장비 Ⓑ등급

382 프로토콜 Ⓐ등급

383 프로토콜의 기본 요소 Ⓐ등급

384 패킷 교환 방식 Ⓐ등급

385 TCP/IP Ⓑ등급

386 TCP/IP 구조 Ⓒ등급

387 UDP Ⓑ등급

388 L2TP Ⓐ등급

389 ICMP Ⓐ등급

390 ARP / RARP Ⓐ등급

391 네트워크 관련 신기술 Ⓐ등급

392 네트워크 구축 Ⓑ등급

393 네트워크의 분류 Ⓒ등급

394 IEEE 802의 주요 표준 규격 Ⓑ등급

395 IEEE 802.11의 버전 Ⓑ등급

396 NAT Ⓐ등급

397 경로 제어 Ⓒ등급

398 IGP Ⓐ등급

399 EGP / BGP Ⓐ등급

400 흐름 제어 Ⓑ등급

401 SW 관련 신기술 Ⓐ등급

402 HW 관련 신기술 Ⓐ등급

403 RAID Ⓐ등급

404 Secure OS Ⓑ등급

405 DB 관련 신기술 Ⓐ등급

406 회복 Ⓑ등급

407 REDO / UNDO Ⓐ등급

408 즉각 갱신 기법 Ⓐ등급

409 병행제어 Ⓒ등급

410 로킹 Ⓐ등급

411 타임 스탬프 순서 Ⓑ등급

412 로킹 단위 Ⓑ등급

413 교착상태 Ⓑ등급

414 교착상태의 해결 방법 Ⓑ등급

376 > IP 주소 (A)

IP 주소(Internet Protocol Address)는 **인터넷에 연결된 모든 컴퓨터 자원을 구분하기 위한 고유한 주소**이다.

IPv4(Internet Protocol version 4)
21.4, 필기 21.8

- 8비트씩 4부분, 총 32비트로 구성되어 있다.
- 네트워크 부분의 길이에 따라 A 클래스에서 E 클래스까지 총 5단계로 구성되어 있다.

IPv6(Internet Protocol version 6)
21.4, 20.11, 필기 24.2, 23.7, 23.2, 21.3, 20.8, 20.6

- IPv6은 현재 사용하고 있는 IP 주소 체계인 IPv4의 주소 부족 문제를 해결하기 위해 개발되었다.
- 16비트씩 8부분, 총 128비트로 구성되어 있다.
- 각 부분을 16진수로 표현하고, 콜론(:)으로 구분한다.
- 인증성, 기밀성, 데이터 무결성의 지원으로 보안 문제를 해결할 수 있다.

기출체크 ☑

21.4, 필기 20.8, 20.6

1. 인터넷에 대한 다음 설명에서 괄호(①, ②)에 들어갈 알맞은 답을 쓰시오.

> 1. IPv6는 (①) 비트의 주소를 가지며, 인증성, 기밀성, 데이터 무결성의 지원으로 보안 문제를 해결할 수 있고, 주소의 확장성, 융통성, 연동성이 뛰어나다.
> 2. IPv4는 32 비트의 주소를 가지며 (②) 비트씩 4부분, 총 32비트로 구성되어 있다. IPv4는 네트워크 부분의 길이에 따라 A 클래스에서 E 클래스까지 총 5단계로 구성되어 있다.

답
- ①
- ②

20.11

2. 네트워크 및 인터넷과 관련된 다음 설명에 해당하는 용어를 쓰시오.

> - 현재 사용하고 있는 IP 주소 체계인 IPv4의 주소 부족 문제를 해결하기 위해 개발되었다.
> - 16비트씩 8부분, 총 128비트로 구성되어 있다.
> - 각 부분을 16진수로 표현하고, 콜론(:)으로 구분한다.
> - 인증성, 기밀성, 데이터 무결성의 지원으로 보안 문제를 해결할 수 있다.

답 :

---

377 > IPv6의 주소 체계 (B)

- 유니캐스트(Unicast) : 단일 송신자와 단일 수신자 간의 통신(1 대 1 통신에 사용)
- 멀티캐스트(Multicast) : 단일 송신자와 다중 수신자 간의 통신(1 대 다 통신에 사용)
- 애니캐스트(Anycast) : 단일 송신자와 가장 가까이 있는 단일 수신자 간의 통신(1 대 1 통신에 사용)

기출체크 ☑

필기 20.6

3. IPv4의 주소 부족 문제를 해결하기 위해 개발된 IPv6의 주소 체계 세 가지를 쓰시오.

답 :

---

378 > 서브네팅(Subnetting)의 예 (A)

예제 192.168.1.0/24 네트워크를 FLSM 방식을 이용하여 3개의 Subnet으로 나누시오. (단 IP Subnet-Zero를 적용했다.)

192.168.1.0/24 네트워크의 서브넷 마스크는 1의 개수가 24개, 즉 C 클래스에 속하는 네트워크이다.

11111111	11111111	11111111	00000000
255	255	255	0

서브넷 마스크를 Subnet으로 나눌 때는 서브넷 마스크가 0인 부분, 즉 마지막 8비트를 이용하면 된다. Subnet으로 나눌 때 "3개의 Subnet으로 나눈다"는 것처럼 네트워크가 기준일 때는 왼쪽을 기준으로 나눌 네트워크 수에 필요한 비트를 할당하고 나머지 비트로 호스트를 구성하면 된다. 3개의 Subnet으로 구성하라 했으니 8비트 중 3을 표현하는데 필요한 2비트를 제외하고 나머지 6비트를 호스트로 구성하면 된다.

			네트워크 ID	호스트 ID
11111111	11111111	11111111	00	000000
255	255	255	192	

호스트 ID가 6Bit로 설정되었고, 문제에서 FLSM(Fixed Length Subnet Mask), 즉 고정된 크기로 주소를 할당하라고 했으므로 3개의 네트워크에 64개(2^6 = 64)씩 고정된 크기로 할당하면 다음과 같다.

네트워크(ID)	호스트 수	IP 주소 범위
1(00)	64	192.168.1.0(00000000) ~ 63(00111111)
2(01)	64	192.168.1.64(01000000) ~ 127(01111111)
3(10)	64	192.168.1.128(10000000) ~ 191(10111111)

기출체크 ☑

22.10

4. 192.168.1.0/24 네트워크를 FLSM 방식을 이용하여 3개의 Subnet으로 나누었을 때, 두 번째 네트워크의 브로드캐스트 IP주소를 10진수 방식으로 쓰시오.

답 :

해설

- 192.168.1.0/24에서 '/24'는 서브넷 마스크를 의미합니다. 즉 서브넷 마스크는 1의 개수가 24개라는 것으로 이를 2진수로 표현하면 11111111 11111111 11111111 00000000입니다.
- 서브넷 마스크를 Subnet으로 나눌 때는 서브넷 마스크가 0인 부분, 즉 마지막 8비트를 이용하면 됩니다.
- Subnet으로 나눌 때 "3개의 Subnet으로 나눈다"는 것처럼 네트워크가 기준일 때는 왼쪽을 기준으로 나눌 네트워크 수에 필요한 비트를 할당하고 나머지 비트로 호스트를 구성하면 됩니다.
- 3개의 Subnet으로 구성하라 했으니 8비트 중 3을 표현하는데 필요한 2(2^2=4)비트를 제외하고 나머지 6비트를 호스트로 구성하면 됩니다.
- 네트워크 개수 = 4(=$2^{필요한 비트 수}$)
- 호스트 개수 = 256 / 네트워크 개수 = 256/4 = 64(=$2^{앤남은 비트 수}$)
- 문제에서 FLSM(Fixed Length Subnet Mask), 즉 고정된 크기로 주소를 할당하라고 했으므로 다음 표와 같이 64개의 호스트를 갖는 4개의 네트워크로 나눌 수 있으나 문제에서 3개의 Subnet을 구성하라 하였으므로 4번 네트워크는 사용되지 않습니다.
- 네트워크별로 첫 번째 주소는 네트워크 주소이고, 마지막 주소는 브로드캐스트 주소입니다.

네트워크	네트워크 주소	브로드캐스트 주소
1	192.168.1.0	192.168.1.63
2	192.168.1.64	192.168.1.127
3	192.168.1.128	192.168.1.191
4	192.168.1.192	192.168.1.255

∴ 3개의 Subnet으로 나누어진 위의 네트워크에서 두 번째 네트워크의 브로드캐스트 주소는 **192.168.1.127**입니다.

▶340452

379 > 도메인 네임 Ⓒ

- 도메인 네임(Domain Name)은 **숫자로 된 IP 주소를 사람이 이해하기 쉬운 문자 형태로 표현한 것**이다.
- 호스트 컴퓨터 이름, 소속 기관 이름, 소속 기관의 종류, 소속 국가명 순으로 구성되며, 왼쪽에서 오른쪽으로 갈수록 상위 도메인을 의미한다.
- 문자로 된 도메인 네임을 컴퓨터가 이해할 수 있는 IP 주소로 변환하는 역할을 하는 시스템을 DNS(Domain Name System)라고 한다.

예상체크 ☑

출제예상

5. 다음 설명에서 괄호(①, ②)에 들어갈 알맞은 용어를 쓰시오.

- (①)은 숫자로 된 IP 주소를 사람이 이해하기 쉬운 문자 형태로 표현한 것이다.
- (①)을 컴퓨터가 이해할 수 있는 IP 주소로 변환하는 역할을 하는 시스템을 (②)라고 한다.

답
- ①
- ②

▶340453

21.10, 20.5, 필기 24.2, 23.7, 23.5, 22.7, 21.5, 21.3, 20.9, 20.8, 20.6

380 > OSI 참조 모델 Ⓐ

OSI 참조 모델은 다른 시스템 간의 원활한 통신을 위해 **ISO(국제표준화기구)에서 제안한 통신 규약(Protocol)** 이다.

20.5, 필기 23.5

물리 계층(Physical Layer)

전송에 필요한 두 장치 간의 실제 접속과 절단 등 기계적, 전기적, 기능적, 절차적 특성에 대한 규칙을 정의한다.

21.10, 필기 24.2, 23.7, 21.3, 20.8

데이터 링크 계층(Data Link Layer)

두 개의 인접한 개방 시스템들 간에 신뢰성 있고 효율적인 정보 전송을 할 수 있도록 시스템 간 연결 설정과 유지 및 종료를 담당한다.

네트워크 계층(Network Layer, 망 계층)

개방 시스템들 간의 네트워크 연결을 관리하는 기능과 데이터의 교환 및 중계 기능을 한다.

전송 계층(Transport Layer)

논리적 안정과 균일한 데이터 전송 서비스를 제공함으로써 종단 시스템(End-to-End) 간에 투명한 데이터 전송을 가능하게 한다.

세션 계층(Session Layer)

송·수신 측 간의 관련성을 유지하고 대화 제어를 담당한다.

표현 계층(Presentation Layer)

서로 다른 데이터 표현 형태를 갖는 시스템 간의 상호 접속을 위해 필요한 계층으로, 코드 변환, 데이터 암호화, 데이터 압축, 구문 검색 등의 기능을 수행한다.

응용 계층(Application Layer)

사용자(응용 프로그램)가 OSI 환경에 접근할 수 있도록 서비스를 제공한다.

기출체크 ☑

21.10, 필기 24.2, 21.3

1. OSI 7 Layer에 대한 다음 설명에서 각 번호(①~③)에 해당하는 알맞은 계층(Layer)을 쓰시오.

> OSI 7 Layer는 다른 시스템 간의 원활한 통신을 위해 ISO(국제표준화기구)에서 제안한 통신 규약(Protocol)이다.
> ① 물리적으로 연결된 두 개의 인접한 개방 시스템들 간에 신뢰성 있고 효율적인 정보 전송을 할 수 있도록 연결 설정, 데이터 전송, 오류 제어 등의 기능을 수행한다.
> ② 개방 시스템들 간의 네트워크 연결을 관리하며, 경로 제어, 패킷 교환, 트래픽 제어 등의 기능을 수행한다.
> ③ 서로 다른 데이터 표현 형태를 갖는 시스템 간의 상호 접속을 위해 필요한 계층으로, 코드 변환, 데이터 암호화, 데이터 압축, 구문 검색 등의 기능을 수행한다.

답
- ①   • ②   • ③

20.5

2. 다음이 설명하는 OSI 참조 모델의 계층을 쓰시오.

> • 다양한 전송매체를 통해 비트 스트림을 전송한다.
> • 전송에 필요한 두 장치 간의 실제 접속과 절단 등 기계적, 전기적, 기능적, 절차적 특성에 대한 규칙을 정의한다.

답 :

라우터(Router)

필기 21.5

- 브리지와 같이 LAN과 LAN의 연결 기능에 데이터 전송의 최적 경로를 선택하는 기능이 추가된 장치이다.
- 서로 다른 LAN 또는 LAN과 WAN을 연결하는 기능도 한다.

리피터(Repeater)

거리가 증가할수록 감쇠하는 디지털 신호의 장거리 전송을 위해 수신한 신호를 재생시키거나 출력 전압을 높여 전송하는 장치이다.

허브(Hub)

- 한 사무실이나 가까운 거리의 컴퓨터들을 연결하는 장치로, 각각의 회선을 통합하여 관리한다.
- 신호 증폭 기능을 하는 리피터의 역할을 포함한다.

브리지(Bridge)

- LAN과 LAN을 연결하거나 LAN 안에서의 컴퓨터 그룹을 연결하는 장치이다.
- 브리지를 이용한 서브넷(Subnet) 구성 시 전송 가능한 회선 수는 브리지가 n개일 때, n(n-1)/2개이다.

게이트웨이(Gateway)

- OSI 전 계층의 프로토콜 구조가 다른 네트워크를 연결하는 장치이다.
- LAN에서 다른 네트워크에 데이터를 보내거나 다른 네트워크로부터 데이터를 받아들이는 출입구 역할을 한다.

기출체크 ☑

필기 21.5

3. 서로 다른 네트워크 대역에 있는 호스트들 상호간에 통신할 수 있도록 해주는 기능에 데이터 전송의 최적 경로를 선택해 주는 네트워크 장비를 쓰시오.

답 :

기출체크 **정답** 1. ① 데이터 링크 계층(Data Link Layer), ② 네트워크 계층(Network Layer), ③ 표현 계층(Presentation Layer) 2. 물리 계층(Physical Layer) 3. 라우터(Router)

382 > 프로토콜 Ⓐ

- 프로토콜(Protocol)은 서로 다른 기기들 간의 **데이터 교환을 원활하게 수행할 수 있도록 표준화시켜 놓은 통신 규약**이다.
- 1965년 톰 마릴(Tom Marill)이 컴퓨터가 메시지를 전달하고, 메시지가 제대로 도착했는지 확인하며, 도착하지 않았을 경우 메시지를 재전송하는 일련의 방법을 '기술적 은어'란 뜻의 프로토콜로 정의한 바 있다.

기출체크 ☑

20.10

4. 다음 네트워크 관련 설명의 괄호에 들어갈 알맞은 용어를 쓰시오.

> 심리학자 톰 마릴은 컴퓨터가 메시지를 전달하고, 메시지가 제대로 도착했는지 확인하며, 도착하지 않았을 경우 메시지를 재전송하는 일련의 방법을 '기술적 은어'를 뜻하는 ( )이라는 용어로 정의하였다.

답 :

383 > 프로토콜의 기본 요소 Ⓐ

- **구문(Syntax)** : 전송하고자 하는 데이터의 형식, 부호화, 신호 레벨 등을 규정함
- **의미(Semantics)** : 두 기기 간의 효율적이고 정확한 정보 전송을 위한 협조 사항과 오류 관리를 위한 제어 정보를 규정함
- **시간(Timing)** : 두 기기 간의 통신 속도, 메시지의 순서 제어 등을 규정함

기출체크 ☑

20.5

5. 프로토콜은 서로 다른 기기들 간의 데이터 교환을 원활하게 수행할 수 있도록 표준화시켜 놓은 통신 규약이다. 프로토콜의 기본 요소 3가지를 쓰시오.

답 :

384 > 패킷 교환 방식 Ⓐ

패킷 교환 방식(Packet Switching)은 **메시지를 일정한 길이의 패킷으로 잘라서 전송하는 방식**으로, 가상 회선 방식과 데이터그램 방식이 있다.

21.7
가상 회선 방식

- 단말기 상호 간에 논리적인 가상 통신 회선을 미리 설정하여 송신지와 수신지 사이의 연결을 확립한 후에 설정된 경로를 따라 패킷들을 순서적으로 운반하는 방식이다.
- 정보 전송 전에 제어 패킷에 의해 경로가 설정된다.
- 모든 패킷은 같은 경로로 발생 순서대로 전송된다. 즉 패킷의 송 · 수신 순서가 같다.

21.7
데이터그램 방식

- 연결 경로를 설정하지 않고 인접한 노드들의 트래픽(전송량) 상황을 감안하여 각각의 패킷들을 순서에 상관없이 독립적으로 운반하는 방식이다.
- 패킷마다 전송 경로가 다르므로, 패킷은 목적지의 완전한 주소를 가져야 한다.
- 순서에 상관없이 여러 경로를 통해 도착한 패킷들은 수신 측에서 순서를 재정리한다.

기출체크 ☑

23.4, 21.7

6. 패킷 교환 방식의 종류에 관련된 다음 설명에서 괄호(①, ②)에 들어갈 알맞은 용어를 쓰시오.

> - (①) : 연결형 통신에서 주로 사용되는 방식으로, 출발지와 목적지의 전송 경로를 미리 연결하여 논리적으로 고정한 후 통신하는 방식
> - (②) : 비연결형 통신에서 주로 사용되는 방식으로, 사전에 접속 절차를 수행하지 않고 헤더에 출발지에서 목적지까지의 경로 지정을 위한 충분한 정보를 붙여서 개별적으로 전달하는 방식

답
- ①
- ②

기출체크 정답   4. 프로토콜(Protocol)   5. 구문(Syntax), 의미(Semantics), 시간(Timing)   6. ① 가상 회선 방식, ② 데이터그램 방식

필기 23.7, 21.5, 21.3, 20.8, 20.6

385 > TCP/IP   Ⓑ

TCP/IP(Transmission Control Protocol/Internet Protocol)는 인터넷에 연결된 **서로 다른 기종의 컴퓨터들이 데이터를 주고받을 수 있도록 하는 표준 프로토콜**이다.

필기 23.7, 21.5, 21.3, 20.8, 20.6
TCP(Transmission Control Protocol)

- OSI 7계층의 전송 계층에 해당한다.
- 가상 회선 방식을 기반으로 하는 양방향 연결 서비스를 제공한다.
- 패킷의 다중화, 순서 제어, 오류 제어, 흐름 제어 기능을 제공한다.

IP(Internet Protocol)

- OSI 7계층의 네트워크 계층에 해당한다.
- 데이터그램 방식을 기반으로 하는 비연결형 서비스를 제공한다.
- 패킷의 분해/조립, 주소 지정, 경로 선택 기능을 제공한다.

기출체크 ☑

필기 21.5, 20.8
1. 다음 설명에 해당하는 네트워크 프로토콜을 영문 약어로 쓰시오.

- 흐름 제어(Flow Control)의 기능을 수행한다.
- 전이중(Full Duplex) 방식의 양방향 가상회선을 제공한다.
- 전송 데이터와 응답 데이터를 함께 전송할 수 있다.
- 신뢰성이 있는 연결 지향형 전달 서비스이다.

답 :

---

386 > TCP/IP 구조   ⓒ

OSI	TCP/IP	기능
응용 계층 표현 계층 세션 계층	응용 계층	• 응용 프로그램 간의 데이터 송·수신 제공 • TELNET, FTP, SMTP, SNMP, DNS, HTTP 등
전송 계층	전송 계층	• 호스트들 간의 신뢰성 있는 통신 제공 • TCP, UDP, RTCP
네트워크 계층	인터넷 계층	• 데이터 전송을 위한 주소 지정, 경로 설정을 제공함 • IP, ICMP, IGMP, ARP, RARP
데이터 링크 계층 물리 계층	네트워크 액세스 계층	• 실제 데이터(프레임)를 송·수신하는 역할 • Ethernet, IEEE 802, HDLC, X.25, RS-232C, ARQ, L2TP 등

예상체크 ☑

출제예상
2. 다음 중 TCP/IP의 응용 계층에 속하는 프로토콜을 모두 골라 쓰시오.

DNS	ICMP	UDP	SNMP	IP
ARP	FTP	TELNET	TCP	HDLC

답 :

필기 24.2, 21.3, 20.9

387 > UDP   Ⓑ

- UDP(User Datagram Protocol)는 **데이터 전송 전에 연결을 설정하지 않는 비연결형 서비스를 제공하는 프로토콜**이다.
- TCP에 비해 상대적으로 단순한 헤더 구조를 가지므로, 오버헤드가 적고, 흐름 제어나 순서 제어가 없어 전송 속도가 빠르다.
- 실시간 전송에 유리하며, 신뢰성보다는 속도가 중요시되는 네트워크에서 사용된다.

기출체크 정답   1. TCP   2. DNS, SNMP, FTP, TELNET

필기 24.2, 21.3, 20.9

3. 데이터 전송 전에 연결을 설정하지 않는 비연결형 서비스를 제공하고, 흐름 제어나 순서 제어가 없어 전송 속도가 빠른 TCP/IP 전송 계층의 프로토콜을 영문 약어로 쓰시오.

답 :

388 > L2TP Ⓐ

23.4

- L2TP(Layer 2 Tunneling Protocol)는 **PPTP와 L2F의 기술적 장점들을 결합하여 만들어진 터널링 프로토콜**이다.
- 데이터 링크 계층에서 구현되는 터널링 프로토콜이다.
- 자체적으로 암호화 및 인증 기능을 제공하지 않아 다른 보안 프로토콜과 함께 사용되는 경우가 많다.
- PPTP(Point to Point Tunneling Protocol) : PPP 패킷을 IP 패킷에 캡슐화하여 통과시키기 위한 터널링 프로토콜
- L2F(Layer 2 Forwarding) : 인터넷을 통한 VPN(가상 사설망) 연결을 위해 개발된 터널링 프로토콜

23.4

4. 다음 설명에 해당하는 용어를 쓰시오.

데이터 링크 계층의 프로토콜 중의 하나로, 터널링 프로토콜로 사용되던 PPTP와 L2F의 기술적 장점들을 결합하여 만들어진 프로토콜이다. 자체적으로 암호화 및 인증 기능을 제공하지 않아 다른 보안 프로토콜과 함께 사용되는 경우가 많다.

답 :

389 > ICMP Ⓐ

23.4, 20.10, 필기 22.3

- ICMP(Internet Control Message Protocol, 인터넷 제어 메시지 프로토콜)는 **IP와 조합하여 통신중에 발생하는 오류의 처리와 전송 경로 변경 등을 위한 제어 메시지를 관리하는 역할**을 한다.
- 헤더는 8Byte로 구성된다.

23.4, 20.10

5. 다음 네트워크 관련 설명의 괄호에 들어갈 알맞은 용어를 영문 약어로 쓰시오.

(   )는 TCP/IP 기반의 인터넷 통신 서비스에서 인터넷 프로토콜(IP)과 조합하여 통신 중에 발생하는 오류의 처리와 전송 경로의 변경 등을 위한 제어 메시지를 취급하는 무연결 전송용 프로토콜로, OSI 기본 참조 모델의 네트워크 계층에 속한다.

답 :

390 > ARP / RARP Ⓐ

21.4, 필기 24.2, 23.7, 22.7, 20.9, 20.6

필기 24.2, 23.7, 22.7, 20.9, 20.6

ARP(Address Resolution Protocol, 주소 분석 프로토콜)

호스트의 IP 주소를 호스트와 연결된 네트워크 접속 장치의 물리적 주소(MAC Address)로 변환하는 기능을 수행하는 프로토콜이다.

21.4

RARP(Reverse Address Resolution Protocol)

ARP와 반대로 물리적 주소를 IP 주소로 변환하는 기능을 수행하는 프로토콜로, 역순 주소 결정 프로토콜이라 불린다.

21.4

6. 네트워크 및 인터넷과 관련된 다음 설명에 해당하는 프로토콜을 영문 약어로 쓰시오.

인터넷 환경에서의 호스트 상호 간 통신에서 연결된 네트워크 접속 장치의 물리적 주소인 MAC 주소를 이용하여 IP 주소를 찾는 인터넷 계층의 프로토콜로, 역순 주소 결정 프로토콜이라 불린다.

답 :

필기 24.2, 23.7, 22.7, 20.9, 20.6

7. TCP/IP에서 사용되는 논리(IP) 주소를 물리(MAC) 주소로 변환시켜 주는 프로토콜을 영문 약어로 쓰시오.

답 :

---

391 〉네트워크 관련 신기술

필기 24.2, 23.5, 22.7, 22.4, 20.8
메시 네트워크(Mesh Network)

- 차세대 이동통신, 홈네트워킹, 공공 안전 등 특수 목적을 위한 새로운 방식의 네트워크 기술이다.
- 대규모 디바이스의 네트워크 생성에 최적화되어 있다.

필기 20.6
피코넷(PICONET)

여러 개의 독립된 통신장치가 블루투스 기술이나 UWB 통신 기술을 사용하여 통신망을 형성하는 무선 네트워크 기술이다.

21.7
애드 혹 네트워크(Ad-hoc Network)

- 재난 현장과 같이 별도의 고정된 유선망을 구축할 수 없는 장소에서 모바일 호스트(Mobile Host)만을 이용하여 구성한 네트워크이다.
- 망을 구성한 후 단기간 사용되는 경우나 유선망을 구성하기 어려운 경우에 적합하다.

필기 20.9
파장 분할 다중화(WDM; Wavelength Division Multiplexing)

광섬유를 이용한 통신기술의 하나로, 파장이 서로 다른 복수의 신호를 보냄으로써 여러 대의 단말기가 동시에 통신 회선을 사용할 수 있도록 하는 기술이다.

필기 20.9
소프트웨어 정의 데이터센터(SDDC; Software Defined Data Center)

- 데이터 센터의 모든 자원을 가상화하여 인력의 개입없이 소프트웨어 조작만으로 관리 및 제어되는 데이터 센터를 의미한다.
- 컴퓨팅, 네트워킹, 스토리지, 관리 등을 모두 소프트웨어로 정의한다.

20.7
개방형 링크드 데이터(LOD, Linked Open Data)

- Linked Data와 Open Data의 합성어로, 누구나 사용할 수 있도록 웹상에 공개된 연계 데이터를 의미한다.
- 웹상에 존재하는 데이터를 개별 URI(인터넷 식별자)로 식별하고, 각 URI에 링크 정보를 부여함으로써 상호 연결된 웹을 지향하는 모형이다.

필기 24.2
메타버스(Metaverse)

- 가공(Meta)과 현실 세계(Universe)의 합성어로, 현실 세계와 같은 사회 · 경제 · 문화 활동이 이뤄지는 3차원 가상 세계를 가리킨다.
- 1992년 미국 SF 작가 닐 스티븐슨의 소설 '스노 크래시'에 처음 등장하였다.

필기 24.2
SDN(Software Defined Networking)

- 네트워크를 컴퓨터처럼 모델링하여 여러 사용자가 각각의 소프트웨어들로 네트워킹을 가상화하여 제어하고 관리하는 네트워크이다.
- 기존 네트워크에는 영향을 주지 않으면서 특정 서비스의 전송 경로 수정을 통하여 인터넷상에서 발생하는 문제를 처리할 수 있다.

IoT(Internet of Things, 사물 인터넷)

정보 통신 기술을 기반으로 실세계(Physical World)와 가상 세계(Virtual World)의 다양한 사물들을 인터넷으로 서로 연결하여 진보된 서비스를 제공하기 위한 서비스 기반 기술이다.

클라우드 컴퓨팅(Cloud Computing)

각종 컴퓨팅 자원을 중앙 컴퓨터에 두고 인터넷 기능을 갖는 단말기로 언제 어디서나 인터넷을 통해 컴퓨터 작업을 수행할 수 있는 가상화된 환경을 의미한다.

USN(Ubiquitous Sensor Network)

- 각종 센서로 수집한 정보를 무선으로 수집할 수 있도록 구성한 네트워크이다.
- 필요한 모든 것에 RFID 태그를 부착하고, 이를 통하여 사물의 인식정보는 물론 주변의 환경정보까지 탐지하여 이를 네트워크에 연결하여 정보를 관리한다.

22.10
SSO(Single Sign On)

- 한 번의 로그인으로 개인이 가입한 모든 사이트를 이용할 수 있게 해주는 시스템이다.
- 개인정보를 각 사이트마다 일일이 기록해야 하던 불편함을 해소할 수 있다.
- 기업에서는 회원에 대한 통합관리가 가능해 마케팅을 극대화시킬 수 있다.

21.7

1. 네트워크 및 인터넷과 관련된 다음 설명에 해당하는 용어를 쓰시오.

> • 재난 및 군사 현장과 같이 별도의 고정된 유선망을 구축할 수 없는 장소에서 모바일 호스트(Mobile Host)만을 이용하여 구성한 네트워크이다.
> • 망을 구성한 후 단기간 사용되는 경우나 유선망을 구성하기 어려운 경우에 적합하다.
> • 멀티 홉 라우팅 기능을 지원한다.

답 :

20.7

2. 네트워크 및 인터넷과 관련된 다음 설명에 해당하는 용어를 쓰시오.

> 웹상에 존재하는 데이터를 개별 URI(Uniform Resource Identifier)로 식별하고, 각 URI에 링크 정보를 부여함으로써 상호 연결된 웹을 지향하는 모형이다. 링크 기능이 강조된 시맨틱웹의 모형에 속한다고 볼 수 있으며 팀 버너스 리의 W3C를 중심으로 발전하고 있다.

답 :

22.10

3. 다음 설명에서 괄호에 들어갈 알맞은 용어를 쓰시오.

> (   )는 한 번의 로그인으로 개인이 가입한 모든 사이트를 이용할 수 있게 해주는 시스템을 말한다. 개인의 경우, 사이트에 접속하기 위하여 아이디와 패스워드는 물론 이름, 전화번호 등 개인정보를 각 사이트마다 일일이 기록해야 하던 것이 한 번의 작업으로 끝나므로 불편함이 해소되며, 기업에서는 회원에 대한 통합관리가 가능해 마케팅을 극대화시킬 수 있다는 장점이 있다.

답 :

340465 필기 23.2, 21.3, 20.8

392 〉 네트워크 구축 Ⓑ

네트워크는 **두 대 이상의 컴퓨터를** 전화선이나 케이블 등으로 **연결하여 자원을 공유하는 것을** 말한다.

성형(Star, 중앙 집중형)

중앙에 중앙 컴퓨터가 있고, 이를 중심으로 단말장치들이 연결되는 중앙 집중식의 네트워크 구성 형태이다.

링형(Ring, 루프형)

컴퓨터와 단말장치들을 서로 이웃하는 것끼리 연결시킨 포인트 투 포인트(Point-to-Point) 방식의 구성 형태이다.

필기 23.2, 21.3, 20.8

버스형(Bus)

한 개의 통신 회선에 여러 대의 단말장치가 연결되어 있는 형태이다.

계층형(Tree, 분산형)

중앙 컴퓨터와 일정 지역의 단말장치까지는 하나의 통신 회선으로 연결시키고, 이웃하는 단말장치는 일정 지역 내에 설치된 중간 단말장치로부터 다시 연결시키는 형태이다.

망형(Mesh)

• 모든 지점의 컴퓨터와 단말장치를 서로 연결한 형태로, 노드의 연결성이 높다.

• 모든 노드를 망형으로 연결하려면 노드의 수가 n개일 때, $n(n-1)/2$개의 회선이 필요하고 노드당 $n-1$개의 포트가 필요하다.

필기 21.3, 20.8

4. 다음 LAN의 네트워크 토폴로지(Topology)를 쓰시오.

답 :

340466

393 〉 네트워크의 분류 Ⓒ

근거리 통신망(LAN; Local Area Network)

• 회사, 학교, 연구소 등에서 비교적 가까운 거리에 있는 컴퓨터, 프린터, 저장장치 등과 같은 자원을 연결하여 구성한다.

• 사이트 간의 거리가 짧아 데이터의 전송 속도가 빠르고, 에러 발생율이 낮다.

• 주로 버스형이나 링형 구조를 사용한다.

광대역 통신망(WAN; Wide Area Network)

- 국가와 국가 혹은 대륙과 대륙 등과 같이 멀리 떨어진 사이트들을 연결하여 구성한다.
- 사이트 간의 거리가 멀기 때문에 통신 속도가 느리고, 에러 발생률이 높다.

예상체크 ☑

출제예상

1. 학교나 회사 등 가까운 거리에 있는 컴퓨들을 연결하여 구성하는 네트워크로, 사이트 간의 거리가 짧아 데이터의 전송 속도가 빠르고, 에러 발생율이 낮은 네트워크가 무엇인지 쓰시오.

답 :

 340467

필기 21.3

394 > IEEE 802의 주요 표준 규격 Ⓑ

IEEE 802는 LAN의 표준안이다.

802.1	전체의 구성, OSI 참조 모델과의 관계, 통신망 관리 등에 관한 규약
802.2	논리 링크 제어(LLC) 계층에 관한 규약
802.3 *필기 21.3*	CSMA/CD 방식의 매체 접근 제어 계층에 관한 규약
802.4	토큰 버스 방식의 매체 접근 제어 계층에 관한 규약
802.5	토큰 링 방식의 매체 접근 제어 계층에 관한 규약
802.6	도시형 통신망(MAN)에 관한 규약
802.9	종합 음성/데이터 네트워크에 관한 규약
802.11	무선 LAN에 관한 규약

기출체크 ☑

필기 21.3

2. IEEE 802.3 LAN에서 사용되는 전송 매체 접속 제어(MAC) 방식은 무엇인지 쓰시오.

답 :

 340468

필기 20.6

395 > IEEE 802.11의 버전 Ⓑ

802.11	2.4GHz 대역 전파와 CSMA/CA 기술을 사용해 최고 2Mbps까지의 전송 속도를 지원함
802.11a	5GHz 대역의 전파를 사용하며, OFDM 기술을 사용해 최고 54Mbps까지의 전송 속도를 지원함
802.11b	802.11 초기 버전의 개선안으로 등장하였으며, 초기 버전의 대역 전파와 기술을 사용해 최고 11Mbps의 전송 속도로 기존에 비해 5배 이상 빠르게 개선되었음
802.11e *필기 20.6*	802.11의 부가 기능 표준으로, QoS 기능이 지원되도록 하기 위해 매체 접근 제어(MAC) 계층에 해당하는 부분을 수정하였음
802.11g	2.4GHz 대역의 전파를 사용하지만 5GHz 대역의 전파를 사용하는 802.11a와 동일한 최고 54Mbps까지의 전송 속도를 지원함
802.11n	2.4GHz 대역과 5GHz 대역을 사용하는 규격으로, 최고 600Mbps까지의 전송 속도를 지원함

기출체크 ☑

필기 20.6

3. IEEE 802.11 워킹 그룹의 무선 LAN 표준화 버전 중 QoS 강화를 위해 MAC 지원 기능을 채택한 규격을 쓰시오.

답 :

 340469

23.10, 20.11

396 > NAT Ⓐ

- NAT(Network Address Translation, 네트워크 주소 변환)은 **한 개의 정식 IP 주소에 대량의 가상 사설 IP 주소를 할당 및 연결하는 기능**이다.
- 한 개의 IP 주소를 사용해서 외부에 접속할 수 있는 노드는 어느 시점에서 한 개로 제한되는 문제가 있지만 IP 마스커레이드(Masquerade)를 이용하여 해결할 수 있다.

기출체크 정답 1. 근거리 통신망(LAN) 2. CSMA/CD 3. 802.11e

기출체크 ☑

23.10, 20.11
4. 네트워크에 대한 다음 설명에 해당하는 용어를 쓰시오.

- 우리말로 번역하면 '네트워크 주소 변환'이라는 의미의 영문 3글자 약자이다.
- 1개의 정식 IP 주소에 대량의 가상 사설 IP 주소를 할당 및 연결하는 방식이다.
- 1개의 IP 주소를 사용해서 외부에 접속할 수 있는 노드는 어느 시점에서 1개만으로 제한되는 문제가 있으나, 이때는 IP 마스커레이드(Masquerade)를 이용하면 된다.

답 :

▶340471

397 > 경로 제어 ⓒ

- 경로 제어(Routing)는 송·수신 측 간의 **전송 경로 중에서 최적 패킷 교환 경로를 결정하는 기능**이다.
- 경로 제어는 경로 제어표(Routing Table)를 참조해서 이루어지며, 라우터에 의해 수행된다.
- 대표적인 경로 제어 프로토콜 : IGP(RIP, OSPF), EGP, BGP

예상체크 ☑

출제예상
5. 다음 중 경로 제어 프로토콜(Routing Protocol)만 모두 골라 쓰시오.

SMTP	EGP	ICMP	RARP	OSPF
BGP	UDP	RTCP	RIP	POP3

답 :

▶440398

398 > IGP Ⓐ

24.4, 23.10, 22.7, 20.10, 필기 23.2, 21.5, 20.9, 20.6

IGP(Interior Gateway Protocol, 내부 게이트웨이 프로토콜)는 **하나의 자율 시스템(AS) 내의 라우팅에 사용되는 프로토콜**이다.

23.10, 필기 20.9, 20.6
RIP(Routing Information Protocol)

- 현재 가장 널리 사용되는 라우팅 프로토콜로 거리 벡터 라우팅 프로토콜이라고도 불린다.
- 최단 경로 탐색에 Bellman-Ford 알고리즘을 사용한다.
- 소규모 동종의 네트워크(자율 시스템, AS) 내에서 효율적인 방법이다.

24.4, 20.10, 필기 23.2, 21.5
OSPF(Open Shortest Path First protocol)

- RIP의 단점을 해결하여 새로운 기능을 지원하는 인터넷 프로토콜로, 대규모 네트워크에서 많이 사용된다.
- 최단 경로 탐색에 다익스트라(Dijkstra) 알고리즘을 사용한다.

기출체크 ☑

24.4, 20.10, 필기 21.5
6. 다음 설명에 해당하는 라우팅 프로토콜(Routing Protocol)을 영문 약어로 쓰시오.

- RIP의 단점을 해결하여 새로운 기능을 지원하는 인터넷 프로토콜이다.
- 인터넷 망에서 이용자가 최단 경로를 선정할 수 있도록 라우팅 정보에 노드 간의 거리 정보, 링크 상태 정보를 실시간으로 반영하여 최단 경로로 라우팅을 지원한다.
- 대규모 네트워크에서 많이 사용된다.
- 최단 경로 탐색에 Dijkstra 알고리즘을 사용한다.

답 :

22.7
7. 경로 제어 프로토콜(Routing Protocol)에 대한 다음 설명에서 괄호에 공통으로 들어갈 알맞은 용어를 영문 약어로 쓰시오.

경로 제어 프로토콜은 크게 자율 시스템 내부의 라우팅에 사용되는 (   )와 자율 시스템 간의 라우팅에 사용되는 EGP로 구분할 수 있다. (   )는 소규모 동종 자율 시스템에서 효율적인 RIP와 대규모 자유 시스템에서 많이 사용되는 OSPF로 나누어진다.

답 :

399 > EGP / BGP Ⓐ

EGP(Exterior Gateway Protocol)

자율 시스템(AS) 간의 라우팅, 즉 게이트웨이 간의 라우팅에 사용되는 프로토콜이다.

BGP(Border Gateway Protocol)

• 자율 시스템(AS) 간의 라우팅 프로토콜로, EGP의 단점을 보완하기 위해 만들어진 프로토콜이다.
• 초기에 BGP 라우터들이 연결될 때에는 전체 경로 제어표(라우팅 테이블)를 교환하고, 이후에는 변화된 정보만을 교환한다.

기출체크 ☑

22.7

1. 경로 제어 프로토콜(Routing Protocol)에 대한 다음 설명에서 괄호(①, ②)에 들어갈 알맞은 용어를 영문 약어로 쓰시오.

> 경로 제어 프로토콜은 크게 자율 시스템 내부의 라우팅에 사용되는 IGP와 자율 시스템 간의 라우팅에 사용되는 (①)로 구분할 수 있다. IGP는 소규모 동종 자율 시스템에서 효율적인 RIP와 대규모 자유 시스템에서 많이 사용되는 OSPF로 나누어진다. (②)는 (①)의 단점을 보완하여 만들어진 라우팅 프로토콜로, 처음 연결될 때는 전체 라우팅 테이블을 교환하고, 이후에는 변화된 정보만을 교환한다.

답
• ①
• ②

---

400 > 흐름 제어 Ⓑ

흐름 제어(Flow Control)란 네트워크 내의 원활한 흐름을 위해 **송 · 수신 측 사이에 전송되는 패킷의 양이나 속도를 규제하는 기능**이다.

필기 20.9

정지-대기(Stop-and-Wait)

• 수신 측의 확인 신호(ACK)를 받은 후에 다음 패킷을 전송하는 방식이다.
• 한 번에 하나의 패킷만을 전송할 수 있다.

슬라이딩 윈도우(Sliding Window)

• 확인 신호, 즉 수신 통지를 이용하여 송신 데이터의 양을 조절하는 방식이다.
• 수신 측의 확인 신호를 받지 않더라도 미리 정해진 패킷의 수만큼 연속적으로 전송하는 방식으로, 한 번에 개의 패킷을 전송할 수 있어 전송 효율이 좋다.
• 송신 측은 수신 측으로부터 확인 신호(ACK) 없이도 보낼 수 있는 패킷의 최대치를 미리 약속받는데, 이 패킷의 최대치가 윈도우 크기(Window Size)를 의미한다.

기출체크 ☑

필기 20.9

2. TCP 흐름 제어 기법 중 프레임이 손실되었을 때, 손실된 프레임 1개를 전송하고 수신자의 응답을 기다리는 방식으로, 한 번에 프레임 1개만 전송할 수 있는 기법을 쓰시오.

답 :

---

401 > SW 관련 신기술

20.11

블록체인(Blockchain)

P2P(Peer-to-Peer) 네트워크를 이용하여 온라인 금융 거래 정보를 온라인 네트워크 참여자(Peer)의 디지털 장비에 분산 저장하는 기술이다.

필기 24.2, 20.8

매시업(Mashup)

웹에서 제공하는 정보 및 서비스를 이용하여 새로운 소프트웨어나 서비스, 데이터베이스 등을 만드는 기술로, 다수의 정보원이 제공하는 콘텐츠를 조합하여 하나의 서비스로 제공하는 웹 사이트 또는 애플리케이션을 말한다.

필기 20.9

서비스 지향 아키텍처(SOA; Service Oriented Architecture)

• 기업의 소프트웨어 인프라인 정보시스템을 공유와 재사용이 가능한 서비스 단위나 컴포넌트 중심으로 구축하는 정보기술 아키텍처이다.
• SOA 기반 애플리케이션 구성 계층 : 표현(Presentation), 업무 프로세스(Biz-Process), 서비스 중간(Service Intermediary), 애플리케이션(Application), 데이터 저장(Persistency) 계층

기출체크 **정답**   1. ① EGP, ② BGP   2. 정지-대기(Stop-and-Wait)

디지털 트윈(Digital Twin)

- 현실속의 사물을 소프트웨어로 가상화한 모델이다.
- 실제 물리적인 자산을 소프트웨어로 가상화함으로써 실제 자산의 특성에 대한 정확한 정보를 얻을 수 있다.

필기 23.7
증발품(Vaporware)

판매 계획 또는 배포 계획은 발표되었으나 실제로 고객에게 판매되거나 배포되지 않고 있는 소프트웨어이다.

그레이웨어(Grayware)

소프트웨어를 제공하는 입장에서는 악의적이지 않은 유용한 소프트웨어라고 주장할 수 있지만 사용자 입장에서는 유용할 수도 있고 악의적일 수도 있는 애드웨어, 트랙웨어, 기타 악성 코드나 악성 공유웨어를 말한다.

양자 암호키 분배(QKD; Quantum Key Distribution)

- 양자 통신을 위해 비밀키를 분배하여 관리하는 기술이다.
- 두 시스템이 암호 알고리즘 동작을 위한 비밀키를 안전하게 공유하기 위해 양자 암호키 분배 시스템을 설치하여 운용하는 방식으로 활용된다.

서비스형 소프트웨어(SaaS; Software as a Service)

소프트웨어의 여러 기능 중에서 사용자가 필요로 하는 서비스만 이용할 수 있도록 한 소프트웨어이다.

시맨틱 웹(Semantic Web)

컴퓨터가 사람을 대신하여 정보를 읽고 이해하고 가공하여 새로운 정보를 만들어 낼 수 있도록 이해하기 쉬운 의미를 가진 차세대 지능형 웹을 의미한다.

리치 인터넷 애플리케이션(RIA; Rich Internet Application)

플래시 애니메이션 기술과 웹 서버 애플리케이션 기술을 통합하여 기존 HTML 보다 역동적이고 인터랙티브한 웹 페이지를 제공하는 신개념의 플래시 웹 페이지 제작 기술이다.

기출체크 ☑

20.11
3. 피투피(P2P) 네트워크를 이용하여 온라인 금융거래 정보를 온라인 네트워크 참여자(Peer)의 디지털 장비에 분산 저장하는 기술을 쓰시오.

답 :

필기 20.8
4. 다음 괄호에 공통적으로 들어갈 알맞은 기술을 쓰시오.

> - ( )은 웹에서 제공하는 정보 및 서비스를 이용하여 새로운 소프트웨어나 서비스, 데이터베이스 등을 만드는 기술이다.
> - 구글 지도에 부동산 매물 정보를 결합한 구글의 하우징맵스(Housing Maps)가 대표적인 ( )이다.

답 :

▶440402   22.10, 필기 21.5

402 ▷ HW 관련 신기술

필기 21.5
앤 스크린(N-Screen)

N개의 서로 다른 단말기에서 동일한 콘텐츠를 자유롭게 이용할 수 있는 서비스이다.

신 클라이언트 PC(Thin Client PC)

- 하드디스크나 주변장치 없이 기본적인 메모리만 갖추고 서버와 네트워크로 운용되는 개인용 컴퓨터이다.
- 서버 기반 컴퓨팅과 관계가 깊다.

엠디스크(M-DISC, Millennial DISC)

- 한 번의 기록만으로 자료를 영구 보관할 수 있는 광 저장장치이다.
- 디스크 표면의 무기물층에 레이저를 이용해 자료를 조각해서 기록한다.

멤스(MEMS; Micro-Electro Mechanical Systems)

초정밀 반도체 제조 기술을 바탕으로 센서, 액추에이터(Actuator) 등 기계 구조를 다양한 기술로 미세 가공하여 전기기계적 동작을 할 수 있도록 한 초미세 장치이다.

멤리스터(Memristor)

메모리(Memory)와 레지스터(Resister)의 합성어로, 전류의 방향과 양 등 기존의 경험을 모두 기억하는 특별한 소자이다.

트러스트존 기술(TrustZone Technology)

하나의 프로세서(Processor) 내에 일반 애플리케이션을 처리하는 일반 구역(Normal World)과 보안이 필요한 애플리케이션을 처리하는 보안 구역(Secure World)으로 분할하여 관리하는 하드웨어 기반의 보안 기술이다.

▶ 340477

22.5

403 > RAID Ⓐ

RAID(Redundant Array of Independent Disk)는 2개 이상의 하드디스크로 디스크 배열을 구성하고, 파일을 구성하는 데이터 블록들을 서로 다른 디스크에 분산 저장하거나 다중화하는 저장 기술로, 구현된 기술에 따라 다음과 같이 레벨(Level)로 구분한다.

22.5
RAID 0

- 스트라이핑(Striping)이라고 불린다.
- 디스크를 병렬로 연결하여 디스크의 개수만큼 용량과 속도가 배로 증가한다.
- 하나의 디스크만 손상되어도 전체 데이터가 파손된다.

RAID 1

- 미러링(Mirroring)이라고 불린다.
- 같은 데이터를 다른 디스크에 동일하게 복사하는 방식이다.

RAID 2~4

- 하나의 디스크에 오류 정정 부호를 비트(RAID 2)/바이트(RAID 3)/워드(RAID 4) 단위로 저장하고, 나머지 디스크는 RAID 0과 같이 활용하여 안정성을 높인 모드이다.
- 하나의 디스크가 손상되어도 정상 가동이 가능하며 최소 3개의 디스크가 필요하다.

RAID 5

- 오류 정정 부호를 블록 단위로 여러 디스크에 분산 저장한 방식이다.
- 하나의 디스크가 손상되어도 정상 가동이 가능하며 최소 3개의 디스크가 필요하다.

RAID 6

- RAID 5와 원리는 같으나 오류 정정 부호 2개를 저장하는 방식이다.
- 두 개의 디스크가 손상되어도 정상 가동이 가능하며 최소 4개의 디스크가 필요하다.

▶ 340478 필기 21.5, 20.9

404 〉 Secure Ⓑ

- Secure OS는 기존의 운영체제(OS)에 내재된 보안 취약점을 해소하기 위해 **보안 기능을 갖춘 커널(Kernel)을 이식하여 외부의 침입으로부터 시스템 자원을 보호하는 운영체제**를 의미한다.
- 보안 커널은 보안 기능을 갖춘 커널을 의미하며, TCB(Trusted Computing Base)를 기반으로 참조 모니터의 개념을 구현하고 집행한다.
- Secure OS의 보안 기능 : 식별 및 인증, 임의적/강제적 접근통제, 객체 재사용 보호, 완전한 조정, 신뢰 경로, 감사 및 감사기록 축소 등

기출체크 ☑

필기 20.9

3. 컴퓨터 운영체제의 커널(Kernel)에 보안 기능을 추가한 것으로, 운영체제의 보안상 결함으로 인하여 발생 가능한 각종 해킹으로부터 시스템을 보호하기 위하여 사용되는 운영체제를 쓰시오.

답 :

▶ 340479 20.11, 20.5, 필기 23.7, 23.2, 20.9, 20.8, 20.6

405 〉 DB 관련 신기술 Ⓐ

20.11, 필기 23.2, 20.6

하둡(Hadoop)

- 오픈 소스를 기반으로 한 분산 컴퓨팅 플랫폼이다.
- 더그 커팅과 마이크 캐퍼렐라가 개발했으며, 구글의 맵리듀스(MapReduce) 엔진을 사용하고 있다.
- 일반 PC급 컴퓨터들로 가상화된 대형 스토리지를 형성하고 그 안에 보관된 거대한 데이터 세트를 병렬로 처리할 수 있도록 개발된 자바 소프트웨어 프레임워크이다.

필기 20.9

맵리듀스(MapReduce)

- 대용량 데이터를 분산 처리하기 위한 목적으로 개발된 프로그래밍 모델이다.
- 흩어져 있는 데이터를 연관성 있는 데이터 분류로 묶는 Map 작업을 수행한 후 중복 데이터를 제거하고 원하는 데이터를 추출하는 Reduce 작업을 수행한다.

20.5, 필기 23.7, 23.2, 20.8

데이터 마이닝(Data Mining)

대량의 데이터를 분석하여 데이터에 내재된 변수 사이의 상호관계를 규명하여 일정한 패턴을 찾아내는 기법이다.

필기 20.9

타조(Tajo)

오픈 소스 기반 분산 컴퓨팅 플랫폼인 아파치 하둡(Apache Hadoop) 기반의 분산 데이터 웨어하우스 프로젝트이다.

필기 20.9

OLAP(Online Analytical Processing)

- 다차원으로 이루어진 데이터로부터 통계적인 요약 정보를 분석하여 의사결정에 활용하는 방식이다.
- OLAP 연산 : Roll-up, Drill-down, Drill-through, Drillacross, Pivoting, Slicing, Dicing

브로드 데이터(Broad Data)

다양한 채널에서 소비자와 상호 작용을 통해 생성된 것으로, 기업 마케팅에 있어 효율적이고 다양한 데이터이며, 이전에 사용하지 않거나 알지 못했던 새로운 데이터나 기존 데이터에 새로운 가치가 더해진 데이터이다.

기출체크 ☑

20.11, 필기 23.2, 20.6

4. 분산 컴퓨팅에 대한 다음 설명에 해당하는 용어를 쓰시오.

- 오픈 소스 기반 분산 컴퓨팅 플랫폼이다.
- 분산 저장된 데이터들은 클러스터 환경에서 병렬 처리된다.
- 일반 PC급 컴퓨터들로 가상화된 대형 스토리지를 형성하고 그 안에 보관된 거대한 데이터 세트를 병렬로 처리할 수 있도록 개발되었다.
- 더그 커팅과 마이크 캐퍼렐라가 개발했으며, 구글의 맵리듀스(MapReduce) 엔진을 사용하고 있다.

답 :

20.5, 필기 23.7, 20.8

5. 빅데이터 분석 기술 중 대량의 데이터를 분석하여 데이터 속에 내재되어 있는 변수 사이의 상호관계를 규명하여 일정한 패턴을 찾아내는 기법을 의미하는 용어를 쓰시오.

답 :

기출체크 정답 3. Secure OS 4. 하둡(Hadoop) 5. 데이터 마이닝(Data Mining)

406 › 회복 Ⓑ

- 회복(Recovery)은 트랜잭션들을 수행하는 도중 장애가 발생하여 **데이터베이스가 손상되었을 때 손상되기 이전의 정상 상태로 복구하는 작업**이다.
- 회복 기법의 종류 : 연기 갱신 기법, 즉각 갱신 기법, 그림자 페이지 대체 기법, 검사점 기법

기출체크 ☑

필기 23.5, 21.3

1. 트랜잭션들을 수행하는 도중 장애로 인해 손상된 데이터베이스를 손상되기 이전의 정상적인 상태로 복구시키는 작업을 의미하는 용어를 쓰시오.

답 :

▶340481
22.5

407 › REDO / UNDO Ⓐ

22.5
REDO

데이터베이스가 비정상적으로 종료되었을 때, 디스크에 저장된 로그를 분석하여 트랜잭션의 시작(start)과 완료(commit)에 대한 기록이 있는 트랜잭션들의 작업을 재작업한다. 즉 로그를 이용하여 해당 데이터 항목에 대해 이전 값을 이후 값으로 변경하는 연산이다.

22.5
UNDO

데이터베이스가 비정상적으로 종료되었을 때, 디스크에 저장된 로그를 분석하여 트랜잭션의 시작(start)에 대한 기록은 있지만 완료(commit) 기록은 없는 트랜잭션들이 작업한 변경 내용들을 모두 취소한다. 즉 로그를 이용하여 해당 데이터 항목에 대해 이후 값을 이전 값으로 변경하는 연산이다.

기출체크 ☑

22.5

2. 다음 데이터베이스에 대한 설명에 해당하는 DB 트랜잭션 연산을 괄호(①, ②)에 쓰시오.

- (①) : 데이터베이스가 비정상적으로 종료되었을 때, 디스크에 저장된 로그를 분석하여 트랜잭션의 시작(start)과 완료(commit)에 대한 기록이 있는 트랜잭션들의 작업을 재작업한다.
- (②) : 데이터베이스가 비정상적으로 종료되었을 때, 디스크에 저장된 로그를 분석하여 트랜잭션의 시작을 나타내는 'start'는 있지만 완료를 나타내는 'commit' 기록이 없는 트랜잭션들이 작업한 내용들을 모두 취소한다.

답

- ①
- ②

▶340483
20.11, 필기 20.8

408 › 즉각 갱신 기법 Ⓐ

- 즉각 갱신 기법(Immediate Update)은 트랜잭션이 데이터를 갱신하면 **트랜잭션이 부분 완료되기 전이라도 즉시 실제 데이터베이스에 반영하는 방법**이다.
- 장애가 발생하여 회복 작업할 경우를 대비하여 갱신된 내용들은 Log에 보관시킨다.
- Redo(재시도)와 Undo(취소) 모두 사용 가능하다.

기출체크 ☑

20.11

3. 데이터베이스 회복(Recovery) 기법에 관련된 다음 설명에서 괄호에 공통으로 들어갈 알맞은 답을 쓰시오.

( )은 트랜잭션이 데이터를 변경하면 트랜잭션이 부분 완료되기 전이라도 즉시 실제 DB에 그 내용을 반영하는 기법으로, 장애가 발생하여 회복 작업할 경우를 대비하여 갱신된 내용들을 로그(Log)에 보관시킨다. ( )에서 회복 작업을 수행할 경우 Redo와 Undo 모두 수행이 가능하다.

답 :

기출체크 정답 **1.** 회복(Recovery) **2.** ① REDO, ② UNDO **3.** 즉각 갱신 기법(Immediate Update)

▶340484

409 > 병행제어 Ⓒ

- 병행제어(Concurrency Control)란 다중 프로그램의 이점을 활용하여 동시에 여러 개의 트랜잭션을 병행수행할 때, **동시에 실행되는** 트랜잭션들이 데이터베이스의 일관성을 파괴하지 않도록 **트랜잭션 간의 상호 작용을 제어하는 것**이다.
- 병행제어 기법의 종류 : 로킹(Locking), 타임 스탬프 순서, 최적 병행수행, 다중 버전 기법

 ▶340485

21.7, 필기 20.9, 20.8

410 > 로킹 Ⓐ

- 로킹(Locking)은 트랜잭션들이 어떤 로킹 단위를 액세스하기 전에 Lock(잠금)을 요청해서 Lock이 허락되어야만 그 로킹 단위를 액세스할 수 있도록 하는 기법이다.
- 주요 데이터의 액세스를 상호 배타적으로 한다.

 ▶440411

 필기 21.8

411 > 타임 스탬프 순서 Ⓑ

- 타임 스탬프 순서(Time Stamp Ordering)는 트랜잭션과 트랜잭션이 읽거나 갱신한 데이터에 대해 트랜잭션이 실행을 시작하기전에 **시간표(Time Stamp)를 부여하여 부여된 시간에 따라 트랜잭션 작업을 수행하는 기법**이다.
- 직렬성 순서를 결정하기 위해 트랜잭션 간의 처리 순서를 미리 선택하는 기법들 중에서 가장 보편적인 방법이다.

 ▶340487

필기 24.2, 23.2, 21.8, 21.3, 20.9, 20.8, 20.6

412 > 로킹 단위 Ⓑ

- 로킹 단위(Locking Granularity)는 병행제어에서 **한꺼번에 로킹할 수 있는 객체의 크기**를 의미한다.
- 데이터베이스, 파일, 레코드, 필드 등이 로킹 단위가 될 수 있다.
- 로킹 단위가 크면 로크 수가 작아 관리하기 쉽지만 병행성 수준이 낮아진다.
- 로킹 단위가 작으면 로크 수가 많아 관리하기 복잡해 오버헤드가 증가하지만 병행성 수준이 높아진다.

기출체크 ☑

필기 24.2, 23.2, 21.8, 21.3, 20.6

1. 다음 설명에서 괄호 안에 공통으로 들어갈 알맞은 용어를 쓰시오.

- ( )는 병행제어에서 한꺼번에 로킹할 수 있는 객체의 크기를 의미한다.
- ( )가 크면 병행성 수준이 낮아지고, ( )가 작아지면 로킹 오버헤드가 증가한다.

답 :

340488
필기 22.7, 21.3, 20.6

413 교착상태 Ⓑ

- 교착상태(Dead Lock)는 상호 배제에 의해 나타나는 문제점으로, 둘 이상의 프로세스들이 자원을 점유한 상태에서 **서로 다른 프로세스가 점유하고 있는 자원을 요구하며 무한정 기다리는 현상**을 의미한다.

- 교착상태 발생의 필요 충분 조건

필기 21.3, 20.6 **상호 배제** **(Mutual Exclusion)**	한 번에 한 개의 프로세스만이 공유 자원을 사용할 수 있어야 함
필기 21.3, 20.6 **점유와 대기** **(Hold and Wait)**	최소한 하나의 자원을 점유하고 있으면서 다른 프로세스에 할당되어 사용되고 있는 자원을 추가로 점유하기 위해 대기하는 프로세스가 있어야 함
필기 21.3, 20.6 **비선점** **(Non-preemption)**	다른 프로세스에 할당된 자원은 사용이 끝날 때까지 강제로 빼앗을 수 없어야 함
필기 21.3, 20.6 **환형 대기** **(Circular Wait)**	공유 자원과 공유 자원을 사용하기 위해 대기하는 프로세스들이 원형으로 구성되어 있어 자신에게 할당된 자원을 점유하면서 앞이나 뒤에 있는 프로세스의 자원을 요구해야 함

기출체크 ☑

필기 22.7, 21.3, 20.6

2. 교착 상태(DeadLock) 발생의 필요 충분 조건 4가지를 쓰시오.

답 :

340489
필기 24.2, 23.2, 21.5, 20.6

414 교착상태의 해결 방법 Ⓑ

예방 기법 **(Prevention)**	• 교착상태가 발생하지 않도록 사전에 시스템을 제어하는 방법 • 교착상태 발생의 네 가지 조건 중에서 어느 하나를 제거함으로써 수행됨
필기 24.2, 21.5, 20.6 **회피 기법** **(Avoidance)**	• 교착상태가 발생할 가능성을 배제하지 않고 교착상태가 발생하면 적절히 피해나가는 방법 • 주로 은행원 알고리즘(Banker's Algorithm)이 사용됨
발견 기법 **(Detection)**	시스템에 교착상태가 발생했는지 점검하여 교착상태에 있는 프로세스와 자원을 발견하는 것
회복 기법 **(Recovery)**	교착상태를 일으킨 프로세스를 종료하거나 교착상태의 프로세스에 할당된 자원을 선점하여 프로세스나 자원을 회복하는 것

기출체크 ☑

필기 24.2, 23.2, 21.5, 20.6

3. 은행가 알고리즘(Banker's Algorithm)은 교착상태(DeadLock)의 해결 방법 중 어떤 기법에 해당하는지 쓰시오.

답 :

기출체크 **정답** 1. 로킹 단위(Locking Granularity) 2. 상호 배제(Mutual Exclusion), 점유와 대기(Hold and Wait), 비선점(Non-preemption), 환형 대기(Circular Wait) 3. 회피 기법(Avoidance)

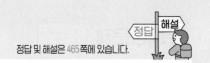
예상문제 은행

문제 01 다음이 설명하는 인터넷 주소 체계가 무엇인지 쓰시오.

> • IPv4의 주소 부족 문제를 해결하기 위해 개발된 것으로, 128비트의 긴 주소를 사용하므로 주소 부족 문제를 해결할 수 있다.
> • 인증성, 기밀성, 데이터 무결성의 지원으로 보안 문제를 해결할 수 있다.
> • 주소의 확장성, 융통성, 연동성이 뛰어나며, 실시간 흐름 제어로 향상된 멀티미디어 기능을 지원한다.

답 :

문제 02 다음은 IPv6에 대한 설명이다. 괄호(①~⑤)에 들어갈 알맞은 용어 및 숫자를 쓰시오.

> • IPv6은 현재 사용하고 있는 IP 주소 체계의 주소 부족 문제를 해결하기 위해 개발된 주소 체계로, (①)bit씩 (②) 부분, 총 (③)bit로 구성되어 있다.
> • IPv6은 각 부분을 (④) 진수로 표현하고, (⑤)으로 구분한다.

답
- ①
- ②
- ③
- ④
- ⑤

문제 03 OSI 7 계층 중 기계적, 전기적, 기능적 특성에 대한 규칙을 정의하여 전송에 필요한 두 장치 간의 실제 접속 및 절단 등에 대한 사항들을 규정하는 계층을 쓰시오.

답 :

문제 04 다음이 설명하는 OSI 참조 모델의 계층을 쓰시오.

- 물리적 계층의 신뢰도를 높여 주고 링크의 확립 및 유지할 수 있는 수단을 제공한다.
- 에러 제어, 흐름 제어 등의 기능을 수행한다.
- 대표적 프로토콜로는 HDLC, BSC 등이 있다.

답 :

문제 05 응용 프로세스 간의 정보 교환, 전자 사서함, 파일 전송, 가상 터미널 등 사용자(응용 프로그램)가 OSI 환경에 접근할 수 있도록 서비스를 제공하는데 사용되는 OSI 참조 모델의 계층을 쓰시오.

답 :

문제 06 다음 괄호(①, ②)에 들어갈 알맞은 TCP/IP 인터넷 계층의 프로토콜을 쓰시오.

(①)는 TCP/IP에서 사용되는 논리 주소를 물리 주소(MAC Address)로 변환시켜주는 프로토콜이고, (②)는 호스트의 물리 주소를 통하여 논리 주소인 IP 주소를 얻어오기 위해 사용되는 프로토콜이다.

답
- ①
- ②

문제 07 비연결형인 데이터그램 방식을 사용하고, 전송할 데이터의 주소 지정, 경로 설정 등의 기능을 제공하는 TCP/IP 인터넷 계층의 프로토콜을 쓰시오.

답 :

문제 08 프로토콜(Protocol)은 서로 다른 기기들 간의 데이터 교환이 원활하게 이루어지도록 표준화시켜 놓은 통신 규약으로, 기본 요소로는 구문(Syntax), 의미(Semantics), 시간(Timing)이 있다. 세 가지 기본 요소의 개념을 간략히 서술하시오.

답
- ① 구문(Syntax) :
- ② 의미(Semantics) :
- ③ 시간(Timing) :

문제 09 통신망(Communication Network)은 정보를 전달하기 위해서 통신 규약에 의해 연결한 통신 설비의 집합이다. 다음 괄호(①~④)에 들어갈 알맞은 통신망의 구성 형태를 쓰시오.

(①)	중앙 컴퓨터와 일정지역의 단말장치까지는 하나의 통신 회선으로 연결하고, 이웃하는 단말장치는 일정 지역 내에 설치된 중간 단말장치로부터 다시 연결하는 형태이다.
(②)	중앙에 중앙 컴퓨터가 있고 이를 중심으로 단말장치들이 연결되는 중앙 집중식의 네트워크 구성 형태로, 각 단말장치들은 중앙 컴퓨터를 통하여 데이터를 교환한다.
(③)	모든 지점의 컴퓨터와 단말장치를 서로 연결한 형태로, 많은 단말장치로부터 많은 양의 통신을 필요 로 하는 경우에 유리하다.
(④)	서로 이웃하는 컴퓨터 또는 단말장치들을 포인트 투 포인트(Point-to-Point) 방식으로 연결시킨 형태로, 양방향인 경우 양쪽 방향으로 접근이 가능하여 통신 회선 장애에 대한 융통성이 있다.

답
- ①
- ②
- ③
- ④

문제 10 25개의 구간을 망형(Mesh)으로 연결하면 필요한 회선의 수는 몇 회선인지 계산식과 함께 쓰시오.

답
- ① 계산식 :
- ② 답 :

문제 11 현재 가장 널리 사용되는 라우팅 프로토콜로, 거리 벡터 라우팅 프로토콜이라고도 불리며, 최대 홉수를 15로 제한한 라우팅 프로토콜을 쓰시오.

답 :

문제 12 다음이 설명하고 있는 라우팅 프로토콜을 쓰시오.

- 링크 상태 알고리즘을 사용하는 대규모 네트워크에 적합한 내부 라우팅 프로토콜(IGP)이다.
- IGP의 한계를 극복하기 위해 IETF에서 고안한 것으로, 네트워크의 변화가 있을 때만 갱신하므로 대역을 효과적으로 사용할 수 있다.
- 최단 경로 탐색에 다익스트라(Dijkstra) 알고리즘을 사용한다.

답 :

문제 13 수신 측의 확인 신호를 받지 않더라도 미리 정해진 패킷의 수만큼 연속적으로 전송하는 방식으로, 한 번에 여러 개의 프레임을 나누어 전송할 경우 효율적인 흐름 제어 기법을 쓰시오.

답 :

문제 14 병행제어 기법 중 트랜잭션과 트랜잭션이 읽거나 갱신한 데이터에 대해 트랜잭션이 실행을 시작하기 전에 시간표를 부여하여 부여된 시간에 따라 트랜잭션 작업을 수행하는 기법을 쓰시오.

답 :

문제 15 다음은 교착상태(DeadLock)의 해결 방법에 대한 설명이다. 괄호(①, ②)에 들어갈 알맞은 기법을 쓰시오.

(①)	교착상태가 발생할 가능성을 배제하지 않고 교착상태가 발생하면 적절히 피해나가는 방법으로, 주로 은행원 알고리즘(Banker's Algorithm)이 사용된다.
회복 기법 (Recovery)	교착상태를 일으킨 프로세스를 종료하거나 교착상태의 프로세스에 할당된 자원을 선점하여 프로세스나 자원을 회복하는 것을 의미한다.
발견 기법 (Detection)	시스템에 교착상태가 발생했는지 점검하여 교착상태에 있는 프로세스와 자원을 발견하는 것을 의미한다.
(②)	교착상태가 발생하지 않도록 사전에 시스템을 제어하는 방법으로, 교착상태 발생의 네 가지 조건 중에서 어느 하나를 제거함으로써 수행되며, 자원의 낭비가 가장 심하다.

답

• ①

• ②

문제 16 다음에서 설명하는 용어를 쓰시오.

• 대용량 데이터를 분산 처리하기 위한 목적으로 개발된 프로그래밍 모델이다.
• Google에 의해 고안된 기술로, 대표적인 대용량 데이터 처리를 위한 병렬처리 기법을 제공한다.
• 임의의 순서로 정렬된 데이터를 분산 처리하고 이를 다시 합치는 과정을 거친다.

답 :

문제 17 다음 보기에서 데이터웨어하우스의 기본적인 OLAP(on-line analytical processing) 연산에 해당하는 것을 모두 골라 기호(㉠~㉣)로 쓰시오.

㉠ translate	㉡ roll-up	㉢ dicing	㉣ drill-down

답 :

문제 18 다음 설명에서 가리키는 용어를 쓰시오.

가. 정의

웹상에 존재하는 데이터를 개별 URI(Uniform Resource Identifier)로 식별하고, 각 URI에 링크 정보를 부여함으로써 상호 연결된 웹을 지향하는 모형이다. 링크 기능이 강조된 시맨틱웹의 모형에 속한다고 볼 수 있으며 팀 버너스 리의 W3C를 중심으로 발전하고 있다.

나. 주요 기능

1. 공개된 데이터를 이용하면 내가 원하는 데이터가 이미 존재하는지, 어디에 존재 하는지 알 수 있다.
2. URI로 구별되는 데이터 리소스의 자유로운 접근 및 이용이 가능하므로 큰 노력 없이 데이터의 매쉬업이 가능하다.
3. 내가 만든 데이터가 아니라도 URI를 이용하여 링크만 해주면 이용할 수 있다.

다. 4대 원칙

1. 통합 자원 식별자(URI)를 사용한다.
2. URI는 HTTP 프로토콜을 통해 접근할 수 있어야 한다.
3. RDF나 스파클 같은 표준을 사용한다.
4. 풍부한 링크 정보가 있어야 한다.

라. Linked Data와 Open Data를 결합한 용어이다.

답 :

문제 19 LAN과 LAN을 연결하거나 LAN 안에서의 컴퓨터 그룹을 연결하는 기능을 수행하고, 네트워크의 수많은 단말기들에 의해 발생되는 트래픽 병목 현상을 줄일 수 있는 네트워크 관련 장비를 쓰시오.

답 :

문제 20 다음이 설명하는 네트워크 관련 장비의 이름을 쓰시오.

- OSI 전 계층의 프로토콜 구조가 다른 네트워크의 연결을 수행한다.
- 세션 계층, 표현 계층, 응용 계층 간을 연결하여 데이터 형식 변환, 주소 변환, 프로토콜 변환 등을 수행한다.
- LAN에서 다른 네트워크에 데이터를 보내거나 다른 네트워크로부터 데이터를 받아들이는 출입구 역할을 한다.

답 :

문제 21 다음에서 설명하는 용어를 쓰시오.

각종 컴퓨팅 자원을 중앙 컴퓨터에 두고 인터넷 기능을 갖는 단말기로 언제 어디서나 인터넷을 통해 컴퓨터 작업을 수행할 수 있다.

답 :

문제 22 다음에서 설명하는 용어를 쓰시오.

모든 사물에 부착된 RFID 태그 또는 센서를 통해 탐지된 사물의 인식 정보는 물론 주변의 온도, 습도, 위치 정보, 압력, 오염 및 균열 정도 등과 같은 환경 정보를 실시간으로 네트워크와 연결하여 수집하고 관리하는 네트워크 시스템이다.

답 :

문제 23 다음에서 설명하는 용어를 쓰시오.

- 다양한 채널에서 소비자와 상호 작용을 통해 생성된 데이터이다.
- 이전에 사용하지 않거나 알지 못했던 새로운 데이터이다.
- 기존 데이터에 새로운 가치가 더해진 데이터이다.

답 :

문제 24 다음에서 설명하는 용어를 쓰시오.

> • 정보 통신 기술을 기반으로 실세계(Physical World)와 가상 세계(Virtual World)의 다양한 사물들을 인터넷으로 서로 연결하여 진보된 서비스를 제공하기 위한 서비스 기반 기술이다.
> • 유비쿼터스 공간을 구현하기 위한 컴퓨팅 기기들이 환경과 사물에 심겨 환경이나 사물 그 자체가 지능화되는 것부터 사람과 사물, 사물과 사물 간에 지능 통신을 할 수 있는 엠투엠(M2M; Machine to Machine)의 개념을 인터넷으로 확장하여 사물은 물론, 현실과 가상 세계의 모든 정보와 상호 작용하는 개념으로 진화했다.

답 :

문제 25 다음이 설명하는 최신 정보 기술을 쓰시오.

> • 정보들 사이의 연관성을 컴퓨터가 이해하고 처리할 수 있는 에이전트 프로그램을 통해 사용자가 원하는 정보를 찾아 제공한다.
> • 컴퓨터들끼리 정보를 주고받으면서 자체적으로 필요한 일을 처리할 수 있다.
> • 차세대 지능형 웹이다.

답 :

문제 26 플래시 애니메이션 기술과 웹 서버 애플리케이션 기술을 통합하여 기존 HTML 보다 역동적이고 인터랙티브한 웹 페이지를 제공하는 신개념의 플래시 웹 페이지 제작 기술을 의미하는 용어를 쓰시오.

답 :

[문제 01]
IPv6(Internet Protocol version 6)

[문제 02]
① 16   ② 8   ③ 128   ④ 16   ⑤ 콜론(:)

[문제 03]
물리 계층(Physical Layer)

[문제 04]
데이터 링크 계층(Data Link Layer)

[문제 05]
응용 계층(Application Layer)

[문제 06]
① ARP(Address Resolution Protocol)   ② RARP(Reverse Address Resolution Protocol)

[문제 07]
IP(Internet Protocol)

[문제 08]
① 구문은 전송하고자 하는 데이터의 형식, 부호화, 신호 레벨 등을 규정한다.
② 의미는 두 기기 간의 효율적이고 정확한 정보 전송을 위한 협조 사항과 오류 관리를 위한 제어 정보를 규정한다.
③ 시간은 두 기기 간의 통신 속도, 메시지의 순서 제어 등을 규정한다.

[문제 09]
① 계층형(Tree)   ② 성형(Star)   ③ 망형(Mesh)   ④ 링형(Ring)

[문제 10]
① 계산식 : 25(25 − 1) / 2
② 답 : 300

n개의 구간을 망형 연결 시 필요한 회선의 수는 'n(n-1)/2'입니다.

[문제 11]
RIP(Routing Information Protocol)

[문제 12]
OSPF(Open Shortest Path First protocol)

[문제 13]
슬라이딩 윈도우(Sliding Window)

[문제 14]
타임 스탬프 순서(Time Stamp Ordering)

[문제 15]
① 회피(Avoidance) 기법   ② 예방(Prevention) 기법

[문제 16]

맵리듀스(MapReduce)

[문제 17]

ⓛ, ⓒ, ⓔ

[문제 18]

개방형 링크드 데이터(LOD; Linked Open Data)

[문제 19]

브리지(Bridge)

[문제 20]

게이트웨이(Gateway)

[문제 21]

클라우드 컴퓨팅(Cloud Computing)

[문제 22]

USN(Ubiquitous Sensor Network)

[문제 23]

브로드 데이터(Broad Data)

[문제 24]

IoT(Internet of Things, 사물 인터넷)

[문제 25]

시맨틱 웹(Semantic Web)

[문제 26]

리치 인터넷 애플리케이션(RIA; Rich Internet Application)

제품 소프트웨어 패키징

12 장

415 소프트웨어 패키징 ⓒ등급

416 릴리즈 노트 작성 항목 Ⓐ등급

417 저작권 ⓒ등급

418 디지털 저작권 관리 ⓒ등급

419 디지털 저작권 관리의 구성 요소 Ⓑ등급

420 디지털 저작권 관리의 기술 요소 Ⓑ등급

421 소프트웨어 설치 매뉴얼 Ⓑ등급

422 소프트웨어 패키징의 형상 관리 Ⓐ등급

423 형상 관리 기능 Ⓐ등급

424 소프트웨어의 버전 등록 관련 주요 기능 Ⓑ등급

425 소프트웨어 버전 관리 도구 – 공유 폴더 방식 ⓒ등급

426 소프트웨어 버전 관리 도구 – 클라이언트/서버 방식 ⓒ등급

427 소프트웨어 버전 관리 도구 – 분산 저장소 방식 Ⓑ등급

428 Subversion ⓒ등급

429 Subversion의 주요 명령어 ⓒ등급

430 Git ⓒ등급

431 Git의 주요 명령어 ⓒ등급

432 빌드 자동화 도구 Ⓑ등급

433 Jenkins ⓒ등급

434 Gradle Ⓑ등급

415 > 소프트웨어 패키징 ©

- 소프트웨어 패키징이란 모듈별로 생성한 실행 파일들을 묶어 배포용 설치 파일을 만드는 것을 말한다.
- 개발자가 아니라 사용자를 중심으로 진행한다.
- 소스 코드는 향후 관리를 고려하여 모듈화하여 패키징한다.
- 패키징 작업 순서 : 기능 식별 → 모듈화 → 빌드 진행 → 사용자 환경 분석 → 패키징 및 적용 시험 → 패키징 변경 개선 → 배포

예상체크 ☑

출제예상
1. 다음은 패키징에 필요한 작업들이다. 작성 순서에 맞게 기호(㉠~㉯)로 나열하시오.

㉠ 기능 식별	㉡ 빌드 진행
㉢ 패키징 및 적용 시험	㉣ 사용자 환경 분석
㉤ 모듈화	㉯ 패키징 변경 개선

답 :

- **사용자 영향도** : 사용자가 다른 기능들을 사용하는데 있어 해당 릴리즈 버전에서의 기능 변화가 미칠 수 있는 영향에 대한 설명
- **SW 지원 영향도** : 해당 릴리즈 버전에서의 기능 변화가 다른 응용 프로그램들을 지원하는 프로세스에 미칠 수 있는 영향에 대한 설명
- **노트** : SW/HW 설치 항목, 업그레이드, 소프트웨어 문서화에 대한 참고 항목
- **면책 조항** : 회사 및 소프트웨어와 관련하여 참조할 사항 예 프리웨어, 불법 복제 금지 등
- **연락처** : 사용자 지원 및 문의 응대를 위한 연락처 정보

기출체크 ☑

20.5
2. 릴리즈 노트(Release Note)는 소프트웨어 개발 과정에서 정리된 릴리즈 정보를 최종 사용자인 고객과 공유하기 위한 문서이다. 릴리즈 노트는 정확하고 완전한 정보를 기반으로 개발팀에서 직접 현재 시제로 작성해야 한다. 릴리즈 노트 작성 시 릴리즈 노트 이름, 소프트웨어 이름, 릴리즈 버전, 릴리즈 날짜, 릴리즈 노트 날짜, 릴리즈 노트 버전 등이 포함된 항목을 쓰시오.

답 :

416 > 릴리즈 노트 작성 항목 Ⓐ

20.5

릴리즈 노트는 소프트웨어 개발 과정에서 정리된 릴리즈 정보를 최종 사용자인 고객과 공유하기 위한 문서이다.

- **Header(머릿말)** : 릴리즈 노트 이름, 소프트웨어 이름, 릴리즈 버전, 릴리즈 날짜, 릴리즈 노트 날짜, 릴리즈 노트 버전 등
- **개요** : 소프트웨어 및 변경사항 전체에 대한 간략한 내용
- **목적** : 해당 릴리즈 버전에서의 새로운 기능이나 수정된 기능의 목록과 릴리즈 노트의 목적에 대한 간략한 개요
- **문제 요약** : 수정된 버그에 대한 간략한 설명 또는 릴리즈 추가 항목에 대한 요약
- **재현 항목** : 버그 발견에 대한 과정 설명
- **수정/개선 내용** : 버그를 수정/개선한 내용을 간단히 설명

417 > 저작권 ©

- 저작권이란 소설, 시, 논문, 강연, 연술, 음악, 연극, 무용, 회화, 서예, 건축물, 사진, 영상, 지도, 도표, 컴퓨터 프로그램 저작물 등에 대하여 **창작자가 가지는 배타적 독점적 권리로, 타인의 침해를 받지 않을 고유한 권한**이다.
- 컴퓨터 프로그램들과 같이 복제하기 쉬운 저작물에 대해 불법 복제 및 배포 등을 막기 위한 기술적인 방법을 통칭해 저작권 보호 기술이라고 한다.

예상체크 ☑

출제예상
3. 소설, 음악, 영상, 컴퓨터 프로그램 저작물 등에 대하여 창작자가 가지는 배타적 독점적 권리로 타인의 침해를 받지 않을 고유한 권한을 의미하는 용어를 쓰시오.

답 :

418 > 디지털 저작권 관리 ©

▶340493

- 디지털 저작권 관리(DRM; Digital Right Management)는 **저작권자가 배포한 디지털 콘텐츠가 저작권자가 의도한 용도로만 사용되도록** 디지털 콘텐츠의 생성, 유통, 이용까지의 전 과정에 걸쳐 사용되는 **디지털 콘텐츠 관리 및 보호 기술**이다.

- 원본 콘텐츠가 아날로그인 경우에는 디지털로 변환한 후 패키저(Packager)로 DRM 패키징을 수행한다.

- 패키징을 수행하면 콘텐츠에는 암호화된 저작권자의 전자서명이 포함되고 저작권자가 설정한 라이선스 정보가 클리어링 하우스(Clearing House)에 등록된다.

예상체크 ☑

출제예상
4. 저작권자가 배포한 디지털 콘텐츠가 저작권자가 의도한 용도로만 사용되도록 디지털 콘텐츠의 생성, 유통, 이용까지의 전 과정에 걸쳐 사용되는 디지털 콘텐츠 관리 및 보호 기술을 쓰시오.

답 :

▶340494   필기 21.8, 21.5, 20.9

419 > 디지털 저작권 관리의 구성 요소 ⓑ

- **클리어링 하우스(Clearing House)** : 저작권에 대한 사용 권한, 라이선스 발급, 암호화된 키 관리, 사용량에 따른 결제 관리 등을 수행하는 곳

- **콘텐츠 제공자(Contents Provider)** : 콘텐츠를 제공하는 저작권자

- **패키저(Packager)** : 콘텐츠를 메타 데이터(Meta Data)와 함께 배포 가능한 형태로 묶어 암호화하는 프로그램

- **콘텐츠 분배자(Contents Distributor)** : 암호화된 콘텐츠를 유통하는 곳이나 사람

- **콘텐츠 소비자(Customer)** : 콘텐츠를 구매해서 사용하는 주체

- **DRM 컨트롤러(DRM Controller)** : 배포된 콘텐츠의 이용 권한을 통제하는 프로그램

- **보안 컨테이너(Security Container)** : 콘텐츠 원본을 안전하게 유통하기 위한 전자적 보안 장치

기출체크 ☑

필기 21.8, 20.9
5. 콘텐츠를 메타 데이터와 함께 배포 가능한 단위로 묶는 기능을 수행하는 디지털 저작권 관리(DRM)의 구성 요소를 쓰시오.

답 :

▶340495   필기 24.2, 23.7, 23.2, 22.7, 21.3, 20.9, 20.8, 20.6

420 > 디지털 저작권 관리의 기술 요소 ⓑ

- **암호화(Encryption)** : 콘텐츠 및 라이선스를 암호화하고 전자 서명을 할 수 있는 기술

- **키 관리(Key Management)** : 콘텐츠를 암호화한 키에 대한 저장 및 분배 기술

- **암호화 파일 생성Packager)** : 콘텐츠를 암호화된 콘텐츠로 생성하기 위한 기술

- **식별 기술(Identification)** : 콘텐츠에 대한 식별 체계 표현 기술

- **저작권 표현(Right Expression)** : 라이선스의 내용 표현 기술

- **정책 관리(Policy Management)** : 라이선스 발급 및 사용에 대한 정책 표현 및 관리 기술

- **크랙 방지(Tamper Resistance)** : 크랙에 의한 콘텐츠 사용 방지 기술

- **인증(Authentication)** : 라이선스 발급 및 사용의 기준이 되는 사용자 인증 기술

기출체크 ☑

필기 24.2, 23.7, 23.2, 22.7, 21.3, 20.9, 20.8, 20.6
6. 다음 보기에서 디지털 저작권 관리(DRM)를 위해 사용되는 기술을 모두 골라 기호(㉠~㉟)로 쓰시오.

㉠ 크랙 방지 기술	㉡ 정책 관리 기술	㉢ 암호화 기술
㉣ 방화벽 기술	㉤ 키 관리 기술	㉥ 식별 기술
㉦ 오류 감지 및 복구 기술		

답 :

기출체크 정답   4. 디지털 저작권 관리(DRM)   5. 패키저(Packager)   6. ㉠, ㉡, ㉢, ㉤, ㉥

421 > 소프트웨어 설치 매뉴얼 Ⓑ

- 소프트웨어 설치 매뉴얼은 개발 초기에서부터 적용된 기준이나 사용자가 소프트웨어를 설치하는 과정에 필요한 내용을 기록한 설명서와 안내서이다.
- 설치 매뉴얼은 사용자 기준으로 작성한다.
- 설치 시작부터 완료할 때까지의 전 과정을 빠짐없이 순서대로 설명한다.
- 설치 과정에서 표시될 수 있는 오류 메시지 및 예외 상황에 관한 내용을 별도로 분류하여 설명한다.

기출체크 ☑

필기 20.9

1. 다음에 제시된 특징들에 가장 부합하는 용어를 쓰시오.

> - 개발 초기에서부터 적용된 기준이나 사용자가 소프트웨어를 설치하는 과정에서 필요한 내용을 기록한 설명서와 안내서이다.
> - 사용자를 기준으로 작성한다.
> - 설치 과정에서 표시될 수 있는 오류 메시지 및 예외 상황에 관한 내용을 별도로 분류하여 설명한다.

답:

422 > 소프트웨어 패키징의 형상 관리 Ⓐ

- 형상 관리(SCM; Software Configuration Management)는 **개발 과정에서 소프트웨어의 변경 사항을 관리하기 위해 개발된 일련의 활동**이다.
- 형상 관리는 소프트웨어 개발의 전 단계에 적용되는 활동이며, 유지보수 단계에서도 수행된다.
- 형상 관리는 소프트웨어 개발의 전체 비용을 줄이고, 개발 과정의 여러 방해 요인이 최소화되도록 보증하는 것을 목적으로 한다.
- 대표적인 형상 관리 도구에는 Git, SVN, CVS 등이 있다.

기출체크 ☑

2. 다음 설명에서 괄호에 들어갈 알맞은 답을 쓰시오.

> 소프트웨어 (　　　)는 소프트웨어 개발 단계의 각 과정에서 만들어지는 프로그램, 프로그램을 설명하는 문서, 데이터 등을 관리하는 것을 말한다. 소프트웨어의 개발 과정에서 만들어지는 여러 버전들의 변경 사항을 관리하는 일련의 활동이며 이를 지원하는 도구로 Git, SVN 등이 있다.

답:

22.10

3. 다음 제시된 보기 중 형상 관리 도구에 해당하는 것을 3가지 골라 쓰시오.

OLAP	CVS	Ant	Maven
Git	Jenkins	Spring	SVN

답:

423 > 형상 관리 기능 Ⓐ

- **형상 식별** : 형상 관리 대상에 이름과 관리 번호를 부여하고, 계층(Tree) 구조로 구분하여 수정 및 추적이 용이하도록 하는 작업
- **버전 제어** : 소프트웨어 업그레이드나 유지 보수 과정에서 생성된 다른 버전의 형상 항목을 관리하고, 이를 위해 특정 절차와 도구(Tool)를 결합시키는 작업
- **형상 통제** : 식별된 형상 항목에 대한 변경 요구를 검토하여 현재의 기준선(Base Line)이 잘 반영될 수 있도록 조정하는 작업
- **형상 감사** : 기준선의 무결성을 평가하기 위해 확인, 검증, 검열 과정을 통해 공식적으로 승인하는 작업
- **형상 기록** : 형상의 식별, 통제, 감사 작업의 결과를 기록·관리하고 보고서를 작성하는 작업

기출체크 ☑

20.10

4. 소프트웨어 개발에서의 작업 중 형상 통제에 대해 간략히 서술하시오.

답:

기출체크 정답   1. 소프트웨어 설치 매뉴얼   2. 형상 관리(SCM; Software Configuration Management)   3. CVS, Git, SVN
4. 형상 통제는 식별된 형상 항목에 대한 변경 요구를 검토하여 현재의 기준선이 잘 반영될 수 있도록 조정하는 작업이다.

470   정보처리기사 실기

▶ 340500

424 소프트웨어의 버전 등록 관련 주요 기능 ⓑ

- **저장소(Repository)** : 최신 버전의 파일들과 변경 내역에 대한 정보들이 저장되어 있는 곳
- **가져오기(Import)** : 버전 관리가 되고 있지 않은 아무것도 없는 저장소(Repository)에 처음으로 파일을 복사함
- **체크아웃(Check-Out)** : 프로그램을 수정하기 위해 저장소(Repository)에서 파일을 받아옴
- **체크인(Check-In)** : 체크아웃 한 파일의 수정을 완료한 후 저장소(Repository)의 파일을 새로운 버전으로 갱신함
- **커밋(Commit)** : 체크인을 수행할 때 이전에 갱신된 내용이 있는 경우에는 충돌(Conflict)을 알리고 diff 도구를 이용해 수정한 후 갱신을 완료함
- **동기화(Update)** : 저장소에 있는 최신 버전으로 자신의 작업 공간을 동기화함

기출체크 ☑

필기 24.2, 23.2, 21.5
5. 버전 관리 항목 중 저장소에 저장된 파일을 새로운 버전의 파일로 갱신하는 것을 의미하는 용어를 쓰시오.

답 :

▶ 340501

425 소프트웨어 버전 관리 도구 – 공유 폴더 방식 ⓒ

- **공유 폴더 방식은 버전 관리 자료가 지역 컴퓨터의 공유 폴더에 저장되어 관리 되는 방식이다.**
- 파일을 잘못 복사하거나 다른 위치로 복사하는 것에 대비하기 위해 파일의 변경 사항을 데이터베이스에 기록하여 관리한다.
- **종류** : SCCS, RCS, PVCS, QVCS 등

예상체크 ☑

출제예상
6. 다음 설명에서 괄호 안에 공통으로 들어갈 알맞은 용어를 쓰시오.

> 소프트웨어 버전 관리 도구의 여러 저장소 방식 중 (   ) 방식은 버전 관리 자료가 지역 컴퓨터의 (   )에 저장되어 관리 되는 방식으로, 파일의 변경사항을 데이터베이스에 기록하여 관리한다.

답 :

▶ 340502

426 소프트웨어 버전 관리 도구 – 클라이언트/서버 방식 ⓒ

- **클라이언트/서버 방식은 버전 관리 자료가 서버에 저장되어 관리 되는 방식이다.**
- 서버에 문제가 생기면 서버가 복구되기 전까지 다른 개발자와의 협업 및 버전 관리 작업은 중단된다.
- **종류** : CVS, SVN(Subversion), CVSNT, Clear Case, CMVC, Perforce 등

예상체크 ☑

출제예상
7. 다음 설명에 가장 부합하는 소프트웨어 버전 관리 도구의 저장소 방식을 쓰시오.

> - 버전 관리 자료가 서버에 저장되어 관리되는 방식이다.
> - 모든 버전 관리는 서버에서 수행된다.
> - 대표적으로 CVS, SVN, CVSNT 등이 있다.

답 :

427 > 소프트웨어 버전 관리 도구 – 분산 저장소 방식 Ⓑ

- 분산 저장소 방식은 버전 관리 자료가 하나의 **원격 저장소와 분산된 개발자 PC의 지역 저장소에 함께 저장되어 관리되는 방식**이다.
- 지역 저장소에서 버전 관리가 가능하므로 원격 저장소에 문제가 생겨도 지역 저장소의 자료를 이용하여 작업할 수 있다.
- 종류 : Git, GNU arch, DCVS, Bazaar, Mercurial, TeamWare, Bitkeeper, Plastic SCM 등

기출체크 ☑

필기 21.5
1. 소프트웨어 버전 관리 도구에는 다양한 저장소 방식이 있다. 다음에 제시된 내용과 관련된 방식을 쓰시오.

> 개발자별로 원격 저장소의 자료를 자신의 로컬 저장소로 복사하여 작업한 후 변경된 내용을 로컬 저장소에서 우선 반영한 다음 이를 원격 저장소에 반영한다. 로컬 저장소에서 버전 관리가 가능하므로 원격 저장소에 문제가 생겨도 로컬 저장소의 자료를 이용하여 작업할 수 있다.

답 :

428 > Subversion Ⓒ

- Subversion(SVN)은 CVS를 개선한 것으로, 아파치 소프트웨어 재단에서 2000년에 발표하였다.
- 클라이언트/서버 구조로, 서버(저장소, Repository)에는 최신 버전의 파일들과 변경 사항이 관리된다.
- 소스가 오픈되어 있어 무료로 사용할 수 있다.
- CVS의 단점이었던 파일이나 디렉터리의 이름 변경, 이동 등이 가능하다.

예상체크 ☑

출제예상
2. 아파치 소프트웨어 재단에서 2000년에 발표하였으며, CVS의 단점을 개선하여 파일이나 디렉터리의 이름 변경, 이동 등이 가능한 소프트웨어 버전 관리 도구를 쓰시오.

답 :

429 > Subversion의 주요 명령어 Ⓒ

- add : 새로운 파일이나 디렉터리를 버전 관리 대상으로 등록함
- commit : 버전 관리 대상으로 등록된 클라이언트의 소스 파일을 서버의 소스 파일에 적용함
- update : 서버의 최신 commit 이력을 클라이언트의 소스 파일에 적용함
- checkout : 버전 관리 정보와 소스 파일을 서버에서 클라이언트로 받아옴
- lock/unlock : 서버의 소스 파일이나 디렉터리를 잠그거나 해제함
- import : 아무것도 없는 서버의 저장소에 맨 처음 소스 파일을 저장하는 명령으로, 한 번 사용하면 다시 사용하지 않음
- export : 버전 관리에 대한 정보를 제외한 순수한 소스 파일만을 서버에서 받아옴
- info : 지정한 파일에 대한 위치나 마지막 수정 일자 등에 대한 정보를 표시함
- diff : 지정된 파일이나 경로에 대해 이전 리비전과의 차이를 표시함
- merge : 다른 디렉터리에서 작업된 버전 관리 내역을 기본 개발 작업과 병합함

예상체크 ☑

출제예상
3. 소프트웨어 버전 관리 도구인 Subversion에서 사용하는 명령어 중 다음에 제시된 기능을 수행하는 명령어를 쓰시오.

> - 서버의 최신 commit 이력을 클라이언트의 소스 파일에 적용한다.
> - commit 전에는 매번 수행하여 클라이언트에 적용되지 않은 서버의 변동 내역을 클라이언트에 적용한다.

답 :

기출체크 정답 1. 분산 저장소 방식 2. Subversion(SVN) 3. update

430 > Git ©

- Git(깃)은 리누스 토발즈(Linus Torvalds)가 2005년 리눅스 커널 개발에 사용할 관리 도구로 개발한 이후 주니오 하마노(Junio Hamano)에 의해 유지 보수되고 있다.
- Git은 분산 버전 관리 시스템으로 2개의 저장소, 즉 지역 저장소와 원격 저장소가 존재한다.
- 버전 관리가 지역 저장소에서 진행되므로 버전 관리가 신속하게 처리되고, 원격 저장소나 네트워크에 문제가 있어도 작업이 가능하다.

출제예상

4. 다음에서 설명하고 있는 소프트웨어 버전 관리 도구를 쓰시오.

> 리누스 토발즈가 리눅스 커널 개발에 사용할 관리 도구로 개발한 이후 주니오 하마노에 의해 유지 보수되고 있다. 버전 관리가 지역 저장소에서 진행되므로 버전 관리가 신속하게 처리되고, 원격 저장소나 네트워크에 문제가 있어도 작업이 가능하다.

답:

431 > Git의 주요 명령어 ©

- add : 작업 내역을 지역 저장소에 저장하기 위해 스테이징 영역(Staging Area)에 추가함
- commit : 작업 내역을 지역 저장소에 저장함
- branch : 새로운 브랜치를 생성하며, 최초로 commit을 하면 마스터(master) 브랜치가 생성됨
- checkout : 지정한 브랜치로 이동함
- merge : 지정한 브랜치의 변경 내역을 현재 HEAD 포인터가 가리키는 브랜치에 반영함으로써 두 브랜치를 병합함
- init : 지역 저장소를 생성함

- remote add : 원격 저장소에 연결함
- push : 로컬 저장소의 변경 내역을 원격 저장소에 반영함
- fetch : 원격 저장소의 변경 이력만을 지역 저장소로 가져와 반영함
- clone : 원격 저장소의 전체 내용을 지역 저장소로 복제함

출제예상

5. 다음 괄호 안에 공통으로 들어갈 Git 명령어를 쓰시오.

> (   )은 지정한 브랜치로 이동할 때 사용하는 명령어로, 현재 작업 중인 브랜치는 HEAD 포인터가 가리키는데, (   ) 명령을 통해 HEAD 포인터를 지정한 브랜치로 이동시킬 수 있다.

답:

필기 23.2, 22.4, 20.9

432 > 빌드 자동화 도구 Ⓑ

- 빌드 자동화 도구는 **빌드를 포함하여 테스트 및 배포를 자동화하는 도구**이다.
- 애자일(Agile)과 같은 지속적인 통합(Continuous Integration) 개발 환경에서 유용하게 활용된다.
- **빌드 자동화 도구 종류** : Jenkins, Gradle, Ant, Maven, Make 등

필기 23.2, 22.4, 20.9

6. 다음 보기에서 빌드 자동화 도구만 모두 골라 기호(㉠~㉡)로 쓰시오.

㉠ Jenkins	㉡ Release	㉢ Tomcat
㉣ Packager	㉤ Ant	㉥ Gradle

답:

433 > Jenkins ©

- Jenkins는 JAVA 기반의 오픈 소스 형태로, 서블릿 컨테이너에서 실행되는 서버 기반 도구이다.
- 가장 많이 사용되는 빌드 자동화 도구이다.
- SVN, Git 등 대부분의 형상 관리 도구와 연동이 가능하다.
- 친숙한 Web GUI 제공으로 사용이 쉽다.

예상체크 ☑

출제예상
1. Java 기반 오픈 소스 형태의 서버 서블릿 컨테이너에서 실행되는 빌드 자동화 도구를 쓰시오.

답 :

434 > Gradle Ⓑ

- Gradle은 Groovy를 기반으로 한 오픈 소스 형태의 자동화 도구이다.
- 안드로이드 앱 개발 환경에서 사용된다.
- 안드로이드뿐만 아니라 플러그인을 설정하면, JAVA, C/C++, Python 등의 언어도 빌드할 수 있다.
- Groovy를 사용해서 만든 DSL(Domain Specific Language)을 스크립트 언어로 사용한다.

기출체크 ☑

필기 20.9
2. 다음에 제시된 특징에 가장 부합하는 빌드 자동화 도구를 쓰시오.

- Groovy를 기반으로 한 오픈 소스 형태의 자동화 도구로 안드로이드 앱 개발 환경에서 사용된다.
- 안드로이드뿐만 아니라 플러그인을 설정하면, JAVA, C/C++, Python 등의 언어도 빌드할 수 있다.

답 :

문제 01 창작자가 가지는 배타적 독점적 권리로, 타인의 침해를 받지 않을 고유한 권한을 의미하는 용어를 쓰시오.

답 :

문제 02 다음에 제시된 특징들에 가장 부합하는 용어를 쓰시오.

- 소프트웨어의 개발 과정에서 소프트웨어의 변경 사항을 관리하기 위해 개발된 일련의 활동이다.
- 소프트웨어 변경의 원인을 알아내고 제어하며, 적절히 변경되고 있는지 확인하여 해당 담당자에게 통보한다.
- 소프트웨어 개발의 전 단계에 적용되는 활동이며, 유지보수 단계에서도 수행된다.

답 :

문제 03 다음은 디지털 저작권 관리에 대한 작업 흐름도이다. 괄호에 들어갈 가장 알맞은 용어를 쓰시오.

답 :

문제 04 개발자와 고객이 정보를 공유하기 위해 작성하는 것으로, 표준 형식은 없지만 일반적으로 다음과 같은 항목이 포함되도록 작성한다. 무엇을 말하는 것인지 쓰시오.

Header(머릿말), 개요, 목적, 문제 요약, 재현 항목, 수정/개선 내용, 사용자 영향도, SW 지원 영향도, 노트, 면책 조항, 연락처 등

답 :

문제 05 다음 중 디지털 저작권 관리의 기술 요소를 모두 찾아 기호(㉠~㉺)로 쓰시오.

㉠ 부인 방지(NonRepudiation)　　㉡ 맵리듀스(MapReduce)
㉢ 인증(Authentication)　　㉣ 크랙 방지(Tamper Resistance)
㉤ 블록체인(Blockchain)　　㉥ 암호화(Encryption)
㉦ 가용성(Availability)　　㉧ 환경 변수(Environment Variable)

답 :

문제 06 다음에 제시된 특징에 가장 부합하는 빌드 자동화 도구를 쓰시오.

- Groovy를 기반으로 한 오픈 소스 형태의 자동화 도구로, 안드로이드 앱 개발 환경에서 사용된다.
- 안드로이드 뿐만 아니라 플러그인을 설정하면, Java, C/C++, Python 등의 언어도 빌드가 가능하다.
- Groovy를 사용해서 만든 DSL(Domain Specific Language)을 스크립트 언어로 사용한다.

답 :

문제 07 다음은 소프트웨어 버전 등록과 관련된 주요 용어들에 대한 설명이다. 괄호(①~③)에 들어갈 가장 적합한 용어를 쓰시오.

항목	설명
저장소(Repository)	최신 버전의 파일들과 변경 내역에 대한 정보들이 저장되어 있는 곳이다.
(①)	버전 관리가 되고 있지 않은 아무것도 없는 저장소(Repository)에 처음으로 파일을 복사한다.
체크아웃(Check-Out)	• 프로그램을 수정하기 위해 저장소(Repository)에서 파일을 받아온다. • 소스 파일과 함께 버전 관리를 위한 파일들도 함께 받아온다.
(②)	체크아웃 한 파일의 수정을 완료한 후 저장소(Repository)의 파일을 새로운 버전으로 갱신한다.
(③)	체크인을 수행할 때 이전에 갱신된 내용이 있는 경우에는 충돌(Conflict)을 알리고 diff 도구를 이용해 수정한 후 갱신을 완료한다.
동기화(Update)	저장소에 있는 최신 버전으로 자신의 작업 공간을 동기화한다.

답

• ①

• ②

• ③

문제 08 소프트웨어 버전 관리 도구에는 다양한 방식이 있다. 다음에 제시된 내용과 관련된 방식을 쓰시오.

> • 버전 관리 자료가 지역 컴퓨터에 저장되어 관리되는 방식이다.
> • 개발자들은 개발이 완료된 파일을 약속된 공유 폴더에 매일 복사하고, 담당자는 공유 폴더의 파일을 자기 PC로 복사한 후 컴파일 하여 이상 유무를 확인한다.
> • 파일을 잘못 복사하거나 다른 위치로 복사하는 것에 대비하기 위해 파일의 변경 사항을 데이터베이스에 기록하여 관리한다.
> • 종류에는 SCCS, RCS, PVCS, QVCS 등이 있다.

답 :

문제 09 다음은 디지털 저작권 관리 구성 요소에 대한 설명이다. 괄호(①~⑤)에 들어갈 적합한 요소를 쓰시오.

구성 요소	설명
(①)	저작권에 대한 사용 권한, 라이선스 발급, 암호화된 키 관리, 사용량에 따른 결제 관리 등을 수행하는 곳이다.
(②)	콘텐츠를 제공하는 저작권자이다.
(③)	콘텐츠를 메타 데이터와 함께 배포 가능한 형태로 묶어 암호화하는 프로그램이다.
(④)	암호화된 콘텐츠를 유통하는 곳이나 사람이다.
콘텐츠 소비자 (Customer)	콘텐츠를 구매해서 사용하는 주체이다.
(⑤)	배포된 콘텐츠의 이용 권한을 통제하는 프로그램이다.
보안 컨테이너 (Security Container)	콘텐츠 원본을 안전하게 유통하기 위한 전자적 보안 장치이다.

답

- ①
- ②
- ③
- ④
- ⑤

문제 10 다음에서 설명하는 Subversion의 명령어를 쓰시오.

아무것도 없는 서버의 저장소에 맨 처음 소스 파일을 저장하는 명령으로, 한 번 사용하면 다시 사용하지 않는다.

답 :

문제 11 다음은 소프트웨어 버전 관리 도구인 Git에서 사용하는 명령어에 대한 설명이다. 괄호(①~④)에 들어갈 알맞은 명령어를 쓰시오.

명령어	의미
add	작업 내용을 지역 저장소에 저장하기 위해 Staging Area에 추가한다.
(①)	작업 내용을 지역 저장소에 저장한다.
branch	새로운 브랜치를 생성한다.
checkout	지정한 브랜치로 이동한다.
(②)	지정한 브랜치의 변경 내용을 현재 HEAD 포인터가 가리키는 브랜치에 반영함으로써 두 브랜치를 병합한다.
(③)	지역 저장소를 생성한다.
remote add	원격 저장소에 연결한다.
(④)	로컬 저장소의 변경 내용을 원격 저장소에 반영한다.
fetch	원격 저장소의 변경 이력만을 지역 저장소로 가져와 반영한다.
clone	원격 저장소의 전체 내용을 지역 저장소로 복제한다.

답

- ①
- ②
- ③
- ④

[문제 01]
저작권

[문제 02]
형상 관리(SCM; Software Configuration Management)

[문제 03]
클리어링 하우스(Clearing House)

[문제 04]
릴리즈 노트(Release Note)

[문제 05]
ⓒ, ⓔ, ⓑ

[문제 06]
Gradle

[문제 07]
① 가져오기(Import)　　② 체크인(Check-In)　　③ 커밋(Commit)

[문제 08]
공유 폴더 방식

[문제 09]
① 클리어링 하우스(Clearing House)　　② 콘텐츠 제공자(Contents Provider)　　③ 패키저(Packager)
④ 콘텐츠 분배자(Contents Distributor)　　⑤ DRM 컨트롤러(DRM Controller)

[문제 10]
import

[문제 11]
① commit　　② merge　　③ init　　④ push

빠르게! Quick & 쉽게! Easy

퀵이지

정보처리기사
실기 단기완성

2025
시나공

기출문제집

2024년 기출문제 수록
최신기출문제 10회 수록
무료 동영상 : 교재에 수록된 모든 내용이 동영상 강의로!

길벗알앤디 지음 (강윤석, 김용갑, 김우경, 김종일)

이 책의 구성 미리 보기

초단타 합격 전략을 아시나요? – 기출문제를 확실하게 이해하세요.

시·나·공 기출문제집은 실력 테스트용이 아닙니다. 짧은 시간 안에 시험에 나온 내용을 파악하고 정확하게 이해함으로써, 실제 시험에 적응하기 위한 합격 전략집입니다. 정답 및 해설의 자세한 해설을 통해 기출문제에 출제된 문제들만 확실히 이해해둬도 초단타 합격 전설은 내 이야기가 됩니다.

최신기출문제

수험생들의 기억을 토대로 최대한 유사한 형태로 복원한 문제로, 본서의 내용을 확실히 공부했다면 충분히 풀 수 있는 문제들입니다. 어려운 문제가 있다면 문제마다 제공되는 QR코드를 스캔해 보세요! 머릿속에 콕콕 박히는 명쾌하고 시원시원한 저자 직강 동영상이 여러분을 도와줄 것입니다.

정답 및 해설

정확한 정답과 해설이 여러분의 궁금증을 속 시원히 해결해 드립니다! 정답을 확인하여 틀린 문제는 해설을 통해 확실하게 이해하고 넘어가세요. 틀린 문제만 따로 체크하여 자신이 어떤 부분이 취약한지 파악한 후 본서의 내용을 다시 한 번 공부하는 것도 좋은 학습 방법입니다.

정보처리기사

실기

길벗알앤디 지음

2025
시나공

길벗

2024년 1회 정보처리기사 실기	4
2023년 3회 정보처리기사 실기	31
2023년 2회 정보처리기사 실기	55
2023년 1회 정보처리기사 실기	80
2022년 3회 정보처리기사 실기	103
2022년 2회 정보처리기사 실기	126
2022년 1회 정보처리기사 실기	147
2021년 3회 정보처리기사 실기	165
2021년 2회 정보처리기사 실기	186
2021년 1회 정보처리기사 실기	203

정보처리기사 실기 – 시나공 시리즈 ①

The Practical Examination for Engineer Information Processing

초판 발행 · 2024년 6월 24일

발행인 · 이종원
발행처 · (주)도서출판 길벗
출판사 등록일 · 1990년 12월 24일
주소 · 서울시 마포구 월드컵로 10길 56(서교동)
주문 전화 · 02)332-0931   팩스 · 02)323-0586
홈페이지 · www.gilbut.co.kr   이메일 · gilbut@gilbut.co.kr

기획 및 책임 편집 · 강윤석(kys@gilbut.co.kr), 김미정(kongkong@gilbut.co.kr), 임은정(eunjeong@gilbut.co.kr), 정혜린(sunriin@gilbut.co.kr)
디자인 · 강은경, 윤석남   제작 · 이준호, 손일순, 이진혁   마케팅 · 조승모, 유영은
영업관리 · 김명자   독자지원 · 윤정아

편집진행 및 교정 · 길벗알앤디(강윤석 · 김용갑 · 김우경 · 김종일)   일러스트 · 윤석남
전산편집 · 예다움   CTP 출력 및 인쇄 · 정민   제본 · 정민

독자의 1초까지 아껴주는 길벗출판사

(주)도서출판 길벗 | IT교육서, IT단행본, 경제경영서, 어학&실용서, 인문교양서, 자녀교육서 www.gilbut.co.kr
길벗스쿨 | 국어학습, 수학학습, 어린이교양, 주니어 어학학습, 학습단행본 www.gilbutschool.co.kr

인스타그램 • @study_with_sinagong

최신기출문제

2024년 1회 정보처리기사 실기

2023년 3회 정보처리기사 실기

2023년 2회 정보처리기사 실기

2023년 1회 정보처리기사 실기

2022년 3회 정보처리기사 실기

2022년 2회 정보처리기사 실기

2022년 1회 정보처리기사 실기

2021년 3회 정보처리기사 실기

2021년 2회 정보처리기사 실기

2021년 1회 정보처리기사 실기

동영상 강의 시청 방법

다음의 세 가지 방법을 이용하여 시나공 저자의 속 시원한 강의를 바로 동영상으로 확인하세요.

하나 **스마트폰으로는 이렇게 이용하세요!**

1. 스마트폰으로 QR코드 리더 앱을 실행하세요!
2. 동영상 강의 QR코드를 스캔하세요.
3. 스마트폰을 통해 동영상 강의가 시작됩니다!

둘 **시나공 홈페이지에서는 이렇게 이용하세요!**

1. 시나공 홈페이지(sinagong.co.kr)에 로그인 하세요!
2. 상단 메뉴중 [동영상 강좌] → [토막 강의(무료)]를 클릭하세요!
3. 동영상 강의 번호를 입력하면 동영상 강의가 시작됩니다.

셋 **유튜브에서는 이렇게 이용하세요!**

1. 유튜브 검색 창에 "시나공" + 동영상 강의 번호를 입력하세요.

예 | 시나공1451101 | | 🔍 |

2. 검색된 항목 중 원하는 동영상 강의를 클릭하여 시청하세요.

수험자 유의사항

1. 시험 문제지를 받는 즉시 응시하고자 하는 종목의 문제지가 맞는지를 확인하여야 합니다.
2. 시험 문제지 총면수 · 문제번호 순서 · 인쇄상태 등을 확인하고, 수험번호 및 성명을 답안지에 기재하여야 합니다.
3. 문제 및 답안(지), 채점기준은 일절 공개하지 않으며 자신이 작성한 답안, 문제 내용 등을 수험표 등에 이기(옮겨 적는 행위) 등은 관련 법 등에 의거 불이익 조치 될 수 있으니 유의하시기 바랍니다.
4. 수험자 인적사항 및 답안작성(계산식 포함)은 흑색 필기구만 사용하되, 흑색을 제외한 유색 필기구 또는 연필류를 사용하였을 경우 그 문항은 0점 처리됩니다.
5. 답란(답안 기재란)에는 문제와 관련 없는 불필요한 낙서나 특이한 기록사항 등을 기재하여서는 안되며 부정의 목적으로 특이한 표식을 하였다고 판단될 경우에는 모든 문항이 0점 처리됩니다.
6. 답안을 정정할 때에는 반드시 정정부분을 두 줄(=)로 그어 표시하여야 하며, 두 줄로 긋지 않은 답안은 정정하지 않은 것으로 간주합니다. (수정테이프, 수정액 사용불가)
7. 답안의 한글 또는 영문의 오탈자는 오답으로 처리됩니다. 단, 답안에서 영문의 대 · 소문자 구분, 띄어쓰기는 여부에 관계 없이 채점합니다.
8. 계산 또는 디버깅 등 계산 연습이 필요한 경우는 〈문제〉 아래의 연습란을 사용하시기 바라며, 연습란은 채점대상이 아닙니다.
9. 문제에서 요구한 가지 수(항수) 이상을 답란에 표기한 경우에는 답안기재 순으로 요구한 가지 수(항수)만 채점하고 한 항에 여러 가지를 기재하더라도 한 가지로 보며 그 중 정답과 오답이 함께 기재란에 있을 경우 오답으로 처리됩니다.
10. 한 문제에서 소문제로 파생되는 문제나, 가지수를 요구하는 문제는 대부분의 경우 부분채점을 적용합니다. 그러나 소문제로 파생되는 문제 내에서의 부분 배점은 적용하지 않습니다.
11. 답안은 문제의 마지막에 있는 답란에 작성하여야 합니다.
12. 부정 또는 불공정한 방법(시험문제 내용과 관련된 메모지 사용 등)으로 시험을 치른 자는 부정행위자로 처리되어 당해 시험을 중지 또는 무효로 하고, 2년간 국가기술자격검정의 응시자격이 정지됩니다.
13. 시험위원이 시험 중 신분확인을 위하여 신분증과 수험표를 요구할 경우 반드시 제시하여야 합니다.
14. 시험 중에는 통신기기 및 전자기기(휴대용 전화기 등)를 지참하거나 사용할 수 없습니다.
15. 국가기술자격 시험문제는 일부 또는 전부가 저작권법상 보호되는 저작물이고, 저작권자는 한국산업인력공단입니다. 문제의 일부 또는 전부를 무단 복제, 배포, 출판, 전자출판 하는 등 저작권을 침해하는 일체의 행위를 금합니다.

※ 수험자 유의사항 미준수로 인한 채점상의 불이익은 수험자 본인에게 전적으로 책임이 있음

문제 01 다음 C 언어로 구현된 프로그램을 분석하여 그 실행 결과를 쓰시오. (단, 출력문의 출력 서식을 준수하시오.) (5점)

```c
#include <stdio.h>
#include <stdlib.h>

main(int argc, char *argv[]) {
    int v1 = 0;
    int v2 = 35;
    int v3 = 29;
    if (v1 > v2 ? v2 : v1)
        v2 = v2 << 2;
    else
        v3 = v3 << 2;
    printf("%d", v2 + v3);
    return 0;
}
```

답 :

문제 02 다음 설명에 해당하는 라우팅 프로토콜을 쓰시오. (5점)

- RIP의 단점을 해결하여 새로운 기능을 지원하는 인터넷 프로토콜이다.
- 최단 경로 탐색에 Dijkstra 알고리즘을 사용한다.
- 대규모 네트워크에서 많이 사용된다.
- 링크 상태를 실시간으로 반영하여 최단 경로로 라우팅을 지원한다.

답 :

문제 03 다음의 정규화(Normalization) 과정은 어떤 단계의 정규화 과정인지 〈보기〉에서 찾아 쓰시오. (5점)

〈주문〉

주문번호	고객번호	주소
A345	100	서울
D347	200	부산
A210	300	광주
B230	200	부산

〈주문〉

주문번호	고객번호
A345	100
D347	200
A210	300
B230	200

〈고객〉

고객번호	주소
100	서울
200	부산
300	광주

〈보기〉

• 제1정규형	• 제2정규형	• 제3정규형	• 보이스/코드 정규형	• 제4정규형	• 제5정규형

답 :

문제 04 다음에 제시된 응집도(Cohesion)를 높은 순에서 낮은 순으로 나열하시오. (5점)

ⓐ 기능적 응집도(Functional Cohesion)
ⓑ 교환적 응집도(Communication Cohesion)
ⓒ 우연적 응집도(Coincidental Cohesion)
ⓓ 시간적 응집도(Temporal Cohesion)

답 : (   ) → (   ) → (   ) → (   )

문제 05 다음 JAVA로 구현된 프로그램을 분석하여 그 실행 결과를 쓰시오. (단, 출력문의 출력 서식을 준수하시오.)
(5점)

```java
class Connection {
    private static Connection _inst = null;
    private int count = 0;
    public static Connection get() {
        if(_inst == null) {
            _inst = new Connection();
            return _inst;
        }
        return _inst;
    }
    public void count() { count++; }
    public int getCount() { return count; }
}
public class Test {
    public static void main(String[] args) {
        Connection conn1 = Connection.get();
        conn1.count();
        Connection conn2 = Connection.get();
        conn2.count();
        Connection conn3 = Connection.get();
        conn3.count();
        conn1.count();
        System.out.print(conn1.getCount());
    }
}
```

답 :

문제 06 다음 설명에 해당하는 디자인 패턴을 〈보기〉에서 찾아 쓰시오. (5점)

- 구체적인 클래스에 의존하지 않고, 인터페이스를 통해 서로 연관·의존하는 객체들의 그룹으로 생성하여 추상적으로 표현한다.
- 키트(Kit) 패턴이라고도 불린다.
- 연관된 서브 클래스를 묶어 한 번에 교체하는 것이 가능하다.

〈보기〉

생성 패턴	구조 패턴	행위 패턴
Abstract Factory	Adapter	Command
Builder	Bridge	Interpreter
Factory Method	Composite	Iterator
Prototype	Decorator	Mediator
Singleton	Proxy	Observer

답 :

문제 07 3개의 페이지를 수용할 수 있는 주기억장치가 있으며, 초기에는 모두 비어 있다고 가정한다. 다음의 순서로 페이지 참조가 발생할 때, LRU와 LFU 페이지 교체 알고리즘을 사용하면 각각 페이지 결함의 발생 횟수를 쓰시오. (5점)

LRU	페이지 참조 순서
	1, 2, 3, 1, 2, 4, 5, 1
LFU	페이지 참조 순서
	1, 2, 3, 1, 2, 4, 1, 2, 3, 4

답
- ① LRU :
- ② LFU :

문제 08 다음 Python으로 구현된 프로그램을 분석하여 그 실행 결과를 쓰시오. (단, 출력문의 출력 서식을 준수하시오.) (5점)

```
a = [ 'Seoul', 'Kyeonggi', 'Incheon', 'Daejeon', 'Daegu', 'Pusan'];
str01 = 'S'
for i in a:
    str01 = str01 + i[1]
print(str01)
```

답 :

문제 09 다음은 조인(Join)에 대한 설명이다. 괄호(①~③)에 들어갈 알맞은 조인의 종류를 〈보기〉에서 찾아 쓰시오. (5점)

- (①)은 조인에 참여하는 두 릴레이션의 속성 값을 비교하여 조건을 만족하는 튜플만 반환하는 조인이다.
- (②)은 (①)에서 = 연산자를 사용한 조인으로, 일반적으로 조인이라고 하면 (②)을 의미한다.
- (②)의 결과 릴레이션의 차수는 첫 번째 릴레이션과 두 번째 릴레이션의 차수를 합한 것이다.
- (③)은 (②)의 결과 릴레이션에서 중복된 속성을 제거하여 수행하는 연산, 즉 (②)에서 중복 속성 중 하나가 제거된 것이다.
- (③)의 핵심은 두 릴레이션의 공통된 속성을 매개체로 하여 두 릴레이션의 정보를 '관계'로 묶어 내는 것이다.

〈보기〉

• 자연 조인	• 외부 조인	• 셀프 조인	• 세타 조인
• 동등 조인	• 교차 조인	• 자연 조인	• 자동 조인

답
- ①
- ②
- ③

문제 10 다음 C 언어로 구현된 프로그램을 분석하여 그 실행 결과를 쓰시오. (단, 출력문의 출력 서식을 준수하시오.) (5점)

```c
#include <stdio.h>
#include <string.h>

void inverse(char *str, int len) {
    for(int i = 0, j = len - 1; i < j; i++, j--) {
        char ch = str[i];
        str[i] = str[j];
        str[j] = ch;
    }
}

int main() {
    char str[100] = "ABCDEFGH";
    int len = strlen(str);
    inverse(str, len);
    for(int i = 1; i < len; i += 2) {
        printf("%c", str[i]);
    }
    return 0;
}
```

답 :

문제 11 다음 Java로 구현된 프로그램의 실행 순서를 나열하시오(단, 같은 번호는 중복해서 작성하지 마시오). (5점)

```java
class Parent {
    int x, y;

①    Parent(int x, int y) {
        this.x = x;
        this.y = y;
    }

②    int getX() {
        return x*y;
    }
}

class Child extends Parent {
    int x;

③    Child(int x) {
        super(x+1, x);
        this.x = x;
    }

④    int getX(int n) {
        return super.getX() + n;
    }
}

public class Main {
⑤    public static void main(String[] args) {
⑥        Parent parent = new Child(10);
⑦        System.out.println(parent.getX());
    }
}
```

답 :

문제 12 다음 〈R1〉과 〈R2〉 테이블을 참조하여 〈SQL문〉을 실행했을 때 출력되는 결과를 쓰시오. (SQL을 실행하였을 때 출력되는 속성명과 값들을 모두 답안에 적으시오.) (5점)

〈R1〉

A	B	C
1	a	x
2	b	y
3	c	t

〈R2〉

C	D	E
x	k	k
y	k	t
z	p	k

〈SQL문〉

```
SELECT B
FROM R1
WHERE C IN (SELECT C FROM R2 WHERE D='k');
```

답:

문제 13 다음 C 언어로 구현된 프로그램을 분석하여 그 실행 결과를 쓰시오. (단, 출력문의 출력 서식을 준수하시오.) (5점)

```c
#include <stdio.h>
#include <ctype.h>

int main( ) {
    char *p = "It is 8";
    char result[100];
    int i;
    for(i = 0; p[i] != '\0'; i++) {
        if(isupper(p[i]))
            result[i] = (p[i] - 'A'+ 5) % 25 + 'A';
        else if(islower(p[i]))
            result[i] = (p[i] - 'a'+ 10) % 26 + 'a';
        else if(isdigit(p[i]))
            result[i] = (p[i] - '0'+ 3) % 10 + '0';
        else if(!(isupper(p[i]) || islower(p[i]) || isdigit(p[i])))
            result[i] = p[i];
    }
    result[i] = '\0';
```

```
    printf("변환된 문자열 : %s\n", result);

    return 0;

}
```

답 :

문제 14 다음 설명에 해당하는 커버리지(Coverage)를 〈보기〉에서 찾아 쓰시오. (5점)

- 개별 조건식이 다른 개별 조건식의 영향을 받지 않고 전체 조건식의 결과에 독립적으로 영향을 주는 구조적 테스트 케이스이다.
- 해당 개별 조건식이 전체 조건식의 결과에 영향을 주는 조건 조합을 찾아 커버리지를 테스트하는 방법이다.
- 프로그램에 있는 모든 결정 포인트 내의 전체 조건식이 적어도 한 번은 참과 거짓을 만족해야 한다.
- 프로그램에 있는 결정 포인트 내의 모든 개별 조건식이 적어도 한 번은 참과 거짓을 만족해야 한다.

〈보기〉

• All Path	• Multiple Condition	• MC/DC	• Condition/Decision
• Condition	• Decision	• Statement	

답 :

문제 15 보안 위협에 대한 다음 설명에 해당하는 용어를 〈보기〉에서 찾아 쓰시오. (5점)

- 시스템에 침입한 후 침입 사실을 숨긴 채 백도어, 트로이목마를 설치하고, 원격 접근, 내부 사용 흔적 삭제, 관리자 권한 획득 등 주로 불법적인 해킹에 사용되는 기능들을 제공하는 프로그램들의 모음이다.
- 자신 또는 다른 소프트웨어의 존재를 감춰줌과 동시에 허가되지 않은 컴퓨터나 소프트웨어의 영역에 접근할 수 있게 하는 용도로 설계되었다.
- 이 프로그램이 설치되면 자신이 뚫고 들어온 모든 경로를 바꾸어 놓고, 명령어들을 은폐해 놓기 때문에 해커가 시스템을 원격에서 해킹하고 있어도 이 프로그램이 설치되어 있는 사실 조차 감지하기 어렵다.
- 공격자가 보안 관리자나 보안 시스템의 탐지를 피하면서 시스템을 제어하기 위해 설치하는 악성 프로그램으로, 운영체제의 합법적인 명령어를 해킹하여 모아놓았다.
- 운영체제에서 실행 파일과 실행 중인 프로세스를 숨김으로써 운영체제 검사 및 백신 프로그램의 탐지를 피할 수 있다.

〈보기〉

• Worm	• Logic Bomb	• Spyware	• Honeypot
• Bug Bounty	• Rootkit	• Bootkit	• Ransomware

답 :

문제 16 다음 설명에 해당하는 용어를 〈보기〉에서 찾아 쓰시오. (5점)

다양한 IT 기술과 방식들을 이용해 조직적으로 특정 기업이나 조직 네트워크에 침투해 활동 거점을 마련한 뒤 때를 기다리면서 보안을 무력화시키고 정보를 수집한 다음 외부로 빼돌리는 형태의 공격으로, 일반적으로 공격은 침투, 검색, 수집, 유출의 4단계로 실행된다.

- 침투(Infiltration) : 목표로 하는 시스템을 악성코드로 감염시켜 네트워크에 침투한다.
- 검색(Exploration) : 시스템에 대한 정보를 수집하고 기밀 데이터를 검색한다.
- 수집(Collection) : 보호되지 않은 시스템의 데이터를 수집하고, 시스템 운영을 방해하는 악성코드를 설치한다.
- 유출(Exfiltration) : 수집한 데이터를 외부로 유출한다.

〈보기〉

• MITM	• ATM	• XDR	• APT
• Key Logger Attack	• 사회공학 기법	• TearDrop	• SMURFING

답 :

문제 17 〈EMP_TBL〉 테이블을 참고하여 〈SQL문〉의 실행 결과를 쓰시오. (5점)

〈EMP_TBL〉

EMPNO	SAL
100	1500
200	3000
300	2000

〈처리 조건〉

SELECT COUNT(*) FROM EMP_TBL WHERE EMPNO 〉 100 AND SAL 〉= 3000 OR EMPNO = 200;

답 :

문제 18 다음 JAVA로 구현된 프로그램을 분석하여 그 실행 결과를 쓰시오. (단, 출력문의 출력 서식을 준수하시오.)
(5점)

```java
class firstArea {
    int x, y;
    public firstArea(int x, int y) {
        this.x = x;
        this.y = y;
    }
    public void print() {
        System.out.println(x+y);
    }
}


class secondArea extends firstArea {
    int bb = 3;
    public secondArea(int i) {
        super(i, i+1);
    }
    public void print() {
        System.out.println(bb*bb);
    }
}

public class Main {
    public static void main(String[] args) {
        firstArea st = new secondArea(10);
        st.print();
    }
}
```

답 :

한국산업인력공단에서 시험 문제를 공개하지 않아 수험생의 기억을 토대로 대부분의 문제를 재구성하였으나,
[문제 19]와 [문제 20]은 수험생의 기억을 토대로 재구성하기에 어려움이 있었습니다. 이점 양해 바랍니다.

[문제 01]

151

해설

```
#include <stdio.h>
#include <stdlib.h>

main(int argc, char *argv[]) {
❶ int v1 = 0;
❷ int v2 = 35;
❸ int v3 = 29;
❹ if (v1 > v2 ? v2 : v1)
     v2 = v2 << 2;
   else
❺   v3 = v3 << 2;
❻ printf("%d", v2 + v3);
❼ return 0;
}
```

❶ 정수형 변수 v1을 선언하고 0으로 초기화한다.

❷ 정수형 변수 v2를 선언하고 35로 초기화한다.

❸ 정수형 변수 v3을 선언하고 29로 초기화한다.

❹ v1이 v2보다 크면 v2의 값을 조건으로 사용하고 그렇지 않으면 v1의 값을 조건으로 사용한다. 조건은 결과가 0이면 거짓이고, 나머지는 참이다. 0은 35보다 크지 않으므로 v1의 값 0을 조건으로 사용한다. 조건의 결과가 0, 즉 거짓이므로 ❺번 문장으로 이동한다.

❺ 《는 왼쪽 시프트 연산자로, v3에 저장된 값을 왼쪽으로 2비트 이동시킨 후 v3에 저장한다. 정수는 4Byte를 사용하므로 29를 4Byte 2진수로 변환하여 계산하면 된다.

• 29를 4Byte 2진수로 표현하면 다음과 같다.

• 부호를 제외한 전체 비트를 왼쪽으로 2비트 이동시킨다. 양수이므로 패딩 비트(빈 자리)에는 0이 채워진다.

• 이동된 값을 10진수로 변환하면 116이다. v3에는 116이 저장된다.

❻ v2+v3의 결과 **151**을 정수형으로 출력한다.

결과 `151`

❼ main( ) 함수에서의 'return 0'은 프로그램의 종료를 의미한다.

[문제 02]

※ 다음 중 하나를 쓰면 됩니다.

OSPF, Open Shortest Path First protocol

[문제 03]
제3정규형

> **해설**
> • 〈주문〉 테이블에서 '고객번호'가 '주문번호'에 함수적 종속이고, '주소'가 '고객번호'에 함수적 종속이므로 '주소'는 기본키인 '주문번호'에 대해 이행적 함수적 종속을 만족한다. 즉 주문번호 → 고객번호이고, 고객번호 → 주소이므로 주문번호 → 주소는 이행적 함수적 종속이 된다.
> • 〈주문〉 테이블에서 이행적 함수적 종속(즉 주문번호 → 주소)을 제거하여 〈주문〉 테이블과 〈고객〉 테이블로 무손실 분해함으로써 제3정규형이 되었다.

[문제 04]
㉠, ㉡, ㉣, ㉢

[문제 05]
4

> **해설**
> 이 문제는 객체 변수 _inst가 사용하는 메모리 공간을 객체 변수 conn1, conn2, conn3이 공유함으로써 메모리 낭비를 방지하는 싱글톤(Singleton) 개념을 Java로 구현한 문제입니다.

```
class Connection {    클래스 Connection을 정의한다.
Ⓐ      private static Connection _inst = null;
Ⓑ      private int count = 0;
❷⑩⑰    public static Connection get() {
❸⑪⑱        if(_inst == null) {
❹                _inst = new Connection();
❺                return _inst;
           }
⑫⑲        return _inst;
       }
❽⑮㉒㉔ public void count() { count++; }
㉖      public int getCount() { return count; }
}

public class Test {
    public static void main(String[] args) {
❶⑯        Connection conn1 = Connection.get();
❼          conn1.count();
❾⑬        Connection conn2 = Connection.get();
⑭          conn2.count();
⑯⑳        Connection conn3 = Connection.get();
㉑          conn3.count();
㉓          conn1.count();
㉕㉗        System.out.print(conn1.getCount());
       }
}
```

Ⓐ Connection 클래스의 객체 변수 _inst를 선언하고 null로 초기화한다.
  ※ 객체 변수를 생성한다는 것은 Connection _inst = new Connection( );과 같이 객체 생성 예약어인 new를 통해 heap 영역에 공간을 확보하여 Connection 클래스의 내용을 저장한 후 그 주소를 객체 변수에 저장하는 것인데, Ⓐ에서는 객체 생성 예약어인 new가 생략되었으므로 생성이 아닌 선언만 합니다. 객체 변수를 선언만 하게 되면 heap이 아닌 stack 영역에 내용 없이 저장되어 사용이 불가능합니다. 이후 ❹번과 같이 객체 생성 예약어인 new가 사용되어야만 heap 영역에 내용이 저장되고 그 주소도 객체 변수에 전달되면서 사용 가능한 객체 변수가 됩니다.

ⓑ 정수형 변수 count를 선언하고, 0으로 초기화한다.

stack 영역		heap 영역	
변수	값	주소	내용
_inst	null		
count	0		

모든 Java 프로그램은 반드시 main( ) 메소드에서 시작한다.

❶ Connection 클래스의 객체 변수 conn1을 선언하고, get( ) 메소드를 호출한 결과를 저장한다.

　※ Ⓐ에서와 같이 객체 변수를 선언만 하였으므로 객체 변수 conn1은 stack 영역에 생성됩니다.

stack 영역		heap 영역	
변수	값	주소	내용
_inst	null		
count	0		
conn1			

❷ Connection 형을 반환하는 get( ) 메소드의 시작점이다.

❸ _inst가 null이면 ❹, ❺번을 수행하고, 아니면 ⑫번으로 이동한다. _inst가 null이므로 ❹번으로 이동한다.

❹ Connection 클래스의 내용을 heap 영역에 저장하고 그 주소를 _inst에 저장한다.

　※ Ⓐ에서 객체 변수 _inst는 이미 선언되었으므로, **Connection _inst = new Connection( );**과 같이 작성하지 않고 앞쪽의 클래스명을 생략하여 **_inst = new Connection( );**과 같이 작성합니다. 생성 예약어인 new를 통해 heap 영역에 공간을 확보하고 Connection 클래스의 내용을 저장한 후 그 주소를 객체 변수 _inst에 저장합니다. 이제 객체 변수 _inst는 Connection( ) 클래스의 내용이 저장된 heap 영역을 가리키게 됩니다.

stack 영역		heap 영역	
변수	값	주소	내용
_inst	100	0	
count	0	100	private static Connection _inst private int count = 0 static public Connection get() { ... } public void count() { ... } public int getCount() { ... }
conn1			
		200	
		300	

❺ _inst에 저장된 값을 메소드를 호출했던 ❻번으로 반환한다.

❻ ❺번에서 돌려받은 _inst의 값을 conn1에 저장한다. _inst에는 Connection( ) 클래스의 내용이 저장된 heap 영역의 주소가 저장되어 있으며, conn1에도 동일한 주소가 저장되므로 이후 _inst와 conn1은 같은 heap 영역의 주소를 가리키게 된다.

stack 영역		heap 영역	
변수	값	주소	내용
_inst	100	0	
count	0	100	private static Connection _inst private int count = 0 static public Connection get() { ... } public void count() { ... } public int getCount() { ... }
conn1	100		
		200	
		300	

❼ conn1의 count( ) 메소드를 호출한다. conn1은 Connection( ) 클래스의 객체 변수이므로 Connection 클래스의 count( ) 메소드를 호출한다는 의미이다.
❽ 반환값이 없는 count( ) 메소드의 시작점이다. count의 값에 1을 더한다.

stack 영역		heap 영역	
변수	값	주소	내용
_inst	100	0	
count	1	100	private static Connection _inst private int count = 0 static public Connection get() { ... } public void count() { ... } public int getCount() { ... }
conn1	100		
		200	
		300	

❾ Connection 클래스의 객체 변수 conn2를 선언하고, get( ) 메소드를 호출한 결과를 저장한다.

stack 영역		heap 영역	
변수	값	주소	내용
_inst	100	0	
count	1	100	private static Connection _inst private int count = 0 static public Connection get() { ... } public void count() { ... } public int getCount() { ... }
conn1	100		
conn2			
		200	
		300	

❿ Connection 형을 반환하는 get( ) 메소드의 시작점이다.
⓫ _inst가 null이면 ❹, ❺번을 수행하고, 아니면 ⓬번으로 이동한다. _inst에는 ❹번에서 저장한 heap 영역의 주소가 저장되어 있어 null이 아니므로 ⓬번으로 이동한다.
⓬ _inst에 저장된 값을 메소드를 호출했던 ⓭번으로 반환한다.
⓭ ⓬번에서 돌려받은 _inst의 값을 conn2에 저장한다.

stack 영역		heap 영역	
변수	값	주소	내용
_inst	100	0	
count	1	100	private static Connection _inst private int count = 0 static public Connection get() { ... } public void count() { ... } public int getCount() { ... }
conn1	100		
conn2	100		
		200	
		300	

⓮ conn2의 count( ) 메소드를 호출한다.
⓯ 반환값이 없는 count( ) 메소드의 시작점이다. count의 값에 1을 더한다.

stack 영역		heap 영역	
변수	값	주소	내용
_inst	100	0	
count	2	100	private static Connection _inst private int count = 0 static public Connection get() { ... } public void count() { ... } public int getCount() { ... }
conn1	100		
conn2	100		
		200	
		300	

⓰ Connection 클래스의 객체 변수 conn3을 선언하고, get( ) 메소드를 호출한 결과를 저장한다.

stack 영역	
변수	값
_inst	100
count	2
conn1	100
conn2	100
conn3	

heap 영역	
주소	내용
0	
100	private static Connection _inst private int count = 0 static public Connection get() { ... } public void count() { ... } public int getCount() { ... }
200	
300	

⓱ Connection 형을 반환하는 get( ) 메소드의 시작점이다.
⓲ _inst가 null이면 ④, ⑤번을 수행하고, 아니면 ⓳번으로 이동한다. _inst가 null이 아니므로 ⓳번으로 이동한다.
⓳ _inst에 저장된 값을 메소드를 호출했던 ⓴번으로 반환한다.
⓴ ⓳번에서 돌려받은 _inst의 값을 conn3에 저장한다.

stack 영역	
변수	값
_inst	100
count	2
conn1	100
conn2	100
conn3	100

heap 영역	
주소	내용
0	
100	private static Connection _inst private int count = 0 static public Connection get() { ... } public void count() { ... } public int getCount() { ... }
200	
300	

㉑ conn3 객체 변수의 count( ) 메소드를 호출한다.
㉒ 반환값이 없는 count( ) 메소드의 시작점이다. count의 값에 1을 더한다.

stack 영역	
변수	값
_inst	100
count	3
conn1	100
conn2	100
conn3	100

heap 영역	
주소	내용
0	
100	private static Connection _inst private int count = 0 static public Connection get() { ... } public void count() { ... } public int getCount() { ... }
200	
300	

㉓ conn1의 count( ) 메소드를 호출한다. conn1은 Connection( ) 클래스의 객체 변수이므로 Connection 클래스의 count( ) 메소드를 호출한다는 의미이다.
㉔ 반환값이 없는 count( ) 메소드의 시작점이다. count의 값에 1을 더한다.

stack 영역	
변수	값
_inst	100
count	4
conn1	100
conn2	100
conn3	100

heap 영역	
주소	내용
0	
100	private static Connection _inst private int count = 0 static public Connection get() { ... } public void count() { ... } public int getCount() { ... }
200	
300	

㉕ conn1의 getCount( ) 메소드를 호출하고 돌려받은 값을 출력한다.
㉖ 정수를 반환하는 getCount( ) 메소드의 시작점이다. count의 값 4를 메소드를 호출했던 ㉗번으로 반환한다.
 ※ 객체 변수 _inst, conn1, conn2, conn3은 모두 같은 heap 영역의 주소를 가리키고 있으므로 해당 heap 영역에 저장된 내용을 공유하게 됩니다.
㉗ 화면에 4를 출력한다.

결과　**4**

[문제 06]
Abstract Factory

[문제 07]
① 6   ② 6

해설

① LRU(Least Recently Used) 기법
3개의 페이지를 수용할 수 있는 주기억장치이므로 아래 그림과 같이 3개의 페이지 프레임으로 표현할 수 있습니다.

참조 페이지	1	2	3	1	2	4	5	1
페이지 프레임	1	1	1	1	1	1	5	5
		2	2	2	2	2	2	1
			3	3	3	4	4	4
부재 발생	●	●	●			●	●	●

참조 페이지가 페이지 테이블에 없으면 페이지 결함(부재)이 발생합니다. 초기에는 모든 페이지가 비어 있으므로 처음 1, 2, 3 페이지 적재 시 페이지 결함이 발생합니다. 다음 참조 페이지 1, 2는 이미 적재되어 있으므로 그냥 참조합니다. LRU 기법은 최근에 가장 오랫동안 사용되지 않은 페이지를 교체하는 기법이므로, 참조 페이지 4를 적재할 때 3을 제거한 후 4를 가져옵니다. 이러한 과정으로 모든 페이지에 대한 요구를 처리하고 나면 총 페이지 결함의 발생 횟수는 6회입니다.

② LFU(Least Frequently Used) 기법
3개의 페이지를 수용할 수 있는 주기억장치이므로 아래 그림과 같이 3개의 페이지 프레임으로 표현할 수 있습니다.

참조 페이지	1	2	3	1	2	4	1	2	3	4
페이지 프레임	1	1	1	1	1	1	1	1	1	1
		2	2	2	2	2	2	2	2	2
			3	3	3	4	4	4	3	4
부재 발생	●	●	●			●			●	●

참조 페이지가 페이지 테이블에 없으면 페이지 결함(부재)이 발생합니다. 초기에는 모든 페이지가 비어 있으므로 처음 1, 2, 3 페이지 적재 시 페이지 결함이 발생합니다. 다음 참조 페이지 1, 2는 이미 적재되어 있으므로 그냥 참조합니다. LFU 기법은 사용 빈도가 가장 적은 페이지를 교체하는 기법이므로, 참조 페이지 4를 적재할 때 3을 제거한 후 4를 가져옵니다. 마지막 3, 4 페이지를 적재할 때도 사용 빈도가 적은 4와 3을 제거한 후 가져옵니다. 이러한 과정으로 모든 페이지에 대한 요구를 처리하고 나면 총 페이지 결함의 발생 횟수는 6회입니다.

[문제 08]
Seynaau

※ **답안 작성 시 주의 사항** : C, Java, Python 등의 프로그래밍 언어에서는 대소문자를 구분하기 때문에 출력 결과도 대소문자를 구분하여 정확하게 작성해야 합니다. 예를 들어, 소문자로 **seynaau**로 썼을 경우 부분 점수 없이 완전히 틀린 것으로 간주됩니다.

해설

```
❶ a = [ 'Seoul', 'Kyeonggi', 'Incheon', 'Daejeon', 'Daegu', 'Pusan'];
❷ str01 = 'S'
❸ for i in a:
❹    str01 = str01 + i[1]
❺ print(str01)
```

❶ 리스트 a를 선언하면서 초기값을 지정한다. 초기값으로 지정된 수만큼 리스트의 요소가 만들어진다.

	a[0]	a[1]	a[2]	a[3]	a[4]	a[5]
a	Seoul	Kyeonggi	Incheon	Daejeon	Daegu	Pusan

❷ 변수 str01을 선언하면서 초기값으로 문자 'S'를 지정한다.
❸ 리스트 a의 요소 수만큼 ❹번 문장을 반복 수행한다. 리스트 a는 6개의 요소를 가지므로 각 요소를 i에 할당하면서 다음 문장을 6회 수행한다.

❹ str01과 i에 저장된 문자열의 두 번째 글자(i[1])를 더하여 str01에 저장한다. 즉 str01에 저장된 문자 뒤에 i에 저장된 문자열의 두 번째 글자가 덧붙여진다.

- 1회 : i에 a[0]이 저장되고 i의 1번째 글자 e가 str01에 더해진다.

str01		i[0]	i[1]	i[2]	i[3]	i[4]		i
Se	←	S	e	o	u	l	←	Seoul

- 2회 : i에 a[1]이 저장되고 i의 1번째 글자 y가 str01에 더해진다.

str01		i[0]	i[1]	i[2]	i[3]	i[4]	i[5]	i[6]	i[7]		i
Sey	←	K	y	e	o	n	g	g	i	←	Kyeonggi

- 3회 : i에 a[2]가 저장되고 i의 1번째 글자 n이 str01에 더해진다.

str01		i[0]	i[1]	i[2]	i[3]	i[4]	i[5]	i[6]		i
Sey	←	I	n	c	h	e	o	n	←	Incheon

- 4회 : i에 a[3]이 저장되고 i의 1번째 글자 a가 str01에 더해진다.

str01		i[0]	i[1]	i[2]	i[3]	i[4]	i[5]	i[6]		i
Seyna	←	D	a	e	j	e	o	n	←	Daejeon

- 5회 : i에 a[4]가 저장되고 i의 1번째 글자 a가 str01에 더해진다.

str01		i[0]	i[1]	i[2]	i[3]	i[4]		i
Seynaa	←	D	a	e	g	u	←	Daegu

- 6회 : i에 a[5]가 저장되고 i의 1번째 글자 u가 str01에 더해진다.

str01		i[0]	i[1]	i[2]	i[3]	i[4]		i
Seynaau	←	P	u	s	a	n	←	Pusan

❺ 결과 **Seynaau**

[문제 09]
① 세타 조인   ② 동등 조인   ③ 자연 조인

[문제 10]
GECA

※ **답안 작성 시 주의 사항** : C, Java, Python 등의 프로그래밍 언어에서는 대소문자를 구분하기 때문에 출력 결과도 대소문자를 구분하여 정확하게 작성해야 합니다. 예를 들어, 소문자로 **geca**로 썼을 경우 부분 점수 없이 완전히 틀린 것으로 간주됩니다.

해설

```c
#include <stdio.h>
#include <string.h>

❹ void inverse(char *str, int len) {
❺     for(int i = 0, j = len - 1; i < j; i++, j--) {
❻         char ch = str[i];
❼         str[i] = str[j];
❽         str[j] = ch;
       }
}❾

int main() {
❶     char str[100] = "ABCDEFGH";
❷     int len = strlen(str);
❸     inverse(str, len);
❿     for(int i = 1; i < len; i += 2) {
```

```
⓫          printf("%c", str[i]);
        }
⓬      return 0;
}
```

모든 C 언어 프로그램 반드시 main( ) 함수에서 시작한다.

❶ 100개의 요소를 갖는 문자형 배열 str을 선언하고, "ABCDEFGH"로 초기화한다.

	[0]	[1]	[2]	[3]	[4]	[5]	[6]	[7]
str	'A'	'B'	'C'	'D'	'E'	'F'	'G'	'H'

❷ 정수형 변수 len을 선언하고, str의 길이인 8로 초기화한다.
   • strlen( ) : 문자열의 길이를 반환한다.

❸ str과 len을 인수로 하여 inverse( ) 함수를 호출한다. 인수로 배열의 이름을 지정하면 배열의 시작 주소가 인수로 전달된다.

❹ 반환값이 없는 inverse 함수의 시작점이다. 문자형 포인터 변수 str은 str 배열의 시작 주소를 받고, 정수형 변수 len은 8을 받는다.

❺ 반복 변수 i는 0에서 시작하여 1씩 증가하고, 반복 변수 j는 len-1, 즉 7에서 시작하여 -1씩 증가하면서, i가 j보다 작은 동안 ❻~❽번을 반복 수행한다.

❻ 문자형 변수 ch에 str[i]의 값을 저장한다.

❼ str[i]에 str[j]의 값을 저장한다.

❽ str[j]에 ch의 값을 저장한다. ❻~❽은 str[i]와 str[j]의 값을 교환하는 과정이다.

반복문 실행에 따른 변수들의 변화는 다음과 같다.

i	j	str[i]	str[j]	ch	배열 str
0	7	'A' / 'H'	'H' / 'A'	'A'	[0]'A' [1]'B' [2]'C' [3]'D' [4]'E' [5]'F' [6]'G' [7]'H' → [0]'H' [7]'A'
1	6	'B' / 'G'	'G' / 'B'	'B'	[0]'H' [1]'B' [2]'C' [3]'D' [4]'E' [5]'F' [6]'G' [7]'A' → [1]'G' [6]'B'
2	5	'C' / 'F'	'F' / 'C'	'C'	[0]'H' [1]'G' [2]'C' [3]'D' [4]'E' [5]'F' [6]'B' [7]'A' → [2]'F' [5]'C'
3	4	'D' / 'E'	'E' / 'D'	'D'	[0]'H' [1]'G' [2]'F' [3]'D' [4]'E' [5]'C' [6]'B' [7]'A' → [3]'E' [4]'D'
4	5				

❾ 함수를 마치고 inverse(str, len) 함수를 호출했던 main( ) 함수로 제어를 옮긴다. str 배열의 주소를 받아서 처리했으므로 main( ) 함수에 있는 str 배열에 자리 바꿈의 결과가 그대로 반영되어 있다.

❿ 반복 변수 i가 1에서 시작하여 2씩 증가하면서, len보다 작은 동안, 즉 8보다 작은 동안 ⓫번을 반복 수행한다.

⓫ str[i]의 값을 문자형으로 출력한다.

반복문의 실행에 따른 변수들의 변화는 다음과 같다.

i	str[i]	배열 str	출력
1	'G'	[0]'H' [1]'G' [2]'F' [3]'E' [4]'D' [5]'C' [6]'B' [7]'A'	G
3	'E'		GE
5	'C'		GEC
7	'A'		GECA
9			

⓬ main( ) 함수에서의 'return 0'은 프로그램의 종료를 의미한다.

[문제 11]

⑤, ⑥, ③, ①, ⑦, ②

해설

```
        class Parent {
            int x, y;

①       ❺   Parent(int x, int y) {
        ❻       this.x = x;
        ❼       this.y = y;
            }

②       ❿   int getX() {
        ⓫       return x*y;
            }
        }

        class Child extends Parent {
            int x;

③       ❸   Child(int x) {
        ❹       super(x+1, x);
        ❽       this.x = x;
            }

④           int getX(int n) {
                return super.getX() + n;
            }
        }

        public class Main {
⑤       ❶   public static void main(String[] args) {
⑥       ❷       Parent parent = new Child(10);
⑦       ❾⓬      System.out.println(parent.getX());
            }
        }
```

❶ 모든 Java 프로그램은 반드시 main( ) 메소드에서 시작한다.

❷ Child 클래스의 생성자를 이용하여 Parent 클래스의 객체 변수 parent를 선언한다. 10을 인수로 하여 Child 클래스의 생성자를 호출한다.
  • [부모클래스명] [객체변수명] = new [자식클래스생성자( )] : 부모 클래스의 객체 변수를 선언하면서 자식 클래스의 생성자를 사용하면 형 변환이 발생한다.
  • 이렇게 형 변환이 발생했을 때 부모 클래스와 자식 클래스에 동일한 속성이나 메소드가 있으면 자식 클래스의 속성이나 메소드로 재정의된다.

❸ Child 클래스의 생성자인 Child( ) 메소드의 시작점이다. ❷번에서 전달한 10을 x가 받는다.

객체 변수 parent	
Child	
x	Child(int x)
	x
	10

❹ 부모 클래스의 생성자를 호출하며, 인수로 x+1과 x의 값을 전달한다.
  • super : 상속한 부모 클래스를 가리키는 예약어

❺ 부모 클래스인 Parent 클래스의 생성자 Parent( )의 시작점이다. ❹번에서 전달한 x+1의 값 11을 x가 받고, x의 값 10을 y가 받는다.

객체 변수 parent					
Parent				Child	
x	y	Parent(int x, int y)		x	Child(int x)
		x	y		x
		11	10		10

❻ 'Parent.x = x;'와 동일하다. Parent.x에 x의 값 11을 저장한다.
　• this : 현재 실행중인 메소드가 속한 클래스를 가리키는 예약어
❼ Parent.y에 y의 값 10을 저장한다.
　생성자가 종료되면 생성자를 호출했던 ❹번의 다음 줄인 ❽번으로 이동한다.

객체 변수 parent					
Parent				Child	
x	y	Parent(int x, int y)		x	Child(int x)
		x	y		x
11	10	11	10		10

❽ 'Child.x = x;'와 동일하다. Child.x에 x의 값 10을 저장한다. 생성자가 종료되면 생성자를 호출했던 ❷번의 다음 줄인 ❾번으로 이동한다.

객체 변수 parent					
Parent				Child	
x	y	Parent(int x, int y)		x	Child(int x)
		x	y		x
11	10	11	10	10	10

❾ parent.getX( ) 메소드를 호출하여 반환받은 값을 출력한다.
　❷번에서 형 변환이 발생했으므로 부모 클래스와 자식 클래스에 동일한 속성이나 메소드가 있으면 자식 클래스의 속성이나 메소드로 재정의 되지만 Parent 클래스의 int getX( ) 메소드와 Child 클래스의 int getx(int n) 메소드는 같은 메소드가 아니다. 이름이 같아도 인수가 다르면 같은 메소드가 아니다. ❿번을 호출한다.
❿ 정수를 반환하는 getX( ) 메소드의 시작점이다.
⓫ x*y의 값 110을 함수를 호출했던 ⓬번으로 반환한다.

객체 변수 parent					
Parent				Child	
x	y	Parent(int x, int y)		x	Child(int x)
		x	y		x
11	10	11	10	10	10

⓬ ⓫번으로부터 반환받은 값 110을 출력한다.

결과　110

[문제 12]

B
a
b

해설

SELECT B	'B' 속성을 표시한다.
FROM R1	〈R1〉 테이블을 대상으로 검색한다.
WHERE C IN (	〈R1〉 테이블의 'C'가 IN 다음에 쓰인 하위 질의의 결과와 같은 자료만을 대상으로 한다.
SELECT C	'C' 속성을 표시한다.
FROM R2	〈R2〉 테이블을 대상으로 검색한다.
WHERE D='k');	'D'가 "k"인 자료만을 대상으로 한다.

[문제 13]

변환된 문자열 : Nd sc 1

※ **답안 작성 시 주의 사항** : 프로그램의 실행 결과는 부분 점수가 없으므로 정확하게 작성해야 합니다. 예를 들어, "변환된 문자열 : " 부분을
제외하고 **Nd sc 1**만 썼을 경우 부분 점수 없이 완전히 틀린 것으로 간주됩니다.

해설

```
#include <stdio.h>
#include <ctype.h>

int main( ) {
❶ char *p = "It is 8";
❷ char result[100];
❸ int i;
❹ for(i = 0; p[i] != '\0'; i++) {
❺   if(isupper(p[i]))
❻     result[i] = (p[i] - 'A'+ 5) % 25 + 'A';
❼   else if(islower(p[i]))
❽     result[i] = (p[i] - 'a'+ 10) % 26 + 'a';
❾   else if(isdigit(p[i]))
❿     result[i] = (p[i] - '0'+ 3) % 10 + '0';
⓫   else if(!(isupper(p[i]) || islower(p[i]) || isdigit(p[i])))
⓬     result[i] = p[i];
  }
⓭ result[i] = '\0';
⓮ printf("변환된 문자열 : %s\n", result);
⓯ return 0;
}
```

❶ 문자형 포인터 변수 p를 선언하고, 문자열 "It is 8"이 저장된 곳의 주소를 저장한다. (다음 그림에서 지정한 주소는 임의로 정한 것이며, 이해를 돕기 위해
10진수로 표현했음)

주소					메모리			
	p[0]	p[1]	p[2]	p[3]	p[4]	p[5]	p[6]	p[7]
p 1000 →1000	'I'	't'		'i'	's'		'8'	'\0'

❷ 100개의 요소를 갖는 문자형 배열 result를 선언한다.
❸ 정수형 변수 i를 선언한다.

❹ 반복 변수 i가 0에서 시작하여 1씩 증가하면서 p[i]가 널 문자('\0')가 아닌 동안 ❺~❷번을 반복 수행한다.

❺ p[i]의 값이 대문자이면 ❻번을 수행하고, 아니면 ❼번을 수행한다.
 • isupper( ) : 인수가 대문자인지 확인하는 함수

❻ (p[i] – 'A' + 5) % 25 + 'A'의 결과를 result[i]에 저장한 후 반복문의 처음인 ❹번으로 이동한다.
 ※ "It is 8"이라는 문자열이 메모리에 저장될 때는 각각의 문자에 해당하는 아스키코드 값이 저장되며, 계산식에 사용되는 문자 'A'도 아스키코드 값으로 변환되어 계산됩니다. 즉 'A'는 'A'에 해당하는 아스키코드 값인 65로 처리됩니다. 알파벳 대문자의 아스키코드 값은 'A(65)' ~ 'Z(90)'이며, 알파벳 소문자의 아스키코드 값은 'a(97)' ~ 'z(122)'입니다.
 ※ i가 0일 때, p[i]에 "I"가 저장되어 있으므로, ('I' – 'A' + 5) % 25 + 'A', 즉 (73 – 65 + 5) % 25 + 65의 결과인 78이 result[0]에 저장됩니다.

❼ p[i]의 값이 소문자이면 ❽번을 수행하고, 아니면 ❾번을 수행한다.
 • islower( ) : 인수가 소문자이면 참을 반환하는 함수

❽ (p[i] – 'a' + 10) % 26 + 'a'의 결과를 result[i]에 저장한 후 반복문의 처음인 ❹번으로 이동한다.
 ※ i가 1일 때, p[i]에 "t"가 저장되어 있으므로, ('t' – 'a' + 10) % 26 + 'a', 즉 (116 – 97 + 10) % 26 + 97의 결과인 100이 result[1]에 저장됩니다.

❾ p[i]의 값이 숫자이면 ❿번을 수행하고, 아니면 ⓫번을 수행한다.
 • isdigit( ) : 인수가 숫자이면 참을 반환하는 함수

❿ (p[i] – '0' + 3) % 10 + '0'의 결과를 result[i]에 저장한 후 반복문의 처음인 ❹번으로 이동한다.
 ※ i가 6일 때, p[i]에 "8"이 저장되어 있으므로, ('8' – '0' + 3) % 10 + '0', 즉 (8 – 0 + 3) % 10 + 0의 결과인 1이 result[6]에 저장됩니다.

⓫ p[i]의 값이 대문자 또는 소문자 또는 숫자가 아니면 ⓬번을 수행하고, 아니면 반복문의 처음인 ❹번으로 이동한다.

⓬ p[i]를 result[i]에 저장한 후 반복문의 처음인 ❹번으로 이동한다.

반복문 실행에 따른 변수들의 변화는 다음과 같다.

i	p[i]	result[i]	배열 result
0	'I'	78	
1	't'	100	
2	' '		
3	'i'	115	
4	's'	99	
5	' '		
6	'8'	1	
7	'\0'		

배열 result

[0]	[1]	[2]	[3]	[4]	[5]	[6]	…
'78'	'100'	' '	'115'	'99'	' '	'1'	…

⓭ result[i]에 널 문자('\0')를 저장한다.

	p[0]	p[1]	p[2]	p[3]	p[4]	p[5]	p[6]	p[7]
result	'78'	'100'	' '	'115'	'99'	' '	'1'	'\0'

⓮ 변환된 문자열 : 을 출력한 후 result의 값을 문자열로 출력한다. 배열 result에 저장된 아스키코드에 해당하는 문자들이 출력된다.
 결과　**변환된 문자열 : Nd sc 1**

⓯ main( ) 함수에서의 'return 0'은 프로그램의 종료를 의미한다.

[문제 14]
MC/DC

[문제 15]
Rootkit

[문제 16]
APT

해설
APT(Advanced Persistent Threat), 지능형 지속공격

[문제 17]

1

해설

SQL도 프로그래밍 언어와 마찬가지로 OR 연산자보다 AND 연산자의 우선순위가 높다. 즉 '식1 AND 식2 OR 식3'과 같이 조건이 제시되었으면 '식1 AND 식2'의 조건을 먼저 확인한 후 그 결과와 식3의 OR 조건을 확인해야 한다.

SELECT COUNT(*)	튜플의 개수를 표시한다.
FROM EMP_TBL	〈EMP_TBL〉 테이블에서 검색한다.
WHERE EMPNO 〉 100	'EMPNO'가 100보다 크고
AND SAL 〉= 3000	'SAL'이 3000 이상이거나,
OR EMPNO = 200;	'EMPNO'가 200인 튜플만을 대상으로 검색한다.

과정

① 'EMPNO'가 100보다 큰 튜플은 다음과 같다.

EMPNO	SAL
200	3000
300	2000

② 'SAL'이 3000 이상인 튜플은 다음과 같다.

EMPNO	SAL
200	3000

③ ①, ②의 조건을 동시에 만족(AND)하는 튜플은 다음과 같다.

EMPNO	SAL
200	3000

④ 'EMPNO'가 200인 튜플은 다음과 같다.

EMPNO	SAL
200	3000

⑤ ③번 또는 ④번의 튜플 중 한 번이라도 포함된(OR) 튜플은 다음과 같다.

EMPNO	SAL
200	3000

⑥ COUNT(*) 함수에 따라 ⑤번 튜플의 개수를 표시하면 다음과 같다.

COUNT(*)
1

[문제 18]

9

해설

```
class firstArea {
    int x, y;
❹  public firstArea(int x, int y) {
❺      this.x = x;
❻      this.y = y;
    }
    public void print() {
        System.out.println(x+y);
    }
}

class secondArea extends firstArea {
    int bb = 3;
❷  public secondArea(int i) {
❸      super(i, i+1);
❼  }
❾  public void print() {
❿      System.out.println(bb*bb);
⓫  }
}

public class Main {
    public static void main(String[] args) {
❶      firstArea st = new secondArea(10);
❽      st.print();
⓬  }
}
```

모든 Java 프로그램은 반드시 main() 메소드에서 시작한다.

❶ secondArea 클래스의 생성자를 이용하여 firstArea 클래스의 객체 변수 st를 선언한다.
- [부모클래스명] [객체변수명] = new [자식클래스생성자( )] : 부모 클래스의 객체 변수를 선언하면서 자식 클래스의 생성자를 사용하면 형 변환이 발생한다.
- 이렇게 형 변환이 발생했을 때 부모 클래스와 자식 클래스에 동일한 속성이나 메소드가 있으면 자식 클래스의 속성이나 메소드로 재정의된다.

객체 변수 st		
secondArea		
bb	secondArea(int i)	print( )
	i	
3		

❷ secondArea 클래스의 생성자인 secondArea( ) 메소드의 시작점이다. ❶번에서 전달한 10을 i가 받는다.

객체 변수 st		
secondArea		
bb	secondArea(int i)	print( )
	i	
3	10	

❸ 부모 클래스의 생성자를 호출하며, 인수로 i와 i+1의 값을 전달한다.
　• super : 상속한 부모 클래스를 가리키는 예약어
❹ 부모 클래스인 firstArea 클래스의 생성자 firstArea( )의 시작점이다. ❸번에서 전달한 i의 값 10을 x가 받고, i+1의 값 11을 y가 받는다.

객체 변수 st								
firstArea					secondArea			
x	y	firstArea(int x, int y)		print( )	bb	secondArea(int i)	print( )	
		x	y			i		
		10	11		3	10		

❺ 'fistArea.x = x;'와 동일하다. firstarea.x에 x의 값 10을 저장한다.
　• this : 현재 실행중인 메소드가 속한 클래스를 가리키는 예약어
❻ 'fistArea.y = y;'와 동일하다. firstarea.y에 y의 값 11을 저장한다. 생성자가 종료되면 생성자를 호출했던 ❸번의 다음 줄인 ❼번으로 이동한다.

객체 변수 st								
firstArea					secondArea			
x	y	firstArea(int x, int y)		print( )	bb	secondArea(int i)	print( )	
		x	y			i		
10	11	10	11		3	10		

❼ secondArea( ) 메소드가 종료되었으므로 호출했던 ❶번의 다음 줄인 ❽번으로 이동한다.
❽ st의 print( ) 메소드를 호출한다. ❾번으로 이동한다.
　print( ) 메소드는 st 객체의 자료형이 firstArea이므로 firstArea 클래스의 print( ) 메소드라고 생각할 수 있지만 ❶번에서 클래스 형 변환이 발생하였고, print( ) 메소드가 자식 클래스에서 재정의되었으므로 secondArea 클래스의 print( ) 메소드가 수행된다.
❾ 반환값이 없는 print( ) 메소드의 시작점이다.
❿ bb*bb의 값 9를 출력한다.

결과　**9**

객체 변수 st								
firstArea					secondArea			
x	y	firstArea(int x, int y)		print( )	bb	secondArea(int i)	print( )	
		x	y			i	bb*bb	
10	11	10	11		3	10	9	

⓫ print( ) 메소드가 종료되었으므로 호출했떤 ❽번의 다음 줄인 ⓬번으로 이동하여 프로그램을 종료한다

수험자 유의사항

1. 시험 문제지를 받는 즉시 응시하고자 하는 종목의 문제지가 맞는지를 확인하여야 합니다.

2. 시험 문제지 총면수 · 문제번호 순서 · 인쇄상태 등을 확인하고, 수험번호 및 성명을 답안지에 기재하여야 합니다.

3. 문제 및 답안(지), 채점기준은 일절 공개하지 않으며 자신이 작성한 답안, 문제 내용 등을 수험표 등에 이기(옮겨 적는 행위) 등은 관련 법 등에 의거 불이익 조치 될 수 있으니 유의하시기 바랍니다.

4. 수험자 인적사항 및 답안작성(계산식 포함)은 흑색 필기구만 사용하되, 흑색을 제외한 유색 필기구 또는 연필류를 사용하였을 경우 그 문항은 0점 처리됩니다.

5. 답란(답안 기재란)에는 문제와 관련 없는 불필요한 낙서나 특이한 기록사항 등을 기재하여서는 안되며 부정의 목적으로 특이한 표식을 하였다고 판단될 경우에는 모든 문항이 0점 처리됩니다.

6. 답안을 정정할 때에는 반드시 정정부분을 두 줄(=)로 그어 표시하여야 하며, 두 줄로 긋지 않은 답안은 정정하지 않은 것으로 간주합니다. (수정테이프, 수정액 사용불가)

7. 답안의 한글 또는 영문의 오탈자는 오답으로 처리됩니다. 단, 답안에서 영문의 대 · 소문자 구분, 띄어쓰기는 여부에 관계 없이 채점합니다.

8. 계산 또는 디버깅 등 계산 연습이 필요한 경우는 〈문제〉 아래의 연습란을 사용하시기 바라며, 연습란은 채점대상이 아닙니다.

9. 문제에서 요구한 가지 수(항수) 이상을 답란에 표기한 경우에는 답안기재 순으로 요구한 가지 수(항수)만 채점하고 한 항에 여러 가지를 기재하더라도 한 가지로 보며 그 중 정답과 오답이 함께 기재란에 있을 경우 오답으로 처리됩니다.

10. 한 문제에서 소문제로 파생되는 문제나, 가지수를 요구하는 문제는 대부분의 경우 부분채점을 적용합니다. 그러나 소문제로 파생되는 문제 내에서의 부분 배점은 적용하지 않습니다.

11. 답안은 문제의 마지막에 있는 답란에 작성하여야 합니다.

12. 부정 또는 불공정한 방법(시험문제 내용과 관련된 메모지 사용 등)으로 시험을 치른 자는 부정행위자로 처리되어 당해 시험을 중지 또는 무효로 하고, 2년간 국가기술자격검정의 응시자격이 정지됩니다.

13. 시험위원이 시험 중 신분확인을 위하여 신분증과 수험표를 요구할 경우 반드시 제시하여야 합니다.

14. 시험 중에는 통신기기 및 전자기기(휴대용 전화기 등)를 지참하거나 사용할 수 없습니다.

15. 국가기술자격 시험문제는 일부 또는 전부가 저작권법상 보호되는 저작물이고, 저작권자는 한국산업인력공단입니다. 문제의 일부 또는 전부를 무단 복제, 배포, 출판, 전자출판 하는 등 저작권을 침해하는 일체의 행위를 금합니다.

※ 수험자 유의사항 미준수로 인한 채점상의 불이익은 수험자 본인에게 전적으로 책임이 있음

문제 01 다음 JAVA로 구현된 프로그램을 분석하여 그 실행 결과를 쓰시오. (단, 출력문의 출력 서식을 준수하시오.) (5점)

```java
class SuperObject {
    public void draw() {
        System.out.println("A");
        draw();
    }
    public void paint() {
        System.out.print('B');
        draw();
    }
}
class SubObject extends SuperObject {
    public void paint() {
        super.paint();
        System.out.print('C');
        draw();
    }
    public void draw() {
        System.out.print('D');
    }
}
public class Test {
    public static void main(String[] args) {
        SuperObject a = new SubObject();
        a.paint();
        a.draw();
    }
}
```

答 :

문제 02 다음 설명에 해당하는 용어를 〈보기〉에서 찾아 쓰시오. (5점)

- 인터넷 애플리케이션에서 사용자 인증에 사용되는 표준 인증 방법으로, 공개 API(OpenAPI)로 구현되었다.
- 인터넷 사용자가 웹사이트나 애플리케이션에 비밀번호를 제공하지 않고 자신에게 접근 권한을 부여하여 사용할 수 있다.
- 2010년 ETF에서 1.0이 공식 표준안으로 발표되었다.

〈보기〉

• OpenID	• IDEA	• OAuth	• SSPI
• SASL	• PEAP	• OIDC	• JAAS

답 :

문제 03 다음 C 언어로 구현된 프로그램을 분석하여 그 실행 결과를 쓰시오. (단, 출력문의 출력 서식을 준수하시오.) (5점)

```c
#include <stdio.h>
main() {
    char* p = "KOREA";
    printf("1. %s\n", p);
    printf("2. %s\n", p + 1);
    printf("3. %c\n", *p);
    printf("4. %c\n", *(p + 3));
    printf("5. %c\n", *p + 4);
}
```

답 :

문제 04 다음 C 언어 프로그램과 그 〈실행결과〉를 분석하여 괄호에 공통으로 들어갈 알맞은 답을 쓰시오. (5점)

```c
#include <stdio.h>
struct insa {
    char name[10];
    int age;
    struct insa* impl_a;
    struct insa* impl_b;
};

main() {
    struct insa p1 = { "Kim", 28, NULL, NULL };
    struct insa p2 = { "Lee", 36, NULL, NULL };
    struct insa p3 = { "Park", 41, NULL, NULL };
    p1.impl_a = &p2;
    p2.impl_b = &p3;
    printf("%s\n", p1.impl_a(      )name);
    printf("%d", p2.impl_b(      )age);
}
```

〈실행결과〉

```
Lee
41
```

답 :

문제 05 리눅스 또는 유닉스에서 'a.txt' 파일에 대해 다음 〈처리 조건〉과 같이 권한을 부여하고자 한다. 〈처리조건〉을 준수하여 식을 완성하시오. (5점)

〈처리조건〉

- 사용자에게 읽기, 쓰기, 실행 권한을 부여한다.
- 그룹에게 읽기, 실행 권한을 부여한다.
- 기타 사용자에게 실행 권한을 부여한다.
- 한 줄로 작성하고, 8진법 숫자를 이용한 명령문을 이용한다.

답 : (   ) (   ) a.txt

문제 06 UML 다이어그램에 대한 다음 설명에서 괄호에 공통으로 들어갈 알맞은 용어를 쓰시오. (5점)

(   ) 다이어그램

(   )은(는) UML 정적 모델링의 하나로, 관련있는 객체들을 하나로 묶어 상위 개념으로 추상화한 것이다. 위의 그림과 같이 유스케이스나 클래스 등의 요소들을 그룹화하여 의존 관계를 표현하며, 대규모 시스템에서 주요 요소 간의 종속성을 파악하는 데 사용한다. 시스템의 구조를 간략하게 표현할 수 있고 의존 관계를 명확하게 파악할 수 있어, 불필요한 의존 관계를 제거하거나 간략화함으로써 시스템의 복잡도를 낮추는 곳에도 사용할 수 있다.

답 :

문제 07 테스트 기법 중 다음과 같이 '평가 점수표'를 미리 정해 놓은 후 각 영역에 해당하는 입력값을 넣고, 예상되는 출력값이 나오는지 실제 값과 비교하는 명세 기반 테스트 기법을 〈보기〉에서 찾아 쓰시오. (5점)

〈평가 점수표〉

평가점수	성적등급
90~100	A
80~89	B
70~79	C
0~69	D

〈케이스〉

테스트 케이스	1	2	3	4
점수범위	0~69	70~79	80~89	90~100
입력값	60	75	82	96
예상 결과값	D	C	B	A
실제 결과값	D	C	B	A

〈보기〉

• Equivalence Partition	• Boundary Value Analysis	• Equivalence Value
• Cause-Effect Graph	• Error Guess	• Comparison Test
• Base Path Test	• Loop Test	• Data Flow Test

답 :

문제 08 〈R〉과 〈S〉 테이블에 대해 〈SQL문〉을 실행하였을 때 나타나는 결과를 작성하시오. (SQL을 실행 하였을 때 출력되는 속성명과 값들을 모두 답안에 적으시오.) (5점)

〈R〉

A	B
1	a
2	b
3	c

〈S〉

A	B
1	a
2	c
4	d

〈SQL문〉

```
SELECT A FROM R
UNION
SELECT A FROM S
ORDER BY A DESC;
```

답 :

문제 09 다음 C 언어로 구현된 프로그램을 분석하여 그 실행 결과를 쓰시오. (단, 출력문의 출력 서식을 준수하시오.) (5점)

```c
#include <stdio.h>
int isPerfectNum(int num) {
    int sum = 0;
    for (int i = 1; i < num; i++) {
        if (num % i == 0)
            sum += i;
    }
    if (num == sum) return 1;
    else return 0;
}
main() {
    int r = 0;
    for (int i = 1; i <= 100; i++)
        if (isPerfectNum(i))
            r += i;
    printf("%d", r);
}
```

답 :

문제 10 네트워크에 대한 다음 설명에 해당하는 용어를 쓰시오. (5점)

- 우리말로 번역하면 '네트워크 주소 변환'이라는 의미의 영문 3글자 약자이다.
- 1개의 정식 IP 주소에 다량의 가상 사설 IP 주소를 할당 및 연결하는 방식이다.
- 1개의 IP 주소를 사용해서 외부에 접속할 수 있는 노드가 어느 시점에 1개로 제한되는 문제가 있으나, 이때는 IP 마스커레이드(Masquerade)를 이용하면 된다.

답 :

문제 11 다음 설명에 해당하는 프로토콜을 쓰시오. (5점)

자료를 일정한 크기로 정하여 순서대로 전송하는 자료의 전송방식으로, 셀이라 부르는 53Byte의 고정 길이 패킷을 이용하여 처리가 단순하고 고속망에 적합하다. 또한 연속적으로 셀을 보낼 때 다중화를 하지 않고 셀 단위로 동기가 이루어지지만 경우에 따라 동기식 시간 분할 다중화를 사용하기도 한다. CBR, VBR의 처리가 가능하며, B-ISDN과 결합하여 서비스를 제공하기도 한다.

답 :

문제 12 다음은 오류가 발생하는 JAVA 프로그램이다. 프로그램을 분석하여 오류가 발생하는 라인을 쓰시오. (5점)

라인	코드
1	class Person {
2	private String name;
3	public Person(String val) {
4	name = val;
5	}
6	public static String get() {
7	return name;
8	}
9	public void print() {
10	System.out.println(name);
11	}
12	}

```
13    public class Test {
14        public static void main(String[] args) {
15            Person obj = new Person("Kim");
16            obj.print();
17        }
18    }
```

답 :

문제 13 접근 통제(Access Control)에 대한 다음 설명에서 괄호(①~③)에 들어갈 알맞은 용어를 〈보기〉에서 찾아 쓰시오. (5점)

(①)	• 주체와 객체의 등급을 비교하여 접근 권한을 부여하는 방식이다. • 시스템이 접근통제 권한을 지정한다. • 데이터베이스 객체별로 보안 등급을 부여할 수 있다. • 사용자별로 인가 등급을 부여할 수 있다.
(②)	• 사용자의 역할에 따라 접근 권한을 부여하는 방식이다. • 중앙관리자가 접근통제 권한을 지정한다. • 임의 접근통제와 강제 접근통제의 단점을 보완하였다. • 다중 프로그래밍 환경에 최적화된 방식이다.
(③)	• 데이터에 접근하는 사용자의 신원에 따라 접근 권한을 부여하는 방식이다. • 데이터 소유자가 접근통제 권한을 지정하고 제어한다. • 객체를 생성한 사용자가 생성된 객체에 대한 모든 권한을 부여받고, 부여된 권한을 다른 사용자에게 허가할 수도 있다.

〈보기〉

• DAC	• MAC	• RBAC

답
• ①
• ②
• ③

문제 14 다음 JAVA로 구현된 프로그램을 분석하여 그 실행 결과를 쓰시오. (단, 출력문의 출력 서식을 준수하시오.) (5점)

```java
class P {
    public int calc(int n) {
        if (n <= 1) return n;
        return calc(n - 1) + calc(n - 2);
    }
}
class C extends P {
    public int calc(int n) {
        if (n <= 1) return n;
        return calc(n - 1) + calc(n - 3);
    }
}
public class Test {
    public static void main(String[] args) {
        P obj = new C();
        System.out.print(obj.calc(7));
    }
}
```

답 :

문제 15 다음 C 언어로 구현된 프로그램을 분석하여 그 실행 결과를 쓰시오. (단, 출력문의 출력 서식을 준수하시오.) (5점)

```c
#include <stdio.h>
int f(int n) {
    if (n <= 1) return 1;
    else return n * f(n - 1);
}
main() {
    printf("%d", f(7));
}
```

답 :

문제 16 다음 Python 프로그램과 그 〈실행결과〉를 분석하여 괄호에 들어갈 알맞은 예약어를 쓰시오. (〈실행결과〉 첫 번째 라인의 '5 10'은 입력받은 값에 해당한다.) (5점)

```
x, y = input("x, y의 값을 공백으로 구분하여 입력 : ").(        )(' ')
print("x의 값 :", x)
print("y의 값 :", y)
```

〈실행결과〉

```
x, y의 값을 공백으로 구분하여 입력 : 5 10
x의 값 : 5
y의 값 : 10
```

답 :

문제 17 클라우드에 대한 다음 설명에서 괄호(①~③)에 들어갈 알맞은 용어를 내용 중에서 찾아 쓰시오. (5점)

클라우드 컴퓨팅은 각종 컴퓨팅 자원을 중앙 컴퓨터에 두고 인터넷 기능을 가진 단말기로 언제 어디서나 인터넷을 통해 컴퓨터 작업을 수행할 수 있는 환경을 의미한다. 중앙 컴퓨터는 복수의 데이터 센터를 가상화 기술로 통합한 대형 데이터 센터로, 각종 소프트웨어, 데이터, 보안 솔루션 기능 등 컴퓨팅 자원을 보유하고 있다. 사용자는 키보드와 모니터, 마우스를 갖추고 통신 포트만 연결하면 업무 수행이 가능하다.

즉 클라우드 컴퓨팅은 인터넷으로 가상화된 IT 리소스를 서비스로 제공하는 것을 의미하며, 클라우드 컴퓨팅에서 가상화하여 서비스로 제공하는 대상에 따라 IaaS, PaaS, SaaS로 구분되어 진다.

전통적인 IT	(①)	(②)	(③)
애플리케이션	애플리케이션	애플리케이션	애플리케이션
데이터	데이터	데이터	데이터
런타임	런타임	런타임	런타임
미들웨어	미들웨어	미들웨어	미들웨어
운영체제	운영체제	운영체제	운영체제
가상화	가상화	가상화	가상화
서버	서버	서버	서버
스토리지	스토리지	스토리지	스토리지
네트워크	네트워크	네트워크	네트워크

답
- ①
- ②
- ③

문제 18 다음 설명에 해당하는 프로토콜을 쓰시오. (5점)

- 거리 벡터 라우팅 프로토콜이라고도 불리며, 최단 경로 탐색에 Bellman-Ford 알고리즘이 사용된다.
- 소규모 동종의 네트워크 내에서는 효율적이나, 최대 홉(Hop) 수가 제한되므로 대규모 네트워크에서는 사용할 수 없다.
- 일정 시간 동안 라우팅 정보가 갱신되지 않으면 해당 경로를 이상 상태로 간주한다.

답 :

문제 19 관계 연산자에 대한 다음 설명에서 각 번호(①~④)의 연산자를 의미하는 기호를 〈보기〉에서 찾아 쓰시오. (5점)

연산자	특징
① Join	• 공통 속성을 중심으로 두 개의 릴레이션을 하나로 합쳐서 새로운 릴레이션을 만드는 연산이다. • Join의 결과는 Cartesian Product(교차곱)를 수행한 다음 Select를 수행한 것과 같다.
② Project	• 주어진 릴레이션에서 속성 리스트(Attribute List)에 제시된 속성 값만을 추출하여 새로운 릴레이션을 만드는 연산이다. • 연산 결과에 중복이 발생하면 중복이 제거된다. • 릴레이션의 열에 해당하는 속성을 추출하는 것이므로 수직 연산자라고도 한다.
③ Select	• 릴레이션에 존재하는 튜플 중에서 선택 조건을 만족하는 튜플의 부분집합을 구하여 새로운 릴레이션을 만드는 연산이다. • 릴레이션의 행에 해당하는 튜플(Tuple)을 구하는 것이므로 수평 연산이라고도 한다.
④ Division	X⊃Y인 두 개의 릴레이션 R(X)와 S(Y)가 있을 때, R의 속성이 S의 속성값을 모두 가진 튜플에서 S가 가진 속성을 제외한 속성만을 구하는 연산이다.

〈보기〉

• σ	• $\bowtie$	• $\div$	• $\pm$	• ∞	• π

답

- ① Join :
- ② Project :
- ③ Select :
- ④ Division :

문제 20 무결성에 대한 다음 설명에서 괄호에 들어갈 알맞은 답을 쓰시오. (5점)

무결성이란 데이터베이스에 저장된 데이터 값과 그것이 표현하는 현실 세계의 실제 값이 일치하는 정확성을 의미한다. 무결성 제약 조건은 데이터베이스에 들어 있는 데이터의 정확성을 보장하기 위해 부정확한 자료가 데이터베이스 내에 저장되는 것을 방지하기 위한 제약 조건을 말한다.

〈회원〉

이름	주민번호	주소
kim	800212-2******	서울
choi	820911-1******	경기
kang	750815-1******	인천

〈결제〉

결제번호	주문 상품	회원
1	rxe-123	choi
2	dp-01	kim
3	qiv-433	kang

위의 두 테이블에서는 〈결제〉 테이블의 '회원' 속성이 〈회원〉 테이블의 '이름' 속성을 참고하는 외래키이므로 (   ) 무결성 제약 조건이 준수되어야 한다.

답 :

[문제 01]

BDCDD

```
class SuperObject {
    public void draw( ) {
        System.out.println("A");
        draw( );
    }
❺  public void paint( ) {
❻      System.out.print('B');
❼      draw( );
    } ❿
}
class SubObject extends SuperObject {
❸ public void paint( ) {
❹      super.paint( );
⓫      System.out.print('C');
⓬      draw( );
    } ⓯
❽❸❼ public void draw( ) {
❾⓮⓲      System.out.print('D');
    }
}
public class Test {
    public static void main(String[] args) {
❶      SuperObject a = new SubObject( );
❷      a.paint( );
⓰      a.draw( );
    } ⓳
}
```

모든 Java 프로그램은 반드시 main( ) 메소드에서 시작한다.

❶ SubObject 클래스의 생성자를 이용하여 SuperObject 클래스의 객체 변수 a를 생성한다.

❷ a의 paint( ) 메소드를 호출한다. ❸번으로 이동한다.

   a.paint( )는 a 객체의 자료형이 SuperObject이므로 SuperObject.paint( )라고 생각할 수 있지만 ❶번에서 클래스 형 변환이 발생하였고, paint( ) 메소드가 자식 클래스에서 재정의되었으므로 SubObject 클래스의 paint( ) 메소드가 호출된다.

❸ 반환값이 없는 paint( ) 메소드의 시작점이다.

❹ 부모 클래스를 호출하는 예약어 super를 사용했으므로 부모 클래스의 paint( ) 메소드를 호출한다. ❺번으로 이동한다.

❺ 반환값이 없는 paint( ) 메소드의 시작점이다.

❻ 화면에 B를 출력한다.

   결과 `B`

❼ draw( ) 메소드를 호출한다. draw( ) 메소드는 ❷번의 경우와 마찬가지로 자식 클래스에서 재정의되었으므로 SubObject 클래스의 draw( ) 메소드가 호출된다.

❽ 반환값이 없는 draw( ) 메소드의 시작점이다.

❾ 화면에 D를 출력한다. draw( ) 메소드가 종료되었으므로 메소드를 호출했던 ❼번의 다음 줄인 ❿번으로 이동한다.

   결과 `BD`

❿ paint( ) 메소드가 종료되었으므로 메소드를 호출했던 ❹번의 다음 줄인 ⓫번으로 이동한다.

⓫ 화면에 C를 출력한다.

   결과 `BDC`

⓬ draw( ) 메소드를 호출한다.

❸ 반환값이 없는 draw( ) 메소드의 시작점이다.

❹ 화면에 D를 출력한다. draw( ) 메소드가 종료되었으므로 메소드를 호출했던 ❷번의 다음 줄인 ❺번으로 이동한다.

결과	BDCD

❺ paint( ) 메소드가 종료되었으므로 메소드를 호출했던 ❷번의 다음 줄인 ❻번으로 이동한다.

❻ draw( ) 메소드를 호출한다.

❼ 반환값이 없는 draw( ) 메소드의 시작점이다.

❽ 화면에 D를 출력한다. draw( ) 메소드가 종료되었으므로 메소드를 호출했던 ❻번의 다음 줄인 ❾번으로 이동한다.

결과	BDCDD

❾ main( ) 메소드가 종료되었으므로 프로그램이 종료된다.

[문제 02]

OAuth

[문제 03]

1. KOREA

2. OREA

3. K

4. E

5. O

해설

```
#include <stdio.h>
main( ) {
❶ char* p = "KOREA";
❷ printf("1. %s\n", p);
❸ printf("2. %s\n", p + 1);
❹ printf("3. %c\n", *p);
❺ printf("4. %c\n", *(p + 3));
❻ printf("5. %c\n", *p + 4);
}
```

❶ 문자형 포인터 변수 p에 "KOREA"를 저장한다. (다음 그림에서 지정한 주소는 임의로 정한 것이며, 이해를 돕기 위해 10진수로 표현했다.)

❷ 1. 을 출력하고 p의 위치부터 널 문자(\0) 전까지의 모든 문자를 출력한다.

결과	1. KOREA

❸ 2. 을 출력하고 p+1의 위치부터 널 문자(\0) 전까지의 모든 문자를 출력한다.

결과	1. KOREA 2. OREA

❹ 3. 을 출력하고 p가 가리키는 곳의 문자 K를 출력한다.

결과	1. KOREA 2. OREA 3. K

❺ 4. 을 출력하고 p+3이 가리키는 곳의 문자 E를 출력한다.

결과	1. KOREA 2. OREA 3. K 4. E

❻ 5. 을 출력하고 p가 가리키는 곳의 값에 4를 더한 후 출력한다. p가 가리키는 곳의 값은 문자 'K'인데, 알파벳 문자에 숫자를 더하면 더한 숫자 만큼의 다음 알파벳 문자를 의미한다. 'K'에서 다음 4번째 문자(K, L, M, N, O)는 O이므로 O를 출력한다.

결과	1. KOREA 2. OREA 3. K 4. E 5. O

[문제 04]

—〉

```c
#include <stdio.h>
struct insa {
    char name[10];
    int age;
    struct insa* impl_a;
    struct insa* impl_b;
};

main() {
❶  struct insa p1 = { "Kim", 28, NULL, NULL };
❷  struct insa p2 = { "Lee", 36, NULL, NULL };
❸  struct insa p3 = { "Park", 41, NULL, NULL };
❹  p1.impl_a = &p2;
❺  p2.impl_b = &p3;
❻  printf("%s\n", p1.impl_a->name);
❼  printf("%d", p2.impl_b->age);
}
```

❶~❸번의 구조체 생성 과정과 ❹, ❺번의 주소 저장 과정을 그림으로 표현하면 다음과 같다.

❻ p1.impl_a가 가리키는 곳의 name에 저장된 문자열을 출력한 후 커서를 다음 줄의 처음으로 옮긴다. p1.impl_a는 p2를 가리키므로 p2.name이 출력된다.

결과	Lee

❼ p2.impl_b가 가리키는 곳의 age에 저장된 값을 정수로 출력한다. p2.impl_b는 p3을 가리키므로 p3.age가 출력된다.

결과	Lee 41

[문제 05]
chmod, 751

- UNIX에서는 파일의 권한(permission)을 10자리로 표현하는데 1번째 자리는 디렉터리(d) 또는 파일(-), 2~4번째 자리는 소유자(Owner) 권한을, 5~7번째 자리는 그룹(Group) 권한을, 8~10번째 자리는 기타 사용자(Other) 권한을 의미합니다.
- 각 자리는 r(읽기), w(쓰기), x(실행), -(권한없음)으로 표시합니다.
- 사용자는 rwx, 그룹은 r-x, 기타 사용자는 --x 권한을 부여하므로, 파일 구분을 제외한 각 권한을 권한있음(1)과 권한없음(0)으로 바꾼 뒤 8진수로 변환하여 chmod 명령어의 매개 변수로 사용하면 됩니다.
- 111 101 001 → 751 → chmod 751

[문제 06]
패키지

[문제 07]
Equivalence Partition

[문제 08]

A
4
3
2
1

SELECT A FROM R	(R) 테이블의 'A' 속성을 표시한다.
UNION	두 SELECT문의 조회 결과를 통합하되 중복된 행은 한 번만 출력한다.
SELECT A FROM S	(S) 테이블의 'A' 속성을 표시한다.
ORDER BY A DESC;	'A' 속성을 기준으로 내림차순 정렬한다.

[문제 09]
34

해설

```
   #include ⟨stdio.h⟩
❹    int isPerfectNum(int num) {
❺    int sum = 0;
❻    for (int i = 1; i ⟨ num; i++) {
❼       if (num % i == 0)
❽          sum += i;
      }
❾    if (num == sum) return 1;
❿    else return 0;
   }
   main( ) {
❶    int r = 0;
❷    for (int i = 1; i ⟨= 100; i++)
❸⓫        if (isPerfectNum(i))
⓬          r += i;
⓭    printf("%d", r);
   }
```

모든 C 언어 프로그램은 반드시 main( ) 함수에서 시작한다.
❶ 정수형 변수 r을 선언하고 0으로 초기화한다.
❷ 반복 변수 i가 1부터 1씩 증가하면서 100보다 작거나 같은 동안 ❸~⓬번을 반복 수행한다.
❸ i의 값을 인수로 isPerfectNum( ) 함수를 호출한 후 돌려받은 값이 참(1)이면 ⓬번으로 이동하고, 아니면 반복문의 시작인 ❷번으로 이동한다.
❹ 정수를 반환하는 isPerfectNum( ) 함수의 시작점이다. ❸번에서 전달받은 i의 값을 num이 받는다.
❺ 정수형 변수 sum을 선언하고 0으로 초기화한다.
❻ 반복 변수 i가 1부터 1씩 증가하면서 num보다 작은 동안 ❼, ❽번을 반복 수행한다.
❼ num을 i로 나눈 나머지가 0이면 ❽번으로 이동한다.
❽ 'sum = sum + i;'와 동일하다. sum에 i의 값을 누적시킨다.
   ※ ❻, ❼번은 ❸번에서 전달받은 인수에서 자기를 제외한 약수를 찾는 과정이며, ❽번은 찾은 약수를 sum에 누적하는 과정이다.
❾ num과 sum의 값이 같으면 함수를 호출했던 ⓫번으로 1(참)을 반환하고, 같지 않으면 ❿번으로 이동한다.
❿ 함수를 호출했던 ⓫번으로 0(거짓)을 반환한다.
   ※ 자기를 제외한 약수의 합이 자기와 같은 수를 완전수(Perfect Number)라고 한다. ❾, ❿번은 인수가 완전수임을 확인하는 과정으로, 완전수이면 참(1)을, 완전수가 아니면 거짓(0)을 반환한다. (ex: 6의 약수는 1, 2, 3이며, 1+2+3은 6과 같으므로 6은 완전수이다.)
⓫ ❾, ❿번에서 돌려받은 값이 1(참)이면 ⓬번으로 이동하고, 0(거짓)이면 반복문의 시작인 ❷번으로 이동한다.
⓬ 'r = r + i;'와 동일하다. r에 i의 값을 누적시킨다.
⓭ r의 값을 정수로 출력한다.

결과　**34**

※ ⓫~⓭번을 통해 r에 완전수를 누적하고, ❷번을 통해 100까지 반복하는 것으로, 이 코드는 결국 1부터 100까지 중에서 완전수를 찾아 그 수들의 합을 출력하는 것임을 알 수 있다.

반복문 실행에 따른 변수들의 변화는 다음과 같다.

main()		isPerfectNum()		
i	r	num	i	sum
1	0	1	1	0
2		2	1	0
			2	1
3		3	1	0
			2	1
			3	
⋮	⋮	⋮	⋮	⋮
6	6	6	1	0
			2	1
			3	3
			4	6
			5	
			6	
⋮	⋮	⋮	⋮	⋮
28	34	28	1	0
			2	1
			3	3
			⋮	7
			27	14
			28	28
⋮	⋮	⋮	⋮	⋮
100		100	1	0
			2	1
			3	3
			⋮	7
			99	12
			100	⋮
				117

[문제 10]

NAT

해설

NAT(Network Address Translation)

[문제 11]

※ 다음 중 하나를 쓰면 됩니다.

ATM, 비동기 전송 방식, Asynchronous Transfer Mode

[문제 12]

7

> **해설**
> • main( ) 메소드가 아닌 다른 메소드에 접근하기 위해서는 클래스를 메모리에 할당하는, 즉 객체 변수를 선언하는 과정이 필요합니다.
> • 반면 static으로 선언된 메소드는 객체 변수를 선언하지 않아도 클래스명을 사용해서 Person.get( )과 같은 형태로 접근할 수 있습니다. 즉 static으로 선언된 메소드는 메모리에 클래스를 위한 공간이 할당되지 않았다는 것을 의미합니다. 그러므로 static으로 선언된 메소드에서 메모리에 존재하지도 않은 클래스의 변수 name을 참조하는 것은 불가능합니다.
> • 15번 줄에서 객체 변수를 선언하였지만 오류가 발생하는 7번 줄이 참조하는 name은 객체 변수를 특정할 수 없으며, 오류가 발생할 수 있는 코드가 있으면 해당 코드는 컴파일되지 않고 오류를 반환합니다.

[문제 13]

① MAC   ② RBAC   ③ DAC

[문제 14]

2

> **해설**
> ```
> class P {
>    public int calc(int n) {
>       if (n <= 1) return n;
>       return calc(n − 1) + calc(n − 2);
>    }
> }
> class C extends P {
> ❸ public int calc(int n) {
> ❹    if (n <= 1) return n;
> ❺    return calc(n − 1) + calc(n − 3);
>    }
> }
> public class Test {
>    public static void main(String[ ] args) {
> ❶    P obj = new C( );
> ❷❻       System.out.print(obj.calc(7));
>    }
> }
> ```
>
> 모든 Java 프로그램은 반드시 main( ) 메소드에서 시작한다.
> ❶ C 클래스의 생성자를 이용하여 P 클래스의 객체 변수 obj를 생성한다.
> ❷ 7을 인수로 obj의 calc( ) 메소드를 호출한 후 돌려받은 값을 출력한다. ❸번으로 이동한다.
>   obj.calc( )는 obj 객체의 자료형이 P이므로 P.calc( )라고 생각할 수 있지만 ❶번에서 클래스 형 변환이 발생하였고, calc( ) 메소드가 자식 클래스에서 재정의되었으므로 C 클래스의 calc( ) 메소드가 호출된다.
> ❸ 정수를 반환하는 calc( ) 메소드의 시작점이다. ❷번에서 전달받은 7을 n이 받는다.
> ❹ n이 1보다 작거나 같으면 n의 값을 반환하고, 아니면 ❺번으로 이동한다.
> ❺ n−1을 인수로 calc( ) 메소드를 호출한 후 돌려받은 값과 n−3을 인수로 calc( ) 메소드를 호출한 후 돌려받은 값을 합한 값을 함수를 호출했던 곳으로 반환한다.

• ❸~❺번에 해당하는 재귀호출문은 다음과 같이 표현할 수 있다.

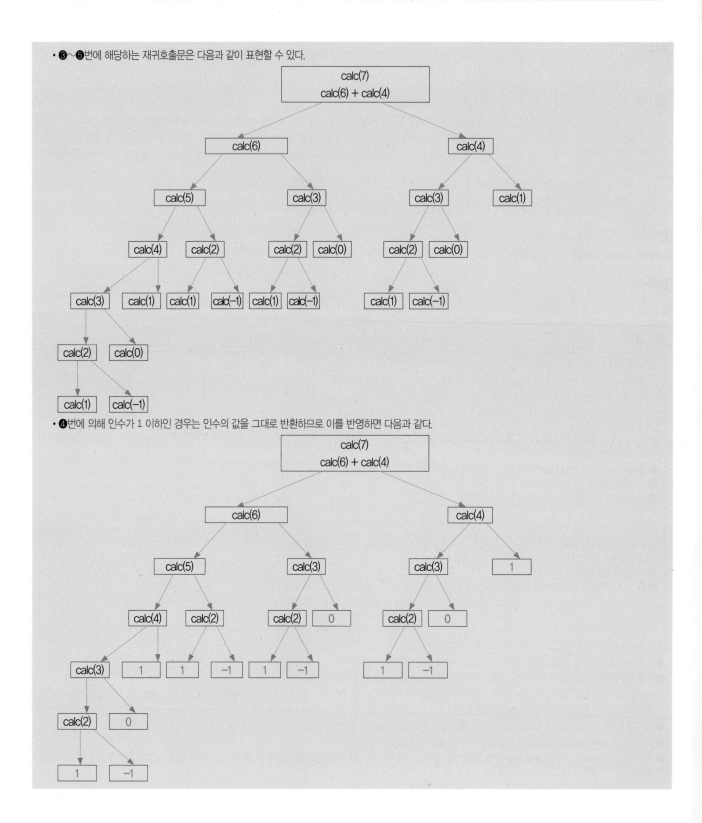

• ❹번에 의해 인수가 1 이하인 경우는 인수의 값을 그대로 반환하므로 이를 반영하면 다음과 같다.

• 값이 반환되어 적용되는 과정은 다음과 같다.

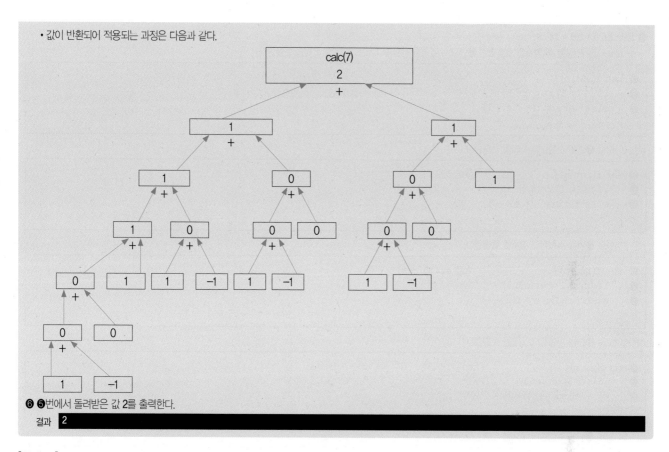

❻ ❺번에서 돌려받은 값 **2**를 출력한다.

결과 **2**

[문제 15]

5040

해설

모든 C 언어 프로그램은 반드시 main( ) 함수에서 시작한다.

```
   main( ) {
❶    printf("%d", f(7));
   }
```

❶ 7을 인수로 하여 f( ) 함수를 호출한 다음 돌려받은 값을 정수형으로 출력한다.

```
❷ int f(int n) {                  //n은 7입니다.
❸    if (n <= 1) return 1;
❹    else return n * f(n − 1);
   }
```

❷ int f(int n) {
   정수를 반환하는 f 함수의 시작점이다. ❶번에서 전달받은 7을 정수형 변수 n이 받는다.
   • int : 함수의 반환값이 정수임을 알려준다.
   • f : 함수의 이름이다. main( ) 함수 전에서 선언한 이름과 일치해야 한다.
   • (int n) : 호출하는 곳에서 보내준 인수를 저장할 변수이다. 호출하는 곳에서 보내준 인수와 자료형이 일치해야 한다.
❸ n은 7이다. 7은 1보다 작거나 같지 않으므로 ❹번을 수행한다.

❹ return n * f(n − 1);

　　n * f(n−1)을 연산한 후 함수를 호출했던 ❶번으로 결과를 반환한다. n은 7이므로 f(6)을 호출한다.

```
❺ int f(int n) {              //n은 6입니다.
❻    if (n <= 1) return 1;
❼    else return n * f(n − 1);
   }
```

n은 6이므로 ❼번을 수행한다. f(5)를 호출한다.

```
❽ int f(int n) {              //n은 5입니다.
❾    if (n <= 1) return 1;
❿    else return n * f(n − 1);
   }
```

n은 5이므로 ❿번을 수행한다. f(4)를 호출한다.

```
⓫ int f(int n) {              //n은 4입니다.
⓬    if (n <= 1) return 1;
⓭    else return n * f(n − 1);
   }
```

n은 4이므로 ⓭번을 수행한다. f(3)을 호출한다.

```
⓮ int f(int n) {              //n은 3입니다.
⓯    if (n <= 1) return 1;
⓰    else return n * f(n − 1);
   }
```

n은 3이므로 ⓰번을 수행한다. f(2)를 호출한다.

```
⓱ int f(int n) {              //n은 2입니다.
⓲    if (n <= 1) return 1;
⓳    else return n * f(n − 1);
   }
```

n은 2이므로 ⓳번을 수행한다. f(1)을 호출한다.

```
⓴ int f(int n) {              //n은 1입니다.
㉑    if (n <= 1) return 1;
      else return n * f(n − 1);
   }
```

n은 1이므로 ㉑의 조건을 만족한다. 'return 1;'을 수행하여 함수의 실행을 종료하고 1을 반환하면서 제어를 f(1) 함수를 호출했던 ⓳번으로 옮긴다.

```
⓱ int f(int n) {              //n은 2입니다.
⓲    if (n <= 1) return 1;
⓳㉒    else return n * f(n − 1);
   }
```

㉒ return n * f(n − 1);

　　㉒번에서 f(1)이 1을 반환하였으므로 2를 반환하면서 제어를 f(2) 함수를 호출했던 ⓰번으로 옮긴다.

　　return n * f(n − 1);
　　　　　　ⓐ　　ⓑ

- ⓐ : 2 (f(n−1)을 호출할 때 n은 2였으므로)
- ⓑ : 1 (㉒번에서 1을 반환하였으므로)

```
⓮  int f(int n) {                    //n은 3입니다.
⓯      if (n <= 1) return 1;
⓰㉓     else return n * f(n – 1);
    }
```

㉓ return n * f(n – 1);

㉒번에서 f(2)가 2를 반환하였으므로 6을 반환하면서 제어를 f(3) 함수를 호출했던 ⓭번으로 옮긴다.

return n * f(n – 1);
      3   2

```
⓫  int f(int n) {                    //n은 4입니다.
⓬      if (n <= 1) return 1;
⓭㉔     else return n * f(n – 1);
    }
```

㉔ return n * f(n – 1);

㉓번에서 f(3)이 6을 반환하였으므로 24를 반환하면서 제어를 f(4) 함수를 호출했던 ⓾번으로 옮긴다.

return n * f(n – 1);
      4   6

```
❽  int f(int n) {                    //n은 5입니다.
❾      if (n <= 1) return 1;
⓾㉕     else return n * f(n – 1);
    }
```

㉕ return n * f(n – 1);

㉔번에서 f(4)가 24를 반환하였으므로 120을 반환하면서 제어를 f(5) 함수를 호출했던 ❼번으로 옮긴다.

return n * f(n – 1);
      5   24

```
❺  int f(int n) {                    //n은 6입니다.
❻      if (n <= 1) return 1;
❼㉖     else return n * f(n – 1);
    }
```

㉖ return n * f(n – 1);

㉕번에서 f(5)가 120을 반환하였으므로 720을 반환하면서 제어를 f(6) 함수를 호출했던 ❹번으로 옮긴다.

return n * f(n – 1);
      6   120

```
❷  int f(int n) {                    //n은 7입니다.
❸      if (n <= 1) return 1;
❹㉗     else return n * f(n – 1);
    }
```

㉗ return n * f(n – 1);

㉖번에서 f(6)이 720을 반환하였으므로 5040을 반환하면서 제어를 f(7) 함수를 호출했던 ❶번으로 옮긴다.

return n * f(n – 1);
      7   720

```
    main( ) {
❶㉘     printf("%d", f(7));
    }
```

㉘ ㉗번에서 돌려받은 값 **5040**을 정수로 출력한다.

결과   **5040**

[문제 16]

split

[문제 17]

① IaaS   ② PaaS   ③ SaaS

[문제 18]

※ 다음 중 하나를 쓰면 됩니다.

RIP, 경로 선택 정보 프로토콜, Routing Information Protocol

[문제 19]

① ⋈   ② π   ③ σ   ④ ÷

[문제 20]

참조

수험자 유의사항

1. 시험 문제지를 받는 즉시 응시하고자 하는 종목의 문제지가 맞는지를 확인하여야 합니다.

2. 시험 문제지 총면수 · 문제번호 순서 · 인쇄상태 등을 확인하고, 수험번호 및 성명을 답안지에 기재하여야 합니다.

3. 문제 및 답안(지), 채점기준은 일절 공개하지 않으며 자신이 작성한 답안, 문제 내용 등을 수험표 등에 이기(옮겨 적는 행위) 등은 관련 법 등에 의거 불이익 조치 될 수 있으니 유의하시기 바랍니다.

4. 수험자 인적사항 및 답안작성(계산식 포함)은 흑색 필기구만 사용하되, 흑색을 제외한 유색 필기구 또는 연필류를 사용하였을 경우 그 문항은 0점 처리됩니다.

5. 답란(답안 기재란)에는 문제와 관련 없는 불필요한 낙서나 특이한 기록사항 등을 기재하여서는 안되며 부정의 목적으로 특이한 표식을 하였다고 판단될 경우에는 모든 문항이 0점 처리됩니다.

6. 답안을 정정할 때에는 반드시 정정부분을 두 줄(=)로 그어 표시하여야 하며, 두 줄로 긋지 않은 답안은 정정하지 않은 것으로 간주합니다. (수정테이프, 수정액 사용불가)

7. 답안의 한글 또는 영문의 오탈자는 오답으로 처리됩니다. 단, 답안에서 영문의 대 · 소문자 구분, 띄어쓰기는 여부에 관계 없이 채점합니다.

8. 계산 또는 디버깅 등 계산 연습이 필요한 경우는 〈문제〉 아래의 연습란을 사용하시기 바라며, 연습란은 채점대상이 아닙니다.

9. 문제에서 요구한 가지 수(항수) 이상을 답란에 표기한 경우에는 답안기재 순으로 요구한 가지 수(항수)만 채점하고 한 항에 여러 가지를 기재하더라도 한 가지로 보며 그 중 정답과 오답이 함께 기재란에 있을 경우 오답으로 처리됩니다.

10. 한 문제에서 소문제로 파생되는 문제나, 가지수를 요구하는 문제는 대부분의 경우 부분채점을 적용합니다. 그러나 소문제로 파생되는 문제 내에서의 부분 배점은 적용하지 않습니다.

11. 답안은 문제의 마지막에 있는 답란에 작성하여야 합니다.

12. 부정 또는 불공정한 방법(시험문제 내용과 관련된 메모지 사용 등)으로 시험을 치른 자는 부정행위자로 처리되어 당해 시험을 중지 또는 무효로 하고, 2년간 국가기술자격검정의 응시자격이 정지됩니다.

13. 시험위원이 시험 중 신분확인을 위하여 신분증과 수험표를 요구할 경우 반드시 제시하여야 합니다.

14. 시험 중에는 통신기기 및 전자기기(휴대용 전화기 등)를 지참하거나 사용할 수 없습니다.

15. 국가기술자격 시험문제는 일부 또는 전부가 저작권법상 보호되는 저작물이고, 저작권자는 한국산업인력공단입니다. 문제의 일부 또는 전부를 무단 복제, 배포, 출판, 전자출판 하는 등 저작권을 침해하는 일체의 행위를 금합니다.

※ 수험자 유의사항 미준수로 인한 채점상의 불이익은 수험자 본인에게 전적으로 책임이 있음

문제 01 다음 C 언어로 구현된 프로그램을 실행시킨 결과가 "43215"일 때, 〈처리조건〉을 참고하여 괄호에 들어갈 알맞은 식을 쓰시오. (5점)

```c
#include <stdio.h>
main() {
    int n[] = { 5, 4, 3, 2, 1 };
    for (int i = 0; i < 5; i++)
        printf("%d", (        ));
}
```

〈처리조건〉

괄호의 식에 사용할 문자는 다음으로 제한한다.
- n, i
- +, −, /, *, %
- 0~9, (,), [,]

답 :

문제 02 다음 C 언어로 구현된 프로그램과 〈처리조건〉을 참고하여 괄호(①~④)에 들어갈 알맞은 식을 쓰시오. (5점)

```c
#include <stdio.h>
main() {
    int m = 4620;
    int a = ( ① );
    int b = ( ② );
    int c = ( ③ );
    int d = ( ④ );
    printf("1000원의 개수 : %d\n", a);
    printf("500원의 개수 : %d\n", b);
    printf("100원의 개수 : %d\n", c);
    printf("10원의 개수 : %d\n", d);
}
```

〈처리조건〉

괄호(①~④)의 식에 사용할 문자는 다음으로 제한한다.

- a, b, c, d, m, i, d
- +, -, /, *, %
- 0~9, (,)

답

- ①
- ②
- ③
- ④

문제 03 다음 C 언어로 구현된 프로그램을 분석하여 "홍길동", "김철수", "박영희"를 차례로 입력했을 때 그 실행 결과를 쓰시오. (단, 출력문의 출력 서식을 준수하시오.) (5점)

```c
#include <stdio.h>
char n[30];
char* getname() {
    printf("이름 입력 : ");
    gets(n);
    return n;
}

main() {
    char* n1 = getname();
    char* n2 = getname();
    char* n3 = getname();
    printf("%s\n", n1);
    printf("%s\n", n2);
    printf("%s\n", n3);
}
```

답 :

문제 04 다음 〈학생〉 테이블에 (9816021, '한국산', 3, '경영학개론', '050-1234-1234')인 데이터를 삽입 하고자 한다. 〈처리조건〉을 참고하여 적합한 SQL문을 작성하시오. (5점)

〈학생〉

학번	이름	학년	신청과목	연락처
9815932	김태산	3	경영정보시스템	050-5234-1894
9914511	박명록	2	경제학개론	050-1415-4986
0014652	이익명	1	국제경영	050-6841-6781
9916425	김혜리	2	재무관리	050-4811-1187
9815945	이지영	3	인적자원관리	050-9785-8845

〈처리조건〉

- 최소한의 코드로 작성될 수 있도록 SQL문을 구성한다.
- 명령문 마지막의 세미콜론(;)은 생략이 가능하다.
- 인용 부호가 필요한 경우 작은따옴표(' ')를 사용한다.

답 :

문제 05 다음 C 언어로 구현된 프로그램을 분석하여 그 실행 결과를 쓰시오. (단, 출력문의 출력 서식을 준수하시오.) (5점)

```c
#include <stdio.h>
main() {
    int n[] = { 73, 95, 82 };
    int sum = 0;
    for (int i = 0; i < 3; i++)
        sum += n[i];
    switch (sum / 30) {
        case 10:
        case 9: printf("A");
        case 8: printf("B");
        case 7:
        case 6: printf("C");
        default: printf("D");
    }
}
```

답 :

문제 06 화이트박스 테스트의 검증 기준에 대한 다음 설명에 해당하는 용어를 〈보기〉에서 찾아 쓰시오. (5점)

테스트 케이스를 소스 코드의 조건문에 포함된 개별 조건식의 결과가 True인 경우와 False인 경우가 한 번 이상 수행되도록 설계한다.

〈보기〉

| • 문장 커버리지 | • 분기 커버리지 | • 조건 커버리지 | • 분기/조건 커버리지 |

답 :

문제 07 다음 C 언어로 구현된 프로그램을 분석하여 그 실행 결과를 쓰시오. (단, 출력문의 출력 서식을 준수하시오.) (5점)

```c
#include <stdio.h>
main() {
    int c = 0;
    for (int i = 1; i <= 2023; i++)
        if (i % 4 == 0)
            c++;
    printf("%d", c);
}
```

답 :

문제 08 소프트웨어 데이터의 비정상적인 수정이 감지되면 소프트웨어를 오작동하게 만들어 악용을 방지하는 기술이다. 해시 함수, 핑거 프린트, 워터마킹 등의 보안 요소를 생성하여 소프트웨어에 삽입하고, 실행코드를 난독화하며, 실행 시 원본 비교 및 데이터 확인을 수행함으로써 소프트웨어를 보호하는 이 기술을 가리키는 용어를 쓰시오.

답 :

문제 09 다음 C 언어로 구현된 프로그램을 분석하여 그 실행 결과를 쓰시오. (단, 출력문의 출력 서식을 준수하시오.)
(5점)

```c
#include <stdio.h>
#define MAX_SIZE 10

int isWhat[MAX_SIZE];
int point = -1;

int isEmpty() {
    if (point == -1) return 1;
    return 0;
}

int isFull() {
    if (point == 10) return 1;
    return 0;
}

void into(int num) {
    if (isFull() == 1) printf("Full");
    else isWhat[++point] = num;
}

int take() {
    if (isEmpty() == 1) printf("Empty");
    else return isWhat[point--];
    return 0;
}

main() {
    into(5); into(2);
    while (!isEmpty()) {
        printf("%d", take());
        into(4); into(1); printf("%d", take());
        into(3); printf("%d", take()); printf("%d", take());
        into(6); printf("%d", take()); printf("%d", take());
    }
}
```

답 :

문제 10 다음은 데이터베이스 구축까지의 과정을 나열한 것이다. 괄호(①~⑤)에 들어갈 알맞은 용어를 〈보기〉에서 찾아 쓰시오. (5점)

(①) → (②) → (③) → (④) → (⑤)

〈보기〉

• 개념적 설계	• 데이터베이스 구현	• 물리적 설계	• 요구 조건 분석
• 인터페이스 설계	• 논리 스키마 설계	• 논리적 설계	• 트랜잭션 작성

답
- ①
- ②
- ③
- ④
- ⑤

문제 11 디자인 패턴에 대한 다음 설명에서 괄호(①, ②)에 들어갈 알맞은 패턴을 〈보기〉에서 찾아 쓰시오. (5점)

- (①) : 하나의 객체를 생성하면 생성된 객체를 어디서든 참조할 수 있지만, 여러 프로세스가 동시에 참조할 수 없는 패턴으로, 불필요한 메모리 낭비를 최소화 할 수 있음
- (②) : 각 클래스들의 데이터 구조에서 처리 기능을 분리하여 별도로 구성함으로써, 클래스를 수정하지 않고도 새로운 연산의 추가가 가능함

〈보기〉

생성 패턴	구조 패턴	행위 패턴
추상 팩토리(Abstract Factory) 프로토타입(Prototype) 싱글톤(Singleton)	어댑터(Adapter) 브리지(Bridge) 프록시(Proxy)	인터프리터(Interpreter) 중재자(Mediator) 옵서버(Observer) 방문자(Visitor)

답
- ①
- ②

문제 12 다음 설명에서 괄호(①~⑤)에 들어갈 알맞은 용어를 〈보기〉에서 찾아 쓰시오. (5점)

전송 오류의 발생에는 감쇠, 지연 왜곡, 잡음 등 다양한 원인이 있으며, 이러한 오류를 검출하고 수정하는 것으로 알려진 대표적인 방식이 (①) 코드 방식이다.

(①) 코드 방식은 하나의 데이터 단위에 (④) 비트를 추가하여 오류를 검출하여 교정이 가능한 코드로, 2bit의 오류를 검출할 수 있으며 1bit의 오류를 교정한다. 데이터 비트 외에 잉여 비트가 많이 필요하다는 단점이 있다.

(①) 코드 방식은 수신측에서 오류를 정정하는 (②)에 해당한다. (②)는 데이터 전송 과정에서 오류가 발생하면 송신측에 재전송을 요구하는 (③)와는 달리 재전송 요구 없이 스스로 수정하기 때문에 연속적인 데이터 전송이 가능하다.

(③)는 (④) 검사, (⑤) 등을 통해 오류를 검출하고 ARQ(Automatic Repeat reQuest)로 오류를 제어한다.

(④) 검사는 오류 검사를 위해 데이터 비트 외에 1bit의 체크 비트를 추가하는 것으로 1bit의 오류만 검출할 수 있다. 1의 개수에 따라 짝수 (④)와 홀수 (④)로 나뉜다.

(⑤)는 다항식 코드를 사용하여 오류를 검출하는 방식이다. 동기식 전송에서 주로 사용되며, HDLC 프레임의 FCS(프레임 검사 순서 필드)에 사용되는 방식이다. 집단 오류를 검출할 수 있고, 검출률이 높으므로 가장 많이 사용한다.

〈보기〉

• NAK	• CRC	• FEC	• BCD
• Parity	• Hamming	• MD5	• BEC

답

• ①

• ②

• ③

• ④

• ⑤

문제 13 HDLC(High-level Data Link Control)에 대한 다음 설명에서 괄호(①~⑤)에 들어갈 알맞은 용어를 〈보기〉에서 찾아 쓰시오. (5점)

HDLC는 비트(Bit) 위주의 프로토콜로, 각 프레임에 데이터 흐름을 제어하고 오류를 검출할 수 있는 비트 열을 삽입하여 전송한다. 포인트 투 포인트(Point-to-Point) 및 멀티 포인트(Multi-Point), 루프(Loop) 등 다양한 데이터 링크 형태에 동일하게 적용이 가능하다는 특징이 있다.

HDLC의 프레임 구조는 헤더, 텍스트, 트레일러로 구분되며, 헤더는 다시 플래그, 주소부, 제어부로 구분할 수 있는데, 제어부에는 프레임의 종류를 식별하기 위해 사용한다. 제어부의 첫 번째, 두 번째 비트를 사용하여 (①) 프레임, (②) 프레임, (③) 프레임으로 구분한다.

(①) 프레임은 I 프레임으로 불리며, 제어부가 '0'으로 시작하는 프레임으로, 사용자 데이터를 전달하거나 피기백킹(Piggybacking) 기법을 통해 데이터에 대한 확인 응답을 보낼 때 사용된다.

(②) 프레임은 S 프레임으로 불리며, 제어부가 '10'으로 시작하는 프레임으로, 오류 제어와 흐름 제어를 위해 사용된다.

(③) 프레임은 U 프레임으로 불리며, 제어부가 '11'로 시작하는 프레임으로, 링크의 동작 모드 설정과 관리를 한다.

(③) 프레임에서 설정할 수 있는 동작 모드에는 표준 응답 모드, (④), (⑤)의 세 가지로 구분된다.

표준 응답 모드는 반이중 통신을 하는 포인트 투 포인트(Point-to-Point) 또는 멀티 포인트(Multi-Point) 불균형 링크 구성에 사용되며, 종국은 주국의 허가(Poll)가 있을 때에만 송신하는 특징이 있다.

(④)는 포인트 투 포인트(Point-to-Point) 균형 링크에서 사용되며, 혼합국끼리 허가 없이 언제나 전송할 수 있다.

(⑤)는 전이중 통신을 하는 포인트 투 포인트(Point-to-Point) 불균형 링크 구성에 사용되며, 종국은 주국의 허가(Poll) 없이도 송신이 가능하지만 링크 설정이나 오류 복구 등의 제어 기능은 주국만 가능하다.

〈보기〉

• 비동기 응답 모드	• 주소부	• 제어부	• ARQ	• 정보
• 비번호	• 감독	• 플래그	• 비동기 균형 모드	

🔲

- ①
- ②
- ③
- ④
- ⑤

문제 14 다음 JAVA로 구현된 프로그램을 분석하여 그 실행 결과를 쓰시오. (단, 출력문의 출력 서식을 준수하시오.) (5점)

```java
public class Test {
    public static void main(String[] args) {
        String str1 = "Programming";
        String str2 = "Programming";
        String str3 = new String("Programming");
        System.out.println(str1==str2);
        System.out.println(str1==str3);
        System.out.println(str1.equals(str3));
        System.out.println(str2.equals(str3));
    }
}
```

답 :

문제 15 다음 〈보기〉에 나열된 암호화 알고리즘을 대칭키 암호화 알고리즘과 비대칭키 암호화 알고리즘으로 구분하시오. (5점)

〈보기〉

• RSA	• DES	• ARIA	• ECC	• SEED	• AES

답

• ① 대칭키 암호화 알고리즘 :

• ② 비대칭키 암호화 알고리즘 :

문제 16 암호화 알고리즘에 대한 다음 설명에서 괄호에 들어갈 알맞은 용어를 쓰시오. (5점)

( )는 임의의 길이의 입력 데이터나 메시지를 고정된 길이의 값이나 키로 변환하는 알고리즘으로, 복호화가 거의 불가능한 일방향 함수이다. 무결성 검증을 위해 사용될 뿐만 아니라 정보보호의 다양한 분야에서 활용되며, 종류에는 SHA 시리즈, MD5, N-NASH, SNEFRU 등이 있다.

답 :

문제 17 다음 〈처리조건〉에 부합하는 〈SQL문〉이 완성되도록 괄호에 적합한 옵션을 쓰시오. (5점)

〈처리조건〉

- 〈학생〉 뷰를 제거한다.
- 〈학생〉 뷰를 참조하는 모든 데이터도 연쇄적으로 제거한다.

〈SQL문〉

DROP VEW 학생 (   );

답 :

문제 18 다음은 데이터를 오름차순으로 정렬하는 선택 정렬 알고리즘을 C 언어 프로그램으로 구현한 것이다. 프로그
램을 분석하여 괄호에 들어갈 알맞은 연산자를 쓰시오. (5점)

```c
#include <stdio.h>
main() {
    int E[] = { 64, 25, 12, 22, 11 };
    int n = sizeof(E) / sizeof(E[0]);
    int i = 0;
    do {
        int j = i + 1;
        do {
            if (E[i] (     ) E[j]) {
                int tmp = E[i];
                E[i] = E[j];
                E[j] = tmp;
            }
            j++;
        } while (j < n);
        i++;
    } while (i < n - 1);
    for (int i = 0; i <= 4; i++)
        printf("%d ", E[i]);
}
```

〈처리조건〉

> 괄호의 연산자는 다음으로 제한한다.
> - +=, −=, *=, /=
> - ==, !=, 〉, 〉= 〈, 〈=
> - &&, ||

답 :

문제 **19** 다음 Python으로 구현된 프로그램을 분석하여 그 실행 결과를 쓰시오. (단, 출력문의 출력 서식을 준수하시오.) (5점)

```
a = "engineer information programming"
b = a[:3]
c = a[4:6]
d = a[29:]
e = b + c + d
print(e)
```

답 :

문제 **20** 애플리케이션 테스트에 관한 다음 설명에서 괄호(①, ②)에 들어갈 알맞은 용어를 쓰시오. (5점)

> 하향식 통합 테스트는 프로그램의 상위 모듈에서 하위 모듈 방향으로 통합하면서 테스트하는 기법이다. 깊이 우선 통합법이나 넓이 우선 통합법을 사용하며, 주요 제어 모듈의 종속 모듈들을 (①) 으로 대체한다는 특징이 있다.
>
> 상향식 통합 테스트는 프로그램의 하위 모듈에서 상위 모듈 방향으로 통합하면서 테스트하는 기법이다. 하위 모듈들을 클러스터(Cluster)로 결합하며, 상위 모듈에서 데이터의 입·출력을 확인하기 위해 더미 모듈인 (②)를 작성한다는 특징이 있다.

답
- ①
- ②

[문제 01]

n[(i + 1) % 5]

해설

배열에 순서대로 저장된 숫자 5, 4, 3, 2, 1을 4, 3, 2, 1, 5로 출력하는 문제입니다.

	n[0]	n[1]	n[2]	n[3]	n[4]
배열 n	5	4	3	2	1	→ 4, 3, 2, 1, 5

반복 변수 i를 이용하여 출력하는 데,
i가 0이면 1번째, 즉 n[1]의 값 4를 출력해야 하고,
i가 1이면 2번째, 즉 n[2]의 값 3을 출력해야 하고,
i가 2면 3번째, 즉 n[3]의 값 2를 출력해야 하고,
i가 3이면 4번째, 즉 n[4]의 값 1을 출력해야 하고,
i가 4면 0번째, 즉 n[0]의 값 5를 출력해야 합니다.
즉, 반복 변수 i를 배열의 첨자에 이용하려면 (i+1)%5와 같이 사용하면 됩니다.
i=0, 1%5 → 1
i=1, 2%5 → 2
i=2, 3%5 → 3
i=3, 4%5 → 4
i=4, 5%5 → 0

```
#include <stdio.h>
main() {
❶ int n[ ] = { 5, 4, 3, 2, 1 };
❷ for (int i = 0; i < 5; i++)
❸    printf("%d", n[(i + 1) % 5]);
}
```

❶ 5개의 요소를 갖는 정수형 배열 n을 선언하고 초기화한다.

	[0]	[1]	[2]	[3]	[4]
n	5	4	3	2	1

❷ 반복 변수 i가 0부터 1씩 증가하면서 5보다 작은 동안 ❸번을 반복 수행한다.
❸ n[(i + 1) % 5]의 값을 정수로 출력한다. 반복문 실행에 따른 변수들의 변화는 다음과 같다.

i	(i+1)%5	출력
0	1	4
1	2	43
2	3	432
3	4	4321
4	0	43215
5		

[문제 02]

① m / 1000   ② m % 1000 / 500   ③ m % 500 / 100   ④ m % 100 / 10

해설

이 문제는 4620원에 포함된 1000원, 500원, 100원, 10원 단위의 개수를 구하는 문제입니다.

① 1000원 단위의 개수

4620/1000 → 4.62이지만 정수 나눗셈이므로 몫은 4, 즉 1000원 단위의 개수는 4입니다.

∴ m/1000

② 500원 단위의 개수

- 620원에 포함된 500원 단위의 개수를 구합니다.
- 4620%1000 → 620
- 620/500 → 1.24, 500원 단위의 개수는 1입니다.

∴ m%1000/500

③ 100원 단위의 개수

- 120원에 포함된 100원 단위의 개수를 구합니다.
- 4620%500 → 120
- 120/100 → 1.2, 100원 단위의 개수는 1입니다.

∴ m%500/100

④ 10원 단위의 개수

- 20원에 포함된 10원 단위의 개수를 구합니다.
- 4620%100 → 20
- 20/10 → 2.0, 10원 단위의 개수는 2입니다.

∴ m%100/10

```c
#include <stdio.h>
main( ) {
❶ int m = 4620;
❷ int a = m / 1000;
❸ int b = m % 1000 / 500;
❹ int c = m % 500 / 100;
❺ int d = m % 100 / 10;
❻ printf("1000원의 개수 : %d\n", a);
❼ printf("500원의 개수 : %d\n", b);
❽ printf("100원의 개수 : %d\n", c);
❾ printf("10원의 개수 : %d\n", d);
}
```

❶ 정수형 변수 m을 선언하고 4620으로 초기화한다.

❷ 정수형 변수 a를 선언하고 'm / 1000'의 값 4로 초기화한다.

❸ 정수형 변수 b를 선언하고 'm % 1000 / 500'의 값 1로 초기화한다.

❹ 정수형 변수 c를 선언하고 'm % 500 / 100'의 값 1로 초기화한다.

❺ 정수형 변수 d를 선언하고 'm % 100 / 10'의 값 2로 초기화한다.

❻ 화면에 **1000원의 개수 :** 과 a의 값 4를 출력하고 커서를 다음 줄의 처음으로 옮긴다.

결과
```
1000원의 개수 : 4
```

❼ 화면에 **500원의 개수 :** 과 b의 값 1을 출력하고 커서를 다음 줄의 처음으로 옮긴다.

결과
```
1000원의 개수 : 4
500원의 개수 : 1
```

❽ 화면에 **100원의 개수 :** 과 c의 값 1을 출력하고 커서를 다음 줄의 처음으로 옮긴다.

결과
```
1000원의 개수 : 4
500원의 개수 : 1
100원의 개수 : 1
```

❾ 화면에 **10원의 개수 :** 과 d의 값 2를 출력하고 커서를 다음 줄의 처음으로 옮긴다.

결과
```
1000원의 개수 : 4
500원의 개수 : 1
100원의 개수 : 1
10원의 개수 : 2
```

[문제 03]
박영희
박영희
박영희

해설

```
#include <stdio.h>
char n[30];                         30개의 요소를 갖는 문자형 배열 n을 전역변수로 선언한다. 전역변수이기 때문에 이 프로그램 안에서는 어디서든 사용할 수 있으며,
                                    저장된 값이 유지된다.
❷❽⓮ char* getname( ) {
❸❾⓯    printf("이름 입력 : ");
❹❿⓰    gets(n);
❺⓫⓱    return n;
}

main( ) {
❻       char* n1 = getname( );
❼⓬     char* n2 = getname( );
❽⓭     char* n3 = getname( );
⓳       printf("%s\n", n1);
⓴       printf("%s\n", n2);
㉑       printf("%s\n", n3);
}
```

모든 C언어 프로그램은 반드시 main( ) 함수에서 시작한다.

❶ 문자형 포인터 변수 n1을 선언하고 getname( ) 함수를 호출한 후 돌려받은 값으로 초기화한다.

❷ 문자형 포인터 값을 반환하는 getname( ) 함수의 시작점이다.

❸ 화면에 **이름 입력 :** 을 출력한다.

> 결과　`이름 입력 :`

❹ 사용자로부터 문자열을 입력받아 n에 저장한다. 문제에서 처음에 **홍길동**을 입력한다고 하였으므로 n에는 **홍길동**이 저장된다.

> 결과　`이름 입력 : 홍길동`

※ 다음 그림에서 배열 n의 주소는 임의로 정한 것이며, 이해를 돕기 위해 10진수로 표현했다.

※ 문자열을 저장하는 경우 문자열의 끝을 의미하는 널 문자(\0)가 추가로 저장되며, 출력 시 널 문자는 표시되지 않는다.

	주소		메모리					
		n[0]	n[1]	n[2]	n[3]	n[4]	n[5]	n[6]
n	1000	홍		길		동		\0
		1000	1001	1002	1003	1004	1005	1006

❺ n의 시작 주소를 함수를 호출했던 ❶번으로 반환한다.

❻ ❺번에서 돌려받은 주소값을 n1에 저장한다.

	주소		메모리					
		n[0]	n[1]	n[2]	n[3]	n[4]	n[5]	n[6]
n	1000	홍		길		동		\0
		1000	1001	1002	1003	1004	1005	1006

❼ 문자형 포인터 변수 n2을 선언하고 getname( ) 함수를 호출한 후 돌려받은 값으로 초기화한다.

❽ 문자형 포인터 값을 반환하는 getname( ) 함수의 시작점이다.

❾ 화면에 **이름 입력 :** 을 출력한다.

> 결과　`이름 입력 : 홍길동`
> 　　　`이름 입력 :`

❿ 사용자로부터 문자열을 입력받아 n에 저장한다. 문제에서 두 번째로 **김철수**를 입력한다고 하였으므로 n에는 **김철수**가 저장된다.

결과

⓫ n의 시작 주소를 함수를 호출했던 ❼번으로 반환한다.
⓬ ⓫번에서 돌려받은 주소값을 n2에 저장한다.

⓭ 문자형 포인터 변수 n3을 선언하고 getname( ) 함수를 호출한 후 돌려받은 값으로 초기화한다.
⓮ 문자형 포인터 값을 반환하는 getname( ) 함수의 시작점이다.
⓯ 화면에 **이름 입력 :** 을 출력한다.

결과
이름 입력 : 홍길동
이름 입력 : 김철수
이름 입력 :

⓰ 사용자로부터 문자열을 입력받아 n에 저장한다. 문제에서 세 번째로 **박영희**를 입력한다고 하였으므로 n에는 **박영희**가 저장된다.

결과
이름 입력 : 홍길동
이름 입력 : 김철수
이름 입력 : 박영희

⓱ n의 시작 주소를 함수를 호출했던 ⓭번으로 반환한다.
⓲ ⓱번에서 돌려받은 주소값을 n3에 저장한다.

⓳ n1이 가리키는 곳의 문자열 **박영희**를 출력한 후 커서를 다음 줄의 처음으로 옮긴다.

결과 박영희

⓴ n2가 가리키는 곳의 문자열 **박영희**를 출력한 후 커서를 다음 줄의 처음으로 옮긴다.

결과
박영희
박영희

㉑ n3이 가리키는 곳의 문자열 **박영희**를 출력한 후 커서를 다음 줄의 처음으로 옮긴다.

결과
박영희
박영희
박영희

[문제 04]

INSERT INTO 학생 VALUES(9816021, '한국산', 3, '경영학개론', '050-1234-1234');

※ 답안 작성 시 주의 사항 : SQL에 사용되는 예약어, 필드명, 변수명 등은 대소문자를 구분하지 않기 때문에 대문자로만 또는 소문자로만
  작성해도 정답으로 인정됩니다.

해설

| INSERT INTO 학생 | 〈학생〉 테이블에 삽입하라 |
| VALUES(9816021, '한국산', 3, '경영학개론', '050-1234-1234'); | 첫 번째 필드부터 순서대로 9816021, '한국산', 3, '경영학개론', '050-1234-1234'를 삽입하라. |

[문제 05]

BCD

해설

```
#include <stdio.h>
main( ) {
❶ int n[ ] = { 73, 95, 82 };
❷ int sum = 0;
❸ for (int i = 0; i < 3; i++)
❹    sum += n[i];

❺ switch (sum / 30) {
     case 10:
     case 9: printf("A");
❻    case 8: printf("B");
❼    case 7:
❽    case 6: printf("C");
❾    default: printf("D");
   } ❿
}
```

❶ 3개의 요소를 갖는 정수형 배열 n을 선언하고 초기화한다.

	[0]	[1]	[2]
n	73	95	82

❷ 정수형 변수 sum을 선언하고 0으로 초기화한다.

❸ 반복 변수 i가 0부터 1씩 증가하면서 3보다 작은 동안 ❹번을 반복 수행한다.

❹ sum에 n[i]의 값을 누적시킨다. 반복문 실행에 따른 변수들의 변화는 다음과 같다.

i	n(i)	sum
0	73	73
1	95	168
2	82	250
3		

❺ sum/30은 8.3330이지만 정수형 연산이므로 8에 해당하는 case문으로 이동한다.

❻ 화면에 B를 출력한다.

  결과 B

❼ 실행문이 없으므로 다음 줄로 이동한다.

❽ 화면에 C를 출력한다.

  결과 BC

❾ 화면에 D를 출력한다. switch문이 종료되었으므로 ❿번으로 이동하여 프로그램을 종료한다.

  결과 BCD

[문제 06]
조건 커버리지

[문제 07]
505

해설

```
#include <stdio.h>
main( ) {
❶ int c = 0;
❷ for (int i = 1; i <= 2023; i++)
❸     if (i % 4 == 0)
❹         c++;
❺ printf("%d", c);
}
```

❶ 정수형 변수 c를 선언하고 0으로 초기화한다.
❷ 반복 변수 i가 1부터 1씩 증가하면서 2023보다 작거나 같은 동안 ❸번을 반복 수행한다.
❸ i를 4로 나눈 나머지가 0이면 ❹번을 수행한다. 2023안에 포함된 4의 배수를 세는 알고리즘이다.
❹ 'c = c + 1;'과 동일하다. c의 값을 1씩 누적시킨다. 반복문 실행에 따른 변수들의 변화는 다음과 같다.

i	c
1	0
2	
3	
4	1
5	
6	
7	
8	2
⋮	⋮
2020	505
2021	
2022	
2023	
2024	

❺ c의 값을 정수로 출력한다.
결과 505

[문제 08]
※ 다음 중 하나를 쓰면 됩니다.
템퍼 프루핑, Tamper Proofing

[문제 09]

213465

해설

이 문제에서 into( )는 isWhat 배열에 값을 저장하는 함수이고, take( )는 isWhat 배열의 값을 출력하는 함수입니다. 코드가 실행되는 과정을 개괄적으로 살펴보면 다음과 같습니다.

	[0]	[1]	[2]	[3]	[4]	[5]	[6]	[7]	[8]	[9]
into(5) → isWhat	5									

point ↑

	[0]	[1]	[2]	[3]	[4]	[5]	[6]	[7]	[8]	[9]
into(2) → isWhat	5	2								

point ↑

take( ) → 출력 **2**

	[0]	[1]	[2]	[3]	[4]	[5]	[6]	[7]	[8]	[9]
isWhat	5	2								

point ↑

	[0]	[1]	[2]	[3]	[4]	[5]	[6]	[7]	[8]	[9]
into(4) → isWhat	5	4								

point ↑

	[0]	[1]	[2]	[3]	[4]	[5]	[6]	[7]	[8]	[9]
into(1) → isWhat	5	4	1							

point ↑

take( ) → 출력 **21**

	[0]	[1]	[2]	[3]	[4]	[5]	[6]	[7]	[8]	[9]
isWhat	5	4	1							

point ↑

	[0]	[1]	[2]	[3]	[4]	[5]	[6]	[7]	[8]	[9]
into(3) → isWhat	5	4	3							

point ↑

take( ) → 출력 **213**

	[0]	[1]	[2]	[3]	[4]	[5]	[6]	[7]	[8]	[9]
isWhat	5	4	3							

point ↑

take( ) → 출력 **2134**

	[0]	[1]	[2]	[3]	[4]	[5]	[6]	[7]	[8]	[9]
isWhat	5	4	3							

point ↑

	[0]	[1]	[2]	[3]	[4]	[5]	[6]	[7]	[8]	[9]
into(6) → isWhat	5	6	3							

point ↑

take( ) → 출력 **21346**

	[0]	[1]	[2]	[3]	[4]	[5]	[6]	[7]	[8]	[9]
isWhat	5	6	3							

point ↑

take( ) → 출력 **213465**

	[0]	[1]	[2]	[3]	[4]	[5]	[6]	[7]	[8]	[9]
isWhat	5	6	3							

• point는 isWhat 배열에 저장될 값이나 배열에서 출력될 값의 위치를 지정하는 변수입니다. point가 −1이 되면, 즉 point가 isWhat 배열을 벗어나면 프로그램이 종료됩니다.

- into( ) 함수가 isWhat 배열에 값을 저장하기 전에 isFull( ) 함수가 호출되어 isWhat 배열을 검사합니다. isWhat 배열이 모두 채워져 있으면 화면에 **Full**을 출력합니다.
- take( ) 함수가 isWhat 배열의 값을 출력하기 전에 isEmpty( ) 함수가 호출되어 isWhat 배열을 검사합니다. isWhat 배열이 비어 있으면 화면에 **Empty**를 출력합니다.

```
#include <stdio.h>
#define MAX_SIZE 10          10을 MAX_SIZE로 정의한다. 프로그램 안에서 MAX_SIZE는 숫자 10과 동일하다.
int isWhat[MAX_SIZE];        10개의 요소를 갖는 배열 isWhat을 정수형 전역변수로 선언한다.
                                    [0]  [1]  [2]  [3]  [4]  [5]  [6]  [7]  [8]  [9]
                             isWhat
int point = -1;              point를 정수형 전역변수로 선언하고 -1로 초기화한다.
❶❽   int isEmpty() {
❷❾      if (point == -1) return 1;
❸⓴      return 0;
}

❹    int isFull() {
❺       if (point == 10) return 1;
❻       return 0;
}
❷    void into(int num) {
❸❼      if (isFull() == 1) printf("Full");
❽       else isWhat[++point] = num;
}

⓰    int take() {
⓱㉑     if (isEmpty() == 1) printf("Empty");
㉒       else return isWhat[point--];
         return 0;
}

main() {
❶         into(5); ❾ into(2);
❿⓮㉝     while (!isEmpty()) {
⓯㉓         printf("%d", take());
㉔           into(4); ㉕ into(1); ㉖ printf("%d", take());
㉗           into(3); ㉘ printf("%d", take()); ㉙ printf("%d", take());
㉚           into(6); ㉛ printf("%d", take()); ㉜ printf("%d", take());
      } ㉞
}
```

모든 C언어 프로그램은 반드시 main( ) 함수에서 시작한다.

❶ 5를 인수로 into( ) 함수를 호출한다.

❷ 반환값이 없는 into( ) 함수의 시작점이다. ❶번에서 전달받은 5를 num이 받는다.

❸ isFull( ) 함수를 호출하고 반환받은 값이 1이면 화면에 **Full**을 출력하고, 아니면 ❽번으로 이동한다.

❹ 정수를 반환하는 isFull( ) 함수의 시작점이다.

❺ point의 값이 10이면 함수를 호출했던 ❸번으로 1을 반환하고 아니면 ❻번으로 이동한다. point의 값이 -1이므로 ❻번으로 이동한다.

❻ 함수를 호출했던 ❸번으로 0을 반환한다.

❼ ❻번에서 반환받은 값이 0이므로, ❽번으로 이동한다.

❽ isWhat[point]에 num의 값 5를 저장하는데, ++point는 전치연산이므로 point의 값이 먼저 1 증가되어 isWhat[0]에 5를 저장한다. into( ) 함수가 종료되었으므로 함수를 호출했던 ❶번의 다음 코드인 ❾번으로 이동한다.

	[0]	[1]	[2]	[3]	[4]	[5]	[6]	[7]	[8]	[9]
isWhat	5									

❾ 2를 인수로 into( ) 함수를 호출한다. 앞서 진행된 ❷~❽번 과정을 반복하면 point는 1이 되고, isWhat[1]에는 2가 저장된다.

	[0]	[1]	[2]	[3]	[4]	[5]	[6]	[7]	[8]	[9]
isWhat	5	2								

※ into( ) 함수의 역할은 인수로 전달된 값을 현재 isWhat 배열에 저장된 마지막 값 뒤에 저장하는 일이다.

❿ isEmpty( )를 호출한 후 not 연산을 수행한 결과가 참(1)이면 ⓯~㉒번을 반복 수행한다.

⓫ 정수를 반환하는 isEmpty( ) 함수의 시작점이다.

⓬ point가 −1이면 함수를 호출했던 ⓮번으로 1을 반환하고, 아니면 ⓭번으로 이동한다. point의 값은 1이므로 ⓭번으로 이동한다.

⓭ 함수를 호출했던 ⓮번으로 0을 반환한다.

⓮ ⓭번에서 돌려받은 값 0(거짓)에 대한 not 연산은 1(참)이므로 ⓯번으로 이동한다.

⓯ take( ) 함수를 호출한 후 반환받은 값을 정수로 출력한다.

⓰ take( ) 함수의 시작점이다.

⓱ isEmpty( ) 함수를 호출한 후 반환받은 값이 1이면 Empty를 출력하고, 아니면 ㉒번으로 이동한다.

⓲ 정수를 반환하는 isEmpty( ) 함수의 시작점이다.

⓳ point가 −1이면 함수를 호출했던 ㉑번으로 1을 반환하고, 아니면 ⓴번으로 이동한다. point의 값은 1이므로 ⓴번으로 이동한다.

⓴ 함수를 호출했던 ㉑번으로 0을 반환한다.

㉑ ⓴번에서 반환받은 값이 0이므로 ㉒번으로 이동한다.

㉒ 함수를 호출했던 ㉓번으로 isWhat[point]의 값을 반환한다. point−−는 후치연산이므로 먼저 isWhat[1]의 값 2를 반환하고, point의 값이 감소되어 point의 값은 0이 된다.

㉓ ㉒번에서 반환받은 값 2를 정수로 출력한다.

결과 **2**

㉔ 4를 인수로 into( ) 함수를 호출한다. ❷~❽번 과정을 반복하면 point는 1이 되고, isWhat[1]에는 4가 저장된다.

	[0]	[1]	[2]	[3]	[4]	[5]	[6]	[7]	[8]	[9]
isWhat	5	4								

㉕ 1을 인수로 into( ) 함수를 호출한다. ❷~❽번 과정을 반복하면 point는 2가 되고, isWhat[2]에는 1이 저장된다.

	[0]	[1]	[2]	[3]	[4]	[5]	[6]	[7]	[8]	[9]
isWhat	5	4	1							

㉖ ⓯~㉓번 과정을 반복하면 point는 1이 되고, isWhat[2]의 값 1이 출력된다.

결과 **21**

※ take( ) 함수의 역할은 현재 isWhat 배열에 저장된 마지막 값을 출력하는 것이다.

㉗ 3을 인수로 into( ) 함수를 호출한다. ❷~❽번 과정을 반복하면 point는 2가 되고, isWhat[2]에는 3이 저장된다.

	[0]	[1]	[2]	[3]	[4]	[5]	[6]	[7]	[8]	[9]
isWhat	5	4	3							

㉘ ⓯~㉓번 과정을 반복하면 point는 1이 되고, isWhat[2]의 값 3이 출력된다.

결과 **213**

㉙ ⓯~㉓번 과정을 반복하면 point는 0이 되고, isWhat[1]의 값 4가 출력된다.

결과 **2134**

㉚ 6을 인수로 into( ) 함수를 호출한다. ❷~❽번 과정을 반복하면 point는 1이 되고, isWhat[1]에는 6이 저장된다.

	[0]	[1]	[2]	[3]	[4]	[5]	[6]	[7]	[8]	[9]
isWhat	5	6								

㉛ ⓯~㉓번 과정을 반복하면 point는 0이 되고, isWhat[1]의 값 6이 출력된다.

결과 **21346**

㉜ ⓯~㉓번 과정을 반복하면 point는 −1이 되고, isWhat[0]의 값 5가 출력된다. 반복문이 종료되었으므로 while문의 처음인 ㉝번으로 이동한다.

결과 **213465**

㉝ ❿~⓮번 과정을 반복한다. 이 때 point의 값이 −1이므로 ⓬번에서 1(참)이 반환되어 not 연산을 수행하므로 while(0)이 되어 반복이 종료된다. 이어서 ㉞번으로 이동하여 프로그램이 종료된다.

[문제 10]
① 요구 조건 분석 　② 개념적 설계 　③ 논리적 설계 　④ 물리적 설계 　⑤ 데이터베이스 구현

[문제 11]
① 싱글톤(Singleton) 　② 방문자(Visitor)

[문제 12]
① Hamming 　② FEC 　③ BEC 　④ Parity 　⑤ CRC

[문제 13]
① 정보 　② 감독 　③ 비번호 　④ 비동기 균형 모드 　⑤ 비동기 응답 모드

[문제 14]
true
false
true
true

해설

```
public class Test {
    public static void main(String[ ] args) {
❶     String str1 = "Programming";
❷     String str2 = "Programming";
❸     String str3 = new String("Programming");
❹     System.out.println(str1==str2);
❺     System.out.println(str1==str3);
❻     System.out.println(str1.equals(str3));
❼     System.out.println(str2.equals(str3));
    }
}
```

❶ 문자열 객체 str1을 선언하고 "Programming"으로 초기화한다.
❷ 문자열 객체 str2를 선언하고 "Programming"으로 초기화한다.
　※ 같은 문자열을 저장하는 문자열 객체는 동일한 주소를 갖는다.
❸ 문자열 객체 str3를 선언하고 "Programming"으로 초기화한다.
　※ ❶, ❷와 달리 new String( )을 사용하는 경우 새로운 메모리 공간을 할당하여 문자열을 저장한다. 즉 str1과 str2는 동일한 주소를 저장하고, str3은 다른 주소를 저장하고 있다.
❹ str1과 str2가 같으면 참을 의미하는 true를, 아니면 거짓을 의미하는 false를 출력한다. str1과 str2는 같은 주소를 저장하고 있으므로 **true**를 출력한다.
　결과 ｜ true
❺ str1과 str3이 같으면 참을 의미하는 true를, 아니면 거짓을 의미하는 false를 출력한다. str1과 str3는 다른 주소를 저장하고 있으므로 **false**를 출력한다.
　결과 ｜ true
　　　　false
❻ str1에 저장된 문자열과 str3에 저장된 문자열을 비교하여 같으면 참을 의미하는 true를, 아니면 거짓을 의미하는 false를 출력한다. str1과 str3에 저장된 문자열은 모두 "Programming"이므로 **true**를 출력한다.
　• A.equals(B) : A 문자열과 B 문자열을 비교하여 두 데이터가 같으면 참을, 아니면 거짓을 반환한다.
　결과 ｜ true
　　　　false
　　　　true

❼ str2에 저장된 문자열과 str3에 저장된 문자열을 비교하여 같으면 참을 의미하는 **true**를, 아니면 거짓을 의미하는 **false**를 출력한다. str2와 str3에 저장된 문자열은 모두 "Programming"이므로 **true**를 출력한다.

| 결과 | ```
true
false
true
true
``` |

[문제 15]
① DES, ARIA, SEED, AES　　② RSA, ECC

[문제 16]
※ 다음 중 하나를 쓰면 됩니다.
해시, Hash

[문제 17]
CASCADE

[문제 18]
〉

해설
알고리즘의 이해
선택 정렬은 n개의 레코드 중에서 최소값을 찾아 첫 번째 레코드 위치에 놓고, 나머지 (n−1)개 중에서 다시 최소값을 찾아 두 번째 레코드 위치에 놓는 방식을 반복하여 정렬하는 방식입니다.

- 초기상태 : | 64 | 25 | 12 | 22 | 11 |

- 1회전 : | 25 | 64 | 12 | 22 | 11 | → | 12 | 64 | 25 | 22 | 11 | → | 12 | 64 | 25 | 22 | 11 | → | 11 | 64 | 25 | 22 | 12 |

- 2회전 : | 11 | 25 | 64 | 22 | 12 | → | 11 | 22 | 64 | 25 | 12 | → | 11 | 12 | 64 | 25 | 22 |

- 3회전 : | 11 | 12 | 25 | 64 | 22 | → | 11 | 12 | 22 | 64 | 25 |

- 4회전 : | 11 | 12 | 22 | 25 | 64 |

문제에서 오름차순으로 정렬한다고 하였고, 코드에서 반복 변수 i가 0에서 n−1까지 증가할 때 j가 i+1부터 n까지 증가하는 것으로 보아 i가 기준값의 배열 위치이고 j가 비교 대상의 배열 위치임을 알 수 있습니다. 오름차순 정렬은 비교 기준 값이 비교 대상 보다 큰 경우에 위치 교환이 이루어져야 하므로 괄호에 들어갈 연산자는 〉입니다.

```
#include <stdio.h>
main( ) {
❶ int E[ ] = { 64, 25, 12, 22, 11 };
❷ int n = sizeof(E) / sizeof(E[0]);
❸ int i = 0;
❹ do {
❺    int j = i + 1;
❻    do {
❼       if (E[i] 〉 E[j]) {
❽          int tmp = E[i];
❾          E[i] = E[j];
❿          E[j] = tmp;
        }
⓫       j++;
⓬    } while (j < n);
```
```

```
⑬    i++;
⑭  } while (i < n - 1);
⑮  for (int i = 0; i <= 4; i++)
⑯    printf("%d ", E[i]);
}
```

❶ 5개의 요소를 갖는 정수형 배열 E를 선언하고 초기화한다.

	[0]	[1]	[2]	[3]	[4]
E	64	25	12	22	11

❷ 정수형 변수 n을 선언하고 E의 크기를 E[0]의 크기로 나눈 값으로 초기화한다. 배열 전체 길이를 배열 한 개의 요소의 길이로 나누는 것이므로 배열의 길이인 5가 반환되어 n에 저장된다.
   • sizeof( ) : 객체의 크기를 구하는 함수

❸ 정수형 변수 i를 선언하고 0으로 초기화한다.

❹ do ~ while 반복문의 시작점이다. ❺~⑬번을 반복 수행한다.

❺ 정수형 변수 j를 선언하고 i+1의 값으로 초기화한다.

❻ do ~ while 반복문의 시작점이다. ❼~⑪번을 반복 수행한다.

❼ E[i]가 E[j]보다 크면 ❽~⑩번을 수행한다.

❽~⑩ E[i]와 E[j]의 값을 교환하는 과정이다.

⑪ 'j = j + 1;'과 동일하다. j의 값을 1씩 누적시킨다.

⑫ j가 n보다 작은 동안 ❼~⑪번을 반복 수행한다.

⑬ 'i = i + 1;'과 동일하다. i의 값을 1씩 누적시킨다.

⑭ i가 n-1보다 작은 동안 ❺~⑬번을 반복 수행한다. 반복문 실행에 따른 변수들의 변화는 다음과 같다.

n	i	j	배열 E [0]	[1]	[2]	[3]	[4]	tmp
5	0	1	64	25	12	22	11	64
		2	25	64	25		12	25
		3	12					12
		4	11					
		5						
	1	2	11	64	25	22	12	64
		3		25	64	25	22	25
		4		22				22
		5		12				
	2	3	11	12	64	25	22	64
		4			25	64	25	25
		5			22			
	3	4	11	12	22	64	25	64
		5				25	64	
	4							

⑮ 반복 변수 i가 0부터 1씩 증가하면서 4보다 작거나 같은 동안 ⑯번을 반복 수행한다.

⑯ E[i]의 값과 공백 한 칸을 출력한다.

결과 | 11 12 22 25 64

[문제 19]
engneing

해설

```
❶ a = "engineer information programming"
❷ b = a[:3]
❸ c = a[4:6]
❹ d = a[29:]
❺ e = b + c + d
❻ print(e)
```

❶ 변수 a에 문자열을 저장한다.

	[0]	[1]	[2]	[3]	[4]	[5]	[6]	[7]	[8]	[9]	[10]	[11]	[12]	[13]	[14]	[15]	[16]	[17]	[18]	[19]	[20]	[21]	[22]	[23]	[24]	[25]	[26]	[27]	[28]	[29]	[30]	[31]
a	e	n	g	i	n	e	e	r		i	n	f	o	r	m	a	t	i	o	n		p	r	o	g	r	a	m	m	i	n	g

❷ 변수 b에 a에 저장된 문자열 중에서 처음 위치부터 2(3-1) 위치까지의 요소를 가져와 저장한다.

	[0]	[1]	[2]
b	e	n	g

❸ 변수 c에 a에 저장된 문자열 중에서 4부터 5(6-1) 위치까지의 요소를 가져와 저장한다.

	[0]	[1]
c	n	e

❹ 변수 d에 a에 저장된 문자열 중에서 29부터 마지막 위치까지의 요소를 가져와 저장한다.

	[0]	[1]	[2]
d	i	n	g

❺ b, c, d에 저장된 문자열을 합한 후 변수 e에 저장한다.

	[0]	[1]	[2]	[3]	[4]	[5]	[6]	[7]
e	e	n	g	n	e	i	n	g

❻ e의 값을 출력한다.

결과	engneing

[문제 20]
※ 번호별로 다음 중 하나를 쓰면 됩니다.
① 스텁, stub   ② 드라이버, driver

수험자 유의사항

1. 시험 문제지를 받는 즉시 응시하고자 하는 종목의 문제지가 맞는지를 확인하여야 합니다.
2. 시험 문제지 총면수·문제번호 순서·인쇄상태 등을 확인하고, 수험번호 및 성명을 답안지에 기재하여야 합니다.
3. 문제 및 답안(지), 채점기준은 일절 공개하지 않으며 자신이 작성한 답안, 문제 내용 등을 수험표 등에 이기(옮겨 적는 행위) 등은 관련 법 등에 의거 불이익 조치 될 수 있으니 유의하시기 바랍니다.
4. 수험자 인적사항 및 답안작성(계산식 포함)은 흑색 필기구만 사용하되, 흑색을 제외한 유색 필기구 또는 연필류를 사용하였을 경우 그 문항은 0점 처리됩니다.
5. 답란(답안 기재란)에는 문제와 관련 없는 불필요한 낙서나 특이한 기록사항 등을 기재하여서는 안되며 부정의 목적으로 특이한 표식을 하였다고 판단될 경우에는 모든 문항이 0점 처리됩니다.
6. 답안을 정정할 때에는 반드시 정정부분을 두 줄(=)로 그어 표시하여야 하며, 두 줄로 긋지 않은 답안은 정정하지 않은 것으로 간주합니다. (수정테이프, 수정액 사용불가)
7. 답안의 한글 또는 영문의 오탈자는 오답으로 처리됩니다. 단, 답안에서 영문의 대·소문자 구분, 띄어쓰기는 여부에 관계 없이 채점합니다.
8. 계산 또는 디버깅 등 계산 연습이 필요한 경우는 〈문제〉 아래의 연습란을 사용하시기 바라며, 연습란은 채점대상이 아닙니다.
9. 문제에서 요구한 가지 수(항수) 이상을 답란에 표기한 경우에는 답안기재 순으로 요구한 가지 수(항수)만 채점하고 한 항에 여러 가지를 기재하더라도 한 가지로 보며 그 중 정답과 오답이 함께 기재란에 있을 경우 오답으로 처리됩니다.
10. 한 문제에서 소문제로 파생되는 문제나, 가지수를 요구하는 문제는 대부분의 경우 부분채점을 적용합니다. 그러나 소문제로 파생되는 문제 내에서의 부분 배점은 적용하지 않습니다.
11. 답안은 문제의 마지막에 있는 답란에 작성하여야 합니다.
12. 부정 또는 불공정한 방법(시험문제 내용과 관련된 메모지 사용 등)으로 시험을 치른 자는 부정행위자로 처리되어 당해 시험을 중지 또는 무효로 하고, 2년간 국가기술자격검정의 응시자격이 정지됩니다.
13. 시험위원이 시험 중 신분확인을 위하여 신분증과 수험표를 요구할 경우 반드시 제시하여야 합니다.
14. 시험 중에는 통신기기 및 전자기기(휴대용 전화기 등)를 지참하거나 사용할 수 없습니다.
15. 국가기술자격 시험문제는 일부 또는 전부가 저작권법상 보호되는 저작물이고, 저작권자는 한국산업인력공단입니다. 문제의 일부 또는 전부를 무단 복제, 배포, 출판, 전자출판 하는 등 저작권을 침해하는 일체의 행위를 금합니다.

※ 수험자 유의사항 미준수로 인한 채점상의 불이익은 수험자 본인에게 전적으로 책임이 있음

문제 01 다음 JAVA로 구현된 프로그램을 분석하여 그 실행 결과를 쓰시오. (단, 출력문의 출력 서식을 준수하시오.) (5점)

```java
class Static {
    public int a = 20;
    static int b = 0;
}
public class Test {
    public static void main(String[] args) {
        int a = 10;
        Static.b = a;
        Static st = new Static();
        System.out.println(Static.b++);
        System.out.println(st.b);
        System.out.println(a);
        System.out.print(st.a);
    }
}
```

답 :

문제 02 다음 C 언어로 구현된 프로그램을 분석하여 그 실행 결과를 쓰시오. (단, 출력문의 출력 서식을 준수하시오.) (5점)

```c
#include <stdio.h>
main() {
    char a[] = "Art";
    char* p = NULL;
    p = a;
    printf("%s\n", a);
    printf("%c\n", *p);
    printf("%c\n", *a);
    printf("%s\n", p);
    for (int i = 0; a[i] != '\0'; i++)
        printf("%c", a[i]);
}
```

답 :

문제 03 다음 C 언어로 구현된 프로그램을 분석하여 그 실행 결과를 쓰시오. (단, 출력문의 출력 서식을 준수하시오.) (5점)

```c
#include <stdio.h>
main() {
    char* a = "qwer";
    char* b = "qwtety";
    for (int i = 0; a[i] != '\0'; i++)
        for (int j = 0; b[j] != '\0'; j++)
            if (a[i] == b[j])
                printf("%c", a[i]);
}
```

답 :

문제 04 클라이언트와 서버 간 자바스크립트 및 XML을 비동기 방식으로 처리하며, 전체 페이지를 새로 고치지 않고도 웹페이지 일부 영역만을 업데이트할 수 있도록 하는 기술을 의미하는 용어를 쓰시오. (5점)

답 :

문제 05 데이터 교환 방식에 대한 다음 설명에서 괄호(①, ②)에 들어갈 알맞은 용어를 〈보기〉에서 찾아 쓰시오. (5점)

- (①) : 연결형 통신에서 주로 사용되는 방식으로, 출발지와 목적지의 전송 경로를 미리 연결하여 논리적으로 고정한 후 통신하는 방식
- (②) : 비연결형 통신에서 주로 사용되는 방식으로, 사전에 접속 절차를 수행하지 않고 헤더에 출발지에서 목적지까지의 경로 지정을 위한 충분한 정보를 붙여서 개별적으로 전달하는 방식

〈보기〉

• 회선 교환 방식	• 데이터그램 방식	• 가상 회선 방식	• 메시지 교환 방식

답
- ①
- ②

문제 06 다음 설명에 해당하는 알맞은 용어를 쓰시오. (5점)

데이터링크 계층의 프로토콜 중 하나로, 터널링 프로토콜인 PPTP와 VPN의 구현에 사용하는 L2F의 기술적 장점들을 결합하여 만든 프로토콜이다. 자체적으로 암호화 및 인증 기능을 제공하지 않아 다른 보안 프로토콜과 함께 사용되는 경우가 많다.

답 :

문제 07 다음 설명에 해당하는 알맞은 용어를 영문 3글자로 쓰시오. (5점)

- 다른 컴퓨터에 로그인, 원격 명령 실행, 파일 복사 등을 수행할 수 있도록 다양한 기능을 지원하는 프로토콜 또는 이를 이용한 응용 프로그램이다.
- 데이터 암호화와 강력한 인증 방법으로 보안성이 낮은 네트워크에서도 안전하게 통신할 수 있다.
- 키(key)를 통한 인증 방법을 사용하려면 사전에 클라이언트의 공개키를 서버에 등록해야 한다.
- 기본적으로는 22번 포트를 사용한다.

답 :

문제 08 멀웨어(Malware)에 대한 다음 설명에서 괄호(①~③)에 들어갈 알맞은 용어를 〈보기〉에서 찾아 쓰시오. (5점)

- (①) : 윈도우나 응용 프로그램의 취약점 또는 E-mail 등을 통해 전파되며, (③)과(와) 같이 자기복제가 가능하며 네트워크를 통해 스스로 전파가 가능하다.
- (②) : 정상적인 응용 프로그램에 포함되어 실행되는 악성코드로, 정상적인 응용 프로그램으로 위장하고 있다가 활성화되면 공격자는 이를 이용하여 사용자의 컴퓨터를 조종할 수 있게 된다.
- (③) : 정상 파일을 감염시키며, 자기복제가 가능하다. 파일을 통해 감염되며 네트워크를 통해 스스로 전파되지는 못한다.

〈보기〉

• 웜	• 바이러스	• 트로이 목마

답
- ①
- ②
- ③

문제 09 다음은 2진수 101110을 10진수로 변환하는 C 언어 프로그램이다. 프로그램을 분석하여 괄호(①~②)에 들어갈 알맞은 답을 쓰시오. (5점)

```c
#include <stdio.h>
main() {
    int input = 101110;
    int di = 1;
    int sum = 0;
    while (1) {
        if (input == 0) break;
        sum = sum + (input (  ①  ) (  ②  )) * di;
        di = di * 2;
        input = input / 10;
    }
    printf("%d", sum);
}
```

답

- ①
- ②

문제 10 다음 설명에 해당하는 알맞은 용어를 쓰시오. (5점)

IP(Internet Protocol)의 주요 구성원 중 하나로, OSI 계층 모델의 네트워크 계층에 속한다. 네트워크 컴퓨터의 운영 체제에서 오류 메시지를 수신하거나, 전송 경로를 변경하는 등 오류 처리를 위한 제어 메시지를 주로 취급한다. 관련된 도구로 traceroute, ping이 있으며, ping of death와 같은 네트워크 공격 기법에 활용되기도 한다.

답:

문제 11 다음 설명에서 괄호에 들어갈 알맞은 디자인 패턴을 아래에서 찾아 쓰시오. (5점)

생성 패턴	구조 패턴	행위 패턴
Abstract Factory Builder Factory Method Prototype Singleton	Adapter Bridge Composite Decorator Facade Proxy	Chain of Responsibility Command Interpreter Iterator Mediator Memento Observer Strategy Template Method

( )은/는 복잡한 시스템을 개발하기 쉽도록 클래스나 객체들을 조합하는 패턴에 속하며, 대리자라는 이름으로도 불린다. 내부에서는 객체 간의 복잡한 관계를 단순하게 정리해 주고, 외부에서는 객체의 세부적인 내용을 숨기는 역할을 한다.

답 :

문제 12 릴레이션을 구성하는 용어들에 대한 다음 설명에서 괄호(①~③)에 들어갈 알맞은 답을 〈보기〉에서 찾아 쓰시오. (5점)

- (①) : 릴레이션을 구성하는 각각의 행을 의미하며, 파일 구조에서는 레코드에 해당함
- (②) : 데이터 개체를 구성하고 있는 속성들에 데이터 타입이 정의되어 구체적인 데이터 값을 가진 것으로, 실제 값을 가진 튜플을 의미함
- (③) : 튜플의 개수를 의미함

〈보기〉

• 도메인	• 차수	• 속성	• 튜플
• 디그리	• 카디널리티	• 릴레이션 스키마	• 릴레이션 인스턴스

답
- ①
- ②
- ③

문제 13 〈학생〉 테이블에서 '이름'이 "민수"인 튜플을 삭제하고자 한다. 다음 〈처리 조건〉을 참고하여 SQL문을 작성하시오. (5점)

〈처리 조건〉

- 최소한의 코드로 작성될 수 있도록 SQL문을 구성한다.
- 명령문 마지막의 세미콜론(;)은 생략이 가능하다.
- 인용 부호가 필요한 경우 작은따옴표(' ')를 사용한다.

답:

문제 14 다음은 버블 정렬을 이용하여 배열에 저장된 수를 오름차순으로 정렬하는 프로그램이다. 프로그램을 분석하여 괄호(①~②)에 들어갈 알맞은 답을 쓰시오. (5점)

```c
#include <stdio.h>
void swap(int* a, int idx1, int idx2) {
    int t = a[idx1];
    a[idx1] = a[idx2];
    a[(  ①  )] = t;
}


void Usort(int* a, int len) {
    for (int i = 0; i < len - 1; i++)
        for (int j = 0; j < len - 1 - i; j++)
            if (a[j] > a[j + 1])
                swap(a, j, j + 1);}


main() {
    int a[] = { 85, 75, 50, 100, 95 };
    int nx = 5;
    Usort(a, (  ②  ));
}
```

답
- ①
- ②

문제 15 다음 Python으로 구현된 프로그램을 분석하여 그 실행 결과를 쓰시오. (단, 출력문의 출력 서식을 준수하시오.) (5점)

```
asia = { '한국', '중국', '일본' }
asia.add('베트남')
asia.remove('일본')
asia.update({'한국', '홍콩', '태국'})
print(asia)
```

답 :

문제 16 다음 〈성적〉 테이블에서 과목별 점수의 평균이 90점 이상인 '과목이름', '최소점수', '최대점수'를 검색하고자 한다. 〈처리조건〉을 참고하여 적합한 SQL문을 작성하시오. (5점)

〈성적〉

학번	과목번호	과목이름	학점	점수
a2001	101	컴퓨터구조	6	95
a2002	101	컴퓨터구조	6	84
a2003	302	데이터베이스	5	89
a2004	201	인공지능	5	92
a2005	302	데이터베이스	5	100
a2006	302	데이터베이스	5	88
a2007	201	인공지능	5	93

〈결과〉

과목이름	최소점수	최대점수
데이터베이스	88	100
인공지능	92	93

〈처리조건〉

- 최소한의 코드로 작성될 수 있도록 SQL문을 구성한다.
- WHERE문은 사용하지 않는다.
- GROUP BY와 HAVING을 이용한다.
- 집계함수(Aggregation Function)를 사용하여 명령문을 구성한다.
- '최소점수', '최대점수'는 별칭(Alias)을 위한 AS문을 이용한다.
- 명령문 마지막의 세미콜론(;)은 생략이 가능하다.
- 인용 부호가 필요한 경우 작은따옴표(' ')를 사용한다.

답 :

문제 17 다음 JAVA로 구현된 프로그램을 분석하여 그 실행 결과를 쓰시오. (단, 출력문의 출력 서식을 준수하시오.) (5점)

```java
abstract class Vehicle {
    String name;
    abstract public String getName(String val);
    public String getName() {
        return "Vehicle name : " + name;
    }
}


class Car extends Vehicle {
    private String name;
    public Car(String val) {
        name = super.name = val;
    }
    public String getName(String val) {
        return "Car name : " + val;
    }
    public String getName(byte[] val) {
        return "Car name : " + val;
    }
}

public class Test {
    public static void main(String[] args) {
        Vehicle obj = new Car("Spark");
        System.out.print(obj.getName());
    }
}
```

답:

문제 18 스키마에 대한 다음 설명에서 괄호(①~③)에 들어갈 알맞은 답을 〈보기〉에서 찾아 쓰시오. (5점)

- (①) 스키마는 데이터베이스의 전체적인 논리적 구조로, 모든 응용 프로그램이나 사용자들이 필요로 하는 데이터를 종합한 조직 전체의 데이터베이스이다.
- (②) 스키마는 실제로 저장될 레코드의 형식, 저장 데이터 항목의 표현 방법, 내부 레코드의 물리적 순서 등을 나타낸다.
- (③) 스키마는 사용자나 응용 프로그래머가 각 개인의 입장에서 필요로 하는 데이터베이스의 논리적 구조를 정의한 것이다.

〈보기〉

• 외부	• 내부	• 개념

답
- ①
- ②
- ③

문제 19 다음은 화이트박스 테스트의 프로그램 제어흐름이다. 다음의 순서도를 참고하여 분기 커버리지로 구성할 테스트 케이스를 작성하시오. (5점)

〈순서도〉

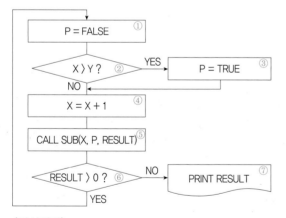

〈작성예시〉

(①) → (②) → (④)

답

( ) → ( ) → ( ) → ( ) → ( ) → ( ) → ( )

( ) → ( ) → ( ) → ( ) → ( ) → ( )

문제 20 다음 JAVA로 구현된 프로그램을 분석하여 그 실행 결과를 쓰시오. (단, 출력문의 출력 서식을 준수하시오.)
(5점)

```java
class Parent {
    int x = 1000;
    Parent() {
        this(3000);
    }
    Parent(int x) {
        this.x = x;
    }
}
class Child extends Parent {
    int x = 4000;
    Child() {
        this(5000);
    }
    Child(int x) {
        this.x = x;
    }
    int getX() {
        return this.x;
    }
}
public class Test {
    public static void main(String[] args) {
        Child c = new Child();
        System.out.println(c.getX());
    }
}
```

답 :

[문제 01]

10

11

10

20

※ **답안 작성 시 주의 사항** : 프로그램의 실행 결과는 부분 점수가 없으므로 정확하게 작성해야 합니다. 예를 들어, 출력값 사이에 줄 나눔 없이 쉼표(,)를 넣어 10, 11, 10, 20으로 썼을 경우 부분 점수 없이 완전히 틀린 것으로 처리됩니다.

해설

```
class Static {                          클래스 Static을 정의한다.
    public int a = 20;                  정수형 변수 a와 b를 선언하고 각각 20과 0으로 초기화한다.
Ⓐ  static int b = 0;                    static으로 선언된 변수 b는 메모리의 static 영역에 할당되며, 코드가 수행되는 동안 공유된다.
}
public class Test {
    public static void main(String[ ] args) {
❶      int a = 10;
❷      Static.b = a;
❸      Static st = new Static( );
❹      System.out.println(Static.b++);
❺      System.out.println(st.b);
❻      System.out.println(a);
❼      System.out.print(st.a);
    }
}
```

Ⓐ 정수형 static 변수 b를 선언하고 0으로 초기화한다. static으로 선언된 변수는 main( ) 메소드가 시작되기 전에 메모리의 static 영역에 할당된다. static으로 선언된 변수는 객체 변수 선언 없이 사용할 수 있으므로 클래스의 이름을 통해 Static.b와 같이 접근할 수 있다.

※ 대문자로 시작하는 Static은 클래스의 이름이고, 소문자로 시작하는 static은 예약어이므로 혼동하지 않도록 주의하세요.

모든 Java 프로그램은 반드시 main( ) 메소드에서 시작한다.

❶ 정수형 변수 a를 선언하고 10으로 초기화한다.

　a 　| 10 |

❷ Static.b에 a의 값 10을 저장한다.

　Static.b 　| 10 |

❸ 객체 변수 st를 선언한다. 객체 변수를 선언한다는 것은 클래스의 정의부를 바탕으로 새로운 인스턴스를 생성하여 메모리를 배정하고 그 메모리의 주소를 변수명 st에 연결하는 것을 의미한다. 하지만 Static 클래스의 변수 b는 프로그램 전체 영역에서 공유되는 변수이므로 새로 메모리에 할당되지 않고 Static. b와 같은 메모리를 공유한다.

※ Static.b와 st.b는 메모리의 static 영역의 한 공간을 공유합니다. 그러므로 한 곳에서의 값 변경은 다른 곳에도 동일하게 적용됩니다.

❹ Static.b++은 후치 증가 연산자이므로, Static.b의 값 **10**을 출력한 후 Static.b의 값을 1 증가시킨다.

　결과 | 10 |

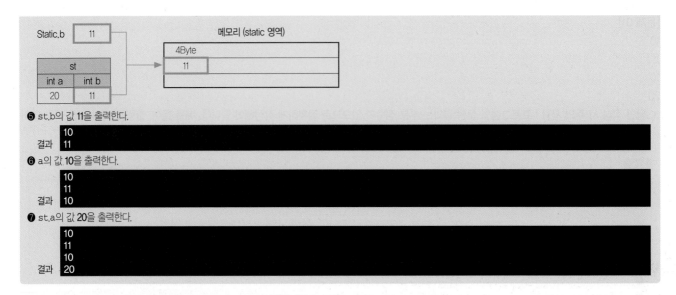

❺ st.b의 값 11을 출력한다.

결과	10 11

❻ a의 값 10을 출력한다.

결과	10 11 10

❼ st.a의 값 20을 출력한다.

결과	10 11 10 20

[문제 02]

Art

A

A

Art

Art

※ **답안 작성 시 주의 사항** : 프로그램의 실행 결과는 부분 점수가 없으므로 정확하게 작성해야 합니다. 예를 들어, 출력값 사이에 줄 나눔 없이 쉼표(,)를 넣어 Art, A, A, Art, Art로 썼을 경우 부분 점수 없이 완전히 틀린 것으로 처리됩니다.

해설

```
#include <stdio.h>
main() {
❶ char a[] = "Art";
❷ char* p = NULL;
❸ p = a;
❹ printf("%s\n", a);
❺ printf("%c\n", *p);
❻ printf("%c\n", *a);
❼ printf("%s\n", p);
❽ for (int i = 0; a[i] != '\0'; i++)
❾    printf("%c", a[i]);
}
```

❶ 문자열 배열 a를 선언하고 "Art"로 초기화한다.

※ 다음 그림에서 "Art"가 저장된 주소는 임의로 정한 것이며, 이해를 돕기 위해 10진수로 표현했습니다.

주소	메모리			
	1Byte	1Byte	1Byte	1Byte
1000	'A'	'r'	't'	'\0'
	a[0]	a[1]	a[2]	a[3]

❷ 문자형 포인터 변수 p를 선언하고 NULL로 초기화한다.

		주소		메모리		
			1Byte	1Byte	1Byte	1Byte
		1000	'A'	'r'	't'	'\0'
p	'\0'		a[0]	a[1]	a[2]	a[3]
			1000	1001	1002	1003

❸ p에 a 배열의 시작 주소를 저장한다.

		주소		메모리		
			1Byte	1Byte	1Byte	1Byte
		▶1000	'A'	'r'	't'	'\0'
p	1000		a[0]	a[1]	a[2]	a[3]
			1000	1001	1002	1003

❹ 배열 a에 저장된 문자열을 출력한다.

```
결과   Art
```

❺ p가 가리키는 곳의 값을 문자로 출력한다. p는 배열의 시작 주소 1000 가리키므로 1000에 저장된 문자 **A**가 출력된다.

```
       Art
       A
결과
```

❻ a가 가리키는 곳의 값을 문자로 출력한다. a는 배열의 시작 주소 1000을 의미하므로 1000에 저장된 문자 **A**가 출력된다.

```
       Art
       A
       A
결과
```

❼ p가 가리키는 곳부터 널 문자(\0)까지의 문자열을 출력한다.

※ 서식 문자열 %s는 출력될 변수가 저장된 시작 위치부터 널 문자('\0') 바로 앞 위치까지의 모든 문자를 출력합니다.

```
       Art
       A
       A
       Art
결과
```

❽ 반복 변수 i가 0부터 1씩 증가하면서 a[i]가 널 문자가 아닌 동안 ❾번을 반복 수행한다.

❾ a[i]의 값을 문자로 출력한다.

```
       Art
       A
       A
       Art
결과   Art
```

[문제 03]

qwe

※ **답안 작성 시 주의 사항** : 프로그램의 실행 결과는 부분 점수가 없으므로 정확하게 작성해야 합니다. 예를 들어, 출력값 사이에 쉼표(,)를 넣어 q, w, e로 썼을 경우 부분 점수 없이 완전히 틀린 것으로 처리됩니다.

해설

```
#include <stdio.h>
main() {
❶ char* a = "qwer";
❷ char* b = "qwtety";
❸ for (int i = 0; a[i] != '\0'; i++)
❹    for (int j = 0; b[j] != '\0'; j++)
❺       if (a[i] == b[j])
❻          printf("%c", a[i]);
}
```

❶ 문자형 포인터 변수 a를 선언하고 "qwer"이 저장된 곳의 시작 주소를 가리키도록 초기화한다.

※ 다음 그림에서 "qwer"가 저장된 주소는 임의로 정한 것이며, 이해를 돕기 위해 10진수로 표현했습니다.

주소	메모리				
	1Byte	1Byte	1Byte	1Byte	1Byte
▶2000	'q'	'w'	'e'	'r'	'\0'
a 2000	a[0]	a[1]	a[2]	a[3]	a[4]

❷ 문자형 포인터 변수 b를 선언하고 "qwtety"가 저장된 곳의 시작 주소를 가리키도록 초기화한다.

※ 다음 그림에서 "qwtety"가 저장된 주소는 임의로 정한 것이며, 이해를 돕기 위해 10진수로 표현했습니다.

주소	메모리						
	1Byte	1Byte	1Byte	1Byte	1Byte	1Byte	1Byte
▶3000	'q'	'w'	't'	'e'	't'	'y'	'\0'
b 3000	b[0]	b[1]	b[2]	b[3]	b[4]	b[5]	b[6]

❸ 반복 변수 i가 0부터 1씩 증가하면서 a[i]가 널 문자가 아닌 동안 ❹~❻번을 반복 수행한다. 널 문자(\0)는 문자열의 끝을 의미한다.

❹ 반복 변수 j가 0부터 1씩 증가하면서 b[j]가 널 문자가 아닌 동안 ❺~❻번을 반복 수행한다.

❺ a[i]와 b[j]의 값이 같으면 ❻번을 수행한다.

❻ a[i]의 값을 문자로 출력한다.

반복문 실행에 따른 변수들의 변화는 다음과 같다.

a[i]	b[j]	출력
q	q w t e t y \0	q
w	q w t e t y \0	qw
e	q w t e t y \0	qwe

r	q w t e t y \0	
\0		

[문제 04]

※ 다음 중 하나를 쓰면 됩니다.

AJAX, Asynchronous JavaScript and XML

※ **답안 작성 시 주의 사항** : 한글 또는 영문을 Full-name이나 약어로 쓰라는 지시사항이 없으면 한글이나 영문 약어로 쓰는 것이 유리합니다. 영문을 Full-name으로 풀어쓰다가 스펠링을 틀리면 오답으로 처리되니까요.

[문제 05]

① 가상 회선 방식　　② 데이터그램 방식

[문제 06]

※ 다음 중 하나를 쓰면 됩니다.

L2TP, Layer 2 Tunneling Protocol

[문제 07]

SSH

[문제 08]

① 웜　② 트로이 목마　③ 바이러스

[문제 09]

① %　② 10

> **해설**
>
> 2진수 형태로 입력된 숫자를 10진수로 변환하기 위한 과정은 다음과 같습니다.
>
> ①101110을 10으로 나누어 몫과 나머지를 구한 후, 나머지에 2^0을 곱한 후 그 값을 누적합니다.
>
> $\quad$ 101110 / 10 → **몫** : 10111, **나머지** : 0 → $0 \times 2^0 = 0$ $\quad$ ∴ **누적** : 0
>
> ②①의 몫인 10111을 10으로 나누어 몫과 나머지를 구한 후, 나머지에 2^1을 곱한 후 그 값을 누적합니다.
>
> $\quad$ 10111 / 10 → **몫** : 1011, **나머지** : 1 → $1 \times 2^1 = 2$ $\quad$ ∴ **누적** : 2
>
> ③②의 몫인 1011을 10으로 나누어 몫과 나머지를 구한 후, 나머지에 2^2를 곱한 후 그 값을 누적합니다.
>
> $\quad$ 1011 / 10 → **몫** : 101, **나머지** : 1 → $1 \times 2^2 = 4$ $\quad$ ∴ **누적** : 6
>
> 위와 같은 과정을 몫이 0이 될 때까지 반복하면, 최종적으로 누적된 값이 10진수로 변환한 값이 됩니다.

```c
#include <stdio.h>
main() {
❶ int input = 101110;
❷ int di = 1;
❸ int sum = 0;
❹ while (1) {
❺    if (input == 0) break;
❻    sum = sum + (input % 10) * di;
❼    di = di * 2;
```

```
⑧    input = input / 10;
   }
⑨ printf("%d", sum);
}
```

❶ 정수형 변수 input을 선언하고 101110으로 초기화한다.
❷ 정수형 변수 di를 선언하고 1로 초기화한다. di는 $2^0(=1)$부터 $2^5(=32)$의 값이 저장될 변수이다.
❸ 정수형 변수 sum을 선언하고 0으로 초기화한다. sum에는 2진수의 각 자리와 di를 곱한 값이 누적된다.
❹ ❺~❽번을 무한 반복하다가 ❺번에서 break를 만나면 반복문을 벗어나 ❾번으로 이동한다.
❺ input의 값이 0이면 반복문을 벗어나 ❾번으로 이동한다. input이 0이라는 의미는 더 이상 10으로 나눌 2진수가 없다는 것을 의미한다.
❻ sum에 input을 10으로 나눈 나머지에 di를 곱한 값을 누적시킨다.
❼ di에 2를 곱한다. 2의 제곱수를 1씩 증가시키는 과정이다. ($2^0×2=2^1$, $2^1×2=2^2$, …, $2^4×2=2^5$)
❽ input을 10으로 나눈다. 다음 계산을 위해 2진수를 10으로 나눈 몫을 구하는 과정이다.
  반복문 실행에 따른 변수들의 변화는 다음과 같다.

input	di	(input%10)*di	sum
101110	1	0	0
10111	2	2	0
1011	4	4	2
101	8	8	6
10	16	0	14
1	32	32	14
0			46

❾ sum의 값 46을 정수로 출력한다.
결과   46

[문제 10]

※ 다음 중 하나를 쓰면 됩니다.
ICMP, Internet Control Message Protocol

[문제 11]

Proxy

[문제 12]

① 튜플   ② 릴레이션 인스턴스   ③ 카디널리티

[문제 13]

DELETE FROM 학생 WHERE 이름 = '민수';

※ **답안 작성 시 주의 사항** : SQL에 사용되는 예약어, 필드명, 변수명 등은 대소문자를 구분하지 않기 때문에 대문자로만 또는 소문자로만 작성해도 정답으로 인정됩니다.

해설

DELETE	삭제하라
FROM 학생	〈학생〉 테이블을 대상으로 한다.
WHERE 이름 = '민수';	'이름'이 "민수"인 자료만을 대상으로 한다.

[문제 14]

① idx2   ② nx

해설

버블 정렬 알고리즘은 첫 번째 자료와 두 번째 자료를, 두 번째 자료와 세 번째 자료를, 세 번째와 네 번째를, …, 이런 식으로 '마지막–1' 번째 자료와 마지막 자료를 비교하여 교환하면서 자료를 정렬합니다. 1회전을 수행하고 나면 가장 큰 자료가 맨 뒤로 이동하므로 2회전에서는 맨 끝에 있는 자료는 정렬에서 제외되고, 2회전을 수행하고 나면 끝에서 두 번째 자료까지는 정렬에서 제외됩니다. 이렇게 정렬을 1회전 수행할 때마다 정렬에서 제외되는 데이터가 하나씩 늘어납니다.

```c
#include <stdio.h>
❾ void swap(int* a, int idx1, int idx2) {
❿ int t = a[idx1];
⓫ a[idx1] = a[idx2];
⓬ a[idx2] = t;
}

❹ void Usort(int* a, int len) {
❺ for (int i = 0; i < len - 1; i++)
❻    for (int j = 0; j < len - 1 - i; j++)
❼      if (a[j] > a[j + 1])
❽        swap(a, j, j + 1);
}

main() {
❶ int a[] = { 85, 75, 50, 100, 95 };
❷ int nx = 5;
❸ Usort(a, nx);
} ⓭
```

모든 C언어 프로그램은 반드시 main( ) 함수에서 시작한다.

❶ 5개의 요소를 갖는 정수형 배열 a를 선언하고 초기화한다.

	[0]	[1]	[2]	[3]	[4]
a	85	75	50	100	95

❷ 정수형 변수 nx을 선언하고 5로 초기화한다.

❸ a 배열의 시작 주소와 nx의 값 5를 인수로 Usort( ) 함수를 호출한다.

❹ 반환값이 없는 Usort( ) 함수의 시작점이다. ❸번에서 전달받은 주소와 5를 a와 len이 받는다.

❺ 반복 변수 i가 0부터 1씩 증가하면서 4(len−1)보다 작은 동안 ❻~❽번을 반복 수행한다. i가 4가 되어 정렬이 종료되면 함수를 호출했던 ❸번의 다음 줄인 ⓭번으로 이동하여 프로그램을 종료한다.

❻ 반복 변수 j가 0부터 1씩 증가하면서 4−i보다 작은 동안 ❼~❽번을 반복 수행한다.

❼ a[j]가 a[j+1]보다 크면 ❽번을 수행하고, 아니면 반복문의 처음인 ❻번으로 이동한다.

❽ a 배열의 시작 주소와 j, j+1의 값을 인수로 swap( ) 함수를 호출한다.

※ ❻~❽번은 a[0]과 a[1]을, a[1]과 a[2]를, a[2]와 a[3]을, a[3]과 a[4]를 비교하면서 교환하는 과정입니다. 이 과정을 거치면 a[4]에는 가장 큰 값이 저장되고 1회전이 종료되며, ❻번으로 이동하게 됩니다. i의 값이 1 증가한 2회전에는 a[0]과 a[1]을, a[1]과 a[2]를, a[2]와 a[3]을 비교하면서 교환하는 과정을 거치며, a[3]에는 두 번째로 큰 값이 저장됩니다. 이러한 과정을 i가 3일 때까지 반복하면, a 배열에는 오름차순으로 정렬된 값이 저장됩니다.

❾ 반환값이 없는 swap( ) 함수의 시작점이다.

❿~⓬ 임시 변수 t를 사용하여 a[idx1]과 a[idx2]의 값을 교환하는 과정이다.

반복문 실행에 따른 변수들의 변화는 다음과 같다.

nx	i	j	a[j]	a[j+1]	idx1	idx2	t	배열 a [0]	[1]	[2]	[3]	[4]
5	0	0	85	75	0	1	85	85	75	50	100	95
		1	75	85	1	2	85	75	85	85	95	100
		2	85	50	3	4	100		50			
		3	50	85								
		4	85	100								
			100	95								
			95	100								
	1	0	75	50	0	1	75	75	50	85	95	100
		1	50	75				50	75			
		2	75	85								
		3	85	95								
	2	0	50	75				50	75	85	95	100
		1	75	85								
		2										
	3	0	50	75				50	75	85	95	100
		1										
	4											

[문제 15]
{ '한국', '중국', '베트남', '홍콩', '태국' }

※ **답안 작성 시 주의 사항** : 프로그램의 실행 결과는 부분 점수가 없으므로 정확하게 작성해야 합니다. 결과는 반드시 중괄호{ }로 묶어야 하고, 중괄호 안의 문자들은 각기 작은따옴표로 묶어줘야 합니다. 단 출력 순서는 실행할 때마다 변경되므로 관계없으며, 5개의 요소만 정확하게 포함되어 있으면 됩니다.

해설

```
❶ asia = {'한국', '중국', '일본'}
❷ asia.add('베트남')
❸ asia.remove('일본')
❹ asia.update({'한국', '홍콩', '태국'})
❺ print(asia)
```

❶ 세트 asia에 '한국', '중국', '일본'의 3개 요소를 저장한다.

asia	한국	중국	일본

❷ 세트 asia에 '베트남'을 추가한다.

asia	한국	중국	일본	베트남

❸ 세트 asia에서 '일본'을 제거한다.

asia	한국	중국	베트남

❹ 세트 asia에 새로운 세트를 추가하여 확장한다. 새로운 세트 {'한국', '홍콩', '태국'}의 요소 중 '한국'은 이미 asia에 있으므로 무시된다.

asia	한국	중국	베트남	홍콩	태국

❺ 세트 asia를 출력한다. 세트는 순서가 정해져 있지 않으므로 출력되는 요소들의 순서는 바뀔 수 있다.

결과 | {'한국', '중국', '베트남', '홍콩', '태국'}

[문제 16]

SELECT 과목이름, MIN(점수) AS 최소점수, MAX(점수) AS 최대점수 FROM 성적 GROUP BY 과목이름 HAVING AVG(점수) >= 90;

해설

❶ SELECT 과목이름, MIN(점수) AS 최소점수, MAX(점수) AS 최대점수
❷ FROM 성적
❸ GROUP BY 과목이름
❹ HAVING AVG(점수) >= 90;

❶ '과목이름', '점수'의 최소값, '점수'의 최대값을 표시하되, '점수'의 최소값은 '최소점수'로, '점수'의 최대값은 '최대점수'로 표시한다.
❷ 〈성적〉 테이블을 대상으로 검색한다.
❸ '과목이름'을 기준으로 그룹을 지정한다.
❹ 각 그룹의 '점수'의 평균이 90보다 크거나 같은 그룹만을 표시한다.

[문제 17]

Vehicle name : Spark

※ **답안 작성 시 주의 사항** : 프로그램의 실행 결과는 부분 점수가 없으므로 정확하게 작성해야 합니다. 예를 들어, 출력값들을 줄을 나눠

Vehicle name :

Spark   와 같이 썼을 경우 부분 점수 없이 완전히 틀린 것으로 간주됩니다.

해설

```
abstract class Vehicle {                          추상 클래스 Vehicle을 정의한다.
  String name;
  abstract public String getName(String val);     추상 메소드 getName(String val)을 정의한다.
❺ public String getName() {
❻    return "Vehicle name : " + name;
         }
}
class Car extends Vehicle {                        클래스 Car를 정의하고 부모 클래스로 Vehicle을 지정하면서 Vehicle에 속한 변수와
  private String name;                             메소드를 상속받는다.
❷ public Car(String val) {
❸    name = super.name = val;
  }
  public String getName(String val) {
    return "Car name : " + val;
  }
  public String getName(byte[] val) {
    return "Car name : " + val;
  }
}
public class Test {
  public static void main(String[] args) {
❶    Vehicle obj = new Car("Spark");
❹❼   System.out.print(obj.getName());
  }
}
```

모든 Java 프로그램은 반드시 main( ) 메소드부터 시작해야 한다.

❶ Vehicle obj = new Car("Spark");

Car 클래스의 생성자를 이용하여 Vehicle 클래스의 객체 변수 obj를 선언하고, "Spark"를 인수로 Car 클래스의 생성자를 호출한다.

• [부모클래스명] [객체변수명] = new [자식클래스생성자( )] : 부모 클래스의 객체 변수를 선언하면서 자식 클래스의 생성자를 사용하면 형 변환이 발생한다.

• 이렇게 형 변환이 발생했을 때 부모 클래스와 자식 클래스에 동일한 속성이나 메소드가 있으면 자식 클래스의 속성이나 메소드로 재정의된다.

❷ 클래스 Car의 생성자 Car( )의 시작점이다. ❶번에서 전달받은 "Spark"를 val에 저장한다.

❸ name = super.name = val;

val의 값 "Spark"를 부모 클래스인 Vehicle 클래스의 변수 name과 Car 클래스의 변수 name에 저장한다. 이어서 Car( )를 호출했던 다음 줄인 ❹번으로 이동한다.

※ super : 상속 관계에 있는 부모 클래스를 가리키는 예약어로, 여기서는 Vehicle 클래스를 가리킨다.

❹ 객체 변수 obj의 getName( ) 메소드를 호출한다.

※ 형 변환으로 인해 호출되는 메소드가 Car 클래스의 getName( )이라고 생각할 수 있지만, 메소드의 이름이 동일해도 '인수의 자료형과 개수'가 다르면 서로 다른 메소드이다. 때문에 getName( ) 메소드는 Vehicle 클래스와 Car 클래스의 getName(String val)이나 Car 클래스의 getName(Byte[ ] val) 메소드가 아닌 Vehicle 클래스의 getName( ) 메소드이다.

❺ getName( ) 메소드의 시작점이다.

❻ 문자열 **Vehicle name :** 에 변수 name에 저장된 값 Spark를 붙여 메소드를 호출했던 ❼번으로 반환한다.

❼ ❻번에서 반환받은 값을 출력하고 프로그램을 종료한다.

결과   `Vehicle name : Spark`

[문제 18]

① 개념   ② 내부   ③ 외부

[문제 19]

(1) → (2) → (3) → (4) → (5) → (6) → (7)
(1) → (2) → (4) → (5) → (6) → (1)

또는

(1) → (2) → (3) → (4) → (5) → (6) → (1)
(1) → (2) → (4) → (5) → (6) → (7)

해설

• 화이트박스 테스트의 검증 기준(Coverage) 중 분기 검증 기준(Branch Coverage)은 소스 코드의 모든 조건문이 한 번 이상 수행되도록 테스트 케이스를 설계하는 방법입니다.

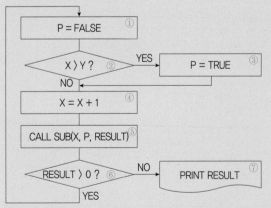

• 위의 순서도를 기반으로 한 테스트 케이스는 ①번에서 시작한 프로세스가 조건문인 ②번과 ⑥번에 도달했을 때 반드시 한 번은 Yes로 한 번은 No로 진행되도록 설계되어야 합니다. 또한 문제지의 답란에 7칸의 괄호와 6칸의 괄호가 제시되어 있으므로, 두 번의 프로세스로 모든 코드가 수행되도록 설계해야 합니다.

[문제 20]

5000

해설

```
class Parent {                              클래스 Parent를 정의한다.
  int x = 1000;
❸ Parent() {
❹    this(3000);
  } ❼
❺ Parent(int x) {                           메소드의 이름이 ❸와 같지만 '인수를 받은 자료형'이 다르므로 서로 다른 메소드이다. 이렇게 이름은 같지만 인수를 받는
❻    this.x = x;                            자료형이나 개수를 달리하여 여러 기능을 정의하는 것을 오버로딩(Overloading)이라고 한다.
  }
}
class Child extends Parent {   클래스 Child를 정의하고 부모 클래스로 Parent를 지정하면서 Parent에 속한 변수와 메소드를 상속받는다.
  int x = 4000;
❷ Child() {
❽    this(5000);
  } ⓫
❾ Child(int x) {                            메소드의 이름이 ❷과 같지만 '인수를 받은 자료형'이 다르므로 서로 다른 메소드이다.
❿    this.x = x;
  }
⓭ int getX() {
⓮    return this.x;
  }
}
public class Test {
  public static void main(String[] args) {
❶    Child c = new Child();
⓬⓯    System.out.println(c.getX());
  }
}
```

모든 Java 프로그램은 반드시 main( ) 메소드에서 시작한다.
❶ Child 클래스의 객체 변수 c를 선언하고, 생성자를 호출한다. 인수가 없으므로 ❾번이 아닌 ❷번으로 이동한다.
❷ 생성자 Child( )의 시작점이다. 다음 줄인 ❽번으로 이동해야 하지만 자식 클래스의 생성자에는 'super( )'와 같이 부모 클래스의 생성자를 호출하는 코드가 묵시적으로 포함되어 있다. 'super( )'에는 인수가 없으므로 ❺번이 아닌 ❸번으로 이동한다.
❸ 생성자 Parent( )의 시작점이다.
❹ 'Parent(3000);'과 동일하다. 인수로 3000을 전달하므로 ❸번이 아닌 ❺번을 호출한다.
※ this : 현재 실행중인 메소드가 속한 클래스를 가리키는 예약어

❺ 정수를 인수로 받는 생성자 Parent( )의 시작점이다. ❹번에서 전달받은 3000을 x가 받는다.

객체 변수 c	
Parent	
x	parnet(int x)
	x
1000	3000

❻ 'Parent.x = x;'와 동일하다. Parent.x에 x의 값 3000을 저장한다. 생성자가 종료되면 생성자를 호출했던 ❹번의 다음 줄인 ❼번으로 이동한다.

객체 변수 c	
Parent	
x	parnet(int x)
	x
1000 3000	3000

❼ 부모 클래스의 생성자가 모두 종료되었으므로 부모 클래스의 생성자가 처음 호출되었던 ❷번의 다음 줄인 ❽번으로 이동한다.

❽ 'Child(5000)'과 동일하다. 인수로 5000을 전달하므로 ❷번이 아닌 ❾번을 호출한다.

❾ 정수를 인수로 받는 생성자 Child( )의 시작점이다. ❽번에서 전달받은 5000을 x가 받는다.

객체 변수 c			
Parent		Child	
x	parnet(int x)	x	Child(int x)
	x		x
1000 3000	3000	4000	5000

❿ 'Child.x = x;'와 동일하다. Child.x에 x의 값 5000을 저장한다. 생성자가 종료되면 생성자를 호출했던 ❽번의 다음 줄인 ⓫번으로 이동한다.

객체 변수 c			
Parent		Child	
x	parnet(int x)	x	Child(int x)
	x		x
1000 3000	3000	4000 5000	5000

⓫ 생성자가 종료되었으므로 생성자를 호출했던 ❶번의 다음 줄인 ⓬번으로 이동한다.

⓬ c.getX( ) 메소드를 호출하여 반환받은 값을 출력한다.

⓭ 정수를 반환하는 getX( ) 메소드의 시작점이다.

⓮ 'return Child.x;'와 동일하다. Child.x의 값 5000을 함수를 호출했던 ⓯번으로 반환한다.

⓯ ⓮번으로부터 반환받은 값 **5000**을 출력한다.

결과 | **5000**

수험자 유의사항

1. 시험 문제지를 받는 즉시 응시하고자 하는 종목의 문제지가 맞는지를 확인하여야 합니다.

2. 시험 문제지 총면수 · 문제번호 순서 · 인쇄상태 등을 확인하고, 수험번호 및 성명을 답안지에 기재하여야 합니다.

3. 문제 및 답안(지), 채점기준은 일절 공개하지 않으며 자신이 작성한 답안, 문제 내용 등을 수험표 등에 이기(옮겨 적는 행위) 등은 관련 법 등에 의거 불이익 조치 될 수 있으니 유의하시기 바랍니다.

4. 수험자 인적사항 및 답안작성(계산식 포함)은 흑색 필기구만 사용하되, 흑색을 제외한 유색 필기구 또는 연필류를 사용하였을 경우 그 문항은 0점 처리됩니다.

5. 답란(답안 기재란)에는 문제와 관련 없는 불필요한 낙서나 특이한 기록사항 등을 기재하여서는 안되며 부정의 목적으로 특이한 표식을 하였다고 판단될 경우에는 모든 문항이 0점 처리됩니다.

6. 답안을 정정할 때에는 반드시 정정부분을 두 줄(=)로 그어 표시하여야 하며, 두 줄로 긋지 않은 답안은 정정하지 않은 것으로 간주합니다. (수정테이프, 수정액 사용불가)

7. 답안의 한글 또는 영문의 오탈자는 오답으로 처리됩니다. 단, 답안에서 영문의 대 · 소문자 구분, 띄어쓰기는 여부에 관계 없이 채점합니다.

8. 계산 또는 디버깅 등 계산 연습이 필요한 경우는 〈문제〉 아래의 연습란을 사용하시기 바라며, 연습란은 채점대상이 아닙니다.

9. 문제에서 요구한 가지 수(항수) 이상을 답란에 표기한 경우에는 답안기재 순으로 요구한 가지 수(항수)만 채점하고 한 항에 여러 가지를 기재하더라도 한 가지로 보며 그 중 정답과 오답이 함께 기재란에 있을 경우 오답으로 처리됩니다.

10. 한 문제에서 소문제로 파생되는 문제나, 가지수를 요구하는 문제는 대부분의 경우 부분채점을 적용합니다. 그러나 소문제로 파생되는 문제 내에서의 부분 배점은 적용하지 않습니다.

11. 답안은 문제의 마지막에 있는 답란에 작성하여야 합니다.

12. 부정 또는 불공정한 방법(시험문제 내용과 관련된 메모지 사용 등)으로 시험을 치른 자는 부정행위자로 처리되어 당해 시험을 중지 또는 무효로 하고, 2년간 국가기술자격검정의 응시자격이 정지됩니다.

13. 시험위원이 시험 중 신분확인을 위하여 신분증과 수험표를 요구할 경우 반드시 제시하여야 합니다.

14. 시험 중에는 통신기기 및 전자기기(휴대용 전화기 등)를 지참하거나 사용할 수 없습니다.

15. 국가기술자격 시험문제는 일부 또는 전부가 저작권법상 보호되는 저작물이고, 저작권자는 한국산업인력공단입니다. 문제의 일부 또는 전부를 무단 복제, 배포, 출판, 전자출판 하는 등 저작권을 침해하는 일체의 행위를 금합니다.

※ 수험자 유의사항 미준수로 인한 채점상의 불이익은 수험자 본인에게 전적으로 책임이 있음

문제 01 다음 C언어로 구현된 프로그램을 분석하여 배열 〈mines〉의 각 칸에 들어갈 값을 쓰시오. (5점)

```c
#include <stdio.h>
main( ) {
    int field[4][4] = { {0,1,0,1}, {0,0,0,1}, {1,1,1,0}, {0,1,1,1} };
    int mines[4][4] = { {0,0,0,0}, {0,0,0,0}, {0,0,0,0}, {0,0,0,0} };
    int w = 4, h = 4;
    for (int y = 0; y < h; y++) {
        for (int x = 0; x < w; x++) {
            if (field[y][x] == 0) continue;
            for (int j = y - 1; j <= y + 1; j++) {
                for (int i = x - 1; i <= x + 1; i++) {
                    if (chkover(w, h, j, i) == 1)
                        mines[j][i] += 1;
                }
            }
        }
    }
}

int chkover(int w, int h, int j, int i) {
    if (i >= 0 && i < w && j >= 0 && j < h) return 1;
    return 0;
}
```

배열 〈field〉

0	1	0	1
0	0	0	1
1	1	1	0
0	1	1	1

배열 〈mines〉

문제 02 관계대수에 대한 다음 설명에서 괄호(①~⑤)에 들어갈 알맞은 용어를 쓰시오. (5점)

관계대수는 관계형 데이터베이스에서 원하는 정보와 그 정보를 검색하기 위해서 어떻게 유도하는가를 기술하는 절차적인 언어이다. 관계대수에 사용되는 연산은 다음과 같다.

- 합집합(UNION)은 두 릴레이션에 존재하는 튜플의 합집합을 구하되, 결과로 생성된 릴레이션에서 중복되는 튜플은 제거되는 연산으로, 사용하는 기호는 (①)이다.
- 차집합(DIFFERENCE)은 두 릴레이션에 존재하는 튜플의 차집합을 구하는 연산으로, 사용하는 기호는 (②)이다.
- 교차곱(CARTESIAN PRODUCT)은 두 릴레이션에 있는 튜플들의 순서쌍을 구하는 연산으로, 사용하는 기호는 (③)이다.
- 프로젝트(PROJECT)는 주어진 릴레이션에서 속성 리스트(Attribute List)에 제시된 속성 값만을 추출하여 새로운 릴레이션을 만드는 연산으로, 사용하는 기호는 (④)이다.
- 조인(JOIN)은 공통 속성을 중심으로 두 개의 릴레이션을 하나로 합쳐서 새로운 릴레이션을 만드는 연산으로, 사용하는 기호는 (⑤)이다.

답
- ①
- ②
- ③
- ④
- ⑤

문제 03 디자인 패턴에 대한 다음 설명에서 괄호(①, ②)에 들어갈 알맞은 용어를 〈보기〉에서 찾아 쓰시오. (5점)

- (①) 패턴은 구현부에서 추상층을 분리하여, 서로가 독립적으로 확장할 수 있도록 구성한 패턴으로, 기능과 구현을 두 개의 별도 클래스로 구현한다는 특징이 있다.
- (②) 패턴은 한 객체의 상태가 변화하면 객체에 상속된 다른 객체들에게 변화된 상태를 전달하는 패턴으로, 일 대다의 의존성을 정의한다. 주로 분산된 시스템 간에 이벤트를 생성·발행(Publish)하고, 이를 수신(Subscribe)해야 할 때 이용한다.

〈보기〉

• Builder	• Factory Method	• Adapter	• Bridge
• Facade	• Proxy	• Observer	• Mediator

답
- ①
- ②

문제 04 다음 JAVA로 구현된 프로그램을 분석하여 그 실행 결과를 쓰시오. (단, 출력문의 출력 서식을 준수하시오.) (5점)

```java
public class Test {
    public static void main(String[] args) {
        int result[] = new int[5];
        int arr[] = { 77, 32, 10, 99, 50 };
        for(int i = 0; i < 5; i++) {
            result[i] = 1;
            for(int j = 0; j < 5; j++)
                if(arr[i] < arr[j])
                    result[i]++;
        }
        for(int k = 0; k < 5; k++)
            System.out.print(result[k]);
    }
}
```

답 :

문제 05 192.168.1.0/24 네트워크를 FLSM 방식을 이용하여 3개의 Subnet으로 나누었을 때, 두 번째 네트워크의 브로드캐스트 IP주소를 10진수 방식으로 쓰시오. (5점)

답 :

문제 06 테스트 기법 중 다음과 같이 '평가 점수표'를 미리 정해 놓은 후 각 영역의 경계에 해당하는 입력값을 넣고, 예상되는 출력값이 나오는지 실제 값과 비교하는 명세 기반 테스트 기법을 〈보기〉에서 찾아 쓰시오. (5점)

〈평가 점수표〉

평가점수	성적등급
90~100	A
80~89	B
70~79	C
0~69	D

〈케이스〉

테스트 케이스	1	2	3	4	5	6	7	8	9	10
입력값	−1	0	69	70	79	80	89	90	100	101
예상 결과값	오류	D	D	C	C	B	B	A	A	오류
실제 결과값	오류	D	D	C	C	B	B	A	A	오류

〈보기〉

• Equivalence Partition	• Boundary Value Analysis	• Condition Test
• Cause−Effect Graph	• Error Guess	• Comparison Test
• Base Path Test	• Loop Test	• Data Flow Test

답 :

문제 07 다음과 같이 테이블을 정의하고 튜플을 삽입하였을 때 각 번호(①, ②)의 SQL문을 실행한 결과를 쓰시오. (5점)

```
CREATE TABLE 부서 (
    부서코드 INT PRIMARY KEY,
    부서명 VARCHAR(20)
);


CREATE TABLE 직원 (
    직원코드 INT PRIMARY KEY,
    부서코드 INT,
    직원명 VARCHAR(20),
    FOREIGN KEY(부서코드) REFERENCES 부서(부서코드)
        ON DELETE CASCADE
);


INSERT INTO 부서 VALUES(10, '영업부');
INSERT INTO 부서 VALUES(20, '기획부');
INSERT INTO 부서 VALUES(30, '개발부');


INSERT INTO 직원 VALUES(1001, 10, '이진수');
INSERT INTO 직원 VALUES(1002, 10, '곽연경');
INSERT INTO 직원 VALUES(1003, 20, '김선길');
INSERT INTO 직원 VALUES(1004, 20, '최민수');
INSERT INTO 직원 VALUES(1005, 20, '이용갑');
INSERT INTO 직원 VALUES(1006, 30, '박종일');
INSERT INTO 직원 VALUES(1007, 30, '박미경');
```

① SELECT DISTINCT COUNT(부서코드) FROM 직원 WHERE 부서코드 = 20;

답 :

② DELETE FROM 부서 WHERE 부서코드 = 20;

   SELECT DISTINCT COUNT(부서코드) FROM 직원;

답 :

문제 08 다음 설명에서 괄호(①, ②)에 들어갈 알맞은 용어를 쓰시오. (5점)

- (①) 은 컴퓨터 보안에 있어서, 인간 상호 작용의 깊은 신뢰를 바탕으로 사람들을 속여 정상 보안 절차를 깨트리기 위한 비기술적 시스템 침입 수단을 의미한다.
- (②)는 특정 목적을 가지고 데이터를 수집하였으나, 이후 활용되지 않고 저장만 되어있는 대량의 데이터를 의미한다. 미래에 사용될 가능성을 고려하여 저장 공간에서 삭제되지 않고 보관되어 있으나, 이는 저장 공간의 낭비뿐만 아니라 보안 위험을 초래할 수도 있다.

답

- ①
- ②

문제 09 다음 Python으로 구현된 프로그램을 분석하여 그 실행 결과를 쓰시오. (단, 출력문의 출력 서식을 준수하시오.) (5점)

```
a = [1, 2, 3, 4, 5]
a = list(map(lambda num : num + 100, a))
print(a)
```

답 :

문제 10 다음 설명에 해당하는 알맞은 용어를 쓰시오. (5점)

다양한 장비에서 발생하는 로그 및 보안 이벤트를 통합하여 관리하는 보안 솔루션으로, 방화벽, IDS, IPS, 웹 방화벽, VPN 등에서 발생한 로그 및 보안 이벤트를 통합하여 관리함으로써 비용 및 자원을 절약할 수 있는 특징이 있다. 또한 보안 솔루션 간의 상호 연동을 통해 종합적인 보안 관리 체계를 수립할 수 있다.

답 :

문제 11 다음 제시된 보기 중 형상 관리 도구에 해당하는 것을 3가지 고르시오. (5점)

| • OLAP | • CVS | • Ant | • Maven | • Git | • Jenkins | • Spring | • SVN |

답 :

문제 12 학생(STUDENT) 테이블에 전기과 학생이 50명, 전산과 학생이 100명, 전자과 학생이 50명 있다고 할 때, 다음 SQL문 ①, ②, ③의 실행 결과로 표시되는 튜플의 수를 쓰시오. (단, DEPT 필드는 학과를 의미한다) (5점)

---

① SELECT DEPT FROM STUDENT;

② SELECT DISTINCT DEPT FROM STUDENT;

③ SELECT COUNT(DISTINCT DEPT) FROM STUDENT WHERE DEPT = '전산과';

답

- ①

- ②

- ③

문제 13 다음 C언어로 구현된 프로그램을 분석하여 그 실행 결과를 쓰시오. (단, 출력문의 출력 서식을 준수하시오.) (5점)

```c
#include <stdio.h>
main() {
    int s, el = 0;
    for (int i = 6; i <= 30; i++) {
        s = 0;
        for (int j = 1; j <= i / 2; j++)
            if (i % j == 0)
                s = s + j;
        if (s == i)
            el++;
    }
    printf("%d", el);
}
```

답 :

문제 14 보안 및 보안 위협에 대한 다음 설명에서 괄호(①, ②)에 들어갈 알맞은 용어를 〈보기〉에서 찾아 쓰시오. (5점)

- (①)은 칩 설계회사인 ARM(Advanced RISC Machine)에서 개발한 기술로, 하나의 프로세서(Processor) 내에 일반 애플리케이션을 처리하는 일반 구역(Normal World)과 보안이 필요한 애플리케이션을 처리하는 보안 구역(Secure World)으로 분할하여 관리하는 하드웨어 기반의 보안 기술이다.

- (②)은 네티즌들이 사이트에 접속할 때 주소를 잘못 입력하거나 철자를 빠뜨리는 실수를 이용하기 위해 이와 유사한 유명 도메인을 미리 등록하는 것으로 URL 하이재킹(Hijacking)이라고도 한다. 유명 사이트들의 도메인을 입력할 때 발생할 수 있는 온갖 도메인 이름을 미리 선점해 놓고 이용자가 모르는 사이에 광고 사이트로 이동하게 만든다.

〈보기〉

• Pharming	• Tvishing	• Trustzone	• APT	• Typosquatting
• Hacktivism	• Watering Hole	• Smurfing	• Ransomware	• CSRF

답

- ①
- ②

문제 15 다음 설명에서 괄호에 들어갈 알맞은 용어를 쓰시오. (5점)

( )는 한 번의 로그인으로 개인이 가입한 모든 사이트를 이용할 수 있게 해주는 시스템을 말한다. 개인의 경우, 사이트에 접속하기 위하여 아이디와 패스워드는 물론 이름, 전화번호 등 개인정보를 각 사이트마다 일일이 기록해야 하던 것이 한 번의 작업으로 끝나므로 불편함이 해소되며, 기업에서는 회원에 대한 통합관리가 가능해 마케팅을 극대화시킬 수 있다는 장점이 있다.

답 :

문제 16 스케줄링에 대한 다음 설명에서 괄호(①~③)에 들어갈 알맞은 용어를 쓰시오. (5점)

- (①)는 준비상태 큐에서 기다리고 있는 프로세스들 중에서 실행 시간이 가장 짧은 프로세스에게 먼저 CPU를 할당하는 기법이다. 가장 적은 평균 대기 시간을 제공하는 최적 알고리즘이지만, 실행 시간이 긴 프로세스는 실행 시간이 짧은 프로세스에게 할당 순위가 밀려 무한 연기 상태가 발생될 수 있다.
- (②)은 시분할 시스템을 위해 고안된 방식으로, 준비상태 큐에 먼저 들어온 프로세스가 먼저 CPU를 할당받지만 각 프로세스는 시간 할당량 동안만 실행한 후 실행이 완료되지 않으면 다음 프로세스에게 CPU를 넘겨주고 준비상태 큐의 가장 뒤로 배치된다. 할당되는 시간이 작을 경우 문맥 교환 및 오버헤드가 자주 발생되어 요청된 작업을 신속히 처리할 수 없다.
- (③)는 현재 실행중인 프로세스의 남은 시간과 준비상태 큐에 새로 도착한 프로세스의 실행 시간을 비교하여 가장 짧은 실행 시간을 요구하는 프로세스에게 CPU를 할당하는 기법으로, 시분할 시스템에 유용하다. 준비상태 큐에 있는 각 프로세스의 실행 시간을 추적하여 보유하고 있어야 하므로 오버헤드가 증가한다.

답

- ①
- ②
- ③

문제 17 UML에 대한 다음 설명에서 괄호(①~③)에 들어갈 알맞은 용어를 쓰시오. (5점)

UML은 시스템 분석, 설계, 구현 등 시스템 개발 과정에서 시스템 개발자와 고객 또는 개발자 상호 간의 의사소통이 원활하게 이루어지도록 표준화한 대표적인 객체지향 모델링 언어로, 사물, (①), 다이어그램으로 이루어져 있다.

- (①)는 사물과 사물 사이의 연관성을 표현하는 것으로, 연관, 집합, 포함, 일반화 등 다양한 형태의 (①)가 존재한다.
- (②)는 UML에 표현되는 사물의 하나로, 객체가 갖는 속성과 동작을 표현한다. 일반적으로 직사각형으로 표현하며, 직사각형 안에 이름, 속성, 동작을 표기한다.
- (③)는 (②)와 같은 UML에 표현되는 사물의 하나로, (②)나 컴포넌트의 동작을 모아놓은 것이며, 외부적으로 가시화되는 행동을 표현한다. 단독으로 사용되는 경우는 없으며, (③) 구현을 위한 (②) 또는 컴포넌트와 함께 사용된다.

답
- ①
- ②
- ③

문제 18 다음 E-R 다이어그램을 참고하여 괄호(①~⑤)의 설명에 적합한 요소를 찾아 기호(㉠~㉤)로 쓰시오. (5점)

- (①) : 관계 집합을 의미한다.
- (②) : 관계 집합과 속성을 연결한다.
- (③) : 개체 집합을 의미하며, 키로 사용되는 항목에는 밑줄을 표시한다.
- (④) : 관계 집합의 속성을 의미한다.
- (⑤) : 개체 집합과 관계 집합을 연결한다.

답
- ①
- ②
- ③
- ④
- ⑤

문제 19 다음 JAVA로 구현된 프로그램을 분석하여 그 실행 결과를 쓰시오. (단, 출력문의 출력 서식을 준수하시오.) (5점)

```java
public class Test {
    static int[] mkarr( ) {
        int[] tmpArr = new int[4];
        for (int i = 0; i < tmpArr.length; i++)
            tmpArr[i] = i;
        return tmpArr;
    }
    public static void main(String[] args) {
        int[] arr;
        arr = mkarr( );
        for (int i = 0; i < arr.length; i++)
            System.out.print(arr[i]);
    }
}
```

답 :

문제 20 다음 JAVA로 구현된 프로그램을 분석하여 그 실행 결과를 쓰시오. (단, 출력문의 출력 서식을 준수하시오.) (5점)

```java
public class Test {
    public static void main(String[] args) {
        int r = 0;
        for (int i = 1; i < 999; i++) {
            if (i % 3 == 0 && i % 2 == 0)
                r = i;
        }
        System.out.print(r);
    }
}
```

답 :

[문제 01]

1	1	3	2
3	4	5	3
3	5	6	4
3	5	5	3

해설

```
#include 〈stdio.h〉
main( ) {
❶ int field[4][4] = { {0,1,0,1}, {0,0,0,1}, {1,1,1,0}, {0,1,1,1} };
❷ int mines[4][4] = { {0,0,0,0}, {0,0,0,0}, {0,0,0,0}, {0,0,0,0} };
❸ int w = 4, h = 4;
❹ for (int y = 0; y 〈 h; y++) {
❺    for (int x = 0; x 〈 w; x++) {
❻       if (field[y][x] == 0) continue;
❼       for (int j = y − 1; j 〈= y + 1; j++) {
❽          for (int i = x − 1; i 〈= x + 1; i++) {
❾⓭             if (chkover(w, h, j, i) == 1)
⓮                mines[j][i] += 1;
             }
          }
       }
    }
}

⓾ int chkover(int w, int h, int j, int i) {
⓫    if (i 〉= 0 && i 〈 w && j 〉= 0 && j 〈 h) return 1;
⓬    return 0;
    }
```

[알고리즘의 이해]

문제의 코드는 배열 field의 요소가 0이 아닌, 즉 1인 경우, 배열 mines에서 해당 위치를 중심으로 3행 3열의 범위에 1을 더하는 프로그램입니다.

• w와 h는 배열의 행과 열의 길이가 저장된 변수입니다.
• y와 x는 배열 field의 행과 열 위치를 지정해 주는 변수입니다.
• j와 i는 배열 mines에서 1을 더할 범위의 행과 열 위치를 지정해 주는 변수입니다.
• chkover( ) 함수는 j와 i가 배열의 크기를 벗어나는지 검사하는 함수입니다. 벗어났다고 판단되면 0을 반환하여 해당 위치에는 1을 더하지 않도록 합니다.

반복문 수행에 따라 배열 mines에 저장되는 값은 다음과 같습니다.
• 배열 field에서 1의 위치

배열 〈field〉

0	1	0	1
0	0	0	1
1	1	1	0
0	1	1	1

• 배열 field의 요소가 1인 위치에 대한 배열 mines의 값 변화

모든 C 프로그램은 반드시 main( ) 함수에서 시작한다.

❶ 4행 4열의 2차원 배열 field를 선언하고 초기화한다.

배열 〈field〉

0	1	0	1
0	0	0	1
1	1	1	0
0	1	1	1

❷ 4행 4열의 2차원 배열 mines를 선언하고 초기화한다.

배열 〈mines〉

0	0	0	0
0	0	0	0
0	0	0	0
0	0	0	0

❸ 정수형 변수 w와 h를 선언하고, 각각 4로 초기화한다.

❹ 반복 변수 y가 0부터 1씩 증가하면서 h의 값 4보다 작은 동안 ❺~❶번을 반복 수행한다.

❺ 반복 변수 x가 0부터 1씩 증가하면서 w의 값 4보다 작은 동안 ❻~❶번을 반복 수행한다.

❻ filed[y][x]의 값이 0이면 ❼번 이후의 코드를 실행하지 않고 반복문의 처음인 ❺번으로 이동하고, 0이 아니면 ❼번으로 이동한다.

❼ 반복 변수 j가 y−1부터 1씩 증가하면서 y+1보다 작거나 같은 동안 ❽~❶번을 반복 수행한다.

❽ 반복 변수 i가 x−1부터 1씩 증가하면서 x+1보다 작거나 같은 동안 ❾~❶번을 반복 수행한다.

❾ w, h, j, i의 값을 인수로 chkover( ) 함수를 호출한 결과가 1이면 ❶번으로 이동하고, 아니면 ❽번으로 이동한다.

❿ 정수를 반환하는 chkover( ) 함수의 시작점이다. ❾번에서 전달받은 값을 w, h, j, i가 받는다.

⓫ i와 j가 0보다 크거나 같고, w와 h의 값인 4보다 작으면 함수를 호출했던 ⓭번으로 1을 반환하며 함수를 종료하고, 아니면 ⓬번으로 이동한다.

⓬ 함수를 호출했던 ⓭번으로 0을 반환하고 함수를 종료한다.

⓭ ⓫번에서 1을 반환받았으면 ❶번으로, ⓬번에서 0을 반환받았으면 ❽번으로 이동한다.

❶ 'mines[j][i] = mines[j][i] + 1'과 동일하다. mines[j][i]에 1을 누적시킨다.

[문제 02]

① U   ② −   ③ ×   ④ π   ⑤ ⋈

[문제 03]

① Bridge   ② Observer

[문제 04]

24513

※ **답안 작성 시 주의 사항** : 프로그램의 실행 결과는 부분 점수가 없으므로 정확하게 작성해야 합니다. 예를 들어, 출력값 사이에 쉼표(,)를 넣어 2, 4, 5, 1, 3으로 썼을 경우 부분 점수 없이 완전히 틀린 것으로 처리됩니다.

해설

문제의 코드는 배열 arr에 저장된 값들의 순위를 구하여 배열 result에 저장하는 알고리즘입니다.

```
public class Test {
  public static void main(String[ ] args) {
❶    int result[ ] = new int[5];
❷    int arr[ ] = { 77, 32, 10, 99, 50 };
❸    for(int i = 0; i < 5; i++) {
❹      result[i] = 1;
❺      for(int j = 0; j < 5; j++)
❻        if(arr[i] < arr[j])
❼          result[i]++;
    }
❽    for(int k = 0; k < 5; k++)
❾      System.out.print(result[k]);
  }
}
```

❶ 5개의 요소를 갖는 정수형 배열 result를 선언한다.

	[0]	[1]	[2]	[3]	[4]
result	0	0	0	0	0

※ Java에서는 배열을 선언하고 초기화하지 않으면 배열의 모든 요소가 0으로 초기화됩니다.

❷ 5개의 요소를 갖는 정수형 배열 arr을 선언하고 초기화한다.

	[0]	[1]	[2]	[3]	[4]
arr	77	32	10	99	50

❸ 반복 변수 i가 0부터 1씩 증가하면서 5보다 작은 동안 ❹~❼번을 반복 수행한다.

❹ 다른 점수들과 비교하기 전까지는 모든 점수의 석차는 1등이므로, result[i]에 1을 저장한다.

❺ 반복 변수 j가 0부터 1씩 증가하면서 5보다 작은 동안 ❻, ❼번을 반복 수행한다.

❻ 현재 점수(arr[i])가 비교 점수(arr[j])보다 작으면 석차를 1 증가시키기 위해 ❼번으로 이동하고, 아니면 반복문의 시작인 ❺번으로 이동한다.

❼ 'result[i] = result[i] + 1;'과 동일하다. i번째 점수의 석차를 1씩 증가시킨다.

반복문 실행에 따른 변수들의 변화는 다음과 같다.

i	j	arr[i]	arr[j]	result [0]	[1]	[2]	[3]	[4]
0				1	0	0	0	0
	0	77	77					
	1		32					
	2		10					
	3		99	2	0	0	0	0
	4		50					
	5							
1				2	1	0	0	0
	0	32	77	2	2	0	0	0
	1		32					
	2		10					
	3		99	2	3	0	0	0
	4		50	2	4	0	0	0
	5							

2				2	4	1	0	0
	0	10	77	2	4	2	0	0
	1		32	2	4	3	0	0
	2		10					
	3		99	2	4	4	0	0
	4		50	2	4	5	0	0
	5							
3				2	4	5	1	0
	0	99	77					
	1		32					
	2		10					
	3		99					
	4		50					
	5							
4				2	4	5	1	1
	0	50	77	2	4	5	1	2
	1		32					
	2		10					
	3		99	2	4	5	1	3
	4		50					
	5							
5								

❽ 반복 변수 k가 0부터 1씩 증가하면서 5보다 작은 동안 ❾번을 반복 수행한다.
❾ result[k]의 값을 출력한다.

결과 `24513`

[문제 05]
192.168.1.127

해설

- 192.168.1.0/24에서 '/24'는 서브넷 마스크를 의미합니다. 즉 서브넷 마스크는 1의 개수가 24개라는 것으로 이를 2진수로 표현하면 11111111 11111111 11111111 00000000입니다.
- 서브넷 마스크를 Subnet으로 나눌 때는 서브넷 마스크가 0인 부분, 즉 마지막 8비트를 이용하면 됩니다.
- Subnet으로 나눌 때 "3개의 Subnet으로 나눈다"는 것처럼 네트워크가 기준일 때는 왼쪽을 기준으로 나눌 네트워크 수에 필요한 비트를 할당하고 나머지 비트로 호스트를 구성하면 됩니다.
- 3개의 Subnet으로 구성하라 했으니 8비트 중 3을 표현하는데 필요한 2(2^2=4)비트를 제외하고 나머지 6비트를 호스트로 구성하면 됩니다.
- 네트워크 개수 = 4(=$2^{2(필요한 비트 수)}$)
- 호스트 개수 = 256 / 네트워크 개수 = 256/4 = 64(=$2^{6(남은 비트 수)}$)
- 문제에서 FLSM(Fixed Length Subnet Mask), 즉 고정된 크기로 주소를 할당하라고 했으므로 다음 표와 같이 64개의 호스트를 갖는 4개의 네트워크로 나눌 수 있으나 문제에서 3개의 Subnet을 구성하라 하였으므로 4번 네트워크는 사용되지 않습니다.
- 네트워크별로 첫 번째 주소는 네트워크 주소이고, 마지막 주소는 브로드캐스트 주소입니다.

네트워크	네트워크 주소	브로드캐스트 주소
1	192.168.1.0	192.168.1.63
2	192.168.1.64	192.168.1.127
3	192.168.1.128	192.168.1.191
4	~~192.168.1.192~~	~~192.168.1.255~~

∴ 3개의 Subnet으로 나누어진 위의 네트워크에서 두 번째 네트워크의 브로드캐스트 주소는 192.168.1.127입니다.

[문제 06]
Boundary Value Analysis

[문제 07]
① 3   ② 4

해설

```
CREATE TABLE 부서 (
    부서코드 INT PRIMARY KEY,
    부서명 VARCHAR(20)
);

CREATE TABLE 직원 (
    직원코드 INT PRIMARY KEY,
    부서코드 INT,
    직원명 VARCHAR(20),
    FOREIGN KEY(부서코드) REFERENCES 부서(부서코드)

        ON DELETE CASCADE
);

❶ INSERT INTO 부서 VALUES(10, '영업부');
❷ INSERT INTO 부서 VALUES(20, '기획부');
❸ INSERT INTO 부서 VALUES(30, '개발부');
❹ INSERT INTO 직원 VALUES(1001, 10, '이진수');
❺ INSERT INTO 직원 VALUES(1002, 10, '곽연경');
❻ INSERT INTO 직원 VALUES(1003, 20, '김선길');
❼ INSERT INTO 직원 VALUES(1004, 20, '최민수');
❽ INSERT INTO 직원 VALUES(1005, 20, '이용갑');
❾ INSERT INTO 직원 VALUES(1006, 30, '박종일');
❿ INSERT INTO 직원 VALUES(1007, 30, '박미경');
```

〈부서〉 테이블을 생성한다.
'부서코드' 속성은 정수형이며, 기본키로 정의한다.
'부서명' 속성은 가변길이 문자 20자이다.

〈직원〉 테이블을 생성한다.
'직원코드' 속성은 정수형이며, 기본키로 정의한다.
'부서코드' 속성은 정수형이다.
'직원명' 속성은 가변길이 문자 20자이다.

'부서코드' 속성은 〈부서〉 테이블의 '부서코드' 속성을 참조하는 외래키이다.
〈부서〉 테이블에서 튜플이 삭제되면 관련된 모든 튜플이 함께 삭제된다.

- ❶~❸번 SQL문이 수행된 후 〈부서〉 테이블은 다음과 같습니다.

〈부서〉

부서코드	부서명
10	영업부
20	기획부
30	개발부

- ❹~❿번 SQL문이 수행된 후 〈직원〉 테이블은 다음과 같습니다.

〈직원〉

직원코드	부서코드	직원명
1001	10	이진수
1002	10	곽연경
1003	20	김선길
1004	20	최민수
1005	20	이용갑
1006	30	박종일
1007	30	박미경

①
SELECT DISTINCT COUNT(부서코드)	'부서코드'의 개수를 표시하되, 표시된 개수 중 중복된 값은 한 번만 표시한다.
FROM 직원	〈직원〉 테이블에서 검색한다.
WHERE 부서코드 = 20;	'부서코드'가 20인 자료만을 대상으로 한다.

• 문제의 SQL문은 DISTINCT가 '부서코드'에 적용되는 것이 아니라 'COUNT(부서코드)'에 적용됨에 유의해야 합니다.
• WHERE 부서코드 = 20 : '부서코드'가 20인 자료만을 검색합니다.

부서코드
20
20
20

• SELECT DISTINCT COUNT(부서코드) : 'COUNT(부서코드)'의 결과인 3에는 중복된 값이 없으므로 3이 그대로 표시됩니다.

COUNT(부서코드)
3

②
DELETE FROM 부서	〈부서〉 테이블에서 튜플을 삭제하라.
WHERE 부서코드 = 20;	'부서코드'가 20인 자료만을 대상으로 하라.
SELECT DISTINCT COUNT(부서코드)	'부서코드'의 개수를 표시하되, 표시된 개수 중 중복된 값은 한 번만 표시한다.
FROM 직원;	〈직원〉 테이블에서 검색한다.

• DELETE FROM 부서 WHERE 부서코드 = 20; : 〈직원〉 테이블의 '부서코드'는 테이블 정의 시 〈부서〉 테이블의 '부서코드'를 참조하되 〈부서〉 테이블에서 '부서코드'의 튜플이 삭제되면 이를 참조하는 〈직원〉의 튜플도 함께 삭제되도록 정의하였으므로, DELETE문 수행 후의 〈부서〉와 〈직원〉 테이블은 다음과 같습니다.

〈부서〉

부서코드	부서명
10	영업부
30	개발부

〈직원〉

직원코드	부서코드	직원명
1001	10	이진수
1002	10	곽연경
1006	30	박종일
1007	30	박미경

• SELECT DISTINCT COUNT(부서코드) FROM 직원; : 〈직원〉 테이블에 대한 'COUNT(부서코드)'의 결과인 4에는 중복된 값이 없으므로 4가 그대로 표시됩니다.

COUNT(부서코드)
4

[문제 08]
※ 문항별로 다음 중 하나를 쓰면 됩니다.
① 사회 공학, Social Engineering
② 다크 데이터, Dark Data

[문제 09]

[101, 102, 103, 104, 105]

※ **답안 작성 시 주의 사항** : 프로그램의 실행 결과는 부분 점수가 없으므로 정확하게 작성해야 합니다. 예를 들어, 출력값 전 · 후에 대괄호
([ ])를 생략하거나 출력값 사이에 쉼표(,)를 생략하여 101, 102, 103, 104, 150 또는 [101 102 103 104 105]로 썼을 경우 부분 점수 없이
완전히 틀린 것으로 처리됩니다.

❶ a = [1, 2, 3, 4, 5]
❷ a = list(map(lambda num : num + 100, a))
❸ print(a)

❶ 5개의 요소를 갖는 리스트 a를 선언한다.
❷ a의 각 요소에 100을 더하는 람다 식을 적용한 후, 100씩 더해진 값들을 다시 리스트로 구성하여 a에 저장한다.

a = list(map(lambda num : num + 100, a))
　　　　　　　　　　　⊙
　　　　　　　ⓛ
　　　ⓒ

- ⊙ lambda num : num + 100 : 인수로 입력된 값에 100을 더하는 람다 식을 정의한다.
- ⓛ map(⊙, a) : 리스트 a의 각 요소를 ⊙에 적용한다.

| a | 1 | 2 | 3 | 4 | 5 | → lambda 1 : 1 + 100 → **101** 반환 |

a ⟦1⟧ 2 3 4 5 → lambda 1 : 1 + 100 → **101** 반환
a 1 ⟦2⟧ 3 4 5 → lambda 2 : 2 + 100 → **102** 반환
a 1 2 ⟦3⟧ 4 5 → lambda 3 : 3 + 100 → **103** 반환
a 1 2 3 ⟦4⟧ 5 → lambda 4 : 4 + 100 → **104** 반환
a 1 2 3 4 ⟦5⟧ → lambda 5 : 5 + 100 → **105** 반환

- ⓒ a = list(ⓛ) : ⓛ의 실행 결과로 반환되는 값들을 리스트로 구성하여 a에 저장한다.

a | 101 | 102 | 103 | 104 | 105 |

❸ a를 출력한다. a는 리스트이므로, 리스트를 선언할 때와 같은 형태와 순서로 출력한다.
결과　[101, 102, 103, 104, 105]

[문제 10]

※ 다음 중 하나를 쓰면 됩니다.

SIEM, Security Information & Event Management

[문제 11]

※ 3가지를 모두 적어야 합니다.

CVS, Git, SVN

[문제 12]

① 200 ② 3 ③ 1

해설

①

SELECT DEPT	'DEPT'를 표시한다.
FROM STUDENT;	〈STUDENT〉 테이블에서 검색한다.

• 〈STUDENT〉 테이블에서 'DEPT'를 검색합니다. 총 200개의 튜플이 들어 있고 검색 조건이 없으므로 튜플의 수는 **200**입니다.

②

SELECT DISTINCT DEPT	'DEPT'를 표시하되, 같은 'DEPT' 속성의 값은 한 번만 표시한다.
FROM STUDENT;	〈STUDENT〉 테이블에서 검색한다.

• 〈STUDENT〉 테이블에서 'DEPT'를 검색하는 데 중복된 결과는 처음의 한 개만 검색에 포함시킵니다. 전기과 50개 튜플의 'DEPT' 속성의 값이 같으므로 1개, 전산과 100개 튜플의 'DEPT' 속성의 값이 같으므로 1개, 전자과 50개 튜플의 'DEPT' 속성의 값이 같으므로 1개를 검색에 포함시키므로 **3**개의 튜플이 검색됩니다.

③

SELECT COUNT(DISTINCT DEPT)	'DEPT'의 개수를 표시하되, 같은 'DEPT' 속성의 값은 한 번만 계산한다.
FROM STUDENT;	〈STUDENT〉 테이블에서 검색한다.
WHERE DEPT = '전산과';	'DEPT'가 '전산과'인 자료만을 대상으로 검색한다.

• 〈STUDENT〉 테이블에서 'DEPT' 속성의 값이 '전산과'인 튜플에 대해 중복을 제거하고 개수를 세므로 **1**이 검색 결과로 표시됩니다.

[문제 13]

2

해설

어떤 정수의 약수 중 자신을 제외한 약수를 모두 합하면 자신과 같아지는 수가 있다. 예를 들어 6의 약수 1, 2, 3, 6 중 6을 제외한 1, 2, 3을 더하면 6이 되어 자신과 같아진다. 다음은 6부터 30까지의 정수 중 이러한 약수를 갖는 수를 찾아 출력하는 알고리즘이다.

```
#include 〈stdio.h〉
main( ) {
❶ int s, el = 0;
❷ for (int i = 6; i 〈= 30; i++) {
❸    s = 0;
❹    for (int j = 1; j 〈= i / 2; j++)
❺       if (i % j == 0)
❻          s = s + j;
❼    if (s == i)
❽       el++;
     }
❾ printf("%d", el);
}
```

❶ 정수형 변수 s, el을 선언하고, el을 0으로 초기화한다.
❷ 반복 변수 i가 6부터 1씩 증가하면서 30보다 작거나 같은 동안 ❸~❽번을 반복 수행한다.
❸ s에 0을 저장한다.
❹ 반복 변수 j가 1부터 1씩 증가하면서 i/2보다 작거나 같은 동안 ❺, ❻번을 반복 수행한다.
❺ i를 j로 나눈 나머지가 0이면 ❻번으로 이동하고, 아니면 현재 반복문의 처음인 ❹번으로 이동한다.

❻ s에 j의 값을 누적시킨다. 구해진 약수를 더하는 과정이다.

❼ s와 i의 값이 같으면 약수를 모두 더한 값과 자신이 같은 수를 찾은 것이므로, ❽번으로 이동하고, 아니면 현재 반복문의 처음인 ❷번으로 이동한다.

❽ 'el = el + 1;'과 동일하다. 약수를 모두 더한 값과 자신이 같은 수의 개수를 누적시키는 과정이다.

반복문 실행에 따른 변수들의 변화는 다음과 같다.

i	j	s	el
			0
6		0	
	1	1	
	2	3	
	3	6	
	4		1
7		0	
	1	1	
	2		
	3		
	4		
⋮	⋮	⋮	⋮
28		0	
	1	1	
	2	3	
	3		
	4	7	
	5		
	6		
	7	14	
	⋮	⋮	⋮
	14	28	
	15		2
⋮	⋮	⋮	⋮
31			

❾ el의 값 2를 정수로 출력한다.

결과 `2`

[문제 14]

① Trustzone ② Typosquatting

[문제 15]

※ 다음 중 하나를 쓰면 됩니다.

SSO, Single Sign On

[문제 16]

※ 문항별로 다음 중 하나를 쓰면 됩니다.

① SJF, Shortest Job First

② RR, Round Robin

③ SRT, Shortest Remaining Time

[문제 17]

※ 문항별로 다음 중 하나를 쓰면 됩니다.

① 관계, Relationship

② 클래스, Class

③ 인터페이스, Interface

[문제 18]

① ㉡   ② ㉢   ③ ㉠   ④ ㉣   ⑤ ㉤

[문제 19]

0123

※ **답안 작성 시 주의 사항** : 프로그램의 실행 결과는 부분 점수가 없으므로 정확하게 작성해야 합니다. 예를 들어, 출력값 사이에 쉼표(,)를 넣어 0, 1, 2, 3으로 썼을 경우 부분 점수 없이 완전히 틀린 것으로 처리됩니다.

해설

```
public class Test {
❸  static int[ ] mkarr( ) {
❹    int[ ] tmpArr = new int[4];
❺    for (int i = 0; i < tmpArr.length; i++)
❻      tmpArr[i] = i;
❼    return tmpArr;
   }
   public static void main(String[ ] args) {
❶  int[ ] arr;
❷❽  arr = mkarr( );
❾    for (int i = 0; i < arr.length; i++)
❿      System.out.print(arr[i]);
   }
}
```

모든 Java 프로그램은 반드시 main( ) 함수에서 시작한다.

❶ 정수형 배열 arr을 선언한다. 배열의 요소가 생략되었으므로 배열의 위치를 저장하는 arr만이 메모리에 생성된다.

arr [   ]

※ 배열 arr에 4개의 요소(1, 2, 3, 4)를 임의로 초기화하여 선언하면 다음과 같습니다.
　(다음 그림에서 arr에 저장된 주소는 임의로 정한 것이며, 이해를 돕기 위해 10진수로 표현했습니다.)

주소　　　　　　메모리

	4Byte	4Byte	4Byte	4Byte
arr [2000] ➡ 2000	1	2	3	4
	arr[0]	arr[1]	arr[2]	arr[3]

※ ❶번과 같이 요소의 값과 개수를 생략하고 선언만 했다는 것은 arr이 위 그림의 2000과 같은 메모리를 가리키는 주소를 갖지 않은 채 선언만 되었다는 의미입니다. arr은 이후 ❼번 과정에서 정수형 배열의 주소를 전달받아 위와 같이 일반적인 형태를 갖추게 됩니다.

❷ mkarr( ) 메소드를 호출한 후 돌려받은 값을 arr에 저장한다.

❸ 정수형 배열을 반환하는 mkarr( ) 메소드의 시작점이다.

❹ 4개의 요소를 갖는 정수형 배열 tmpArr을 선언한다.

	[0]	[1]	[2]	[3]
tmpArr	0	0	0	0

　※ Java에서는 배열을 선언하고 초기화하지 않으면 배열의 모든 요소가 0으로 초기화됩니다.

❺ 반복 변수 i가 0부터 1씩 증가하면서 배열 tmpArr의 길이가 4보다 작은 동안 ❻번을 반복 수행한다.
　• length : 배열 클래스의 속성으로 배열 요소의 개수가 저장되어 있음

❻ tmpArr[i]에 i의 값을 저장한다.

반복문 실행에 따른 변수들의 변화는 다음과 같다.

i	tmpArr			
	[0]	[1]	[2]	[3]
0	0	0	0	0
1	0	1	0	0
2	0	1	2	0
3	0	1	2	3
4				

❼ 배열 tmpArr을 반환한다. 배열의 이름을 반환하면 배열의 시작 주소가 반환된다.

❽ ❼번에서 전달받은 배열의 시작 주소를 배열 arr에 저장한다.

※ 배열 tmpArr은 ❸~❻번 과정을 거치면서 다음과 같은 형태를 갖추게 됩니다.

(다음 그림에서 tmpArr이 저장된 주소는 임의로 정한 것이며, 이해를 돕기 위해 10진수로 표현했습니다.)

주소   메모리

tmpArr | 5000 |

	4Byte	4Byte	4Byte	4Byte
5000	0	1	2	3
	tmpArr[0]	tmpArr[1]	tmpArr[2]	tmpArr[3]

arr | |

※ tmpArr이 가진 주소 50000이 ❼~❽번에서 return을 통해 arr에 반환되면서 arr은 tmpArr과 같은 주소를 갖는 배열이 됩니다.

주소   메모리

tmpArr | 5000 |

	4Byte	4Byte	4Byte	4Byte
5000	0	1	2	3
	arr[0]	arr[1]	arr[2]	arr[3]

arr | 5000 |

❾ 반복 변수 i가 0부터 1씩 증가하면서 배열 arr의 길이 4보다 작은 동안 ❿번을 반복 수행한다.

❿ arr[i]의 값을 출력한다.

반복문 실행에 따른 변수들의 변화는 다음과 같다.

i	arr[i]	출력
0	0	0
1	1	01
2	2	012
3	3	0123
4		

[문제 20]

996

해설

문제의 코드는 1부터 998까지의 숫자 중 3과 2로 나누었을 때 나머지가 0인, 즉 6의 배수이면서 가장 큰 수를 구하는 알고리즘입니다.

```java
public class Test {
   public static void main(String[ ] args) {
❶    int r = 0;
❷    for (int i = 1; i < 999; i++) {
❸       if (i % 3 == 0 && i % 2 == 0)
❹          r = i;
      }
❺    System.out.print(r);
   }
}
```

❶ 정수형 변수 r을 선언하고 0으로 초기화한다.
❷ 반복 변수 i가 1부터 1씩 증가하면서 999보다 작은 동안 ❸, ❹번을 반복 수행한다.
❸ i를 3과 2로 나눈 나머지가 모두 0이면 ❹번으로 이동하고, 아니면 반복문의 시작인 ❷번으로 이동한다.
❹ r에 i의 값을 저장한다.
   반복문 실행에 따른 변수들의 변화는 다음과 같다.

i	i%3	i%2	r
			0
1	1	1	
2	2	0	
3	0	1	
4	1	0	
5	2	1	
6	0	0	6
7	1	1	
⋮	⋮	⋮	⋮
995	2	1	
996	0	0	996
997	1	1	
998	2	0	
999			

❺ r의 값을 출력한다.
결과 **996**

수험자 유의사항

1. 시험 문제지를 받는 즉시 응시하고자 하는 종목의 문제지가 맞는지를 확인하여야 합니다.

2. 시험 문제지 총면수·문제번호 순서·인쇄상태 등을 확인하고, 수험번호 및 성명을 답안지에 기재하여야 합니다.

3. 문제 및 답안(지), 채점기준은 일절 공개하지 않으며 자신이 작성한 답안, 문제 내용 등을 수험표 등에 이기(옮겨 적는 행위) 등은 관련 법 등에 의거 불이익 조치 될 수 있으니 유의하시기 바랍니다.

4. 수험자 인적사항 및 답안작성(계산식 포함)은 흑색 필기구만 사용하되, 흑색을 제외한 유색 필기구 또는 연필류를 사용하였을 경우 그 문항은 0점 처리됩니다.

5. 답란(답안 기재란)에는 문제와 관련 없는 불필요한 낙서나 특이한 기록사항 등을 기재하여서는 안되며 부정의 목적으로 특이한 표식을 하였다고 판단될 경우에는 모든 문항이 0점 처리됩니다.

6. 답안을 정정할 때에는 반드시 정정부분을 두 줄(=)로 그어 표시하여야 하며, 두 줄로 긋지 않은 답안은 정정하지 않은 것으로 간주합니다. (수정테이프, 수정액 사용불가)

7. 답안의 한글 또는 영문의 오탈자는 오답으로 처리됩니다. 단, 답안에서 영문의 대·소문자 구분, 띄어쓰기는 여부에 관계 없이 채점합니다.

8. 계산 또는 디버깅 등 계산 연습이 필요한 경우는 〈문제〉 아래의 연습란을 사용하시기 바라며, 연습란은 채점대상이 아닙니다.

9. 문제에서 요구한 가지 수(항수) 이상을 답란에 표기한 경우에는 답안기재 순으로 요구한 가지 수(항수)만 채점하고 한 항에 여러 가지를 기재하더라도 한 가지로 보며 그 중 정답과 오답이 함께 기재란에 있을 경우 오답으로 처리됩니다.

10. 한 문제에서 소문제로 파생되는 문제나, 가지수를 요구하는 문제는 대부분의 경우 부분채점을 적용합니다. 그러나 소문제로 파생되는 문제 내에서의 부분 배점은 적용하지 않습니다.

11. 답안은 문제의 마지막에 있는 답란에 작성하여야 합니다.

12. 부정 또는 불공정한 방법(시험문제 내용과 관련된 메모지 사용 등)으로 시험을 치른 자는 부정행위자로 처리되어 당해 시험을 중지 또는 무효로 하고, 2년간 국가기술자격검정의 응시자격이 정지됩니다.

13. 시험위원이 시험 중 신분확인을 위하여 신분증과 수험표를 요구할 경우 반드시 제시하여야 합니다.

14. 시험 중에는 통신기기 및 전자기기(휴대용 전화기 등)를 지참하거나 사용할 수 없습니다.

15. 국가기술자격 시험문제는 일부 또는 전부가 저작권법상 보호되는 저작물이고, 저작권자는 한국산업인력공단입니다. 문제의 일부 또는 전부를 무단 복제, 배포, 출판, 전자출판 하는 등 저작권을 침해하는 일체의 행위를 금합니다.

※ 수험자 유의사항 미준수로 인한 채점상의 불이익은 수험자 본인에게 전적으로 책임이 있음

문제 01 데이터베이스에 대한 다음 설명에서 괄호에 공통으로 들어갈 알맞은 용어를 쓰시오. (5점)

- ( )은 관계 데이터의 연산을 표현하는 방법으로, 관계 데이터 모델의 제안자인 코드(E. F. Codd)가 수학의 술어 해석(Predicate Calculus)에 기반을 두고 관계 데이터베이스를 위해 제안했다.
- 원하는 정보가 무엇이라는 것만 정의하는 비절차적 특성을 지니며, 원하는 정보를 정의할 때 계산 수식을 사용한다.
- 튜플 해석식을 사용하는 튜플 ( )과 도메인 해석식을 사용하는 도메인 ( )으로 구분된다.

답 :

문제 02 암호화 알고리즘에 대한 다음 설명에서 괄호(①, ②)에 들어갈 알맞은 용어를 쓰시오. (5점)

- 암호화 알고리즘은 패스워드, 주민번호, 은행계좌와 같은 중요 정보를 보호하기 위해 평문을 암호화된 문장으로 만드는 절차 또는 방법을 의미한다.
- 스위스의 라이(Lai)와 메시(Messey)는 1990년 PES를 발표하고, 이후 이를 개선한 IPES를 발표하였다. IPES는 128비트의 Key를 사용하여 64비트 블록을 암호화하는 알고리즘이며 현재는 (①)라고 불린다.
- (②)은 국가 안전 보장국(NSA)에서 개발한 암호화 알고리즘으로, 클리퍼 칩(Clipper Chip)이라는 IC 칩에 내장되어있다. 80비트의 Key를 사용하여 64비트 블록을 암호화하며, 주로 전화기와 같은 음성 통신 장비에 삽입되어 음성 데이터를 암호화한다.

답
- ①
- ②

문제 03 다음은 〈제품〉(제품명, 단가, 제조사) 테이블을 대상으로 "H" 제조사에서 생산한 제품들의 '단가'보다 높은 '단가'를 가진 제품의 정보를 조회하는 〈SQL문〉이다. 괄호에 알맞은 답을 적어 〈SQL문〉을 완성하시오. (5점)

〈SQL문〉

SELECT 제품명, 단가, 제조사
FROM 제품
WHERE 단가 〉 ( ) (SELECT 단가 FROM 제품 WHERE 제조사 = 'H');

답 :

문제 04 다음 〈TABLE〉을 참조하여 〈SQL문〉을 실행했을 때 출력되는 결과를 쓰시오. (〈TABLE〉에 표시된 'NULL'은 값이 없음을 의미한다.) (5점)

〈TABLE〉

INDEX	COL1	COL2
1	2	NULL
2	4	6
3	3	5
4	6	3
5	NULL	3

〈SQL문〉

```
SELECT COUNT(COL2)
FROM TABLE
WHERE COL1 IN (2, 3)
    OR COL2 IN (3, 5);
```

답 :

문제 05 네트워크 보안에 대한 다음 설명에서 괄호에 공통으로 들어갈 알맞은 용어를 영문 약어로 쓰시오. (5점)

• (　　　)은 인터넷 등 통신 사업자의 공중 네트워크와 암호화 기술을 이용하여 사용자가 마치 자신의 전용 회선을 사용하는 것처럼 해주는 보안 솔루션이다.
• 암호화된 규격을 통해 인터넷망을 전용선의 사설망을 구축한 것처럼 이용하므로 비용 부담을 줄일 수 있다.
• (　　　)을 사용하면 두 장치 및 네트워크 사이에 암호화된 보안 터널이 생성되며, 터널에 사용되는 프로토콜에 따라 SSL (　　　)과 IPSec (　　　)으로 불린다.

답 :

문제 06 객체지향에 대한 다음 설명에 해당하는 용어를 〈보기〉에서 찾아 쓰시오. (5점)

- 자신이 사용하지 않는 인터페이스와 의존 관계를 맺거나 영향을 받지 않아야 한다는 객체지향 설계 원칙 중의 하나이다.
- 예를 들어 프린터, 팩스, 복사 기능을 가진 복합기의 경우 3가지 기능을 모두 가진 범용 인터페이스보다는 프린터 인터페이스, 팩스 인터페이스, 복사 인터페이스로 분리함으로써 하나의 기능 변경으로 인해 다른 기능이 영향을 받지 않도록 해야 한다.

〈보기〉

• SRP	• SOLID	• OCP	• LSP	• ISP
• DIP	• OTP	• PNP		

답 :

문제 07 다음 Java로 구현된 프로그램을 분석하여 그 실행 결과를 쓰시오. (단, 출력문의 출력 서식을 준수하시오.) (5점)

```java
public class Test {
    public static void main(String[] args) {
        int i = 3, k = 1;
        switch(i) {
        case 1: k++;
        case 2: k -= 3;
        case 3: k = 0;
        case 4: k += 3;
        case 5: k -= 10;
        default: k--;
        }
        System.out.print(k);
    }
}
```

답 :

문제 08 다음 C언어로 구현된 프로그램을 분석하여 그 실행 결과를 쓰시오. (단, 출력문의 출력 서식을 준수하시오.) (5점)

```c
#include <stdio.h>
struct A {
    int n;
    int g;
};
main( ) {
    struct A st[2];
    for (int i = 0; i < 2; i++) {
        st[i].n = i;
        st[i].g = i + 1;
    }
    printf("%d", st[0].n + st[1].g);
}
```

답 :

문제 09 서브네팅(Subnetting)에 대한 다음 설명에서 괄호(①, ②)에 들어갈 알맞은 답을 쓰시오. (5점)

현재 IP 주소가 192.168.1.132이고, 서브넷 마스크가 255.255.255.192일 때, 네트워크 주소는 192.168.1.(①)이고, 해당 네트워크에서 네트워크 주소와 브로드캐스트 주소를 제외한 사용 가능 호스트의 수는 (②)개 이다.

답
- ①
- ②

문제 10 애플리케이션 테스트에 대한 다음 설명에서 괄호(①, ②)에 들어갈 알맞은 테스트를 쓰시오. (5점)

인수 테스트는 개발한 소프트웨어가 사용자의 요구사항을 충족하는지에 중점을 두고 테스트하는 방법이다.
- (①) : 선정된 최종 사용자가 여러 명의 사용자 앞에서 행하는 테스트 기법으로, 실제 업무를 가지고 사용자가 직접 테스트한다.
- (②) : 개발자의 장소에서 사용자가 개발자 앞에서 행하는 테스트 기법으로, 테스트는 통제된 환경에서 행해지며, 오류와 사용상의 문제점을 사용자와 개발자가 함께 확인하면서 기록한다.

답
- ①
- ②

문제 11 다음 설명에 해당하는 테스트를 〈보기〉에서 찾아 쓰시오. (5점)

- 통합 테스트로 인해 변경된 모듈이나 컴포넌트에 새로운 오류가 있는지 확인하는 테스트이다.
- 이미 테스트된 프로그램의 테스팅을 반복하는 것이다.
- 수정한 모듈이나 컴포넌트가 다른 부분에 영향을 미치는지, 오류가 생기지 않았는지 테스트하여 새로운 오류가 발생하지 않음을 보증하기 위해 반복 테스트한다.

〈보기〉

• Integration	• Big Bang	• System	• Acceptance	• Unit
• Regression	• White Box	• Black Box		

답 :

문제 12 다음은 〈EMPLOYEE〉 릴레이션에 대해 〈관계 대수식〉을 수행했을 때 출력되는 〈결과〉이다. 〈결과〉의 각 괄호(①~⑤)에 들어갈 알맞은 답을 쓰시오. (5점)

〈관계 대수식〉

$$\pi_{TTL}(EMPLOYEE)$$

〈EMPLOYEE〉

INDEX	AGE	TTL
1	48	부장
2	25	대리
3	41	과장
4	36	차장

⇨

〈결과〉

(①)
(②)
(③)
(④)
(⑤)

답

- ①
- ②
- ③
- ④
- ⑤

문제 13 다음 Python으로 구현된 프로그램을 분석하여 그 실행 결과를 쓰시오. (단, 출력문의 출력 서식을 준수하시오.) (5점)

```
a = "REMEMBER NOVEMBER"
b = a[0:3] + a[12:16]
c = "R AND %s" % "STR"
print(b + c)
```

답 :

문제 14 경로 제어 프로토콜(Routing Protocol)에 대한 다음 설명에서 괄호(①~④)에 들어갈 알맞은 용어를 〈보기〉에서 찾아 쓰시오. (5점)

경로 제어 프로토콜은 크게 자율 시스템 내부의 라우팅에 사용되는 (①)와 자율 시스템 간의 라우팅에 사용되는 (②)로 구분할 수 있다.

(①)는 소규모 동종 자율 시스템에서 효율적인 RIP와 대규모 자유 시스템에서 많이 사용되는 (③)로 나누어진다. (③)는 링크 상태(Link State)를 실시간으로 반영하여 최단 경로로 라우팅을 지원하는 특징이 있다.

(④)는 (②)의 단점을 보완하여 만들어진 라우팅 프로토콜로, 처음 연결될 때는 전체 라우팅 테이블을 교환하고, 이후에는 변화된 정보만을 교환한다.

〈보기〉

| • BGP | • AS | • HOP | • OSPF | • NAT | • ISP | • EGP | • IGP |

답
- ①
- ②
- ③
- ④

문제 15 다음 C언어로 구현된 프로그램을 분석하여 그 실행 결과를 쓰시오. (단, 출력문의 출력 서식을 준수하시오.) (5점)

```c
#include <stdio.h>
int len(char* p);

int main( ) {
    char* p1 = "2022";
    char* p2 = "202207";
    int a = len(p1);
    int b = len(p2);
    printf("%d", a + b);
}

int len(char* p) {
    int r = 0;
    while (*p != '\0') {
```

```
        p++;
        r++;
    }
    return r;
}
```

답 :

문제 16 다음 C언어로 구현된 프로그램을 분석하여 그 실행 결과를 쓰시오. (단, 출력문의 출력 서식을 준수하시오.) (5점)

```c
#include <stdio.h>
int main( ) {
    int a[4] = { 0, 2, 4, 8 };
    int b[3];
    int* p;
    int sum = 0;
    for (int i = 1; i < 4; i++) {
        p = a + i;
        b[i - 1] = *p - a[i - 1];
        sum = sum + b[i - 1] + a[i];
    }
    printf("%d", sum);
}
```

답 :

문제 17 다음 Java로 구현된 프로그램을 분석하여 그 실행 결과를 쓰시오. (단, 출력문의 출력 서식을 준수하시오.) (5점)

```java
class Test {
    public static void main(String args[]) {
        cond obj = new cond(3);
        obj.a = 5;
        int b = obj.func( );
        System.out.print(obj.a + b);
    }
}


class cond {
    int a;
    public cond(int a) {
        this.a = a;
    }
    public int func( ) {
        int b = 1;
        for (int i = 1; i < a; i++)
            b += a * i;
        return a + b;
    }
}
```

답 :

문제 18 다함수적 종속(Functional Dependency)에 대한 다음 설명에서 괄호(①~③)에 들어갈 알맞은 용어를 〈보기〉에서 찾아 기호(㉠~◎)로 쓰시오. (단, 테이블 〈R〉의 속성 '학생'과 '학과'의 밑줄은 키(Key)임을 의미한다.) (5점)

〈R〉

학생	학과	성적	학년
이순신	컴퓨터공학	A+	2
이순신	전기공학	B	2
유관순	경제학	B+	1
강감찬	문예창작	C	3
강감찬	한국사	C+	3
홍길동	영문학	B	4

- 테이블 〈R〉에서 '성적'은 기본키인 {학생, 학과}에 대해 (①) Functional Dependency이다.
- 테이블 〈R〉에서 '학년'은 기본키인 {학생, 학과} 중 '학생'만으로 식별이 가능하므로 기본키에 대해 (②) Functional Dependency이다.
- 임의의 테이블에 속성 A, B, C가 있을 때, A → B이고 B → C일 때 A → C인 관계는 (③) Functional Dependency이다.

〈보기〉

㉠ Hybrid	㉡ Multi Valued	㉢ Transitive	㉣ Full	㉤ Defined
㉥ Natural	㉦ Relational	◎ Partial		

답

- ①
- ②
- ③

문제 19 인터넷에 대한 다음 설명에서 괄호(①~③)에 들어갈 알맞은 용어를 〈보기〉에서 찾아 쓰시오. (5점)

인터넷이란 TCP/IP 프로토콜을 기반으로 하여 전 세계 수많은 컴퓨터와 네트워크들이 연결된 광범위한 컴퓨터 통신망이다.

- (①) : 월드 와이드 웹(WWW)에서 HTML 문서를 송수신 하기 위한 표준 프로토콜로, GET과 POST 메소드를 통해 메시지를 주고 받는다.
- (②) : 다른 문서나 그림으로 이동할 수 있는 연결을 가지고 있는 텍스트를 의미한다.
- (③) : 인터넷의 표준 문서인 하이퍼텍스트 문서를 만들기 위해 사용하는 언어이다.

〈보기〉

| • UDDI | • XML | • WSDL | • Hypertext | • DHTML | • HTML | • SOAP | • HTTP |

답
- ①
- ②
- ③

문제 20 다음의 모듈 관계를 표현한 시스템 구조도를 참고하여 모듈 F의 팬인(Fan-In)과 팬아웃(Fan-Out)을 구하시오. (5점)

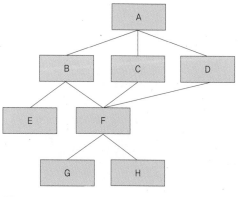

답
- ① 팬인(Fan-In) :
- ② 팬아웃(Fan-Out) :

[문제 01]

※ 다음 중 하나를 쓰면 됩니다.

관계해석, Relational Calculus

[문제 02]

※ 다음 중 하나를 쓰면 됩니다.

① IDEA, International Data Encryption Algorithm

② Skipjack

[문제 03]

ALL

※ **답안 작성 시 주의 사항** : SQL에 사용되는 예약어, 필드명, 변수명 등은 대소문자를 구분하지 않기 때문에 대문자로만 또는 소문자로만
작성해도 정답으로 인정됩니다.

해설

❷ SELECT 제품명, 단가, 제조사	'제품명', '단가', '제조사'를 표시한다.
FROM 제품	〈제품〉 테이블에서 검색한다.
WHERE 단가 〉 ALL (	'단가'가 하위 질의로 검색된 모든(ALL) 단가보다 큰 자료만을 대상으로 한다.
❶ SELECT 단가	'단가'를 표시한다.
FROM 제품	〈제품〉 테이블에서 검색한다.
WHERE 제조사 = 'H');	제조사가 "H"인 자료만을 대상으로 한다.

문제의 질의문은 하위 질의가 있는 질의문입니다. 먼저 WHERE 조건에 지정된 하위 질의의 SELECT문을 해석한 다음 그 결과를 본 질의의 조건에 있는 '단가' 속
성과 비교합니다. 〈제품〉 테이블에 다음과 같은 자료가 들어있다고 가정하여 설명합니다.

〈제품〉

제품명	단가	제조사
냉장고	200	H
TV	150	H
세탁기	300	H
건조기	250	A
핸드폰	400	B
컴퓨터	500	C

❶ 〈제품〉 테이블에서 '제조사' 속성의 값이 "H"인 튜플의 '단가' 속성의 값을 검색합니다.

단가
200
150
300

❷ 〈제품〉 테이블에서 '단가' 속성의 값이 ❶번에서 검색된 모든 단가보다 큰 자료를 대상으로 '제품명', '단가', '제조사'를 표시합니다.

제품명	단가	제조사
핸드폰	400	B
컴퓨터	500	C

[문제 04]

3

해설

SELECT COUNT(COL2)	'COL2'의 개수를 표시한다.
FROM TABLE	〈TABLE〉에서 검색한다.
WHERE COL1 IN (2, 3)	'COL1'이 2 또는 3이거나,
OR COL2 IN (3, 5);	'COL2'가 3 또는 5인 튜플만을 대상으로 한다.

• 질의문의 조건을 만족하는 튜플은 다음과 같습니다.

INDEX	COL1	COL2
1	2	NULL
2	4	6
3	3	5
4	6	3
5	NULL	3

• 조건에 맞는 'COL2' 속성만 추출하면 다음과 같습니다.

COL2
NULL
5
3
3

∴ COUNT(COL2)는 'COL2' 필드의 개수를 계산하지만 'NULL' 값은 제외하므로 COUNT(COL2)의 결과는 3입니다.

[문제 05]

VPN

[문제 06]

ISP

[문제 07]

−8

해설

```
public class Test {
   public static void main(String[ ] args) {
❶     int i = 3, k = 1;
❷     switch(i) {
      case 1: k++;
      case 2: k -= 3;
❸     case 3: k = 0;
❹     case 4: k += 3;
❺     case 5: k -= 10;
❻     default: k--;
      }
❼     System.out.print(k);
   }
}
```

❶ 정수형 변수 i, k를 선언하고, 각각 3과 1로 초기화한다.
❷ i의 값 3에 해당하는 숫자를 찾아간다. 'case 3' 문장으로 이동한다.
❸ k에 0을 저장한다. → k = 0
　※ switch 문을 종료하는 break가 없으므로 ❹, ❺, ❻번을 모두 수행하고 ❼번으로 이동한다.
❹ 'k = k + 3;'과 동일하다. k의 값에 3을 더한다. → k = 3
❺ 'k = k - 10;'과 동일하다. k의 값에서 10을 뺀다. → k = -7
❻ 'k = k - 1;'과 동일하다. k의 값에서 1을 뺀다. → k = -8
❼ k의 값을 출력한다.

결과 **-8**

[문제 08]

2

해설

```
#include 〈stdio.h〉
struct A {                    구조체 A를 정의한다.
    int n;                    A의 멤버로 정수형 변수 n을 선언한다.
    int g;                    A의 멤버로 정수형 변수 g를 선언한다.
};
main( ) {
❶  struct A st[2];
❷  for (int i = 0; i 〈 2; i++) {
❸      st[i].n = i;
❹      st[i].g = i + 1;
    }
❺  printf("%d", st[0].n + st[1].g);
}
```

모든 C 프로그램은 반드시 main( ) 함수에서 시작한다.
❶ A 구조체 형태로 배열 st를 선언한다.

	int n	int g
st[0]		
st[1]		

❷ 반복 변수 i가 0부터 1씩 증가하면서 2보다 작은 동안 ❸, ❹번을 반복 수행한다.
❸ st[i].n에 i의 값을 저장한다.
❹ st[i].g에 i+1의 값을 저장한다.
　반복문 실행에 따른 변수들의 변화는 다음과 같다.
　• 1회전 (i = 0)

	int n	int g
st[0]	0	1
st[1]		

　• 2회전 (i = 1)

	int n	int g
st[0]	0	1
st[1]	1	2

　• i가 2가 되면서 for문을 빠져나가 ❺번으로 이동한다.
❺ 0+2의 결과인 **2**를 정수로 출력한다.

결과 **2**

[문제 09]

① 128   ② 62

> **해설**
>
> • IP 주소는 네트워크 부분의 길이에 따라 다음과 같이 A 클래스에서 E 클래스까지 총 5단계로 구성되어 있으며, 각 클래스는 IP 주소의 앞자리로 구분할 수 있습니다.
>
> | A Class | 0~127로 시작 |
> |---|---|
> | B Class | 128~191로 시작 |
> | C Class | 192~223으로 시작 |
> | D Class | 224~239로 시작 |
> | E Class | 공용되지 않음 |
>
> • 192.168.1.132는 C 클래스에 속한 주소로, C 클래스의 기본 서브넷 마스크는 255.255.255.0입니다. 이를 2진수로 표현하면 11111111 11111111 11111111 00000000으로, 1의 개수가 24개입니다.
> • 문제에 주어진 서브넷 마스크 255.255.255.192를 2진수로 표현하면 11111111 11111111 11111111 11000000으로, C 클래스의 기본 서브넷 마스크보다 1의 개수가 2개, 즉 2비트가 많습니다. 이 2비트를 이용해 네트워크의 개수와 네트워크 안에 포함된 호스트의 개수를 계산합니다.
> • 네트워크 개수 = 4($2^{2(추가된\ 비트\ 수)}$)
> • 호스트 개수 = 256/네트워크 개수 = 256/4 = 64
> • 다음 표와 같이 64개의 호스트를 갖는 4개의 네트워크로 나눌 수 있습니다.
> • 네트워크별로 첫 번째 주소는 네트워크 주소이고, 마지막 주소는 브로드캐스트 주소입니다.
>
> | 네트워크 | 네트워크 주소 | 브로드캐스트 주소 |
> |---|---|---|
> | 1 | 192.168.1.0 | 192.168.1.63 |
> | 2 | 192.168.1.64 | 192.168.1.127 |
> | 3 | 192.168.1.128 | 192.168.1.191 |
> | 4 | 192.168.1.192 | 192.168.1.255 |
>
> • 192.168.1.132는 세 번째 네트워크에 포함되어 있으며, 세 번째 네트워크의 네트워크 주소는 192.168.1.128입니다.
> • 호스트의 수는 네트워크마다 64개의 호스트를 가지므로 64개이지만, 문제에서 네트워크 주소와 브로드캐스트 주소를 제외한다고 하였으므로 사용 가능 호스트의 수는 62개입니다.

[문제 10]

① 베타 테스트(Beta Test)   ② 알파 테스트(Alpha Test)

[문제 11]

Regression

[문제 12]

① TTL   ② 부장   ③ 대리   ④ 과장   ⑤ 차장

> **해설**
>
> 문제의 〈관계 대수식〉에서 사용된 π는 주어진 릴레이션에서 속성 리스트(Attribute List)에 제시된 속성 값만을 추출하여 새로운 릴레이션을 만드는 PROJECT 연산이므로, 〈EMPLOYEE〉 릴레이션에서 'TTL' 속성이 추출되어 속성명인 'TTL'부터 모든 속성값이 〈결과〉로 나타납니다.

[문제 13]

REMEMBER AND STR

※ **답안 작성 시 주의 사항** : 프로그램의 실행 결과는 부분 점수가 없으므로 정확하게 작성해야 합니다. 예를 들어, 출력값 사이에 공백 없이 REMEMBERANDSTR로 썼을 경우 부분 점수 없이 완전히 틀린 것으로 처리됩니다.

해설

```
❶ a = "REMEMBER NOVEMBER"
❷ b = a[0:3] + a[12:16]
❸ c = "R AND %s" % "STR"
❹ print(b + c)
```

❶ 변수 a를 선언하고 "REMEMBER NOVEMBER"로 초기화한다.

❷ a에 저장된 문자열의 0부터 2번째 위치까지의 문자열과 12부터 15번째 위치까지의 문자열을 합쳐 b에 저장한다.

	[0]	[1]	[2]	[3]	[4]	[5]	[6]	[7]	[8]	[9]	[10]	[11]	[12]	[13]	[14]	[15]	[16]
a	R	E	M	E	M	B	E	R		N	O	V	E	M	B	E	R

b = REMEMBE

❸ c에 "R AND STR"을 저장한다. %s는 서식 문자열로, % 뒤쪽의 "STR"이 대응된다.

• "R AND %s" % "STR"

❹ b와 c에 저장된 문자열을 합쳐 출력한다.

결과   REMEMBER AND STR

[문제 14]

① IGP   ② EGP   ③ OSPF   ④ BGP

[문제 15]

10

해설

```
#include <stdio.h>
int len(char* p);              len( ) 함수의 프로토타입 선언이다.

      main( ) {
❶        char* p1 = "2022";
❷        char* p2 = "202207";
❸⑩        int a = len(p1);
⓫⑱        int b = len(p2);
⑲        printf("%d", a + b);
      }
❹⑫ int len(char* p) {
❺⑬        int r = 0;
❻⑭        while (*p != '\0') {
❼⑮           p++;
❽⑯           r++;
      }
❾⑰        return r;
      }
```

모든 C 프로그램은 반드시 main( ) 함수에서 시작한다.

❶ 문자형 포인터 변수 p1을 선언하고 "2022"를 가리키는 주소로 초기화한다.

❷ 문자형 포인터 변수 p2를 선언하고 "202207"을 가리키는 주소로 초기화한다. 다음의 그림에서 p1과 p2가 할당된 공간의 주소는 임의로 정한 것이며, 이해를 돕기 위해 10진수로 표현했다.

	주소	메모리						
p1	1000	'2'	'0'	'2'	'2'	'\0'		
p2	2000	'2'	'0'	'2'	'2'	'0'	'7'	'\0'

❸ 정수형 변수 a를 선언하고 p1의 값을 인수로 len( ) 함수를 호출한 후 돌려받은 값으로 초기화한다.

❹ 정수를 반환하는 len( ) 함수의 시작점이다. ❸번에서 전달받은 p1의 값을 문자형 포인터 변수 p가 받는다.

	주소	메모리					
		1Byte	1Byte	1Byte	1Byte	1Byte	
p ← 1000	1000	'2'	'0'	'2'	'2'	'\0'	
		p+0	p+1	p+2	p+3	p+4	
		1000	1001	1002	1003	1004	

❺ 정수형 변수 r을 선언하고 0으로 초기화한다. r은 문자의 수를 카운트하기 위한 변수이다.

❻ p가 가리키는 곳의 값이 '\0'이 아닌 동안 ❼, ❽번을 반복 수행한다.

❼ 'p = p + 1;'과 동일하다. '\0'이 나올 때까지, 즉 문자열의 끝을 찾을 때까지 주소를 1씩 증가시킨다.

❽ 'r = r + 1;'과 동일하다. "2022"에 포함된 문자의 개수를 센다.

반복문 실행에 따른 변수들의 변화는 다음과 같다.

p	r	*p
1000	0	'2'
1001	1	'0'
1002	2	'2'
1003	3	'2'
1004	4	'\0'

❾ 함수를 호출했던 ❿번으로 r의 값, 즉 문자의 개수 4를 반환한다.

❿ a에는 4가 저장된다.

⓫ 정수형 변수 b를 선언하고 p2의 값을 인수로 len( ) 함수를 호출한 후 돌려받은 값으로 초기화한다.

⓬ 정수를 반환하는 len( ) 함수의 시작점이다. ⓫번에서 전달받은 p2의 값을 p가 받는다.

	주소	메모리						
		1Byte	1Byte	1Byte	1Byte	1Byte	1Byte	1Byte
p ← 2000	2000	'2'	'0'	'2'	'2'	'0'	'7'	'\0'
		p+0	p+1	p+2	p+3	p+4	p+5	p+6
		2000	2001	2002	2003	2004	2005	2006

⓭ 정수형 변수 r을 선언하고 0으로 초기화한다.

⓮ p가 가리키는 곳의 값이 '\0'이 아닌 동안 ⓯, ⓰번을 반복 수행한다.

⓯ 'p = p + 1;'과 동일하다. '\0'이 나올 때까지 문자열이 저장된 주소를 1씩 증가시킨다.

⓰ 'r = r + 1;'과 동일하다. "202207"에 포함된 문자의 개수를 센다.

반복문 실행에 따른 변수들의 변화는 다음과 같다.

p	r	*p
2000	0	'2'
2001	1	'0'
2002	2	'2'
2003	3	'2'
2004	4	'0'
2005	5	'7'
2006	6	'\0'

⑰ 함수를 호출했던 ⑱번으로 r의 값 6을 반환한다.

⑱ b에는 6이 저장된다.

⑲ 4+6의 결과인 **10**을 정수로 출력한다.

결과 **10**

[문제 16]

22

해설

```
#include <stdio.h>
int main( ) {
❶  int a[4] = { 0, 2, 4, 8 };
❷  int b[3];
❸  int* p;
❹  int sum = 0;
❺  for (int i = 1; i < 4; i++) {
❻    p = a + i;
❼    b[i - 1] = *p - a[i - 1];
❽    sum = sum + b[i - 1] + a[i];
   }
❾  printf("%d", sum);
}
```

❶ 4개의 요소를 갖는 정수형 배열 a를 선언하고 초기화한다.

	[0]	[1]	[2]	[3]
a	0	2	4	8

❷ 3개의 요소를 갖는 정수형 배열 b를 선언한다.

	[0]	[1]	[2]
b			

❸ 정수형 포인터 변수 p를 선언한다.

❹ 정수형 변수 sum을 선언하고 0으로 초기화한다.

첫 번째 반복 (i = 1)

❻ p에 a+1의 주소를 저장한다. p에 a 배열의 두 번째 요소인 a[1]의 주소를 저장한다.

❼ b[0]에 p가 가리키는 곳의 값 2에서 a[0]의 값 0을 뺀 2를 저장한다.

❽ sum에 b[0]의 값 2와 a[1]의 값 2를 더한 값 4를 누적한다.

	[0]	[1]	[2]
b	2		

sum 4

두 번째 반복 (i = 2)
- p에 a+2의 주소인 1008을 저장한다.
- b[1]에 p가 가리키는 곳의 값 4에서 a[1]의 값 2를 뺀 값인 2를 저장한다.
- sum에 b[1]의 값 2와 a[2]의 값 4를 더한 값 6을 누적한다.

b [0] [1] [2] `2` `2`   sum `10`

세 번째 반복 (i = 3)
- p에 a+3의 주소인 1012를 저장한다.
- b[2]에 p가 가리키는 곳의 값 8에서 a[2]의 값 4를 뺀 값인 4를 저장한다.
- sum에 b[2]의 값 4와 a[3]의 값 8을 더한 값 12를 누적한다.

b [0] [1] [2] `2` `2` `4`   sum `22`

- i가 4가 되면서 for문을 빠져나가 ❾번으로 이동한다.
❾ sum의 값 **22**를 정수로 출력한다.

결과 | 22

[문제 17]

61

해설

```
class Test {
    public static void main(String args[ ]) {
❶      cond obj = new cond(3);
❹      obj.a = 5;
❺⓫    int b = obj.func( );
⓬      System.out.print(obj.a + b);
    }
}

class cond {                          클래스 cond를 정의한다.
    int a;                            정수형 변수 a를 선언한다.
❷ public cond(int a) {
❸    this.a = a;
    }
❻ public int func( ) {
❼    int b = 1;
❽    for (int i = 1; i < a; i++)
❾        b += a * i;
❿    return a + b;
    }
}
```

모든 Java 프로그램은 반드시 main( ) 메소드에서 시작한다.
❶ 3을 인수로 생성자를 호출하여 cond 클래스의 객체 변수 obj를 선언한다.
❷ cond 클래스 생성자의 시작점이다. ❶번에서 전달받은 3을 a가 받는다.
❸ cond 클래스의 a에 3을 저장한다. 생성자가 종료되면 호출했던 ❶번의 다음 줄인 ❹번으로 이동한다. → obj.a = 3
　• this : 현재의 실행중인 메소드가 속한 클래스를 가리키는 예약어이다. 여기에서는 cond 클래스의 객체 변수 obj의 생성자로 호출되었으므로 'obj.a'와 같은 의미이다.
❹ obj.a에 5를 저장한다. → obj.a = 5
❺ 정수형 변수 b를 선언하고 obj.func( ) 메소드를 호출한 후 돌려받은 값으로 초기화한다.
❻ 정수를 반환하는 func( ) 메소드의 시작점이다.
❼ 정수형 변수 b를 선언하고 1로 초기화한다.
❽ 반복 변수 i가 1부터 1씩 증가하면서 a보다 작은 동안 ❾번을 반복 수행한다. func( ) 메소드에는 별도로 생성한 'a'라는 변수가 없으므로 cond 클래스의 a를 가져와 사용한다. 즉 ❾번은 5보다 작은 동안 반복 수행된다.
❾ 'b = b + (a * i);'와 동일하다. a에 i를 곱한 값을 b에 누적시킨다.
　반복문 실행에 따른 변수들의 변화는 다음과 같다.

a	i	b
5		1
	1	6
	2	16
	3	31
	4	51
	5	

❿ 5와 51을 더한 값 56을 메소드를 호출했던 ⓫번으로 반환한다.
⓫ b에 56이 저장된다.
⓬ 5+56의 결과인 **61**을 출력한다.

　결과　**61**

[문제 18]

① ㉣　　② ㉧　　③ ㉢

[문제 19]

① HTTP　　② Hypertext　　③ HTML

[문제 20]

① 3　　② 2

수험자 유의사항

1. 시험 문제지를 받는 즉시 응시하고자 하는 종목의 문제지가 맞는지를 확인하여야 합니다.
2. 시험 문제지 총면수·문제번호 순서·인쇄상태 등을 확인하고, 수험번호 및 성명을 답안지에 기재하여야 합니다.
3. 문제 및 답안(지), 채점기준은 일절 공개하지 않으며 자신이 작성한 답안, 문제 내용 등을 수험표 등에 이기(옮겨 적는 행위) 등은 관련 법 등에 의거 불이익 조치 될 수 있으니 유의하시기 바랍니다.
4. 수험자 인적사항 및 답안작성(계산식 포함)은 흑색 필기구만 사용하되, 흑색을 제외한 유색 필기구 또는 연필류를 사용하였을 경우 그 문항은 0점 처리됩니다.
5. 답란(답안 기재란)에는 문제와 관련 없는 불필요한 낙서나 특이한 기록사항 등을 기재하여서는 안되며 부정의 목적으로 특이한 표식을 하였다고 판단될 경우에는 모든 문항이 0점 처리됩니다.
6. 답안을 정정할 때에는 반드시 정정부분을 두 줄(=)로 그어 표시하여야 하며, 두 줄로 긋지 않은 답안은 정정하지 않은 것으로 간주합니다. (수정테이프, 수정액 사용불가)
7. 답안의 한글 또는 영문의 오탈자는 오답으로 처리됩니다. 단, 답안에서 영문의 대·소문자 구분, 띄어쓰기는 여부에 관계 없이 채점합니다.
8. 계산 또는 디버깅 등 계산 연습이 필요한 경우는 〈문제〉 아래의 연습란을 사용하시기 바라며, 연습란은 채점대상이 아닙니다.
9. 문제에서 요구한 가지 수(항수) 이상을 답란에 표기한 경우에는 답안기재 순으로 요구한 가지 수(항수)만 채점하고 한 항에 여러 가지를 기재하더라도 한 가지로 보며 그 중 정답과 오답이 함께 기재란에 있을 경우 오답으로 처리됩니다.
10. 한 문제에서 소문제로 파생되는 문제나, 가지수를 요구하는 문제는 대부분의 경우 부분채점을 적용합니다. 그러나 소문제로 파생되는 문제 내에서의 부분 배점은 적용하지 않습니다.
11. 답안은 문제의 마지막에 있는 답란에 작성하여야 합니다.
12. 부정 또는 불공정한 방법(시험문제 내용과 관련된 메모지 사용 등)으로 시험을 치른 자는 부정행위자로 처리되어 당해 시험을 중지 또는 무효로 하고, 2년간 국가기술자격검정의 응시자격이 정지됩니다.
13. 시험위원이 시험 중 신분확인을 위하여 신분증과 수험표를 요구할 경우 반드시 제시하여야 합니다.
14. 시험 중에는 통신기기 및 전자기기(휴대용 전화기 등)를 지참하거나 사용할 수 없습니다.
15. 국가기술자격 시험문제는 일부 또는 전부가 저작권법상 보호되는 저작물이고, 저작권자는 한국산업인력공단입니다. 문제의 일부 또는 전부를 무단 복제, 배포, 출판, 전자출판 하는 등 저작권을 침해하는 일체의 행위를 금합니다.

※ 수험자 유의사항 미준수로 인한 채점상의 불이익은 수험자 본인에게 전적으로 책임이 있음

문제 01 다음 Java로 구현된 프로그램을 분석하여 그 실행 결과를 쓰시오. (단, 출력문의 출력 서식을 준수하시오.) (5점)

```java
class A {
    int a;
    int b;
}

public class Test {
    static void func1(A m) {
        m.a *= 10;
    }
    static void func2(A m) {
        m.a += m.b;
    }
    public static void main(String args[]) {
        A m = new A();
        m.a = 100;
        func1(m);
        m.b = m.a;
        func2(m);
        System.out.printf("%d", m.a);
    }
}
```

답 :

문제 02 다음 설명의 RAID에 해당하는 레벨(Level)을 답 란의 괄호 안에 숫자로 쓰시오. (5점)

여러 개의 하드디스크로 디스크 배열을 구성하고, 파일을 구성하는 데이터 블록들을 서로 다른 디스크들에 분산 저장할 경우 그 블록들을 여러 디스크에서 동시에 읽고 쓸 수 있으므로 디스크의 속도가 매우 향상되는데, 이 기술을 RAID라고 한다.

RAID 방식 중 패리티가 없는 스트리핑된 2개 이상의 디스크를 병렬로 연결하여 구성하는 이 방식은 디스크의 개수가 증가할수록 입·출력 속도 및 저장 용량이 배로 증가하지만, 하나의 디스크만 손상되어도 전체 데이터가 유실되는 문제가 발생한다.

답 : Level (   )

문제 03 다음 데이터베이스에 대한 설명에 해당하는 DB 트랜잭션 연산을 〈보기〉에서 찾아 쓰시오. (5점)

DBMS는 데이터베이스에 치명적인 손실이 발생했을 때 이를 복구하기 위해 사용되는 데이터베이스의 처리 내용이나 이용 상황 등 상태 변화를 시간의 흐름에 따라 기록한 로그를 생성한다.

- (①) : 데이터베이스가 비정상적으로 종료되었을 때, 디스크에 저장된 로그를 분석하여 트랜잭션의 시작(start)과 완료(commit)에 대한 기록이 있는 트랜잭션들의 작업을 재작업한다. 즉 로그를 이용하여 해당 데이터 항목에 대해 이전 값을 이후 값으로 변경하는 연산이다.
- (②) : 데이터베이스가 비정상적으로 종료되었을 때, 디스크에 저장된 로그를 분석하여 트랜잭션의 시작을 나타내는 'start'는 있지만 완료를 나타내는 'commit' 기록이 없는 트랜잭션들이 작업한 내용들을 모두 취소한다. 즉 로그를 이용하여 해당 데이터 항목에 대해 이후 값을 이전 값으로 변경한다.

〈보기〉

㉠ ROLLBACK	㉡ UNDO	㉢ LOG	㉣ COMMIT
㉤ REDO	㉥ RECOVERY	㉦ BACKUP	㉧ CHECK

답

- ①

- ②

문제 04 다음은 〈성적〉 테이블에서 이름(name)과 점수(score)를 조회하되, 점수를 기준으로 내림차순 정렬하여 조회하는 〈SQL문〉이다. 괄호(①~③)에 알맞은 답을 적어 〈SQL문〉을 완성하시오. (5점)

〈성적〉

name	class	score
정기찬	A	85
이영호	C	74
환정형	C	95
김지수	A	90
최은영	B	82

〈SQL문〉

```
SELECT name, score
FROM 성적
(  ①  ) BY (  ②  ) (  ③  )
```

답

- ①

- ②

- ③

문제 05 다음 Java로 구현된 프로그램을 분석하여 괄호에 들어갈 알맞은 답을 쓰시오. (5점)

```java
class Car implements Runnable {
    int a;
    public void run() {
        try {
            while(++a < 100) {
                System.out.println("miles traveled : " + a);
                Thread.sleep(100);
            }
        } catch(Exception E) { }
    }
}


public class Test {
    public static void main(String args[]) {
        Thread t1 = new Thread(new (        )());
        t1.start();
    }
}
```

답 :

문제 06 데이터의 중복으로 인해 테이블 조작 시 문제가 발생하는 현상을 이상(Anomaly)이라고 한다. 이상 중 삭제 이상(Deletion Anomaly)에 대해 간략히 서술하시오. (5점)

답 :

문제 07 다음 Python으로 구현된 프로그램을 분석하여 그 실행 결과를 쓰시오. (단, 출력문의 출력 서식을 준수하시오.) (5점)

```python
def func(num1, num2 = 2):
    print('a =', num1, 'b =', num2)
func(20)
```

답 :

문제 08 다음은 Python의 리스트 객체에 속한 메소드들에 대한 설명이다. 각 괄호(①~③)에 해당하는 메소드의 이름을 〈보기〉에서 찾아 쓰시오. (5점)

Python에서는 여러 요소들을 한 개의 이름으로 처리할 때 리스트(List)를 사용하며, 각 요소에는 정수, 실수, 문자열 등 다양한 자료형을 섞어 저장할 수 있다. 또한 리스트는 메소드를 활용하여 요소를 추가 및 삭제할 수 있을 뿐만 아니라 정렬하거나 다른 리스트와 병합하는 등의 다양한 작업을 손쉽게 수행할 수 있다.

- (①) : 기존 리스트에 인수의 요소들을 추가하여 확장하는 메소드로, 여러 값을 한 번에 추가할 수 있다.
- (②) : 리스트에서 맨 마지막 또는 인수의 값에 해당하는 위치의 요소를 삭제한 후 반환한다.
- (③) : 리스트에 저장된 각 요소들의 순서를 역순으로 뒤집어 저장하는 메소드이다.

〈보기〉

㉠ pop( )	㉡ push( )	㉢ reverse( )	㉣ index( )
㉤ write( )	㉥ sort( )	㉦ extend( )	㉧ copy( )

답
- ①
- ②
- ③

문제 09 보안 프로토콜에 대한 다음 설명에 해당하는 용어를 영문 약어로 쓰시오. (5점)

무선랜 보안에 사용된 웹 방식을 보완한 데이터 보안 프로토콜로, 임시 키 무결성 프로토콜이라고도 한다. WEP의 취약성을 보완하기 위해 암호 알고리즘의 입력 키 길이를 128비트로 늘리고 패킷당 키 할당, 키값 재설정 등 키 관리 방식을 개선하였다.

답 :

문제 10 소스 코드 품질 분석 도구에 대한 다음 설명에서 괄호(①, ②)에 해당하는 용어를 〈보기〉에서 찾아 쓰시오. (5점)

소스 코드 품질 분석 도구는 소스 코드의 코딩 스타일, 코드에 설정된 코딩 표준, 코드의 복잡도, 코드에 존재하는 메모리 누수 현상, 스레드 결함 등을 발견하기 위해 사용하는 분석 도구이다.

- (①) 도구는 작성한 소스 코드를 실행하지 않고 코딩 표준이나 코딩 스타일, 결함 등을 확인하는 코드 분석 도구이다.
- (②) 도구는 소스 코드를 직접 실행하여 프로그램의 동작이나 반응을 추적하고 보고하는 분석 도구로, 프로그램 모니터링 기능이나 스냅샷 생성 기능들을 포함하고 있다.

〈보기〉

㉠ Static Analysis	㉡ Running Analysis	㉢ Test Execution	㉣ Performance
㉤ Dynamic Analysis	㉥ Test Control	㉦ Test Harness	㉧ Test Monitoring

답

• ①

• ②

문제 11 인터페이스 구현 검증 도구에 대한 다음 설명에 해당하는 용어를 영문으로 쓰시오. (5점)

Kent Beck과 Erich Gamma 등이 개발한 자바 프로그래밍 언어용 유닛 테스트 프레임워크로, xUnit 계열의 한 종류다. 같은 테스트 코드를 여러 번 작성하지 않게 도와주며, 테스트마다 예상 결과를 기억할 필요가 없는 자동화된 해법을 제공한다는 특징이 있다.

답 :

문제 12 다음 C언어로 구현된 프로그램을 분석하여 5를 입력했을 때 그 실행 결과를 쓰시오. (단, 출력문의 출력 서식을 준수하시오.) (5점)

```c
#include <stdio.h>
int func(int a) {
    if (a <= 1) return 1;
    return a * func(a - 1);
}
int main() {
    int a;
    scanf("%d", &a);
    printf("%d", func(a));
}
```

답 :

문제 13 사용자 인터페이스(UI)에 대한 다음 설명에 해당하는 용어를 영문 약어로 쓰시오. (5점)

사용자의 자연스러운 움직임을 통해 시스템과 상호작용하는 사용자 인터페이스(UI)로, 키보드나 마우스와 같이 조작을 배워야 하는 인공 제어 장치를 사용하는 인터페이스와 구분하기 위해 '자연스러운'이라는 표현을 사용한다. 시리(Siri), 빅스비(Bixby) 등과 같은 음성 비서에게 사용하는 자연어 명령이나 휴대폰이나 태블릿에서의 터치 등이 여기에 해당한다.

답 :

문제 14 다음 중 블랙 박스 테스트 기법에 해당하는 것을 모두 골라 기호(㉠~㉒)로 쓰시오. (5점)

㉠ Base Path Testing	㉡ Condition Testing	㉢ Boundary Value Analysis
㉣ Equivalence Partitioning	㉤ Data Flow Testing	㉥ Cause-Effect Graph
㉦ Branch Coverage Testing	㉧ Statement Coverage Testing	㉨ Boundary Division Analysis

답 :

문제 15 다음은 정수를 역순으로 출력하는 C언어 프로그램이다. 예를 들어 1234의 역순은 4321이다. 단, 1230 처럼 0으로 끝나는 정수는 고려하지 않는다. 프로그램을 분석하여 괄호(①~③)에 들어갈 알맞은 연산자를 쓰시오. (5점)

```c
#include <stdio.h>
int main() {
    int number = 1234;
    int div = 10, result = 0;


    while (number (  ①  ) 0) {
        result = result * div;
        result = result + number (  ②  ) div;
        number = number (  ③  ) div;
    }
    printf("%d", result);

}
```

답 :

문제 16 정보 보호에 대한 다음 설명에 해당하는 용어를 영문 약어로 쓰시오. (5점)

정보 자산을 안전하게 보호하기 위한 보호 절차와 대책으로, 정보보호 관리 체계라고 한다. 조직에 맞는 정보보호 정책을 수립하고, 위험에 상시 대응하는 여러 보안 대책을 통합 관리한다. 공공 부문과 민간 기업 부문에서 이것을 평가하고 인증하는 사업을 한국인터넷진흥원(KISA)에서 운영중이다.

답 :

문제 17 다음 C언어로 구현된 프로그램을 분석하여 그 실행 결과를 쓰시오. (단, 출력문의 출력 서식을 준수하시오.) (5점)

```c
#include <stdio.h>
int isPrime(int number) {
    for (int i = 2; i < number; i++)
        if (number % i == 0) return 0;
    return 1;
}


int main() {
    int number = 13195;
    int max_div = 0;
    for (int i = 2; i < number; i++)
        if (isPrime(i) == 1 && number % i == 0) max_div = i;
    printf("%d", max_div);
}
```

답 :

문제 18 키(Key)에 대한 다음 설명에서 괄호(①, ②)에 들어갈 알맞은 용어를 쓰시오. (5점)

키(Key)는 데이터베이스에서 조건에 만족하는 튜플을 찾거나 순서대로 정렬할 때 기준이 되는 속성을 말한다.
- 슈퍼키(Super Key)는 한 릴레이션 내에 있는 속성들의 집합으로 구성된 키로, 릴레이션을 구성하는 모든 튜플에 대해 (①)을 만족한다.
- 후보키(Candidate Key)는 릴레이션을 구성하는 속성들 중에서 튜플을 유일하게 식별하기 위해 사용되는 속성들의 부분집합으로, (①)과 (②)을 만족하는 특징이 있다.

답
- ①   • ②

문제 19 보안 위협에 대한 다음 설명에 해당하는 용어를 〈보기〉에서 찾아 쓰시오. (5점)

목표 조직이 자주 방문하는 웹 사이트를 사전에 감염시켜 목표 조직의 일원이 웹 사이트에 방문했을 때 악성 코드에 감염되게 한다. 이후에는 감염된 PC를 기반으로 조직의 중요 시스템에 접근하거나 불능으로 만드는 등의 영향력을 행사하는 웹 기반 공격이다.

〈보기〉

㉠ Pharming	㉡ Drive-by Download	㉢ Watering Hole	㉣ Business SCAM
㉤ Phishing	㉥ Cyber Kill Chain	㉦ Ransomware	㉧ Sniffing

답 :

문제 20 개발 단계에 따른 애플리케이션 테스트에 대한 다음 V-모델에서 괄호(①~④)에 들어갈 알맞은 테스트를 쓰시오. (5점)

답

- ①
- ②
- ③
- ④

[문제 01]

2000

해설

```
class A {                클래스 A를 정의한다.
    int a;               클래스 A에는 정수형 변수 a와 b가 선언되어 있다.
    int b;
}

public class Test {
❹  static void func1(A m) {
❺      m.a *= 10;
    }
❽  static void func2(A m) {
❾      m.a += m.b;
    }
    public static void main(String args[]) {
❶      A m = new A();
❷      m.a = 100;
❸      func1(m);
❻      m.b = m.a;
❼      func2(m);
❿      System.out.printf("%d", m.a);
    }
}
```

모든 Java 프로그램은 반드시 main( ) 메소드에서 시작한다.

❶ 클래스 A의 객체 변수 m을 선언한다.

	int a	int b
객체 변수 m		

❷ 객체 변수 m의 변수 a에 100을 저장한다.

	int a	int b
객체 변수 m	100	

❸ 객체 변수 m의 시작 주소를 인수로 하여 func1 메소드를 호출한다.

❹ 반환값이 없는 func1( ) 메소드의 시작점이다. ❸번에서 전달받은 주소는 m이 받는다.

  ※ 객체 변수나 배열의 이름은 객체 변수나 배열의 시작 주소를 가리키므로, 인수로 전달하는 경우 메소드에서 변경된 값이 main( )의 객체 변수나 배열에도 적
    용된다는 점을 염두에 두세요.

❺ 'm.a = m.a * 10;'과 동일하다. m.a에 10을 곱한 값을 m.a에 저장한다. 메소드가 종료되었으므로 메소드를 호출했던 ❸번의 다음 줄인 ❻번으로 이동한다.

	int a	int b
객체 변수 m	1000	

❻ m.b에 m.a의 값 1000을 저장한다.

	int a	int b
객체 변수 m	1000	1000

❼ 객체 변수 m의 시작 주소를 인수로 하여 func2 메소드를 호출한다.

❽ 반환값이 없는 func2( ) 메소드의 시작점이다. ❼번에서 전달받은 주소는 m이 받는다.

❾ 'm.a = m.a + m.b;'와 동일하다. m.a와 m.b를 합한 값을 m.a에 저장한다. 메소드가 종료되었으므로 메소드를 호출했던 ❼번의 다음 줄인 ❿번으로 이동한다.

	int a	int b
객체 변수 m	2000	1000

⓾ m.a의 값 2000을 정수로 출력한다.

결과 | 2000

[문제 02]
0

[문제 03]
① REDO   ② UNDO

[문제 04]
① ORDER   ② score   ③ DESC

[답안 작성 시 주의 사항]
SQL에 사용되는 예약어, 필드명, 변수명 등은 대소문자를 구분하지 않기 때문에 대문자로만 또는 소문자로만 작성해도 정답으로 인정됩니다.

> **해설**
>
> | SELECT name, score | 'name'과 'score'를 표시한다. |
> |---|---|
> | FROM 성적 | 〈성적〉 테이블에서 검색한다. |
> | ORDER BY score DESC | 'score'를 기준으로 내림차순 정렬한다. |

[문제 05]
Car

[답안 작성 시 주의 사항]
C, Java, Python 등의 프로그래밍 언어에서는 대소문자를 구분하기 때문에 클래스명도 대소문자를 구분하여 정확하게 작성해야 합니다. 예를 들어, 소문자로 car로 썼을 경우 부분 점수 없이 완전히 틀린 것으로 간주됩니다.

> **해설**
>
> ```java
> Ⓐ class Car implements Runnable {
>        int a;
> Ⓑ     public void run() {
> Ⓒ❶        try {
>    ❷            while(++a < 100) {
>    ❸                System.out.println("miles traveled : " + a);
>    ❹                Thread.sleep(100);
>                }
> Ⓓ        } catch(Exception E) { }
>        }
>    }
>
>    public class Test {
>        public static void main(String args[]) {
> Ⓔ❶        Thread t1 = new Thread(new Car());
> Ⓕ❷        t1.start();
>        } ❸
>    }
> ```

Ⓐ class Car implements Runnable

　　Runnable 인터페이스를 상속받은 클래스 Car를 정의한다.

　　• implements : extends와 같이 상속에 사용하는 예약어로, 인터페이스를 상속받을 때 사용함

　　• Runnable : 스레드 클래스를 만들 때 사용하는 인터페이스

　　　※ 인터페이스 개체는 클래스와 크게 다르지 않습니다. 그 역할이 인터페이스로 고정되어 있을 뿐 클래스와 마찬가지로 변수와 메소드를 갖는 개체입니다.

　　　※ 스레드는 시스템의 여러 자원을 할당받아 실행하는 프로그램의 단위입니다. 대부분은 main( ) 메소드로 실행하는 하나의 스레드로만 작업을 수행하는데, 스레드 클래스는 main( ) 메소드로 실행하는 스레드 외에 추가적인 스레드를 가질 수 있도록 스레드를 생성하는 기능을 갖고 있습니다.

Ⓑ public void run( )

　　Runnable 인터페이스를 상속받았다면 스레드가 수행할 작업들을 정의하는 run( ) 메소드를 반드시 정의해야 한다.

Ⓒ try { }

　　• 실행 중에 예외가 발생할 가능성이 있는 실행 코드들을 하나의 블록으로 묶어 놓은 곳이다. try 블록 코드를 수행하다 예외가 발생하면 예외를 처리하는 Ⓓ 의 catch 블록으로 이동하여 예외 처리 코드를 수행하므로 예외가 발생한 이후의 코드는 실행되지 않는다.

　　• ❹번에서 수행되는 Thread.sleep( ) 메소드는 인터럽트로 인한 예외를 발생시킬 가능성이 큰 메소드이므로 반드시 try ~ catch 문을 통해 예외를 처리해줘야 한다.

Ⓓ catch(Exception E) { }

　　인터럽트로 인한 예외를 처리할 수 있는 예외 객체는 InterruptedException이지만, Exception을 사용하면 InterruptedException을 포함한 대부분의 예외를 한 번에 처리할 수 있다.

Ⓔ Thread t1 = new Thread(new Car( ));

　　스레드 클래스의 객체 변수 t1을 선언한다. 스레드 클래스는 생성자를 호출할 때 Runnable 인터페이스를 인수로 사용한다. 여기에서는 Runnable 인터페이스를 상속받은 Car 클래스를 생성자의 인수로 사용했다.

Ⓕ t1.start( );

　　t1의 start( ) 메소드를 호출한다. start( ) 메소드는 스레드 클래스에 포함된 메소드로, run( ) 메소드에서 정의한 코드들을 실행하는 메소드이다. 이 때 run( ) 메소드에서 정의한 코드들은 main( ) 메소드와는 별개로 시스템으로부터 자원을 새로 할당받아 실행된다. 즉, main( ) 메소드와 별개로 실행되기 때문에 main( ) 메소드의 작업이 종료되어도 run( ) 메소드의 작업이 끝나지 않으면 계속 수행한다.

모든 Java 프로그램은 반드시 main( ) 메소드에서 시작한다.

❶ 스레드 클래스의 객체 변수 t1을 선언한다. 스레드에서 실행할 run( ) 메소드를 정의하고 있는 Car( ) 클래스를 생성자의 인수로 사용한다.

❷ t1의 start( ) 메소드를 호출한다. Car 클래스의 run( ) 메소드가 실행된다. 이후 main( ) 메소드는 ❸번으로 이동하여 프로그램을 종료한다.

main( ) 메소드와는 별개로 시스템으로부터 자원을 새로 할당받아 run( ) 메소드를 시작한다.

❶ 예외를 처리하기 위한 try ~ catch문의 시작점이다.

❷ a가 100보다 작은 동안 ❸, ❹번을 반복 수행한다. a는 전치증가 연산이므로 a에 1을 더한 후 조건을 확인한다.

　　※ 클래스의 속성으로 선언된 변수 a는 자동으로 0으로 초기화됩니다.

❸ miles traveled : 를 출력한 후 이어서 a의 값을 출력한다.

❹ 100을 인수로 하여 Thread 클래스의 sleep( ) 메소드를 호출한다. 0.1초 동안 스레드를 일시 정지시킨다.

　　• Thread.sleep(n) : n/1000초 동안 스레드를 일시 정지시킨다.

❷~❹번을 수행한 결과로 다음과 같이 0.1초마다 한 줄씩 출력된다.

결과	miles traveled : 1
	miles traveled : 2
	miles traveled : 3
	miles traveled : 4
	⋮
	miles traveled : 98
	miles traveled : 99

[문제 06]

※ 다음 중 밑줄이 표시된 내용은 반드시 포함되어야 합니다.

테이블에서 <u>튜플을 삭제할 때 의도와는 상관없는 값들도 함께 삭제되는 현상</u>이다.

[문제 07]

a = 20 b = 2

[답안 작성 시 주의 사항]

프로그램의 실행 결과는 부분 점수가 없으므로 정확하게 작성해야 합니다. 예를 들어, 출력값 사이에 쉼표를 넣어 **a = 20, b = 2**로 썼을 경우 부분 점수 없이 완전히 틀린 것으로 간주됩니다.

해설

```
❷ def func(num1, num2 = 2):
❸     print('a =', num1, 'b =', num2)
❶ func(20)
```

def는 Python에서 메소드를 정의하는 예약어이다. 매개 변수를 지정한 후 메소드에 속한 실행 코드들은 콜론(:)과 여백으로 구분한다.

func 메소드를 정의하는 1, 2번째 줄의 다음 줄인 3번째 줄부터 실행한다.

❶ 20을 인수로 하여 func( ) 메소드를 호출한다.

❷ func( ) 메소드의 시작점이다. ❶번에서 전달받은 20을 num1이 받는다.

  • func( ) 메소드의 매개 변수는 num1, num2 두 개지만 num2는 메소드 정의 시 초기값이 지정되었다.

  • 전달된 인수는 매개 변수에 차례로 전달되므로 인수가 하나만 주어지면 num1이 인수를 전달받고, 두 개의 인수가 주어지면 num1과 num2가 차례로 인수를 전달받는다.

❸ a=와 num1의 값 20, b=와 num2의 값 2를 차례대로 출력한다.

결과 `a = 20 b = 2`

[문제 08]

① extend( )   ② pop( )   ③ reverse( )

[문제 09]

TKIP

[문제 10]

① Static Analysis   ② Dynamic Analysis

[문제 11]

JUnit

[문제 12]

120

해설

```
  int main( ) {
❶    int a;
❷    scanf("%d", &a);
❸    printf("%d", func(a));
  }
```

모든 C언어 프로그램은 반드시 main( ) 함수에서 시작한다.

❶ 정수형 변수 a를 선언한다.

❷ 정수를 입력받아 a에 저장한다. 5가 입력되었다고 가정하였으므로 a에는 5가 저장된다.

❸ a의 값 5를 인수로 하여 func( ) 함수를 호출한 후 돌려받은 값을 정수로 출력한다.

```
❹ int func(int a) {
❺    if (a <= 1) return 1;
❻    return a * func(a - 1);
  }
```

❹ 정수를 반환하는 func( ) 함수의 시작점이다. ❸번에서 전달받은 5를 a가 받는다.

❺ a가 1보다 작거나 같으면 함수를 호출했던 곳으로 1을 반환하고 함수를 종료한다. a의 값 5는 1보다 작거나 같지 않으므로 ❻번으로 이동한다.

❻ a-1을 인수로 하여 func( ) 함수를 호출한 후 돌려받은 값과 a를 곱하여 함수를 호출했던 곳으로 반환하고 함수를 종료한다. a가 1보다 큰 동안 자신을 호출하는 과정이 수행되다 a가 1보다 작거나 같아지면 1이 반환되면서 호출했던 과정을 복귀한다. 이 때 반환된 값은 먼저 호출된 func( ) 함수에 반환할 값으로 계산된다는 것을 염두에 두고 과정을 개괄적인 그림을 통해 살펴보자.

a-1의 값 4를 인수로 func( ) 함수를 호출한 후 돌려받은 값이 240이므로 a의 값 5를 곱한 값 120을 func(5)를 호출했던 ❼번으로 반환한다.

```
   int main() {
❶     int a;
❷     scanf("%d", &a);
❸❼   printf("%d", func(a));
   }
```

❼ ❻번에서 돌려받은 값 120을 정수로 출력한다.

결과 `120`

[문제 13]
NUI

[문제 14]
ⓒ, ⓔ, ⓗ

[문제 15]
① != 또는 〉   ② %   ③ /

해설

```
#include <stdio.h>
int main( ) {
❶  int number = 1234;
❷  int div = 10, result = 0;

❸  while (number != 0) {
❹  result = result * div;
❺  result = result + number % div;
❻  number = number / div;
   }
❼  printf("%d", result);
}
```

❶ 정수형 변수 number를 선언하고 1234로 초기화한다.
❷ 정수형 변수 div와 result를 선언하고 각각 10과 0으로 초기화한다.
❸ number가 0이 아닌 동안 ❹~❻번을 반복 수행한다.
❹ result와 div를 곱한 값을 result에 저장한다.
❺ number를 div로 나눈 나머지를 result에 누적시킨다.
❻ number를 div로 나눈 값을 number에 저장한다.
  반복문 실행에 따른 변수들의 변화는 다음과 같다.

number	div	result
1234	10	0
123		0
		4
12		40
		43
1		430
		432
0		4320
		4321

❼ result의 값 4321을 정수로 출력한다.

결과 `4321`

[문제 16]
ISMS

[문제 17]
29

해설

```c
  #include <stdio.h>
❺ int isPrime(int number) {
❻     for (int i = 2; i < number; i++)
❼         if (number % i == 0) return 0;
❽     return 1;
  }

  int main() {
❶     int number = 13195;
❷     int max_div = 0;
❸     for (int i = 2; i < number; i++)
❹❾         if (isPrime(i) == 1 && number % i == 0) max_div = i;
❿     printf("%d", max_div);
  }
```

모든 C언어 프로그램은 반드시 main( ) 함수에서 시작한다.
❶ 정수형 변수 number를 선언하고 13195로 초기화한다.
❷ 정수형 변수 max_div를 선언하고 0으로 초기화한다.
❸ 반복 변수 i가 2부터 1씩 증가하면서 number보다 작은 동안 ❹번을 반복 수행한다.

첫 번째 반복
❹ i의 값 2를 인수로 하여 isPrime을 호출한 결과가 1이고 number를 i로 나눈 나머지가 0이면 max_div에 i의 값을 저장한다.
❺ 정수를 반환하는 isPrime( ) 함수의 시작점이다. ❹번에서 전달받은 2를 number가 받는다.
❻ 반복 변수 i가 2부터 1씩 증가하면서 number보다 작은 동안 ❼번을 반복 수행한다. i의 값 2는 number의 값 2보다 작지 않으므로 ❼번을 수행하지 않고 ❽번으로 이동한다.
❽ 1을 반환하고 함수를 호출했던 ❾번으로 이동한다.
❾ ❽번에서 돌려받은 값은 1이지만, number의 값 13195를 i의 값 2로 나눈 나머지는 1이므로 max_div = i를 수행하지 않고 ❸번으로 돌아가 i의 값을 1 증가시킨다.

두 번째 반복
❹ i의 값 3을 인수로 하여 isPrime을 호출한 결과가 1이고 number를 i로 나눈 나머지가 0이면 max_div에 i의 값을 저장한다.
❺ 정수를 반환하는 isPrime( ) 함수의 시작점이다. ❹번에서 전달받은 3을 number가 받는다.
❻ 반복 변수 i가 2부터 1씩 증가하면서 number보다 작은 동안 ❼번을 반복 수행한다.
❼ number를 i로 나눈 나머지가 0이면 0을 반환하고 함수를 호출했던 ❾번으로 이동한다.
    ❻~❼번 반복문 실행에 따른 변수들의 변화는 다음과 같다.

number	i
3	2
	3

❽ 1을 반환하고 함수를 호출했던 ❾번으로 이동한다.

❾ ❽번에서 돌려받은 값은 1이지만, number의 값 13195를 i의 값 3으로 나눈 나머지는 1이므로 max_div = i를 수행하지 않고 ❸번으로 돌아가 i의 값을 1 증가시킨다.

세 번째 반복
❹ i의 값 4를 인수로 하여 isPrime을 호출한 결과가 1이고 number를 i로 나눈 나머지가 0이면 max_div에 i의 값을 저장한다.

❺ 정수를 반환하는 isPrime( ) 함수의 시작점이다. ❹번에서 전달받은 4를 number가 받는다.

❻ 반복 변수 i가 2부터 1씩 증가하면서 number보다 작은 동안 ❼번을 반복 수행한다.

❼ number를 i로 나눈 나머지가 0이면 0을 반환하고 함수를 호출했던 ❾번으로 이동한다.

　❻～❼번 반복문 실행에 따른 변수들의 변화는 다음과 같다.

number	i
4	2

❾ ❽번에서 돌려받은 값이 0이고, number의 값 13195를 i의 값 4로 나눈 나머지는 3이므로 max_div = i를 수행하지 않고 ❸번으로 돌아가 i의 값을 1 증가시킨다.

네 번째 반복
❹ i의 값 5를 인수로 하여 isPrime을 호출한 결과가 1이고 number를 i로 나눈 나머지가 0이면 max_div에 i의 값을 저장한다.

❺ 정수를 반환하는 isPrime( ) 함수의 시작점이다. ❹번에서 전달받은 5를 number가 받는다.

❻ 반복 변수 i가 2부터 1씩 증가하면서 number보다 작은 동안 ❼번을 반복 수행한다.

❼ number를 i로 나눈 나머지가 0이면 0을 반환하고 함수를 호출했던 ❾번으로 이동한다.

　❻～❼번 반복문 실행에 따른 변수들의 변화는 다음과 같다.

number	i
5	2
	3
	4
	5

❽ 1을 반환하고 함수를 호출했던 ❾번으로 이동한다.

❾ ❽번에서 돌려받은 값이 1이고, number의 값 13195를 i의 값 5로 나눈 나머지도 0이므로 max_div에 5를 저장한 후 ❸번으로 돌아가 i의 값을 1 증가시킨다.

위의 과정을 통해 다음 사항들을 알 수 있다.
- isPrime( ) 함수는 인수를 2부터 시작하여 전달받은 수보다 1 작을 때까지 나눴을 때 나머지가 0이 아니면 1을 반환하는 것으로 보아 소수를 찾는 함수임을 알 수 있다.
- ❾번에서 isPrime(i)가 1이라는 것은 i가 소수임을 의미하고, number를 i로 나눈 나머지가 0이라는 것은 i가 number의 약수라는 의미이므로, max_div에는 소수이자 number의 약수인 수가 저장된다.
- i의 값이 1씩 증가하면서 number보다 1 작을 때까지 위 과정을 수행하므로 number의 약수 중 가장 큰 소수에 해당하는 값이 max_div에 저장된다.
- 13195의 약수는 5 × 7 × 13 × 29로 표현할 수 있으므로, 이 중 가장 큰 소수인 29가 최종적으로 max_div에 저장된다.
- 자세한 값의 변화는 다음 표를 통해 확인하자

main( ) 함수			isPrime( ) 함수		
number	i	max_div	number	i	반환값
13195	2	0	2	2	1
⋮ ⋮	3		3	2 3	1
	4		4	2	0
	5	5	5	2 3 4 5	1
	⋮	⋮	⋮	⋮	⋮
	29	29	29	2 3 4 ⋮ 28 29	1
	⋮	⋮	⋮	⋮	⋮
	13194		13194	2	0
	13195				

❿ max_div의 값 29를 정수로 출력한다.

결과 | 29

[문제 18]

※ 각 문항별로 다음 중 하나를 쓰면 됩니다.

① 유일성, Unique

② 최소성, Minimality

[문제 19]

Watering Hole

[문제 20]

※ 각 문항별로 다음 중 하나를 쓰면 됩니다.

① 단위 테스트, Unit Test

② 통합 테스트, Integration Test

③ 시스템 테스트, System Test

④ 인수 테스트, Acceptance Test

수험자 유의사항

1. 시험 문제지를 받는 즉시 응시하고자 하는 종목의 문제지가 맞는지를 확인하여야 합니다.

2. 시험 문제지 총면수·문제번호 순서·인쇄상태 등을 확인하고, 수험번호 및 성명을 답안지에 기재하여야 합니다.

3. 문제 및 답안(지), 채점기준은 일절 공개하지 않으며 자신이 작성한 답안, 문제 내용 등을 수험표 등에 이기(옮겨 적는 행위) 등은 관련 법 등에 의거 불이익 조치 될 수 있으니 유의하시기 바랍니다.

4. 수험자 인적사항 및 답안작성(계산식 포함)은 흑색 필기구만 사용하되, 흑색을 제외한 유색 필기구 또는 연필류를 사용하였을 경우 그 문항은 0점 처리됩니다.

5. 답란(답안 기재란)에는 문제와 관련 없는 불필요한 낙서나 특이한 기록사항 등을 기재하여서는 안되며 부정의 목적으로 특이한 표식을 하였다고 판단될 경우에는 모든 문항이 0점 처리됩니다.

6. 답안을 정정할 때에는 반드시 정정부분을 두 줄(=)로 그어 표시하여야 하며, 두 줄로 긋지 않은 답안은 정정하지 않은 것으로 간주합니다. (수정테이프, 수정액 사용불가)

7. 답안의 한글 또는 영문의 오탈자는 오답으로 처리됩니다. 단, 답안에서 영문의 대·소문자 구분, 띄어쓰기는 여부에 관계 없이 채점합니다.

8. 계산 또는 디버깅 등 계산 연습이 필요한 경우는 〈문제〉 아래의 연습란을 사용하시기 바라며, 연습란은 채점대상이 아닙니다.

9. 문제에서 요구한 가지 수(항수) 이상을 답란에 표기한 경우에는 답안기재 순으로 요구한 가지 수(항수)만 채점하고 한 항에 여러 가지를 기재하더라도 한 가지로 보며 그 중 정답과 오답이 함께 기재란에 있을 경우 오답으로 처리됩니다.

10. 한 문제에서 소문제로 파생되는 문제나, 가지수를 요구하는 문제는 대부분의 경우 부분채점을 적용합니다. 그러나 소문제로 파생되는 문제 내에서의 부분 배점은 적용하지 않습니다.

11. 답안은 문제의 마지막에 있는 답란에 작성하여야 합니다.

12. 부정 또는 불공정한 방법(시험문제 내용과 관련된 메모지 사용 등)으로 시험을 치른 자는 부정행위자로 처리되어 당해 시험을 중지 또는 무효로 하고, 2년간 국가기술자격검정의 응시자격이 정지됩니다.

13. 시험위원이 시험 중 신분확인을 위하여 신분증과 수험표를 요구할 경우 반드시 제시하여야 합니다.

14. 시험 중에는 통신기기 및 전자기기(휴대용 전화기 등)를 지참하거나 사용할 수 없습니다.

15. 국가기술자격 시험문제는 일부 또는 전부가 저작권법상 보호되는 저작물이고, 저작권자는 한국산업인력공단입니다. 문제의 일부 또는 전부를 무단 복제, 배포, 출판, 전자출판 하는 등 저작권을 침해하는 일체의 행위를 금합니다.

※ 수험자 유의사항 미준수로 인한 채점상의 불이익은 수험자 본인에게 전적으로 책임이 있음

문제 01 다음 Java로 구현된 프로그램을 분석하여 그 실행 결과를 쓰시오. (단, 출력문의 출력 서식을 준수하시오.) (5점)

```java
class Connection {
    private static Connection _inst = null;
    private int count = 0;
    public static Connection get() {
        if(_inst == null) {
            _inst = new Connection();
            return _inst;
        }
        return _inst;
    }
    public void count() { count++; }
    public int getCount() { return count; }
}


public class Test {
    public static void main(String[] args) {
        Connection conn1 = Connection.get();
        conn1.count();
        Connection conn2 = Connection.get();
        conn2.count();
        Connection conn3 = Connection.get();
        conn3.count();
        System.out.print(conn1.getCount());
    }
}
```

답 :

문제 02 보안 위협에 관한 다음 설명에서 괄호에 공통으로 들어갈 알맞은 답을 쓰시오. (5점)

( ) 스푸핑은 로컬 네트워크(LAN)에서 사용하는 ( ) 프로토콜의 취약점을 이용한 공격 기법으로, 자신의 물리적 주소(MAC)를 변조하여 다른 PC에게 도달해야 하는 데이터 패킷을 가로채거나 방해한다.

답 :

문제 03 데이터를 제어하는 DCL의 하나인 GRANT의 기능에 대해 간략히 서술하시오. (5점)

답 :

문제 04 AAA 서버에 관한 다음 설명에서 각 번호(①~③)에 들어갈 알맞는 용어를 〈보기〉에서 찾아 쓰시오. (5점)

AAA 서버는 사용자의 컴퓨터 자원 접근 처리와 서비스 제공에 있어서의 다음 3가지 기능을 제공하는 서버이다.
① – 접근하는 사용자의 신원을 검증하는 기능
② – 신원이 검증된 사용자에게 특정된 권한과 서비스를 허용하는 기능
③ – 사용자가 어떤 종류의 서비스를 이용했고, 얼마만큼의 자원을 사용했는지 기록 및 보관하는 기능

〈보기〉

Application	Authentication	Avalanche	Authorization	Accounting	Ascii

답
- ①
- ②
- ③

문제 05 디자인 패턴에 관한 다음 설명에서 괄호에 들어갈 알맞은 답을 〈보기〉에서 찾아 쓰시오. (5점)

( ) 패턴은 객체 생성을 서브 클래스에서 처리하도록 분리하여 캡슐화한 패턴으로, 상위 클래스에서 인터페이스만 정의하고 실제 생성은 서브 클래스가 담당한다. 다른 이름으로 가상 생성자(Virtual Constructor) 패턴이라고도 불린다.

〈보기〉

Singleton	Abstract Factory	Factory Method	Prototype
Facade	Composite	Template Method	Builder

답 :

문제 06 결합도(Coupling)의 종류 중 단순 처리 대상인 데이터만 전달되는 것이 아니라 어떻게 처리해야 하는지를 결정하는 제어 요소가 전달되는 경우의 결합도를 영문으로 쓰시오. (5점)

답 :

문제 07 다음 C 언어로 구현된 프로그램을 분석하여 그 실행 결과를 쓰시오. (단, 출력문의 출력 서식을 준수하시오.) (5점)

```c
#include <stdio.h>
struct jsu {
    char nae[12];
    int os, db, hab, hhab;
};

int main() {
    struct jsu st[3] = { {"데이터1", 95, 88}, {"데이터2", 84, 91}, {"데이터3", 86, 75} };
    struct jsu* p;
    p = &st[0];
    (p + 1)->hab = (p + 1)->os + (p + 2)->db;
    (p + 1)->hhab = (p + 1)->hab + p->os + p->db;
    printf("%d", (p + 1)->hab + (p + 1)->hhab);
}
```

답 :

문제 08 애플리케이션 테스트에 관한 다음 설명에서 괄호(①, ②)에 들어갈 알맞은 답을 쓰시오. (5점)

- (①)는 소프트웨어의 하위 모듈에서 상위 모듈 방향으로 통합하면서 테스트하는 기법이다.
- 하나의 주요 제어 모듈과 관련된 종속 모듈의 그룹인 클러스터(Cluster)가 필요하다.
- 데이터의 입·출력을 확인하기 위해 더미 모듈인 (②)를 생성한다.

답
- ①
- ②

문제 09 다음 Python으로 구현된 프로그램을 분석하여 그 실행 결과를 쓰시오. (단, 출력문의 출력 서식을 준수하시오.) (5점)

```
x, y = 100, 200
print(x==y)
```

답 :

문제 10 〈A〉 테이블과 〈B〉 테이블을 참고하여 〈SQL문〉의 실행 결과를 쓰시오. (5점)

〈A〉

NAME
Smith
Allen
Scott

〈B〉

RULE
S%
%t%

〈SQL문〉

```
SELECT COUNT(*) CNT FROM A CROSS JOIN B WHERE A.NAME LIKE B.RULE;
```

답 :

문제 11 다음 설명에서 괄호에 공통으로 들어갈 알맞은 답을 쓰시오. (5점)

파일의 구조는 파일을 구성하는 레코드들이 보조기억장치에 편성되는 방식을 의미하는 것으로, 크게 순차, (   ), 해싱으로 구분한다. (   ) 파일 구조는 〈값, 주소〉 쌍으로 구성되는 데이터 구조를 활용하여 데이터에 접근하는 방식으로, 자기 디스크에서 주로 활용된다.

답 :

문제 12 다음 테스트 케이스를 참조하여 괄호에 들어갈 테스트 케이스의 구성 요소를 〈보기〉에서 찾아 쓰시오. (5점)

식별자_ID	테스트 항목	(①)	(②)	(③)
LS_W10_35	로그인 기능	사용자 초기 화면	아이디(test_a01) 비밀번호(203a!d5%ffa1)	로그인 성공
LS_W10_36	로그인 기능	사용자 초기 화면	아이디(test_a01) 비밀번호(1234)	로그인 실패(1) – 비밀번호 비일치
LS_W10_37	로그인 기능	사용자 초기 화면	아이디(" ") 비밀번호(" ")	로그인 실패(2) – 미입력

〈보기〉

요구 절차	의존성 여부	테스트 데이터	테스트 조건
하드웨어 환경	예상 결과	소프트웨어 환경	성공/실패 기준

답
- ①
- ②
- ③

문제 13 UML(Unified Modeling Language)에 관한 다음 설명에서 괄호에 공통으로 들어갈 알맞은 답을 쓰시오. (5점)

( ) 다이어그램은 UML 다이어그램 중 객체(Object)들을 ( )로 추상화하여 표현하는 다이어그램으로 대표적인 구조적 다이어그램이다. ( )는 각각의 객체들이 갖는 속성과 메소드를 표현한 것으로 3개의 구획으로 나눠 이름, 속성, 메소드를 표기한다.

답 :

문제 14 OSI 7 Layer에 대한 다음 설명에서 각 번호(①~③)에 들어갈 알맞은 계층(Layer)을 쓰시오. (5점)

OSI 7 Layer는 다른 시스템 간의 원활한 통신을 위해 ISO(국제표준화기구)에서 제안한 통신 규약(Protocol)이다.

① – 물리적으로 연결된 두 개의 인접한 개방 시스템들 간에 신뢰성 있고 효율적인 정보 전송을 할 수 있도록 연결 설정, 데이터 전송, 오류 제어 등의 기능을 수행한다.

② – 개방 시스템들 간의 네트워크 연결을 관리하며, 경로 제어, 패킷 교환, 트래픽 제어 등의 기능을 수행한다.

③ – 서로 다른 데이터 표현 형태를 갖는 시스템 간의 상호 접속을 위해 필요한 계층으로, 코드 변환, 데이터 암호화, 데이터 압축, 구문 검색 등의 기능을 수행한다.

답
- ①
- ②
- ③

문제 15 1974년 IBM이 개발하고 1975년 NBS에 의해 미국의 국가 표준으로 발표된 암호화 알고리즘으로, 블록 크기는 64비트, 키 길이는 56비트이며, 16회의 라운드를 수행한다. 컴퓨터 기술이 발달함에 따라 해독이 쉬워지면서 미국의 국가 표준이 2001년 AES로 대체되었다. (5점)

답 :

문제 16 다음 C 언어로 구현된 프로그램을 분석하여 그 실행 결과를 쓰시오. (단, 출력문의 출력 서식을 준수하시오.) (5점)

```c
#include <stdio.h>
int main() {
    int* array[3];
    int a = 12, b = 24, c = 36;
    array[0] = &a;
    array[1] = &b;
    array[2] = &c;
    printf("%d", *array[1] + **array + 1);
}
```

답 :

문제 17 다음 Java로 구현된 프로그램을 분석하여 그 실행 결과를 쓰시오. (단, 출력문의 출력 서식을 준수하시오.) (5점)

```java
public class Test {
    public static void main(String[] args) {
        int w = 3, x = 4, y = 3, z = 5;
        if((w == 2 | w == y) & !(y > z) & (1 == x ^ y != z)) {
            w = x + y;
            if(7 == x ^ y != w)
                System.out.println(w);
            else
                System.out.println(x);
        }
        else {
            w = y + z;
            if(7 == y ^ z != w)
                System.out.println(w);
            else
                System.out.println(z);
        }
    }
}
```

답 :

문제 18 테스트 기법 중 그래프를 활용하여 입력 데이터 간의 관계와 출력에 영향을 미치는 상황을 체계적으로 분석한 다음 효용성이 높은 테스트 케이스를 선정하여 검사하는 기법을 〈보기〉에서 찾아 쓰시오. (5점)

〈보기〉

Equivalence Partition	Boundary Value Analysis	Condition Test
Cause−Effect Graph	Error Guess	Comparison Test
Base Path Test	Loop Test	Data Flow Test

답 :

문제 19 Windows, MacOS 등에서 사용하는 인터페이스로, 사용자가 명령어를 직접 입력하지 않고 키보드와 마우스 등을 이용하여 아이콘이나 메뉴를 선택하여 모든 작업을 수행하는 사용자 인터페이스를 쓰시오. (5점)

답 :

문제 20 UML의 관계(Relationships)에 관한 다음 설명에서 각 번호(①, ②)에 들어갈 알맞는 용어를 〈보기〉에서 찾아 쓰시오. (5점)

관계(Relationships)는 사물과 사물 사이의 연관성을 표현하는 것이다.

① – 하나의 사물이 다른 사물에 포함되어 있는 관계로, 전체와 부분으로 구분되어지며 서로 독립적이다.

② – 상위 모듈이 하위 모듈보다 더 일반적인 개념을 가지고 있으며, 하위 모듈이 상위 모듈보다 더 구체적인 개념을 가진다.

〈보기〉

Association	Aggregation	Composition	Generalization
Dependency	Realization		

- ①
- ②

[문제 01]

3

해설

```
class Connection {
Ⓐ      private static Connection _inst = null;
Ⓑ      private int count = 0;
❷⑩⑰ public static Connection get() {
❸⑪⑱     if(_inst == null) {
❹              _inst = new Connection();
❺              return _inst;
            }
⑫⑲     return _inst;
        }
❽⑮㉒ public void count() { count++; }
㉔      public int getCount() { return count; }
}

public class Test {
    public static void main(String[] args) {
❶⑥         Connection conn1 = Connection.get();
❼         conn1.count();
❾⑬         Connection conn2 = Connection.get();
⑭         conn2.count();
⑯⑳         Connection conn3 = Connection.get();
㉑         conn3.count();
㉓㉕         System.out.print(conn1.getCount());
        }
}
```

클래스 Connection을 정의한다.

Ⓐ Connection 클래스의 객체 변수 _inst를 선언하고 null로 초기화한다.

  ※ 객체 변수를 생성한다는 것은 Connection _inst = new Connection();과 같이 객체 생성 예약어인 new를 통해 heap 영역에 공간을 확보하여 Connection 클래스의 내용을 저장한 후 그 주소를 객체 변수에 저장하는 것인데, Ⓐ에서는 객체 생성 예약어인 new가 생략되었으므로 생성이 아닌 선언만 합니다. 객체 변수를 선언만 하게 되면 heap이 아닌 stack 영역에 내용 없이 저장되어 사용이 불가능합니다. 이후 ❹번과 같이 객체 생성 예약어인 new가 사용되어야만 heap 영역에 내용이 저장되고 그 주소도 객체 변수에 전달되면서 사용 가능한 객체 변수가 됩니다.

Ⓑ 정수형 변수 count를 선언하고, 0으로 초기화한다.

stack 영역		heap 영역	
변수	값	주소	내용
_inst	null		
count	0		

모든 Java 프로그램은 반드시 main( ) 메소드에서 시작한다.

❶ Connection 클래스의 객체 변수 conn1을 선언하고, get( ) 메소드를 호출한 결과를 저장한다.

※ Ⓐ에서와 같이 객체 변수를 선언만 하였으므로 객체 변수 conn1은 stack 영역에 생성됩니다.

stack 영역		heap 영역	
변수	값	주소	내용
_inst	null		
count	0		
conn1			

❷ Connection 형을 반환하는 get( ) 메소드의 시작점이다.

❸ _inst가 null이면 ❹, ❺번을 수행하고, 아니면 ⓬번으로 이동한다. _inst가 null이므로 ❹번으로 이동한다.

❹ Connection 클래스의 내용을 heap 영역에 저장하고 그 주소를 _inst에 저장한다.

※ Ⓐ에서 객체 변수 _inst는 이미 선언되었으므로, Connection _inst = new Connection( );과 같이 작성하지 않고 앞쪽의 클래스명을 생략하여 _inst = new Connection( );과 같이 작성합니다. 생성 예약어인 new를 통해 heap 영역에 공간을 확보하고 Connection 클래스의 내용을 저장한 후 그 주소를 객체 변수 _inst에 저장합니다. 이제 객체 변수 _inst는 Connection( ) 클래스의 내용이 저장된 heap 영역을 가리키게 됩니다.

stack 영역		heap 영역	
변수	값	주소	내용
_inst	100	0	

count	0	100	`private static Connection _inst`
			`private int count = 0`
			`static public Connection get() { ... }`
			`public void count() { ... }`
			`public int getCount() { ... }`

conn1			
		200	
		300	

❺ _inst에 저장된 값을 메소드를 호출했던 ❻번으로 반환한다.

❻ ❺번에서 돌려받은 _inst의 값을 conn1에 저장한다. _inst에는 Connection( ) 클래스의 내용이 저장된 heap 영역의 주소가 저장되어 있으며, conn1에도 동일한 주소가 저장되므로 이후 _inst와 conn1은 같은 heap 영역의 주소를 가리키게 된다.

stack 영역		heap 영역	
변수	값	주소	내용
_inst	100	0	

count	0	100	`private static Connection _inst`
			`private int count = 0`
			`static public Connection get() { ... }`
			`public void count() { ... }`
			`public int getCount() { ... }`

conn1	100		
		200	
		300	

❼ conn1의 count( ) 메소드를 호출한다. conn1은 Connection( ) 클래스의 객체 변수이므로 Connection 클래스의 count( ) 메소드를 호출한다는 의미이다.

❽ 반환값이 없는 count( ) 메소드의 시작점이다. count의 값에 1을 더한 후 count( ) 메소드를 호출했던 ❼번으로 돌아가 다음 문장인 ❾번을 수행한다.

stack 영역		heap 영역	
		주소	내용
변수	값	0	
_inst	100	100	private static Connection _inst private int count = 0 static public Connection get() { ··· } public void count() { ··· } public int getCount() { ··· }
count	1		
conn1	100		
		200	
		300	

❾ Connection 클래스의 객체 변수 conn2를 선언하고, get( ) 메소드를 호출한 결과를 저장한다.

stack 영역		heap 영역	
		주소	내용
변수	값	0	
_inst	100	100	private static Connection _inst private int count = 0 static public Connection get() { ··· } public void count() { ··· } public int getCount() { ··· }
count	1		
conn1	100		
conn2			
		200	
		300	

❿ Connection 형을 반환하는 get( ) 메소드의 시작점이다.

⓫ _inst가 null이면 ❹, ❺번을 수행하고, 아니면 ⓬번으로 이동한다. _inst에는 ❹번에서 저장한 heap 영역의 주소가 저장되어 있어 null이 아니므로 ⓬번으로 이동한다.

⓬ _inst에 저장된 값을 메소드를 호출했던 ⓭번으로 반환한다.

⓭ ⓬번에서 돌려받은 _inst의 값을 conn2에 저장한다.

stack 영역		heap 영역	
		주소	내용
변수	값	0	
_inst	100	100	private static Connection _inst private int count = 0 static public Connection get() { ··· } public void count() { ··· } public int getCount() { ··· }
count	1		
conn1	100		
conn2	100		
		200	
		300	

⓮ conn2의 count( ) 메소드를 호출한다.

⓯ 반환값이 없는 count( ) 메소드의 시작점이다. count의 값에 1을 더한 후 count( ) 메소드를 호출했던 ⓮번으로 돌아가 다음 문장인 ⓰번을 수행한다.

stack 영역		heap 영역	
		주소	내용
변수	값	0	
_inst	100	100	private static Connection _inst private int count = 0 static public Connection get() { ··· } public void count() { ··· } public int getCount() { ··· }
count	2		
conn1	100		
conn2	100		
		200	
		300	

⑯ Connection 클래스의 객체 변수 conn3을 선언하고, get( ) 메소드를 호출한 결과를 저장한다.

stack 영역		heap 영역	
변수	값	주소	내용
_inst	100	0	
count	2	100	private static Connection _inst private int count = 0 static public Connection get() { … } public void count() { … } public int getCount() { … }
conn1	100		
conn2	100		
conn3		200	
		300	

⑰ Connection 형을 반환하는 get( ) 메소드의 시작점이다.

⑱ _inst가 null이면 ④, ⑤번을 수행하고, 아니면 ⑲번으로 이동한다. _inst가 null이 아니므로 ⑲번으로 이동한다.

⑲ _inst에 저장된 값을 메소드를 호출했던 ⑳번으로 반환한다.

⑳ ⑲번에서 돌려받은 _inst의 값을 conn3에 저장한다.

stack 영역		heap 영역	
변수	값	주소	내용
_inst	100	0	
count	2	100	private static Connection _inst private int count = 0 static public Connection get() { … } public void count() { … } public int getCount() { … }
conn1	100		
conn2	100		
conn3	100	200	
		300	

㉑ conn3 객체 변수의 count( ) 메소드를 호출한다.

㉒ 반환값이 없는 count( ) 메소드의 시작점이다. count의 값에 1을 더한 후 count( ) 메소드를 호출했던 ㉑번으로 돌아가 다음 문장인 ㉓번을 수행한다.

stack 영역		heap 영역	
변수	값	주소	내용
_inst	100	0	
count	3	100	private static Connection _inst private int count = 0 static public Connection get() { … } public void count() { … } public int getCount() { … }
conn1	100		
conn2	100		
conn3	100	200	
		300	

㉓ conn1의 getCount( ) 메소드를 호출하고 돌려받은 값을 출력한다.

㉔ 정수를 반환하는 getCount( ) 메소드의 시작점이다. count의 값 3을 메소드를 호출했던 ㉕번으로 반환한다.

※ 객체 변수 _inst, conn1, conn2, conn3은 모두 같은 heap 영역의 주소를 가리키고 있으므로 해당 heap 영역에 저장된 내용을 공유하게 됩니다.

㉕ ㉔번에서 돌려 받은 값 3을 출력한다.

결과 | 3

[문제 02]

※ 다음 중 하나를 쓰면 됩니다.

ARP, Address Resolution Protocol

※ **답안 작성 시 주의 사항** : 한글 또는 영문을 Full-name이나 약어로 쓰라는 지시사항이 없을 경우 한글이나 영문 약어로 쓰는 것이 유리합니다. 영문을 Full-name으로 풀어쓰다가 스펠링을 틀리면 오답으로 처리되니까요.

[문제 03]

※ 다음 중 밑줄이 표시된 내용은 반드시 포함되어야 합니다.

GRANT는 데이터베이스 관리자가 데이터베이스 사용자에게 <u>권한을 부여하는 데 사용하는 명령어</u>이다.

[문제 04]

① Authentication ② Authorization ③ Accounting

[문제 05]

Factory Method

[문제 06]

※ 다음 중 하나를 쓰면 됩니다.

Control, Control Coupling

※ **답안 작성 시 주의 사항** : 영문으로 쓰라는 지시사항이 있으므로 한글로 쓰면 오답이 됩니다.

[문제 07]

501

해설

```
#include <stdio.h>
ⓐ struct jsu {



        char nae[12];
        int os, db, hab, hhab;
};

int main( ) {
❶      struct jsu st[3] = { {"데이터1", 95, 88}, {"데이터2", 84, 91}, {"데이터3", 86, 75} };
❷      struct jsu* p;
❸      p = &st[0];
❹      (p + 1)->hab = (p + 1)->os + (p + 2)->db;
❺      (p + 1)->hhab = (p + 1)->hab + p->os + p->db;
❻      printf("%d", (p + 1)->hab + (p + 1)->hhab);
}
```

ⓐ 구조체 jsu를 정의한다. 구조체를 정의한다는 것은 int나 char 같은 자료형을 하나 만든다는 의미다. 구조체의 멤버를 지정할 때는 [변수명][멤버이름]으로 지정하지만, 포인터 변수를 이용해 구조체의 멤버를 지정할 때는 [변수명]→[멤버이름]으로 지정한다.
 • **구조체(struct)** : 배열이 자료의 형과 크기가 동일한 변수의 모임이라면, 구조체는 자료의 종류가 다른 변수의 모임임
 • **멤버(member)** : 일반 변수를 선언하는 것과 동일하게 필요한 변수들을 임의로 선언하면 됨

12개의 요소를 갖는 문자 배열 **nae**를 선언한다.
정수형 변수 os, db, hab, hhab를 선언한다.

ⓐ 구조체 jsu의 구조

	nae[0]	nae[1]	nae[2]	...	nae[11]
char nae[12]					
int os					
int db					
int hab					
int hhab					

※ 앞의 구조체는 다음과 같이 메모리의 연속된 공간에 저장된 후 사용된다.

모든 C 프로그램은 반드시 main( ) 함수에서 시작한다.

❶ 구조체 jsu 자료형으로 3개짜리 배열 st를 선언하고 초기화한다.

	char nae[12]	int os	int db	int hab	int hhab
st[0]	st[0].nae[0]~st[0].nae[11]	st[0].os	st[0].db	st[0].hab	st[0].hhab
st[1]	st[1].nae[0]~st[1].nae[11]	st[1].os	st[1].db	st[1].hab	st[1].hhab
st[2]	st[2].nae[0]~st[2].nae[11]	st[2].os	st[2].db	st[2].hab	st[2].hhab

↓

	char nae[12]					int os	int db	int hab	int hhab
st[0]	데	이	터	1	\0		95	88		
st[1]	데	이	터	2	\0		84	91		
st[2]	데	이	터	3	\0		86	75		

※ 문자열을 저장하는 경우 문자열의 끝을 의미하는 널 문자(\0)가 추가로 저장되며, 출력 시 널 문자는 표시되지 않습니다. 또한 영문, 숫자는 1Byte, 한글은 2Byte를 차지합니다.

❷ 구조체 jsu의 포인터 변수 p를 선언한다.

❸ p에 st 배열의 첫 번째 요소의 주소를 저장한다. 주소는 임의로 정한 것이다.

❹ p+1이 가리키는 곳의 멤버 hab에 p+1이 가리키는 곳의 멤버 os 값과 p+2가 가리키는 곳의 멤버 db 값을 더한 후 저장한다. p가 st[0]을 가리키므로 p+1은 st[1]을, p+2는 st[2]를 가리킨다. 따라서 st[1]의 os 값 84와 st[2]의 db 값 75를 더한 값 159를 st[1]의 hab에 저장한다.

❺ p+1이 가리키는 곳의 멤버 hhab에 p+1이 가리키는 곳의 멤버 hab 값과 p가 가리키는 곳의 멤버 os와 db 값을 모두 더한 후 저장한다. st[1]의 hab 값 159, st[0]의 os와 db 값 95와 88을 모두 더한 값 342를 st[1]의 hhab에 저장한다.

주소	nae	os	db	hab	hhab	nae	os	db	hab	hhab	nae	os	db	hab	hhab
1000	데이터1	95	88			데이터2	84	91	159	342	데이터3	86	75		
	p					p+1					p+2				
	&st[0]					&st[1]					&st[2]				

메모리 / 주소 0000 ⋮ ⋮ 9999 / p ← 1000

❻ p+1이 가리키는 곳의 멤버 hab와 hhab의 값을 더한 후 정수로 출력한다. **159**와 **342**를 더한 **501**이 출력된다.

결과 **501**

[문제 08]

① 상향식 통합 테스트

※ 다음 중 하나를 쓰면 됩니다.

② 드라이버, 테스트 드라이버, Driver, Test Driver

[문제 09]

False

※ **답안 작성 시 주의 사항** : C, Java, Python 등의 프로그래밍 언어에서는 대소문자를 구분하기 때문에 출력 결과도 대소문자를 구분하여 정확하게 작성해야 합니다. 예를 들어, 소문자로 false로 썼을 경우 부분 점수 없이 완전히 틀린 것으로 간주됩니다.

> **해설**
>
> ❶ x, y = 100, 200
> ❷ print(x==y)

❶ 변수 x, y를 선언하고 각각 100, 200으로 초기화한다.
❷ x의 값 100과 y의 값 200이 같으면 참(True)을, 같지 않으면 거짓(False)을 출력한다.

결과 **False**

[문제 10]

4

> **해설**
>
> ```
> SELECT COUNT(*) CNT
> FROM A CROSS JOIN B
> WHERE A.NAME LIKE B.RULE;
> ```

질의문은 각 절을 분리하여 이해하면 쉽습니다.

- SELECT COUNT(*) CNT : 튜플의 개수를 표시하되, 필드명은 'CNT'로 표시합니다.
  ※ 'SELECT COUNT(*) AS CNT'에서 AS가 생략된 형태입니다.

- **FROM A CROSS JOIN B** : 〈A〉와 〈B〉를 교차 조인(CROSS JOIN)한 결과를 대상으로 검색합니다.

A.NAME	B.RULE
Smith	S%
Smith	%T%
Allen	S%
Allen	%T%
Scott	S%
Scott	%T%

- **WHERE A.NAME LIKE B.RULE** : 〈A〉 테이블의 'NAME' 필드 값이 〈B〉 테이블의 'RULE' 필드에 저장된 문자열 패턴과 일치하는 튜플만을 대상으로 합니다.
  ※ 〈B〉 테이블의 'RULE' 필드에 저장된 값은 'S%'와 '%T%'와 같이 문자 패턴인 '%' 기호가 포함되어 있으므로, 조건문의 LIKE 연산자와 결합되면 다음과 같이 적용됩니다.
  - A.NAME LIKE S% : 'A.NAME'이 "S"로 시작하는 레코드를 검색

A.NAME	B.RULE
Smith	S%
Smith	%T%
Allen	S%
Allen	%T%
Scott	S%
Scott	%T%

  - A.NAME LIKE %T% : 'A.NAME'이 "T"를 포함하는 레코드를 검색

A.NAME	B.RULE
Smith	S%
Smith	%T%
Allen	S%
Allen	%T%
Scott	S%
Scott	%T%

※ CROSS JOIN된 결과에서 조건을 만족하는 튜플은 다음과 같습니다. 그러므로 검색된 튜플의 개수는 4입니다.

A.NAME	B.RULE
Smith	S%
Smith	%T%
Scott	S%
Scott	%T%

[문제 11]
※ 다음 중 하나를 쓰면 됩니다.
색인, Index

[문제 12]
① 테스트 조건   ② 테스트 데이터   ③ 예상 결과

[문제 13]
※ 다음 중 하나를 쓰면 됩니다.
클래스, Class

[문제 14]

※ 각 문항별로 다음 중 하나를 쓰면 됩니다.

① 데이터 링크 계층, Data Link Layer

② 네트워크 계층, 망 계층, Network Layer

③ 표현 계층, Presentation Layer

[문제 15]

※ 다음 중 하나를 쓰면 됩니다.

DES, Data Encryption Standard

[문제 16]

37

해설

```
#include <stdio.h>
int main( ) {
❶    int* array[3];
❷    int a = 12, b = 24, c = 36;
❸    array[0] = &a;
❹    array[1] = &b;
❺    array[2] = &c;
❻    printf("%d", *array[1] + **array + 1);
}
```

❶ 3개의 요소를 갖는 정수형 포인터 배열 array를 선언한다. 주소는 임의로 정한 것이다.

❷ 정수형 변수 a, b, c에 각각 12, 24, 36을 저장한다.

❸ array[0]에 a의 주소를 저장한다.
❹ array[1]에 b의 주소를 저장한다.
❺ array[2]에 c의 주소를 저장한다.

주소	메모리		
0000			
⋮	첫 번째	두 번째	세 번째
array 0500	1000	2000	3000
	array[0]	array[1]	array[2]
⋮			
a 1000	12		
⋮			
b 2000	24		
⋮			
c 3000	36		
⋮			
9999			

❻ array[1]이 가리키는 곳의 값과 *array가 가리키는 곳의 값과 1을 더한 후 정수로 출력한다.
- *array[1] : array[1]에는 2000이 저장되어 있고 2000이 가리키는 곳의 값은 24이다.
- **array
  - array : 배열의 이름만 지정하면 배열의 첫 번째 요소의 주소인 &array[0], 즉 500을 의미한다.
  - *array : array는 500이고 500이 가리키는 곳의 값은 1000이다.
  - **array : *array는 1000이고 1000이 가리키는 곳의 값은 12이다.
  ∴ 24 + 12 + 1 = 37

결과 37

정답 및 해설

[문제 17]

7

해설

```java
public class Test {
  public static void main(String[ ] args) {
❶   int w = 3, x = 4, y = 3, z = 5;
❷   if((w == 2 | w == y) & !(y > z) & (1 == x ^ y != z)) {
❸     w = x + y;
❹     if(7 == x ^ y != w)
❺       System.out.println(w);
      else
        System.out.println(x);
    } ❻
    else {
      w = y + z;
      if(7 == y ^ z != w)
        System.out.println(w);
      else
        System.out.println(z);
    } ❼
  }
}
```

❶ 정수형 변수 w, x, y, z를 선언하고 각각 3, 4, 3, 5로 초기화한다.

❷ 조건이 참이면 ❸번부터 ❻번 이전까지의 문장을, 거짓이면 ❻번 아래 else의 다음 문장부터 ❼번 이전까지의 문장을 수행한다. 연산자 우선순위에 따라 다음의 순서로 조건의 참/거짓을 확인한다.

- ① : w의 값 3과 2는 같지 않으므로 거짓(0)이다.
- ② : w의 값 3과 y의 값 3은 같으므로 참(1)이다.
- ③ : y의 값 3은 z의 값 5보다 크지 않으므로 거짓(0)이지만, 앞에 !(논리 not)가 있으므로 참(1)이다.
- ④ : 1과 x의 값 4는 같지 않으므로 거짓(0)이다.
- ⑤ : y의 값 3과 z의 값 5는 같지 않으므로 참(1)이다.

- ⑥ ① | ② : ①의 결과 0과 ②의 결과 1을 |(비트 or) 연산하면

$$\begin{array}{r} 0\ 0\ 0\ 0\ (0) \\ |\ \ 0\ 0\ 0\ 1\ (1) \\ \hline 0\ 0\ 0\ 1\ (1) \end{array}$$ 이므로 결과는 1이다.

- ⑦ ④ ^ ⑤ : ④의 결과 0과 ⑤의 결과 1을 ^(비트 xor) 연산하면

$$\begin{array}{r} 0\ 0\ 0\ 0\ (0) \\ ^\wedge\ 0\ 0\ 0\ 1\ (1) \\ \hline 0\ 0\ 0\ 1\ (1) \end{array}$$ 이므로 결과는 1이다.

- ⑧ ⑥ & ③ : ⑥의 결과 1과 ③의 결과 1을 &(비트 and) 연산하면

$$\begin{array}{r} 0\ 0\ 0\ 1\ (1) \\ \&\ 0\ 0\ 0\ 1\ (1) \\ \hline 0\ 0\ 0\ 1\ (1) \end{array}$$ 이므로 결과는 1이다.

- ⑨ ⑧ & ⑦ : ⑧의 결과 1과 ⑦의 결과 1을 &(비트 and) 연산하면 결과는 1이다.
- ∴ 최종 결과는 1이며, 1은 조건에서 참을 의미하므로 ❸번으로 이동한다.

❸ w에 x와 y의 합을 저장한다. (w=7)
❹ 조건이 참이면 ❺번 문장을. 거짓이면 ❻번 아래 else 다음 문장을 수행한다. 연산자 우선순위에 따라 다음의 순서로 조건의 참/거짓을 확인한다.

- 7 == x ^ y != w
  - ①   ②
  - ③

- ① : 7과 x의 값 4는 같지 않으므로 결과는 거짓(0)이다.
- ② : y의 값 3과 w의 값 7은 같지 않으므로 결과는 참(1)이다.
- ③ ① ^ ② : ①의 결과 0과 ②의 결과 1을 ^(비트 xor) 연산하면 결과는 1이다.
∴ 최종 결과는 1이며, 1은 조건에서 참을 의미하므로 ❺번 문장을 수행한다.

❺ w의 값 7을 출력하고 커서를 다음 줄의 처음으로 옮긴다. 모든 if문이 종료되었으므로 ❼번으로 이동하여 프로그램을 종료한다.

결과	7

[문제 18]

Cause-Effect Graph

[문제 19]

※ 다음 중 하나를 쓰면 됩니다.

GUI, Graphical User Interface, Graphic User Interface, 그래픽 사용자 인터페이스

[문제 20]

① Aggregation   ② Generalization

수험자 유의사항

1. 시험 문제지를 받는 즉시 응시하고자 하는 종목의 문제지가 맞는지를 확인하여야 합니다.

2. 시험 문제지 총면수·문제번호 순서·인쇄상태 등을 확인하고, 수험번호 및 성명을 답안지에 기재하여야 합니다.

3. 문제 및 답안(지), 채점기준은 일절 공개하지 않으며 자신이 작성한 답안, 문제 내용 등을 수험표 등에 이기(옮겨 적는 행위) 등은 관련 법 등에 의거 불이익 조치 될 수 있으니 유의하시기 바랍니다.

4. 수험자 인적사항 및 답안작성(계산식 포함)은 흑색 필기구만 사용하되, 흑색을 제외한 유색 필기구 또는 연필류를 사용하였을 경우 그 문항은 0점 처리됩니다.

5. 답란(답안 기재란)에는 문제와 관련 없는 불필요한 낙서나 특이한 기록사항 등을 기재하여서는 안되며 부정의 목적으로 특이한 표식을 하였다고 판단될 경우에는 모든 문항이 0점 처리됩니다.

6. 답안을 정정할 때에는 반드시 정정부분을 두 줄(=)로 그어 표시하여야 하며, 두 줄로 긋지 않은 답안은 정정하지 않은 것으로 간주합니다. (수정테이프, 수정액 사용불가)

7. 답안의 한글 또는 영문의 오탈자는 오답으로 처리됩니다. 단, 답안에서 영문의 대·소문자 구분, 띄어쓰기는 여부에 관계 없이 채점합니다.

8. 계산 또는 디버깅 등 계산 연습이 필요한 경우는 〈문제〉 아래의 연습란을 사용하시기 바라며, 연습란은 채점대상이 아닙니다.

9. 문제에서 요구한 가지 수(항수) 이상을 답란에 표기한 경우에는 답안기재 순으로 요구한 가지 수(항수)만 채점하고 한 항에 여러 가지를 기재하더라도 한 가지로 보며 그 중 정답과 오답이 함께 기재란에 있을 경우 오답으로 처리됩니다.

10. 한 문제에서 소문제로 파생되는 문제나, 가지수를 요구하는 문제는 대부분의 경우 부분채점을 적용합니다. 그러나 소문제로 파생되는 문제 내에서의 부분 배점은 적용하지 않습니다.

11. 답안은 문제의 마지막에 있는 답란에 작성하여야 합니다.

12. 부정 또는 불공정한 방법(시험문제 내용과 관련된 메모지 사용 등)으로 시험을 치른 자는 부정행위자로 처리되어 당해 시험을 중지 또는 무효로 하고, 2년간 국가기술자격검정의 응시자격이 정지됩니다.

13. 시험위원이 시험 중 신분확인을 위하여 신분증과 수험표를 요구할 경우 반드시 제시하여야 합니다.

14. 시험 중에는 통신기기 및 전자기기(휴대용 전화기 등)를 지참하거나 사용할 수 없습니다.

15. 국가기술자격 시험문제는 일부 또는 전부가 저작권법상 보호되는 저작물이고, 저작권자는 한국산업인력공단입니다. 문제의 일부 또는 전부를 무단 복제, 배포, 출판, 전자출판 하는 등 저작권을 침해하는 일체의 행위를 금합니다.

※ 수험자 유의사항 미준수로 인한 채점상의 불이익은 수험자 본인에게 전적으로 책임이 있음

문제 01 네트워크 및 인터넷과 관련된 다음 설명에 해당하는 용어를 쓰시오. (5점)

- 재난 및 군사 현장과 같이 별도의 고정된 유선망을 구축할 수 없는 장소에서 모바일 호스트(Mobile Host)만을 이용하여 구성한 네트워크이다.
- 망을 구성한 후 단기간 사용되는 경우나 유선망을 구성하기 어려운 경우에 적합하다.
- 멀티 홉 라우팅 기능을 지원한다.

답:

문제 02 인터페이스에 관련된 다음 설명에서 괄호(①, ②)에 들어갈 알맞은 용어를 쓰시오. (5점)

- (①) : 사용자가 시스템이나 서비스를 이용하면서 느끼고 생각하게 되는 총체적인 감정 및 경험
- (②) : 사용자와 시스템 간의 상호작용이 원활하게 이뤄지도록 도와주는 장치나 소프트웨어
  예 CLI, GUI 등

답:
- ①
- ②

문제 03 데이터베이스의 상태 변화를 일으키는 트랙잭션(Transaction)의 특성 중 원자성(Atomicity)에 대해 간략히 서술하시오. (5점)

답:

문제 04 데이터베이스에 대한 다음 설명에서 괄호에 공통으로 들어갈 알맞은 답을 쓰시오. (5점)

테이블을 만들 때는 이상(Anomaly)을 방지하기 위해 데이터들의 중복성 및 종속성을 배제하는 정규화를 수행한다. 아래 그림은 부분 함수적 종속을 제거하여 제 (　　　) 정규형을 만드는 과정이다.

〈Table R〉

A(key)	B(key)	C	D
A345	1001	Seoul	Pmre
D347	1001	Busan	Preo
A210	1007	Gwangju	Ciqen
A345	1007	Seoul	Esto
B230	1007	Daegu	Loid
D347	1201	Busan	Drag

〈Table R〉의 함수적 종속 관계

```
A, B → C, D
A → C
```

⬇

〈Table R1〉

A(key)	B(key)	D
A345	1001	Pmre
D347	1001	Preo
A210	1007	Ciqen
A345	1007	Esto
B230	1007	Loid
D347	1201	Drag

〈Table R2〉

A(key)	C
A345	Seoul
D347	Busan
A210	Gwangju
B230	Daegu

〈Table R〉의 경우, C는 key에 해당하는 A와 B중 A에만 종속되는 부분 함수적 종속이다. 이 문제 해결을 위해 〈Table R〉에서 C를 분리하여 〈Table R1〉과 〈Table R2〉로 만들면 제 (　　　) 정규형에 해당하는 테이블이 완성된다.

답 :

문제 05 SQL과 관련한 다음 설명에서 괄호(①, ②)에 들어갈 알맞은 답을 쓰시오. (5점)

UPDATE문은 테이블에 있는 튜플의 내용을 갱신할 때 사용하는 명령문으로, DML에 해당한다. 다른 DML로는 INSERT, DELETE가 있으며, 각각 새로운 튜플을 삽입하거나 삭제할 때 사용한다.

〈학부생〉 테이블

학부	학과번호	입학생수	담당관
정경대학	110	300	김해율
공과대학	310	250	이성관
인문대학	120	400	김해율
정경대학	120	300	김성수
인문대학	420	180	이율해

다음은 〈학부생〉 테이블에서 '입학생수'가 300이상인 튜플의 '학과번호'를 999로 갱신하는 SQL문이다.

(①) 학부생 (②) 학과번호 = 999 WHERE 입학생수 >= 300;

답

- ①

- ②

문제 06 다음 〈사원〉 테이블과 〈동아리〉 테이블을 조인(Join)한 〈결과〉를 확인하여 〈SQL문〉의 괄호(①, ②)에 들어갈 알맞은 답을 쓰시오. (5점)

〈사원〉

코드	이름	부서
1601	김명해	인사
1602	이진성	경영지원
1731	박영광	개발
2001	이수진	

〈동아리〉

코드	동아리명
1601	테니스
1731	탁구
2001	볼링

〈결과〉

코드	이름	동아리명
1601	김명해	테니스
1602	이진성	
1731	박영광	탁구
2001	이수진	볼링

〈SQL문〉

SELECT a.코드, 이름, 동아리명 FROM 사원 a LEFT JOIN 동아리 b (①) a.코드 = b.(②);

답

- ①

- ②

문제 07 다음 Python으로 구현된 프로그램을 분석하여 그 실행 결과를 쓰시오. (단, 출력문의 출력 서식을 준수하시오.) (5점)

```
a = 100
result = 0
for i in range(1,3):
    result = a >> i
    result = result + 1
print(result)
```

답 :

문제 08 보안 및 암호화와 관련된 다음 설명에 해당하는 용어를 쓰시오. (5점)

• 2001년 미국 표준 기술 연구소(NIST)에서 발표한 대칭키 암호화 알고리즘이다.
• DES의 한계를 느낀 NIST에서 공모한 후 발표하였다.
• 블록 크기는 128비트이며, 키 길이에 따라 128, 192, 256으로 분류된다.

답 :

문제 09 테스트에 대한 다음 설명에서 각 지문(①~③)에 해당하는 커버리지(Coverage)를 〈보기〉에서 찾아 기호로 쓰시오. (5점)

① 최소 한번은 모든 문장이 수행되도록 구성하는 검증 기준
② 조건식이 참(True)/거짓(False)일 때 수행되도록 구성하는 검증 기준
③ ②번과 달리 조건식에 상관없이 개별 조건이 참(True)/거짓(False)일 때 수행되도록 구성하는 검증 기준

〈보기〉

㉠ 다중 조건 검증 기준	㉡ 선택 검증 기준	㉢ 조건 검증 기준
㉣ 결정(분기) 검증 기준	㉤ 결정(분기)/조건 검증 기준	㉥ 구문(문장) 검증 기준

답
• ①
• ②
• ③

문제 10 다음은 〈회원〉 테이블에서 '이름'이 "이"로 시작하는 회원들을 '가입일' 순으로 내림차순 정렬하는 〈SQL문〉이다. 괄호(①, ②)에 들어갈 알맞은 답을 쓰시오. (5점)

〈회원〉 테이블

회원번호	이름	성별	가입일
1001	이진성	남	2021-06-23
1002	조이령	여	2021-06-24
1003	최민수	남	2021-06-28
1004	김차희	여	2021-07-03
1005	이미경	여	2021-07-10

〈SQL문〉

SELECT * FROM 회원 WHERE 이름 LIKE '(   )' ORDER BY 가입일 (   );

답
- ①
- ②

문제 11 모듈에 대한 다음 설명에서 각 지문(①~③)에 해당하는 응집도(Cohesion)를 〈보기〉에서 찾아 기호로 쓰시오. (5점)

① 내부의 요소들이 기능적으로 연관성은 없으나, 순차적으로 실행될 때의 응집도
② 서로 다른 기능을 수행하지만 동일한 입력과 출력을 사용할 때의 응집도
③ 하나의 기능에 밀접하게 관련되어 있거나 연관되어 있을 때의 응집도

〈보기〉

㉠ 기능적 응집도	㉡ 순차적 응집도	㉢ 교환적 응집도	㉣ 절차적 응집도
㉤ 시간적 응집도	㉥ 논리적 응집도	㉦ 우연적 응집도	

답
- ①
- ②
- ③

문제 12 네트워크에 관련된 다음 설명에서 괄호(①, ②)에 들어갈 알맞은 용어를 쓰시오. (5점)

- (①) : 연결형 통신에서 주로 사용되는 방식으로, 출발지와 목적지의 전송 경로를 미리 연결하여 논리적으로 고정한 후 통신하는 방식
- (②) : 비연결형 통신에서 주로 사용되는 방식으로, 사전에 접속 절차를 수행하지 않고 헤더에 출발지에서 목적지까지의 경로 지정을 위한 충분한 정보를 붙여서 개별적으로 전달하는 방식

답
- ①
- ②

문제 13 디자인 패턴에 관련된 다음 설명에서 괄호에 들어갈 알맞은 답을 쓰시오. (5점)

디자인 패턴은 모듈 간의 관계 및 인터페이스를 설계할 때 참조할 수 있는 전형적인 해결 방식 또는 예제를 의미한다. 그 중 ( ) 패턴은 클래스나 객체들이 서로 상호작용하는 방법이나 책임 분배 방법을 정의하는 패턴으로, Interpreter, Observer, Command 등이 그 예에 해당한다.

답 :

문제 14 데이터베이스의 병행제어(Concurrency Control) 기법 중 하나로, 접근한 데이터에 대한 연산을 모두 마칠 때까지 추가적인 접근을 제한함으로써 상호 배타적으로 접근하여 작업을 수행하도록 하는 기법을 쓰시오. (5점)

답 :

문제 15 럼바우(Rumbaugh) 데이터 모델링에 대한 다음 설명에서 각 지문(①~③)에 해당하는 모델링을 〈보기〉에서 찾아 기호로 쓰시오. (5점)

① 다수의 프로세스들 간의 자료 흐름을 중심으로 처리 과정을 표현한 모델링

　　예 자료흐름도(DFD)

② 시간의 흐름에 따른 객체들 간의 제어 흐름, 상호 작용, 동작 순서 등의 동적인 행위를 표현하는 모델링

　　예 상태 변화도(STD), 사건 추적도

③ 시스템에서 요구되는 객체를 찾아내어 속성과 연산 식별 및 객체들 간의 관계를 규정하여 표시하는 모델링

　　예 ER 다이어그램(ERD)

〈보기〉

㉠ Operation	㉡ Sequence	㉢ Information	㉣ Transaction
㉤ Function	㉥ I/O	㉦ Dynamic	㉧ Cause−Effect

답

- ①
- ②
- ③

문제 16 다음 C언어로 구현된 프로그램을 분석하여 그 실행 결과를 쓰시오. (단, 출력문의 출력 서식을 준수하시오.) (5점)

```c
#include <stdio.h>
main() {
    int res = mp(2, 10);
    printf("%d", res);
}
int mp(int base, int exp) {
    int res = 1;
    for (int i = 0; i < exp; i++)
        res *= base;
    return res;
}
```

답:

문제 17 다음 Java로 구현된 프로그램을 분석하여 괄호에 들어갈 알맞은 예약어를 쓰시오. (5점)

```java
public class Test {
    public static void main(String[] args) {
        System.out.print(Test.check(1));
    }
    (      ) String check(int num){
        return (num >= 0) ? "positive" : "negative";
    }
}
```

답 :

문제 18 다음 C언어로 구현된 프로그램을 분석하여 그 실행 결과를 쓰시오. (단, 출력문의 출력 서식을 준수하시오.) (5점)

```c
#include <stdio.h>
int main() {
    int ary[3];
    int s = 0;
    *(ary + 0) = 1;
    ary[1] = *(ary + 0) + 2;
    ary[2] = *ary + 3;
    for (int i = 0; i < 3; i++)
        s = s + ary[i];
    printf("%d", s);
}
```

답 :

문제 19 다음 Java로 구현된 프로그램을 분석하여 그 실행 결과를 쓰시오. (단, 출력문의 출력 서식을 준수하시오.) (5점)

```java
public class ovr1 {
    public static void main(String[] args) {
        ovr1 a1 = new ovr1();
        ovr2 a2 = new ovr2();
        System.out.println(a1.sun(3,2) + a2.sun(3,2));
    }
    int sun(int x, int y) {
        return x + y;
    }
}
class ovr2 extends ovr1 {
    int sun(int x, int y) {
        return x - y + super.sun(x, y);
    }
}
```

답 :

문제 20 통합 테스트에 관련된 다음 설명에서 괄호에 들어갈 알맞은 답을 쓰시오. (5점)

통합 테스트는 단위 테스트가 끝난 모듈을 통합하는 과정에서 발생하는 오류 및 결함을 찾는 테스트 기법으로, 하위 모듈에서 상위 모듈 방향으로 통합하는 상향식 통합 테스트와 상위 모듈에서 하위 모듈 방향으로 통합하는 하향식 통합 테스트가 있다. 상향식 통합 테스트는 미완성이거나 문제가 있는 상위 모듈을 대체할 수 있는 테스트 드라이버가, 하향식 통합 테스트는 미완성이거나 문제가 있는 하위 모듈을 대체할 수 있는 테스트 (   )이(가) 있어야 원활한 테스트가 가능하다.

답 :

[문제 01]

※ 다음 중 하나를 쓰면 됩니다.

애드 혹 네트워크, Ad-hoc Network

※ **답안 작성 시 주의 사항** : 한글 또는 영문을 Full-name이나 약어로 쓰라는 지시사항이 없을 경우 한글이나 영문 약어로 쓰는 것이 유리합니다. 영문을 Full-name으로 풀어쓰다가 스펠링을 틀리면 오답으로 처리되니까요.

[문제 02]

※ 각 문항별로 다음 중 하나를 쓰면 됩니다.

① UX, 사용자 경험, User Experience   ② UI, 사용자 인터페이스, User Interface

[문제 03]

※ 다음 중 밑줄이 표시된 내용은 반드시 포함되어야 합니다.

원자성(Atomicity)은 트랜잭션의 연산은 <u>데이터베이스에 모두 반영되도록 완료(Commit)</u>되든지 아니면 <u>전혀 반영되지 않도록 복구(Rollback)</u>되어야 한다는 특성을 의미한다.

[문제 04]

2

[문제 05]

① UPDATE   ② SET

※ **답안 작성 시 주의 사항** : SQL에 사용되는 예약어, 필드명, 변수명 등은 대소문자를 구분하지 않기 때문에 소문자로 작성해도 정답으로 인정됩니다.

> **해설**

• SQL문

UPDATE 학부생	'학부생' 테이블을 갱신하라.
SET 학과번호 = 999	'학과번호'를 999로 갱신하라.
WHERE 입학생수 >= 300;	'입학생수'가 3000이상인 튜플만을 대상으로 하라.

• SQL 실행 결과

학부	학과번호	입학생수	담당관
정경대학	999	300	김해율
공과대학	310	250	이성관
인문대학	999	400	김해율
정경대학	999	300	김성수
인문대학	420	180	이율해

[문제 06]

① ON   ② 코드

> **해설**
>
> | | |
> |---|---|
> | SELECT a.코드, 이름, 동아리명
FROM 사원 a LEFT JOIN 동아리 b | a가 가리키는 〈사원〉 테이블의 '코드'와 '이름', '동아리명'을 표시한다.
• LEFT JOIN이므로, 좌측의 〈사원〉 테이블이 기준이 되어 〈사원〉 테이블에 있는 튜플은 모두 표시하고, 우측의 〈동아리〉 테이블에서는 관련이 있는 튜플만 표시한다.
• 〈사원〉, 〈동아리〉 테이블의 별칭으로 〈a〉, 〈b〉를 지정한다. 〈a〉는 〈사원〉 테이블을, 〈b〉는 〈동아리〉 테이블을 가리키게 된다. |
> | ON a.코드 = b.코드; | 〈사원〉 테이블의 '코드'와 〈동아리〉 테이블의 '코드'를 기준으로 서로 JOIN한다. |

[문제 07]

26

> **해설**
>
> for문을 반복 수행할 때마다 result의 값이 누적되는 것이 아니라 새로운 값으로 치환되며, 그 값에 1을 더한다는 것을 염두에 두고 해설을 참고하세요.
>
> ```
> ❶ a = 100
> ❷ result = 0
> ❸ for i in range(1,3):
> ❹     result = a >> i
> ❺     result = result + 1
> ❻ print(result)
> ```

❶ 변수 a에 100을 저장한다.

❷ 변수 result에 0을 저장한다.

❸ 반복 변수 i가 1에서 시작하여 1씩 증가하면서 3보다 작은 동안 ❹, ❺번을 반복 수행한다.

❹ 〉〉는 오른쪽 시프트 연산자이므로, a에 저장된 값을 오른쪽으로 i비트 이동시킨 다음 그 값을 result에 저장한다. 정수는 4Byte이므로 100을 4Byte 2진수로 변환하여 계산하면 된다.

❺ result의 값에 1을 누적시킨다.

※ ❸~❺ 반복 과정은 다음과 같다.

반복문 1회 수행(i = 1)

• result = a 〉〉 i

  – a의 값 100을 4Byte 2진수로 표현하면 다음과 같다.

  – i는 1이므로 부호를 제외한 전체 비트를 오른쪽으로 1비트 이동시킨다. 양수이므로 패딩 비트(빈 자리)에는 0이 채워진다.

  – 이동된 값을 10진수로 변환하면 50이다. result에는 50이 저장된다.

- result = result + 1
  - result의 값 50에 1을 더하면 result는 51이 된다.

반복문 2회 수행(i = 2)
- result = a 〉〉 i
  - i는 2이므로 a의 값 100을 오른쪽으로 2비트 이동시킨다. 양수이므로 패딩 비트(빈 자리)에는 0이 채워진다.

	32	31	30	29	⋯	9	8	7	6	5	4	3	2	1
25	0	0	0	0	⋯	0	0	0	0	1	1	0	0	1
							2^7	2^6	2^5	2^4	2^3	2^2	2^1	2^0
							128	64	32	16	8	4	2	1

부호 비트   패딩 비트

  - 이동된 값을 10진수로 변환하면 25다. result에는 25가 저장된다.
- result = result + 1
  - result의 값 25에 1을 더하면 result는 26이 된다.
❻ result의 값 **26**을 출력한다.

결과 ▌26

[문제 08]
※ 다음 중 하나를 쓰면 됩니다.
AES, Advanced Encryption Standard

[문제 09]
① ⓑ   ② ② ㄹ   ③ ㄷ ⓒ

[문제 10]
① 이%   ② DESC

해설
- SQL문

SELECT *	모든 속성을 표시한다.
FROM 회원	〈회원〉 테이블에서 검색한다.
WHERE 이름 LIKE '이%'	'이름'이 '이'로 시작하는 튜플만을 대상으로 한다.
ORDER BY 가입일 DESC;	'가입일'을 기준으로 내림차순 정렬한다.

- SQL 실행 결과

회원번호	이름	성별	가입일
1005	이미경	여	2021-07-10
1001	이진성	남	2021-06-23

[문제 11]
① ㄹ ②   ② ㄷ ⓒ   ③ ㄱ ⓐ

[문제 12]
※ 각 문항별로 다음 중 하나를 쓰면 됩니다.
① 가상 회선, 가상 회선 방식, VC, Virtual Circuit   ② 데이터그램, 데이터그램 방식, Datagram

[문제 13]
※ 다음 중 하나를 쓰면 됩니다.
행위, Behavioral

[문제 14]
※ 다음 중 하나를 쓰면 됩니다.
로킹, Locking

[문제 15]
① ㉣   ② ㉅   ③ ㉢

[문제 16]
1024

해설

```
    #include <stdio.h>
    main() {
❶❼    int res = mp(2, 10);
❽     printf("%d", res);
    }
❷  int mp(int base, int exp) {
❸     int res = 1;
❹     for (int i = 0; i < exp; i++)
❺         res *= base;
❻     return res;
    }
```

모든 C언어 프로그램은 반드시 main( ) 함수에서 시작한다.

❶ 정수형 변수 res를 선언하고, 2와 10을 인수로 mp( ) 함수를 호출한 후 돌려받은 값을 res에 저장한다.

❷ 정수를 반환하는 mp( ) 함수의 시작점이다. ❶번에서 전달받은 2와 10을 base와 exp가 받는다.

❸ 정수형 변수 res를 선언하고 1로 초기화한다.

❹ 반복 변수 i가 0에서 시작하여 1씩 증가하면서 exp보다 작은 동안 ❺번을 반복 수행한다.

❺ 'res = res * base;'와 동일하다. res와 base를 곱한 값을 res에 저장한다.

반복문 실행에 따른 변수들의 변화는 다음과 같다.

base	exp	i	res
2	10		1
		0	2
		1	4
		2	8
		3	16
		4	32
		5	64
		6	128
		7	256
		8	512
		9	1024
		10	

❻ res의 값 1024를 mp( )를 호출했던 ❼번으로 반환한다.

❼ ❻번으로부터 반환받은 값 1024를 res에 저장한다.

❽ res의 값을 출력한다.

결과 1024

[문제 17]

static

※ **답안 작성 시 주의 사항** : C, Java, Python 등의 프로그래밍 언어에서 사용하는 변수명과 예약어는 대소문자를 구분하기 때문에 작성할 때 대소문자를 구분해서 정확히 작성해야 합니다.

해설

static은 클래스 이름으로 메소드에 접근하기 위해 사용하는 예약어로, 메소드를 사용하기 위해서는 메소드가 포함된 클래스의 객체 변수를 선언한 후 [객체 변수].[메소드]의 방식으로 접근해야 하지만 static을 이용하면 객체 변수 없이 [클래스 이름].[메소드]의 방식으로 접근하는 것이 가능해집니다.

```java
public class Test {
    public static void main(String[] args) {
❶❹      System.out.print(Test.check(1));
    }
❷   static String check(int num){
❸       return (num >= 0) ? "positive" : "negative";
    }
}
```

모든 Java 프로그램은 반드시 main( ) 메소드에서 시작한다.

❶ 1을 인수로 Test 클래스의 check( ) 메소드를 호출한 후 돌려받은 값을 출력한다.

❷ 문자열을 반환하는 check( ) 메소드의 시작점이다. ❶번에서 전달받은 1을 num이 받는다.

❸ num이 0보다 크거나 같으면 "positive"를 반환하고, 아니면 "negative"를 반환한다. num의 값 1은 0보다 크므로 "positive"를 ❹번으로 반환한다.

❹ ❸번에서 돌려받은 **positive**를 출력한다.

결과 positive

[문제 18]

8

해설

```c
#include <stdio.h>
int main() {
❶ int ary[3];
❷ int s = 0;
❸ *(ary + 0) = 1;
❹ ary[1] = *(ary + 0) + 2;
❺ ary[2] = *ary + 3;
❻ for (int i = 0; i < 3; i++)
❼   s = s + ary[i];
❽ printf("%d", s);
}
```

❶ 3개의 요소를 갖는 정수형 배열 ary를 선언한다. 메모리 주소는 임의로 정한 것이다.

메모리

	ary[0]	ary[1]	ary[2]
0015 FC40			
	ary 0015 FC40	ary+1 0015 FC41	ary+2 0015 FC42

❷ 정수형 변수 s를 선언하고 0으로 초기화한다.
❸ ary+0이 가리키는 곳에 1을 저장한다.

메모리

	ary[0]	ary[1]	ary[2]
0015 FC40	1		
	ary 0015 FC40	ary+1 0015 FC41	ary+2 0015 FC42

❹ ary[1]에 ary+0이 가리키는 곳의 값 1에 2를 더한 값을 저장한다.

메모리

	ary[0]	ary[1]	ary[2]
0015 FC40	1	3	
	ary 0015 FC40	ary+1 0015 FC41	ary+2 0015 FC42

❺ ary[2]에 ary가 가리키는 곳의 값 1에 3을 더한 값을 저장한다.

메모리

	ary[0]	ary[1]	ary[2]
0015 FC40	1	3	4
	ary 0015 FC40	ary+1 0015 FC41	ary+2 0015 FC42

❻ 반복 변수 i가 0에서 시작하여 1씩 증가하면서 3보다 작은 동안 ❼번을 반복 수행한다.
❼ s에 ary[i]의 값을 누적한다.

반복문 실행에 따른 변수들의 변화는 다음과 같다.

i	ary[i]	s
0	1	1
1	3	4
2	4	8
3		

❽ s의 값을 출력한다.

결과 | 8

[문제 19]

11

해설

```
public class ovr1 {
    public static void main(String[] args) {
❶        ovr1 a1 = new ovr1();
❷        ovr2 a2 = new ovr2();
❸❻⓬        System.out.println(a1.sun(3,2) + a2.sun(3,2));
    }
❹❾  int sun(int x, int y) {
❺❿        return x + y;
    }
}
class ovr2 extends ovr1 {                          클래스 ovr2를 정의하고 부모 클래스로 ovr1을 지정하면서 ovr1에 속한 변수와 메소드를 상속받는다.
❼    int sun(int x, int y) {
❽⓫        return x - y + super.sun(x, y);
    }
}
```

모든 Java 프로그램은 반드시 main( ) 메소드에서 시작한다.

❶ 클래스 ovr1의 객체변수 a1을 선언한다.

❷ 클래스 ovr2의 객체변수 a2를 선언한다.

❸ 3과 2를 인수로 a1의 sun( ) 메소드를 호출한 결과와, 3과 2를 인수로 a2의 sun( ) 메소드를 호출한 결과를 합하여 출력한 후 커서를 다음 줄로 옮긴다. 먼저 a1의 sun( ) 메소드를 호출한다.

❹ 정수를 반환하는 a1의 sun( ) 메소드의 시작점이다. ❸번에서 전달받은 3과 2를 x와 y가 받는다.

❺ x와 y를 더한 값 5를 함수를 호출했던 ❻번으로 반환한다.

❻ ❺번으로부터 a1의 sun( ) 메소드를 호출한 결과로 5를 전달받았으므로, 이번에는 3과 2를 인수로 a2의 sun( ) 메소드를 호출한다.

❼ 정수를 반환하는 a2의 sun( ) 메소드의 시작점이다. ❻번에서 전달받은 3과 2를 x와 y가 받는다.

❽ x에서 y를 뺀 값에 3과 2를 인수로 부모 클래스인 ovr1의 sun( ) 메소드를 호출한 결과를 더하여 함수를 호출했던 ⓬번으로 반환한다.

❾~⓫ 3과 2를 인수로 ovr1의 sun( ) 메소드를 수행한 결과를 ❹~❺번에서 구했으므로 그 결과를 그대로 사용하면 된다. ❿번에서 5를 돌려받아 계산한 값 6(3−2+5)을 함수를 호출했던 ⓬번으로 반환한다.

⓬ ❺번으로부터 돌려받은 5와 ⓫번으로부터 돌려받은 6을 더한 값 **11**을 출력하고 커서를 다음 줄로 옮긴다.

결과 ` 11 `

[문제 20]

※ 다음 중 하나를 쓰면 됩니다.

스텁, Stub

수험자 유의사항

1. 시험 문제지를 받는 즉시 응시하고자 하는 종목의 문제지가 맞는지를 확인하여야 합니다.

2. 시험 문제지 총면수 · 문제번호 순서 · 인쇄상태 등을 확인하고, 수험번호 및 성명을 답안지에 기재하여야 합니다.

3. 문제 및 답안(지), 채점기준은 일절 공개하지 않으며 자신이 작성한 답안, 문제 내용 등을 수험표 등에 이기(옮겨 적는 행위) 등은 관련 법 등에 의거 불이익 조치 될 수 있으니 유의하시기 바랍니다.

4. 수험자 인적사항 및 답안작성(계산식 포함)은 흑색 필기구만 사용하되, 흑색을 제외한 유색 필기구 또는 연필류를 사용하였을 경우 그 문항은 0점 처리됩니다.

5. 답란(답안 기재란)에는 문제와 관련 없는 불필요한 낙서나 특이한 기록사항 등을 기재하여서는 안되며 부정의 목적으로 특이한 표식을 하였다고 판단될 경우에는 모든 문항이 0점 처리됩니다.

6. 답안을 정정할 때에는 반드시 정정부분을 두 줄(=)로 그어 표시하여야 하며, 두 줄로 긋지 않은 답안은 정정하지 않은 것으로 간주합니다. (수정테이프, 수정액 사용불가)

7. 답안의 한글 또는 영문의 오탈자는 오답으로 처리됩니다. 단, 답안에서 영문의 대 · 소문자 구분, 띄어쓰기는 여부에 관계 없이 채점합니다.

8. 계산 또는 디버깅 등 계산 연습이 필요한 경우는 〈문제〉 아래의 연습란을 사용하시기 바라며, 연습란은 채점대상이 아닙니다.

9. 문제에서 요구한 가지 수(항수) 이상을 답란에 표기한 경우에는 답안기재 순으로 요구한 가지 수(항수)만 채점하고 한 항에 여러 가지를 기재하더라도 한 가지로 보며 그 중 정답과 오답이 함께 기재란에 있을 경우 오답으로 처리됩니다.

10. 한 문제에서 소문제로 파생되는 문제나, 가지수를 요구하는 문제는 대부분의 경우 부분채점을 적용합니다. 그러나 소문제로 파생되는 문제 내에서의 부분 배점은 적용하지 않습니다.

11. 답안은 문제의 마지막에 있는 답란에 작성하여야 합니다.

12. 부정 또는 불공정한 방법(시험문제 내용과 관련된 메모지 사용 등)으로 시험을 치른 자는 부정행위자로 처리되어 당해 시험을 중지 또는 무효로 하고, 2년간 국가기술자격검정의 응시자격이 정지됩니다.

13. 시험위원이 시험 중 신분확인을 위하여 신분증과 수험표를 요구할 경우 반드시 제시하여야 합니다.

14. 시험 중에는 통신기기 및 전자기기(휴대용 전화기 등)를 지참하거나 사용할 수 없습니다.

15. 국가기술자격 시험문제는 일부 또는 전부가 저작권법상 보호되는 저작물이고, 저작권자는 한국산업인력공단입니다. 문제의 일부 또는 전부를 무단 복제, 배포, 출판, 전자출판 하는 등 저작권을 침해하는 일체의 행위를 금합니다.

※ 수험자 유의사항 미준수로 인한 채점상의 불이익은 수험자 본인에게 전적으로 책임이 있음

문제 01 네트워크 및 인터넷과 관련된 다음 설명에 해당하는 용어를 쓰시오. (5점)

인터넷 환경에서의 호스트 상호 간 통신에서 연결된 네트워크 접속 장치의 물리적 주소인 MAC 주소를 이용하여 IP 주소를 찾는 인터넷 계층의 프로토콜로, 역순 주소 결정 프로토콜이라 불린다.

답 :

문제 02 데이터베이스 설계에 대한 다음 설명에서 괄호(①~③)에 들어갈 알맞은 답을 쓰시오. (5점)

1. (①) : 논리적 구조로 표현된 데이터를 디스크 등의 저장장치에 저장할 수 있는 데이터로 변환하는 과정으로, 파일의 저장 구조 및 액세스 경로를 결정하며, 테이블 정의서 및 명세서가 산출된다.
2. (②) : 현실 세계에 대한 인식을 추상적 개념으로 표현하는 과정으로, 개념 스키마 모델링과 트랜잭션 모델링을 수행하며, 요구 조건 명세를 E-R 다이어그램으로 작성한다.
3. (③) : 현실의 자료를 특정 DBMS가 지원하는 자료구조로 변환하는 과정으로, 트랜잭션의 인터페이스를 설계하고, 정규화를 통해 스키마를 평가 및 정제한다.

답
• ①
• ②
• ③

문제 03 웹 서비스(Web Service)와 관련된 다음 설명에 해당하는 용어를 쓰시오. (5점)

웹 서비스와 관련된 서식이나 프로토콜 등을 표준적인 방법으로 기술하고 게시하기 위한 언어로, XML로 작성되며 UDDI의 기초가 된다. SOAP, XML 스키마와 결합하여 인터넷에서 웹 서비스를 제공하기 위해 사용되며, 클라이언트는 이것을 통해 서버에서 어떠한 조작이 가능한지를 파악할 수 있다.

답 :

문제 04 요구사항 확인에 대한 다음 설명에서 괄호(①, ②)에 들어갈 알맞은 답을 쓰시오. (5점)

(①) 요구사항은 시스템이 무엇을 하는지, 어떤 기능을 하는지 등 사용자가 시스템을 통해 제공받기를 원하는 기능이나 시스템이 반드시 수행해야 하는 기능을 의미한다.
(②) 요구사항은 품질이나 제약사항과 관련된 요구사항으로, 시스템의 장비 구성, 성능, 인터페이스, 테스트, 보안 등의 요구사항을 말한다.

답
• ①   • ②

문제 05 다음 Python으로 구현된 프로그램을 분석하여 그 실행 결과를 쓰시오. (단, 출력문의 출력 서식을 준수하시오.) (5점)

```python
class CharClass:
    a = ['Seoul', 'Kyeongi', 'Inchon', 'Daejeon', 'Daegu', 'Pusan'];
myVar = CharClass()
str01 = ' '
for i in myVar.a:
    str01 = str01 + i[0]
print(str01)
```

답 :

문제 06 〈EMP_TBL〉 테이블을 참고하여 〈SQL문〉의 실행 결과를 쓰시오. (5점)

〈EMP_TBL〉

EMPNO	SAL
100	1500
200	3000
300	2000

〈처리 조건〉

```sql
SELECT COUNT(*) FROM EMP_TBL WHERE EMPNO > 100 AND SAL >= 3000 OR EMPNO = 200;
```

답 :

문제 07 다음 Java로 구현된 프로그램을 분석하여 그 실행 결과를 쓰시오. (단, 출력문의 출력 서식을 준수하시오.) (5점)

```java
public class Test {
    public static void main(String[] args) {
        int aa[][] = { {45, 50, 75},
                       {89} };
        System.out.println(aa[0].length);
        System.out.println(aa[1].length);
        System.out.println(aa[0][0]);
        System.out.println(aa[0][1]);
        System.out.println(aa[1][0]);
    }
}
```

답 :

문제 08 시스템의 성능을 향상시키고 개발 및 운영의 편의성 등을 높이기 위해 정규화된 데이터 모델을 의도적으로 통합, 중복, 분리하여 정규화 원칙을 위배하는 행위를 가리키는 용어를 쓰시오. (5점)

답 :

문제 09 애플리케이션 테스트에 대한 다음 설명에서 괄호(①, ②)에 공통으로 들어갈 알맞은 답을 쓰시오. (5점)

(①)은 입력 조건의 중간값보다 경계값에서 오류가 발생될 확률이 높다는 점을 이용한 검사 기법이고, (②)는 입력 조건이 유효한 경우와 그렇지 않은 경우의 입력 자료의 개수를 균등하게 정하는 검사 기법이다. 예를 들어 0 <= x <= 10과 같은 조건이 있을 때, (①)은 -1, 0, 10, 11을 입력값으로, (②)는 0이상 10이하의 수 n개와 0 미만 10초과의 수 n개를 입력값으로 정한다.

답
- ①
- ②

문제 10 애플리케이션 테스트에 대한 다음 설명에서 각 지문(①, ②)에 해당하는 용어를 〈보기〉에서 찾아 기호로 쓰시오. (5점)

> ① 코딩 직후 소프트웨어 설계의 최소 단위인 모듈이나 컴포넌트에 초점을 맞춰 수행하는 테스트로, 모듈 테스트라고도 불린다. 사용자의 요구사항을 기반으로 한 기능성 테스트를 최우선으로 인터페이스, 외부적 I/O, 자료구조, 독립적 기초 경로, 오류 처리 경로, 경계 조건 등을 검사한다.
>
> ② 모듈들을 결합하여 하나의 시스템으로 완성시키는 과정에서의 테스트를 의미하며, 모듈 간 또는 컴포넌트 간의 인터페이스가 정상적으로 실행되는지 검사한다.

〈보기〉

㉠ 시스템 테스트	㉡ 인수 테스트	㉢ 알파 테스트
㉣ 단위 테스트	㉤ 통합 테스트	㉥ 회귀 테스트

답
- ①
- ②

문제 11 인터넷에 대한 다음 설명에서 괄호(①, ②)에 들어갈 알맞은 답을 쓰시오. (5점)

> 1. IPv6는 (①) 비트의 주소를 가지며, 인증성, 기밀성, 데이터 무결성의 지원으로 보안 문제를 해결할 수 있고, 주소의 확장성, 융통성, 연동성이 뛰어나다.
>
> 2. IPv4는 32 비트의 주소를 가지며 (②) 비트씩 4부분, 총 32비트로 구성되어 있다. IPv4는 네트워크 부분의 길이에 따라 A 클래스에서 E 클래스까지 총 5단계로 구성되어 있다.

답
- ①
- ②

문제 12 네트워크에 관련된 다음 설명에 해당하는 용어를 쓰시오. (5점)

> 모듈 간 통신 방식을 구현하기 위해 사용되는 대표적인 프로그래밍 인터페이스 집합으로, 복수의 프로세스를 수행하며 이뤄지는 프로세스 간 통신까지 구현이 가능하다. 대표적인 메소드에는 공유 메모리(Shared Memory), 소켓(Socket), 세마포어(Semaphores), 파이프와 네임드 파이프(Pipes&named Pipes), 메시지 큐잉(Message Queueing)이 있다.

답 :

문제 13 기업 내 각종 애플리케이션 및 플랫폼 간의 정보 전달, 연계, 통합 등 상호 연동이 가능하게 해주는 솔루션으로, Point-to-Point, Hub&Spoke, Message Bus, Hybrid 등의 다양한 방식으로 구축이 가능한 모듈 연계 방법을 쓰시오. (5점)

답 :

문제 14 다음 테이블에서 카디널리티(Cardinality)와 디그리(Degree)를 구하시오. (5점)

〈회원〉

ID	이름	거주지	신청강의
191-SR05	백영헌	마포구	E01
024-RU09	차수인	관악구	S03
181-SQ03	허채빈	서대문구	E02
059-RL08	윤지호	광진구	S03
029-SX07	배서희	서대문구	E02

답

- ① 카디널리티(Cardinality) :
- ② 디그리(Degree) :

문제 15 다음 C 언어로 구현된 프로그램을 분석하여 그 실행 결과를 쓰시오. (단, 출력문의 출력 서식을 준수하시오.) (5점)

```c
#include <stdio.h>
main() {
    struct insa {
        char name[10];
        int age;
    } a[] = { "Kim", 28, "Lee", 38, "Park", 42, "Choi", 31 };
    struct insa* p;
    p = a;
    p++;
    printf("%s\n", p->name);
    printf("%d\n", p->age);
}
```

답 :

문제 16 데이터 모델의 구성 요소에 대한 다음 설명에서 괄호(①, ②)에 들어갈 알맞은 답을 쓰시오. (5점)

1. (①)은 데이터베이스에 저장된 실제 데이터를 처리하는 작업에 대한 명세로서 데이터베이스를 조작하는 기본 도구에 해당한다.
2. (②)는 논리적으로 표현된 객체 타입들 간의 관계로서 데이터의 구성 및 정적 성질을 표현한다.
3. 제약 조건은 데이터베이스에 저장될 수 있는 실제 데이터의 논리적인 제약 조건을 의미한다.

답

• ①   • ②

문제 17 데이터베이스 보안에 관련된 다음 설명에 해당하는 용어를 쓰시오. (5점)

접근통제는 데이터가 저장된 객체와 이를 사용하려는 주체 사이의 정보 흐름을 제한하는 것이다. 이러한 접근통제에 관한 기술 중 (   )는 데이터에 접근하는 사용자의 신원에 따라 접근 권한을 부여하여 제어하는 방식으로, 데이터의 소유자가 접근통제 권한을 지정하고 제어한다. 객체를 생성한 사용자가 생성된 객체에 대한 모든 권한을 부여받고, 부여된 권한을 다른 사용자에게 허가할 수도 있다.

답 :

문제 18 다음 Java로 구현된 프로그램을 분석하여 그 실행 결과를 쓰시오. (단, 출력문의 출력 서식을 준수하시오.) (5점)

```java
public class Test {
    public static void main(String[] args) {
        int j, i;
        for (j = 0, i = 0; i <= 5; i++) {
            j += i;
            System.out.print(i);
            if (i == 5) {
                System.out.print("=");
                System.out.print(j);
            }
            else
                System.out.print("+");
        }
    }
}
```

답 :

문제 19 데이터 모델의 구성 요소에 대한 다음 설명에서 괄호(①~③)에 들어갈 알맞은 답을 〈보기〉에서 찾아 기호로 쓰시오. (5점)

1. (①)는 모듈 간의 인터페이스로 데이터, 지역 변수 등을 직접 참조하거나 수정할 때의 결합도다.
2. (②)는 모듈 간의 인터페이스로 배열이나 레코드 등의 자료 구조가 전달될 때의 결합도다.
3. (③)는 모듈 간의 인터페이스로 파라미터가 아닌 모듈 밖에 선언된 전역 변수를 사용하여 전역 변수를 갱신하는 방식으로 상호작용하는 때의 결합도다.

〈보기〉

㉠ 자료 결합도	㉡ 스탬프 결합도	㉢ 제어 결합도
㉣ 공통 결합도	㉤ 내용 결합도	㉥ 외부 결합도

답
- ①
- ②
- ③

문제 20 네트워크 및 인터넷 보안에 관련된 다음 설명에서 괄호에 공통으로 들어갈 알맞은 답을 쓰시오. (5점)

- ( )은 '세션을 가로채다'라는 의미로, 정상적인 연결을 RST 패킷을 통해 종료시킨 후 재연결 시 희생자가 아닌 공격자에게 연결하는 공격 기법이다.
- TCP ( )은 공격자가 TCP 3-Way-Handshake 과정에 끼어듦으로써 서버와 상호 간의 동기화된 시퀀스 번호를 갖고 인가되지 않은 시스템의 기능을 이용하거나 중요한 정보에 접근할 수 있게 된다.

답 :

[문제 01]

※ 다음 중 하나를 쓰면 됩니다.

RARP, Reverse Address Resolution Protocol

※ **답안 작성 시 주의 사항** : 한글 또는 영문을 Full-name이나 약어로 쓰라는 지시사항이 없을 경우 한글이나 영문 약어로 쓰는 것이 유리합니다. 영문을 Full-name으로 풀어쓰다가 스펠링을 틀리면 오답으로 처리되니까요.

[문제 02]

① 물리적 설계 ② 개념적 설계 ③ 논리적 설계

[문제 03]

※ 다음 중 하나를 쓰면 됩니다.

WSDL, Web Services Description Language

[문제 04]

① 기능 ② 비기능

[문제 05]

SKIDDP

※ **답안 작성 시 주의 사항** : C, Java, Python 등의 프로그래밍 언어에서는 대소문자를 구분하기 때문에 출력 결과도 대소문자를 구분하여 정확하게 작성해야 합니다. 예를 들어, 소문자로 skiddp로 썼을 경우 부분 점수 없이 완전히 틀린 것으로 간주됩니다.

해설

```
    class CharClass:                       클래스 CharClass를 정의한다.
        a = ['Seoul', 'Kyeongi', 'Inchon', 'Daejeon', 'Daegu', 'Pusan'];
                                           클래스의 속성(변수) a에 6개의 요소를 리스트로 저장한다.
❶ myVar = CharClass( )
❷ str01 = ' '
❸ for i in myVar.a:
❹    str01 = str01 + i[0]
❺ print(str01)
```

❶ CharClass의 객체 변수 myVar를 선언한다.

	myVar.a[0]	myVar.a[1]	myVar.a[2]	myVar.a[3]	myVar.a[4]	myVar.a[5]
myVar.a	Seoul	Kyeongi	Inchon	Daejeon	Daegu	Pusan

❷ 변수 str01을 선언하고, 작은 따옴표 두 개를 이어붙인 빈 문자열을 저장한다.

※ Python은 자료형을 별도로 선언하지 않으므로, 이와 같은 방식으로 해당 변수가 어떤 형식으로 사용될 것인지 지정할 수 있다. 여기서는 ❹번의 연산에서 + 기호로 문자 더하기 연산을 수행하기 위해 지정하였다.

❸ 객체 변수 myVar의 리스트 a의 요소 수만큼 ❹번 문장을 반복 수행한다. 리스트 a는 6개의 요소를 가지므로 각 요소를 i에 할당하면서 ❹번을 6회 수행한다.

❹ str01과 i에 저장된 문자열의 첫 번째 글자(i[0])를 더하여 str01에 저장한다. 즉 str01에 저장된 문자 뒤에 i에 저장된 문자열의 첫 번째 글자가 덧붙여진다.

• 1회 : i에 myVar.a[0]이 저장되고 i의 0번째 글자 S가 str01에 저장된다.

str01	i[0]	i[1]	i[2]	i[3]	i[4]	i
S ←	S	e	o	u	l	← Seoul

• 2회 : i에 myVar.a[1]이 저장되고 i의 0번째 글자 K가 str01에 더해진다.

str01	i[0]	i[1]	i[2]	i[3]	i[4]	i[5]	i[6]	i
SK ←	K	y	e	o	n	g	i	← Kyeongi

- 3회 : i에 myVar.a[2]가 저장되고 i의 0번째 글자 I가 str01에 더해진다.

str01		i[0]	i[1]	i[2]	i[3]	i[4]	i[5]		i
SKI	←	I	n	c	h	o	n	←	Inchon

- 4회 : i에 myVar.a[3]이 저장되고 i의 0번째 글자 D가 str01에 더해진다.

str01		i[0]	i[1]	i[2]	i[3]	i[4]	i[5]	i[6]		i
SKID	←	D	a	e	j	e	o	n	←	Daejeon

- 5회 : i에 myVar.a[4]가 저장되고 i의 0번째 글자 D가 str01에 더해진다.

str01		i[0]	i[1]	i[2]	i[3]	i[4]		i
SKIDD	←	D	a	e	g	u	←	Daegu

- 6회 : i에 myVar.a[5]가 저장되고 i의 0번째 글자 P가 str01에 더해진다.

str01		i[0]	i[1]	i[2]	i[3]	i[4]		i
SKIDDP	←	P	u	s	a	n	←	Pusan

❺ 결과 **SKIDDP**

[문제 06]
1

해설

SQL도 프로그래밍 언어와 마찬가지로 OR 연산자에 비해 AND 연산자의 우선순위가 높다. 즉 **식1 AND 식2 OR 식3**과 같이 조건이 제시된 경우 **식1 AND 식2**의 조건을 먼저 확인한 후 그 결과와 식3의 OR 조건을 확인해야 한다.

`SELECT COUNT(*)`	튜플의 개수를 표시한다.
`FROM EMP_TBL`	〈EMP_TBL〉 테이블에서 검색한다.
`WHERE EMPNO > 100`	'EMPNO'가 100보다 크고
`  AND SAL >= 3000`	'SAL'이 3000 이상이거나,
`  OR EMPNO = 200;`	'EMPNO'가 200인 튜플만을 대상으로 한다.

〈과정〉
① 'EMPNO'가 100보다 큰 튜플은 다음과 같다.

EMPNO	SAL
200	3000
300	2000

② 'SAL'이 3000 이상인 튜플은 다음과 같다.

EMPNO	SAL
200	3000

③ ①, ②의 조건을 동시에 만족(AND)하는 튜플은 다음과 같다.

EMPNO	SAL
200	3000

④ 'EMPNO'가 200인 튜플은 다음과 같다.

EMPNO	SAL
200	3000

⑤ ③번 또는 ④번의 튜플 중 한 번이라도 포함된(OR) 튜플은 다음과 같다.

EMPNO	SAL
200	3000

⑥ COUNT(*) 함수에 따라 ⑤번 튜플의 개수를 표시하면 다음과 같다.

COUNT(*)
1

[문제 07]

3
1
45
50
89

※ **답안 작성 시 주의 사항** : 프로그램의 실행 결과는 부분 점수가 없으므로 정확하게 작성해야 합니다. 예를 들어, 출력값 사이에 줄 나눔 없이 3 1 45 50 89로 썼을 경우 부분 점수 없이 완전히 틀린 것으로 간주됩니다.

```java
public class Test {
  public static void main(String[] args) {
❶    int aa[][] = { {45, 50, 75},
                   {89} };
❷    System.out.println(aa[0].length);
❸    System.out.println(aa[1].length);
❹    System.out.println(aa[0][0]);
❺    System.out.println(aa[0][1]);
❻    System.out.println(aa[1][0]);
  }
}
```

❶ 4개의 요소를 갖는 정수형 2차원 배열 aa를 선언한다.

	aa[0][0]	aa[0][1]	aa[0][2]
aa	45	50	75
	89		
	aa[1][0]		

❷ aa[0] 배열의 길이 **3**을 출력하고 커서를 다음 줄의 처음으로 옮긴다.
 • length : length는 배열 클래스의 속성으로, 배열 요소의 개수가 저장되어 있다. aa[0] 배열은 2차원 배열 aa의 첫 번째 행을 가리키는 것이므로, aa[0].length는 첫 번째 행의 요소 수 3을 가지고 있다.

결과 | **3**

❸ aa[1] 배열의 길이 **1**을 출력하고 커서를 다음 줄의 처음으로 옮긴다.
 • aa[1] 배열은 2차원 배열 aa의 두 번째 행을 가리키는 것이므로, aa[1].length는 두 번째 행의 요소 수 1을 가지고 있다.

결과 | 3
 | 1

❹ aa[0][0]의 값 **45**를 출력하고 커서를 다음 줄의 처음으로 옮긴다.

결과 | 3
 | 1
 | 45

❺ aa[0][1]의 값 **50**을 출력하고 커서를 다음 줄의 처음으로 옮긴다.

결과
```
3
1
45
50
```

❻ aa[1][0]의 값 **89**를 출력하고 커서를 다음 줄의 처음으로 옮긴다.

결과
```
3
1
45
50
89
```

[문제 08]
※ 다음 중 하나를 쓰면 됩니다.
반정규화, Denormalization

[문제 09]
※ 각 문항별로 다음 중 하나를 쓰면 됩니다.
① 경계값 분석, Boundary Value Analysis
② 동치 분할 검사, 동치 클래스 분해, Equivalence Partitioning Testing

[문제 10]
① ㉣   ② ㉤

[문제 11]
① 128   ② 8

[문제 12]
※ 다음 중 하나를 쓰면 됩니다.
IPC, Inter-Process Communication

[문제 13]
※ 다음 중 하나를 쓰면 됩니다.
EAI, Enterprise Application Integration

[문제 14]
① 5   ② 4

[문제 15]
Lee
38

※ **답안 작성 시 주의 사항** : 프로그램의 실행 결과는 부분 점수가 없으므로 정확하게 작성해야 합니다. 예를 들어, 출력값 사이에 줄 나눔 없이 Lee 38로 썼을 경우 부분 점수 없이 완전히 틀린 것으로 간주됩니다.

> **해설**
>
> ```c
> #include <stdio.h>
> main() {
> ❶ struct insa {
> ❷     char name[10];
> ❸     int age;
> ❹ } a[] = { "Kim", 28, "Lee", 38, "Park", 42, "Choi", 31 };
> ❺ struct insa* p;
> ❻ p = a;
> ❼ p++;
> ❽ printf("%s\n", p->name);
> ❾ printf("%d\n", p->age);
> }
> ```

❶ 구조체 insa를 정의한다.
- **구조체(struct)** : 배열이 같은 자료형과 이름을 가진 변수의 모임이라면, 구조체는 서로 다른 자료형과 이름을 가진 변수의 모임이다.

❷ insa의 멤버로 10개의 요소를 갖는 문자형 배열 name을 선언한다.

❸ insa의 멤버로 정수형 변수 age를 선언한다.
- **멤버(member)** : 구조체에 속한 변수

❹ insa 구조체의 형태로 a 배열을 선언하고 초기화한다.

	a[0]	a[1]	a[2]	a[3]
name[10]	Kim	Lee	Park	Choi
age	28	38	42	31

- 구조체의 멤버에 접근하기 위한 형식은 **[구조체변수].[멤버]**이다.
  - 예 printf("%s", a[0]name); → Kim, printf("%d", a[2]age); → 42
- 구조체의 포인터를 이용하여 멤버에 접근하기 위한 형식은 **[포인터]–>[멤버]** 또는 **(*[포인터]).[멤버]**이다.
  - 예 p가 a[1]를 가리키는 포인터 변수인 경우
    printf("%s", p–)name); → Lee, printf("%d", (*p).age); → 38

❺ insa 구조체를 가리키는 포인터 변수 p를 선언한다.

❻ p에 a를 저장한다. a는 배열명이므로 배열의 시작위치인 a[0]의 위치가 p에 저장된다.

		a[0]	a[1]	a[2]	a[3]
p	name[10]	Kim	Lee	Park	Choi
	age	28	38	42	31

❼ 'p = p + 1;'과 동일하다. p의 값을 1 증가시킨다. 주소에 1을 더하는 것은 다음 자료를 가리키라는 것을 의미하므로, p는 a[1]의 위치를 가리키게 된다.

		a[0]	a[1]	a[2]	a[3]
p	name[10]	Kim	Lee	Park	Choi
	age	28	38	42	31

❽ p가 가리키는 곳의 멤버 **name**을 출력한다. 이어서 커서를 다음 줄의 처음으로 옮긴다.

결과	LEE

❾ p가 가리키는 곳의 멤버 **age**를 출력한다. 이어서 커서를 다음 줄의 처음으로 옮긴다.

결과	LEE 38

[문제 16]

※ 각 문항별로 다음 중 하나를 쓰면 됩니다.

① 연산, Operation ② 구조, Structure

정답 및 해설

[문제 17]

※ 다음 중 하나를 쓰면 됩니다.

임의 접근통제, DAC, Discretionary Access Control

[문제 18]

0+1+2+3+4+5=15

> **해설**

```java
public class Test {
  public static void main(String[] args) {
❶    int j, i;
❷    for (j = 0, i = 0; i <= 5; i++) {
❸      j += i;
❹      System.out.print(i);
❺      if (i == 5) {
❻        System.out.print("=");
❼        System.out.print(j);
      }
      else
❽        System.out.print("+");
    }
  }
}
```

❶ 정수형 변수 j, i를 선언한다.
❷ 반복 변수 i가 0부터 1씩 증가하면서 5보다 작거나 같은 동안 ❸~❽번을 반복 수행한다. i가 0으로 초기화될 때 j도 0으로 초기화된다.
❸ 'j = j + i;'와 동일하다. j에 i의 값을 누적시킨다.
❹ i의 값을 출력한다.
❺ i가 5와 같으면 ❻, ❼번을 수행하고, 아니면 ❽번을 수행한다.
❻ =을 출력한다.
❼ j의 값을 출력한다.
❽ +를 출력한다.
반복문 실행에 따른 변수들의 변화는 다음과 같다.

i	j	출력
0	0	0+
1	1	0+1+
2	3	0+1+2+
3	6	0+1+2+3+
4	10	0+1+2+3+4+
5	15	0+1+2+3+4+5=15
6		

[문제 19]

① ㅁ　② ㄴ　③ ㄹ

[문제 20]

※ 다음 중 하나를 쓰면 됩니다.

세션 하이재킹, Session Hijacking

이 책은 IT자격증 전문가와 수험생이 함께 만든 책입니다.

'시나공' 시리즈는 독자의 지지와 격려 속에 성장합니다!

전공자가 아니라서 시험에 대해 막연한 두려움이 있었는데 설명이 너무 잘되어 있어 좋았습니다. 예시와 문제가 많아 문제를 이해하면서 개념을 학습한다면 합격은 문제없습니다. 비전공자들도 쉽게 이해할 수 있으니 강력 추천합니다.

| YES24 nicck*** |

시나공 정보처리기사 필기로 공부할 때 책이 너무 좋아서 실기 시험 준비하면서도 당연하다는 듯이 시나공을 선택하게 됐어요. 실속있는 내용도 훌륭하지만 시나공 홈페이지에서는 문의에 대한 답변도 빨리 해주고, 공부하면서 입소문이 괜히 나는 것이 아니라는 것을 새삼 느꼈습니다.

| 인터파크 fromy*** |

시나공은 특히 프로그래밍 언어와 SQL 부분에서 많은 도움이 됩니다. 프로그래밍 언어와 SQL 동영상 강의는 강사분이 정말 잘 가르치시더군요.

| 알라딘 ni*** |

시나공은 이해하기 어려운 부분도 쉽게 이해할 수 있도록 잘 설명되어 있었습니다. 책의 내용이 아무리 좋아도 구성이 엉망이면 공부하기 힘든데, 이 책은 구성도 깔끔하고 문제에 대한 상세한 해설이 잘 되어 있어 집중하고 쭉 보면 "아~ 이렇게 돌아가는구나!" 하며 이해될 것입니다. 그리고 전문가의 조언을 빠짐없이 꼭 읽어보세요.

| 교보문고 seop1*** |

역시 시나공입니다! 얼마 전 필기를 준비할 때도 시나공으로 했는데, 확실히 수험생에게 친절한 수험서더군요. 내용도 친절하게 설명되어 있을 뿐만 아니라 출제 경향에 따른 전문가의 조언이 곁들여져 있어 쉽게 이해할 수 있습니다. 그리고 시나공 홈페이지에서 제공하는 여러 자료들까지! 앞으로도 자격증 시험은 쭉 시나공과 함께 해야겠습니다.

| 도서11번가 inhw*** |

혼자 공부하기에는 '딱!'이에요. 설명도 쉽고, 또 공부한 내용을 바로 문제로 확인해 볼 수 있어서 좋더군요.

| YES24 kjs2*** |

sinagong.co.kr

가격 32,000원
ISBN 979-11-407-0963-2

 TO.시나공 온라인 독자엽서

 스마트한 시나공 수험생 지원센터